La valorisation du patrimoine immatériel des personnes publiques

Logiques Juridiques

Fondée par Gérard Marcou
Dirigée par Jean-Claude Némery et Thomas Perroud

Le droit n'est pas seulement un savoir, il est d'abord un ensemble de rapports et pratiques que l'on rencontre dans presque toutes les formes de sociétés. C'est pourquoi il a toujours donné lieu à la fois à une littérature de juristes professionnels, produisant le savoir juridique, et à une littérature sur le droit, produite par des philosophes, des sociologues ou des économistes notamment.

Parce que le domaine du droit s'étend sans cesse et rend de plus en plus souvent nécessaire le recours au savoir juridique spécialisé, même dans des matières où il n'avait jadis qu'une importance secondaire, les ouvrages juridiques à caractère professionnel ou pédagogique dominent l'édition, et ils tendent à réduire la recherche en droit à sa seule dimension positive. À l'inverse de cette tendance, la collection « Logiques juridiques » des éditions L'Harmattan est ouverte à toutes les approches du droit. Tout en publiant aussi des ouvrages à vocation professionnelle ou pédagogique, elle se fixe avant tout pour but de contribuer à la publication et à la diffusion des recherches en droit, ainsi qu'au dialogue scientifique sur le droit. Comme son nom l'indique, elle se veut plurielle.

Dernières parutions

Yue Zhao, *Coopérer en droit international des cours d'eau transfrontaliers, État du droit et étude du cas chinois*, 2020
Jean-Paul VALETTE, *La dynamique du pouvoir exécutif sous la Ve République (1958-1993)*, 2020.
Rachid NACER, *Les normes internationales du travail entre global et local, Étude internationale et comparée de l'interprétation des instruments de l'OIT*, 2020.
Cyprien DAGNICOURT, La protection de l'environnement en période de conflit armé, 2020.
Nawel BELHAJ, *La notion de droit réel*, 2020.
Gilles TOULEMONDE, *Le droit constitutionnel de la Ve République*, quatorzième édition, 2020.
Daniel BORRILLO & Félicien LEMAIRE, *Les discriminations fondées sur le sexe, l'orientation sexuelle et l'identité de genre*, 2020.
Charles Christian K. CAKPO, *Les institutions démocratiques au Bénin, Analyse comparée avec des évolutions en France et aux États-Unis*, 2020
Gaëtan MARAIN, *Méthode du commentaire des arrêts de la Cour de cassation*, 2020.

Pierre-Adrien Blanchet

La valorisation du patrimoine immatériel des personnes publiques

L'Harmattan

5-7, rue de l'Ecole-Polytechnique, 75005 Paris

http://www.editions-harmattan.fr

ISBN : 978-2-343-21045-2
EAN : 9782343210452

A la mémoire d'André et Claude Blanchet,

A mes parents,

A Aline.

REMERCIEMENTS

Je souhaite d'abord adresser mes sincères remerciements à mon directeur de thèse, le Professeur Stéphane Braconnier, pour la bienveillance dont il a fait preuve tout au long de la réalisation de mes travaux.

J'adresse ensuite mes vifs remerciements aux membres de mon jury de thèse : le Professeur Benoît Plessix (Président), les Professeurs Rozen Noguellou et Phillipe Yolka (Rapporteurs), ainsi que le Professeur Marion Ubaud-Bergeron (Suppléante).

Je tiens également à remercier le Professeur Thomas Perroud qui a rendu possible la publication de cet ouvrage.

Je remercie enfin mes parents pour leur accompagnement quotidien, leur soutien inconditionnel et leur amour infini. Qu'ils trouvent dans ces quelques lignes l'expression de ma profonde gratitude ainsi que de mon admiration la plus sincère.

AFDA	Association française pour la recherche en droit administratif
aff.	affaire
AJCT	Actualité Juridique des Collectivités Territoriales
AJDA	Actualité Juridique Droit Administratif
AJDI	Actualité Juridique Droit Immobilier
al.	alinéa
AN	Assemblée nationale
art.	article
art. préc.	article précité
Ass.	Assemblée du contentieux
Ass. plén.	Assemblée plénière de la Cour de cassation
BJCL	Bulletin juridique des collectivités locales
BJCP	Bulletin juridique des contrats publics
CA	Cour d'appel
CAA	Cour administrative d'appel
Cass.	Cour de cassation
CE	Conseil d'État
Cf.	confer
CGCT	Code général des collectivités territoriales
CGPPP	Code général de la propriété des personnes publiques
chron.	chronique
civ.	Chambre civile de la Cour de cassation
CJA	Code de justice administrative
CJCE	Cour de justice des communautés européennes
CJEG	Cahiers juridiques de l'électricité et du gaz
CJUE	Cour de justice de l'Union européenne
CMP	Contrats et Marchés publics
coll.	collection
com.	Chambre commerciale de la Cour de cassation
concl.	conclusions
Cons. const.	Conseil constitutionnel
crim.	Chambre criminelle de la Cour de cassation
D.	Recueil Dalloz

Dr. adm.	Droit administratif
DF	Droit fiscal
dir.	sous la direction de
éd.	édition, édité par
EDCE	Etudes et documents du Conseil d'Etat
fasc.	fascicule
GAJA	Grands arrêts de la jurisprudence administrative
Gaz. Pal.	Gazette du Palais
Ibid.	*Ibidem*
Id.	*Idem*
infra	ci-après
JCl.	JurisClasseur
JCP A	La semaine juridique – Édition Administrations et Collectivités territoriales
JCP E	La semaine juridique – Édition Entreprise
JCP G	La semaine juridique – Édition générale
JORF	Journal officiel de la République française
JOUE	Journal officiel de l'Union européenne
LGDJ	Librairie générale de droit et de jurisprudence
LPA	Les Petites Affiches
n°	numéro
NBT	Nouvelle Bibliothèque de Thèses
op. cit.	*opere citato*
ord.	ordonnance
p.	page
préc.	précité
PUF	Presses universitaires de France
QPC	Question prioritaire de constitutionalité
RDI	Revue de droit immobilier
RDP	Revue du droit public et de la science politique en France et à l'étranger
Rec.	Recueil Lebon
Rec.Cons. const.	Recueil des décisions du Conseil constitutionnel
Rec. T.	Tables du Recueil Lebon
rééd.	réédition, réédité par
RFAP	Revue française d'administration publique
RFDA	Revue française de droit administratif
RFDC	Revue française de droit constitutionnel
RJEP	Revue juridique de l'économie publique
RTD civ.	Revue trimestrielle de Droit civil
RTD com.	Revue trimestrielle de Droit commercial

S.	Sirey
Sect.	Section du contentieux
soc.	Chambre sociale de la Cour de cassation
spéc.	spécialement
supra	ci-avant
TA	Tribunal administratif
TC	Tribunal des conflits
th.	thèse
trad.	traduction
V.	voir
v.	volume

SOMMAIRE

> *« Nous avons beau saluer comme l'avènement d'une nouvelle civilisation l'extension du domaine juridique à l'immatériel, voire au virtuel, quand il nous faut passer l'intuition dans la pratique, d'instinct c'est à la matérialité que nous revenons »*[1].

Le "patrimoine immatériel" des personnes publiques n'est plus un objet d'étude original. Toutefois, malgré la multiplication des rapports[2], des colloques[3] et des travaux de thèse[4] à son propos, le "patrimoine immatériel" peut encore susciter la circonspection, voire l'inquiétude, spécialement en ce qui concerne sa parfaite valorisation.

Le rapport rédigé, en 2006, sous la direction de Maurice Lévy et Jean-Pierre Jouyet[5], consacré à l'économie de l'immatériel, a servi d'élément déclencheur dans la mise en place d'une politique publique dédiée à la valorisation du "patrimoine immatériel", parce qu'il a diagnostiqué la prise de retard, certes réversible, de la France dans la tertiarisation de son

[1] J. CARBONNIER, *Droit civil*, t. 3, Les Biens, 19e éd., PUF, 2000 ; spéc. n°254.

[2] M. LEVY et J.-P. JOUYET, *L'économie de l'immatériel, la croissance de demain*, La Documentation française, 2006.

[3] CONSEIL D'ETAT, *Le patrimoine immatériel des personnes publiques*, Colloque du 16 mars 2012, La Documentation française, coll. Droits et Débats n°6, 2013. Voir également le colloque organisé par la Communauté urbaine de Bordeaux, le 23 septembre 2016, « La valorisation du patrimoine immatériel des personnes publiques : 10 ans après le rapport Lévy-Jouyet ». Voir encore le colloque organisé par l'Université d'Auvergne, consacré au « Patrimoine immatériel des collectivités territoriales », les 3 et 4 avril 2014.

[4] Voir initialement, pour deux études portant sur une portion du "patrimoine immatériel" des personnes publiques : C. BLAIZOT-HAZARD, *Les droits de propriété intellectuelle des personnes publiques en droit français*, LGDJ, Bibliothèque de droit public, Tome 159, 1991 ; C. MALWE, *La propriété publique incorporelle : au carrefour du droit administratif des biens et du droit public économique*, th. Nantes, 2008. Voir plus récemment : L. HENNEQUIN-MARC, *La propriété intellectuelle des personnes publiques*, th. Paris II, 2016 ; M. BOUL, *Le patrimoine immatériel des personnes publiques,* th. Toulouse, 2017 ; B. VALERIAN, *Le patrimoine immatériel des collectivités territoriales : protection et réservation,* th. Avignon, 2017.

[5] M. LEVY et J.-P. JOUYET, *Ibid.*

économie[6], et qu'il a clairement identifié l'immatériel comme un relais majeur pour une croissance en berne[7]. Cette étude est donc pionnière en ce qu'elle est à l'origine de la réflexion sur le recensement et la mise en valeur des richesses immatérielles de l'Etat, celles-là même que la plupart des juristes ont, prématurément et malencontreusement, identifiées comme étant le "patrimoine immatériel" de l'Etat. Depuis quelques années, la valorisation du "patrimoine immatériel" ne concerne plus uniquement l'Etat ; elle s'est progressivement étendue à toutes les personnes publiques, ce qui a conduit les auteurs à parler de "patrimoine immatériel" des personnes publiques.

La notion de « patrimoine immatériel des personnes publiques », dont la pertinence sera discutée plus avant, ne renvoie pas, contrairement aux apparences, à une notion juridique. Aucune définition n'a pu en être donnée[8]. Tout au plus est-il possible, à l'appui d'études doctrinales récentes[9], de saisir les contours les plus saillants du "patrimoine immatériel" des personnes publiques, et de se faire une idée de la nature et de la diversité des éléments qui le composent. Ainsi, il est couramment admis que le "patrimoine immatériel" des personnes publiques comprend : les marques de fabrique et les brevets d'invention détenus par les personnes publiques, les données publiques, les logiciels, les droits d'auteur (moraux et patrimoniaux) des personnes publiques, les actions détenues par des personnes publiques dans des sociétés commerciales, les fréquences hertziennes, les quotas d'émission de gaz à effet de serre, le savoir-faire, les noms, sigles et logos des collectivités publiques.

---

[6] *Ibid.* ; spéc. pp. 8-9.

[7] M. LEVY et J.-P. JOUYET, *ibid.* ; spéc. p. 7 : *« Avec la fin du modèle économique qui a marqué les Trente Glorieuses, certains ont cru voir s'accomplir, dans le chaos pronostiqué de la mondialisation, la mort des espoirs de croissance et des perspectives de création de richesses... Stop : l'avenir n'est pas mort. Il est désormais ailleurs : dans l'immatériel, les idées, la connaissance, le savoir. Bien réelle, l'économie de l'immatériel est une chance pour notre pays : une chance de croissance, une chance de retrouver dynamisme et optimisme, une chance de créer de nouveaux emplois et d'offrir un avenir à notre jeunesse. »*.

[8] AGENCE DU PATRIMOINE IMMATERIEL DE L'ETAT, *Rapport public 2013*, La Documentation française, 2014, spéc. p. 8 : *« il n'existe pas de définition juridique décrivant précisément la notion de patrimoine immatériel »*. Pour plus de références, cf. *infra*, Section II, §2, de l'Introduction.

[9] O. DE DAVID BEAUREGARD-BERTHIER, « Le patrimoine immatériel de l'Etat », *in Bien public, bien commun, Mélanges en l'honneur d'Etienne Fatôme*, Dalloz, 2011, p. 23 ; PH. YOLKA, « L'immatériel public en trompe-l'œil », *JCP A* 2011, act. 726 ; PH. TERNEYRE, « Les actifs immatériels des personnes publiques », *RJEP* 2013, étude 16 ; A. DILLOARD, « L'émergence des marques publiques dans le patrimoine immatériel des personnes publiques », *RDP* 2014, p. 39.

Le premier défi auquel se confronte cette étude est celui de l'absence totale d'existence d'une notion unitaire et d'un cadre unique pour appréhender sur le plan juridique le "patrimoine immatériel" des personnes publiques, le réduisant alors à un inventaire désordonné. Le recours à la notion de « patrimoine immatériel des personnes publiques » induit donc en erreur, parce qu'elle ne correspond à aucune catégorie connue et ne renvoie pas à un régime juridique donné. Dit autrement, cette notion n'a pas de portée juridique. Il n'y a, par conséquent, pas lieu de la définir, ni de lui chercher un régime juridique unique. En revanche, ainsi que cela sera exposé (cf. *infra*, Section II), elle présente un intérêt doctrinal certain et permet une présentation ordonnée de la matière étudiée.

Par une sorte de réflexe conditionné, le juriste, avide de taxinomie, découvrant un objet non identifié s'essaiera aux catégories connues de lui avant d'envisager éventuellement une émancipation de schémas de pensée confortables pour l'esprit. Tel est d'ailleurs le sens de la citation de Jean Carbonnier ouvrant cette étude. Cette démarche consistant à s'en remettre par priorité aux grilles d'analyse classiques du droit des biens pour appréhender l'immatériel a certainement perturbé et ralenti le travail d'identification du "patrimoine immatériel" des personnes publiques.

Plus précisément, la confrontation de la notion de « patrimoine immatériel des personnes publiques » avec les catégories domaniales existantes – domaine public et domaine privé – parmi lesquelles se répartissent alternativement les propriétés publiques[10], suscite d'épineuses difficultés, dans la mesure où, précisément, certains éléments du "patrimoine immatériel" ne sont pas l'objet d'un droit de propriété, comme cela sera expliqué ci-après[11]. S'agissant des éléments appropriés du "patrimoine immatériel" des personnes publiques, ce sont les critères du domaine public et le régime de la domanialité publique qui posent problème. Le régime applicable aux propriétés publiques repose pourtant sur cette *summa divisio*, qui est une distinction essentielle pour appréhender la question de la valorisation des propriétés publiques immatérielles. Cette distinction est centrale et elle ne connaît pas, à l'heure actuelle, d'alternative.

Concernant les richesses immatérielles des personnes publiques, les auteurs se sont attardés à rechercher la notion la plus précise pour les

---

[10] Aux termes de l'article L. 2211-1, al. 1er du code général de la propriété des personnes publiques : *« Font partie du domaine privé les biens des personnes publiques (...), qui ne relèvent pas du domaine public (...). »*.
[11] Cf. *infra*, Section II, §2, B.

capter sur le plan juridique et ont ainsi proposé tour à tour les notions de *« patrimoine immatériel de l'Etat »*[12], de *« patrimoine immatériel des personnes publiques »*[13], de *« biens immatériels des personnes publiques »*[14], de *« propriétés publiques incorporelles »*[15], ou encore d' *« actifs immatériels des personnes publiques »*[16]. Cette démarche, qui se voulait orthodoxe, parce qu'elle visait à s'approcher au plus près de la vérité juridique en évitant toute déformation des catégories juridiques existantes, s'est avérée, à l'analyse, être hérétique, dans la mesure où elle a finalement conduit à malmener les notions et ainsi à draper d'un brouillard épais l'édifice des propriétés publiques.

A ce stade, le sentiment d'égarement est intense : s'il paraît possible d'entrevoir globalement ce qu'est le "patrimoine immatériel" des personnes publiques et ce que recouvre cette notion, il est en revanche impossible de pouvoir la définir précisément[17].

La question de la valorisation du "patrimoine immatériel" des personnes publiques est dès lors double, et porte d'une part, sur la valorisation des éléments du "patrimoine immatériel" qui sont l'objet d'un droit de propriété, c'est-à-dire le "patrimoine immatériel" approprié, ou les propriétés publiques immatérielles, et, d'autre part, sur la valorisation de tous les autres éléments immatériels, qui ne sont pas l'objet d'un droit de propriété, c'est-à-dire le "patrimoine immatériel" non approprié. Les notions de « patrimoine immatériel des personnes publiques » et de « propriétés publiques immatérielles » seront désormais utilisées en suivant la distinction établie ci-avant.

L'exposé de l'intérêt (Section I), de l'objet (Section II) et des enjeux (Section III) de la recherche entreprise contribuera à clarifier les pré-

---

[12] O. DE DAVID BEAUREGARD-BERTHIER, « Le patrimoine immatériel de l'Etat », *in Bien public, bien commun, Mélanges en l'honneur du professeur Etienne Fatôme*, Dalloz, 2011, p. 23.

[13] CONSEIL D'ETAT, *Le patrimoine immatériel des personnes publiques*, Colloque du 16 mars 2012, La Documentation française, coll. Droits et Débats n°6, 2013.

[14] R. LEONETTI, « La protection de l'affectation au service public des biens incorporels », *AJDA* 2009, p. 1689.

[15] C. MALWE, *La propriété publique incorporelle : au carrefour du droit administratif des biens et du droit public économique*, th. Nantes, 2008.

[16] PH. TERNEYRE, « Les actifs immatériels des personnes publiques », *RJEP* 2013, étude 16.

[17] Cette position inconfortable est, *mutatis mutandis,* celle décrite par Saint Augustin, à propos du temps : *« Qu'est-ce donc que le temps ? Si personne ne m'interroge, je le sais ; si je veux répondre à cette demande, je l'ignore. »* (Saint Augustin, *Confessions*, Livre XI, Chapitre 14).

requis à l'optimisation de la valorisation du "patrimoine immatériel" des personnes publiques.

Section I – L'intérêt de la recherche : la dynamique de valorisation du patrimoine public

La période récente s'est illustrée par un renouvellement des notions du droit des propriétés publiques, lequel s'est accompagné d'une véritable mutation dans la philosophie de la gestion du patrimoine public, désormais innervée par la notion cardinale de valorisation.

S'il serait sans doute exagéré d'induire du mouvement de valorisation des propriétés publiques corporelles celui relatif à la mise en valeur du "patrimoine immatériel" des personnes publiques, il est néanmoins possible de constater que le développement de ces deux politiques de valorisation s'est fait de façon concomitante : les travaux portant sur le "patrimoine immatériel" des personnes publiques ayant directement suivi l'entrée en vigueur du code général de la propriété des personnes publiques, orienté, quant à lui, exclusivement sur la valorisation des propriétés publiques corporelles.

Le renouveau des politiques de valorisation s'est ainsi effectué en deux étapes, et a d'abord concerné les propriétés publiques corporelles – immobilières et mobilières – (§1), puis le "patrimoine immatériel" des personnes publiques (§2).

§1. Un mouvement général initié pour la valorisation des propriétés publiques corporelles

La réforme, par voie d'ordonnance[18], du droit des propriétés publiques, a conduit à l'adoption du code général de la propriété des personnes publiques, modifiant les dispositions du code du domaine de l'Etat et renouvelant profondément les préceptes de la gestion domaniale.

[18] Ordonnance n°2006-460, du 21 avril 2006, relative à la partie législative du code général de la propriété des personnes publiques.

A la vérité, par-delà la nouvelle définition du domaine public immobilier[19] et la consécration de l'existence d'un domaine public mobilier[20], le code général de la propriété des personnes publiques se concentre sur la généralisation des différents modes de valorisation des propriétés publiques[21], applicables auparavant à certaines personnes publiques uniquement.

Il est possible de trouver les linéaments de cette politique volontariste axée sur la gestion dynamique des propriétés publiques corporelles, essentiellement immobilières, dans le rapport remis par un groupe de travail de l'Institut de la gestion déléguée[22]. Cette étude a notamment mis en avant la nécessité de renouveler en profondeur le droit des propriétés publiques, ce qui, de l'aveu de l'un des rapporteurs, *« (...) représente cependant un défi considérable puisqu'il consiste à réviser un corpus de textes souvent complexe, parfois poussiéreux et conçu principalement pour protéger les biens publics, afin de promouvoir une approche économique du droit du domaine public »*[23].

Cette aspiration a directement été suivie d'effet et la valorisation des propriétés publiques a bénéficié, dans le code général de la propriété des personnes publiques, d'un rééquilibrage de son rapport de force vis-à-vis de la dynamique de protection[24]. Finalement, *« [l]a dimension individualiste et conservatrice de la propriété a vécu »*[25].

---

[19] Article L. 2111-1 du code général de la propriété des personnes publiques ; C. MAUGÜE et G. BACHELIER, « Genèse et présentation du code général de la propriété des personnes publiques », *AJDA* 2006, p. 1073 ; spécialement pp. 1077-1079.

[20] Article L. 2112-1 du code général de la propriété des personnes publiques ; voir également : C. MAUGÜE et G. BACHELIER, art. préc. ; spéc. p. 1079.

[21] Sur ce point, voir H.-G. HUBRECHT et F. MELLERAY, « Le Code général de la propriété des personnes publiques », *Dr. adm.* 2006, étude 15.

[22] INSTITUT DE LA GESTION DELEGUEE, *Rapport du groupe de travail sur la valorisation des propriétés publiques*, 2004.

[23] INSTITUT DE LA GESTION DELEGUEE, *op. cit.*, spéc. p. 32.

[24] Pour le Professeur Philippe Yolka, le code général de la propriété des personnes publiques est désormais sous-tendu par *« un nouveau paradigme : le centre de gravité de la théorie domaniale se déplace d'une logique de protection (centrée sur l'affectation publique) vers une démarche de valorisation (fondée sur le droit de propriété) »* - PH. YOLKA, « Naissance d'un code : la réforme du droit des propriétés publiques », *JCP A* 2006, act. 452.

[25] Y. Gaudemet, Préface à la thèse de PH. YOLKA, *La propriété publique, éléments pour une théorie*, LGDJ, Bibliothèque de droit public, tome 191, 1997. Pour la citation complète, voir : *« Le droit de la propriété publique était traditionnellement un droit de la conservation ; il est devenu aujourd'hui un droit de l'exploitation. C'est au fond l'évolution normale de tout le droit de propriété, mais les personnes publiques ont été plus longues à le comprendre. La conception individualiste et conservatrice de la*

En réalité, le renouveau des techniques de valorisation des propriétés publiques a principalement conduit à la circonscription du champ du domaine public, par le glissement vers le critère de l'"aménagement indispensable"[26], plus réducteur que celui de l'"aménagement spécial" et par l'intégration législative de certains biens au domaine privé des personnes publiques[27], et à la généralisation de certains outils contractuels réservés naguère exclusivement à l'Etat, sans que celle-ci concorde nécessairement avec une simplification de ces procédures[28].

La logique qui sous-tend désormais la gestion des propriétés des personnes publiques est la valorisation, laquelle ne se résume pas à la recherche de la rentabilité la plus élevée de l'exploitation des propriétés publiques. Selon les auteurs du rapport, précité, de l'Institut de la gestion déléguée : *« De toute évidence, cette valorisation s'agissant de biens appropriés par une personne publique, n'est pas seulement la maximisation du profit qu'elle peut en retirer (...) ; si elle inclut, à des degrés divers, cette exigence de rentabilité, elle a aussi pour objectif la satisfaction ou la recherche d'une meilleure satisfaction d'un intérêt général. La valorisation d'un équipement public est sans doute la réalisation et l'entretien de celui-ci au moindre coût, son aliénation au meilleur prix lorsqu'il est devenu inutile, mais aussi l'adéquation constante de cet équipement à l'intérêt général qu'il doit servir. »*[29].

Il ressort de cette affirmation qu'il y a un point d'équilibre à trouver entre la création de ressources à partir de l'exploitation des propriétés publiques et leur protection. Il en résulte également que la propriété publique n'est pas figée, c'est-à-dire qu'elle ne se limite pas à une conservation à tout prix des biens publics et que la recherche de la valorisation optimale peut conduire à des aliénations. Tel est le point de

---

propriété a vécu. Et aujourd'hui l'administration découvre à son tour que les domaines publics peuvent être valorisés, rendus à leur valeur économique et accueillir des initiatives complémentaires de leur vocation traditionnelle. ».

[26] Article L. 2111-1 du code général de la propriété des personnes publiques.

[27] Articles L. 2211-1 et L. 2212-1 du code général de la propriété des personnes publiques.

[28] Pour plus de précisions, voir notamment : H.-G. HUBRECHT et F. MELLERAY, « Le Code général de la propriété des personnes publiques », *Dr. adm.* 2006, étude 15.

[29] INSTITUT DE LA GESTION DELEGUEE, *Rapport du groupe de travail sur la valorisation des propriétés publiques*, 2004 ; spéc. pp. 7-8.

vue exprimé par le président Olivier Schrameck, pour qui : *« Valoriser, c'est savoir exploiter, mais c'est aussi, le cas échéant, savoir céder »*[30].

La recherche de ces nouveaux objectifs a conduit à étendre la possibilité des droits réels en matière administrative (servitudes réelles conventionnelles ou droits réels sur le domaine public et sur les ouvrages construits par l'occupant...), ainsi qu'à clarifier le régime de certains outils contractuels de valorisation[31] : bail emphytéotique administratif, crédit-bail, bail emphytéotique hospitalier...

La mise en place de France Domaine, service à compétence nationale en charge du recensement et de la valorisation des immeubles de l'Etat[32], a également contribué à renouveler les principes applicables à la gestion des propriétés publiques, immobilières en l'occurrence[33]. A cet égard, le déploiement de grands programmes de cession de biens immobiliers est une illustration possible du nouvel élan qui a été donné à la gestion des propriétés des personnes publiques[34]. Cette gestion s'avère globalement satisfaisante du point de vue des finances publiques, selon le président Jean-Marc Sauvé[35].

Le mouvement en faveur de la valorisation des propriétés publiques corporelles doit être analysé comme participant de la prise de conscience généralisée, par les personnes publiques, de la nécessité qu'elles ont de dresser un inventaire de leurs biens, quoique cette perspective apparaisse à ce jour davantage comme un objectif à atteindre que comme une

---

[30] CONSEIL D'ETAT, *La valorisation économique des propriétés des personnes publiques*, Colloque du 6 juillet 2011, La Documentation française, coll. Droits et Débats n°3, 2012, p. 9.

[31] Sur l'attrait des différentes méthodes de valorisation domaniale, voir : S. DYENS, « Le BEA est-il devenu le « droit commun » de la valorisation domaniale ? », *AJCT* 2013, p. 79.

[32] Article 2, 7°, du décret n°2008-310 du 3 avril 2008 relatif à la direction générale des finances publiques.

[33] C. MAUGÜE et G. BACHELIER, « Genèse et présentation du code général de la propriété des personnes publiques », *AJDA* 2006, p. 1073 ; spécialement p. 1086.

[34] Pour une analyse approfondie du rôle de France Domaine, voir : J.-F. BOUDET, « France Domaine ou la réforme de la politique immobilière de l'Etat en marche », *in Les nouvelles orientations du droit de la propriété publique, Mélanges en l'honneur du professeur Philippe Godfrin*, Mare & Martin, 2014, p. 17.

[35] CONSEIL D'ETAT, *La valorisation économique des propriétés des personnes publiques*, *op. cit.*, p. 15 ; *« En témoigne (...) l'ambitieuse politique de cession de biens immobiliers par l'Etat, dont le bilan est généralement présenté comme positif sur le plan financier. »*.

réalisation concrète[36], puis d'en faire un usage avisé, alliant, de façon équilibrée, la mise en valeur et la protection[37].

Cette mutation des réflexes administratifs en matière de gestion immobilière, première expérience du genre, a logiquement précédé l'important travail réalisé en matière de recensement et de valorisation du "patrimoine immatériel" des personnes publiques.

§2. Un mouvement spécifique infectant le "patrimoine immatériel" des personnes publiques

La valorisation du "patrimoine immatériel" des personnes publiques est passée rapidement du statut de simple sujet ayant un intérêt théorique à celui d'impératif de politique publique de premier ordre ; elle a suivi, pour cela, trois étapes déterminantes : une d'exploration, une de découverte et une de conquête.

Les premiers temps de la valorisation du "patrimoine immatériel" des personnes publiques, qui peuvent être qualifiés d'exploration, sont marqués par la mention qui en est faite par le rapport Lévy-Jouyet, lequel détecte le fort potentiel de croissance des actifs immatériels et diagnostique leur recensement et leur valorisation par l'Etat.

Cette démarche est la première en la matière et elle est à l'origine de l'intérêt porté à cette thématique émergente. C'est ainsi que les auteurs écrivent : *« [e]n améliorant le recensement [de leurs actifs immatériels], en développant des méthodes de gestion plus dynamiques, l'Etat et les établissements publics se donneront les moyens, au-delà de l'obtention de revenus supplémentaires, de dégager des opportunités nouvelles pour générer de la croissance, renforcer notre potentiel économique et renouveler la conduite de certaines politiques publiques »*[38].

La tonalité de ce propos ne manque pas d'originalité et, loin de se limiter à l'énoncé d'une affirmation de principe, les auteurs ont cherché à lui donner une vitalité durable. Ils ont ainsi prescrit la création d'une

---

[36] L. LEVOYER, « L'imparfaite connaissance du patrimoine immobilier de l'Etat », *RDI* 2009, p. 531.
[37] P. VILLENEUVE, « Valorisation du patrimoine matériel des collectivités territoriales : essai d'une définition », *AJCT* 2013, p. 72.
[38] M. LEVY et J.-P. JOUYET, *L'économie de l'immatériel, la croissance de demain*, *op. cit.* ; spéc. p. 116.

agence spécialement dédiée au recensement, à la valorisation et à l'exploitation des actifs immatériels de l'Etat[39].

Les préconisations du rapport Lévy-Jouyet ont été, sur ce point, très rapidement suivies d'effet. L'Agence du patrimoine immatériel de l'Etat a ainsi été mise en place dès avril 2007[40], soit moins de six mois après la remise au Ministre de l'économie et des finances du rapport précité. Pour les gestionnaires publics, cette étape a marqué le début de la découverte du "patrimoine immatériel" des personnes publiques.

Suivant ses missions[41], l'Agence propose des orientations stratégiques dans la gestion des actifs publics immatériels, sensibilise les administrations à cette question, accompagne les administrations dans leurs démarches de valorisation, en leur proposant conseil et expertise, peut proposer des services de gestion mutualisés d'actifs immatériels[42], élabore des règles spécifiques de comptabilité publique, et peut, enfin, proposer les réformes nécessaires à cette matière.

De fait, l'Agence du patrimoine immatériel de l'Etat s'est rapidement livrée à un très important travail de recensement des "actifs immatériels publics". Elle s'est également investie directement auprès des acteurs publics afin de leur faire prendre conscience de l'existence des richesses en question et de la nécessité de les valoriser. Elle a, pour cela, multiplié les ressources textuelles à visée pédagogique, disponibles directement en ligne sur le site Internet de l'APIE, les colloques ou conférences et les formations réservées aux acteurs publics.

Désormais, la valorisation par les personnes publiques de leur "patrimoine immatériel" est pleinement en marche et elle a atteint le troisième stade de sa maturation : celui de la conquête. Les premiers résultats de l'Agence du patrimoine immatériel de l'Etat sont prometteurs : malgré des moyens d'action relativement limités, elle a réussi à imposer la problématique de la valorisation des actifs

---

[39] M. LEVY et J.-P. JOUYET, *ibid.* ; spéc. p. 117, recommandation n°2 : « *Enclencher une dynamique de recensement, de valorisation et d'exploitation des actifs immatériels dans l'ensemble de l'administration en mettant en place une agence d'appui à la gestion des actifs immatériels.* ».

[40] Arrêté du 23 avril 2007 portant création d'un service à compétence nationale dénommé « Agence du patrimoine immatériel de l'Etat ».

[41] Arrêté du 23 avril 2007, préc., article 2.

[42] Cette mission a été introduite par l'Arrêté du 22 juillet 2013 modifiant l'Arrêté du 23 avril 2007 portant création d'un service à compétence nationale dénommé « Agence du patrimoine immatériel de l'Etat ».

immatériels publics comme un thème majeur de politique publique, dont se sont saisies progressivement la plupart des administrations.

Plus encore, les moyens d'action des services de l'Etat en la matière ont été sensiblement renforcés par deux décrets du 10 février 2009[43], qui ont également aménagé le régime comptable des produits perçus à l'occasion de ces actions de valorisation. Ainsi, le décret n°2009-151 prévoit sept prestations de valorisation du "patrimoine immatériel de l'Etat". Alors que certaines concernent directement les droits de propriété intellectuelle des administrations ou le partage des informations qu'elles détiennent, d'autres, telles que la location de salles pour des tournages de films ou événements promotionnels ou bien l'organisation de colloques ou de conférences, paraissent plus difficilement rattachables à la valorisation du "patrimoine immatériel"[44]. Quant au décret n°2009-157, il module les règles de la comptabilité publique pour rendre possible une perception directe par le ministère à l'origine d'une action de valorisation de son "patrimoine immatériel" des ressources qui en sont issues, ce qui constitue *« une exception au principe de non-affectation des recettes de l'Etat »*[45]. Ce mécanisme incitatif était, d'ailleurs, déjà recommandé par le rapport Lévy-Jouyet[46], afin de *« faire sauter les verrous qui empêchent les acteurs publics de trouver un intérêt dans la gestion de leurs actifs immatériels »*[47]. En d'autres termes, il s'agit de permettre aux gestionnaires publics de récupérer 80% des recettes issues d'une de ces actions de valorisation, plutôt que de les voir noyées dans l'ensemble des recettes étatiques, les 20% restants étant affectés au désendettement de l'Etat.

---

[43] Décret n°2009-151 du 10 février 2009 relatif à la rémunération de certains services rendus par l'Etat consistant en une valorisation de son patrimoine immatériel ; décret n°2009-157 du 10 février 2009 portant attribution de produits aux budgets des ministères concernés en application du décret n°2009-151 du 10 février 2009 relatif à la rémunération de certains services rendus par l'Etat consistant en une valorisation de son patrimoine immatériel.

[44] J.-D. DREYFUS, « La valorisation par l'Etat de son patrimoine immatériel », *AJDA* 2009, p. 696 ; spéc. p. 698.

[45] C. MALWE, « La valorisation du patrimoine immatériel de l'Etat », *Dr. adm.* 2009, comm. 52.

[46] M. LEVY et J.-P. JOUYET, *L'économie de l'immatériel, la croissance de demain*, *op. cit.* ; spéc. p. 118, recommandation n°3 : *« Mettre en place un cadre qui incite les administrations à gérer leurs actifs immatériels en donnant un intéressement financier aux gestionnaires – qui ne soit pas un intéressement individuel – pour les récompenser des efforts déployés, et en renforçant la liberté de tarification des savoir-faire publics. »*.

[47] *Ibid.*, p. 118.

La recherche de la valorisation optimale du "patrimoine immatériel" des personnes publiques ne permet pas d'éluder l'importante question de l'identification de cette notion. Cette démarche s'avère délicate, dans la mesure où la notion n'est, malgré sa consonance, pas juridique.

Section II – Objet de la recherche : l'identification délicate de la notion de « patrimoine immatériel des personnes publiques »

La notion de « patrimoine immatériel des personnes publiques » est délicate à saisir. Il s'avère, à l'analyse, qu'il s'agit d'une notion importée de la comptabilité et de travaux économiques. Il en ressort logiquement qu'elle n'a pas de portée juridique. Elle n'est toutefois pas dépourvue de tout intérêt pédagogique, de telle sorte que le recours à cette notion présente une utilité certaine. Il convient dès lors de revenir successivement sur l'identification des origines (§1) puis sur celle des fonctions de la notion de « patrimoine immatériel des personnes publiques » (§2).

§1. L'identification des origines de la notion de « patrimoine immatériel des personnes publiques »

L'identification des origines de la notion de « patrimoine immatériel des personnes publiques » révèle qu'elle est issue de travaux non juridiques. Cela explique d'ailleurs les difficultés rencontrées ultérieurement pour saisir cette notion avec les schémas de pensée classiquement connus en droit. La doctrine juridique a initialement méconnu la notion de « patrimoine immatériel des personnes publiques » (A), avant de l'appréhender dans la période récente (B).

A. La méconnaissance initiale de la notion de « patrimoine immatériel des personnes publiques » par la doctrine juridique

Née à l'extérieur du droit, la notion de « patrimoine immatériel des personnes publiques » n'a été appréhendée en tant que telle que tardivement par la doctrine juridique.

Jusqu'à une période récente, les écrits juridiques à propos de l'économie de l'immatériel étaient peu nombreux, généralement atrophiés, et surtout ponctuels, car principalement axés sur un pan seulement de l'économie de l'immatériel ; en la matière, l'appréhension globale du "patrimoine immatériel" des personnes publiques est avant tout d'inspiration économique et comptable.

La réflexion menée à propos du "patrimoine immatériel" des personnes publiques par les acteurs de la Commission sur l'économie de l'immatériel, qui est à l'origine du Rapport Lévy-Jouyet, a eu le mérite de lui donner la dimension la plus large possible. Des travaux d'essence non-juridique sont donc à l'origine de la délimitation extensive du "patrimoine immatériel" des personnes publiques. Motivée avant tout par le basculement de la France dans l'"ère de l'immatériel" et par la recherche de croissance, la démarche entreprise par les auteurs du Rapport Lévy-Jouyet a privilégié une approche globale du "patrimoine immatériel" des personnes publiques, laquelle sera plus tard pérennisée par les premières études juridiques menées en la matière.

La notion de « patrimoine immatériel des personnes publiques » a été ignorée dans un premier temps par la doctrine juridique, parce que la réflexion l'entourant était en priorité axée sur la création de richesse occasionnée par son exploitation (1) et qu'elle était orientée vers une approche globale de cette notion (2) dépassant largement les schémas de pensée traditionnels du droit.

1. Une réflexion motivée par la croissance issue de l'exploitation du "patrimoine immatériel"

Motivée par la recherche de croissance, la démarche entreprise par le Rapport Lévy-Jouyet a aidé les acteurs publics à convertir la France à l'"ère de l'immatériel", ainsi que plus généralement à prendre conscience de l'existence des richesses immatérielles.

Les premières études mentionnant la notion de « patrimoine immatériel des personnes publiques », d'inspiration économique et comptable, sont extérieures au droit et n'ont pas mesuré les conséquences du recours à une notion quasiment identique à celles connues de la doctrine juridique.

« Aujourd'hui, la véritable richesse n'est pas concrète, elle est abstraite. Elle n'est pas matérielle, elle est immatérielle »[48]. Ces quelques mots, issus du Rapport Lévy-Jouyet, en résument la raison d'être, c'est-à-dire, la confrontation de la France à l'économie de l'immatériel et la nécessité de lui faire adopter une posture qui soit en phase avec les évolutions économiques contemporaines.

Le Ministre de l'économie, des finances et de l'industrie, à l'initiative dudit rapport, Thierry Breton, invitait à cet égard la Commission sur l'économie de l'immatériel à étudier *« les caractéristiques d'une économie fondée sur la croissance des actifs immatériels ainsi que l'impact que cette évolution peut avoir sur notre société et son potentiel de développement »*[49]. La philosophie du Rapport Lévy-Jouyet est ainsi entièrement fondée sur l'idée que l'immatériel a une place déterminante pour le développement économique d'un pays, que la France n'a pas encore pris pleinement conscience de cette réalité et qu'elle doit initier quelques changements majeurs pour devenir un véritable "leader de l'immatériel"[50].

Tous les développements du Rapport Lévy-Jouyet consacrés aux "actifs immatériels publics" s'inscrivent précisément dans cette dynamique. C'est pour cette raison qu'il a pu être souligné par le Président Jean-Marc Sauvé que *« le patrimoine immatériel fait l'objet d'une redécouverte »*[51] depuis quelques années et que les pouvoirs publics ont amorcé une mutation profonde de leurs habitudes de fonctionnement, en vue de basculer pleinement dans l'"ère de l'immatériel". Dans le même ordre d'idées, le président Olivier Schrameck a dressé le constat suivant : *« la question du patrimoine immatériel des personnes publiques se pose en raison d'une évolution*

---

48 M. LEVY et J.-P. JOUYET, *L'économie de l'immatériel, la croissance de demain*, *op. cit.* ; voir spéc. : Résumé du Rapport, p. I.

49 Lettre de mission, en date du 16 mars 2006, adressée à Monsieur Maurice Lévy, Président du Groupe Publicis, par Monsieur Thierry Breton, Ministre de l'économie, des finances et de l'industrie, annexée au Rapport Lévy-Jouyet.

50 Voir sur ce point : M. REZZOUK, « La question de l'économie de l'immatériel dans les rapports officiels : évaluation critique à partir du rapport Lévy-Jouyet », *in Droits de propriété intellectuelle dans un monde globalisé*, Actes du colloque du Centre Européen de Droit et d'Économie (ESSEC), Vuibert, 2009, p. 165 ; spéc. p. 165 : *« l'économie de l'immatériel est bien là, et la France y a déjà basculé sans toutefois en exploiter pleinement les avantages ; des mesures doivent dont être prises rapidement, certaines en urgence, pour espérer en recueillir les fruits demain »*.

51 J.-M. SAUVE, Discours d'ouverture, *in Le patrimoine immatériel des personnes publiques*, Colloque du 16 mars 2012, La Documentation française, coll. Droits et Débats n°6, 2013, p. 9 ; spéc. p. 10.

économique majeure. Il s'agit de l'importance prise par « l'économie de l'immatériel », portée par les progrès des technologies de l'information et par l'accent mis sur le capital intellectuel et sur l'innovation. »[52].

Finalement, *« [l]es administrations ne se tiennent pas à l'écart de ce mouvement. (...) La prise de conscience des valeurs immatérielles rattachées à des personnes, à des activités ou à des biens publics, suscite ainsi de nouvelles institutions et de nouvelles méthodes de gestion »*[53]. En définitive, une fois entrée dans l'"ère de l'immatériel", la France a pris conscience de ses richesses immatérielles et les pouvoirs publics ont commencé à les mettre en valeur, notamment aux moyens de l'Agence du patrimoine immatériel de l'Etat[54] et de l'adoption d'un arsenal réglementaire dédié au "patrimoine immatériel", c'est-à-dire spécialement deux décrets du 10 février 2009[55].

Comme l'a indiqué le président Jean-Marc Sauvé dans son allocution d'ouverture à un important colloque consacré au "patrimoine immatériel" des personnes publiques : *« le rapport dit Lévy-Jouyet souligne que l'Etat n'a pas pris conscience de l'importance d'une gestion active de ses actifs immatériels et propose des pistes pour y remédier »*[56]. Heureusement, dans la continuité directe de cette étude capitale, *« les pouvoirs publics ont enfin pris conscience de l'importance de leur patrimoine immatériel »*[57]. Il s'agit là, à la fois de l'importance quantitative de ce patrimoine et également de l'importance qu'il y a à mieux le valoriser.

A la manière du Professeur Pierre-Yves Gautier qui rappelait, à propos des rapports entretenus par le droit avec l'immatériel, que : *« l'objet est peut être impalpable, il n'en représente pas moins une valeur*

---

[52] O. SCHRAMECK, Avant-propos, *in Le patrimoine immatériel des personnes publiques*, Colloque du 16 mars 2012, La Documentation française, coll. Droits et Débats n°6, 2013, p. 5 ; spéc. p. 5.
[53] *Idem.*
[54] Arrêté du 23 avril 2007 portant création d'un service à compétence nationale dénommé « Agence du patrimoine immatériel de l'Etat ».
[55] Décret n° 2009-151 du 10 février 2009 relatif à la rémunération de certains services rendus par l'Etat consistant en une valorisation de son patrimoine immatériel ; Décret n° 2009-157 du 10 février 2009 portant attribution de produits aux budgets des ministères concernés en application du décret n° 2009-151 du 10 février 2009 relatif à la rémunération de certains services rendus par l'Etat consistant en une valorisation de son patrimoine immatériel.
[56] J.-M. SAUVE, art. préc. ; spéc. p. 12.
[57] R. LEONETTI, « La protection de l'affectation au service public des biens incorporels », *AJDA* 2009, p. 1689 : spéc. p. 1689.

économique »[58], il faut considérer d'une part que le "patrimoine immatériel" des personnes publiques est sans doute possible valorisable[59] et d'autre part que sa valeur est souvent loin d'être négligeable[60].

L'adjonction au titre du Rapport Lévy-Jouyet, intitulé *« L'économie de l'immatériel »*, d'un sous-titre – à savoir : *« la croissance de demain »* – donne, par ailleurs, une idée précise des objectifs de cette étude et des enjeux induits par l'optimisation de l'appréhension de l'immatériel par les pouvoirs publics : l'immatériel est devenu un facteur majeur de croissance économique et les personnes publiques doivent elles aussi s'en saisir pleinement.

Ces considérations sont corroborées par plusieurs développements dudit rapport, qui soulignent à la fois la place sans cesse plus importante de l'immatériel dans l'économie[61] et celle de l'immatériel dans la croissance économique[62]. En définitive, l'immatériel doit être mieux appréhendé par les pouvoirs publics pour deux raisons : il s'agit d'un vecteur supplémentaire de croissance économique et d'une ressource budgétaire nouvelle[63].

---

[58] P.-Y. GAUTIER, « Rapport de synthèse », *in Le droit et l'immatériel*, Archives de philosophie du droit, Tome 43, Sirey, 1999, p. 233 ; spéc. p. 234 : *« quelle différence fondamentale y aurait-il donc entre mon droit sur un fonds de commerce et celui sur une maison, sur une marque et sur une voiture, sur les données d'un site Internet et une bibliothèque bourrée de volumes ? L'objet est peut-être impalpable, il n'en représente pas moins une valeur économique »* (nous soulignons).

[59] C. MALWE, « Valorisation du patrimoine immatériel : de quoi parle-t-on ? », *AJCT* 2013, p. 120 : *« la valeur patrimoniale du patrimoine immatériel public n'est aujourd'hui plus discutée ».*

[60] A. DILLOARD, « L'émergence des marques publiques dans le patrimoine immatériel des personnes publiques », *RDP* 2014, p. 39, spéc. p. 41 : *« on assiste depuis plusieurs années, à une véritable « découverte » par les personnes publiques (Etat, collectivités territoriales, mais aussi établissements chargés d'une mission de service public) de leur propre patrimoine en ce qu'il regorge de « richesses insoupçonnées ». Ce patrimoine immatériel a pris une valeur considérable, dépassant même, d'un point de vue comptable bon nombre de biens corporels. »* ; voir également : PH. YOLKA, « L'immatériel public en trompe-l'œil », *JCP A* 2011, act. 726 : *« notre Etat est riche (mais de richesses insoupçonnées) ! Clochard assis sur un tas d'or, il lui suffit de se baisser pour toucher le pactole, en faisant fructifier ses « actifs immatériels dormants » ».*

[61] M. LEVY et J.-P. JOUYET, *L'économie de l'immatériel, la croissance de demain, op. cit.* ; spéc. pp. 12-13.

[62] M. LEVY et J.-P. JOUYET, *ibid.* ; spéc. pp. 165-167.

[63] Sur ce point, le Professeur Odile de David Beauregard-Berthier synthétise ces deux aspects de la manière suivante : *« Le rapport Lévy-Jouyet a eu le grand mérite de faire prendre conscience aux pouvoirs publics de la richesse représentée par le patrimoine immatériel de l'Etat et de la nécessité de le valoriser, non seulement afin de disposer*

La notion de « patrimoine immatériel des personnes publiques » a émergé en raison de la multiplication des travaux relatifs à l'économie de l'immatériel. Initialement à consonance économique, elle a rapidement pris une dimension juridique. Ainsi, la possibilité d'une appréhension comptable de l'immatériel a fait ressortir la nécessité de mener des études juridiques d'ensemble en cette matière.

La prise en compte de l'immatériel en comptabilité n'est pas nouvelle. Madame Anna Butlen a souligné à cet égard, dans une étude consacrée aux propriétés publiques immatérielles, que : *« sur le plan économique, la notion de "patrimoine immatériel" semble aisément appréhendable »*[64]. Cela explique sans réel doute pourquoi le "patrimoine immatériel" a connu ses premières études d'ensemble à travers le prisme de l'économie et de la comptabilité.

Dans le même ordre d'idées, il faut relever que dans une réponse à la question d'un parlementaire qui demandait que lui soit donnée *« une définition précise de la notion de patrimoine immatériel de l'Etat »*[65], le Ministre du Budget n'a pas su répondre autrement qu'en s'appuyant sur la comptabilité, plutôt que sur le droit. Il a ainsi déclaré, qu'*« il est possible de définir ce patrimoine d'un point de vue comptable »*[66], ajoutant qu'*« il s'agit d'éléments identifiables du patrimoine, sans substance physique, engendrant des avantages économiques futurs ou un potentiel de service pour l'entité qui les contrôle »*[67].

La réponse du Ministre du Budget renvoie ensuite au Recueil des normes comptables de l'Etat[68], lequel compile les conditions de la

de ressources budgétaires complémentaires, mais aussi et surtout pour renforcer le potentiel de croissance économique de la France. » ; O. DE DAVID BEAUREGARD-BERTHIER, « Le patrimoine immatériel de l'Etat », *in Bien public, bien commun, Mélanges en l'honneur d'Etienne Fatôme*, Dalloz, 2011, p. 23, spéc. p. 24.

64 A. BUTLEN, « Les contrats sur la propriété publique immatérielle », *in Contrats et propriétés publics*, Actes du colloque de Montpellier, des 28 et 29 avril 2011, Lexis Nexis, 2011, p. 249, spéc. p. 252.

65 Assemblée nationale, Question de M. Lionel Tardy au Ministre du Budget, n° 14499, publiée au JO le 25/12/2012, p. 7647 : *« M. Lionel Tardy demande à M. le ministre délégué auprès du ministre de l'économie et des finances, chargé du budget, de lui donner une définition précise de la notion de patrimoine immatériel de l'État, sur ce qu'elle est censée contenir, ainsi que sur le régime juridique, en termes de domanialité publique, de ce patrimoine immatériel. »*.

66 Réponse publiée au JO le 30 avril 2013, p. 4757.

67 *Idem.*

68 Recueil des normes comptables de l'Etat (RNCE).

comptabilisation d'un actif public, et dont la "norme n°5" est spécifiquement consacrée aux "immobilisations incorporelles". Les immobilisations sont des actifs utilisés durablement par l'entité concernée, personne privée ou personne publique. Aux termes du Recueil des normes comptables de l'Etat, les immobilisations incorporelles sont comptabilisées à la double condition d'être contrôlées par l'Etat – ce qui n'induit pas exclusivement l'existence d'un droit de propriété à son bénéfice – et que leur coût ou leur valeur puissent être évalués avec suffisamment de fiabilité. L'approche du "patrimoine immatériel" des personnes publiques en dehors du droit offre ainsi l'avantage de donner une vue d'ensemble des éléments susceptibles d'être comptabilisés et présentant une dimension immatérielle. En revanche, elle n'aide pas vraiment à clarifier cette notion et ses implications sur le plan juridique.

Le Rapport Lévy-Jouyet, relatif à l'économie de l'immatériel[69], a été véritablement pionnier en la matière et a contribué à faire prendre conscience aux acteurs publics de l'existence de leurs richesses immatérielles et de l'impérieuse nécessité qu'il y a à les mieux valoriser. En somme, le Rapport Lévy-Jouyet est à l'origine de la réflexion globale menée en la matière, dans la mesure où il a clairement milité pour une appréhension élargie du "patrimoine immatériel". Ainsi, dans le chapitre consacré aux recommandations visant à *« changer les réflexes »* des pouvoirs publics afin d'adapter l'économie française à l'économie de l'immatériel[70], les auteurs envisagent tour à tour, dans un paragraphe encourageant à *« mettre les actifs immatériels publics au service de l'économie »*[71], les brevets, logiciels, marques et autres droits immatériels (recommandation n°2), l'image publique (recommandation n°4), certaines autorisations administratives (recommandations n°5 à n°7), les données publiques (recommandation n°11), ainsi que les fréquences hertziennes, lesquelles font l'objet de développements séparés[72].

Le Rapport Lévy-Jouyet, en attirant l'attention sur le "patrimoine immatériel" des personnes publiques et en mettant en évidence la nécessité de le mieux valoriser, a déclenché un important mouvement de réflexion au sein de la doctrine juridique autour de cette notion et de ses implications.

---

[69] M. LEVY et J.-P. JOUYET, *L'économie de l'immatériel, la croissance de demain*, *op. cit.*
[70] *Ibid.*, spéc. pp. 115-142.
[71] *Ibid.*, spéc. pp. 116-124.
[72] *Ibid.*, spéc. pp. 90-96 et pp.129-132.

Les premières traces de l'utilisation de la notion de « patrimoine immatériel des personnes publiques » se trouvent dans le Rapport Lévy-Jouyet, sous une forme relativement indéterminée. Sont en effet utilisées tout à la fois les notions de *« patrimoine public immatériel »*[73], de *« patrimoine immatériel de la nation »*[74] et de *« patrimoine immatériel de l'Etat »*[75]. Dans la plupart de ses développements, le Rapport Lévy-Jouyet leur préfère d'ailleurs, l'expression d'*« actifs immatériels publics »*, dont la somme est censée composer le "patrimoine public immatériel".

L'expression "patrimoine immatériel des personnes publiques" a rapidement fait l'objet d'une transposition pure et simple en droit public, sans égards à la perturbation éventuelle de l'équilibre des catégories juridiques connues.

D'emblée, le recours à une telle notion suscite la réserve, à un double titre. D'une part, la notion de "patrimoine" est-elle divisible, comme renvoyant à un hypothétique "patrimoine immatériel", additionné à un "patrimoine matériel" ? D'autre part, à quoi renvoie la notion de "patrimoine immatériel" ?

Le mouvement visant à transposer en droit public la notion de "patrimoine immatériel" a été fortement amplifié par la création d'une "Agence du patrimoine immatériel de l'Etat"[76], préconisée par le Rapport Lévy-Jouyet[77]. Banalisée, la notion de « patrimoine immatériel des personnes publiques » a trouvé une certaine forme de légitimité et son utilisation a été petit à petit cristallisée dans les écrits juridiques.

Certains auteurs ont toutefois pu souligner la déconnexion regrettable de la réflexion comptable, menée en la matière par les spécialistes de la gestion publique – il faut à cet égard remarquer *« la présence en force de l'Inspection des finances dans la composition de la commission ayant*

---

[73] Lettre de mission, en date du 16 mars 2006, adressée à Monsieur Maurice Lévy, Président du Groupe Publicis, par Monsieur Thierry Breton, Ministre de l'économie, des finances et de l'industrie, annexée au Rapport Lévy-Jouyet.

[74] M. LEVY et J.-P. JOUYET, *ibid.* ; voir spéc. : Résumé du Rapport, p. II.

[75] M. LEVY et J.-P. JOUYET, *ibid.* ; spéc. p. 101.

[76] Arrêté du Ministre des finances, de l'économie et de l'industrie, du 23 avril 2007, portant création d'un service à compétence nationale dénommé « Agence du patrimoine immatériel de l'Etat », JORF n°110, 12 mai 2007, p. 8684, texte n°26.

[77] Rapport Lévy-Jouyet, *préc.* ; spéc. p. 117, Recommandation n°2 : *« Enclencher une dynamique de recensement, de valorisation et d'exploitation des actifs immatériels dans l'ensemble de l'administration en mettant en place une agence d'appui à la gestion des actifs immatériels. ».*

produit le rapport [Lévy-Jouyet] (un tiers sur la trentaine de membres) »[78] –, et de la réflexion juridique, l'une et l'autre n'ayant pas été menées concomitamment. Le Professeur Odile de David Beauregard-Berthier relève ainsi que si *« le rapport Lévy-Jouyet a eu le grand mérite de faire prendre conscience aux pouvoirs publics de la richesse représentée par le patrimoine immatériel de l'Etat et de la nécessité de le valoriser (...) la politique d'inventaire et de valorisation économique de ces actifs ne saurait faire... l'économie d'une analyse juridique préalable, tant la matière est complexe et, par nature, fuyante »*[79].

Il y a là l'affirmation de la nécessité impérieuse de ne pas dissocier la réflexion juridique du mouvement volontariste, impulsé par les pouvoirs publics, de valorisation du "patrimoine immatériel des personnes publiques". Dans la continuité des études économiques et comptables, les travaux juridiques menés en la matière, depuis le Rapport Lévy-Jouyet et depuis la mise en place de l'Agence du patrimoine immatériel de l'Etat, ont donné au "patrimoine immatériel" une dimension d'ensemble, plus propice à la finalisation d'une véritable stratégie de valorisation.

2. Une réflexion orientée vers une approche globale de la notion de « patrimoine immatériel des personnes publiques »

La démarche entreprise par le Rapport Lévy-Jouyet, axée sur l'étude de l'impact de l'immatériel sur l'ensemble de l'économie française, a adopté intuitivement une approche globale du "patrimoine immatériel", laquelle sera rapidement reprise dans des formes sensiblement identiques par l'Agence du patrimoine immatériel de l'Etat, avant d'être relayée plus tard par la doctrine juridique.

En ayant recours à plusieurs reprises à l'expression de "patrimoine immatériel public", ou à celle de "patrimoine immatériel de l'Etat" (cf. *supra*), le Rapport Lévy-Jouyet a contribué à véhiculer l'idée selon laquelle ces notions seraient synonymes – ou interchangeables – et renverraient simplement à l'agrégat des "actifs immatériels publics",

[78] M. REZZOUK, « La question de l'économie de l'immatériel dans les rapports officiels : évaluation critique à partir du rapport Lévy-Jouyet », *in Droits de propriété intellectuelle dans un monde globalisé*, Actes du colloque du Centre Européen de Droit et d'Économie (ESSEC), Vuibert, 2009, p. 165 ; spéc. p. 168.

[79] O. DE DAVID BEAUREGARD-BERTHIER, « Le patrimoine immatériel de l'Etat », *in Bien public, bien commun, Mélanges en l'honneur d'Etienne Fatôme*, Dalloz, 2011, p.23 ; spéc. pp. 24-25.

c'est-à-dire des éléments immatériels des personnes publiques susceptibles de valorisation comptable.

Une telle approche du "patrimoine immatériel" des personnes publiques est particulièrement extensive, parce qu'elle renvoie avant tout à une acception comptable de la notion, laquelle transcende les distinctions classiquement opérées par le droit. Ainsi, un élément susceptible de valorisation comptable ne fera pas nécessairement l'objet d'un droit de propriété[80], à plus forte raison s'agissant d'un élément immatériel[81]. Par conséquent, la transposition en droit public de la notion de "patrimoine immatériel", au sens où l'entendent les auteurs du Rapport Lévy-Jouyet est malaisée et annonciatrice de difficultés considérables de classification.

Cette approche a néanmoins le mérite de permettre d'envisager tout à la fois l'étude de questions aussi diverses que les données publiques, la propriété intellectuelle des personnes publiques (c'est-à-dire la propriété industrielle – brevets d'invention et marques de fabrique – et la propriété intellectuelle – droits d'auteur, moraux et patrimoniaux –), l'image des biens publics, les actions détenues par une personne publique dans une société commerciale, les noms de domaine des personnes publiques, ou encore les fréquences hertziennes. Cette notion structure donc la réflexion juridique autour de l'immatériel et pose la question de son appréhension par le droit public.

Cette confusion des notions juridiques et comptables n'est pas sans explications. La composition de la Commission sur l'économie de l'immatériel, à l'origine du Rapport Lévy-Jouyet, a à cet égard pu être critiquée, en ce qu'elle aurait été très largement sous l'influence de l'Inspection générale des finances[82]. La composition de cette

---

[80] Avec le nouveau Plan Comptable Général (1er janvier 2005), l'article 211-1-1, qui définit les actifs, a changé de physionomie : « *avec les anciennes règles, pour inscrire un élément à l'actif de son bilan, il suffisait d'en avoir la propriété juridique. La nouvelle définition des actifs en fournit une interprétation plus économique* », M. COZIAN et P.-J. GAUDEL, *La comptabilité racontée aux juristes*, LexisNexis Litec, 2006, spéc. p. 197. Cette nouvelle définition invite les entreprises à distinguer "propriété juridique" et "propriété économique" (cf. *infra*).

[81] Rapport Lévy-Jouyet, *préc.*, spéc. p. 20 : « *Contrairement aux actifs physiques ou financiers, pour lesquels la notion de contrôle ou de propriété est bien définie, il est beaucoup plus difficile pour les entreprises de s'assurer du contrôle de leurs actifs immatériels* ».

[82] M. REZZOUK, « La question de l'économie de l'immatériel dans les rapports officiels : évaluation critique à partir du rapport Lévy-Jouyet », *in Droits de propriété intellectuelle dans un monde globalisé*, Actes du colloque du Centre Européen de Droit

Commission est également critiquable à un autre titre : les juristes en ont été presque totalement exclus. Il n'y avait ainsi en son sein, ni universitaire, ni publiciste ; seuls deux avocats – non spécialistes du droit public – avaient été sollicités pour y prendre part. La raison d'être de cette Commission n'était certes pas d'identifier et de clarifier la notion de « patrimoine immatériel des personnes publiques » – elle visait plus généralement à faire prendre conscience de l'importance de l'économie de l'immatériel – mais la présence d'universitaires rompus au droit – public ou privé – des biens, aurait sans doute permis d'éviter des confusions doctrinales ultérieures en anticipant le débat sur les notions employées.

La réflexion portée par le Rapport Lévy-Jouyet, très riche par ailleurs, était donc presque totalement dépourvue d'un regard juridique sur les questions explorées, ce qui explique les difficultés à transposer en droit public les notions utilisées par les auteurs du Rapport et en définitive la déconnexion entre l'approche juridique et l'approche comptable du "patrimoine immatériel".

La notion de « patrimoine immatériel de l'Etat » – puis de « patrimoine immatériel des personnes publiques » –, créée *ex nihilo* par des non juristes, a été très vite réutilisée et, en quelque sorte, normalisée puis banalisée, certainement pour une question de simplicité et de cohérence, dans les textes officiels puis dans les études doctrinales.

Le Rapport Lévy-Jouyet recommandait d'*« enclencher une dynamique de recensement, de valorisation et d'exploitation des actifs immatériels dans l'ensemble de l'administration en mettant en place une agence d'appui à la gestion des actifs immatériels »*[83]. Cette préconisation a été très rapidement suivie d'effet : à cet égard, l'Agence du patrimoine immatériel de l'Etat, *« conséquence la plus immédiate de ce rapport »*[84], a été créée courant avril 2007[85], soit quelques mois seulement après la

et d'Économie (ESSEC), Vuibert, 2009, p. 165 ; spéc. p. 168 : *« Une ligne préliminaire fait valoir l'inévitable suspicion du conflit d'intérêts, présumé au simple constat de la présence en force de l'inspection des finances dans la composition de la commission ayant produit le rapport (un tiers sur la trentaine de membres) ».*

[83] M. LEVY et J.-P. JOUYET, *op. cit.* ; spéc. p. 117, Recommandation n°2.

[84] PH. YOLKA, « L'immatériel public en trompe-l'œil », *JCP A* 2011, act. 726 : *« La conséquence la plus immédiate de ce rapport (...) fut la création d'une agence spécialisée – l'Agence du patrimoine immatériel de l'Etat ou APIE – (...) laquelle pilote les opérations avec le zèle des nouveaux convertis. ».*

[85] Arrêté du Ministre des finances, de l'économie et de l'industrie, du 23 avril 2007, portant création d'un service à compétence nationale dénommé « Agence du patrimoine immatériel de l'Etat », JORF n°110, 12 mai 2007, p. 8684, texte n°26.

remise du Rapport Lévy-Jouyet au ministre commanditaire, le 4 décembre 2006. La notion de « patrimoine immatériel de l'Etat » a été, dès lors, véritablement consacrée, après avoir été précisée par une circulaire[86] et avant d'être enrichie par deux décrets[87].

Comme le relève Madame Claire Malwé : *« la dénomination de [l'Agence du patrimoine immatériel de l'Etat], comme son rattachement au ministère des finances, reflètent l'acception économique réservée à cette frange particulière du patrimoine public »*[88]. Il y a en effet eu une réutilisation de la notion technocratique de "patrimoine immatériel"[89], dégagée initialement par le Rapport Lévy-Jouyet, sans se préoccuper de son insertion dans les catégories juridiques connues. Sur ce point, Madame Claire Malwé rappelle d'ailleurs qu'il est essentiellement question ici d'une notion d'inspiration comptable[90].

La dénomination de l'Agence du patrimoine immatériel de l'Etat a été critiquée, à juste titre. Ainsi, pour le Professeur Philippe Yolka : *« la dénomination de l'« Agence du patrimoine immatériel de l'Etat » plonge tout juriste digne de ce nom dans un abîme de perplexité »*[91]. L'utilisation de cette expression est en effet de nature à susciter le doute pour deux raisons. D'une part, la notion de "patrimoine immatériel" était jusqu'à

---

[86] Circulaire du Premier Ministre, du 18 avril 2007, relative à la gestion des actifs immatériels de l'Etat, JORF n°99, 27 avril 2007, p. 7490, texte n°2.

[87] Décret n° 2009-151 du 10 février 2009 relatif à la rémunération de certains services rendus par l'Etat consistant en une valorisation de son patrimoine immatériel, JORF n°0036, 12 février 2009, p. 2505, texte n° 19 ; Décret n° 2009-157 du 10 février 2009 portant attribution de produits aux budgets des ministères concernés en application du décret n° 2009-151 du 10 février 2009 relatif à la rémunération de certains services rendus par l'Etat consistant en une valorisation de son patrimoine immatériel, JORF n°0036 du 12 février 2009, p. 2518, texte n°49.

[88] C. MALWE, « Valorisation du patrimoine immatériel : de quoi parle-t-on ? », *AJCT* 2013, p. 120.

[89] J.-M. SAUVE, Discours d'ouverture, *in Le patrimoine immatériel des personnes publiques*, Colloque du 16 mars 2012, La Documentation française, coll. Droits et Débats n°6, 2013, p. 9 ; spéc. p. 13 : le vice-président du Conseil d'Etat note, à ce propos, que : *« le terme de patrimoine immatériel semble maintenant avoir trouvé sa place dans la langue politico-administrative »*.

[90] C. MALWE, art. préc. : *« L'approche choisie pour circonscrire le champ du patrimoine immatériel public s'inspire indiscutablement du droit de la comptabilité publique »*.

[91] PH. YOLKA, « L'immatériel public en trompe-l'œil », *JCP A* 2011, act. 726 ; voir également : PH. YOLKA, note sous CE, Avis, 21 novembre 1972, *OFRATEME*, *GDDAB*, Dalloz, 3e éd., 2018, n°2 : à l'occasion de cet autre commentaire, le Professeur Yolka ponctue, non sans malice, d'un simple "sic", assez éloquent, la notion de "patrimoine immatériel", marquant ainsi sa désapprobation vis-à-vis de la dénomination retenue pour l'Agence du patrimoine immatériel de l'Etat.

présent introuvable dans les études juridiques – hormis lorsqu'elle désigne le "patrimoine culturel immatériel de l'humanité", dans le cadre des politiques menées par l'UNESCO – et elle ne renvoie donc pas à une notion bien établie, d'autre part, l'adjonction de l'adjectif "immatériel" au nom "patrimoine" est tout à fait inédite et sous-entend que le patrimoine se dédoublerait en un "patrimoine matériel" et un "patrimoine immatériel", ce qui mettrait ainsi à mal l'unicité traditionnelle de la notion.

Cohérente avec la terminologie propre au Rapport Lévy-Jouyet, l'expression de "patrimoine immatériel" est toutefois étrangère aux notions couramment usitées en droit public et risque fort de ce fait *« d'engendrer une certaine confusion et même des incohérences »*[92], dans la mesure où *« l'approche choisie par les pouvoirs publics permet d'embrasser des biens publics très hétérogènes entre lesquels l'on peine à découvrir un dénominateur commun »*[93].

A ce stade, le rôle primordial joué par le Rapport Lévy-Jouyet dans la pérennisation de la notion de "patrimoine immatériel" est évident. Cette notion a été volontiers reprise par une partie de la doctrine juridique. Les premières études juridiques d'ensemble sur la question n'ont pourtant pas su se coordonner en se mettant d'accord sur l'emploi d'une notion unique. Les notions connexes se sont dès lors multipliées (cf. *infra*).

B. L'appréhension récente de la notion de « patrimoine immatériel des personnes publiques » par la doctrine juridique

Les premiers travaux juridiques menés en vue d'identifier le "patrimoine immatériel" ont été marqués par une remarquable divergence, essentiellement s'agissant des différentes notions employées puisque celle de "patrimoine immatériel des personnes publiques" n'a pas fait l'unanimité.

Une telle divergence a naturellement contribué à renforcer la multiplicité des notions utilisées pour désigner tout ou partie du "patrimoine immatériel" et en fin de compte à complexifier le travail d'identification de la notion de « patrimoine immatériel des personnes publiques ».

---

[92] C. MALWE, art. préc.
[93] *Idem.*

En réalité, le droit et l'immatériel ne sont entrés en interaction que progressivement, ce qui explique qu'une fois isolée, puis développée en-dehors des travaux juridiques, la notion de "patrimoine immatériel" soit devenue difficilement transposable en droit, comme si elle avait été définitivement dénaturée, puis cristallisée dans les écrits juridiques dans une forme propre à la dialectique comptable et économique, sans retour en arrière possible.

Finalement, l'approche juridique de la notion de "patrimoine immatériel" a été tardive (1) et elle s'est avérée instable (2).

1. La tardiveté de l'approche juridique de la notion de "patrimoine immatériel"

La tardiveté de l'approche juridique de la notion de "patrimoine immatériel" est liée à la conjonction de deux phénomènes : d'abord, le décloisonnement progressif de l'incorporel en droit public (a) et ensuite, l'interaction progressive de l'immatériel avec le droit public (b).

a. Le décloisonnement progressif de l'incorporel en droit public

La doctrine juridique semble n'avoir pris conscience que récemment de l'importance capitale de l'économie de l'immatériel et de la nécessité de l'appréhender de façon globale, afin – notamment s'agissant du droit public – de mieux valoriser le "patrimoine immatériel des personnes publiques". A une approche initialement cloisonnée de l'incorporel, succède aujourd'hui une approche plus globale, rendue nécessaire par la mutation de l'incorporel en immatériel.

L'incorporel, *a priori* terre d'élection du droit privé[94], trouve désormais un certain écho en droit public, lequel ne l'a appréhendé que tardivement. Roger Latournerie avait pu s'étonner, à l'occasion des débats menés par la Commission de réforme du Code civil, de l'absence d'études doctrinales sur ce point[95]. Il s'était alors exprimé de la façon suivante : « *Je dois dire que la question ne paraît pas s'être pratiquement posée ; je ne connais pas sur ce point de solution de jurisprudence, ni en droit public ni en droit privé et je ne connais pas non plus d'étude de*

---

[94] C. BLAIZOT-HAZARD, *Les droits de propriété intellectuelle des personnes publiques en droit français*, LGDJ, Bibliothèque de droit public, Tome 159, 1991.
[95] Travaux de la Commission de réforme du Code civil, Sirey, 1945-1957.

doctrine ; le sujet n'a pas été exploré ; il n'a même pas, je crois, été effleuré »[96]. Depuis les années 1950, cette thématique ressurgit plus régulièrement dans la doctrine publiciste. Les différentes études juridiques menées dénotent, toutefois, d'une approche cloisonnée de l'incorporel, c'est-à-dire ne mêlant pas les différentes problématiques rencontrées, comme la question du droit d'auteur des agents publics, ou celle du droit des marques publiques, ou celle du droit des brevets publics, ou encore celle des actions détenues par une personne publique dans une société commerciale.

Certains auteurs ont ainsi pu aborder dans des études isolées la question des droits d'auteur en droit public[97], celle de la propriété industrielle en droit public[98], celle de la propriété artistique des agents publics[99], ou encore celle de l'image des biens publics[100] et celle des informations publiques[101]. Si ces études sont d'une aide précieuse pour apprécier au cas par cas les enjeux de l'incorporel en droit public, elles sont en revanche décevantes pour quiconque y chercherait une réflexion d'ensemble sur un "patrimoine immatériel" des personnes publiques, dont l'existence n'était alors pas vraiment soupçonnée. Ce constat ne doit pas étonner outre mesure, puisqu'avant 2006, année de rédaction du Rapport Lévy-Jouyet[102] sur l'économie de l'immatériel, le "patrimoine immatériel des personnes publiques" n'avait jamais été appréhendé de façon globale.

---

[96] *Ibid.* ; spéc. p. 843.

[97] A. KEREVER, « Le droit d'auteur français et l'Etat », *Revue internationale du droit d'auteur*, oct. 1981, p. 3.

[98] J. WALINE, « Propriété industrielle et droit public », *in Propriétés intellectuelles – An 2000, Mélanges offerts à Jean-Jacques Burst*, Litec, 1997, p. 667.

[99] PH. RENAUDIN, « Situation des agents publics au regard de la propriété artistique », EDCE, 1958, p. 29.

[100] J.-M. HUON DE KERMADEC, « La reproduction de l'image des biens du domaine public : Application de principe du droit commun et spécificités », *in Regards croisés sur les droits de la famille et du patrimoine, Mélanges en l'honneur d'Alain Le Bayon*, L'Harmattan, 2005, p. 233.

[101] J.-M. BRUGUIERE, *La diffusion de l'information publique : le service public face au marché de l'information*, th. Montpellier I, 1995 ; L. TERESI, *La commercialisation des données publiques*, th. Aix-Marseille III, 2007.

[102] M. LEVY et J.-P. JOUYET, *L'économie de l'immatériel, la croissance de demain*, La Documentation française, 2006.

A partir de cette date, les réflexions d'ensemble se sont multipliées[103], sans que ne disparaissent bien entendu certaines études ponctuelles[104] choisissant d'approfondir tel ou tel aspect de la question.

Le manque de diversité des thèmes abordés par les écrits juridiques sur le sujet tient à une raison simple : le contentieux n'est pas très abondant, ou en tout cas il n'est pas très disparate. Ainsi, certaines questions sont récurrentes et le contentieux semble se cristalliser autour de trois questions principales : celle du titulaire des droits de propriété intellectuelle[105], qui induit souvent celle de la juridiction compétente pour connaître du litige, et celle relative à la protection du nom des collectivités publiques, tant au regard du droit des marques qu'au regard du droit des noms de domaine[106].

D'autres questions ne sont abordées que rarement – quand elles ne sont pas purement et simplement ignorées. L'absence de contentieux récurrent sur certaines questions cruciales en lien avec le "patrimoine immatériel" des personnes publiques – comme par exemple, les brevets

---

[103] Voir notamment : O. DE DAVID BEAUREGARD-BERTHIER, « Le patrimoine immatériel de l'Etat », *in Bien public, bien commun, Mélanges en l'honneur d'Etienne Fatôme*, Dalloz, 2011, p. 23 ; PH. TERNEYRE, « Les actifs immatériels des personnes publiques », *RJEP* 2013, étude 16 ; R. LEONETTI, « La protection de l'affectation au service public des biens incorporels », *AJDA* 2009, p. 1689 ; C. MALWE, *La propriété publique incorporelle : au carrefour du droit administratif des biens et du droit public économique*, th. Nantes, 2008 ; C. MALWE, « La valorisation du patrimoine immatériel de l'Etat », *Dr. adm.* 2009, comm. 52 ; C. MALWE, « Valorisation du patrimoine immatériel : de quoi parle-t-on ? », *AJCT* 2013, p. 120 ; J.-D. DREYFUS, « La valorisation par l'Etat de son patrimoine immatériel », *AJDA* 2009, p. 696 ; J.-M. BRUGUIERE, « Le patrimoine immatériel de l'Etat est-il l'objet d'une propriété publique ? », *Cahiers Droit, Sciences et Technologies* 2010, p. 59 ; CONSEIL D'ETAT, *Le patrimoine immatériel des personnes publiques*, Colloque du 16 mars 2012, La Documentation française, coll. Droits et Débats n°6, 2013 ; PH. YOLKA, « L'immatériel public en trompe-l'œil », *JCP A* 2011, act. 726.

[104] Pour quelques exemples, voir : A. DILLOARD, « L'émergence des marques publiques dans le patrimoine immatériel des personnes publiques », *RDP* 2014, p. 39 ; J.-D. DREYFUS, « La valorisation du service public par la diffusion d'œuvres créées par les agents publics », *in Service public, puissance publique : permanence et variation d'un couple mythique, Mélanges en l'honneur du professeur Alain-Serge Mescheriakoff*, Bruylant, 2013, p. 99 ; J.-M. BRUGUIERE, « L'accès aux archives publiques : existe-t-il un domaine public « informationnel » ? », *in Archives et recherche : aspects juridiques et pratiques administratives*, dir. J. FROMAGEAU, L'Harmattan, 2003, p. 43 ; A. CHERON, « *Open data* et valorisation du patrimoine immatériel », *AJCT* 2013, p. 123 ; C. ROSSETTI, « Vers une gestion stratégique des marques publiques ? », *AJDA* 2010, p. 2197.

[105] Cf. *infra*.

[106] Cf. *infra*.

de la défense nationale, les actions spécifiques détenues dans certaines entreprises, les marques publiques, les fréquences hertziennes,... – n'empêche bien entendu pas d'apporter des éléments de réflexion à leur propos, ne serait-ce que pour anticiper tout éventuel contentieux et ainsi permettre ultérieurement une meilleure résolution d'un litige en ces matières.

A l'approche initialement cloisonnée de l'incorporel a succédé dans les écrits juridiques un glissement de l'incorporel vers l'immatériel, facilitant une appréhension globale du "patrimoine immatériel".

La parcellisation des études juridiques relatives aux éléments composant le "patrimoine immatériel des personnes publiques" s'est accentuée à l'aune de la mutation de l'incorporel en immatériel. D'après le Professeur Pierre-Yves Gautier, *« l'immatériel envahit nos vies. Le droit, tout le droit est alors forcément concerné »*[107].

Quelle distinction y a-t-il lieu d'opérer entre l'incorporel et l'immatériel ? Les termes d'"incorporel" et d'"immatériel" sont *a priori* synonymes[108], et les dictionnaires usuels les assimilent régulièrement. Un rapide regard sur les études juridiques du XXe siècle permet, pourtant, d'identifier une césure temporelle marquant le passage de la notion d'"incorporel" à la notion d'"immatériel".

---

[107] P.-Y. GAUTIER, « Rapport de synthèse », *in Le droit et l'immatériel*, Archives de philosophie du droit, Tome 43, Sirey, 1999, p. 233, spéc. p. 233 ; voir également : D. NORA, « Entretien avec D. Rosière », Informatin, déc. 1995, cité par M. VIVANT, « L'immatériel en sûreté », *in Mélanges Cabrillac*, Dalloz-Litec, 1999, p. 405 : *« l'immatériel envahit toute l'économie »*.

[108] C. MALWE, *La propriété publique incorporelle : au carrefour du droit administratif des biens et du droit public économique*, th. Nantes, 2008 ; spéc. p. 92, et, plus précisément, la note de bas de page n°392 : *« D'un point de vue sémantique, les termes d' « incorporel » et d' « immatériel » doivent être considérés comme synonymes et sont aujourd'hui employés indifféremment l'un à la place de l'autre. Au sein du dictionnaire de vocabulaire juridique, les définitions s'entremêlent : l'incorporel renvoie à ce qui est « impalpable, immatériel » et « se dit des biens ou valeurs qui échappent à toute appréhension matérielle ». Inversement, le dictionnaire traditionnel définit le terme d' « immatériel » comme « ce qui n'a pas de consistance corporelle ». Préciser la distinction des deux termes à l'aide des notions originelles de « matière » et de « corps » paraît également soulever de nombreuses difficultés. Le terme de « corps », issu de latin « corpus », désigne non seulement « l'organisme vivant ou inanimé le cadavre », mais aussi « tout objet pris dans sa matérialité, toute substance matérielle ». Dès lors, les termes d'incorporel et celui d'immatériel apparaissent comme inexorablement liés au point de pouvoir être assimilés l'un à l'autre. G. Cornu, Vocabulaire juridique, Association H. Capitant, PUF, 8ème éd. 2007. »*.

A la réflexion, il ne s'agit pas d'établir une quelconque hiérarchie ou une stratification entre ces deux notions, afin de déterminer laquelle renvoie à la réalité la plus impalpable. La distinction à opérer semble davantage le produit d'une évolution de langage liée *« au contexte économique en pleine mutation et profondément bousculé par l'économie du numérique et de la connaissance »*[109].

Comme l'écrit Madame Jennifer Marchand, *« après l'ère de l'industrie puis celle des services, est venue l'ère des biens et des échanges immatériels »*[110]. Les premiers textes visant à protéger l'incorporel, c'est-à-dire essentiellement les droits de propriété intellectuelle, sont apparus concomitamment au développement industriel de l'Europe occidentale, à la fin du XVIIIe siècle et tout au long du XIXe[111].

L'immatériel a ainsi progressivement chassé l'incorporel, sur un plan économique, puis sur un plan juridique. Si les premiers temps de la réflexion juridique étaient marqués par l'intérêt porté aux droits d'auteur, aux marques de fabrique et aux brevets d'invention, marqueurs identitaires d'une société en cours d'industrialisation, la réflexion menée à l'époque contemporaine a davantage porté son attention sur d'autres éléments impalpables, et elle a considérablement adapté le vocabulaire employé pour être plus en phase avec un siècle entré de plain-pied dans la dématérialisation. Le champ des investigations s'est ainsi élargi à

---

[109] A. CHERON, « *Open data* et valorisation du patrimoine immatériel », *AJCT* 2013, p. 123.

[110] J. MARCHAND, « L'open data, la réutilisation des données publiques entre exigence démocratique et potentiel économique », *JCP A* 2014, 2038.

[111] B. WARUSFEL, « La propriété intellectuelle comme politique publique », *in Le droit de la propriété intellectuelle dans un monde globalisé, Mélanges en l'honneur du Professeur Joanna Schmidt-Szalewski*, Collection du CEIPI, Lexis Nexis, 2014, p. 391, spéc. p. 392 ; PH. RENAUDIN, « Situation des agents publics au regard de la propriété artistique », EDCE, 1958, p. 29, spéc. p. 30 ; voir, également : O. DE DAVID BEAUREGARD-BERTHIER, « Le patrimoine immatériel de l'Etat », *in Bien public, bien commun, Mélanges en l'honneur d'Etienne Fatôme*, Dalloz, 2011, p. 23, spéc. p. 24 : *« c'est le développement d'une société industrielle qui a entrainé, au XIXe siècle, l'apparition de ces nouveaux biens qui, échappant à toute appréhension matérielle, se trouvent rattachés au patrimoine immatériel : valeurs mobilières, assurances sur la vie, fonds de commerce, propriétés intellectuelles, mais aussi créances, offices ministériels, monopoles, autorisations et permis… »*.

d'autres éléments[112], tels que les bases de données[113], les noms de domaine[114], ou encore les fréquences hertziennes[115].

Malgré ce déplacement du centre de gravité de la réflexion juridique de l'incorporel vers l'immatériel, tenant compte de l'émergence de problématiques nouvelles induites par la tertiarisation de l'économie, les études menées en la matière sont longtemps demeurées cloisonnées et l'immatériel n'a pas été abordé de façon globale pendant un certain temps. L'interaction de l'immatériel avec le droit public a été progressive et elle s'est lentement globalisée, portant initialement sur des questions spécifiques pour s'orienter ensuite vers des questions plus générales.

b. L'interaction progressive de l'immatériel avec le droit public

La divergence des études juridiques dans l'emploi ou non de la notion de "patrimoine immatériel" et dans la délimitation exacte de son périmètre s'explique notamment par le fait que l'immatériel et le droit public ne sont entrés en interaction que tardivement, de telle sorte que la matière a rencontré des difficultés considérables pour se stabiliser. Initialement complètement étranger au droit (α), l'immatériel y a été confronté progressivement (β).

---

[112] Voir, sur ce point : O. DE DAVID BEAUREGARD-BERTHIER, « Le patrimoine immatériel de l'Etat », art. préc., spéc. p. 24 : *« Avec les progrès de la technique et l'émergence d'aspirations nouvelles de la société, l'information elle-même a acquis une valeur marchande, que ce soit en tant que « nouvelle », s'agissant des médias, ou sous des formes plus élaborées, telles que savoir-faire et logiciels. Ces derniers éléments relèvent de la catégorie plus vaste des droits intellectuels, issus de l'évolution de la société qui conduit à considérer que « tout produit de l'activité intellectuelle est de nature à constituer un droit ». De multiples créations de l'esprit viennent dès lors abonder la catégorie des actifs immatériels : brevets d'invention, dessins et modèles, marques de fabrique, de commerce et de services, bases de données, etc. ».*

[113] Voir notamment, à propos de "Légifrance" : CE, 17 décembre 1997, *Ordre des avocats à la cour de Paris*, n° 181611 ; *AJDA* 1998, p. 362, note J.-D. COMBREXELLE ; *AJDA* 1998, p. 369, note B. NOUEL ; *AJDA* 1998, p. 291, note J.-P. BOUCHUT.

[114] Sur ces questions, voir spécialement : C. MANARA, « Nom des personnes publiques et droit de l'internet », *in Le nom, Administrations, droit et contentieux administratifs*, PH. YOLKA (Dir.), Institut Universitaire Varenne, 2015, p. 79.

[115] TH. PEZ, *Le domaine public hertzien : attribution et exploitation des fréquences radioélectriques*, LGDJ Lextenso éd., coll. Systèmes, 2011.

α. L'immatériel étranger au droit

L'immatériel n'a été appréhendé dans ses formes actuelles que tardivement par les études juridiques, dans la mesure où il a initialement été étranger tant au droit privé qu'au droit public.

Comme l'écrivait, dans une formule à consonance proverbiale, le Professeur Grégoire Loiseau : *« la vieillesse d'un droit se remarque moins à l'âge de ses règles qu'à son incapacité à les faire évoluer »*[116]. Le Code civil est directement visé par cette sentence. A cet égard, l'auteur met en cause la cécité du législateur et du juge, parce qu'ils n'ont pas pris la mesure, à l'aube du XXIe siècle, des défis suscités par l'immatériel, en termes d'adaptation du droit[117].

Comme l'a par ailleurs relevé le Professeur Jean-Michel Bruguière : *« Le droit civil des biens [est souvent présenté] comme un droit attaché à la matière »*[118]. Ainsi, le Code civil est considéré comme étant dans son essence à la fois *« rural et immobilier »*[119]. Cependant, malgré l'industrialisation progressive de la société française, *« notre Code civil a superbement ignoré les biens issus de l'industrie humaine et les richesses immatérielles se sont donc développées en dehors de lui »*[120]. Se pose dès lors de façon prégnante la question de la régénération du droit civil à l'aune de l'immatériel.

Le droit public n'a pas non plus su se renouveler et procéder aux adaptations rendues nécessaires par la tertiarisation de l'économie et de la société, ce qui signifie, en application de la formule précitée, que le droit public – en ce compris le droit des propriétés publiques – est sur cette question vieilli, voire dépassé.

Le droit de la propriété intellectuelle s'étant développé de façon autonome par rapport au droit des biens, il n'est pas étonnant qu'il ait –

---

[116] G. LOISEAU, « L'article 2279 du Code civil ne s'applique pas à une licence de débit de boisson », *JCP G* 2006, II, 10143.
[117] *Idem* ; l'auteur regrette, plus loin, que la Cour de cassation n'ait pas fait *« entrer le droit des biens dans le XXIe siècle en adaptant ses rouages à une économie qui s'est largement emparée des biens immatériels »*.
[118] J.-M. BRUGUIERE, « L'immatériel à la trappe ? », *D.* 2006, p. 2804 ; spéc. p. 2804.
[119] H. ROLAND et L. BOYER, *Adages du droit français*, Litec, 4e éd., 1999 ; voir spéc. l'entrée « *Res mobilis, res vilis* », n°397, p. 796.
[120] J.-M. BRUGUIERE, *préc.* ; spéc. p. 2805 : le Professeur Bruguière écrit également, dans le même ordre d'idées, que *« le législateur fait preuve [d'] ostracisme à l'égard de l'immatériel »*.

réciproquement – échappé aux travaux de réflexion ayant conduit à l'adoption du code général de la propriété des personnes publiques.

L'absence d'appréhension initiale de l'immatériel par le droit public s'explique aisément, ce qui ne signifie pas pour autant qu'elle soit justifiée et excusable. Dès lors que l'incorporel s'est construit entièrement en dehors du droit public, et que le droit de la propriété intellectuelle a été bâti de façon autonome par rapport au droit public, ce dernier n'a pas pu prendre en compte la spécificité des propriétés publiques immatérielles et s'est logiquement détourné d'une appréhension globale des problématiques liées à l'immatériel, alors qu'elles devenaient sans cesse plus nombreuses, de telle sorte qu'un auteur a pu écrire que : *« les préoccupations de valorisation des actifs immatériels sont quasi absentes du droit public français »*[121]. Il faut néanmoins noter que certains éléments immatériels (fréquences hertziennes, quotas d'émission de gaz à effet de serre, données publiques…) font l'objet d'un régime juridique à part, sous une influence largement étatique, par des moyens qui permettent l'optimisation de leur valorisation (cf. *infra*, Partie I, Chapitre II).

Le Professeur Philippe Yolka note, à ce propos, que *« les règles du droit de la propriété intellectuelle n'ont (…) nullement été pensées pour les administrations »*[122], en reprenant ainsi le constat dressé à titre liminaire par le Professeur Pierre Delvolvé, dans la préface de la thèse de Madame Catherine Blaizot-Hazard, selon lequel : *« les droits de propriété intellectuelle ont été essentiellement définis et protégés par la législation et la jurisprudence à propos des personnes privées »*[123]. Réciproquement, il s'avère que *« le droit domanial n'a pas été conçu pour s'appliquer à des biens immatériels »*[124], ce qui est source de nombreuses interrogations, notamment quant au statut domanial de ces

---

[121] C. ROSSETTI, « Vers une gestion stratégique des marques publiques ? », *AJDA* 2010, p. 2197 ; spéc. p. 2197.

[122] PH. YOLKA, « Les patrimoines publics à l'épreuve de la propriété intellectuelle », *Dr. adm.* 2012, prat. 1 ; dans la préface de la thèse de Madame Catherine Blaizot-Hazard, le Professeur Pierre Delvolvé écrit, également, que ni la propriété littéraire et artistique, ni la propriété industrielle *« n'ont été conçues pour les personnes publiques »* (P. DELVOLVE, Préface à la Thèse de C. Blaizot-Hazard, *Les droits de propriété intellectuelle des personnes publiques en droit français*, LGDJ, Bibliothèque de droit public, Tome 159, 1991).

[123] P. DELVOLVE, Préface à la Thèse de C. Blaizot-Hazard, *Les droits de propriété intellectuelle des personnes publiques en droit français*, *op. cit.* ; spéc. p. 15.

[124] O. DE DAVID BEAUREGARD-BERTHIER, « Le patrimoine immatériel de l'Etat », *in Bien public, bien commun, Mélanges en l'honneur d'Etienne Fatôme*, Dalloz, 2011, p.23 ; spéc. p. 31.

biens, c'est-à-dire, quant à leur répartition domaine public/domaine privé (cf. *infra*).

La récente élaboration du code général de la propriété des personnes publiques[125] n'y a rien fait : les préoccupations relatives à l'immatériel en sont, malencontreusement, absentes. Le code, bien que marqué du sceau de la valorisation[126], reste dans son essence consacré aux propriétés matérielles[127]. Il ne comporte dès lors *« aucune définition générale du domaine public immatériel »*[128] et retarde un peu plus encore, l'inévitable échéance de sa conversion à l'immatériel.

β. La confrontation progressive de l'immatériel au droit public

La confrontation de l'immatériel au droit – dont les premiers signes tangibles ont été exposés plus haut, à travers l'évocation de la question du régime juridique spécifique de certains éléments immatériels – a également donné lieu à des interrogations relatives à l'appréhension de la propriété intellectuelle, forme archétypique de l'incorporel, lequel est le véritable centre névralgique de l'immatériel, par le droit des propriétés publiques.

Malgré leur développement en parallèle, l'immatériel et le droit public ont fini par entrer en interaction. Leur rencontre s'apparente toutefois davantage à une cohabitation forcée qu'à une collaboration harmonieuse.

L'évolution concomitante des objectifs des politiques publiques et de la philosophie innervant le droit des propriétés publiques a rendu

---

[125] Ordonnance n° 2006-460 du 21 avril 2006 relative à la partie législative du code général de la propriété des personnes publiques, JORF n°95 du 22 avril 2006 p. 6024, texte n° 21.

[126] Sur ce point, voir : C. MAUGÜE et G. BACHELIER, « Genèse et présentation du code général de la propriété des personnes publiques », *AJDA* 2006, p. 1073 ; spéc. p. 1077 : le Code *« facilite la modernisation de la gestion du patrimoine des personnes publiques. Il permet enfin une meilleure valorisation économique du domaine public des personnes publiques »*.

[127] C. ROSSETTI, « Vers une gestion stratégique des marques publiques ? », *préc.* ; spéc. p. 2197 : *« lors de l'élaboration du récent code général de la propriété des personnes publiques (CGPPP), publié le 21 avril 2006, les propriétés publiques ont été considérées essentiellement du point de vue de leur dimension matérielle »*.

[128] O. DE DAVID BEAUREGARD-BERTHIER, « Le patrimoine immatériel de l'Etat », art. préc. ; spéc. p. 31.

inévitable la rencontre entre deux univers jusque là étrangers et imperméables : l'immatériel et le droit public.

La mise en place de l'Agence du patrimoine immatériel de l'Etat, dans la période qui a directement suivi la remise du Rapport Lévy-Jouyet, traduit de façon significative la volonté politique de se saisir des problématiques que cette étude avait jugées préoccupantes et ainsi de ne pas laisser lettre morte ses préconisations.

S'inscrivant résolument dans la veine de la Révision générale des politiques publiques (RGPP), l'Agence du patrimoine immatériel de l'Etat, *« à la suite du Rapport Lévy-Jouyet, propose une « dynamisation du portefeuille de droits immatériels de l'Etat » (...) [et] contribue à la modernisation des entités publiques et à l'amélioration de leur performance »*[129]. La politique de valorisation engagée depuis lors *« n'a fait que croître et embellir, à coup de circulaires et de décrets »*[130]. Deux décrets du 10 février 2009 déterminent avec précision à la fois le périmètre des actions de valorisation et la comptabilisation spécifique à ces opérations, qui est un mécanisme incitatif permettant aux ministères concernés de se voir attribuer les produits résultant de leurs actions de valorisation[131]. Véritable *« droit commun de la valorisation des actifs publics incorporels »*[132], ces deux textes sont révélateurs de la modulation sociologique de l'Administration vers la prise en compte croissante et assumée d'un objectif de valorisation du patrimoine public, dans sa dimension immatérielle en l'occurrence.

Cette même logique a sous-tendu le tournant pris par le droit des propriétés publiques à l'occasion de son réagencement par le code général de la propriété des personnes publiques. Ainsi, à la suite de cette réforme, l'objectif de valorisation s'est substitué, *« dans la politique des*

---

[129] J. MARCHAND, « L'open data, la réutilisation des données publiques entre exigence démocratique et potentiel économique », *JCP A* 2014, 2038.

[130] PH. YOLKA, « L'immatériel public en trompe-l'œil », art. préc.

[131] Décret n° 2009-157 du 10 février 2009 portant attribution de produits aux budgets des ministères concernés en application du décret n° 2009-151 du 10 février 2009 relatif à la rémunération de certains services rendus par l'Etat consistant en une valorisation de son patrimoine immatériel, JORF n°0036 du 12 février 2009, p. 2518, texte n°49 ; spéc. l'article 1er : *« Dans le cadre défini à l'article 1er du décret du 10 février 2009 susvisé, les produits résultant de la rémunération des prestations énumérées à l'article 2 du même décret sont attribués au budget de chaque ministère concerné. »*.

[132] J.-D. DREYFUS, « La valorisation par l'Etat de son patrimoine immatériel », *AJDA* 2009, p. 696 ; spéc. p. 696.

pouvoirs publics, à un objectif de conservation »[133]. Les objectifs des pouvoirs publics ont donc convergé simultanément dans le domaine de l'immatériel et dans le champ du droit des propriétés publiques, vers la valorisation.

Ce nouveau *leitmotiv* a amorcé la réception de l'immatériel par le droit des propriétés publiques. Celle-ci ne s'est toutefois pas enclenchée sans certaines dissensions, de telle sorte qu'il est plus exact d'assimiler la relation entre droit des propriétés publiques et immatériel à une cohabitation forcée qu'à une coopération paisible et linéaire.

La propriété intellectuelle et, d'une manière plus générale, l'immatériel, sont assez éloignés des thématiques le plus couramment abordées par le droit public. La question de la coexistence de l'immatériel et du droit public[134] se dédouble et permet d'isoler des autres interrogations celle qui concerne l'appréhension de la propriété intellectuelle par le droit public.

La propriété immatérielle est, *« par essence même une discipline privatiste »*[135], ce qui ne signifie pas pour autant qu'elle soit

[133] Y. GAUDEMET, « Valorisation des propriétés publiques », *JCP A* 2006, 1251 ; voir également : F. MELLERAY, « Le Code général de la propriété des personnes publiques : Définitions et critères du domaine public », *RFDA* 2006, p. 906 ; spéc. p. 906 : *« la souplesse de gestion et surtout la valorisation économique des propriétés publiques sont recherchées de manière accrue ».*

[134] Voir, sur ce point : PH. YOLKA, « Les patrimoines publics à l'épreuve de la propriété intellectuelle », *Dr. adm.* 2012, prat. 1 : *« la littérature académique ne s'est guère attardée sur les frictions que suscite immanquablement l'union un peu baroque du droit de l'immatériel et du droit domanial »* ; voir également : P. DELVOLVE, Préface à la Thèse de C. Blaizot-Hazard, *Les droits de propriété intellectuelle des personnes publiques en droit français*, LGDJ, Bibliothèque de droit public, Tome 159, 1991 ; spéc. p. 15 : *« les études sur les droits de propriété intellectuelle des personnes publiques [ont] été jusqu'à présent rares et partielles ».*

[135] J. WALINE, « Propriété industrielle et droit public », *in Propriétés intellectuelles – An 2000, Mélanges offerts à Jean-Jacques Burst*, Litec, 1997, p. 667, spéc. p. 668 ; voir aussi : P. DELVOLVE, Préface à la Thèse de C. Blaizot-Hazard, *Les droits de propriété intellectuelle des personnes publiques en droit français*, *op. cit.* ; spéc. p. 15 : *« Les droits de propriété intellectuelle ont été essentiellement définis et protégés par la législation et la jurisprudence à propos des personnes privées. »* ; voir également : B. WARUSFEL, « La propriété intellectuelle comme politique publique », *in Le droit de la propriété intellectuelle dans un monde globalisé, Mélanges en l'honneur du Professeur Joanna Schmidt-Szalewski*, Collection du CEIPI, Lexis Nexis, 2014, pp. 391-410, spéc. p. 391 : *« Appartenant au droit privé, la propriété intellectuelle n'est pas souvent envisagée comme le produit et l'instrument de l'action publique. ».*

complètement étanche au droit public[136]. Il y a en effet des *« points de rencontre »*[137] entre la propriété intellectuelle et le droit administratif, donc principalement entre la propriété intellectuelle et le droit des propriétés publiques, soit plus généralement entre l'immatériel et le droit public. Ces zones de contact se sont multipliées, à tel point que l'étude du droit des propriétés publiques ne pourrait désormais plus se faire *« sans réserver une place aux « propriétés incorporelles » »*[138]. A cet égard, plusieurs auteurs ont déjà remarqué la mutation considérable du droit des biens publics et le bouleversement profond de sa physionomie, à l'aune de l'immatériel[139].

L'immatériel et le droit public se trouvent ainsi soumis, en quelque sorte, à une cohabitation forcée, dans la mesure où *« le Code général de la propriété des personnes publiques côtoie désormais, avec le Code de la propriété intellectuelle, une série de textes spéciaux sans qu'aucune articulation, ni cohésion ne soit prévue entre ces différentes sources du droit »*[140]. Le défi auquel le droit des propriétés publiques est désormais confronté est donc celui du bon ordonnancement des éléments du "patrimoine immatériel" et du calibrage des procédés adéquats pour leur parfaite valorisation, afin d'éviter au maximum les incohérences, préjudiciables à une bonne intelligence de la matière.

---

[136] J.-D. DREYFUS, « La valorisation par l'Etat de son patrimoine immatériel », *AJDA* 2009, p. 696 ; spéc. p. 696 : *« La distance que le droit administratif des biens a longtemps entretenue avec les propriétés incorporelles peut paraître surprenante si l'on considère que l'administration est à la fois un lieu de création intellectuelle, d'innovation et de développement des connaissances scientifiques. »*.

[137] Pour reprendre, en la généralisant, l'expression du Professeur Jean Waline, selon qui, dans l'étude précitée : *« Il nous semble cependant que, à la réflexion, il y a des points de rencontre entre propriété industrielle et droit administratif »*.

[138] R. LEONETTI, « La protection de l'affectation au service public des biens incorporels », *AJDA* 2009, p. 1689 ; spéc. p. 1689.

[139] J.-B. AUBY, « L'immatériel dans l'Etat », *Dr. adm.* 2007, repère 6 : *« Notre droit des biens publics est un droit des routes, des ponts et des gares, il peine à devenir un droit des brevets, des logiciels, des droits d'auteur, etc. »* ; voir également, dans le même ordre d'idées, mais avec une formulation légèrement différente : J.-M. BRUGUIERE, « Le patrimoine immatériel de l'Etat est-il l'objet d'une propriété publique ? », *Cahiers Droit, Sciences et Technologies* 2010, p. 59, spéc. p. 59 : *« Le droit des biens publics n'est plus celui des routes et des gares, des péages et du territoire. Il est devenu celui des noms des villes, des images et des données publiques »*.

[140] A. BUTLEN, « Les contrats sur la propriété publique immatérielle », *in Contrats et propriétés publics*, Actes du colloque de Montpellier, des 28 et 29 avril 2011, Lexis Nexis, 2011, p. 249, spéc. p. 253.

Des propositions, un peu utopiques en l'état actuel, de construire un véritable *« droit administratif de la propriété intellectuelle »*[141] ou un *« droit public de la propriété intellectuelle »*[142], qui permettrait une orchestration de la matière et, plus précisément, des problématiques de propriété intellectuelle en droit public, ont pu être avancées par une partie de la doctrine. L'heure de cet avènement – supposé heureux – n'est pas encore venue, pas davantage que celle de l'émergence d'un éventuel *« droit de l'immatériel public »*[143].

2. L'instabilité de l'approche juridique de la notion de "patrimoine immatériel"

L'étude de la notion de "patrimoine immatériel" est marquée par une certaine instabilité qui a pour conséquence une multiplication des notions utilisées pour saisir cette réalité. Il faut ici déplorer l'inexistence d'une notion similaire en droit privé (a), avant de faire état de l'émergence – vraisemblablement corrélative – de notions connexes à celle de "patrimoine immatériel" en droit public (b).

a. L'inexistence regrettable d'une notion similaire en droit privé

Ainsi que l'a écrit le Professeur Jacqueline Morand-Deviller : *« le concept de patrimoine fait les frais de cette tendance générale à l'imprécision du langage juridique »*[144]. Alors qu'il y a un véritable danger à l'utiliser à mauvais escient, la notion de "patrimoine" se banalise singulièrement tant en droit public qu'en droit privé, et devient progressivement floue et imprécise. Cette notion est utilisée de façon

---

[141] P. DELVOLVE, Préface à la Thèse de C. Blaizot-Hazard, *Les droits de propriété intellectuelle des personnes publiques en droit français*, LGDJ, Bibliothèque de droit public, Tome 159, 1991 ; spéc. p. 15.

[142] B. WARUSFEL, « L'émergence d'un droit public de la propriété intellectuelle », *in Les transformations du droit public*, Actes du colloque de Brest, du 20 juin 2008, p. 161 ; spéc. p. 206. Voir également : A. BUTLEN, « Les contrats sur la propriété publique immatérielle », *in Contrats et propriétés publics*, Actes du colloque de Montpellier, des 28 et 29 avril 2011, Lexis Nexis, 2011, p. 249 ; spéc. p. 262.

[143] PH. YOLKA, « Les patrimoines publics à l'épreuve de la propriété intellectuelle », *Dr. adm.* 2012, prat. 1 ; voir également : PH. YOLKA, note sous CE, Avis, 21 novembre 1972, *OFRATEME*, *GDDAB*, Dalloz, 3e éd., 2018, n°2 ; voir encore : PH. YOLKA, « Le droit de l'immatériel public », *AJDA* 2017, p. 2047.

[144] J. MORAND-DEVILLER, « Le patrimoine et ses excès », *in Long cours, Mélanges en l'honneur de Pierre Bon*, Dalloz, 2014, p. 1003 ; spéc. p. 1009 (souligné par l'auteur).

récurrente en droit public, tantôt comme simple retranscription de la notion civiliste, tantôt comme étant susceptible d'un dédoublement inédit entre "patrimoine matériel" et "patrimoine immatériel".

Le droit privé est pourtant, par euphémisme, d'une utilité relative pour comprendre ce que recouvre la notion de "patrimoine" en droit public, ainsi que pour expliquer la dissociation malencontreuse qui est parfois opérée, exclusivement en droit public, entre "patrimoine matériel" et "patrimoine immatériel".

La réception de la notion de "patrimoine", théorisée jadis dans les travaux d'Aubry et Rau[145], traduisant initialement une étude du juriste allemand Zachariae consacrée à l'étude du droit civil français[146], est particulièrement délicate en droit public. N'étant pas stabilisée en droit privé, la notion de "patrimoine" avait peu de chances de ne pas être évanescente en droit public. En droit privé, précisément, *« le vocable de patrimoine est à peine usité dans le Code civil »*[147], lequel n'en donne, d'ailleurs, aucune définition[148]. Il faut donc chercher en dehors de *« la constitution civile de la France »*[149] la réponse à cette question.

Se définissant, au sens du droit civil, comme l'*« ensemble des biens et des obligations d'une même personne (c'est-à-dire de ses droits et charges appréciables en argent), de l'actif et du passif, envisagé comme formant une universalité de droit, un tout comprenant non seulement ses biens présents mais aussi ses biens à venir »*[150], le patrimoine, tel qu'il est entendu en droit public, ne peut être assimilé à la notion civiliste, dans la mesure où il s'apparente davantage à une *« collection de biens »*[151], c'est-à-dire à une sorte de compilation désordonnée, et constituerait ainsi

[145] C. AUBRY et F.-C. RAU, *Cours de droit civil français*, Strasbourg, F. Lagier, 1839.
[146] O. CAYLA et J.-L. HALPERIN (dir.), *Dictionnaire des grandes œuvres juridiques*, Dalloz, 2008.
[147] R. SEVE, « Déterminations philosophiques d'une théorie juridique : *La Théorie du patrimoine* d'Aubry et Rau », *in Les biens et les choses,* Archives de philosophie du droit, Tome 24, Sirey, 1979, p. 247 ; spéc. p. 247.
[148] J. ROCHFELD, *Les grandes notions du droit privé*, PUF, 2e éd., 2013 ; spéc. p. 342 : *« il n'existe pas de définition du patrimoine dans le Code civil »*.
[149] Clin d'œil à Jean Carbonnier.
[150] G. CORNU, *Vocabulaire juridique*, PUF, 12e éd., 2017.
[151] C. LAVIALLE, « Les propriétés publiques saisies par la comptabilité », *AJDA* 2005, p. 2257 ; voir également : J. CARBONNIER, *Droit civil, Les biens*, PUF, 1991, spéc. n°62.

plutôt une *« universalité de fait »*[152], soit un agrégat de biens qui *« n'a pas réellement de statut particulier ni de régime propre »*[153].

La notion de "patrimoine public" doit dès lors être clairement dissociée de celle de "patrimoine" en droit privé, dont elle n'est qu'un faux-ami. Comme le note le Professeur Philippe Yolka, dans une sentence résonnant comme une mise en garde : *« la réutilisation d'outils civilistes est rarement exempte d'ambigüité ; l'on a en la matière une bonne illustration de ces transcriptions équivoques »*[154].

Cette absence de superposition pure et parfaite des deux notions de "patrimoine", en droit public et en droit privé, se double d'une altération[155] de la notion classique de "patrimoine", sous l'influence du droit public. Certains auteurs relèvent également à cet égard que : *« [la] consécration [de la notion de "patrimoine public"] en droit positif s'accompagne de sa dénaturation »*[156]. Il n'y a donc pas d'identité entre les deux notions de "patrimoine", en droit public et en droit privé, au-delà de leur homonymie.

Pourtant, dans la mesure où *« le concept de patrimoine n'est pas l'apanage du droit des biens, ni même du droit civil »*[157], son utilisation s'est démultipliée. La notion de "patrimoine" est ainsi souvent appliquée à mauvais escient indistinctement à tous les biens publics, ce qui donne lieu à un regrettable *« amalgame »*[158]. Finalement, le Professeur Jacqueline Morand-Deviller porte un jugement sévère mais exact sur cette dérive terminologique, lorsqu'elle écrit que : *« la notion de*

---

152 C. LAVIALLE, *Ibid.*

153 C. CHAMARD, *La distinction des biens publics et des biens privés – Contribution à la définition de la notion de biens publics*, Dalloz, Nouvelle Bibliothèque de Thèses, vol. 33, 2004 ; voir spéc. p. 545, §733 : *« L'universalité de fait procède de l'idée selon laquelle un bien peut procurer à son propriétaire, outre son utilité propre, une utilité distincte lorsqu'il est regroupé avec d'autres biens. L'universalité de fait est simplement un ensemble de choses et de droits, une « collection de biens ». Le tout ainsi formé n'a pas réellement de statut particulier ni de régime propre. C'est seulement un ensemble de fait, un groupement d'objets. ».*

154 PH. YOLKA, « Personnalité publique et patrimoine », *in La personnalité publique*, Actes du colloque organisé les 14 et 15 juin 2007 par l'Association française pour la recherche en droit administratif, LexisNexis Litec, 2007, p. 35 ; spéc. p. 39.

155 F. TERRE et PH. SIMLER, *Les biens*, Dalloz, 9e éd., 2014 ; spéc. p. 23 : *« des considérations propres au droit public sont de nature à (...) altérer la notion classique de patrimoine telle qu'elle a été forgée par le droit privé ».*

156 N. FOULQUIER, *Droit administratif des biens*, Lexis Nexis, 4e éd., 2018, spéc. p. 8.

157 PH. SIMLER, « Patrimoines et patrimoine : polysémie du concept », *RDI* 2009, p. 441 ; spéc. p. 441.

158 J. MORAND-DEVILLER, « Le patrimoine et ses excès », *préc.* ; spéc. p. 1004.

« patrimoine » *aujourd'hui galvaudée tant par les économistes que par les privatistes se banalise de plus en plus en droit public quitte à perdre toute signification et intérêt »*[159].

En définitive, manifestation supplémentaire de l'inutilité du recours au droit civil pour l'identification du "patrimoine public immatériel", la notion de "patrimoine immatériel", après la consultation des ouvrages de référence, n'existe pas en tant que telle en droit privé[160]. Le droit public n'est pas plus complet sur ce point et ses ouvrages ne transcrivent généralement pas cette notion. A cet égard, Madame Anna Butlen note que : *« la notion de capital ou patrimoine immatériel ne recouvre pas une qualification juridique préexistante, ni en droit privé, ni en droit public »*[161].

Inutile pour expliquer les développements et la signification de la notion de "patrimoine" en droit public, le droit civil l'est plus encore pour justifier la dissociation parfois opérée par une partie de la doctrine entre "patrimoine matériel" et "patrimoine immatériel" des personnes publiques.

La notion de "patrimoine matériel", rarement usitée en droit public, n'a pas été théorisée, mais elle a le mérite de la simplicité apparente : elle renverrait à l'ensemble des biens matériels des personnes publiques,

---

[159] J. MORAND-DEVILLER, « La valorisation économique du patrimoine public », *in Mélanges Drago*, Economica, 1996, p. 273 ; spéc. p. 285.

[160] Un seul auteur a utilisé dans une étude l'expression "patrimoine immatériel des personnes privées". Voir sur ce point : S. SERPENTIER-LINARES, « La propriété des droits immatériels dans une DSP », *ACCP*, janvier 2013, p. 34 ; spéc. p. 34 : *« Le patrimoine immatériel est un « sujet » d'étude complexe relevant de plusieurs disciplines. S'il s'agit d'étudier le patrimoine immatériel des personnes privées, le code de la propriété intellectuelle permettra une approche juridique et économique de la notion. S'il s'agit d'observer le patrimoine immatériel de la personne publique, le champ d'étude sera aussi vaste qu'imprécis faute de définition de la notion. »* (nous soulignons).

[161] A. BUTLEN, « Les contrats sur la propriété publique immatérielle », *in Contrats et propriétés publics*, Actes du colloque de Montpellier, des 28 et 29 avril 2011, Lexis Nexis, 2011, p. 249 ; spéc. p. 252.

lesquels, mobiliers ou immobiliers, sont *a priori* clairement identifiables et dénombrables[162][163].

La notion de "patrimoine matériel" n'échappe toutefois pas aux inconvénients de ses avantages apparents et son emploi doit pour cette raison être proscrit. L'immatériel, catégorie résiduelle, se définit presque naturellement par opposition au matériel, comme tout ce qui n'en relève pas. Qu'en serait-il alors du "patrimoine matériel" ? Se définirait-il comme ce qui ne relève pas du "patrimoine immatériel", notion dont il a précisément été souligné qu'elle n'était pas définie – sinon par opposition à un hypothétique "patrimoine matériel" – et dont les frontières semblent en perpétuel mouvement ? Il y a là, assurément, une expression dont l'usage est à bannir, dans la mesure où le travail d'identification du "patrimoine immatériel" ressort affaibli de l'utilisation de ce vocabulaire, l'opposition commutative de deux notions ne pouvant suffire pour les définir toutes les deux !

De la même façon, et ainsi que cela a été écrit précédemment, il n'est pas possible d'isoler en droit privé une quelconque notion de "patrimoine immatériel"[164]. Le recours à la distinction patrimoine matériel/patrimoine immatériel[165] constitue un raccourci malvenu, une simple aisance de langage, et non pas un renvoi à une quelconque notion préexistante,

---

[162] P. VILLENEUVE, « Valorisation du patrimoine matériel des collectivités territoriales : essai d'une définition », *AJCT* 2013, p. 72, voir spéc. la note de bas de page n°1, dans laquelle l'auteur écrit que : *« le patrimoine matériel peut se définir comme l'ensemble des biens, des constructions, des objets, outils ou équipements de la collectivité nécessaire à son fonctionnement et à l'exercice de ses compétences et investissements. »* ; J.-D. DREYFUS, « La valorisation du service public par la diffusion d'œuvres créées par les agents publics », *in Service public, puissance publique : permanence et variation d'un couple mythique, Mélanges en l'honneur du professeur Alain-Serge Mescheriakoff*, Bruylant, 2013, p. 99 ; spéc. p. 99 : *« Dans la sphère publique, l'heure est à la « valorisation » ; en premier lieu à la valorisation du patrimoine* matériel, *mobilier comme immobilier »* ; Madame Jennifer Marchand, quant à elle, parle de *« patrimoine matériel corporel »* : J. MARCHAND, *Recherche sur le régime des actions et participations financières publiques*, LGDJ, Bibliothèque de droit public, Tome 279, 2014, spéc. p. 202.

[163] Une autre distinction, également peu effective, est parfois opérée entre "patrimoine mobilier" et "patrimoine immobilier" ; voir sur ce point : A. DILLOARD, « L'émergence des marques publiques dans le patrimoine immatériel des personnes publiques », *RDP* 2014, p. 39.

[164] Cf. *supra*.

[165] Voir spéc. l'utilisation de cette distinction dans l'étude suivante : P. VILLENEUVE, « Valorisation du patrimoine matériel des collectivités territoriales : essai d'une définition », *AJCT* 2013, p. 72.

laquelle faciliterait pourtant considérablement le travail d'identification de la notion de "patrimoine immatériel".

A partir de là, la multiplication des notions utilisées pour désigner tout ou partie du "patrimoine immatériel" est logique, quoique répréhensible, dans la mesure où elle est source d'incertitudes et de confusions.

b. L'émergence dommageable de notions connexes en droit public

L'assimilation en droit public des concepts issus du droit privé a montré ses limites : la notion de "patrimoine" n'a pas la même signification en ces deux matières. L'inexistence apparente d'une notion de "patrimoine immatériel" en droit privé a également contribué dans une certaine mesure à compliquer son identification en droit public.

La multiplication des notions employées pour désigner tout ou partie du "patrimoine immatériel" des personnes publiques témoigne des difficultés qu'il y a à stabiliser une notion nouvelle et à la circonscrire juridiquement[166]. Quatre termes sont ainsi employés de façon récurrente : celui de "patrimoine", celui d'"actif", celui de "bien" et celui de "propriété". Souvent utilisés comme synonymes, spécifiquement lorsqu'il s'agit d'étudier l'immatériel en droit public, ils sont régulièrement substitués les uns aux autres, parfois à quelques mots d'intervalle seulement[167], ce qui ne contribue ni à la clarification de la notion, ni à la finalisation de son identification.

---

[166] Voir, à ce propos : J.-M. SAUVE, Discours d'ouverture, *in Le patrimoine immatériel des personnes publiques*, Colloque du 16 mars 2012, La Documentation française, coll. Droits et Débats n°6, 2013, p. 9 ; spéc. p. 19 : *« le droit, surtout lorsqu'il traite de réalités nouvelles, s'accommode d'un peu de souplesse, d'élasticité et de plasticité des notions, à condition que le troublé créé ne soit pas trop important »*.

[167] Voir, pour quelques exemples significatifs :

A. CHERON, « *Open data* et valorisation du patrimoine immatériel », *AJCT* 2013, p. 123 : *« La <u>propriété publique</u> de l'Etat et des collectivités ne s'arrête pas à leurs <u>biens corporels</u> mais s'étend à l'ensemble de leur <u>patrimoine immatériel</u>, c'est-à-dire aux richesses intangibles constituées par leurs marques, leurs savoir-faire, etc. L'Etat et les collectivités n'ont pas été en mesure de <u>valoriser leurs actifs</u> en raison de certaines règles issues du droit administratif ainsi que pour éviter de provoquer une distorsion à la concurrence »* (nous soulignons) ;

O. DE DAVID BEAUREGARD-BERTHIER, « Le patrimoine immatériel de l'Etat », *in Bien public, bien commun, Mélanges en l'honneur d'Etienne Fatôme*, Dalloz, 2011, p.23, spéc. p. 25 : l'auteur écrit, à propos de *« L'identification du <u>patrimoine immatériel</u> de l'Etat »* : *« La reconnaissance du droit de <u>propriété</u> de l'Etat (et des autres personnes*

Afin de stabiliser la matière, il convient de s'entendre sur les mots et de combattre leur substituabilité apparente, en revenant successivement sur les différentes notions – qu'elles soient générales ou particulières – qui ont été employées par la doctrine, parfois dans un sens équivalent.

S'agissant, en premier lieu, des notions générales, il convient d'aborder successivement les expressions de « patrimoine immatériel des personnes publiques » et d' « actifs immatériels des personnes publiques ».

Passée à la postérité depuis le Rapport Lévy-Jouyet, et la mise en place de l'Agence du patrimoine immatériel de l'Etat, la notion de « patrimoine immatériel des personnes publiques »[168] a rapidement *« trouvé sa place dans la langue politico-administrative »*[169] et a également été largement relayée par la doctrine[170]. A ce titre, elle a donné lieu à plusieurs études

publiques) sur certains types d'actifs immatériels ne semble pas soulever de débat particulier » (nous soulignons) ;
J.-M. BRUGUIERE, « Le patrimoine immatériel de l'Etat est-il l'objet d'une propriété publique ? », *Cahiers Droit, Sciences et Technologies* 2010, p. 59, spéc. p. 61 : *« Patrimoine immatériel. Consistance. Afin de ne pas raisonner dans le vide, il convient en premier lieu d'énumérer et si possible, de classer, ces biens immatériels publics. Quels sont ces actifs qui suscitent des valeurs économiques ? »* (nous soulignons) ;
J. MARCHAND, *Recherche sur le régime des actions et participations financières publiques*, Bibliothèque de droit public, tome n°279, LGDJ, 2014, spéc. p. 202 : *« Le patrimoine immatériel de l'Etat constitue une part importante des biens possédés par l'Etat. (...) le patrimoine immatériel comprend divers éléments tels que les brevets, les marques, les licences, les fréquences, les savoir-faire, les bases de données, etc. Ces actifs incorporels nécessitent une gestion active dans le cadre de la politique de modernisation de l'Etat. »* (nous soulignons).
168 O. SCHRAMECK, Avant-propos, *in Le patrimoine immatériel des personnes publiques*, Colloque du 16 mars 2012, La Documentation française, coll. Droits et Débats n°6, 2013, p. 5.
169 J.-M. SAUVE, Discours d'ouverture, *in Le patrimoine immatériel des personnes publiques*, Colloque du 16 mars 2012, La Documentation française, coll. Droits et Débats n°6, 2013, p. 9 ; spéc. p. 13. Voir également, sur ce point, les intitulés des différents textes officiels – décrets et circulaires – pris en la matière.
170 Les expressions, synonymes, de "patrimoine public immatériel" ou de "patrimoine immatériel public", sont parfois utilisées ; voir, respectivement, pour l'emploi de la notion de "patrimoine public immatériel" : J.-M. BRUGUIERE, « L'image du château de Chambord n'est pas un bien du domaine public », *D.* 2012, p. 2222 ; et, pour l'emploi de la notion de "patrimoine immatériel public" : C. MALWE, « Valorisation du patrimoine immatériel : de quoi parle-t-on ? », *AJCT* 2013, p. 120, ainsi que J. MARCHAND, « L'open data, la réutilisation des données publiques entre exigence démocratique et potentiel économique », *JCP A* 2014, 2038.

d'ensemble, visant à mieux en délimiter les contours[171] ou à exposer les enjeux de sa valorisation[172].

D'emblée, le recours à cette notion semble devoir être privilégié, dans la mesure où elle bénéficie déjà d'une notoriété considérable et permet d'envisager, de façon globale, les éléments qui composent le "patrimoine immatériel" des personnes publiques. L'emploi de cette notion est toutefois critiquable, dans la mesure où elle semble renvoyer à une notion préétablie (cf. *supra*) ou à un régime déterminé (cf. *infra*), ce qui n'est pourtant pas le cas.

Son utilisation est donc soumise à la démonstration préalable de sa complète autonomisation. La notion de « patrimoine immatériel des personnes publiques » serait ainsi propre au droit public et ne saurait s'entendre comme un dérivé des notions, apparemment connexes, de "patrimoine" et de "patrimoine immatériel".

Quant à la notion d'"actifs immatériels des personnes publiques", déjà employée à de multiples reprises par différents auteurs, elle n'a été véritablement théorisée que par le Professeur Philippe Terneyre[173], avec la volonté affichée d'entreprendre une étude tout à la fois *« synthétique et critique »*[174], animée par une inspiration relevant de l'orthodoxie juridique. Cette étude a par conséquent été menée dans le but de rechercher la notion la plus adéquate, la mieux adaptée à la typologie juridique existante, notamment en se départant des notions voisines, plus couramment utilisées, de "patrimoine immatériel" et de "propriété incorporelle"[175].

---

[171] J.-M. SAUVE, art. préc., p. 9 ; O. DE DAVID BEAUREGARD-BERTHIER, « Le patrimoine immatériel de l'Etat », *in Bien public, bien commun, Mélanges en l'honneur d'Etienne Fatôme*, Dalloz, 2011, p. 23 – cette dernière étude est, cependant, limitée au cas de l'Etat, car, d'après l'auteur, *« il pose des questions spécifiques, en particulier au regard du droit international »* ; voir également, sur cette question : J.-M. BRUGUIERE, « Le patrimoine immatériel de l'Etat est-il l'objet d'une propriété publique ? », *Cahiers Droit, Sciences et Technologies* 2010, p. 59.

[172] J.-D. DREYFUS, « La valorisation par l'Etat de son patrimoine immatériel », *AJDA* 2009, p. 696 ; C. MALWE, « La valorisation du patrimoine immatériel de l'Etat », *Dr. adm.* 2009, comm. 52 ; C. MALWE, « Valorisation du patrimoine immatériel : de quoi parle-t-on ? », *AJCT* 2013, p. 120.

[173] PH. TERNEYRE, « Les actifs immatériels des personnes publiques », *RJEP* 2013, étude 16.

[174] PH. TERNEYRE, *ibid.*, spéc. §8.

[175] PH. TERNEYRE, *ibid.*, spéc. §5 : *« c'est à dessein que l'on parlera ici « d'actif incorporel » et non pas de « patrimoine » ou de « propriété incorporelle » »*.

Sur ce point, le Professeur Philippe Terneyre estime en effet que le terme d'"actif incorporel" – ou d'"actif immatériel"[176] – doit être préféré d'une part à celui de "patrimoine immatériel", dans la mesure où le patrimoine renvoie en droit civil à *« l'ensemble des droits et des obligations à caractère pécuniaire, présents et à venir d'une personne, constituant son actif et son passif »*[177] et où l'actif s'entend précisément de droits réels, de droits personnels et d'autres droits[178], et d'autre part à celui de "propriété incorporelle", *« dès lors que toutes les composantes de cet actif ne font pas,* stricto sensu, *(...) l'objet d'un droit de propriété »*[179].

Le recours à la notion d'"actif incorporel" ne permet malheureusement pas de dissiper les incertitudes entourant la notion de « patrimoine immatériel des personnes publiques ». Elle renvoie d'ailleurs, presque par réflexe, à la comptabilité. Or, si celle-ci permet d'appréhender, tout à la fois, des éléments susceptibles de propriété juridique ou simplement de propriété économique[180], laquelle est bien plus largement entendue, en revanche, l'actif incorporel d'une entreprise ne comprend pas les actions, parce qu'elles ressortissent à son actif financier[181]. L'emploi de cette notion trouve ici une limite importante, puisque les actions sont des biens mobiliers incorporels.

Par ailleurs, le terme d'"actifs immatériels des personnes publiques" ne correspond pas davantage à une notion prédéfinie ; il n'a ainsi manifestement aucun équivalent en droit privé. Il serait en réalité une composante du patrimoine public, lequel comporte, certes, un actif et un passif, mais sans subdivision interne entre des actifs corporels et

---

[176] PH. TERNEYRE, *ibid.*, spéc. §7 : *« parce qu'il nous semble que les deux termes sont synonymes, on emploiera indifféremment l'expression « actif incorporel » ou « actif immatériel » »*.
[177] PH. TERNEYRE, *ibid.*, spéc. §5.
[178] PH. TERNEYRE, *ibid.*, spéc. §5.
[179] PH. TERNEYRE, *ibid.*, spéc. §5.
[180] Voir, à propos de cette distinction : M. COZIAN, P.-J. GAUDEL, *La comptabilité racontée aux juristes*, LexisNexis Litec, 2006 ; spéc. p. 198 : *« Propriété juridique ou propriété économique ? Depuis les nouvelles règles comptables, les entreprises se posent une nouvelle question : quels sont les éléments dont elles ont la propriété économique ? La question est nouvelle est complexe. Auparavant les entreprises s'attachaient uniquement à identifier les éléments dont elles avaient la propriété juridique. Pour autant, la nouvelle définition des immobilisations ne devrait pas bouleverser le tracé des frontières. La quasi-totalité des immobilisations dont l'entreprise a la propriété juridique sont des éléments dont l'entreprise a aussi la propriété économique, et réciproquement »*.
[181] Pour plus de précisions, se reporter au plan comptable général (PCG).

incorporels, cette distinction corporel/incorporel ne reflétant que partiellement les divisions connues en comptabilité, quoiqu'elle soit par ailleurs familière aux juristes.

Concernant, en second lieu, les notions particulières, il faut revenir sur les expressions "biens incorporels des personnes publiques" et "propriétés publiques immatérielles".

Utilisée à de nombreuses occasions par la doctrine, la notion de "biens incorporels des personnes publiques"[182] a surtout fait l'objet d'un travail approfondi par Monsieur Raphaël Léonetti[183], à travers l'étude du régime de ces biens et plus spécifiquement des modalités de leur protection.

Pour l'auteur, cette notion renvoie à la fois à des droits incorporels (créance, usufruit, ou autorisation administrative, par exemple) et à des choses réelles incorporelles (fonds de commerce, propriétés intellectuelles, par exemple)[184].

A la lecture de cette étude, cette notion ne permet toutefois pas d'inclure les droits de propriété intellectuelle des personnes publiques, comme les droits d'auteur – moraux et patrimoniaux – alors qu'il s'agit de propriétés publiques à part entière, susceptibles en tant que telles de valorisation. Par conséquent, il sera plus opportunément fait recours à une notion plus large que celle de "biens incorporels des personnes publiques".

Quant à la notion de "propriété publique incorporelle" ou "propriété publique immatérielle"[185], si elle ne permet pas de rendre compte de

---

[182] D'autres expressions synonymes sont également employées : "biens publics incorporels", "biens publics immatériels" et "biens immatériels des personnes publiques".

[183] R. LEONETTI, « La protection de l'affectation au service public des biens incorporels », *AJDA* 2009, p. 1689.

[184] *Idem* ; spéc. p. 1689.

[185] Ces expressions sont parfois utilisées au pluriel ; voir, respectivement, pour la notion de "propriétés publiques incorporelles" : C. MALWE, *La propriété publique incorporelle : au carrefour du droit administratif des biens et du droit public économique*, th. Nantes, 2008 ; et, pour la notion de "propriétés publiques immatérielles" : J. MARCHAND, « L'open data, la réutilisation des données publiques entre exigence démocratique et potentiel économique », *JCP A* 2014, 2038 ; voir également : C. MALWE, *JCl Propriétés publiques*, Fasc. 49 « Propriétés publiques immatérielles », Lexis Nexis, 2011 ; l'auteur y explique le choix pour cette dernière expression de la façon suivante : *« l'expression "propriété publique immatérielle" peut être préférée à celle de "propriété publique incorporelle" pour des raisons tenant, non*

l'existence de certains éléments immatériels spécifiques qui ne sont pas appropriés par les personnes publiques (données publiques, fréquences hertziennes, image des biens publics, etc.), elle autorise en revanche à envisager non seulement l'étude de la propriété intellectuelle des personnes publiques mais également celle de la propriété financière des personnes publiques, c'est-à-dire des actions détenues par les personnes publiques dans des sociétés commerciales.

Il ressort de ce rapide aperçu qu'aucune des quatre notions généralement utilisées, et perçues comme interchangeables, ne comble de satisfaction à elle seule le travail d'identification juridique du "patrimoine immatériel des personnes publiques". Il s'agit en réalité d'une notion purement doctrinale qui, pour être parfaitement comprise, doit être appréhendée comme comprenant tout à la fois des éléments non appropriés et des éléments appropriés – les propriétés publiques immatérielles – (cf. *infra*).

§2. L'identification des fonctions de la notion de « patrimoine immatériel des personnes publiques »

Il est possible de relever, simultanément à l'inexistence d'une notion unique pour désigner tout ou partie du "patrimoine immatériel", que la notion de « patrimoine immatériel des personnes publiques » n'est pas unitaire, ce qui contribue à en différer le travail d'identification.

A la vérité, ainsi que cela a été exposé, cette notion ne connaît pas de définition juridique, mais elle peut utilement être dédoublée, afin d'envisager une présentation ordonnée de la matière.

Les tentatives de définition du "patrimoine immatériel" des personnes publiques se sont soldées par des échecs, puisque le droit public et la comptabilité se sont entremêlés de façon excessive, et se sont en quelque sorte mutuellement abâtardis à cette occasion. Issue avant tout d'études économiques s'inspirant des concepts utilisés en comptabilité, la notion de « patrimoine immatériel des personnes publiques » doit donc s'entendre comme étant dépourvue de portée juridique.

---

pas aux subtilités d'une distinction entre choses incorporelles et choses immatérielles, mais à la nécessité d'éviter toute confusion avec l'expression, courante en droit de la comptabilité publique, d'"actifs incorporels" ».

La notion ne doit pourtant pas être totalement rejetée et son utilisation bannie, notamment pour des raisons pratiques évidentes, puisqu'elle est fortement usitée en doctrine. En revanche, une entreprise de clarification s'impose tout de même, pour démêler la notion de "patrimoine immatériel" des notions connexes auxquelles elle est parfois associée ou substituée, au premier rang desquelles se trouve la notion de propriétés publiques immatérielles.

La notion de "patrimoine immatériel" s'inscrit au cœur d'un paradoxe : ainsi, malgré l'inutilité apparente de la recherche de toute fonction juridique (A), il faut reconnaître réciproquement l'utilité de la recherche d'une fonction pédagogique de cette notion (B).

A. L'inutilité de la recherche d'une fonction juridique de la notion de "patrimoine immatériel"

La superposition imparfaite du droit et de la comptabilité (1), ainsi que le retard pris dans l'adaptation du droit public aux mutations induites par l'économie de l'immatériel (2), ont contribué ensemble à contrarier l'émergence d'une véritable définition juridique de la notion de « patrimoine immatériel des personnes publiques ».

1. La superposition limitée du droit et de la comptabilité

La politique publique mise en œuvre à la suite du Rapport Lévy-Jouyet par l'Agence du patrimoine immatériel de l'Etat s'apparente à une vaste opération de promotion déconnectée du droit qui donne parfois lieu à une absence de concordance quant au vocabulaire utilisé, dans la mesure où il ne peut y avoir qu'une superposition imparfaite entre le droit et la comptabilité.

L'identification du "patrimoine immatériel" des personnes publiques en vue de le valoriser est d'abord une opération de promotion archétypique de la modernisation de l'Etat.

A l'analyse, le rôle prépondérant de la comptabilité publique dans l'amorce de la réflexion sur le "patrimoine immatériel" des personnes publiques est indissociable du mouvement plus général de réforme de l'Etat qui a irrigué les premières années de la décennie 2000, en s'appuyant avant tout sur la Loi organique relative aux lois de finances (LOLF) ainsi que sur la Révision générale des politiques publiques (RGPP).

La politique publique directement mise en œuvre à la suite du Rapport Lévy-Jouyet, et pilotée par l'Agence du patrimoine immatériel de l'Etat, consistant en la valorisation par l'Etat de son "patrimoine immatériel", est ainsi au cœur de la modernisation de l'Etat[186] et elle se situe, précisément, à la confluence de la LOLF et de la RGPP. Née de la première, elle s'est développée au travers de la seconde. Ce mouvement a pu être décrié, en ce qu'il a vu *« monter en force dans les appareils publics un personnel d'économistes et de gestionnaires qui tendent à se substituer aux juristes »*[187].

En la matière, les pouvoirs publics se sont livrés à une sorte d'opération de promotion ou d'opération de communication, autour de la thématique de la valorisation du "patrimoine immatériel", aux motivations louables, mais presqu'entièrement déconnectée de la dialectique juridique. Sur ce point, il est remarquable de noter que le Professeur Philippe Yolka utilise, pour désigner l'Agence du patrimoine immatériel de l'Etat, empruntant volontairement au vocabulaire du *marketing*, l'expression de *« produit dérivé de la RGPP »*[188]. Les pouvoirs publics ont été à l'initiative dans la période récente d'une politique volontariste d'incitation à la valorisation du "patrimoine immatériel", sans réelle réflexion juridique derrière. Il n'est pas étonnant dès lors que certaines frictions apparaissent entre les notions connues du droit des propriétés publiques et celles proposées dans la période récente à l'occasion des réformes des politiques publiques orientées vers la

---

[186] Sur ce point, voir : C. ROSSETTI, « Vers une gestion stratégique des marques publiques ? », *AJDA* 2010, p. 2197, spéc. p. 2197 : *« la problématique de la valorisation du patrimoine immatériel public est fortement liée à celle de la modernisation de l'Etat »* ; voir également : A. BUTLEN, « Les contrats sur la propriété publique immatérielle », *in Contrats et propriétés publics*, Actes du colloque de Montpellier, des 28 et 29 avril 2011, Lexis Nexis, 2011, p. 249, spéc. p. 249 : *« la loi organique n° 2001-692 du 1er août 2001 relative aux lois de finances (dite LOLF) prévoit une évaluation de la propriété publique immatérielle dans le bilan de l'Etat au même titre qu'elle prévoir une comptabilisation des biens matériels »*.

[187] Pour la citation complète, voir : J. CAILLOSSE, *L'Etat du droit administratif*, LGDJ, 2015 ; spéc. p. 43 : *« Avec le passage obligé par le calcul qu'imposent la LOLF, la RGPP ou, aujourd'hui la modernisation de l'action publique (MAP), on voit se renouveler les savoir-faire de l'administration, s'affirmer de nouveaux modes d'expertise, et monter en force dans les appareils publics un personnel d'économistes et de gestionnaires qui tendent à se substituer aux juristes »*.

[188] PH. YOLKA, « L'immatériel public en trompe-l'œil », *JCP A* 2011, act. 726.

valorisation du "patrimoine immatériel". La joute verbale ayant opposé le Professeur Pierre Delvolvé à Monsieur Claude Rubinowicz – ancien Directeur général de l'Agence du patrimoine immatériel de l'Etat – lors d'un colloque au sujet du "patrimoine immatériel" des personnes publiques est à cet égard un exemple emblématique des dégâts parfois causés par une instabilité notionnelle[189].

Par delà le rôle central, déjà souligné (cf. *supra*), du Rapport Lévy-Jouyet dans la finalisation des modalités de la politique publique incombant à l'Agence du patrimoine immatériel de l'Etat, l'impulsion a en la matière été initialement suscitée par la LOLF, laquelle a insufflé l'idée d'une évaluation du "patrimoine immatériel" de l'Etat *« sous peine d'exposer les comptes à n'être pas certifiés »*[190].

La LOLF a donc contribué à la prise en compte croissante du "patrimoine immatériel", d'abord en comptabilité publique, puis dans la mise en œuvre des politiques publiques. A cet égard, le "patrimoine immatériel" des personnes publiques a été présenté comme étant *« un des domaines dans lesquels les principes comptables issus de la LOLF vont conduire l'Etat à modifier le plus profondément ses pratiques »*[191].

Finalement, dans la mesure où l'influence de la LOLF a été considérable dans le développement de la politique de valorisation du "patrimoine immatériel", son vocabulaire managérial et sa vision comptable de l'"entreprise Etat" se sont imposés dans le paysage juridique français, sans qu'ils n'aient toutefois été accompagnés au préalable d'un calibrage sur le droit des propriétés publiques.

---

[189] CONSEIL D'ETAT, *Le patrimoine immatériel des personnes publiques*, Colloque du 16 mars 2012, La Documentation française, coll. Droits et Débats n°6, 2013 ; voir spéc. pp. 27-30.

[190] C. ROSSETTI, « Vers une gestion stratégique des marques publiques ? », *préc.* ; spéc. p. 2197.

[191] COUR DES COMPTES, Rapport sur les comptes de l'Etat 2005, La Documentation française, 2006 ; spéc. p. 111 : *« de manière générale, la notion d'actif incorporel est au cœur du développement de l'économie de la connaissance et retient de plus en plus l'attention des instances internationales chargées des questions normatives. Il s'agit d'un des domaines dans lesquels les principes comptables issus de la LOLF vont conduire l'Etat à modifier le plus profondément ses pratiques »* ; voir également : C. MALWE, « La valorisation du patrimoine immatériel de l'Etat », *Dr. adm.* 2009, comm. 52 : après avoir cité ce passage, à l'occasion du commentaire des décrets, du 10 février 2009, n°2009-151 et n°2009-157, Madame Claire Malwé écrit que : *« dans cette perspective, l'objectif affiché par les auteurs des décrets du 10 février 2009 est de convaincre l'ensemble des acteurs publics de la nécessité d'une valorisation économique immédiate du patrimoine immatériel de l'Etat »*.

En réalité, le droit et la comptabilité ne se superposent pas parfaitement. D'ailleurs, le fait que les notions employées dans ces deux matières ne renvoient pas toujours à une réalité identique, tout en paraissant synonymes et alors même qu'elles sont parfois substituées les unes aux autres, a contribué de façon indiscutable à l'échec de l'émergence d'une définition juridique de la notion de « patrimoine immatériel des personnes publiques ». Ainsi en est-il de l'expression "actifs immatériels de l'Etat", largement diffusée par le Rapport Lévy-Jouyet, mais ne se traduisant pas parfaitement en droit public – même si elle est parfois usitée en doctrine[192] –, puisque cette expression *« relève d'une vision comptable de la matière »*[193].

Il en va de même s'agissant d'autres notions. Madame Claire Malwé écrit à cet égard que : *« l'approche choisie pour circonscrire le champ du patrimoine immatériel public s'inspire indiscutablement du droit de la comptabilité publique et conduit à s'interroger sur la notion d'« immobilisation incorporelle » »*[194], notion introuvable en droit public.

Il faut encore revenir sur une considération révélatrice du malaise qu'il y a pour les juristes à réceptionner la notion de "patrimoine immatériel" en droit public, quoiqu'elle ait auparavant fait l'objet d'une qualification apparemment hasardeuse[195], source de nombreuses confusions, par les auteurs du Rapport Lévy-Jouyet.

Le fait que le droit public – et plus spécialement le droit des propriétés publiques – n'ait pas su s'adapter à l'économie de l'immatériel est certainement une autre cause de l'échec de l'émergence d'une définition juridique de la notion de « patrimoine immatériel des personnes publiques ».

---

[192] Voir principalement : PH. TERNEYRE, « Les actifs immatériels des personnes publiques », *RJEP* 2013, étude 16.

[193] C. MALWE, « La valorisation du patrimoine immatériel de l'Etat », art. préc.

[194] C. MALWE, « Valorisation du patrimoine immatériel : de quoi parle-t-on ? », *AJCT* 2013, p. 120.

[195] A. BUTLEN, « Les contrats sur la propriété publique immatérielle », *in Contrats et propriétés publics*, Actes du colloque de Montpellier, des 28 et 29 avril 2011, Lexis Nexis, 2011, p. 249, spéc. p. 251 : *« [Le Rapport Lévy-Jouyet] met en avant l'ampleur et la diversité du portefeuille des actifs, droits, et biens immatériels dont disposent les personnes publiques qu'il désigne comme étant constitutif d'un « patrimoine immatériel » »* (nous soulignons).

2. L'adaptation inachevée du droit public à l'économie de l'immatériel

Lors de l'élaboration du code général de la propriété des personnes publiques, aucune attention particulière n'a été prêtée à la question de la valorisation du "patrimoine immatériel" des personnes publiques, ce qui n'a bien entendu pas permis de résoudre la question de l'absence de définition juridique de cette notion.

A l'analyse, il s'avère que le droit public, et plus encore, le droit des propriétés publiques, sont en l'état inadaptés à l'économie de l'immatériel. Cela tient notamment à ce que dans l'imaginaire collectif *« lorsque l'on pense aux biens de l'Etat, on pense d'abord et surtout à ses biens corporels – et notamment à ses immeubles – »*[196].

D'après le Professeur Jean-Bernard Auby, *« le droit administratif éprouve des difficultés singulières à [appréhender les propriétés incorporelles] »*[197], ce qui se traduit par une sorte d'*« ostracisme à l'égard de l'immatériel »*[198] de la part du législateur[199]. La vision traditionnelle du droit des propriétés publiques n'a par ailleurs pas sensiblement évolué avec l'entrée en vigueur du code général de la propriété des personnes publiques, dans lequel une fois encore *« les propriétés publiques ont été considérées essentiellement du point de vue de leur dimension matérielle »*[200].

Ainsi, avec le code général de la propriété des personnes publiques, une occasion a été manquée de rénover le droit des propriétés publiques et de faire évoluer sa conception traditionnelle vers la prise en compte de l'immatériel. Cet insuccès est d'autant plus regrettable qu'une forme de

---

[196] J.-B. AUBY, « L'immatériel dans l'Etat », *Dr. adm.* 2007, repère 6.

[197] J.-B. AUBY, *ibid.*

[198] J.-M. BRUGUIERE, « L'immatériel à la trappe ? », *D.* 2006, p. 2804 ; spéc. p. 2804.

[199] J.-M. BRUGUIERE, *ibid.* ; l'auteur cite, au soutien de sa démonstration, tout à la fois, le code du patrimoine, le code général de la propriété des personnes publiques et le Code civil.

[200] C. ROSSETTI, « Vers une gestion stratégique des marques publiques ? », *AJDA* 2010, p. 2197, spéc. p. 2197 ; voir aussi : J.-B. AUBY, « L'immatériel dans l'Etat », *préc.* : *« Notre récent Code général de la propriété des personnes publiques ne dit pas un mot des biens incorporels »* ; et, également : B. WARUSFEL, « L'émergence d'un droit public de la propriété intellectuelle », *in Les transformations du droit public*, Actes du colloque de Brest, du 20 juin 2008, p. 161, spéc. p. 162 : *« voici donc enfin affirmée indirectement par ces textes l'existence d'une propriété intellectuelle publique dont, pourtant on ne trouve encore aucune trace dans le récent Code général de la propriété des personnes publiques »*.

modulation sociologique de l'Administration s'était mise en mouvement, avec l'acceptation progressive de la nécessité d'appliquer à l'action publique tout entière un cadre rénové qui aurait comme principaux points d'appui la LOLF et la RGPP, lesquelles loin d'être réfractaires à l'immatériel, contribuent à militer indirectement pour sa prise en compte croissante.

Alors que les politiques publiques prennent en compte l'immatériel, le droit n'a pas sensiblement progressé sur ce point ces dernières années et il n'a pas pris pleinement la mesure de ce phénomène, notamment en faisant évoluer ses cadres conceptuels. Ce retard pris dans l'adaptation du droit à l'immatériel se fera particulièrement sentir lorsque les propriétés publiques immatérielles seront confrontées aux critères du domaine public et au régime de la domanialité publique (cf. *infra*, spéc. Partie III, Chapitre I).

Les obstacles à l'émergence d'une définition du "patrimoine immatériel" des personnes publiques se sont multipliés, de telle sorte qu'aucune définition juridique de cette notion n'existe, renforçant un peu plus encore l'idée selon laquelle il ne s'agit pas d'une notion juridique.

Traduisant l'inadaptation du droit public à l'économie de l'immatériel, l'absence de définition de la notion de "patrimoine immatériel" contribue à renforcer le sentiment qu'il s'agit d'une notion exclusivement issue de la comptabilité et de l'économie, forgée en dehors des grandes notions du droit.

Le recours à la notion de "patrimoine immatériel" accentue davantage encore le mouvement de banalisation de la notion de patrimoine[201] et contribue à atténuer l'unité de cette notion.

Dans le même ordre d'idées, de nombreux auteurs soulignent régulièrement *« l'absence de définition générale de la notion de patrimoine immatériel »*[202]. En outre, de l'aveu même de l'Agence du

---

[201] J. MORAND-DEVILLER, « La valorisation économique du patrimoine public », *in Mélanges Drago*, Economica, 1996, p. 273 ; spéc. p. 285 : *« la notion de* « patrimoine » *aujourd'hui galvaudée tant par les économistes que par les privatistes se banalise de plus en plus en droit public quitte à perdre toute signification et intérêt ».*

[202] J.-M. SAUVE, Discours d'ouverture, *in Le patrimoine immatériel des personnes publiques*, Colloque du 16 mars 2012, La Documentation française, coll. Droits et Débats n°6, 2013, p. 9 ; spéc. p. 10. Voir également, avec un bel exemple de l'absence de stabilité des notions, les trois références suivantes : A. BUTLEN, « Les contrats sur la propriété publique immatérielle », *in Contrats et propriétés publics*, Actes du colloque de Montpellier, des 28 et 29 avril 2011, Lexis Nexis, 2011, p. 249, spéc. p. 253 : *« si le*

patrimoine immatériel de l'Etat, *« il n'existe pas de définition juridique décrivant précisément la notion de patrimoine immatériel »*[203].

L'absence de définition juridique de la notion de « patrimoine immatériel des personnes publiques », *« dont les contours sont encore en discussion »*[204], est préjudiciable, principalement pour deux raisons.

D'une part, elle retarde un peu plus encore la prise en compte de l'économie de l'immatériel par le droit public et par conséquent les adaptations – qu'il s'agisse des notions ou du régime – rendues nécessaires du fait de la réception de l'immatériel par le droit des propriétés publiques.

D'autre part, le fait qu'il n'y ait pas une notion unique a fortement contribué à la multiplication d'autres notions, à la portée juridique variable, pour désigner tout ou partie du "patrimoine immatériel" des personnes publiques (cf. *supra*).

Cette indétermination est de nature à entretenir la confusion autour de la notion de "patrimoine immatériel". Celle-ci étant dépourvue de portée juridique réelle, le caractère flou de ses contours n'a que peu d'incidence.

---

législateur admet l'existence du principe d'une propriété publique immatérielle, il n'en donne aucune définition. » ; C. MALWE, « La valorisation du patrimoine immatériel de l'Etat », *Dr. adm.* 2009, comm. 52 : *« une première difficulté provient de l'absence de définition de ce que l'on nomme désormais « patrimoine immatériel de l'Etat » »* ; J.-D. DREYFUS, « La valorisation par l'Etat de son patrimoine immatériel », *AJDA* 2009, p. 696, spéc. p. 696 : *« Ne faut-il pas opter pour une définition saisissant la fonction particulière [des actifs immatériels des personnes publiques] ? »*.

203 AGENCE DU PATRIMOINE IMMATERIEL DE L'ETAT, *Rapport public 2013*, La Documentation française, 2014, spéc. p. 8 ; voir également : la Réponse du Ministre du Budget à la question du député Lionel Tardy, publiée au JO le 30/04/2013, p. 4757 : *« Il n'existe pas à ce jour de définition juridique du patrimoine immatériel en général, et de l'Etat en particulier (...) »*, cette proposition pouvant être aisément complétée par la référence au patrimoine immatériel des personnes publiques ; voir encore : CONSEIL D'ETAT, *L'action économique des personnes publiques*, Etude annuelle 2015, La Documentation française, 2015, spéc. p. 89 ; voir enfin : S. SERPENTIER-LINARES, « La propriété des droits immatériels dans une DSP », *ACCP*, janvier 2013, p. 34 ; spéc. p. 34 : *« Le patrimoine immatériel est un « sujet » d'étude complexe relevant de plusieurs disciplines. S'il s'agit d'étudier le patrimoine immatériel des personnes privées, le code de la propriété intellectuelle permettra une approche juridique et économique de la notion. S'il s'agit d'observer le patrimoine immatériel de la personne publique, le champ d'étude sera aussi vaste qu'imprécis faute de définition de la notion »* (nous soulignons).

204 C. MALWE, « Valorisation du patrimoine immatériel : de quoi parle-t-on ? », *AJCT* 2013, p. 120.

Même s'il n'est pas possible de l'identifier juridiquement avec précision, la notion de « patrimoine immatériel des personnes publiques » continue de présenter un intérêt certain, dans la mesure où elle revêt une utilité doctrinale indéniable, sur laquelle il convient désormais de s'attarder.

B. L'utilité de la recherche d'une fonction pédagogique de la notion de "patrimoine immatériel"

Malgré l'impossibilité d'en donner une définition juridique en l'état actuel, la notion de « patrimoine immatériel des personnes publiques » revêt un intérêt doctrinal certain. Le fait qu'il s'agisse d'une notion indéfinie l'expose nécessairement à la critique, sans toutefois la dépourvoir de tout intérêt pédagogique.

Il faut revenir successivement sur la réception critique (1), puis sur les implications pratiques (2) de la notion de "patrimoine immatériel".

1. La réception critique de la notion de "patrimoine immatériel"

Le fait que la notion de « patrimoine immatériel des personnes publiques » soit indéfinie peut paraître de prime abord insatisfaisant. A l'instar de certains auteurs qui relèvent *« l'hétérogénéité excessive de la notion de « patrimoine immatériel de l'Etat » »*[205], il faut en effet convenir de la grande diversité de nature des éléments composant le "patrimoine immatériel" de l'Etat, et plus généralement, le "patrimoine immatériel" des personnes publiques, ce qui rend virtuellement leur classement délicat. Dans le même ordre d'idées, *« l'imprécision de la*

[205] C. MALWE, « La valorisation du patrimoine immatériel de l'Etat », *Dr. adm.* 2009, comm. 52. Voir également : A. BUTLEN, « Les contrats sur la propriété publique immatérielle », *in Contrats et propriétés publics*, Actes du colloque de Montpellier, des 28 et 29 avril 2011, Lexis Nexis, 2011, p. 249, spéc. p. 251 : *« à n'en plus douter, les personnes publiques peuvent être propriétaires de biens immatériels. Cette nouvelle forme de propriété publique est très difficile à appréhender juridiquement en raison de la très grande hétérogénéité des biens qui la composent »*. Voir enfin : J.-M. SAUVE, Discours d'ouverture, *in Le patrimoine immatériel des personnes publiques*, Colloque du 16 mars 2012, La Documentation française, coll. Droits et Débats n°6, 2013, p. 9 ; spéc. p. 19 : *« eu égard à l'hétérogénéité du patrimoine immatériel »*.

notion »[206] de "patrimoine immatériel des personnes publiques" est régulièrement soulevée et peut être source d'importantes confusions.

Elle aurait ainsi contraint le Gouvernement à dresser une liste – hétéroclite et désordonnée – des prestations correspondant à une valorisation du "patrimoine immatériel" de l'Etat, dans le décret n°2009-151[207]. La lecture de celui-ci donne uniquement une vague idée de la composition du "patrimoine immatériel"[208], sans que cette question ne soit définitivement résolue. Ainsi, ce texte renvoie tout à la fois aux opérations portant sur la propriété intellectuelle (cession ou concession de droits, licence d'exploitation), sur la mise à disposition ou la cession d'informations, sur la location ou la mise à disposition d'espaces remarquables en vue d'organiser des manifestations, ou encore sur le savoir-faire et l'expertise des services de l'Etat.

Les autres raisons de l'insatisfaction résultant de l'absence de définition de la notion de « patrimoine immatériel des personnes publiques » ont été exposées précédemment. Elles tiennent aux difficultés qu'il y a à l'appréhender à travers la grille de lecture du droit des propriétés publiques ou à partir de la dialectique juridique courante, c'est-à-dire, par le biais des catégories juridiques traditionnelles.

Il faut mettre en garde de nouveau sur l'inconfort qu'il y a à utiliser une notion qui se caractérise seulement en creux. La notion de "patrimoine immatériel" est ainsi censée être le reflet d'un hypothétique "patrimoine matériel", notion introuvable – en droit civil comme en droit public – et non théorisée en tant que telle. Là encore, le travail préalable à l'utilisation en droit public de la notion de « patrimoine immatériel des personnes publiques » semble avoir été éludé.

---

[206] C. MALWE, « La valorisation du patrimoine immatériel de l'Etat », *ibid.*

[207] Décret n° 2009-151 du 10 février 2009 relatif à la rémunération de certains services rendus par l'Etat consistant en une valorisation de son patrimoine immatériel, JORF n°0036, 12 février 2009, p. 2505, texte n° 19.

[208] Des incertitudes quant au périmètre exact du "patrimoine immatériel" de l'Etat demeurent : PH. TERNEYRE, « Les actifs immatériels des personnes publiques », *RJEP* 2013, étude 16, spéc. §11 : *« Quels sont ces objets ? Le décret précité n° 2009-151 du 10 février 2009 s'est essayé à en dresser la liste (droits de propriété intellectuelle, informations publiques, savoir-faire ou expertise) mais, d'une part, cette liste n'est à l'évidence pas exhaustive et, d'autre part, y figurent des prestations en rapport avec des biens matériel, au surplus immobiliers, des personnes publiques : ainsi de la location ou de la mise à disposition de salles, d'espaces ou de terrains en vue d'évènements, de manifestations, de tournages d'œuvres audiovisuelles ou de prises de vues »* ; voir également : J.-D. DREYFUS, « La valorisation par l'Etat de son patrimoine immatériel », *AJDA* 2009, p. 696, spéc. pp. 697-698.

Finalement, au lieu de s'autonomiser, la notion de « patrimoine immatériel des personnes publiques » s'est atomisée. Censée être unifiée, elle s'avère plutôt être morcelée.

Malgré les reproches qui peuvent être formulés à l'encontre de la notion de « patrimoine immatériel des personnes publiques », il faut revenir sur son incontestable utilité pédagogique.

En premier lieu, la notion de "patrimoine immatériel" offre une vision simplifiée de la matière, laquelle est bienvenue. La dénomination retenue a incontestablement permis *« d'embrasser de la manière la plus large possible l'ensemble des « actifs immatériels » de l'Etat »*[209]. Par conséquent, même sans être définie, la notion de « patrimoine immatériel des personnes publiques » renvoie à des éléments identifiables, qui ont pour caractéristique commune de ne pas être matériels et de disposer d'un lien de rattachement – droit de propriété ou non – avec une personne publique. Dans la mesure où ils peuvent être de nature différente, il est plus simple de les regrouper sous une terminologie unique, aussi imparfaite soit-elle. Le recours à cette notion trouve ici une première justification.

En second lieu, il faut relever la vocation didactique de la notion de "patrimoine immatériel", de l'Etat ou des personnes publiques, qui est un corollaire de la première caractéristique exposée. Employée tant par l'Agence du patrimoine immatériel de l'Etat que par les textes officiels, elle bénéficie d'une certaine notoriété et commence à se stabiliser. Fortement hétérogène quant à sa composition, elle peut aisément être employée dans son sens générique pour éviter le recours à l'énumération fastidieuse des éléments qu'elle contient. L'emploi de cette notion trouve alors une seconde justification.

En définitive, il faut rejoindre le Président Jean-Marc Sauvé lorsqu'il estimait, dans une sentence teintée de prudence, qu'*« il serait audacieux, voire présomptueux et peut être même contreproductif de trop strictement définir le patrimoine immatériel »*[210]. Finalement, si la définition juridique du "patrimoine immatériel des personnes publiques" n'existe pas à l'heure actuelle, son avènement n'est peut-être pas possible, et peut-être même pas souhaitable. En réalité, ainsi qu'il sera démontré, la notion

---

[209] C. MALWE, « La valorisation du patrimoine immatériel de l'Etat », art. préc.

[210] J.-M. SAUVE, Discours d'ouverture, *in Le patrimoine immatériel des personnes publiques*, Colloque du 16 mars 2012, La Documentation française, coll. Droits et Débats n°6, 2013, p. 9 ; spéc. p. 19.

de « patrimoine immatériel des personnes publiques », notion non juridique, doit être dédoublée pour être mieux comprise et pour permettre une appréhension juridique des éléments qui la composent.

2. Les implications pratiques de la notion de "patrimoine immatériel"

La notion de « patrimoine immatériel des personnes publiques » n'est pas unitaire. Pour la mieux comprendre, il convient de la dédoubler, en la départant de la notion – souvent associée – de "propriétés publiques immatérielles". Pour mener à bien cette entreprise, il faut d'abord identifier un critère discriminant, c'est-à-dire une clé de répartition entre les notions employées, puis exposer une proposition d'agencement entre elles.

Au sein du "patrimoine immatériel", il conviendra de distinguer parmi les éléments susceptibles et insusceptibles d'appropriation. Seuls les éléments du "patrimoine immatériel" susceptibles d'appropriation – c'est-à-dire, les propriétés publiques immatérielles – peuvent être appréhendées par le droit des propriétés publiques ; des développements substantiels seront consacrés à cette question (cf. *infra*, spéc. Partie III).

Les développements qui suivront s'attacheront à rendre compte d'une part de la coexistence d'éléments appropriés et non appropriés au sein du "patrimoine immatériel" (a) et d'autre part de l'existence d'éléments appropriés au sein du "patrimoine immatériel" – à savoir, les propriétés publiques immatérielles – (b).

a. La coexistence d'éléments appropriés et non appropriés au sein du "patrimoine immatériel"

A propos des éléments composant le "patrimoine immatériel" des personnes publiques, un auteur a écrit que : *« leur nature immatérielle est en elle-même source de difficultés car elle pose (...) des problèmes de qualification juridique »*[211]. Pour démêler les notions employées et pour comprendre la répartition proposée entre "patrimoine immatériel des personnes publiques" et "propriétés publiques immatérielles", il faut s'attarder au préalable sur les mécanismes d'influence de la personne

[211] A. DILLOARD, « L'émergence des marques publiques dans le patrimoine immatériel des personnes publiques », *RDP* 2014, p. 39 ; spéc. pp. 41-42.

publique au-delà du droit de propriété et à travers l'exercice de ce droit, car ils conditionnent la qualification juridique finalement retenue.

Contrairement à ce qu'avancent certains auteurs[212], la valorisation du "patrimoine immatériel des personnes publiques" ne suppose pas nécessairement l'établissement préalable de l'existence d'un droit de propriété sur les éléments qui le composent[213]. Certes, comme l'a écrit Madame Jennifer Marchand : *« la propriété immatérielle dont dispose l'Etat est en mesure de lui conférer une grande capacité d'influence »*[214]. Cependant, la marque de l'Etat s'imprime aussi parfois au travers d'une influence plus indirecte sur les éléments qui ressortissent à son "patrimoine immatériel", influence alternative au droit de propriété[215]. Ainsi en est-il par exemple des régimes juridiques mis en place pour la gestion et la valorisation des fréquences hertziennes, des données publiques, de l'image des biens publics, ou encore, des quotas d'émission de gaz à effet de serre. Dans cette hypothèse, l'Etat, ou la personne publique gestionnaire, s'émancipe de ses prérogatives propriétaristes, tout en conservant un pouvoir de contrôle sur les éléments concernés, lesquels sont parfois non appropriés ou même inappropriables.

En conclusion à sa riche étude consacrée à l'existence d'une propriété publique sur le "patrimoine immatériel" de l'Etat, le Professeur Jean-Michel Bruguière s'interroge de la façon suivante : *« comment peut-on rendre compte de la gestion de certains actifs immatériels si l'on ne dispose pas du droit de propriété ? »*[216]. En réalité, certains mécanismes sont parfois mis en place pour permettre la gestion par les personnes

---

[212] A. CHERON, « *Open data* et valorisation du patrimoine immatériel », *AJCT* 2013, p. 123 ; spéc. p. 125 : *« La propriété publique de l'Etat et des collectivités ne s'arrête pas à leurs biens corporels mais s'étend à l'ensemble de leur patrimoine immatériel, c'est-à-dire aux richesses intangibles constituées par leurs marques, leurs savoir-faire, etc. »*.

[213] C. MALWE, « La valorisation du patrimoine immatériel de l'Etat », *préc.* ; spéc. p. 121 : *« Dès lors, sous l'expression de « patrimoine immatériel public » se cacherait en réalité, pour l'essentiel, l'ensemble des biens immatériels propriétés des personnes publiques »*. Voir également, p. 121 : *« si la « propriété publique incorporelle » est comprise comme partie intégrante du « patrimoine immatériel public », les deux notions revêtent des champs d'application et des significations distinctes »*.

[214] J. MARCHAND, *Recherche sur le régime des actions et participations financières publiques*, LGDJ, Bibliothèque de droit public, Tome 279, 2014, spéc. p. 201.

[215] PH. TERNEYRE, « Les actifs immatériels des personnes publiques », art. préc. ; spéc. §9 : *« L'idée est donc, tout d'abord, de déterminer, d'appréhender, de recenser les biens immatériels sur lesquels les collectivités publiques ont des droits (parfois sans le savoir) en vertu de la loi, d'un règlement, d'un contrat de droit public ou de droit privé et/ou d'un titre de propriété »*.

[216] J.-M. BRUGUIERE, « Le patrimoine immatériel de l'Etat est-il l'objet d'une propriété publique ? », *Cahiers Droit, Sciences et Technologies* 2010, p. 59 ; spéc. p. 73.

publiques des éléments de leur "patrimoine immatériel", au-delà du droit de propriété. Cela est perceptible à l'analyse tant de la législation que de la règlementation. A cet égard, la lecture du décret n°2009-151, portant sur la rémunération de certains services rendus par l'Etat consistant en une valorisation de son "patrimoine immatériel", est instructive. En effet, ce texte prévoit la rémunération de certaines prestations portant sur des éléments immatériels qui ne sont pas toujours susceptibles d'appropriation (savoir-faire ou données publiques, par exemple[217]), ce qui constitue une forme de gestion et contribue à leur valorisation. Tel est le cas également des fréquences hertziennes, dans la mesure où le législateur les a volontairement intégrées de façon autoritaire au domaine public[218] et a organisé le régime applicable à leur utilisation, en la soumettant au paiement de redevances[219], alors même qu'un doute subsiste quant à la possibilité de se les approprier[220]. Là encore, il s'agit bien d'une composante du "patrimoine immatériel" qui donne lieu à une valorisation par l'Etat, sans appropriation préalable, au-delà de l'exercice de ses prérogatives propriétaristes.

La réglementation et la législation donnent ainsi à l'Etat, lorsqu'il n'est pas propriétaire, un véritable pouvoir d'influence sur les éléments connus de son "patrimoine immatériel". Loin de le priver de tout contrôle

---

[217] Voir, sur ce point : A. BUTLEN, « Les contrats sur la propriété publique immatérielle », *préc.*, spéc. p. 253 : *« la notion de propriété publique immatérielle exclut, quant à elle, certains droits intellectuels non appropriables par les personnes publiques tels que les « savoir-faire administratifs » et les prérogatives de l'administration, qui ne sont pas susceptibles d'être regardés, par le droit public, comme des biens »* ; de manière plus générale, voir : PH. TERNEYRE, « Les actifs immatériels des personnes publiques », art. préc., spéc. §§20-22.

[218] Article L. 2111-17 du code général de la propriété des personnes publiques : *« Les fréquences radioélectriques disponibles sur le territoire de la République relèvent du domaine public de l'Etat. ».*

[219] Article L. 2125-1, alinéa 1er du code général de la propriété des personnes publiques : *« Toute occupation ou utilisation du domaine public d'une personne publique mentionnée à l'article L. 1 donne lieu au paiement d'une redevance sauf lorsque l'occupation ou l'utilisation concerne l'installation par l'Etat des équipements visant à améliorer la sécurité routière ou nécessaires à la liquidation et au constat des irrégularités de paiement de toute taxe perçue au titre de l'usage du domaine public routier. ».*

[220] TH. PEZ, *Le domaine public hertzien : attribution et exploitation des fréquences radioélectriques*, LGDJ Lextenso éd., coll. Systèmes, 2011 ; spéc. pp. 15-16 : *« Le spectre hertzien est constitué d'ondes* immatérielles. *Il n'est pas aisé de concevoir qu'il puisse faire l'objet d'une propriété. Il n'est pas aisé de concevoir que les ondes et leurs fréquences appartiennent à l'Etat. La propriété publique étant généralement considérée comme la première condition de la domanialité publique, l'appartenance du spectre hertzien au domaine public a pu être contestée. »* (souligné par l'auteur).

sur la gestion de ces éléments, elles lui permettent au contraire d'en récolter les fruits, en surmontant l'apparent inconvénient que constitue l'absence de droit de propriété sur ces éléments.

Le "patrimoine immatériel" comporte donc des éléments non appropriés, au côté desquels résident les propriétés publiques immatérielles, dont le lien de rattachement aux personnes publiques est l'exercice d'un droit de propriété.

b. L'existence d'éléments appropriés au sein du "patrimoine immatériel" : les propriétés publiques immatérielles

Dans la mesure où la notion de « patrimoine immatériel des personnes publiques » se double de la notion de « propriétés publiques immatérielles », il faut revenir sur l'articulation entre ces deux notions. Ainsi que cela a été énoncé, la clé de lecture utilisée pour les départir se trouve être l'existence ou non, au bénéfice de la personne publique, d'un droit de propriété sur l'élément concerné : seuls les éléments du "patrimoine immatériel" faisant l'objet d'un droit de propriété peuvent revêtir la qualification de "propriété publique immatérielle". Cette opération s'avère être pour reprendre les mots du Professeur Jean-Michel Bruguière *« une des questions [les] plus épineuses du droit administratif des biens »*[221].

« Force est de constater », selon le Professeur Philippe Terneyre, *« que tous les actifs incorporels des personnes publiques ne peuvent faire l'objet d'un droit de propriété »*[222]. L'expression "actifs incorporels" est ici utilisée pour figurer toute composante du "patrimoine immatériel". Certes, tous les éléments formant le "patrimoine immatériel des personnes publiques" ne sont pas susceptibles d'appropriation, mais pour ceux qui le sont, l'influence de la personne publique sur leur gestion et leur valorisation est plus directe qu'en l'absence d'un quelconque droit de propriété. En effet, la personne publique bénéficie alors de l'éventail

---

[221] J.-M. BRUGUIERE, « Le patrimoine immatériel de l'Etat est-il l'objet d'une propriété publique ? », art. préc. ; spéc. pp. 65-66.

[222] PH. TERNEYRE, « Les actifs immatériels des personnes publiques », art. préc., spéc. §16 ; voir également, à propos de la question spécifique du "patrimoine immatériel local" : M. HOUSER, « Les droits incorporels des collectivités territoriales », *RDP* 2014, p. 945, spéc. p. 946 : *« tout dans le patrimoine immatériel local n'est pas susceptible d'appropriation »*.

complet des prérogatives propriétaristes, ce qui lui donne toute latitude pour mener à bien la gestion et la valorisation des éléments concernés.

La question de l'appropriation des différentes composantes du "patrimoine immatériel des personnes publiques" n'est toutefois pas toujours tranchée et reste parfois débattue[223]. Cette question est pourtant fondamentale, dans la mesure où elle préside à la répartition des notions employées, entre les propriétés publiques immatérielles et les autres éléments du "patrimoine immatériel" des personnes publiques, non appropriés ou inappropriables. Cette interrogation se trouve par conséquent au fondement de la matière étudiée.

Madame Claire Malwé a exposé une proposition d'agencement entre la notion de « propriété publique incorporelle » et de « patrimoine immatériel public » à laquelle il faut souscrire. L'auteur propose d'appréhender la première *« comme partie intégrante »*[224] de la seconde. Le "patrimoine immatériel" inclurait donc les "propriétés publiques incorporelles", aussi appelées "propriétés publiques immatérielles", et comprendrait en outre d'autres éléments, soit qui ne font pas l'objet d'une appropriation, soit qui sont insusceptibles d'appropriation[225]. Corroborant ce point de vue, Madame Anna Butlen estime que *« la notion de propriété publique immatérielle est plus restrictive et ne retient parmi [les composantes du "patrimoine immatériel" que celles] susceptibles de faire l'objet d'un droit de propriété »*[226].

La clé de répartition entre les différents éléments composant le "patrimoine immatériel des personnes publiques" apparaît ainsi nettement comme étant l'existence ou non d'un droit de propriété de la personne publique sur l'élément concerné. Cet éclaircissement est à la fois utile d'un point de vue pédagogique et souhaitable d'un point de vue juridique, dans la mesure où il permettra, dans les lignes qui suivront, un ordonnancement renouvelé de la matière étudiée.

---

[223] J.-M. BRUGUIERE, « Le patrimoine immatériel de l'Etat est-il l'objet d'une propriété publique ? », *préc.*, spéc. p. 64 : *« la question est donc de savoir si nos images, nos noms, nos données publiques ou nos œuvres sont bien l'objet d'une propriété ? »*.

[224] C. MALWE, « Valorisation du patrimoine immatériel : de quoi parle-t-on ? », *AJCT* 2013, p. 120.

[225] Madame Anna Butlen exprime avec beaucoup de clarté cette idée ; A. BUTLEN, « Les contrats sur la propriété publique immatérielle », art. préc., spéc. p. 253 : *« l'acception juridique de la notion (...) de capital ou patrimoine immatériel conduit (...) nécessairement à distinguer parmi ces « actifs » ceux qui relèvent d'une logique « propriétariste » et ceux qui ne manifestent pas l'exercice d'un droit de propriété ou qui sont assimilables soit à un service, soit à un rapport d'obligations »*.

[226] A. BUTLEN, *ibid.* ; spéc. p. 252.

Il faut par conséquent répondre positivement à la question de Madame Claire Malwé consistant à savoir si l'imprécision de la notion de "patrimoine immatériel" est *« aujourd'hui préjudiciable à la matière »*[227]. En effet, en plus de traduire un recul de la réflexion doctrinale, l'immobilisme ne permettrait pas de répondre aux attentes exprimées par les praticiens, lesquelles ont été récemment mises en lumière par l'étude annuelle du Conseil d'Etat pour 2015, consacrée à l'action économique des personnes publiques[228]. Il y a dès lors un travail considérable à entreprendre, qui induit nécessairement de délimiter clairement au préalable l'objet étudié, et donc d'exposer une proposition d'agencement des notions couramment employées de "patrimoine immatériel des personnes publiques" et de "propriétés publiques incorporelles". Cette dernière expression est synonyme de celle de "propriétés publiques immatérielles", qui sera privilégiée dans la suite de ces développements, parce qu'elle est plus en phase avec les évolutions socio-juridiques contemporaines déjà exposées par ailleurs.

La délimitation précise de la catégorie des "propriétés publiques immatérielles" présente *a priori* moins de difficultés : ses contours exacts sont néanmoins régulièrement discutés et certains éléments composant le "patrimoine immatériel" des personnes publiques y trouvent ou non une place au gré des études doctrinales.

Il convient d'intégrer à cette catégorie les éléments du "patrimoine immatériel des personnes publiques" qui font l'objet d'un droit de propriété, c'est-à-dire presque tautologiquement les éléments qui ne sont pas matériels et qui sont contrôlés par les personnes publiques par le biais d'un droit de propriété qu'elles exercent dessus.

La parcimonie de la jurisprudence rendue en la matière rend le travail d'identification et de classification des "propriétés publiques immatérielles" plus délicat que s'il était parfaitement établi par le législateur ou par le juge, mais au vu des études doctrinales les plus

---

[227] Pour la citation complète, voir : C. MALWE, « Valorisation du patrimoine immatériel : de quoi parle-t-on ? », art. préc. ; spéc. : *« l'imprécision des notions et du cadre juridique applicables à la valorisation du patrimoine immatériel public est-elle aujourd'hui préjudiciable à la matière ? »*.

[228] CONSEIL D'ETAT, *L'action économique des personnes publiques*, Etude annuelle 2015, La Documentation française, 2015 ; voir, spécialement, la proposition n°48 : *« Actualiser le droit de la propriété des personnes publiques en : (...) 3) clarifiant le régime juridique du domaine immatériel des personnes publiques, notamment pour les marques publiques et définissant le régime juridique de l'image des biens publics »*.

approfondies menées sur ce sujet[229], il y a d'abord lieu de retenir, au titre des propriétés publiques immatérielles : les brevets d'invention des personnes publiques, les marques de fabrique des personnes publiques, les droits d'auteur (droits moraux et droits patrimoniaux) des personnes publiques. Les droits sur les dessins et modèles, ainsi que ceux existant au bénéfice des personnes publiques sur les obtentions végétales certifiées et sur la topographie des produits semi-conducteurs, y sont généralement associés[230], sans réelle remise en cause doctrinale ou jurisprudentielle[231]. Ces derniers éléments ne feront pas l'objet de développements spécifiques, des renvois ponctuels y étant consacrés en tant que de besoin.

Ensuite, chaque étude réalisée en cette matière comportant ses spécificités, certains auteurs retiennent d'autres éléments, tels que : les sigles des personnes publiques[232], les droits portant sur les sites Internet, logiciels et bases de données[233].

En revanche, certaines exclusions opérées sont plus critiquables : il s'agit de celles concernant les actions détenues par les personnes publiques dans des sociétés commerciales[234], ainsi que de celles relatives aux noms de domaine[235].

---

229 PH. TERNEYRE, « Les actifs immatériels des personnes publiques », art. préc. ; J.-M. BRUGUIERE, « Le patrimoine immatériel de l'Etat est-il l'objet d'une propriété publique ? », art. préc. ; C. MALWE, *La propriété publique incorporelle : au carrefour du droit administratif des biens et du droit public économique*, *op. cit.* ; A. BUTLEN, « Les contrats sur la propriété publique immatérielle », art. préc.

230 C. BLAIZOT-HAZARD, *Les droits de propriété intellectuelle des personnes publiques en droit français*, LGDJ, Bibliothèque de droit public, Tome 159, 1991 ; C. Malwé, *La propriété publique incorporelle : au carrefour du droit administratif des biens et du droit public économique*, *ibid.*

231 Sur la question des certificats d'obtention végétale, voir : Loi n° 2011-1843 du 8 décembre 2011 relative aux certificats d'obtention végétale, JORF n°0286, 10 décembre 2011, p. 20955, texte n° 1 ; N. BOUCHE, « Obtentions de salariés, de fonctionnaires ou d'agents publics », *Propriété industrielle* 2015, étude 11.

232 C. MALWÉ, *idem*.

233 A. BUTLEN, *idem*.

234 C. MALWE, *idem* ; A. BUTLEN, *idem* ; sur ce point, voir également, la belle démonstration de Madame Jennifer Marchand, dont la thèse tend à démontrer que les actions détenues par les personnes publiques dans des sociétés commerciales font l'objet d'une "appartenance publique", plutôt que d'une véritable "propriété publique", ce qui les exclut, de fait, du périmètre des "propriétés publiques immatérielles" : J. MARCHAND, *Recherche sur le régime des actions et participations financières publiques*, LGDJ, Bibliothèque de droit public, Tome 279, 2014.

235 C. MALWÉ, *idem*.

Ainsi, les actions détenues par les personnes publiques dans des sociétés commerciales doivent être analysées comme des biens mobiliers incorporels[236] (cf. *infra*) – donc comme des propriétés publiques immatérielles. La jurisprudence administrative a d'ailleurs corroboré cette analyse, dans une importante affaire concernant la société Autoroutes Paris-Rhin-Rhône[237]. Il y a donc tout lieu de les inclure à cette étude.

S'agissant des noms de domaine, la question de leur insertion dans le champ des "propriétés publiques immatérielles" paraît plus débattue. Les juridictions, qui sont régulièrement saisies de questions relatives aux noms de domaine ne se sont pas directement prononcées sur leur nature juridique. Une récente décision de justice, rendue par le Tribunal de grande instance de Paris abonde toutefois dans le sens de l'existence d'un droit de propriété dessus[238], alors que la doctrine penche davantage pour la qualification de *res nullius*[239].

Par ailleurs, certaines incertitudes demeurent quant à l'inclusion de certains éléments du "patrimoine immatériel" des personnes publiques – les noms des ouvrages publics[240] et les quotas d'émission de gaz à effet de serre[241] – dans la catégorie des "propriétés publiques immatérielles", doutes qui n'ont pas été levés malgré les lumières récemment apportées par la doctrine sur ces questions.

Cette étude se concentrera, outre l'étude du "patrimoine immatériel" non approprié, sur les traits les plus saillants du "patrimoine immatériel" approprié, à savoir les principales propriétés intellectuelles des personnes publiques (brevets d'invention, marques de fabrique et droits d'auteur –

---

[236] PH. TERNEYRE, « Les actifs immatériels des personnes publiques », art. préc.

[237] TA Paris, 21 octobre 2011, *Société Autoroutes Paris-Rhin-Rhône*, n° 1105713 ; *AJDA* 2012, p. 208, note P.-A. ROHAN et R. LEONETTI. CE, 4 juillet 2012, *Département de Saône-et-Loire*, n° 356168 ; *AJDA* 2013, p. 522, note G. EVEILLARD ; *RJEP* 2013, comm. 4, note G. ECKERT.

[238] TGI Paris, 3e ch., 3e sect., ordonnance JME, 18 janvier 2013, n° 12/11964 ; *Propriété industrielle* n° 6, Juin 2014, chron. 5, note M.-E. HAAS.

[239] A. RABAGNY-LAGOA, « Propos sur la nature juridique du nom de domaine », *Communication Commerce électronique* 2015, étude 8.

[240] S. BRAMERET, « Les contrats de « nommage » des équipements publics », *RFDA* 2015, p. 671.

[241] M.-A. HERMITTE, « La nature juridique des quotas de gaz à effet de serre. Une histoire intellectuelle. », *in Annales de la régulation*, vol. 1, 2006, p. 541. Voir également : J.-C. ROTOULLIE, *L'utilisation de la technique de marché en droit de l'environnement : l'exemple du système européen d'échange des quotas d'émission de gaz à effet de serre*, LGDJ, Bibliothèque de droit public, tome 297, 2017.

moraux et patrimoniaux) et les propriétés publiques financières (actions détenues par des personnes publiques dans des sociétés commerciales).

Finalement, il ressort de ce premier aperçu que la notion de « patrimoine immatériel des personnes publiques », loin d'être complètement stabilisée et pleinement autonome, n'a pas de définition juridique et dispose de contours qui restent discutés.

La notion de « patrimoine immatériel des personnes publiques », quoique n'étant pas définie – et probablement pas définissable – juridiquement, dispose tout de même de certaines vertus pédagogiques et doit pour cette raison continuer d'être employée. Il s'agit d'une aisance de langage dont l'utilisation récurrente en doctrine présente certains avantages déjà exposés. Elle a permis aux pouvoirs publics de faire entrer les administrations de plain-pied dans l'"ère de l'immatériel" et de chercher des relais de croissance là où les formes plus traditionnelles de création de richesse commençaient à s'essouffler.

Pour être parfaitement comprise, la notion de "patrimoine immatériel" des personnes publiques doit donc faire l'objet d'un dédoublement, ce qui permet de faire émerger la notion de « propriétés publiques immatérielles », laquelle entre plus volontiers, au moins en apparence, dans les catégories juridiques connues, notamment celles utilisées en droit des propriétés publiques.

Section III – Enjeux de la recherche : problématique générale et méthode suivie

Les enjeux de la recherche menée seront exposés en abordant successivement la problématique générale de l'étude (§1) et la méthode suivie (§2).

§1. Problématique générale de l'étude

La question de la valorisation du "patrimoine immatériel" des personnes publiques paraît imprégnée d'un antagonisme fort, qui oppose la rentabilisation financière maximale et les buts d'intérêt général poursuivis par les personnes publiques.

Ainsi que cela a été relevé, la valorisation des éléments du patrimoine public n'est pas univoque. Elle ne doit pas consister en une financiarisation exacerbée par les gestionnaires publics des éléments dont ils assurent la gestion[242]. S'ils sont encouragés à tirer des revenus de la mise en valeur de leur "patrimoine immatériel"[243], cette perspective ne doit toutefois pas mettre en danger la conservation des éléments composant ce patrimoine. En effet, la valorisation des éléments composant le patrimoine public doit également comporter un volet de protection.

La valorisation optimale du "patrimoine immatériel" des personnes publiques doit ainsi conduire à trouver le meilleur équilibre possible entre ces intérêts contradictoires[244], qui sont à première vue difficilement conciliables. Le Professeur Jean-David Dreyfus a exprimé ce point de vue en considérant que : *« la valorisation du patrimoine par une personne publique doit lui permettre de poursuivre, à côté de la rentabilité, un certain nombre d'objectifs d'intérêt général »*[245].

A première vue, cette question paraît indissociable de celle de la répartition domaine public/domaine privé du "patrimoine immatériel" des personnes publiques, en ce qu'elle conditionne le régime applicable aux propriétés publiques. Faute de trouver un agencement moins manichéen, qui serait sans doute mieux adapté à la singularité des propriétés publiques immatérielles, il faut pour l'heure se reporter à la

---

[242] INSTITUT DE LA GESTION DELEGUEE, *Rapport du groupe de travail sur la valorisation des propriétés publiques*, 2004, p. 8 : *« La valorisation des biens publics, selon les cas, peut passer par une aliénation ou bien par un investissement sur le domaine public ou privé, ou encore par une exploitation performante des biens en cause, sans qu'au surplus, dans chacun de ces cas, valorisation signifie nécessairement ni exclusivement recherche de la meilleure rentabilité financière. »*.

[243] Décret n°2009-151 du 10 février 2009 relatif à la rémunération de certains services rendus par l'Etat consistant en une valorisation de son patrimoine immatériel ; décret n°2009-157 du 10 février 2009 portant attribution de produits aux budgets des ministères concernés en application du décret n°2009-151 du 10 février 2009 relatif à la rémunération de certains services rendus par l'Etat consistant en une valorisation de son patrimoine immatériel.

[244] CONSEIL D'ETAT, *Le patrimoine immatériel des personnes publiques*, Colloque du 16 mars 2012, La Documentation française, coll. Droits et Débats n°6, 2013, p. 19 : *« Une telle imprécision peut certes paraître regrettable et le besoin de systématisation d'une matière aussi indéterminée et profuse, confrontée à des enjeux de valorisation aussi contradictoires – l'enjeu économique, l'enjeu budgétaire, le respect du droit de la concurrence, les autres impératifs d'intérêt général -, explique le mélange d'irritation et d'hésitation que ressent le juriste. »*.

[245] J.-D. DREYFUS, « La valorisation par l'Etat de son patrimoine immatériel », *AJDA* 2009, p. 696 ; spéc. pp. 696-697.

matrice contenue dans le code général de la propriété des personnes publiques. Dès lors, il convient de s'interroger, à la manière du président Jean-Marc Sauvé, sur le statut domanial du "patrimoine immatériel" des personnes publiques[246].

L'importance de cette problématique a rapidement été ciblée par la doctrine, qui s'est interrogée sur la répartition domaniale des éléments composant le "patrimoine immatériel" des personnes publiques[247]. Pour sa part, Monsieur Raphaël Léonetti conclut à l'inapplicabilité du régime du domaine public aux *« biens incorporels »*[248]. De façon similaire, d'autres auteurs inclinent pour l'incorporation des propriétés publiques immatérielles dans le domaine privé des personnes publiques, réputé mieux adapté à leur valorisation[249].

La question du statut domanial du "patrimoine immatériel" approprié des personnes publiques, c'est-à-dire des propriétés publiques immatérielles, devra nécessairement faire l'objet d'une clarification. Elle sera précédée de réflexions portant sur le régime applicable aux éléments composant le "patrimoine immatériel" non approprié des personnes publiques, auxquels l'application des critères du domaine public et du régime de la domanialité publique paraît incongrue, précisément parce qu'ils ne font pas l'objet d'une appropriation.

Il faut, dès lors, constater que la considérable indétermination du régime juridique applicable aux éléments composant le "patrimoine immatériel" des personnes publiques se double d'une absence de cohérence de leur statut domanial. La réalité est certainement plus nuancée et, s'agissant au moins des propriétés publiques immatérielles, il est possible que la question de la répartition domaniale ne se pose pas dans des termes classiques, ce qui expliquerait les divisions doctrinales

---

[246] CONSEIL D'ETAT, *Le patrimoine immatériel des personnes publiques*, Colloque du 16 mars 2012, La Documentation française, coll. Droits et Débats n°6, 2013, p. 15 : *« le patrimoine immatériel fait-il partie du domaine public ? (...) La classification dans telle ou telle catégorie entraine en effet l'application d'un régime juridique différent »*.

[247] R. LEONETTI, « La protection de l'affectation au service public des biens incorporels », *AJDA* 2009, p. 1689 ; O. DE DAVID BEAUREGARD-BERTHIER, « Le patrimoine immatériel de l'Etat », *in Bien public, bien commun, Mélanges en l'honneur d'Etienne Fatôme*, Dalloz, 2011, p. 23 ; N. FOULQUIER, *Droit administratif des biens*, Lexis Nexis, 2e éd., 2013, p. 29 ; C. CHAMARD-HEIM, F. MELLERAY *et al.*, *Les grandes décisions du droit administratif des biens*, Dalloz, 2013, spéc. pp. 22-23 ; PH. TERNEYRE, « Les actifs immatériels des personnes publiques », *RJEP* 2013, étude 16, spéc. §25.

[248] R. LEONETTI, art. préc. ; spéc. pp. 1690-1692.

[249] Y. GAUDEMET, *Traité de droit administratif – Tome 2 : Droit administratif des biens*, LGDJ, 15e éd., 2014, p. 377.

sur ce point. Les critères actuels du domaine public et le régime actuel de la domanialité publique ne seraient en réalité pas les plus adéquats, et il faudrait ainsi les renouveler, alternativement ou cumulativement. Le désaccord doctrinal sur ces points déterminants invite bien entendu à investiguer cette question plus en profondeur.

§2. Méthodologie de la démonstration

La confrontation à un objet juridique nouveau autorise certainement quelque originalité dans le traitement de son étude. A la vérité, pour entreprendre la question de la valorisation du "patrimoine immatériel" des personnes publiques, et s'appliquer à rechercher un équilibre entre les impératifs d'exploitation et de protection, il faut envisager soit de confronter aux catégories existantes le "patrimoine immatériel" des personnes publiques, soit, si cette démarche ne s'avère pas satisfaisante, de les faire entrer dans un régime juridique spécifique, sur-mesure, qui reste à imaginer.

Il y a donc deux démarches alternatives à suivre afin d'entrer dans le sujet, pour l'une et l'autre des catégories composant le "patrimoine immatériel" des personnes publiques. La première consiste à s'interroger sur la possible insertion des éléments identifiés comme composant le "patrimoine immatériel" des personnes publiques dans les catégories juridiques classiques du droit des propriétés publiques, et notamment dans la distinction domaine public/domaine privé telle qu'elle existe à l'heure actuelle. La seconde conduit à envisager, le cas échéant, la création d'un régime juridique distinct et autonome pour tous les éléments composant le "patrimoine immatériel" des personnes publiques.

Comme cela a été précédemment indiqué, s'agissant du "patrimoine immatériel" des personnes publiques, le traitement du sujet se dédouble et concerne distinctivement les propriétés publiques immatérielles et les autres éléments composant le "patrimoine immatériel" des personnes publiques. Plus éloigné de l'application du droit domanial, le "patrimoine immatériel" non approprié sera étudié en priorité, avant que ne soit abordée la question du "patrimoine immatériel" approprié, c'est-à-dire les propriétés publiques immatérielles.

Malgré le fait qu'ils échappent presque tous au régime de la domanialité publique, les éléments composant le "patrimoine immatériel" non approprié des personnes publiques connaissent une valorisation globalement satisfaisante. La valorisation du "patrimoine immatériel" approprié des personnes publiques est, quant à elle, plus incertaine et peut certainement être améliorée en vue de son optimisation.

En fin de compte, si la valorisation du "patrimoine immatériel" non approprié des personnes publiques fait en l'état actuel l'objet d'un équilibre perfectible (Partie I), celle de leur "patrimoine immatériel" approprié peut potentiellement bénéficier d'une amélioration (Partie II), de telle sorte qu'il conviendra de rechercher les conditions de son optimisation (Partie III).

PARTIE I – L'EQUILIBRE PERFECTIBLE DE LA VALORISATION DU "PATRIMOINE IMMATERIEL" NON APPROPRIE DES PERSONNES PUBLIQUES

« Les acteurs publics n'ont pas effectué la même prise de conscience que les entreprises de l'importance de leurs actifs immatériels et de l'enjeu de leur gestion »[250]

Ainsi que cela a été expliqué, la notion de "patrimoine immatériel" est dépourvue de portée juridique. Elle présente toutefois un intérêt doctrinal certain qui légitime qu'il y soit fait recours. Le "patrimoine immatériel" renvoie tout à la fois à des éléments non appropriés et à des éléments appropriés – les propriétés publiques immatérielles – par les personnes publiques.

Les éléments composant le "patrimoine immatériel" non approprié des personnes publiques sont soumis à un régime commun, délimité par deux décrets du 10 février 2009. Ces textes ont introduit dans l'ordonnancement juridique certaines actions de valorisation du "patrimoine immatériel". Ils sont toutefois insuffisants pour en assurer une valorisation optimale, d'une part, parce qu'ils ne portent que sur certains des éléments du "patrimoine immatériel", et d'autre part, parce qu'ils n'en exposent le régime que de façon partielle. Il convient dès lors de se reporter aux multiples régimes propres à ces éléments, en ce qu'ils assurent une valorisation complémentaire aux éléments non appropriés du "patrimoine immatériel".

A l'analyse, il s'avère que la valorisation du "patrimoine immatériel" non approprié des personnes publiques est, dans l'ensemble, assez satisfaisante, en ce que le régime qui est applicable aux éléments qui le composent permet, en général, un bon équilibre entre leur exploitation et leur protection. Cet équilibre est toutefois perfectible, dans la mesure où le régime juridique commun aux éléments du "patrimoine immatériel"

[250] M. LEVY et J.-P. JOUYET, *L'économie de l'immatériel, la croissance de demain*, La Documentation française, 2006 ; spéc. p. 89.

non approprié n'a qu'un champ limité. Ainsi, si la valorisation du "patrimoine immatériel" non approprié telle qu'elle est pourvue par le régime commun aux éléments qui le composent est incomplète (Chapitre I), elle est utilement enrichie par l'application des régimes propres à chacun de ces éléments (Chapitre II).

Chapitre I – La valorisation incomplète du "patrimoine immatériel" non approprié pourvue par son régime commun

Le régime juridique commun aux éléments composant le "patrimoine immatériel" non approprié des personnes publiques contribue à en permettre une valorisation satisfaisante. Il n'est toutefois pas suffisant, par lui-même pour en garantir une valorisation optimale. Il convient dès lors de revenir sur les éléments permettant d'envisager une valorisation optimale du "patrimoine immatériel" non approprié des personnes publiques (Section I), puis sur le constat de l'inachèvement de cette valorisation optimale en l'état actuel (Section II).

Section I – Les éléments pour une valorisation optimale du "patrimoine immatériel" non approprié

L'optimisation de la valorisation du "patrimoine immatériel" se traduit par la recherche du meilleur équilibre envisageable entre les différents intérêts poursuivis par les personnes publiques dans leur action. Même si *« la valorisation ne constitue pas une notion classique du vocabulaire juridique »*[251], il faudra nécessairement procéder à sa définition et exposer les éléments qui permettent de la caractériser. La valorisation, dans le cas spécifique du "patrimoine immatériel" des personnes publiques, doit s'entendre de la synthèse, ou plutôt de l'équilibre, entre deux impératifs antinomiques : l'exploitation et la protection. Cette alchimie savante doit servir à elle seule de guide pour la meilleure gestion possible du "patrimoine immatériel". La théorisation de la gestion du "patrimoine immatériel" (§1) est un préalable nécessaire pour faire ressortir les éléments qui conditionnent sa finalité, à savoir sa valorisation optimale (§2).

[251] J.-D. Dreyfus, « La valorisation par l'Etat de son patrimoine immatériel », *AJDA* 2009, p. 696 ; spéc. p. 696.

§1. La théorisation préalable de la gestion efficace du "patrimoine immatériel" non approprié

Après avoir discuté de l'opportunité d'une transposition des préceptes de la gestion domaniale au cas spécifique du "patrimoine immatériel" (A), il faudra se résoudre – malgré l'existence de certaines similitudes – à constater l'autonomisation de la gestion du "patrimoine immatériel" des personnes publiques (B).

A. Une comparaison discutable avec la gestion domaniale

Le constat de l'inexistence d'une unicité de la gestion domaniale (1) est de nature à faciliter la justification de l'inopportunité d'une transposition des principes de fonctionnement de la gestion domaniale au cas particulier du "patrimoine immatériel" (2).

1. Discussion sur l'unicité de la gestion domaniale

L'expression "gestion domaniale" ne renvoie pas *a priori* à une définition précise. Cette formule est – généralement, mais pas exclusivement – utilisée pour désigner certains actes effectués sur le domaine public. Son emploi générique permet en réalité de renvoyer aux modes d'administration des deux domaines – public et privé – envisagés cumulativement.

Le droit public est l'instrument de l'action administrative et l'intérêt général en constitue la finalité[252]. Le droit public est dès lors assez logiquement *« imprégné de la notion d'intérêt général »*[253]. Parmi les différentes manifestations de l'action administrative, une place à part est réservée pour la gestion domaniale. Elle est en effet *« marquée par son*

[252] Voir pour une illustration : J. LAMARQUE, *Recherches sur l'application du droit privé aux services publics administratifs*, LGDJ, 1960 ; spéc. p. 514 : *« il n'existe pas d'intérêt privé de l'administration ; son intérêt ne peut être et ne doit être que l'intérêt général »*.
[253] M. MEKKI, *L'intérêt général et le contrat, Contribution à une étude de la hiérarchie des intérêts en droit privé*, LGDJ, Bibliothèque de droit privé, Tome 411, 2004 ; spéc. p. 13 : *« Le droit public est imprégné de la notion d'intérêt général »*. Voir également : CONSEIL D'ETAT, *Réflexions sur l'intérêt général*, Etude annuelle 1999, Etudes et documents n°50, La Documentation française, 1999 ; spéc. p. 271 : *« L'intérêt général est au cœur du droit public, au même titre que l'autonomie des volontés est au fondement du droit privé »*.

irréductibilité et demeure, à ce stade, inclassable au sein des grandes catégories du droit administratif »[254].

Plus encore, une fois individualisée, la gestion domaniale se dédouble entre gestion du domaine public et gestion du domaine privé. La gestion du domaine public, supposée être en totalité une manifestation de la puissance publique[255] est en règle générale opposée de manière frontale à la gestion du domaine privé, censée faire une application aveugle des méthodes de gestion des patrimoines privés. La réalité est évidemment plus complexe.

Il faut déterminer par priorité si la gestion du domaine privé et la gestion du domaine public sont réceptives à la thématique de la création de richesses, c'est-à-dire à la recherche d'un intérêt financier, puis dans quelle mesure cette poursuite d'un intérêt financier est compatible avec la finalité de l'action administrative.

Le débat quant à la nature de la gestion du domaine, qu'il soit public ou privé, n'est pas encore clos. En effet, selon le Professeur Christian Lavialle, *« ajouter [que la gestion domaniale] a la nature d'une activité de service public est inexact lorsqu'elle concerne le domaine privé, tautologique lorsqu'elle s'applique au domaine public. »*[256]. Il s'agit dès lors de savoir si les intérêts poursuivis dans leur gestion respective sont identiques et répondent ensemble à un impératif d'intérêt général. Contrairement au domaine public, *« le domaine privé [a reçu] dès l'origine une vocation patrimoniale où l'intérêt financier des propriétaires n'était pas exclu »*[257]. La doctrine et la jurisprudence restent toutefois opposées quant à la question de savoir si la gestion du domaine privé constitue une activité de service public[258]. La détermination de

---

[254] C. ROUX, *JCl Propriétés publiques*, Fasc. 7 « Propriété publique et droit de l'Union européenne », Lexis Nexis, 2015 ; spéc. §54.

[255] Voir par exemple : C. LAVIALLE, « L'acte de gestion domaniale », *in Mouvement du droit public, Mélanges en l'honneur de Franck Moderne*, Dalloz, 2004, p. 265 ; spéc. p. 270 : *« Quant à la gestion du domaine public, la question ne s'est jamais véritablement posée. Les juges n'ont jamais qualifié cette activité ainsi. Ils considèrent en revanche qu'elle s'exprime par des actes de puissance publique. »*.

[256] C. LAVIALLE, art. préc. ; spéc. p. 272.

[257] C. ROUX, *Propriété publique et droit de l'Union européenne*, LGDJ, Bibliothèque de droit public, Tome 290, 2015 ; spéc. pp. 177-178.

[258] C. LAVIALLE, art. préc. ; spéc. p. 270 : *« La jurisprudence a toujours avec raison refusé, malgré les sollicitations d'une partie de la doctrine, de qualifier la gestion du domaine privé d'activité de service public. De la fin du XIXe au début du XXIe siècle les arrêts sont non équivoques sur ce point. »*. Voir également : PH. YOLKA, *La propriété publique, éléments pour une théorie*, LGDJ, Bibliothèque de droit public, tome 191,

l'existence ou non d'un intérêt général est donc plus délicate s'agissant du domaine privé. En vérité, *« la légalité de l'intérêt financier dans la gestion du domaine privé n'a jamais été réellement contestée »*[259]. Il concourt par là même à la satisfaction de l'intérêt général[260].

Réciproquement, la gestion du domaine public n'est pas non plus complètement étrangère à l'intérêt financier. Même si traditionnellement, par rapport au domaine privé, *« le régime [du domaine public] accorde aux considérations financières une place plus limitée. L'activité de gestion domaniale s'y réalise, selon la doctrine majoritaire, en vue de l'intérêt général ; elle se dissout dans le service public, parce qu'elle poursuit la même finalité »*[261], cela signifie-t-il pour autant qu'il y a une étanchéité complète de l'intérêt général et de l'intérêt financier ? La recherche de l'intérêt financier est-elle complètement exclusive de la poursuite de l'intérêt général ?[262]

En réalité, dans la gestion du domaine public comme du domaine privé, intérêt général et intérêt financier s'entremêlent, dans des proportions variables. Cela suppose de s'interroger sur la place qu'occupe l'intérêt financier par rapport à l'intérêt général. Il convient dès lors de déterminer si l'intérêt financier est inclus dans l'intérêt général ou s'il lui est simplement contigu[263].

Tout particulièrement en matière de gestion domaniale, entendue au sens large, l'intérêt financier entretient avec l'intérêt général des rapports

---

1997 ; spéc. pp. 289-290 : *« La doctrine moderne, assez discrète sur la qualification de la gestion du domaine public, s'est en revanche révélée prolixe à propos du domaine privé, en affirmant le caractère de service public de sa gestion. Intérêt financier et intérêt général ne sont plus en effet exclusifs l'un de l'autre (...). »* ; et aussi : PH. YOLKA, *op. cit.* ; spéc. p. 298 : *« La gestion domaniale se caractérise par son aspect patrimonial, lui-même susceptible de varier selon la nature des biens. Cette affirmation n'appelle pas de longs commentaires pour le domaine privé, puisque c'est en partie de cet élément financier que découle le refus jurisprudentiel de voir dans sa gestion une activité de service public. »*.

[259] C. ROUX, *op. cit.* ; spéc. p. 178.

[260] C. ROUX, *op. cit.* ; spéc. p. 178 : *« à la lumière du principe selon lequel les personnes publiques ne peuvent agir qu'en vue de la satisfaction de l'intérêt général, de telles considérations ne sont jamais absentes de la gestion du domaine privé, l'intérêt financier concourant au moins à titre médiat à sa satisfaction »*.

[261] PH. YOLKA, *op. cit.* ; spéc. p. 298.

[262] Sur ces questions, voir les travaux très complets de : F. ALHAMA, *L'intérêt financier dans l'action des personnes publiques*, NBT v. 171, Dalloz, 2018.

[263] C. ROUX, *op. cit.* ; spéc. p. 177 : *« la discussion demeure sur le point de savoir si l'intérêt financier constitue une facette de l'intérêt général ou un intérêt distinct, spécifique d'ailleurs à la gestion domaniale. »*.

étroits[264]. L'intérêt financier peut donc être considéré comme une composante de l'intérêt général, spécialement en matière de gestion domaniale. A tel point qu'il serait consubstantiel à la gestion domaniale. Le Professeur Christophe Roux estime d'ailleurs à cet égard que *« [l]oin d'être généralisée à tous les domaines, la concordance entre intérêt général et intérêt financier serait propre à la gestion domaniale »*[265]. Par ailleurs, pour Monsieur Frédéric Alhama, *« [i]l est (...) hors de doute qu'une personne publique ne se détourne pas nécessairement de la finalité ultime qui lui est assignée en exploitant ou en vendant un bien dans un but financier, et cela pour la raison simple que la poursuite de ce but est de nature à générer des recettes (parfois non négligeables) dont on peut avoir l'assurance, compte tenu du « circuit financier fermé » qui existe en la matière, qu'elles seront, à terme, employées à la satisfaction de besoins de la population »*[266]. Ce point de vue conforte l'idée selon laquelle l'intérêt financier et l'intérêt général ne sont pas antinomiques, spécialement lorsqu'il s'agit de la gestion domaniale.

Il reste que la question de l'unicité de la gestion domaniale est toujours en discussion. Même s'il paraît difficile d'imaginer un dédoublement total de l'activité de gestion domaniale[267], il existe des différences tangibles entre gestion du domaine public et gestion du domaine privé[268], de telle sorte que l'une et l'autre ne peuvent pas être assimilées et que l'une ne peut pas être substituée à l'autre.

La gestion domaniale, si elle propose des variations, semble en revanche être indissolublement dépendante vis-à-vis du caractère public ou privé du domaine auquel elle se rapporte. Dans le même ordre d'idées, le Professeur Christian Lavialle notait que : *« si l'acte de gestion domaniale est un acte spécifique, en revanche son régime ne sera pas, lui, homogène dans la mesure où le domaine n'est pas un, mais composé de deux parties distinctes en fonction de l'affectation publique dont elles sont ou non grevées »*[269]. Finalement, l'inexistence d'un droit de propriété, au bénéfice de la personne publique, sur certains éléments du

---

[264] C. ROUX, *op. cit.* ; spéc. p. 177 : *« même si la recherche de la rentabilité financière a été étendue à d'autres domaines, la connexion opérée entre intérêt général et intérêt financier reste moins intense qu'en matière de gestion domaniale ».*
[265] C. ROUX, *op. cit.* ; spéc. p. 177.
[266] F. ALHAMA, *op. cit.* ; spéc. p. 622.
[267] C. LAVIALLE, art. préc. ; spéc. p. 266 : *« comment l'activité de gestion domaniale pourrait-elle être double (...) ? ».*
[268] Le Professeur Christian Lavialle, art. préc., spéc. p. 265, note *a contrario* que : *« cette ressemblance toutefois ne va pas jusqu'à l'institution d'un régime juridique homogène pour les deux ».*
[269] C. LAVIALLE, art. préc. ; spéc. pp. 275-276.

"patrimoine immatériel" semble condamner la totale assimilation de la gestion de ce patrimoine à la gestion domaniale.

2. Discussion sur l'opportunité d'une transposition au "patrimoine immatériel"

L'action administrative poursuit une finalité d'intérêt général, laquelle s'avère compiler une pluralité d'intérêts[270]. Ainsi qu'il a été montré, la gestion domaniale illustre parfaitement cette idée. La poursuite d'intérêts publics divergents, dans des proportions variées, est également caractéristique de la gestion du "patrimoine immatériel" des personnes publiques. Il n'y a pas là de contrariété réelle avec la notion d'intérêt général, qui doit elle-même s'entendre du *« résultat d'une hiérarchisation entre les intérêts »*[271].

En cette matière, la difficulté vient avant tout de l'impossibilité de classer les éléments du "patrimoine immatériel" dans les catégories domaniales prévues par le code général de la propriété des personnes publiques, comme cela sera démontré plus avant. Le "patrimoine immatériel" ne ressort ni vraiment du domaine public, ni tout à fait du domaine privé des personnes publiques. Les incertitudes concernant la classification des éléments du "patrimoine immatériel" dans le domaine public ou dans le domaine privé empêchent d'envisager leur gestion comme un démembrement de la gestion domaniale. De nombreux éléments du "patrimoine immatériel" échappent même à la dichotomie confortable qui oppose domaine public et domaine privé, parce qu'ils ne sont même pas susceptibles d'appropriation. Ainsi que cela a été précédemment exposé, il n'y a pas que des propriétés dans le "patrimoine immatériel" des personnes publiques, puisque celui-ci se compose – notamment, mais pas exclusivement – de propriétés publiques immatérielles. Or, en l'état actuel, le domaine public comme le domaine

---

[270] M. MEKKI, *L'intérêt général et le contrat, Contribution à une étude de la hiérarchie des intérêts en droit privé*, LGDJ, Bibliothèque de droit privé, Tome 411, 2004 ; spéc. p. 17 : la *« dilution de l'intérêt général se traduit par une multiplication d'intérêts publics en conflits »*.

[271] Pour la citation complète, voir : M. MEKKI, *op. cit.* ; spéc. pp. 20-21 : *« [L'intérêt général] est une justification a posteriori d'un certain équilibre entre les intérêts. (...) [Il] se présente souvent comme le résultat d'une hiérarchisation entre les intérêts. »*. Voir également : M. MEKKI, *ibid.* ; spéc. pp. 17-18 : *« l'intérêt général en droit public est de moins en moins l'intérêt public étatique, et de plus en plus le résultat d'un arbitrage entre un ensemble d'intérêts publics et/ou privés. »*.

privé ne concernent que des propriétés publiques, c'est-à-dire des biens susceptibles d'appropriation[272].

Même s'il y a des similitudes évidentes entre la gestion domaniale et la gestion du "patrimoine immatériel", leur superposition n'est pas harmonieuse et il faut par conséquent les envisager distinctement.

Leurs modes de valorisation respectifs sont en effet assez différents. Tandis que les biens matériels, avant tout immobiliers, ont fait l'objet de nombreuses cessions dans la période récente[273] – le fait de céder un bien n'étant pas antinomique avec la volonté de le valoriser[274], dans la mesure où la cession peut être conçue, lorsqu'elle s'inscrit dans une gestion stratégique comme une forme de valorisation – les éléments du "patrimoine immatériel" ne sont en principe pas conçus comme étant susceptibles de telles opérations. En effet, malgré les dispositions du décret n° 2009-151, du 10 février 2009, la doctrine de l'Administration consiste à appliquer en la matière la règle suivant laquelle : *« valoriser c'est concéder et non pas céder »*[275]. Ainsi, la plupart du temps, l'Administration s'efforce-t-elle de *« [garder] le contrôle de ses actifs immatériels »*[276].

En dépit de ses similitudes indéniables avec la gestion domaniale, dont elle partage les buts, puisqu'elle est axée sur la valorisation, la gestion du "patrimoine immatériel" s'en autonomise nécessairement. Il est certes possible d'identifier des objectifs communs dans leur gestion, mais la grande diversité du "patrimoine immatériel" et la dénégation d'un droit

---

[272] L'article L. 2111-1 du code général de la propriété des personnes publiques, définissant le domaine public immobilier des personnes publiques dispose ainsi que : *« le domaine public d'une personne publique (...) est constitué des biens lui appartenant »* (nous soulignons). Quant à l'article L. 2112-1 du même code, relatif au domaine public mobilier, il énonce que : *« font partie du domaine public mobilier de la personne publique propriétaire les biens (...) »* (nous soulignons).
[273] Voir, par exemple : C. BALLANDRAS-ROZET, « Les justifications économiques et juridiques au critère de l'aménagement indispensable », *JCP A* 2007, 2089 : *« La mise en valeur du patrimoine public ne peut s'effectuer sans le recours aux procédés lucratifs que sont la cession, le bail commercial ou encore le loyer budgétaire »*.
[274] O. SCHRAMECK, Préface, *La valorisation économique des propriétés des personnes publiques*, Colloque du 6 juillet 2011, La Documentation française, coll. Droits et Débats n°3, 2012, p. 8 ; spéc. p. 9 : *« Valoriser, c'est savoir exploiter, mais c'est aussi, le cas échéant, savoir céder »*.
[275] CONSEIL D'ETAT, *Le patrimoine immatériel des personnes publiques*, Colloque du 16 mars 2012, La Documentation française, coll. Droits et Débats n°6, 2013 ; spéc. p. 96. Voir également, exprimant la même idée : PH. TERNEYRE, « Les actifs immatériels des personnes publiques », *RJEP* 2013, étude 16 ; spéc. §52.
[276] CONSEIL D'ETAT, *ibid.* ; spéc. p. 96.

de propriété pour certains de ses éléments, interdit d'assimiler la ressemblance de la gestion domaniale et de la gestion du "patrimoine immatériel" à une identité. Finalement, la gestion du "patrimoine immatériel" s'est autonomisée par rapport à la gestion domaniale telle qu'elle est classiquement envisagée.

B. Une autonomisation indiscutable de la gestion du "patrimoine immatériel"

La gestion du "patrimoine immatériel" des personnes publiques est autonome et s'articule autour de la notion de valorisation. Cette notion, qui *« est elle-même un sujet de discussion »*[277], renvoie ainsi qu'il a été dit précédemment à des préceptes particuliers s'agissant du "patrimoine immatériel". Dans ces conditions, l'autonomisation de la gestion du "patrimoine immatériel" des personnes publiques s'avère être tout à la fois nécessaire et effective, puisqu'elle reçoit une traduction concrète.

Il existe des modes de gestion diversifiés des biens publics, suivant qu'ils ressortissent au domaine public ou au domaine privé des personnes publiques. S'il y a là *« un équilibre rassurant pour l'esprit »*[278], il n'en demeure pas moins que la gestion du "patrimoine immatériel" ne peut être pleinement assimilée à la gestion domaniale classique, pour les raisons déjà exposées. La gestion du "patrimoine immatériel" des personnes publiques répond en réalité à une politique de valorisation *ad hoc*, complètement extérieure aux schémas habituels, même si elle s'inspire indéniablement des objectifs de la gestion domaniale. L'une et l'autre renvoient en effet à la recherche d'un équilibre entre des impératifs contradictoires. En tout état de cause, *« [la gestion des biens publics] est constamment imprégnée de finalités d'intérêt général que l'on parle de biens du domaine public ou de biens du domaine privé »*[279].

---

[277] J.-M. SAUVE, Discours d'ouverture, *in Le patrimoine immatériel des personnes publiques*, Colloque du 16 mars 2012, La Documentation française, coll. Droits et Débats n°6, 2013, p. 9 ; spéc. p. 18.

[278] Pour la citation complète, voir : C. LAVIALLE, « L'acte de gestion domaniale », *in Mouvement du droit public, Mélanges en l'honneur de Franck Moderne*, Dalloz, 2004, p. 265 ; spéc. p. 265 : *« Aux deux domaines correspondent deux formes de gestion. Un équilibre rassurant pour l'esprit »*.

[279] Pour la citation complète, voir : J.-B. AUBY, « Propriété et gestion domaniale », *Dr. adm.* 2011, repère 7 : *« Pour le reste, la propriété n'éclaire à peu près rien du droit propre des biens publics. Il est en tous les cas une dimension fondamentale sur laquelle elle ne nous dit rien d'utile, et ne peut rien dire d'utile : c'est celle des finalités de la gestion domaniale. Le propriétaire est celui qui jouit et dispose de la chose de la manière la plus absolue, comme dit le Code civil. Même si l'évolution législative a*

Elle n'est pas pour autant étrangère à d'autres préoccupations. Le président Sauvé a synthétisé l'équilibre qu'il doit nécessairement y avoir entre ces différentes préoccupations entourant la gestion domaniale, en défendant l'idée selon laquelle *« [v]aloriser économiquement les biens publics ne doit pas conduire à sacrifier d'autres exigences d'intérêt général, telles que la préservation de leur intégrité ou de leur valeur patrimoniale ou encore leur affectation à un service public »*[280].

Spécialement depuis l'entrée en vigueur du code général de la propriété des personnes publiques, la gestion domaniale est marquée par l'impératif de valorisation. La question se pose dès lors de savoir : *« quel sens revêt le terme de « valorisation » lorsqu'on l'importe dans la sphère juridique ? »*[281]. Si du point de vue de la comptabilité, *« la valorisation correspond à une évaluation d'un actif, corporel ou incorporel »*[282], lorsqu'elle est appréhendée par le droit, *« elle s'apparente plutôt à une mise en valeur ou à un accroissement de valeur »*[283]. Cependant, loin de se limiter à la seule recherche d'une rentabilité économique maximale[284],

---

multiplié les formes d'encadrement du droit de propriété, celui-ci reste une prérogative dont on ne demande pas au titulaire d'user autrement que pour maximiser sa satisfaction personnelle (ce qu'il fera parfois en donnant à ses biens une destination charitable, d'ailleurs). Il n'est aucunement question de cela dans le cas de biens publics, dont la gestion est constamment imprégnée de finalités d'intérêt général que l'on parle de biens du domaine public ou de biens du domaine privé. ».

280 J.-M. SAUVE, Discours d'ouverture, *in La valorisation économique des propriétés des personnes publiques*, Colloque du 6 juillet 2011, La Documentation française, coll. Droits et Débats n°3, 2012, p. 13 ; spéc. p. 14. Voir également : Y. GAUDEMET, « A propos de la valorisation économique des propriétés publiques », *RDP* 2012, p. 1223.

281 J.-D. DREYFUS, « La valorisation du service public par la diffusion d'œuvres créées par les agents publics », *in Service public, puissance publique : permanence et variation d'un couple mythique, Mélanges en l'honneur du professeur Alain-Serge Mescheriakoff*, Bruylant, 2013, p. 99 ; spéc. p. 99.

282 J.-D. DREYFUS, *ibid.* ; spéc. p. 100.

283 J.-D. DREYFUS, *ibid.* ; spéc. p. 100. L'auteur ajoute, d'ailleurs, plus avant, renforçant le sentiment que la valorisation ne se limite pas à la recherche de bénéfices exclusivement financiers, spéc. p. 105 : *« il convient, à notre sens, de distinguer l'activité de valorisation qui participe effectivement à la mission de service public poursuivie par la personne publique de celle qui ne poursuit que des finalités lucratives ou commerciales »*.

284 J.-D. DREYFUS, « La valorisation par l'Etat de son patrimoine immatériel », *AJDA* 2009, p. 696 ; spéc. p. 696 : *« mais, pour une collectivité, la valorisation de son patrimoine n'a-t-elle pour but que d'en tirer des revenus ? Est-ce vraiment la finalité d'une personne publique que de chercher à retirer de l'argent de ses biens immatériels ? »*. Voir également les propos du Président Michel Pinault prolongeant l'idée suivant laquelle la valorisation n'est pas exclusivement financière : CONSEIL D'ETAT, *Le patrimoine immatériel des personnes publiques*, Colloque du 16 mars 2012, La Documentation française, coll. Droits et Débats n°6, 2013 ; spéc. p. 72 : *« Ce que je*

elle doit s'entendre également de la protection des actifs considérés[285]. Le Professeur Jean-David Dreyfus considère ainsi que *« la valorisation du patrimoine par une personne publique doit lui permettre de poursuivre, à côté de la rentabilité, un certain nombre d'autres objectifs d'intérêt général »*[286]. La valorisation est tout à la fois une notion protéiforme[287] et *« multidimensionnelle »*[288]. En clair, *« il y a de multiples aspects à la valorisation »*[289]. Madame Danielle Bourlange, directrice

---

vous propose, après les débats de ce matin, c'est de reprendre un point qui a été déjà bien engagé. C'est celui de l'acception donnée au concept de valorisation. On a dit ce matin à plusieurs reprises, cela avait déjà été souligné dans le colloque du 6 juillet [2011, relatif à la valorisation économique des propriétés des personnes publiques, déjà cité] à propos du patrimoine « matériel » et je crois que c'est tout à fait vrai, que la valorisation n'est pas nécessairement une valorisation financière ».

[285] J.-M. SAUVE, art. préc., spéc. p. 18 : *« valoriser leur patrimoine, pour les personnes publiques, c'est le rentabiliser ; c'est en assurer une exploitation économique raisonnable. (...) Or, l'intérêt général ne peut être limité à cette seule dimension »* ; voir également : J.-M. SAUVE, art. préc., p. 18 : *« les mêmes réflexions s'appliquent au patrimoine immatériel ».*

[286] J.-D. DREYFUS, art. préc. ; spéc. pp. 696-697. Voir également : CONSEIL D'ETAT, *La valorisation économique des propriétés des personnes publiques*, Colloque du 6 juillet 2011, *op. cit.* ; spéc. p. 32 : *« Pour résumer, la valorisation a des ambitions financière, patrimoniale, économique et sociale. Ce sont les composantes majeures de la valorisation, qui n'est pas dès lors purement financière, qui guident l'action économique de la ville de Paris s'agissant de son domaine public »* ; ainsi que, *ibid.*, spéc. p. 37 : *« La valorisation recouvre deux grandes dimensions qui ne sont pas tout à fait les mêmes : une dimension patrimoniale et une dimension financière ».*

[287] Voir par exemple les différentes formes empruntées par la valorisation du patrimoine immatériel envisagées par Madame Danièle Bourlange, dans son intervention au Colloque du 16 mars 2012, *op. cit.*, spéc. p. 82 : *« Sur cette première séquence qui concerne les modalités juridiques et financières de la valorisation des biens immatériels des collectivités publiques, je ne peux que partager ce qui a déjà été dit cet après-midi, et ce matin également. Pour ma part, j'ai identifié trois verbes : la valorisation, c'est connaître, protéger et fructifier ».*

[288] CONSEIL D'ETAT, *Le patrimoine immatériel des personnes publiques*, Colloque du 16 mars 2012, La Documentation française, coll. Droits et Débats n°6, 2013 ; spéc. pp. 76-77 : *« nous avons une vision multidimensionnelle du concept de valorisation. Pour prolonger ce qui a été dit sur la protection, qui est souvent un préalable à d'autres formes de valorisation, les marques publiques, qu'elles soient de collectivités ou de services publics, sont désirables et très exposées au risque d'appropriation abusive. En effet, elles sont notoires, parce qu'y est attaché souvent une image de rigueur, de référence, parce qu'elles suscitent la confiance. Les tentatives d'appropriation de ces marques sont donc nombreuses. ».*

[289] CONSEIL D'ETAT, *Le patrimoine immatériel des personnes publiques*, *op. cit.* ; spéc. p. 72. Voir également : *ibid.*, spéc. pp. 66-67.

générale de l'Agence du patrimoine immatériel de l'Etat, a pour sa part estimé que : *« la valorisation, c'est connaître, protéger et fructifier »*[290].

Pour synthétiser les différentes formulations proposées, il faut convenir que la valorisation s'articule principalement autour de deux notions : l'exploitation et la protection. Cette distinction a été reprise par ailleurs, mais sous une forme légèrement différenciée[291], puisque la valorisation est souvent considérée comme la partie plutôt que le tout[292], même si la ligne de démarcation n'est pas toujours très nette. Ainsi, pour le Professeur Jean-David Dreyfus : *« le terme valorisation se rapproche et se distingue de l'exploitation comme de la commercialisation : la valorisation révèle la valeur d'une chose, la mesure, sans forcément mise dans le commerce ; il est possible de dévoiler sa valeur, sans pour autant l'échanger moyennant finance. Bref, on peut valoriser une chose ou une œuvre en la commercialisant mais la commercialisation n'est pas le seul moyen de valoriser »*[293]. Les éléments du "patrimoine immatériel" répondent également à ces préoccupations, puisqu'ils sont à la fois *« considérés comme des facteurs de compétitivité et de croissance »*[294] et

---

[290] CONSEIL D'ETAT, *Le patrimoine immatériel des personnes publiques*, *op. cit.* ; spéc. p. 82 : *« j'ai identifié trois verbes : la valorisation, c'est connaître, protéger et fructifier »*.

[291] C. ROSSETTI, « Vers une gestion stratégique des marques publiques », *AJDA* 2010, p. 2197 ; spéc. p. 2197 : *« apparaît nécessaire la mise en place d'une stratégie globale de gestion [du patrimoine immatériel] qui permettrait d'assurer à la fois sa protection et sa valorisation. »*. Voir également le plan retenu, pour les développements consacrés aux "propriétés publiques incorporelles", dans l'ouvrage suivant : S. BRACONNIER, *Droit public de l'économie*, PUF, 2e éd., 2017 ; spéc. pp. 221-225 : *« L'hétérogénéité des propriétés publiques incorporelles »*, *« la nécessaire valorisation des propriétés publiques incorporelles »* et *« l'indispensable protection des propriétés publiques incorporelles »*.

[292] Voir par exemple : CONSEIL D'ETAT, *La valorisation économique des propriétés des personnes publiques*, Colloque du 6 juillet 2011, *op. cit.* ; spéc. p. 100 : *« Le code cependant, c'est une révolution. Pour tout dire, la révolution n'est pas tellement, à mon sens, dans la substitution, on l'a très bien dit au cours de cette journée, d'une optique de conservation à une optique de valorisation. Car la valorisation, c'est aussi une forme de conservation. Ce qu'on veut conserver, c'est l'utilité, l'affectation, et pour cela il y a besoin d'une valorisation, d'un financement, pour que précisément on respecte toujours cette exigence de l'affectation, de la satisfaction de l'intérêt général. Le grand changement, c'est la notion de propriété. Aujourd'hui le meilleur vecteur de la valorisation, c'est le droit de propriété. Tout naturellement, je dirais, le paysage juridique bascule du coté du droit privé. »*.

[293] J.-D. DREYFUS, « La valorisation du service public par la diffusion d'œuvres créées par les agents publics », art. préc. ; spéc. p. 100.

[294] CONSEIL D'ETAT, *L'action économique des personnes publiques*, Etude annuelle 2015, Etudes et documents n°66, La Documentation française, 2015 ; spéc. p. 80.

comme devant *« être protégés des usages abusifs ou jugés illégaux »*[295]. Les personnes publiques gestionnaires doivent ainsi « *chercher à optimiser leurs actifs immatériels en vue d'améliorer leur efficacité interne et la qualité du service rendu aux citoyens »*[296].

La valorisation du "patrimoine immatériel" se distingue toutefois de la gestion domaniale classique, en raison de la nature particulière des éléments sur lesquels elle porte. Le Conseil d'Etat a repris, dans le "Guide des outils d'action économique", annexé à son étude annuelle consacrée à l'action économique des personnes publiques[297], la typologie déjà dressée par l'Agence du patrimoine immatériel de l'Etat[298] identifiant les fonctions de la notion de valorisation. Retenant une conception extensive de cette notion, l'Agence du patrimoine immatériel de l'Etat lui assigne cinq objectifs, qui peuvent être synthétisés[299] de la façon suivante : il s'agit de l'identification, la comptabilisation, l'exploitation, l'optimisation et la protection du "patrimoine immatériel". Les rapports de l'étude précitée invitent les acteurs publics *« à concevoir des stratégies de valorisation de leur patrimoine immatériel à la fois du point de vue de l'exercice de leur mission et des externalités positives susceptibles d'être produites »*[300].

---

[295] CONSEIL D'ETAT, *op. cit.* ; spéc. pp. 91-92.

296 Pour la citation complète, voir : CONSEIL D'ETAT, *op. cit.* ; spéc. p. 92 : « Tout comme les organismes du secteur privé, les personnes publiques doivent en premier lieu *chercher à optimiser leurs actifs immatériels en vue d'améliorer leur efficacité interne et la qualité du service rendu aux citoyens (...) »*.

[297] CONSEIL D'ETAT, *op. cit.* ; spéc. p. 91.

[298] Agence du patrimoine immatériel de l'Etat, « Patrimoine immatériel public : quels enjeux ? », coll. « Ressources de l'immatériel », décembre 2011.

[299] Pour la version complète, voir la citation suivante, reprise dans le rapport précité du Conseil d'Etat, dédié à l'action économique des personnes publiques :
« Valoriser signifie à la fois :
-Savoir identifier les actifs immatériels ;
-Savoir les exploiter efficacement pour mieux remplir sa mission de service public ;
-Inscrire, lorsque c'est possible, la valeur de ces actifs au bilan des états financiers des organismes publics ;
-Optimiser la mise à disposition de ces actifs, notamment auprès des citoyens, des chercheurs, ou d'autres administrations, qui peuvent les utiliser pour innover, développer ou consolider leur activité ;
-Développer des services à valeur ajoutée sur la base des actifs dans le prolongement des missions de service public et pour répondre à des besoins d'acteurs privés ou publics ;
-Protéger ces actifs contre le risque d'appropriation indue ».

[300] Pour la citation complète, voir : CONSEIL D'ETAT, *op. cit.* ; spéc. p. 91 : *« L'enjeu est donc à la fois la modernisation de l'action publique et la création de valeur au bénéfice de la société dans son ensemble. Notamment, l'immatériel peut favoriser l'innovation et la création de valeur économique, par la diffusion, le partage et la mise à disposition*

La notion de valorisation comprend en définitive deux dimensions essentielles : l'exploitation et la protection. La gestion domaniale et la gestion du "patrimoine immatériel" se rejoignent sur ce point.

Cependant, contrairement à la gestion domaniale, la valorisation du "patrimoine immatériel" s'appuie essentiellement, dans sa dimension d'exploitation, sur la catégorie des redevances pour service rendu et non sur celle des redevances pour occupation du domaine public, en application des dispositions déjà citées du décret du 10 février 2009[301], ce qui tient assurément à la nature immatérielle des éléments considérés.

La jurisprudence a procédé dans la période récente à un alignement du régime tarifaire de la redevance pour service rendu sur celui de la redevance pour occupation du domaine public. A tel point que la distinction entre ces deux catégories, jugée *« ténue »*[302], s'amenuise considérablement[303].

Désormais, le Conseil d'Etat, après avoir confirmé la règle d'équivalence entre le montant de la redevance et la valeur du service rendu[304] – selon laquelle *« une redevance pour service rendu doit essentiellement trouver une contrepartie directe dans la prestation fournie par le service (...) et, par conséquent, doit correspondre à la*

---

auprès d'acteurs privés, chercheurs, communautés innovantes..., de ressources publiques. La valorisation de ce patrimoine peut aussi s'appuyer sur la circulation et la mutualisation des ressources immatérielles au sein de la sphère publique.
Les personnes publiques ont donc vocation à concevoir des stratégies de valorisation de leur patrimoine immatériel à la fois du point de vue de l'exercice de leur mission et des externalités positives susceptibles d'être produites ».

[301] Décret n° 2009-151 du 10 février 2009 relatif à la rémunération de certains services rendus par l'Etat consistant en une valorisation de son patrimoine immatériel.

[302] E. UNTERMAIER, « Que reste-t-il de la distinction des redevances pour service rendu et des redevances pour occupation du domaine public ? », *AJDA* 2010, p. 1062 ; spéc. p. 1066 ; voir également p. 1069. La frontière entre ces différents types de redevances est également qualifiée de *« floue »* (spéc. p. 1066).

[303] Voir sur ces questions : E. UNTERMAIER, art. préc. ; et également : E. UNTERMAIER, « Redevances pour service rendu et redevances pour occupation du domaine public : les dernières évolutions », *JCP A* 2013, 2039.

[304] Traditionnellement, *« [la] définition [de la redevance pour service rendu repose] sur deux éléments essentiels : l'existence d'un service rendu, d'une part, et le principe d'équivalence entre la somme réclamée et les prestations fournies à l'usager, d'autre part »* ; voir sur ce point : E. UNTERMAIER, « Que reste-t-il de la distinction des redevances pour service rendu et des redevances pour occupation du domaine public ? », art. préc. ; spéc. p. 1062.

valeur de la prestation ou du service »[305] – reconnaît que le montant de cette redevance peut excéder le coût du service et ainsi, qu'au-delà du prix de revient de celui-ci, peuvent être prises en considération *« les caractéristiques du service, en tenant compte de la valeur économique de la prestation pour son bénéficiaire »*[306].

Cette évolution du régime tarifaire de la redevance pour service rendu n'est toutefois pas une surprise, puisque le Conseil d'Etat a ici repris à son compte, au titre de ses fonctions contentieuses, des observations formulées précédemment dans son rapport dédié à l'étude des redevances pour service rendu et redevances pour occupation du domaine public[307]. A cette occasion, il avait préconisé *« un assouplissement du critère traditionnel de plafonnement selon le coût du service, [car] il s'avère dans bien des cas inadapté »*[308], s'agissant des redevances pour service rendu. A la vérité, des différences subsistent et s'il est effectivement désormais possible de prendre en compte dans le calcul de la redevance l'avantage retiré par le bénéficiaire, il n'y a pas là d'obligation pour le gestionnaire public concerné. Le Conseil d'Etat avait expressément relevé à cet égard, dans son rapport précité, que *« [b]ien souvent, la valeur de la prestation se limitera à son coût, entendu le cas échéant de manière plus souple (...) ; mais parfois, l'administration pourra légitimement justifier par d'autres éléments le respect de la condition d'équivalence »*[309].

Apparemment mieux adaptée à la nature particulière du "patrimoine immatériel", la catégorie des redevances pour service rendu doit *« permettre à l'Administration de tirer largement profit de l'utilisation d'éléments de son patrimoine immatériel »*[310]. Ces redevances sont d'ailleurs expressément exclues du champ d'application du code général de la propriété des personnes publiques[311]. Il y a donc là une

---

[305] CE, Ass., 16 juillet 2007, *Syndicat national de défense de l'exercice libéral de la médecine à l'hôpital*, n° 293229 ; *RFDA* 2007, p. 1269, concl. C. DEVYS ; *RFDA* 2007, p. 1278, note PH. TERNEYRE ; *Dr. adm.* 2007, comm. 128, note M. BAZEX et S. BLAZY ; *AJDA* 2007, p. 1807, chron. J. BOUCHER et B. BOURGEOIS-MACHUREAU.
[306] *Idem.*
[307] CONSEIL D'ETAT, *Redevances pour service rendu et redevances pour occupation du domaine public,* La Documentation française, 2002.
[308] CONSEIL D'ETAT, *op. cit.* ; spéc. p. 86.
[309] CONSEIL D'ETAT, *op. cit.* ; spéc. p. 89.
[310] C. MALWE, « La valorisation du patrimoine immatériel de l'Etat », *Dr. adm.* 2009, comm. 52.
[311] Voir l'article R. 2125-6 du code général de la propriété des personnes publiques : *« Les prestations portant sur des biens et droits mobiliers de l'Etat ou de ses établissements publics entrant dans l'une des catégories définies à l'article 2 du décret*

singularisation de la gestion du "patrimoine immatériel" par rapport à la gestion domaniale classique.

La lecture des catégories visées par le décret portant sur la rémunération de certains services rendus par l'Etat consistant en une valorisation de son "patrimoine immatériel", du 10 février 2009[312] aurait pu susciter le doute, puisque certaines prestations semblaient relever sans véritable ambiguïté de l'occupation domaniale. Ainsi en va-t-il de la *« Location ou mise à disposition, à titre temporaire, de salles, d'espaces ou de terrains, en vue d'événements, de manifestations, de tournages d'œuvres audiovisuelles ou de prises de vue »*, de l' *« Organisation ou participation à l'organisation d'événements de toute nature, notamment colloques et conférences »*, ou encore de la *« Mise à disposition temporaire d'espaces ou vente d'espaces sur tous supports à des fins publicitaire, de communication ou de promotion »*. Le Professeur Jean-David Dreyfus relevait à cet égard qu'il était *« [surprenant] de constater que la location de salles et l'organisation d'événements sont considérés comme participant de la mise en valeur du patrimoine immatériel »*[313], en raison de la nature matérielle des biens mis à disposition.

En réalité, le classement de ces prestations dans la catégorie de celles soumises au paiement d'une redevance pour service rendu tient à une considération pratique. En effet, s'agissant de prestations ponctuelles, le fait de les faire entrer dans la catégorie des redevances pour services rendus les soustrait – en plus de pouvoir les moduler en fonction de la valeur économique retirée de la prestation par celui qui en bénéficie – au principe contraignant en termes de trésorerie de l'annualité du

---

n° 2009-151 du 10 février 2009 relatif à la rémunération de certains services rendus par l'Etat consistant en une valorisation de son patrimoine immatériel ne sont pas régies par les dispositions de la présente section ». Voir également, sur cette question : PH. TERNEYRE, « Les actifs immatériels des personnes publiques », *RJEP* 2013, étude 16 ; spéc. §41.

312 Décret n° 2009-151 du 10 février 2009 relatif à la rémunération de certains services rendus par l'Etat consistant en une valorisation de son patrimoine immatériel.

313 Pour la citation complète, voir : J.-D. DREYFUS, « La valorisation par l'Etat de son patrimoine immatériel », *AJDA* 2009, p. 696 ; spéc. p. 698 : *« On peut aussi être surpris de constater que la location de salles et l'organisation d'événements sont considérés comme participant de la mise en valeur du patrimoine immatériel. Les biens en cause ne sont-ils pas matériels ? S'agissant de la mise à disposition d'espaces pour des tournages ou des manifestations, celle-ci relève bien, selon l'APIE, de la valorisation du patrimoine immatériel dès lors que les lieux publics mis à disposition sont recherchés pour leurs qualités « immatérielles » : image, situation, originalité, singularités... »*.

paiement[314], prévue à l'article L. 2125-4, alinéa 1er, du code général de la propriété des personnes publiques pour les redevances pour occupation du domaine public[315].

Finalement, l'institution de redevances pour services rendus concernant le "patrimoine immatériel" des personnes publiques atteste de la difficulté conceptuelle rencontrée, dans l'application à ces éléments – parfois dépourvus de lien propriétariste avec une personne publique – du régime de la domanialité publique, dédié aux dépendances du domaine public, soit exclusivement à des propriétés publiques.

De la même façon, dans sa dimension de protection, la gestion du "patrimoine immatériel" s'éloigne encore davantage de la gestion domaniale classique, alors que la modulation de la fixation du montant des redevances pour service rendu induite par la jurisprudence du Conseil d'Etat semblait au moins en apparence les rapprocher. La diversité de la composition du "patrimoine immatériel", en raison de la présence d'éléments appropriés et d'éléments non appropriés rend délicate l'assimilation de sa gestion à celle du domaine, puisque cette dernière porte exclusivement sur des propriétés publiques. Ainsi, le régime de la domanialité publique, comme le régime de la domanialité privée – qui n'est pas assimilable au régime de droit commun des propriétés, puisqu'il implique l'insaisissabilité des biens concernés et leur incessibilité à un prix inférieur à leur valeur – sont en principe inapplicables aux éléments non appropriés du "patrimoine immatériel". Il faut tout de même faire état d'une exception notable, qui concerne le cas des fréquences hertziennes ou fréquences radioélectriques, parce que le législateur les a expressément soumises au régime de la domanialité publique[316]. Les

---

[314] E. UNTERMAIER, « Que reste-t-il de la distinction des redevances pour service rendu et des redevances pour occupation du domaine public ? », *AJDA* 2010, p. 1062 ; spéc. p. 1066 : *« l'article L. 2125-4 du code général de la propriété des personnes publiques pose le principe de l'annualité du paiement des redevances domaniales. Ceci explique en partie que la qualification de redevance pour service rendu ait été retenue par deux décrets du 10 février 2009 relatifs à la valorisation du patrimoine immatériel de l'Etat, même pour des prestations qui ressortissent classiquement à l'occupation du domaine public, à savoir la location ou mise à disposition, à titre temporaire, de salles, d'espaces ou de terrains, en vue d'évènements, de manifestations, de tournages d'œuvres audiovisuelles ou de prises de vues »*.

[315] Aux termes de cette disposition : *« La redevance due pour l'occupation ou l'utilisation du domaine public par le bénéficiaire d'une autorisation est payable d'avance et annuellement. »*.

[316] Article L. 2111-17 du code général de la propriété des personnes publiques : *« Les fréquences radioélectriques disponibles sur le territoire de la République relèvent du domaine public de l'Etat. »*.

mécanismes de protection envisagés pour les autres éléments non appropriés du "patrimoine immatériel" doivent être trouvés ailleurs que dans la domanialité, publique ou privée. Ces différents mécanismes protecteurs – de substitution à la domanialité – seront exposés plus en détail dans les développements qui suivent, spécialement s'agissant de l'image des biens publics, des données publiques ou du nom des personnes publiques.

Finalement, comme la gestion domaniale classique – spécialement depuis l'entrée en vigueur du code général de la propriété des personnes publiques et dans la continuité logique de la LOLF et de la RGPP – l'optimisation de la valorisation du "patrimoine immatériel" passe par un dosage savant entre les impératifs d'exploitation et de protection, qui oscille entre leur hiérarchisation respective et leur neutralisation réciproque. Les moyens mis en œuvre dans l'un et l'autre cas varient cependant, spécialement en raison de la nature hybride des éléments composant le "patrimoine immatériel", seuls certains étant susceptibles d'appropriation.

§2. Les conditions vraisemblables à la valorisation optimale du "patrimoine immatériel" non approprié

La valorisation optimale du "patrimoine immatériel" des personnes publiques passe nécessairement par la meilleure combinaison possible entre deux intérêts : l'exploitation et la protection. Alors même que se pose nécessairement la question de la hiérarchie entre ces intérêts opposés, la solution semble davantage résider dans la recherche d'une certaine harmonie entre eux. En réalité, il ne faut pas procéder à une hiérarchisation de ces objectifs (A), mais plutôt à leur conciliation (B), c'est-à-dire à la recherche du meilleur équilibre possible entre eux.

A. La négation d'une hiérarchisation d'objectifs contradictoires

Les mobiles animant les personnes publiques, dépositaires de l'intérêt général, ne peuvent s'apparenter aux intérêts recherchés par les entités privées[317]. En effet, l'action administrative prend en compte des intérêts

[317] Voir, par exemple, s'agissant de la gestion domaniale, le point de vue suivant : J.-B. AUBY, « Propriété et gestion domaniale », *Dr. adm.* 2011, repère 7 : *« Le calcul d'une*

diversifiés. Plus spécifiquement, la gestion du "patrimoine immatériel" des personnes publiques, comme la gestion domaniale, trouve sa raison d'être dans l'objectif de valorisation. Comme il a été dit, la valorisation met en balance l'exploitation et la protection. Reste à savoir dans quelle mesure ces intérêts contradictoires doivent faire l'objet d'une hiérarchisation dans le cas spécifique de la gestion du "patrimoine immatériel". C'est-à-dire qu'il convient de déterminer si l'un de ces intérêts doit prévaloir et notamment si la gestion du "patrimoine immatériel" peut se faire exclusivement sous les auspices de la rentabilité, au détriment donc de la sauvegarde de son intégrité. En règle générale, *« les personnes publiques ne peuvent pas s'en tenir à des considérations aussi simples »*[318] que les opérateurs privés, lorsqu'elles gèrent leurs biens matériels ou leur "patrimoine immatériel", *« parce qu'elles ont entre les mains souvent de grande valeur et de grande utilité sociale, et qu'elles sont comptables de l'utilisation qui est faite de ces biens »*[319]. En définitive, *« le rendement financier maximum du patrimoine est loin d'être l'unique but que poursuivent [les personnes publiques] dans la mesure où elles agissent en vue d'un intérêt public qui prend en compte d'autres facteurs que l'optimisation financière à court terme »*[320].

En vérité, plus qu'une hiérarchisation d'intérêts contradictoires, la valorisation du "patrimoine immatériel" doit s'entendre d'une combinaison d'intérêts complémentaires. L'exploitation du "patrimoine immatériel", dans un but financier, s'en trouve ainsi normalisée : doit-elle être pour autant banalisée ? Il reste en effet à savoir si *« [l'optimisation de la gestion du patrimoine immatériel] ne serait pas susceptible de porter atteinte à la protection de l'intérêt général »*[321].

---

personne publique qui envisage de céder un bien, ou de l'externaliser, n'est jamais, ne doit jamais être aussi simple que celui d'un propriétaire privé. Lorsqu'il vend, celui-ci ne se préoccupe en général que de savoir si ce qu'il tirera de la vente lui permettra de posséder une utilité supérieure à celle que représentait le bien cédé. Lorsqu'il met en location, c'est en général tout simplement parce que ce qu'il peut faire avec le prix de la location vaut à ses yeux plus que l'avantage qu'il tirerait de l'utilisation directe du bien loué. ».

[318] J.-B. AUBY, *ibid.*

[319] J.-B. AUBY, *ibid.*

[320] En généralisant la citation initialement envisagée pour le cas particulier des collectivités locales : P.-E. SPITZ, « Les nouvelles méthodes de gestion des biens publics : l'exemple de Paris », *AJDA* 2007, p. 954 ; spéc. p. 954.

[321] C. MANSON, « Valorisation économique du domaine public et performance », *in Performance et droit administratif*, Actes du colloque organisé par le Laboratoire d'étude des réformes administratives et de la décentralisation (LERAD) les 29 et 30

Il convient de donner quelques illustrations des conséquences malencontreuses – qu'elles soient réelles ou potentielles – que pourrait avoir la recherche quasi-exclusive de profit dans la gestion du "patrimoine immatériel".

Serait-il envisageable de céder certaines marques publiques particulièrement sensibles – pour se limiter à cinq marques récemment déposées par l'Etat français : "porte-avions Charles de Gaulle", "vigipirate", "programme d'investissement d'avenir", "plate-forme de financement participatif régulée par les autorités françaises", ou encore "Légifrance" – à des opérateurs poursuivant des fins d'intérêt privé ? Il faut bien entendu rejoindre l'avis de Madame Catherine Rossetti, selon lequel : *« il est évident que certaines marques publiques, consubstantielles à l'identité même de l'Etat, n'ont pas vocation à être cédées »*[322].

De la même façon, la multiplication des opérations visant à autoriser la captation en vue de l'utilisation – lorsque cette autorisation est requise – de l'image des biens mobiliers ou immobiliers des personnes publiques pourrait être à l'origine de perturbations dans le fonctionnement normal du service public. Le régime de l'utilisation de l'image des biens des personnes publiques – et plus spécialement des biens du domaine public, mobilier ou immobilier, des personnes publiques – sera approfondi dans les lignes qui suivent ; il faut cependant dès à présent alerter sur les troubles qui pourraient être occasionnés par leur exploitation excessive. La jurisprudence actuelle distingue deux cas : celui de la photographie de biens du domaine public mobilier, dont l'état actuel est fixé par les arrêts *Commune de Tours*[323], et celui de la photographie de biens du domaine public immobilier, sur lequel le Conseil d'Etat s'est prononcé dans l'arrêt *Etablissement public du Domaine national de Chambord*[324].

---

janvier 2009 à l'Université François Rabelais de Tours, Lexis Nexis Litec, 2010, p. 227 ; spéc. pp. 243-244.

[322] C. ROSSETTI, « Vers une gestion stratégique des marques publiques », *AJDA* 2010, p. 2197.

[323] CE, 29 octobre 2012, *EURL Photo Josse*, n° 341173 ; *Dr. adm.* 2012, comm. 96, note S. ZIANI ; *JCP A* 2012, 2390, note S. CARPI-PETIT et 2391, note C. VOCANSON ; *AJDA* 2013, p. 111, note N. FOULQUIER ; *AJCT* 2013, p. 153, note F. BLANC ; *BJCL* 2013, p. 54, concl. N. ESCAUT et p. 57, obs. B. POUJADE ; *Petites affiches*, 11 avril 2013, p. 11, note S. CAZET. Voir également : CE, 23 décembre 2016, *Commune de Tours*, n° 378879 ; *JCP A* 2016, 2016, note PH. HANSEN ; *RDI* 2016, p. 89, note N. FOULQUIER.

[324] CE, Ass., 13 avril 2018, *Etablissement public du Domaine national de Chambord*, n° 397047 ; *BJCL* 2018, p. 280, concl. R. VICTOR ; *JCP G* 2018, 614, note PH. HANSEN ; *D.* 2018, p. 1051, note J.-M. BRUGUIERE ; *RDI* 2018, p. 345, note F. TARLET ; *RFDA* 2018, p. 461, note N. FOULQUIER ; *Dr. adm.* 2018, comm. 42, note F. BRENET ; *CMP*

Ainsi, s'agissant des biens mobiliers des personnes publiques, la jurisprudence va dans le sens de la soumission de la captation de leur image à l'obtention préalable d'une autorisation d'occupation domaniale. Le Conseil d'Etat juge en l'espèce, dans l'affaire *Commune de Tours* précitée, que : *« la prise de vues d'œuvres relevant des collections d'un musée, à des fins de commercialisation des reproductions photographiques ainsi obtenues, doit être regardée comme une utilisation privative du domaine public mobilier impliquant la nécessité, pour celui qui entend y procéder, d'obtenir une autorisation ainsi que le prévoit l'article L. 2122-1 du [code général de la propriété des personnes publiques] »*. Cette décision est compréhensible s'agissant de biens appartenant au domaine public mobilier d'une personne publique, dont il faut supposer qu'ils se situent à l'intérieur d'un bâtiment public, lui-même affecté à l'utilité publique, ce qui rend nécessaire l'obtention d'une autorisation préalable. Il n'est pas certain qu'il en irait de même pour la photographie d'un bien du domaine public mobilier d'une personne publique qui serait exposé en extérieur. Par exemple, la photographie d'un scaphandre ou d'une embarcation multi-centenaire appartenant à l'Etat et présentant un intérêt historique, technique ou même scientifique – ainsi, du canot impérial de Napoléon Ier exposé au musée de la marine, à l'occasion d'une mise à flot temporaire – ou même d'une exposition à la vue de tous dans un espace extérieur, fût-il public – qu'elle soit ou non captée en vue d'une exploitation commerciale, dès lors qu'elle ne cause pas de trouble anormal au propriétaire et qu'elle n'excède pas le droit d'usage appartenant à tous –. La jurisprudence pourrait être clarifiée sur ce point si la question venait à se présenter. La même question peut se poser à propos des pièces d'artillerie, spécialement les canons, qui sont exposés dans l'enceinte ou à l'extérieur de l'Hôtel des Invalides. Ces biens ressortissent, sans doute possible, au domaine public mobilier. L'obtention préalable d'une autorisation domaniale peut se concevoir pour la photographie de ceux des biens qui sont situés dans la cour pavée de l'Hôtel des Invalides. Elle est bien moins justifiable s'agissant de ceux exposés en extérieur, côté façade, visibles depuis l'esplanade. Le choix du juge administratif de se déterminer en fonction de la nature – mobilière ou immobilière – du bien dont l'image est captée est donc critiquable. Si la jurisprudence semble manquer de pragmatisme sur cette question, elle est revanche fortement protectrice des intérêts autres que financiers poursuivis par les personnes publiques. Dans le même ordre d'idées, elle restreint les possibilités pour les opérateurs privés d'obtenir les autorisations sollicitées, en jugeant, toujours dans l'arrêt *Commune*

2018, repère 6, note F. LLORENS et P. SOLER-COUTEAUX ; *JCP A* 2018, 2156, note C. ROUX ; *Dalloz IP/IT* 2018, p. 490, note M. CORNU ; *AJDA* 2018, p. 1850, note F. TARLET ; *BJCL* 2018, p. 290, note A. FITZJEAN Ó COBHTHAIGH.

de Tours – réitérant ainsi sa jurisprudence *Régie autonome des transports parisiens*[325] –, que : « *l'autorité chargée de la gestion du domaine public peut autoriser une personne privée à occuper une dépendance de ce domaine ou à l'utiliser en vue d'y exercer une activité économique, à la condition que cette occupation ou cette utilisation soit compatible avec son affectation et sa conservation ; que la décision de refuser une telle autorisation, que l'administration n'est jamais tenue d'accorder, n'est pas susceptible, par elle-même, de porter atteinte à la liberté du commerce et de l'industrie* ». Ainsi, la personne publique qui n'est pas en mesure de fournir, ou qui ne souhaite pas fournir, une autorisation d'occupation ou d'utilisation du domaine public ne porte pas atteinte à la liberté du commerce et de l'industrie : elle n'est en effet pas tenue de délivrer une telle autorisation pour des raisons évidentes de contraintes d'espace.

De la même façon, la prise de vue d'un bien mobilier du domaine privé d'une personne publique pose question. Certes, il s'agit *a priori* d'un bien banal, dont la photographie ne présente pas forcément un intérêt particulier. Toutefois, certains biens, comme les chevaux de la garde républicaine, certains véhicules présidentiels[326] ou militaires, ou encore des navires de la marine nationale, peuvent faire l'objet d'une photographie, éventuellement en vue d'une exploitation commerciale. Elle est *a priori* libre, que le bien se situe en intérieur ou, à plus forte raison, en extérieur. Il paraîtrait plus logique que la prise de vue de ces biens soit contrainte par l'obtention préalable d'une autorisation, notamment domaniale, si le bien se situe à l'intérieur d'un bâtiment public. Ici, ce sont certainement d'autres règles qui empêcheront la photographie du bien considéré, telle que la police d'accès au bâtiment, empêchant l'accès aux personnes étrangères au service. Cette situation

---

[325] CE 23 mai 2012, *Régie autonome des transports parisiens (RATP)*, n° 348909 ; *AJDA* 2012, p. 1129, trib. S. BRACONNIER ; *AJDA* 2012, p. 1151, chron. E. GLASER ; *RDI* 2012, p. 566, obs. N. FOULQUIER ; *AJCT* 2012, p. 445, obs. A.-S. JUILLES ; *RFDA* 2012, p. 1181, note S. NICINSKI.

[326] A noter que si les anciens véhicules présidentiels semblent remplir les critères du domaine public mobilier en ce qu'ils présentent au moins un intérêt historique, voire un intérêt technique ou même artistique, tous n'appartiennent pas à l'Etat et relèvent en réalité pour une bonne part de collections privées. Leur domanialité publique est impossible dans ces conditions. Ainsi en est-il : de la Citroën DS19 conduisant le Général De Gaulle lors de l'attentat du Petit-Clamart, appartenant à la Fondation Charles-de-Gaulle, personne morale de droit privé ; de la Peugeot 607 Paladine utilisée par Nicolas Sarkozy lors de son investiture, exposée au Musée de l'aventure Peugeot à Sochaux, personne morale de droit privé ; ou encore de la Talbot T26 des présidents Vincent Auriol et René Coty, vendue aux enchères en 2006 par un particulier à un collectionneur privé.

rejoint celle dans laquelle le bien photographié relève du domaine public mobilier et est situé dans un bâtiment relevant du domaine privé d'une personne publique. Tel peut par exemple être le cas d'une œuvre d'art, tableau ou buste, situés dans un immeuble de bureaux appartenant à une personne publique. Davantage qu'en fonction du statut domanial du bien photographié, la ligne de démarcation entre le bien nécessitant la sollicitation préalable d'une autorisation pour être photographié et celui pouvant l'être librement devrait donc s'établir selon que ce bien est situé ou non dans un bâtiment qui relève du domaine public et qui nécessite qu'une autorisation d'occupation du domaine public soit attribuée.

La photographie des biens immobiliers des personnes publiques est quant à elle libre en principe. Il n'y a donc pas d'autorisation spécifique à solliciter, à moins que le bien dont l'image est captée soit un immeuble d'un domaine national[327], relevant d'une liste limitative fixée par décret[328]. Pour ces biens seulement, le législateur est intervenu alors que les développements de l'affaire opposant le Domaine national de Chambord et la société des Brasseries Kronenbourg étaient inachevés. La solution retenue par le législateur – qui introduit au code du patrimoine un article L. 621-42[329] aux termes duquel : *« L'utilisation à des fins*

---

[327] Article L. 621-42 du code du patrimoine : *« L'utilisation à des fins commerciales de l'image des immeubles qui constituent les domaines nationaux, sur tout support, est soumise à l'autorisation préalable du gestionnaire de la partie concernée du domaine national. Cette autorisation peut prendre la forme d'un acte unilatéral ou d'un contrat, assorti ou non de conditions financières.*
La redevance tient compte des avantages de toute nature procurés au titulaire de l'autorisation.
L'autorisation mentionnée au premier alinéa n'est pas requise lorsque l'image est utilisée dans le cadre de l'exercice de missions de service public ou à des fins culturelles, artistiques, pédagogiques, d'enseignement, de recherche, d'information et d'illustration de l'actualité.
Un décret en Conseil d'Etat définit les modalités d'application du présent article. ».

[328] Voir sur ce point le décret n° 2017-720 du 2 mai 2017 fixant la liste et le périmètre de domaines nationaux ; et spécialement l'article 1er, 1°, qui modifie l'article R. 621-98 du code du patrimoine :
« « Art. R. 621-98.-Les domaines nationaux au sens de l'article L. 621-34 sont les suivants :
« 1° Domaine de Chambord (Loir-et-Cher) ;
« 2° Domaine du Louvre et des Tuileries (Paris) ;
« 3° Domaine de Pau (Pyrénées-Atlantiques) ;
« 4° Château d'Angers (Maine-et-Loire) ;
« 5° Palais de l'Elysée (Paris) ;
« 6° Palais du Rhin (Bas-Rhin).
« Les périmètres des domaines nationaux sont définis à l'annexe 7 du présent code. »; ».

[329] A noter que cette disposition a été jugée conforme à la Constitution : Cons. const., Décision n° 2017-687 QPC, 2 février 2018, *Association Wikimedia France* ; *Dalloz*

commerciales de l'image des immeubles qui constituent les domaines nationaux, sur tout support, est soumise à l'autorisation préalable du gestionnaire de la partie concernée du domaine national. Cette autorisation peut prendre la forme d'un acte unilatéral ou d'un contrat, assorti ou non de conditions financières. » – s'inspire directement de celle retenue par la Cour administrative d'appel de Nantes[330], sur laquelle le Conseil d'Etat est finalement revenu dans son arrêt précité du 13 avril 2018, *Etablissement public du Domaine national de Chambord*[331]. Seuls certains biens immobiliers du domaine public bénéficient d'une protection législative spécifique. Pour les autres biens immobiliers des personnes publiques, l'utilisation de leur image est possible, à la seule réserve du "trouble anormal" qui pourrait être causé au propriétaire. Le Conseil d'Etat – corroborant en cela la jurisprudence *Hôtel de Girancourt* de la Cour de cassation dédiée à l'image des biens[332] – a statué en ce sens

---

IP/IT 2018, p. 490, note M. CORNU ; *AJCT* 2018, p. 155, obs. J.-D. DREYFUS ; *BJCL*, note A. FITZJEAN Ó COBHTHAIGH ; *Constitutions* 2018, p. 86, note M. BOUL.

[330] CAA Nantes, 16 décembre 2015, *Etablissement public du domaine national de Chambord*, n° 12NT01190 ; *AJDA* 2016, p. 435, note N. FOULQUIER ; *JCP A* 2016, 2016, note PH. HANSEN ; *CMP* 2016, comm. 45, note P. DEVILLERS ; *RDI* 2016, p. 89, note N. FOULQUIER. Voir spécialement : *« 10. Considérant que, compte tenu des exigences constitutionnelles tenant à la protection du domaine public et afin d'éviter à tous égards qu'il n'y soit indirectement porté atteinte de manière inappropriée, les prises de vue d'un immeuble, appartenant au domaine public d'une personne publique, à des fins de commercialisation des reproductions photographiques ainsi obtenues ou d'association de ces reproductions à des produits dans le cadre d'opérations de publicité commerciale, requièrent une autorisation préalable délivrée par le gestionnaire de ce domaine dans le cadre de ses prérogatives de puissance publique ; que cette autorisation peut prendre la forme d'un acte unilatéral ou d'un contrat ; que la décision unilatérale peut être assortie notamment de conditions financières sous réserve qu'elles aient été préalablement légalement déterminées ; que de telles conditions peuvent également être prévues par le contrat conclu entre les parties ; »*.

[331] CE, Ass., 13 avril 2018, *Etablissement public du Domaine national de Chambord*, n° 397047 ; *BJCL* 2018, p. 280, concl. R. VICTOR ; *JCP G* 2018, 614, note PH. HANSEN ; *D.* 2018, p. 1051, note J.-M. BRUGUIERE ; *RDI* 2018, p. 345, note F. TARLET ; *RFDA* 2018, p. 461, note N. FOULQUIER ; *Dr. adm.* 2018, comm. 42, note F. BRENET ; *CMP* 2018, repère 6, note F. LLORENS et P. SOLER-COUTEAUX ; *JCP A* 2018, 2156, note C. ROUX ; *Dalloz IP/IT* 2018, p. 490, note M. CORNU ; *AJDA* 2018, p. 1850, note F. TARLET ; *BJCL* 2018, p. 290, note A. FITZJEAN Ó COBHTHAIGH.

[332] Cass., Ass., 7 mai 2004, *Société civile particulière Hôtel de Girancourt*, n° 0210450 ; *JCP E* 2004, 1021, note C. CARON ; *JCP G* 2004, I, 147, chron. D. TRICOIRE ; *JCP G* 2004, I, 163, note G. VINEY ; *JCP G* 2004, I, 171, chron. H. PERINET-MARQUET ; *JCP G* 2004, II, 10085, note C. CARON ; *D.* 2004, p. 1545, note J.-M. BRUGUIERE ; *D.* 2004, p. 1547, note E. DREYER ; *D.* 2004, p. 2406, note N. REBOUL-MAUPIN ; *Légipresse* 2004, n° 213, III, p. 117, note J.-M. BRUGUIERE et B. GLEIZE ; *Droit et patrimoine* juillet 2004, p. 34, note TH. REVET ; *RTD civ.* 2004, p. 528, obs. TH. REVET ; *Propr. intell.* 2004, p. 817, obs. V.-L. BENABOU ; *Propr. intell.* 2004, p. 833, obs. J.-M. BRUGUIERE et M. VIVANT ; *RTD com.* 2004, p. 712, obs. J. AZEMA et J.-C. GALLOUX ; *RIDA* 2005, n° 203,

dans l'arrêt du 13 avril 2018, en jugeant d'une part que *« L'autorité administrative ne saurait, en l'absence de disposition législative le prévoyant, soumettre à un régime d'autorisation préalable l'utilisation à des fins commerciales de prises de vues d'un immeuble appartenant au domaine public, un tel régime étant constitutif d'une restriction à la liberté d'entreprendre et à l'exercice du droit de propriété »* et d'autre part qu' *« Antérieurement à l'entrée en vigueur de l'article L. 621-42 du code du patrimoine, le gestionnaire du domaine national de Chambord ne tenait d'aucun texte ni d'aucun principe le droit de soumettre à autorisation préalable l'utilisation à des fins commerciales de l'image du château. Dans ces conditions, une telle utilisation sans autorisation préalable ne constituait pas une faute. Le seul préjudice dont le domaine national de Chambord pouvait, le cas échéant, demander réparation était celui résultant d'une utilisation de cette image qui lui aurait causé un trouble anormal, dans les conditions définies par la jurisprudence de la Cour de cassation. »*. La jurisprudence du Conseil d'Etat est empreinte de libéralisme ; elle vient surtout confirmer qu'en l'absence de disposition législative préexistante il ne revient évidemment pas aux juges du fond d'imaginer un régime *ad hoc* visant à suppléer aux potentielles carences de la loi, *« quelque équitable que puisse apparaître leur décision »*[333]. Ainsi qu'il sera exposé dans les lignes qui suivront, un renforcement de la protection de l'image des biens des personnes publiques serait envisageable, par une extension du régime actuellement prévu par le code du patrimoine, assez limitatif quant à son champ d'application.

Il en va de même s'agissant de la mise à disposition à titre onéreux de certaines fréquences hertziennes. Pour rappel, *« le Premier ministre est l'*autorité effectuant les attributions *de fréquences. Les sept administrations de l'Etat ainsi que le CSA et l'ARCEP à qui le TNRBF [(Tableau national de répartition des bandes de fréquences)] affecte des fréquences sont les affectataires de ces fréquences en même temps qu'elles sont les* autorités effectuant les assignations *de fréquences. Le spectre peut être schématiquement divisé en trois parties correspondant respectivement aux usages gouvernementaux, aux télécommunications et à l'audiovisuel »*[334]. S'agissant des usages gouvernementaux des fréquences hertziennes, les administrations affectataires concernées sont

p. 231, obs. A. KEREVER. Aux termes de cette décision : *« le propriétaire d'une chose ne dispose pas d'un droit exclusif sur l'image de celle-ci ; qu'il peut toutefois s'opposer à l'utilisation de cette image par un tiers lorsqu'elle lui cause un trouble anormal ; »*.

[333] Référence au célèbre arrêt dit *"Canal de Craponne"*, bien entendu (Cass., civ., 6 mars 1876).

[334] TH. PEZ, *Le domaine public hertzien*, LGDJ, 2011 ; spéc. p. 39 (souligné par l'auteur).

notamment[335] le ministère de l'intérieur (pour les communications de la police et des services d'incendie et de secours), le ministère de la défense (spécialement la direction interarmées des réseaux d'infrastructure et des systèmes d'information qui permet notamment la sécurité des communication entre les différents états-majors des armées), ou encore le centre d'études techniques maritimes et fluviales (service du ministère de l'écologie supervisant les communications en espaces maritime ou fluvial). L'exploitation financière maximale de ces fréquences hertziennes n'est pas toujours opportune, même si elles représentent une part substantielle du spectre hertzien disponible[336] et s'il serait parfois donc tentant d'en soustraire une partie de celles réservées aux usages gouvernementaux pour les allouer à des usages commerciaux. Par exemple, s'agissant des associations de radio-sécurité actives dans les zones de montagne, l'augmentation considérable des redevances exigées d'elles ont fait craindre pour leur pérennité[337]. La recherche de rentabilité ne doit donc pas se faire au détriment de la satisfaction d'autres objectifs d'intérêt général. Le Professeur Philippe Yolka relève à cet égard que : *« [v]aloriser le patrimoine immatériel de l'État ne doit pas conduire à sacrifier le service public et la sécurité des personnes sur l'autel d'une rentabilité d'autant plus douteuse que les montants en cause, excessifs pour les gestionnaires de réseaux associatifs, s'avèrent dérisoires pour les finances publiques »*[338].

Les méfaits de la recherche permanente et systématique de la rentabilité financière peuvent encore être décelés à l'occasion de la réalisation – virtuelle – d'une opération de nommage sur le nom de la ville de Paris, comme ce serait le cas si la ville devenait, même après la

---

[335] Pour la liste exhaustive, voir : TH. PEZ, *op. cit.* ; spéc. p. 34.

[336] TH. PEZ, *op. cit.* ; spéc. p. 38 : *« La* répartition des attributions de fréquences *entre les affectataires à titre primaire dans la gamme des fréquences comprises entre 29,7 MHz et 3,4 GHz qui sert à la téléphonie mobile, à la radiolocalisation et à la radiodiffusion, révèle que les 2/5e des fréquences sont attribués à l'ARCEP et au CSA en vue de leur assignation à des opérateurs de services de communications électroniques ou de services audiovisuels. Les 3/5e des mêmes fréquences sont réservés à l'usage direct des administrations de l'Etat spécialement à la Défense »* (souligné par l'auteur).

[337] PH. YOLKA, « Exploitation des fréquences hertziennes : point trop n'en faut ! », *JCP A* 2008, act. 989. L'auteur déplore *« une hausse vertigineuse des redevances imposées aux associations de « radio sécurité » qui s'étaient constituées depuis une vingtaine d'années et dont les réseaux ont permis de pallier les carences de l'Etat dans de nombreuses zones de montagne (Savoie et Haute-Savoie, Ecrins, Dauphiné, Alpes du Sud, Auvergne). Pour 2008, la facture - payable début 2009 - atteint ainsi des sommets, avec une augmentation de 700% à plus de 1 000% par rapport à 2007. »*.

[338] PH. YOLKA, art. préc.

signature d'une convention particulièrement frugifère, *« Paris Coca-Cola »*[339]. Le danger peut paraître virtuel et les préoccupations des pouvoirs publics sont certainement éloignées de ces curieuses associations. Il n'en demeure pas moins que la ville de Clark, au Texas (Etats-Unis), a été nommée pour dix ans "DISH City" du nom de la société partenaire, offrant en contrepartie à ce renommage la fourniture de la télévision par satellite pour chacun de ses habitants[340]. En France, le changement de nom des communes est encadré par la loi : il se fait par décret, sur rapport du ministre de l'intérieur[341], à la demande du conseil municipal de la commune concernée et après consultation du conseil général[342]. La réalisation d'une opération de nommage sur le nom d'une ville paraît pour cette raison assez peu vraisemblable, outre qu'elle est certainement étrangère à la culture nationale en matière de choix du nom d'une collectivité. En outre, dans la mesure où des équipements publics, même non sportifs peuvent potentiellement être concernés par ces opérations, des associations incongrues pourraient voir le jour : il paraît inconcevable de voir associée à une école primaire une marque de préservatifs ou d'un établissement de restauration rapide, ou encore de voir associée à un hôpital une marque d'un fabricant de bière ou d'un industriel du tabac.

Ailleurs dans le monde, les noms des rues ne sont pas épargnés par le mouvement de commercialisation. Ainsi, *« la Hongrie fournit quelques exemples de « nommage » de rues (par exemple, la Hertz Utca à Vecsés, la Auchan Utca à Törökbálint, la Mercedes Utca à Kecskemét ou la Nokia Utca à Komárom, pour ne citer que des références aux noms d'entreprises internationales »*[343]. S'agissant du cas français, de telles

---

339 Voir sur cette question : CONSEIL D'ETAT, *La valorisation économique des propriétés des personnes publiques*, Colloque du 6 juillet 2011, *op. cit.* ; spéc. p. 38 : *« Un deuxième problème est celui de l'image de marque. Un certain nombre d'opérateurs voudraient donner un autre nom au Parc des princes, par exemple, le Parc des Princes Arena. Où fixer la limite ? Sur ce point, je rejoins tout à fait ce qui a été dit précédemment par M. Barbaret, à savoir que la question qui se pose est : jusqu'où la valorisation pourrait-elle dévaloriser l'image de marque, si finalement, la ville de Paris ne s'appelait pas la ville de « Paris » mais la ville de « Paris Coca-Cola » ? Il arrive un moment où il y une limite que l'on ne peut pas franchir. »*.

340 S. BRAMERET, « Les contrats de « nommage » des équipements publics », *RFDA* 2015, p. 671. Voir spécialement la note de bas de page n°22.

341 Article R. 2111-1 du code général des collectivités territoriales : *« Le décret mentionné à l'article L. 2111-1, qui porte changement de nom d'une commune, est pris sur le rapport du ministre de l'intérieur. »*.

342 Article L. 2111-1 du code général des collectivités territoriales : *« Le changement de nom d'une commune est décidé par décret, sur demande du conseil municipal et après consultation du conseil général. »*.

343 S. BRAMERET, art. préc. ; spéc. p. 679.

extravagances ne se rencontrent heureusement pas. Il reste à savoir si le dispositif encadrant le choix du nom des rues est suffisant pour empêcher une telle dérive. *« La dénomination d'une rue ou de tout espace public relève de la compétence exclusive des communes conformément à l'article L. 2121-29 alinéa 1 du Code général des collectivités territoriales et, plus précisément au sein de celles-ci, du conseil municipal qui dispose en cette matière d'un pouvoir discrétionnaire »*[344]. Les communes tiennent donc leur pouvoir de nommer les rues de la clause générale de compétence. La marge d'appréciation du conseil municipal est *a priori* importante : d'une part, parce que même si le maire retire de *« ses pouvoirs généraux de police le droit de contrôler les dénominations de toutes les voies et d'interdire celles qui seraient contraires à l'ordre public et aux bonnes mœurs »*[345], le conseil municipal est supposé agir en bonne entente avec le maire qu'il a élu, et il est par conséquent peu vraisemblable que celui-ci s'opposerait à un changement de dénomination pour les motifs exposés ; d'autre part, parce que la décision du conseil municipal fait l'objet au contentieux d'un contrôle restreint du juge, limité à l'erreur manifeste d'appréciation[346]. En définitive, il est incontestable que le nommage, qu'il porte sur un équipement public, une rue ou même une ville, *« se situe au carrefour de préoccupations parfois contradictoires »*[347]. Un équilibre doit donc être trouvé entre les différentes préoccupations poursuivies par les gestionnaires privés, dont la rentabilité ne peut être l'unique objectif ni même l'objectif premier, conçu comme hiérarchiquement supérieur aux autres. Il faut, en définitive, concilier *« [d'] une part, un effort de rentabilisation des investissements, conduisant à rechercher de nouveaux modes de financement considérés comme plus performants [et d'] autre part, l'impératif de protection des équipements publics, surtout lorsqu'ils appartiennent (ou ont vocation à appartenir) au domaine public »*[348].

Réciproquement, il ne saurait être préconisé une totale inertie dans la gestion du "patrimoine immatériel", qui conduirait à refuser systématiquement toute action visant à en rentabiliser l'exploitation. La protection exacerbée du "patrimoine immatériel" va certainement à

---

344 L. IL, « Comment choisir le nom d'une rue… sans polémique ? », *JCP A* 2017, 2037.
345 CE, 19 juin 1974, *Broutin*, n° 88410.
346 L. IL, art. préc. ; voir spéc. : *« Si la liberté de choix des collectivités locales est grande en matière de dénomination ou hommage public, celle-ci n'est pas totale puisque l'exercice de la compétence municipale est soumis au contrôle de l'erreur manifeste d'appréciation »*.
347 S. BRAMERET, art. préc. ; spéc. p. 673.
348 S. BRAMERET, art. préc. ; spéc. p. 673.

l'encontre de son essence. De la même façon qu'il ne peut être fait une exploitation du "patrimoine immatériel" exclusivement dans un but de rentabilisation financière. Les dérives pouvant en résulter ont été mises en avant. En cette matière, il faut convenir que la solution réside en réalité dans la poursuite permanente d'un équilibre entre les intérêts en présence, c'est-à-dire dans la recherche des meilleures proportions dans le savant mélange entre les impératifs d'exploitation et de protection.

B. L'affirmation d'une conciliation d'objectifs contradictoires

La conciliation proportionnée des objectifs d'exploitation et de protection est une condition qui permet d'envisager la valorisation optimale du "patrimoine immatériel".

De même que la conciliation de ces objectifs n'est pas évidente s'agissant des biens matériels des personnes publiques, puisque *« le CGPPP montre à quel point un équilibre est délicat à trouver »*[349], elle est compliquée à établir en ce qui concerne les éléments très divers du "patrimoine immatériel". Il existe *« en réalité une sorte de balancier (...) entre ces deux objectifs »*[350], dans la gestion domaniale comme dans la gestion du "patrimoine immatériel", de telle sorte que leur physionomie se rapproche, tout en conservant des divergences nettes, notamment en raison de la nature particulière et de la variété des éléments composant le "patrimoine immatériel".

Cette constatation n'est pas sans lien avec l'agencement particulier de l'intérêt financier avec l'intérêt général dans le cadre de la gestion domaniale et de la gestion du "patrimoine immatériel". A cet égard, il a pu être relevé avec justesse que *« toute tentative de dissociation ou de hiérarchisation entre les intérêts poursuivis par les gestionnaires domaniaux semble vouée à l'échec »*[351]. Cela tient à la complexité de la composition de l'intérêt général et à la multiplicité des intérêts qu'il

---

[349] Pour la citation complète, voir : C. MANSON, « Valorisation économique du domaine public et performance », *in Performance et droit administratif*, Actes du colloque organisé par le Laboratoire d'étude des réformes administratives et de la décentralisation (LERAD) les 29 et 30 janvier 2009 à l'Université François Rabelais de Tours, Lexis Nexis Litec, 2010, p. 227 ; spéc. p. 242 : *« La valorisation et la protection des biens appartenant aux personnes publiques sont deux objectifs très difficilement conciliables. Le CGPPP montre à quel point un équilibre est délicat à trouver. »*.

[350] Voir : C. MANSON, *ibid.* ; spéc. p. 242 : *« L'évolution du régime du domaine public montre qu'en réalité une sorte de balancier existe entre ces deux objectifs »*.

[351] C. ROUX, *Propriété publique et droit de l'Union européenne*, LGDJ, Bibliothèque de droit public, Tome 290, 2015 ; spéc. p. 178.

synthétise, en ce compris l'intérêt financier. Ainsi, pour le Professeur Christophe Roux, *« enrichi de nombreuses facettes qui coexistent et se complètent, l'intérêt domanial ne peut se concevoir dans une opposition tranchée entre intérêt général et intérêt financier. L'utilité publique n'est plus liée simplement à celle qu'en retire le public : elle intègre désormais l'intérêt même des propriétaires publics en quête de rentabilité financière, démontrant une large similitude avec celle des patrimoines privés. Cette mutation traduit alors l'inflexion des référentiels classiques de l'action publique et, par là-même, la banalisation en germe du droit applicable aux biens publics. »*[352]. La comparaison de la gestion du "patrimoine immatériel" avec la gestion domaniale ne s'arrête pas là, puisque ce constat se retrouve, toute chose égale par ailleurs, concernant le "patrimoine immatériel".

En reprenant les éléments du "patrimoine immatériel" utilisés dans les développements précédents, le caractère impératif de leur protection – et de l'équilibre qu'il doit y avoir entre celle-ci et l'exploitation dans un but financier – sera plus facile à appréhender.

Concernant les marques, d'abord, qui sont des propriétés publiques immatérielles, l'opportunité de toute opération de concession d'une licence et surtout de cession totale de la marque doit bien être mesurée. Malgré la création de richesse que de telles opérations sont susceptibles d'engendrer, leur transfert sans conditions au secteur privé peut présenter des difficultés, notamment en ce que leur exploitation à des fins commerciales sans qu'un but d'intérêt général soit poursuivi est susceptible de prêter à confusion dans l'esprit du public.

S'agissant ensuite de l'image des biens publics, l'encadrement jurisprudentiel est *a priori* orienté vers un équilibre entre les impératifs d'exploitation et de protection. Pour ce qui est de l'image des biens du domaine public mobilier, l'exploitation commerciale est conditionnée à l'obtention préalable d'une autorisation domaniale, laquelle n'est pas automatiquement attribuée. La personne publique gestionnaire dispose ici d'une importante marge de manœuvre pour accorder ou refuser l'autorisation sollicitée, puisque le refus n'est pas par lui-même contraire à la liberté du commerce et de l'industrie, et parce que le fait d'accorder une autorisation à certains opérateurs seulement n'est pas contraire au principe d'égalité, lorsque sont traitées différemment des personnes se trouvant dans des situations différentes[353]. La personne publique est alors

[352] C. ROUX, *op. cit.* ; spéc. p. 178.
[353] Sur ces questions, voir : CE, 29 octobre 2012, *EURL Photo Josse*, n° 341173 ; *Dr. adm.* 2012, comm. 96, note S. ZIANI ; *JCP A* 2012, 2390, note S. CARPI-PETIT et 2391,

en mesure de s'assurer que l'octroi de ces autorisations ne l'empêche pas d'accomplir l'essentiel de sa mission de service public, par exemple en soustrayant à la vue du public régulièrement de nombreuses œuvres de ses collections. Pour ce qui concerne l'image des autres biens des personnes publiques, au premier rang desquels les biens du domaine public immobilier, la jurisprudence est libérale en apparence, puisqu'elle ne s'oppose pas par principe à la captation de l'image de tels biens et qu'elle ne la soumet pas à l'obtention d'une autorisation préalable[354]. Elle reste soucieuse des intérêts de la personne publique propriétaire en s'opposant au trouble anormal qui serait occasionné par l'exploitation de cette image. A la lecture de la jurisprudence de la Cour de cassation, il faut toutefois comprendre que la seule exploitation commerciale par un tiers n'est pas constitutive d'un trouble anormal[355]. S'il s'avérait nécessaire de mieux encadrer la captation de l'image des biens du domaine public immobilier des personnes publiques, le législateur devrait intervenir, par exemple pour la soumettre à l'obtention préalable d'une autorisation, moyennant le cas échéant le versement d'une redevance[356].

A propos des fréquences hertziennes, un équilibre doit également être trouvé dans la gestion du spectre hertzien. Il faut d'une part que sa

---

note C. VOCANSON ; *AJDA* 2013, p. 111, note N. FOULQUIER ; *AJCT* 2013, p. 153, note F. BLANC ; *BJCL* 2013, p. 54, concl. N. ESCAUT et p. 57, obs. B. POUJADE ; *Petites affiches*, 11 avril 2013, p. 11, note S. CAZET. Voir également : CE, 23 décembre 2016, *Commune de Tours*, n° 378879 ; *JCP A* 2016, 2016, note PH. HANSEN ; *RDI* 2016, p. 89, note N. FOULQUIER.

[354] CE, Ass., 13 avril 2018, *Etablissement public du Domaine national de Chambord*, n° 397047 ; *BJCL* 2018, p. 280, concl. R. VICTOR ; *JCP G* 2018, 614, note PH. HANSEN ; *D.* 2018, p. 1051, note J.-M. BRUGUIERE ; *RDI* 2018, p. 345, note F. TARLET ; *RFDA* 2018, p. 461, note N. FOULQUIER ; *Dr. adm.* 2018, comm. 42, note F. BRENET ; *CMP* 2018, repère 6, note F. LLORENS et P. SOLER-COUTEAUX ; *JCP A* 2018, 2156, note C. ROUX ; *Dalloz IP/IT* 2018, p. 490, note M. CORNU ; *AJDA* 2018, p. 1850, note F. TARLET ; *BJCL* 2018, p. 290, note A. FITZJEAN Ó COBHTHAIGH.

[355] Cass. civ. 1ère, 5 juillet 2005, *Mlles Massip c/ Société Flohic éditions*, n° 02-21452 ; *D.* 2006, p. 2367, chron. N. Reboul-Maupin. En l'espèce, une société avait commercialisé un livre contenant la photographie d'une maison avec des précisions géographiques quant à sa situation, sans recueillir au préalable l'assentiment des propriétaires. La Cour de cassation a jugé que : *« le propriétaire d'une chose, qui ne dispose pas d'un droit exclusif sur l'image de celle-ci, ne peut s'opposer à l'utilisation du cliché par un tiers que si elle lui cause un trouble anormal ; que la cour d'appel, qui a relevé que les soeurs X... ne versaient pas aux débats le moindre élément propre à établir que la reproduction litigieuse perturbait leur tranquillité et intimité ou que les indications de situation géographique, non critiquées par le moyen sous l'angle de la vie privée, permettaient de redouter en l'espèce un trouble quelconque, a ainsi légalement justifié sa décision ; »*.

[356] Voir spéc. l'article L. 621-42 du code du patrimoine (cf. *infra*).

répartition entre les usages gouvernementaux et non-gouvernementaux soit optimisée et d'autre part que soit réévaluée la question de l'attribution de fréquences sans contrepartie financière en matière d'audiovisuel. L'attribution de fréquences hertziennes par l'Etat à ses administrations ne donne pas lieu au paiement de redevances[357]. Il est donc important que ne soient allouées aux administrations que celles dont elles ont vraiment besoin, afin que les autres disponibles puissent être utilisées par des acteurs privés, au besoin moyennant une contribution financière. Pour rappel, il y a lieu de distinguer suivant que les fréquences hertziennes sont attribuées à un opérateur de télécommunications ou à un opérateur du secteur audiovisuel. Dans le premier cas seulement elles donnent lieu au paiement de redevances d'occupation du domaine public. Elles donnent toutefois lieu dans ce cas à des contreparties non financières[358]. Celles-ci consistent essentiellement en des contraintes de diffusion et dans des obligations de production, toutes deux de programmes d'expression originale française, ainsi que dans l'encadrement de la diffusion de certaines publicités (alcool, tabac, produits alimentaires etc.)[359]. Cette différence de traitement entre les opérateurs de télécommunications et de l'audiovisuel est parfois critiquée. Il a ainsi pu être *« proposé d'assujettir les chaînes de télévision au versement d'une redevance »*[360], sans toutefois que cette suggestion ne se traduise concrètement. La question mérite d'être débattue et il conviendrait de s'assurer que les contreparties non financières peuvent être valorisées de façon équivalente au montant que représenterait la contrepartie financière.

---

[357] CONSEIL D'ETAT, *Redevances pour service rendu et redevances pour occupation du domaine public,* La Documentation française, 2002 ; spéc. p. 64 : *« Utilisateur de plusieurs bandes de fréquences, l'Etat n'acquitte à cet effet aucune redevance de mise à disposition. C'est* a priori *assez logique, dès lors que le spectre hertzien est une dépendance du domaine public national : l'Etat ne se verse pas davantage de redevance à lui-même au titre de l'occupation par ses agents des bureaux qui appartiennent au domaine public. »*.

[358] TH. PEZ, *Le domaine public hertzien*, LGDJ, 2011 ; spéc. p. 149 : *« les fréquences qui relèvent du Conseil supérieur de l'audiovisuel et qui sont destinées à des usages de* communications audiovisuelles *ne donnent pas lieu à la perception de redevances mais à des* contreparties non financières *»* (souligné par l'auteur). Voir également, p. 183 : *« L'utilisation des fréquences radioélectriques par les services audiovisuels n'est pas soumise au paiement de redevances mais assortie de contreparties non financières. Ces dernières se substituent aux contreparties financières classiquement exigées des opérateurs. Le principe est pourtant la subordination de l'utilisation des fréquences radioélectriques au paiement de redevances. La jurisprudence du Conseil d'Etat exclut, au surplus, la possibilité que les redevances pour occupation du domaine public soient fixées en nature. Une loi était donc nécessaire pour déroger à ces principes. »*.

[359] Sur ces questions, voir : TH. PEZ, *op. cit.* ; spéc. pp. 185-188.

[360] CONSEIL D'ETAT, *op. cit.* ; spéc. p. 63.

Pour ce qui est, finalement, des opérations de nommage, les gestionnaires publics ne peuvent, là non plus, pas être guidés exclusivement par des impératifs financiers. L'existence de dispositions législatives fait toutefois défaut à l'heure actuelle, de sorte qu'il faut s'en remettre à la retenue des personnes publiques concernées. Au besoin, le juge administratif pourrait censurer, s'agissant du nom d'une rue, un choix visiblement inapproprié. Et ses pouvoirs de police devraient permettre au maire, sous le contrôle du juge administratif, de s'opposer à toute association malencontreuse d'un nom à un équipement public. La législation gagnerait à être clarifiée, de façon à anticiper tout éventuel contentieux sur ces questions.

En définitive, les deux objectifs principaux – l'exploitation et la protection – sont plutôt mis sur un même plan s'agissant de la gestion du "patrimoine immatériel". Il s'agit des deux volets de la valorisation[361], qui font l'objet d'une synthèse, dans des proportions variables[362], plutôt que d'une hiérarchie, laquelle serait contraire à la parfaite optimisation de sa valorisation.

Section II – L'inachèvement de la valorisation optimale du "patrimoine immatériel" non approprié

Les pouvoirs publics ont récemment amorcé une véritable politique expansionniste de comptabilisation et de rentabilisation des éléments composant le "patrimoine immatériel" des personnes publiques. L'unification du régime juridique applicable au "patrimoine immatériel" des personnes publiques reste cependant simplement potentielle en l'état

---

[361] J.-M. SAUVE, Discours d'ouverture, *in Le patrimoine immatériel des personnes publiques*, Colloque du 16 mars 2012, La Documentation française, coll. Droits et Débats n°6, 2013, p. 9 ; spéc. p. 19 : *« il appartient (...) à chaque personne publique de développer une politique de valorisation et de protection de son patrimoine immatériel »*.

[362] Cette approche n'est pas nouvelle : Agence du patrimoine immatériel de l'Etat, *Rapport public 2013*, La Documentation française, 2014 ; spéc. p. 7 : *« Les missions de l'APIE s'inscrivent dans un triple objectif :*
– optimiser l'impact de la gestion du patrimoine immatériel sur l'économie ;
– tirer parti d'une meilleure valorisation des actifs pour moderniser les services publics ;
– prémunir l'État et les usagers contre d'éventuels risques de détournement ou d'appropriation et garantir la disponibilité et l'intégrité des actifs immatériels. ».

actuel, dans la mesure où les textes récemment adoptés se sont superposés aux règles préexistantes, sans qu'aucune véritable coordination ne soit envisagée. Il n'y a donc pas eu de réponse pertinente à l'éclatement décrit précédemment, de telle sorte que le "patrimoine immatériel" des personnes publiques ne connaît pas de régime juridique unitaire.

Fondée presqu'exclusivement sur une simple clarification institutionnelle (§1), la tentative d'unification du régime juridique du "patrimoine immatériel" des personnes publiques s'avère en réalité sérieusement inaboutie (§2).

§1. L'inachèvement de la valorisation par une clarification institutionnelle insuffisante du cadre applicable au "patrimoine immatériel" non approprié

La période récente a été marquée par la transposition d'une politique clairement motivée par un objectif de rentabilité[363], qui a donné lieu à une tentative d'unification institutionnelle. Sous l'impulsion d'une politique volontariste mue par un objectif de rentabilité (A), une institution dédiée – l'Agence du patrimoine immatériel de l'Etat – a été mise en place (B).

A. Les motivations assumées de l'agence dédiée au "patrimoine immatériel"

A l'aube du XXIe siècle, l'Administration a subi une première onde sismique avec la Loi organique relative aux lois de finances[364] (dite « LOLF »), qui a complètement modifié le paysage des finances publiques et amorcé un changement profond dans les mentalités des administrations. La réplique n'a pas tardé à se faire sentir avec la Révision générale des politiques publiques (dite « RGPP »), qui a diffusé et transposé les objectifs comptables de la LOLF – conçue comme le *« point de départ de la réforme de l'Etat »*[365] – dans les différents ressorts

---

[363] Voir notamment : J. CAILLOSSE, « L'administration française doit-elle s'évader du droit administratif pour relever le défi de l'efficience ? », *in* F. LACASSE et J.-C. THOENIG, *L'Action publique*, L'Harmattan, 1996, p. 307 ; spéc. p. 312 : *« de nouvelles conceptions de l'administration sont professées et mises en œuvre, hantées par les mêmes obsessions d'efficacité et de rentabilité ».*

[364] Loi organique n° 2001-692 du 1er août 2001 relative aux lois de finances.

[365] Voir sur ce point : M. PRADA, « La loi organique relative aux lois de finances : point de départ de la réforme de l'Etat », *RFFP* 2001, n°76, p. 159 ; spéc. p. 162 : *« Au total, la nouvelle loi organique ne m'apparaît pas seulement comme une victoire du réformisme démocratique. Elle est sans doute, il faut qu'elle soit, le point de départ*

de l'appareil étatique[366], de telle sorte qu'elle a donné lieu à *« une mise à plat du fonctionnement de l'ensemble du secteur public »*[367].

Sollicités par les uns, désapprouvés par les autres, ces deux acronymes à la consonance peu délicate traduisent à eux seuls l'orientation renouvelée voulue par les pouvoirs publics dans leur démarche de modernisation de l'Etat. A cet égard, ces réformes majeures ont parfois été perçues comme étant à l'origine d'une véritable *« métamorphose de l'Etat et de la société »*[368].

La LOLF avait d'ailleurs initialement *« un double objectif »*[369] : engager une *« modernisation de l'Etat »* et amorcer un *« approfondissement de la démocratie »*. *« Préoccupation nouvelle, dictée par la nécessité »*[370], la réforme de l'Etat s'inscrit dans une thématique récurrente appuyée par un discours pragmatique et volontariste. L'adoption de la LOLF a pu également être analysée comme un progrès pour la démocratie, en ce qu'elle a globalement permis un

---

d'une véritable réforme de l'Etat qui, en complément du débat politique essentiel sur les finalités de l'action publique, aborde, avec le réalisme et le pragmatisme des techniques modernes de gestion, la question des structures et de leur commandement ».

[366] Sur l'idée que la logique de la LOLF a été relayée par la RGPP, voir : J. CAILLOSSE, « Rapport introductif : Performance et droit de l'administration », *in Performance et droit administratif*, Actes du colloque organisé par le Laboratoire d'étude des réformes administratives et de la décentralisation (LERAD) les 29 et 30 janvier 2009 à l'Université François Rabelais de Tours, Lexis Nexis Litec, 2010, p. 5 ; spéc. pp. 6-7 : *« L'européanisation, la privatisation comme la contractualisation de l'action publique ont sérieusement changé la donne, favorisant l'émergence puis le développement d'une culture administrative nouvelle. Tous ces mouvements ont trouvé une première expression emblématique dans la LOLF avant de trouver une consécration globale dans la politique dite de révision générale des politiques publiques (RGPP). »* (nous soulignons).

[367] M. BOUVIER, « La révision générale des politiques publiques et la métamorphose de l'Etat », *AJDA* 2008, p. 329 ; spéc. p. 330.

[368] M. BOUVIER, art. préc. ; spéc. p. 329 ; voir également : M. BOUVIER, « Réformes : la culture de la performance n'est pas incompatible avec la diversité institutionnelle », *RFFP* 2009, n°105, p. 5 ; spéc. p.6 : *« Ces réformes dont l'unité d'ensemble tient à une logique qui met en avant la rationalisation des finances publiques connaissent une accélération dans la période récente, avec pour conséquence une véritable métamorphose du secteur public »*.

[369] D. MIGAUD, « Un double objectif : modernisation de l'Etat, approfondissement de la démocratie », *RFFP* 2001, n°76, p. 9.

[370] A. LAMBERT, « La réforme de l'Etat : une impérieuse nécessité », *RFFP* 2001, n°76, p. 15 ; spéc. p. 17 : *« la réforme de l'Etat (...) est une préoccupation nouvelle, dictée par la nécessité. Il ne suffit pas de souhaiter une gestion orientée vers les résultats pour l'obtenir. »*.

renforcement du contrôle parlementaire sur le processus budgétaire[371]. Sa mise en œuvre effective s'avère toutefois moins évidente qu'il n'y paraît, dans la mesure où *« la stratégie d'ensemble n'est pas toujours présente, les objectifs sont parfois stéréotypés et les indicateurs difficiles à déterminer. »*[372].

La perception dans les esprits les plus perspicaces de cette véritable déflagration pour les organismes administratifs est parfois mitigée. Les porte-paroles les plus avertis de la science administrative ont ainsi eu recours à son encontre à un champ lexical inspirant davantage la répulsion que l'adhésion. Cette réforme duale – LOLF et RGPP – a en effet été accueillie avec réserve, voire avec réprobation. C'est surtout le changement d'orientation de la gestion publique qui a fait l'objet de nombreuses critiques, puisqu'il y a une claire *« opposition entre la logique de gestion qui prévalait antérieurement et la logique de performance avec la recherche d'une efficience »*[373] désormais en vogue.

En réalité, les dix dernières années ont été largement *« [marquées] par le culte de la performance publique, l'obsession de la maîtrise de la dépense publique, l'influence de la concurrence dans toutes les politiques publiques... »*[374]. La LOLF et la RGPP ne font pas l'unanimité. Censées être les porte-étendards de la modernisation de l'Etat, elles se transforment parfois, aux yeux des opposants les plus farouches au *New public management* – ou Nouvelle gestion publique –, en épouvantails d'une gestion publique qu'ils voudraient indémodable, alors qu'elle peut apparaître comme étant tout à la fois archaïque et difficilement réformable.

---

[371] F. ROBERT, « La rénovation des pouvoirs du Parlement », *RFFP* 2001, n°76, p. 77.

[372] A. PARIENTE, « La démarche de performance issue de la LOLF : quelles perspectives ? », *RDP* 2006, p. 37 ; spéc. p. 39.

[373] Pour la citation complète, voir : L. AYRAULT, « LOLF et droit administratif », *Dr. adm.* 2007, étude 2 : *« de nombreuses réformes sont intervenues ces dernières années en droit administratif dont la plupart sont liées à la logique qui sous-tend le vote de la loi organique relative aux lois de finances. L'affirmation ne peut être faite, sauf dans certains cas, d'un lien exclusif entre certaines modifications législatives et réglementaires et la réforme budgétaire. S'il y a un avant et un après LOLF en droit budgétaire de l'État, il n'est pas possible de retenir la date d'entrée en application de ce texte comme emportant un avant et un après en droit administratif. En revanche, il y a bien une opposition entre la logique de gestion qui prévalait antérieurement et la logique de performance avec la recherche d'une efficience. À la période de l'insouciance, largement aidée par le recours facilité au crédit public, succède une période de réaction. »*.

[374] H. PAULIAT, « La contreperformance publique », *JCP A* 2012, suppl. au n°43, Libres propos 6.

Certains auteurs ont pu avancer l'idée que la ligne de démarcation entre les deux univers – public et privé – s'était parallèlement amenuisée de façon considérable[375]. Cette distinction autrefois cardinale se serait atténuée, de telle sorte que le tracé exact de la ligne frontière ne serait plus certain[376], et que finalement *« la différence [de l'administration] avec l'entreprise privée [tendrait] (...) à s'estomper »*[377]. Le Professeur Jacques Chevallier relève en définitive que : *« le postulat selon lequel la gestion publique, placée au service de l'intérêt général, ne pouvait être mesurée en termes d'efficacité a fait place à l'idée que l'administration est tenue, tout comme les entreprises privées, d'améliorer sans cesse ses performances et d'abaisser ses coûts ; elle est tenue de remplir ses missions, dans les meilleures conditions possibles, en veillant à la qualité de ses prestations et en utilisant au mieux les moyens à sa disposition. »*[378].

Cette idée n'est pas tout à fait nouvelle. Du moins ne l'est-elle pas complètement en ce qui concerne la question de la gestion domaniale[379] : le Professeur Jacques Caillosse note ainsi que depuis quelques années *« même le droit domanial est désormais traversé par l'idée que l'espace public ne doit plus être pensé hors de la logique du rendement »*[380]. Cette constatation ne peut pas être généralisée, puisqu'elle est circonscrite à la question des propriétés publiques, mais elle est véritablement symptomatique du changement de paradigme actuellement à l'œuvre et des implications des nouvelles orientations suivies.

---

[375] J. CHEVALLIER, « Déclin ou permanence du mythe de l'intérêt général ? », *in L'intérêt général, Mélanges en l'honneur de Didier Truchet*, Dalloz, 2015, p. 83 ; spéc. p. 87 : *« Là où, comme en France, la distinction du public et du privé était fortement marquée, la construction d'un « management public » constituera un compromis entre l'exigence d'efficacité et l'attachement au particularisme de la gestion publique ».*

[376] J. CHEVALLIER, *L'Etat post-moderne*, LGDJ, 2e éd., 2004 ; spéc. p. 62 : *« Si la distinction public/privé a pendant longtemps été vécue sur le mode de l'évidence, ces certitudes sont désormais compromises par le brouillage des frontières et l'effacement des signes distinctifs qui marquaient la spécificité du public ; c'est ainsi la constitution symbolique de l'Etat qui se trouve atteinte ».*

[377] J. CHEVALLIER, *op. cit.* ; spéc. p. 64.

[378] *Ibid.* ; spéc. pp. 63-64.

[379] J.-M. AUBY, P. BON *et al.*, *Droit administratif des biens*, Dalloz, 6e éd., 2011 ; spéc. p. 103 : *« Les considérations économiques n'ont jamais été totalement absentes de la gestion domaniale. Les autorités chargées de cette gestion ont toujours été conscientes de la valeur économique du domaine public (...) ».*

[380] J. CAILLOSSE, « Le droit administratif contre la performance publique ? », *AJDA* 1999, p. 195 ; spéc. p. 206. Voir aussi, également p. 206 : *« Les exigences de la croissance travaillent les vieux principes régissant les usages de la propriété administrative. La tension entre la rationalité du droit et celle de l'économie s'exacerbe. ».*

La gestion domaniale s'est progressivement montrée réceptive à la logique de rentabilité, libéralisme aidant[381], jusqu'à recevoir l'onction de la LOLF, qui a ainsi légitimé le choix opéré d'entrer de plain-pied dans cette voie. Selon le Professeur Jacqueline Morand-Deviller, *« la gestion optimale des biens publics a été relancée par l'approche managériale de la* loi organique sur les lois de finances (LOLF) *du 1er août 2001. »*[382]. Le code général de la propriété des personnes publiques a consacré cette démarche visant à *« améliorer l'efficacité de la gestion des propriétés publiques »*[383].

La performance, notion *a priori* non juridique[384], s'est véritablement infiltrée dans le droit administratif[385], à tel point qu'elle *« commence à faire figure d'antienne dans la littérature juridique »*[386]. Ce refrain – ou

---

[381] Pour un trait humoristique ou un exposé caricatural, voir : J. Morand-Deviller, « Les performances de la domanialité publique : critères, consistance, utilisations », *in Performance et droit administratif*, Actes du colloque organisé par le Laboratoire d'étude des réformes administratives et de la décentralisation (LERAD) les 29 et 30 janvier 2009 à l'Université François Rabelais de Tours, Lexis Nexis Litec, 2010, p. 211 ; spéc. p. 211 : *« La promotion du libéralisme économique fit ressurgir une évidence qui n'avait pas encore suscité l'intérêt qu'elle méritait, celle de l'opulence des biens publics, d'un prolifique magot patiemment enrichi par des Harpagon pratiquant l'épargne plus que l'investissement. »*.

[382] J. MORAND-DEVILLER, *Droit administratif des biens*, LGDJ Lextenso éditions, 8e éd., 2014 ; spéc. p. 268.

[383] Pour la citation complète, voir : C. MANSON, « Valorisation économique du domaine public et performance », *in Performance et droit administratif*, Actes du colloque organisé par le Laboratoire d'étude des réformes administratives et de la décentralisation (LERAD) les 29 et 30 janvier 2009 à l'Université François Rabelais de Tours, Lexis Nexis Litec, 2010, p. 227 ; spéc. p. 244 : *« Le Code général de la propriété des personnes publiques montre indéniablement la volonté de nos représentants d'améliorer l'efficacité de la gestion des propriétés publiques et s'inscrit dans le mouvement de réforme de l'Etat initié par la LOLF, renforcé par la RGPP (lancée en juin 2007) »*.

[384] F. LINDITCH, « Le contrat et la performance, une rencontre impossible ? », *RFDA* 2014, p. 403 ; spéc. p. 403 : *« D'origine managériale, la performance n'est pas (...) une notion juridique. Mais ce n'est qu'une apparence : le droit, compris comme un instrument de pacification des rapports sociaux a également vocation à atteindre un certain nombre de résultats (temporels, limitation des contentieux, confiance dans les institutions, etc.). »*.

[385] J. CHEVALLIER, « Déclin ou permanence du mythe de l'intérêt général ? », *in L'intérêt général, Mélanges en l'honneur de Didier Truchet*, Dalloz, 2015, p. 83 ; spéc. p. 87 : *« Relayant le thème de l'intérêt général, l'efficacité est ainsi devenue le nouveau principe axiologique appelé à guider l'action publique. »*.

[386] Pour la citation complète, voir : M. DEGUERGUE, « Intérêt général et intérêt public : tentative de distinction », *in L'intérêt général, Mélanges en l'honneur de Didier Truchet*, Dalloz, 2015, p. 131 ; spéc. p. 140 : *« L'idée de performance commence à faire figure d'antienne dans la littérature juridique. Les observateurs de l'action publique n'ont pas manqué de développer l'idée d'une mutation du droit administratif sous*

mouvement perpétuel – a toutefois tendance à résonner davantage comme une mélopée douloureuse que comme une mélodie fortifiante dans certains esprits acquis à la cause d'une administration fantasmée, parce qu'intemporelle et immuable en apparence. Cette dernière se trouve pourtant soumise au changement, à peine de voir son obsolescence et sa dégradation s'accélérer considérablement. La question de l'adaptation de l'Administration aux évolutions contemporaines est pour cette raison préoccupante et ne peut être laissée de côté, par une sorte de réflexe pavlovien purement conservateur. La rentabilité n'est pas en elle-même mauvaise et sa diabolisation, *leitmotiv* légèrement convenu et quelque peu redondant dans la période récente, est souvent excessive. Mais il est vrai que la recherche de rentabilité ne doit en revanche pas être complètement dissociée de la satisfaction d'autres objectifs d'intérêt général et devenir ainsi le but ultime ou l'horizon indépassable de l'action publique. Ce serait trahir la raison d'être de cette dernière[387].

Quant à l'économie de l'immatériel, *« enjeu majeur pour notre économie et nos administrations »*[388], elle s'est avérée être un terreau particulièrement fertile pour l'application et le développement de la nouvelle gestion publique. Le "patrimoine immatériel" des personnes publiques a en effet été puissamment irradié par ce choc culturel d'envergure que constituent la LOLF et la RGPP. Le "patrimoine immatériel" pourrait d'ailleurs être considéré comme étant archétypique de la réforme de l'Etat[389], à la fois quant aux institutions mises en place

l'action de ce nouveau paradigme que serait la performance, qui suppose l'évaluation des institutions administratives et de leur fonctionnement, ainsi que des politiques publiques ».

387 J. RIVERO, « Droit public et droit privé : Conquête ou *statu quo* ? », *D.* 1947, chr. p. 69 ; spéc. p. 69 : *« L'âme du droit public, au contraire, et la justification de sa technique autoritaire, c'est le souci de réaliser directement l'intérêt général (...) ».* Voir également : J. CHEVALLIER, « Déclin ou permanence du mythe de l'intérêt général ? », *in L'intérêt général, Mélanges en l'honneur de Didier Truchet,* Dalloz, 2015, p. 83 ; spéc. p. 83 : *« L'intérêt général se présente comme un principe fondamental de légitimation du pouvoir dans les sociétés modernes : tout pouvoir quel qu'il soit est tenu d'apparaître comme porteur d'un intérêt qui dépasse et transcende les intérêts particuliers des membres ; cette représentation permet d'ancrer la croyance dans son bien-fondé et de créer le consensus indispensable à son exercice ».* Voir encore : CONSEIL D'ETAT, *Réflexions sur l'intérêt général,* Etude annuelle 1999, Etudes et documents n°50, La Documentation française, 1999 ; spéc. p. 245 : *« L'intérêt général est regardé à bon droit comme la pierre angulaire de l'action publique, dont il détermine la finalité et fonde la légitimité ».*

388 Circulaire du 18 avril 2007 relative à la gestion des actifs immatériels de l'Etat, *JORF* n°99, 27 avril 2007, p. 7490, texte n° 2.

389 C. ROUX, *Propriété publique et droit de l'Union européenne,* LGDJ, Bibliothèque de droit public, Tome 290, 2015 ; spéc. p. 179 : *« Symptomatique du mouvement de*

– puisque le choix a été fait de créer une nouvelle agence[390] : l'Agence du patrimoine immatériel de l'Etat –, et quant aux moyens mis en œuvre – puisque la comptabilisation des actifs immatériels est pleinement effective.

Comme l'a relevé Madame Claire Malwé, *« les objectifs fixés par le Gouvernement [Villepin] consistaient dans l'« optimisation de l'impact de la gestion du patrimoine immatériel sur l'économie », dans la « meilleure valorisation des actifs pour accroître les marges de manœuvre budgétaires » ou encore, dans la « contribution au désendettement ». »*[391]. Ce gouvernement s'est engagé, très peu de temps avant sa cessation de fonctions, de façon véritablement pionnière dans une politique d'envergure, visant tout à la fois à recenser et à rentabiliser le "patrimoine immatériel" de l'Etat[392].

L'exploitation commerciale du "patrimoine immatériel", si elle est régulièrement remarquée, ne doit toutefois pas être pleinement banalisée : en ce sens, il ne faut pas faire l'économie de l'analyse de sa légitimité[393]. Il est certain en effet qu'une généralisation de la gestion du "patrimoine immatériel" dans un but exclusivement financier serait préjudiciable à la collectivité, pour les raisons déjà exposées – que l'on songe à la cession démultipliée de toutes sortes d'éléments du "patrimoine immatériel" ou de l'occupation systématique ou permanente de certains lieux publics présentant une haute valeur immatérielle. Des espaces publics peuvent être mis à disposition pour des tournages de films ou des événements privés. L'Agence du patrimoine immatériel de l'Etat diffuse sur son site Internet un catalogue des lieux publics ouverts à l'accueil de ces différentes manifestations. Il peut s'agir de musées, de bibliothèques, de ministères ou d'autres lieux remarquables par leur histoire ou leur architecture. Ces opérations – notamment les tournages – comportent d'autres contreparties que les seules retombées financières : en termes d'image, la personne publique gestionnaire voit son patrimoine

---

valorisation, le patrimoine immatériel de l'Etat fait l'objet également d'une [attention particulière] ».

390 Arrêté du 23 avril 2007 portant création d'un service à compétence nationale dénommé « Agence du patrimoine immatériel de l'Etat ».

391 C. MALWE, « La valorisation du patrimoine immatériel de l'Etat », *Dr. adm.* 2009, comm. 52.

392 Voir sur cette question : Circulaire du 18 avril 2007 relative à la gestion des actifs immatériels de l'Etat ; Arrêté du 23 avril 2007 portant création d'un service à compétence nationale dénommé « Agence du patrimoine immatériel de l'Etat ».

393 Voir, par extension : J.-D. DREYFUS, « La valorisation par l'Etat de son patrimoine immatériel », *AJDA* 2009, p. 696 ; spéc. p. 696 : *« on peut s'interroger sur la légitimité de l'exploitation commerciale de la propriété publique ».*

valorisé, et ses agents peuvent y voir une source de renforcement de leur sentiment d'appartenance à leur administration de rattachement.

Par-delà cette question, il faut également se demander si cette nouvelle politique est intrinsèquement cohérente et si elle s'inscrit dans une vision à long terme. Cette préoccupation a été relayée par une partie de la doctrine qui relève avec justesse qu'*« une vision générale et à long terme fait cruellement défaut, dès lors que l'ambition est aujourd'hui de valoriser l'ensemble du patrimoine immatériel de l'Etat (et, au-delà, des autres personnes publiques) »*[394]. Par conséquent, les appels à *« la mise en place d'une stratégie globale de gestion [du patrimoine immatériel] »* se sont multipliés[395].

Le "patrimoine immatériel" reste malheureusement trop souvent *« perçu comme une ressource publique insuffisamment exploitée et ayant vocation à apporter, à court terme, de nouvelles recettes au budget de l'État. »*[396]. Cette forme de culte de la rentabilité[397], à peine masquée, peut être critiquée, notamment en ce qu'elle conduit presque systématiquement à occulter les autres objectifs que doivent remplir les gestionnaires publics. Le danger d'une hypnose des gestionnaires publics par l'objectif de rentabilisation maximale des actifs publics immatériels n'étant pas seulement virtuel, il faut veiller à prévenir un éventuel endormissement des gestionnaires publics afin qu'ils ne se méprennent pas quant à la finalité de leur action et quant aux choix à opérer dans la gestion qu'ils font des actifs publics immatériels.

Pour conclure sur ce point, il faut réserver le meilleur accueil à la question, teintée de circonspection quant à la véritable justification de la récente réorientation des politiques publiques, du Professeur Hélène Pauliat, selon laquelle : *« après tout, la performance publique ne serait-*

---

394 O. DE DAVID BEAUREGARD-BERTHIER, « Le patrimoine immatériel de l'Etat », *in Bien public, bien commun, Mélanges en l'honneur d'Etienne Fatôme*, Dalloz, 2011, p. 23 ; spéc. p. 35.

395 C. ROSSETTI, « Vers une gestion stratégique des marques publiques », *AJDA* 2010, p. 2197 ; spéc. p. 2197.

396 C. MALWE, « La valorisation du patrimoine immatériel de l'Etat », *Dr. adm.* 2009, comm. 52.

397 H. PAULIAT, « La contreperformance publique », *JCP A* 2012, suppl. au n°43, Libres propos 6 : *« La décennie qui s'achève a donc été placée sous le sceau d'un nouveau dogme, celui de la performance, dans le discours politique, dans le discours économique, dans le discours juridique, relayant ainsi les appels au* New Public Management *»*. La thématique de la confrontation des administrations au management n'est pas complètement nouvelle ; voir notamment : L. CHATY, *L'administration face au management*, L'Harmattan, 1997.

elle pas qu'incantatoire, pour dissimuler, derrière un discours politique volontariste et qui n'a guère varié depuis une décennie, l'ampleur de la contreperformance publique ? »[398]. Ce constat peut être partagé à propos du cas particulier du "patrimoine immatériel" de l'Etat – et plus largement, des personnes publiques – pour lequel il faut se demander si la politique menée par l'Agence du patrimoine immatériel de l'Etat n'est pas autre chose qu'une illusion d'optique. Il est indispensable de vérifier qu'une véritable vision stratégique existe bien dans la gestion du "patrimoine immatériel" des personnes publiques et que les récents développements sur la question ne s'apparentent pas uniquement à un agglomérat de mots ou d'objectifs et qu'ils ont une traduction concrète. L'idée de l'existence d'une *« contreperformance publique »*[399], si elle ne peut pas être parfaitement corroborée s'agissant du "patrimoine immatériel", doit tout de même être relayée afin d'interpeller sur les dangers d'une politique publique sans traduction concrète car faite exclusivement de discours et d'effets d'annonce.

L'existence d'une agence dédiée au "patrimoine immatériel" traduit cette inquiétude : elle est certes rassurante, en ce qu'elle exprime la prise de conscience des pouvoirs publics de la nécessité de valoriser le "patrimoine immatériel" de l'Etat, mais elle est également susceptible d'être taxée de s'apparenter à un énième outil technocratique chargé de prêcher la bonne parole gouvernementale, en se persuadant du bien-fondé de la politique menée par une approche rappelant à s'y méprendre la méthode de l'autosuggestion (dite "méthode Coué").

B. L'institutionnalisation discutée de l'agence dédiée au "patrimoine immatériel"

Répondant directement à une sollicitation formulée dans le Rapport Lévy-Jouyet[400], la mise en place d'un organisme dédié[401] au "patrimoine immatériel" de l'Etat n'en reste pas moins critiquable, en ce qu'elle contribue dans une certaine mesure à l'accroissement et à l'accélération

---

[398] H. PAULIAT, art. préc.

[399] Voir spécialement le titre de la contribution précitée : H. PAULIAT, art. préc.

[400] M. LEVY et J.-P. JOUYET, *L'économie de l'immatériel, la croissance de demain*, La Documentation française, 2006 ; spéc. p. 117, Recommandation n°2 : *« Enclencher une dynamique de recensement, de valorisation et d'exploitation des actifs immatériels dans l'ensemble de l'administration en mettant en place une agence d'appui à la gestion des actifs immatériels. »*.

[401] Arrêté du 23 avril 2007 portant création d'un service à compétence nationale dénommé « Agence du patrimoine immatériel de l'Etat », *JORF* n°110, 12 mai 2007, p.8684, texte n° 26.

du démembrement de l'Etat. La valorisation du "patrimoine immatériel" n'en souffre probablement pas, l'Agence ayant avant tout un rôle d'information et de formation des acteurs publics, sans pouvoir de décision sur les politiques à mener. L'article 2, I de l'arrêté du 23 avril 2007 créant l'Agence du patrimoine immatériel de l'Etat est sans ambigüité sur ce point, puisqu'il énonce que : *« L'Agence du patrimoine immatériel de l'Etat a pour missions :*

1° De proposer au ministre chargé de l'économie les orientations relatives à la stratégie de gestion des actifs immatériels de l'Etat, en vue d'assurer une meilleure valorisation de ce patrimoine ;

2° De sensibiliser les administrations aux enjeux de la gestion de leur patrimoine immatériel en proposant des actions de formation et en veillant à la diffusion de bonnes pratiques dans les domaines relevant du champ de l'immatériel public ;

3° De coordonner la mise en œuvre des orientations mentionnées au 1° dans les ministères et d'assister ceux-ci dans l'élaboration et la conduite de leur stratégie de gestion des actifs immatériels ; à ce titre, elle favorise l'adoption de cadres de gestion, fournit des prestations de conseil et d'expertise et peut être associée à la conduite de projets dans le cadre de partenariats ;

4° De proposer et de mettre en œuvre des services mutualisés de gestion d'actifs immatériels ;

5° De participer, en liaison avec les autres directions concernées, à l'élaboration et au suivi des règles de comptabilité publique relatives aux actifs immatériels ;

6° De proposer au ministre chargé de l'économie toute réforme législative, réglementaire ou administrative nécessaire. ».

Expérience inédite, fortement liée à la nature particulière des éléments composant le "patrimoine immatériel"[402], l'Agence du patrimoine immatériel de l'Etat *« forme une entreprise qui n'eut jamais d'exemple »*[403] et qui, de l'aveu de son ancien Directeur général, serait même *« unique au monde »*[404]. Il convient toutefois d'apporter une appréciation sur l'opportunité de l'institutionnalisation de cet organisme,

[402] Un auteur préconise une gestion spécifique pour ces éléments, précisément en raison de leur nature particulière. Voir sur ce point : A. DILLOARD, L'émergence des marques publiques dans le patrimoine immatériel des personnes publiques, *RDP* 2014, p. 39 ; spéc. p. 42 : *« Il semble donc que ces éléments ne peuvent, en raison de leur nature, souffrir une gestion classique. ».*

[403] Clin d'œil à Jean-Jacques Rousseau ! Pour la citation complète, voir : J.-J. ROUSSEAU, *Les Confessions,* Première Partie, Livre I : *« Je forme une entreprise qui n'eut jamais d'exemple et dont l'exécution n'aura point d'imitateur ».*

[404] CONSEIL D'ETAT, *Le patrimoine immatériel des personnes publiques*, Colloque du 16 mars 2012, La Documentation française, coll. Droits et Débats n°6, 2013 ; spéc. p. 27.

sa singularité ne pouvant être en elle-même un motif suffisant pour justifier son existence.

Il y avait initialement en effet un risque à ce que la création de l'Agence du patrimoine immatériel de l'Etat s'apparente avant tout à un effet d'annonce et que la volonté politique originellement exprimée ne fasse finalement pas vraiment l'objet d'une traduction concrète, dans une période qui privilégie trop souvent les initiatives éphémères sur la réflexion de fond.

La mise en place de l'Agence du patrimoine immatériel de l'Etat n'a pas été épargnée par ces travers malencontreux. Elle s'est ainsi inscrite dans une perspective gouvernementale trop souvent nourrie par un discours logorrhéique lui-même alimenté par un vocabulaire sans cesse plus technique et plus obscur, sous couvert de modernité et de renouveau.

Même si elle a considérablement servi à sensibiliser sur des enjeux aujourd'hui incontournables, l'institutionnalisation d'une agence exclusivement dédiée au "patrimoine immatériel" a également contribué dans une certaine mesure à l'éparpillement de l'action étatique, caractéristique des dernières décennies, par la multiplication des agences.

L'action étatique, qui se veut aujourd'hui moins intrusive et plus souple, a en effet connu des mutations considérables ces dernières années et elle s'effectue de plus en plus suivant des modes d'action particuliers.

L'Agence du patrimoine immatériel de l'Etat, service à compétence nationale[405], fait partie de ces organismes juridiques d'un genre nouveau récemment explorés et inventoriés par le Conseil d'Etat, dans son étude annuelle[406]. Ce dernier a clairement identifié et caractérisé le risque encouru par le développement endémique de ces institutions. Ainsi, pour les auteurs de l'étude précitée : *« si [la multiplication des agences] a permis un renforcement sectoriel de certaines politiques publiques, [elle*

---

[405] Voir, sur cette question : B. DELAUNAY, « Les services à compétence nationale », *Dr. adm.* 2007, étude 7. L'auteur écrit notamment que *« l'existence des services à compétence nationale démontre (...) toute la latitude dans l'organisation interne des services de l'Etat mais atteste aussi des hésitations qu'éprouvent les administrateurs sur les formes juridiques à donner aux structures qu'ils créent »* et également que *« L'existence des services à compétence nationale invite à considérer que l'organisation de l'administration d'Etat a changé »*, dans là mesure où *« on ne peut plus aujourd'hui la présenter selon une perspective binaire [car] on doit y intégrer, à part entière et de façon autonome, une nouvelle catégorie »*.

[406] CONSEIL D'ETAT, *Les agences : une nouvelle gestion publique ?*, Etude annuelle 2012, Etudes et documents n°63, La Documentation française, 2012.

pose] un véritable problème de cohérence des administrations publiques. Les réformes de l'Etat intervenues au cours des dernières décennies n'ont pas traité le sujet (...). La place des agences au sein de l'Etat reste donc à définir. »[407].

Pour sa part, l'Agence du patrimoine immatériel de l'Etat est réputée *« [contribuer] à la modernisation des entités publiques et à l'amélioration de leur performance »*[408]. Elle a eu initialement pour objet d'assurer *« une fonction de coordination et d'assistance »*[409] au profit des divers gestionnaires publics appelés à bénéficier de ses services[410].

Après dix ans d'existence, il faut nécessairement se poser la question du bilan de l'action menée par l'Agence du patrimoine immatériel de l'Etat. Avec des moyens humains et financiers limités[411], elle a su

---

[407] Pour la citation complète, voir : CONSEIL D'ETAT, *Les agences : une nouvelle gestion publique ?*, Etude annuelle 2012, Etudes et documents n°63, La Documentation française, 2012 ; spéc. p. 77 : *« La multiplication des agences, si elle a permis un renforcement sectoriel de certaines politiques publiques, pose donc un véritable problème de cohérence des administrations publiques. Les réformes de l'Etat intervenues au cours des dernières décennies n'ont pas traité le sujet, que ce soient les lois de décentralisation ou même la loi organique relative aux lois de finances (LOLF), qui n'a abordé la question que de manière très partielle. La place des agences au sein de l'Etat reste donc à définir. »*.

[408] J. MARCHAND, « L'open data, la réutilisation des données publiques entre exigence démocratique et potentiel économique », *JCP A* 2014, 2038.

[409] Circulaire du 18 avril 2007 relative à la gestion des actifs immatériels de l'Etat, *JORF* n°99, 27 avril 2007, p. 7490, texte n° 2.

[410] Pour plus de précisions quant au cœur de métier de l'Agence du patrimoine immatériel de l'Etat – son objet social en quelque sorte – voir la circulaire précitée, du 18 avril 2007, et notamment l'extrait suivant : *« Elle apportera une assistance méthodologique et opérationnelle aux gestionnaires publics pour le recensement, la protection et la valorisation de leurs actifs immatériels et pourra être associée à la conduite de projets dans le cadre de partenariats. Elle veillera à la cohérence des cadres de gestion mis en œuvre et s'attachera à promouvoir les démarches les plus efficientes. Elle concevra et mettra à disposition des administrations des outils spécifiques. »*. Voir également : AGENCE DU PATRIMOINE IMMATERIEL DE L'ETAT, *Rapport public 2013*, La Documentation française, 2014 ; spéc. p. 5 : *« L'APIE promeut (...) de nouvelles approches et apporte son appui aux administrations pour favoriser une exploitation raisonnée de leur patrimoine immatériel qui contribue à la performance de l'action publique, à l'innovation et au développement d'initiatives d'intérêt général, profitables au plus grand nombre – les usagers, les administrations elles-mêmes, l'économie dans son ensemble – et serve l'attractivité de la France. »*.

[411] CONSEIL D'ETAT, *Les agences : une nouvelle gestion publique ?*, Etude annuelle 2012, Etudes et documents n°63, La Documentation française, 2012 ; spéc. p. 86 : l'Agence du patrimoine immatériel de l'Etat, dispose pour l'année 2012 d'un budget de 2,25 millions d'euros, pour un effectif de 27 personnes (en équivalent temps plein).

s'imposer comme un acteur incontournable de l'immatériel public. Elle a fait preuve d'une pédagogie indéniable et elle a réussi son action de sensibilisation à cette question, de telle sorte que ces diverses problématiques sont aujourd'hui mieux ancrées dans les mœurs des gestionnaires publics[412]. Plus précisément, elle contribue largement à la mise en place de stratégies de valorisation du "patrimoine immatériel", en accompagnant les diverses personnes publiques à déterminer puis à atteindre leurs objectifs[413].

Il serait erroné de dire que ni l'Etat, ni les autres personnes publiques, n'avaient conscience, avant la création de l'Agence du patrimoine immatériel de l'Etat, de l'existence de leur "patrimoine immatériel" et de la nécessité de le valoriser. Simplement, auparavant, chaque personne publique s'en préoccupait chacune pour son propre compte et les actions mises en œuvre ne s'inscrivaient pas dans une stratégie de valorisation clairement définie. Il faut reconnaître que l'originalité de l'Agence du patrimoine immatériel de l'Etat a été de coordonner ces actions, à partir du cas particulier de l'Etat, et de fabriquer des outils standardisés pour appréhender cette problématique, ainsi que de diffuser les modes de valorisation mis en place.

Par contraste, la réflexion juridique s'est un peu essoufflée dans les années qui ont suivi l'institutionnalisation de l'Agence du patrimoine immatériel de l'Etat, comme si elle prenait acte du caractère irréversible de la captation du "patrimoine immatériel" par les gestionnaires publics, désormais pleinement assujettis à une logique managériale, et le tenait pour acquis.

La recherche de la rentabilité n'est pas malsaine en elle-même s'agissant du "patrimoine immatériel" ; elle n'a en tout cas pas conduit à une commercialisation généralisée du "patrimoine immatériel". Mais, dans ce domaine comme dans d'autres, l'impératif de rentabilité ne doit

---

412 Selon les termes mêmes du Rapport public de l'Agence du patrimoine immatériel de l'Etat précité, spéc. p. 5 : *« partant du constat que le patrimoine immatériel de l'État constitue un immense gisement dont il convient de tirer le meilleur parti pour la mise en œuvre des politiques publiques, l'APIE s'est donné pour ambition de faire de la prise en compte de ces actifs un réflexe. »*.

413 AGENCE DU PATRIMOINE IMMATERIEL DE L'ETAT, *op. cit.* ; spéc. p. 5 : *« Chaque année, les gestionnaires publics sont (...) de plus en plus nombreux à se tourner vers l'Agence afin qu'elle les oriente et les accompagne dans l'élaboration et la mise en œuvre de leurs stratégies de protection et de valorisation de leurs actifs immatériels, au bénéfice d'une meilleure efficience, d'une sécurité juridique renforcée, ou de ressources complémentaires. »*.

ni obnubiler les gestionnaires publics[414], ni scléroser la pensée juridique. Il doit au contraire s'accompagner d'une véritable réflexion de fond sur la réception du "patrimoine immatériel" des personnes publiques par le droit, de sorte à essayer de déterminer dans quelles proportions des outils juridiques peuvent soit satisfaire des impératifs d'intérêt général, soit répondre à un impératif de rentabilité, parfois présenté comme incompatible aux précédents.

Finalement, à la question de savoir si le "patrimoine immatériel" est à même de *« servir deux maîtres »*[415], il convient de répondre que sa gestion s'articule autour du diptyque exploitation/protection et qu'un équilibre doit nécessairement être trouvé pour que sa valorisation soit optimisée. Ainsi que cela a été expliqué, certaines améliorations peuvent être apportées aux différents régimes applicables aux éléments du "patrimoine immatériel" pris à part. Reste à savoir si le cadre juridique commun aux éléments composant le "patrimoine immatériel" contribue de façon satisfaisante à sa valorisation ou s'il doit être rénové en vue de l'optimiser.

§2. L'inachèvement de la valorisation par une unification matérielle défaillante du cadre applicable au "patrimoine immatériel" non approprié

La nature immatérielle de certains éléments a parfois été relevée comme étant par elle-même porteuse de difficultés pour leur parfaite qualification juridique et la détermination exacte de leur régime[416].

---

[414] J.-D. DREYFUS, « La valorisation par l'Etat de son patrimoine immatériel », *AJDA* 2009, p. 696 ; spéc. p. 696 : *« Les recherches les plus récentes menées sur la propriété publique incorporelle montrent à quel point celle-ci est devenue un actif dont l'exploitation paraît prometteuse de nouvelles ressources financières pour ses propriétaires »* (nous soulignons) ; C. MALWE, « La valorisation du patrimoine immatériel de l'Etat », *Dr. adm.* 2009, comm. 52 : *« À bien y regarder, le « patrimoine immatériel » de l'État semble essentiellement perçu comme une ressource publique insuffisamment exploitée et ayant vocation à apporter, à court terme, de nouvelles recettes au budget de l'État. »*.

[415] Pour la citation complète, voir l'épigraphe placée en en-tête de la Partie II de cette étude.

[416] Voir ainsi, à propos des marques publiques : A. DILLOARD, « L'émergence des marques publiques dans le patrimoine immatériel des personnes publiques », *RDP* 2014, p. 39 ; spéc. pp. 41-42 : *« Leur nature immatérielle est en elle-même source de difficultés car elle pose (...) des problèmes de qualification juridique — et donc de régime »*.

Même s'il a pu être considéré qu'en fait de "patrimoine immatériel" *« le déficit de gestion stratégique se [révélait] plus pénalisant que celui de règles juridiques pertinentes »*[417], il paraît utile d'étudier ses règles de fonctionnement, dans la mesure où les orientations tactiques de sa gestion doivent précisément ressortir de telles dispositions juridiques.

Il faut ainsi rejoindre le président Jean-Marc Sauvé lorsqu'il suggère d' *« aller plus loin dans la découverte et la systématisation des notions pertinentes [pour la valorisation du patrimoine des personnes publiques] et dans la définition d'un cadre juridique applicable [aux] activités de valorisation »*[418].

L'unification de régime proposée par les rares textes existants est pourtant parfaitement illusoire. Les textes en vigueur n'ont en effet qu'un champ matériel restreint (A) et ils subissent la concurrence inévitable de textes connexes (B).

A. La restriction préjudiciable du champ matériel régissant le "patrimoine immatériel" non approprié

Dans la droite ligne du Rapport Lévy-Jouyet[419], sur l'économie de l'immatériel, la circulaire du Premier ministre, du 18 avril 2007, relative à la gestion des actifs immatériels de l'Etat[420] a jeté les bases de la valorisation future du "patrimoine immatériel". Le Premier ministre reconnaît dans ce texte que *« la valorisation des biens immatériels [est] l'un des facteurs de croissance les plus prometteurs de notre économie. »* et il invite les ministres à une *« gestion plus active »* de ces éléments, en accélérant leur recensement et en engageant une véritable stratégie de valorisation[421]. Avec ce texte, si *« l'Etat [paraît] découvrir l'ampleur de*

---

[417] J.-M. SAUVE, Discours d'ouverture, *in Le patrimoine immatériel des personnes publiques*, Colloque du 16 mars 2012, La Documentation française, coll. Droits et Débats n°6, 2013, p. 9 ; spéc. p. 19.

[418] J.-M. SAUVE, art. préc. ; spéc. p. 10.

[419] M. LEVY et J.-P. JOUYET, *L'économie de l'immatériel, la croissance de demain*, La Documentation française, 2006.

[420] Circulaire du 18 avril 2007 relative à la gestion des actifs immatériels de l'Etat, *JORF* n°99, 27 avril 2007, p. 7490, texte n° 2.

[421] Voir la Circulaire du 18 avril 2007 relative à la gestion des actifs immatériels de l'Etat, *JORF* n°99, 27 avril 2007, p. 7490, texte n° 2 : *« A cette fin, je vous demande, d'ici la fin de l'année 2007 : i) de poursuivre et d'accélérer le travail de recensement des actifs immatériels qui relèvent de votre champ de compétences ministériel, et d'engager le même exercice s'agissant des établissements publics placés sous votre tutelle. Pour chacun de ces actifs, vous procéderez à un examen critique des modalités*

ses propriétés incorporelles »[422], l'approche retenue est dynamique et les choix opérés traduisent une volonté affichée d'engager une politique de gestion active du "patrimoine immatériel".

Pourtant la circulaire du 18 avril 2007, acte fondateur de la gestion du "patrimoine immatériel" de l'Etat, reste avant tout un texte symbolique et ayant *a priori* une portée limitée. La question de savoir si ce texte serait suivi d'effet suggérait initialement une certaine incertitude. Il n'en constituait pas moins une intention louable ! En réalité, les circulaires véhiculent simplement des recommandations[423] et elles disposent d'une valeur limitée, dans la mesure où elles sont normalement non contraignantes[424]. Bien entendu, cela n'empêche pas que certaines dispositions d'une circulaire puissent néanmoins faire l'objet d'un recours pour excès de pouvoir, à condition que celle-ci soit reconnue comme étant impérative[425]. S'agissant plus précisément de la circulaire du 18 avril 2007, pour emprunter au confort de la réponse normande, elle ne serait pas vraiment non impérative, mais pas complètement impérative non plus. Quoique ses termes soient assez directifs, il paraît de toute façon difficilement soutenable d'avancer qu'elle serait de nature à faire grief, sans compter que sa contestation contentieuse – virtuelle – se confronterait certainement à l'obstacle de l'intérêt à agir, dans la mesure où il serait improbable de reconnaître à l'encontre d'un tel acte *« un intérêt non pas seulement intellectuel mais personnel ou collectif, direct et actuel à la solution du litige »*[426], à moins qu'il ne soit démontré

---

de gestion dont il fait l'objet et vous évaluerez les axes de valorisation potentiels ; ii) de mettre en place une stratégie de valorisation du patrimoine immatériel identifié dans vos services ; en fonction des priorités et des axes de progrès que vous aurez identifiés, vous proposerez une ou deux actions pilotes. ».

[422] J.-B. AUBY, « L'immatériel dans l'Etat », *Dr. adm.* 2007, repère 6.

[423] R. CHAPUS, *Droit du contentieux administratif*, Montchrestien, 13e éd., 2008 ; spéc. p. 547 : *« les circulaires (...) ne modifient pas* par elles-mêmes *l'état du droit : (...) elles contiennent des instructions à l'adresse des agents des services (quant à la façon de mettre en œuvre une législation ou une réglementation déterminée) et/ou (à leur intention également) des commentaires, explications, interprétations de l'état du droit ».*

[424] B. SEILLER, *Droit administratif, Tome 2, L'action administrative*, Flammarion, 6e éd., 2016 ; spéc. p. 140 : normalement *« elles ne présentent pas de caractère décisoire, puisqu'elles ne cherchent pas à imposer des effets de droit ».*

[425] CE, Sect., 18 décembre 2002, *Madame Duvignères* ; *RFDA* 2003, p. 280, concl. P. FOMBEUR ; *RFDA* 2003, p. 510, note J. PETIT ; *AJDA* 2003, p. 487, chron. F. DONNAT et D. CASAS ; *JCP A* 2003, 1064, note J. MOREAU. Le Conseil d'Etat juge dans cet arrêt que *« les dispositions impératives à caractère général d'une circulaire (...) doivent être regardées comme faisant grief »* et sont dans cette mesure susceptibles de recours pour excès de pouvoir.

[426] D. TRUCHET, *Droit administratif*, 6e éd., 2015 ; spéc. p. 108.

préalablement qu'il comporte des dispositions de nature à porter directement atteinte aux droits des administrés.

En la matière, le vrai tournant a été l'édiction de deux décrets, courant 2009, l'un portant sur la rémunération de certains services rendus par l'État consistant en une valorisation de son "patrimoine immatériel"[427], l'autre portant attribution de produits aux budgets des ministères concernés, en application du décret précédent[428]. Même s'ils constituent un *« véritable droit commun de la valorisation des actifs publics incorporels »*[429], essentiellement d'ailleurs parce qu'il n'y avait en la matière aucun texte préexistant, les deux décrets du 10 février 2009 n'en demeurent pas moins lacunaires. Il a ainsi pu être relevé que *« les règles communes posées par les décrets du 10 février 2009 sont succinctes »*[430]. De fait, si *« l'article 2 du décret n° 2009-151 énumère les sept types de prestations de valorisation visées »*[431], la mise en œuvre concrète de ces

---

[427] Décret n° 2009-151 du 10 février 2009 relatif à la rémunération de certains services rendus par l'Etat consistant en une valorisation de son patrimoine immatériel.

[428] Décret n° 2009-157 du 10 février 2009 portant attribution de produits aux budgets des ministères concernés en application du décret n° 2009-151 du 10 février 2009 relatif à la rémunération de certains services rendus par l'Etat consistant en une valorisation de son patrimoine immatériel.

[429] J.-D. DREYFUS, « La valorisation par l'Etat de son patrimoine immatériel », *AJDA* 2009, p. 696 ; spéc. p. 696 ; voir également, dans le même ordre d'idées, p. 697 : *« Le décret n° 2009-151 énonce que ces dispositions s'appliquent à défaut de dispositions réglementaires instituant des rémunérations pour services rendus perçues en contrepartie de prestations de la même nature que celles qu'il mentionne. Il institue donc un régime de droit commun dont l'économie est la suivante. (...) »*.

[430] J.-M. SAUVE, Discours d'ouverture, *in Le patrimoine immatériel des personnes publiques*, Colloque du 16 mars 2012, La Documentation française, coll. Droits et Débats n°6, 2013, p. 9 ; spéc. p. 17.

[431] J.-D. DREYFUS, art. préc. ; spéc. p. 697. L'auteur reprend ici les dispositions suivantes :

« Peuvent donner lieu à rémunération pour services rendus les prestations suivantes, fournies par l'Etat au profit de personnes publiques ou privées :

1° Cession, concession ou licence de droits de propriété intellectuelle ;

2° Participation à la création de droits de propriété intellectuelle ou de biens, lorsque ceux-ci résultent de l'exécution d'un marché public ou d'un contrat de partenariat ;

3° Mise à disposition ou cession d'informations, à l'exclusion des opérations de copie et de transmission mentionnées, respectivement, aux b et c de l'article 4 de la loi du 17 juillet 1978 susvisée ;

4° Location ou mise à disposition, à titre temporaire, de salles, d'espaces ou de terrains, en vue d'événements, de manifestations, de tournages d'œuvres audiovisuelles ou de prises de vue ;

5° Organisation ou participation à l'organisation d'événements de toute nature, notamment colloques et conférences ;

dispositions reste à ce stade assez floue. Il y a certes un encouragement certain à mener une politique de valorisation du "patrimoine immatériel", mais sa traduction est difficilement perceptible à la seule lecture du texte précité.

Commentant ces deux textes, Madame Claire Malwé relève d'ailleurs que *« l'objectif affiché par les auteurs des décrets du 10 février 2009 est de convaincre l'ensemble des acteurs publics de la nécessité d'une valorisation économique immédiate du patrimoine immatériel de l'État. »*[432], ce qui signifie qu'une fois encore l'objectif de rentabilité serait leur seule raison d'être.

Cette impression est renforcée par le mécanisme spécifique de reversement des recettes réalisées par les ministères lorsqu'ils ont recours à la valorisation de leur "patrimoine immatériel", qui consiste à leur attribuer directement les produits de leurs opérations fructueuses, ce qui constitue une dérogation au principe de non-affectation des recettes de l'Etat[433]. Cette exception serait *« justifiée [aux yeux des auteurs du décret] par la nécessité d'encourager chaque ministère dans l'exploitation économique de son patrimoine immatériel. »*[434].

Dans la droite ligne de ces développements et ainsi que l'a relevé le Professeur Catherine Teitgen-Colly dans sa thèse, les mutations des dernières décennies ont conduit à une redéfinition du rôle de l'Etat de telle sorte qu'il *« n'est plus « le veilleur de nuit » de l'époque libérale, il n'agit plus seulement pour maintenir l'ordre public, c'est-à-dire offrir un bien collectif dont le financement ne peut être assuré que par l'impôt, c'est-à-dire par l'ensemble des contribuables, il offre de plus en plus des prestations individualisées susceptibles comme telles d'être rémunérées*

6° Valorisation du savoir-faire ou de l'expertise des services de l'Etat, notamment en matière de formation, recherche et études ;
7° Mise à disposition temporaire d'espaces ou vente d'espaces sur tous supports à des fins publicitaire, de communication ou de promotion. Les prestations mentionnées ci-dessus peuvent être accompagnées de prestations complémentaires, telles que la mise à disposition de moyens, donnant lieu à rémunération. ».

432 C. MALWE, « La valorisation du patrimoine immatériel de l'Etat », *Dr. adm.* 2009, comm. 52.

433 C. MALWE, art. préc. ; voir notamment l'extrait suivant : *« Le principe de non-affectation des recettes de l'État subit ici une nouvelle dérogation, dans les conditions posées par les dispositions de l'article 17 de la loi organique du 1er août 2001 relative aux lois de finances (V. notamment, L. org. n° 2001-692, 1er août 2001, art. 17-III : Journal Officiel 2 Aout 2001) (...) »*.

434 C. MALWE, art. préc.

par les usagers et d'être pour lui une occasion de profit »[435]. Près de quarante ans plus tard, ce constat se vérifie une fois encore, à partir de l'exemple des services rendus par l'Etat consistant en une valorisation de son "patrimoine immatériel", pour reprendre les termes mêmes du décret n° 2009-151, précité. Ainsi, à travers des actions de valorisation telles que la cession ou la concession de droits de propriété intellectuelle, la mise à disposition ou la cession d'informations, la valorisation de leur savoir-faire ou de leur expertise, ou encore la location ou la mise à disposition de certains espaces en vue de l'organisation d'événements ou du tournage d'œuvres audiovisuelles, les services de l'Etat sont susceptibles de rendre des services à des personnes publiques et surtout à des opérateurs privés, moyennant rémunération[436]. L'énoncé de ces prestations est assez révélateur de leur caractère "individualisé", de la même façon que le mode de rémunération retenu – à savoir, la redevance pour service rendu. En effet, elle donne lieu à une facturation prestation par prestation et non pas à une facturation annuelle comme ce serait le cas s'il s'agissait d'une redevance pour occupation du domaine public.

Quant à savoir si ce changement de posture serait critiquable parce qu'il concrétiserait le passage d'un Etat désintéressé à un Etat-marchand, il faut répondre avec l'adage populaire qu'il n'y a pas de petits profits, à plus forte raison dans une période de troubles pour les finances publiques. Il ne faut pas pour autant que ces prestations, nécessairement complémentaires – donc limitatives –, perturbent par leur démultiplication le fonctionnement normal de l'action administrative. Dans le même ordre d'idées, les développements proposés par le Professeur Jacques Caillosse invitent *« face à une doctrine très largement acquise à la nécessité d'une politique d'exploitation des propriétés publiques, à ne pas sous-estimer les risques d'une mutation marchande d'espaces dont le droit avait pu jusqu'alors, non sans mal, pérenniser la singularité, en pensant le domaine public comme un ensemble de biens certes voués aux occupations privatives, mais toujours susceptibles d'être rendus à leur fonction fondamentale : demeurer disponibles aux exigences d'un intérêt général irréductible à la loi du marché. »*[437]. Cet avertissement retentissant, transposable au "patrimoine immatériel", met

---

[435] C. TEITGEN-COLLY, *La légalité de l'intérêt financier dans l'action administrative*, Economica, 1981 ; spéc. p. 6. Voir également sur ces questions : F. ALHAMA, *L'intérêt financier dans l'action des personnes publiques*, NBT v. 171, Dalloz, 2018.

[436] Voir spéc. l'article 2 du Décret n°2009-151 du 10 février 2009 relatif à la rémunération de certains services rendus par l'Etat consistant en une valorisation de son patrimoine immatériel.

[437] J. CAILLOSSE, *La constitution imaginaire de l'administration*, PUF, 2008 ; spéc. p. 18.

en garde contre sa gestion trop peu soucieuse de l'intérêt général ou en tout cas exclusivement marchande et incite par conséquent à faire preuve de mesure et de circonspection lorsqu'il s'agit d'autoriser sous quelque forme que ce soit l'utilisation des éléments composant le "patrimoine immatériel".

Toutes les précautions doivent en définitive être prises pour ne pas détourner le patrimoine public – qu'il s'agisse de ses éléments matériels ou immatériels – de sa finalité essentielle. A la lecture des deux décrets du 10 février 2009, il est légitime de se demander dans quelle mesure cette remontrance était prémonitoire, puisque ces deux textes paraissent inciter à l'utilisation maximisée du "patrimoine immatériel" de l'Etat, sous différentes formes. Depuis l'entrée en vigueur de ces textes, il ne semble pourtant pas qu'il y ait eu une captation telle des éléments composant le "patrimoine immatériel" de l'Etat ou de l'espace public à haute valeur immatérielle qu'elle en serait contraire à l'intérêt général ou nuisible à leur destination. Les gestionnaires publics ne seraient donc pas devenus de vulgaires "marchands du Temple" et auraient même résisté à l'appel enchanteur des sirènes de la rentabilité.

En définitive, les textes existants amorcent un mouvement, une nouvelle politique publique, sans toutefois épuiser les hypothèses de valorisation du "patrimoine immatériel". Leur importance symbolique est considérable, mais ils ne constituent pas l'alpha et l'oméga d'une gestion optimale du "patrimoine immatériel", notamment parce que d'autres textes sont intervenus depuis, contribuant ainsi à préciser individuellement les différents régimes mais aussi à accélérer l'atomisation d'une matière déjà peu cohérente.

B. La multiplication inévitable de textes connexes régissant le "patrimoine immatériel" non approprié

La période récente a été marquée par une multiplication de textes relatifs à certains éléments du "patrimoine immatériel". Ces textes épars concernent généralement une seule catégorie d'éléments du "patrimoine immatériel", ce qui accentue un peu plus encore l'éparpillement des sources à réunir pour appréhender dans son ensemble le "patrimoine immatériel". Les décrets du 10 février 2009 ne peuvent dès lors plus être présentés comme étant les seules poutres maîtresses de cet édifice.

Parmi les sept catégories de prestations pouvant donner lieu au versement d'une redevance pour service rendu au bénéfice de l'Etat, dans le cadre de la valorisation qu'il peut faire de son "patrimoine immatériel", certaines ont fait l'objet de nouveaux textes, qui complètent ou aménagent le décret n°2009-151 précité, à tel point qu'ils le contredisent parfois.

Ainsi en est-il, pour un exemple particulièrement parlant, de la troisième catégorie[438] de l'article 2 du décret n°2009-151, puisqu'il s'agit de permettre la *« mise à disposition ou cession d'informations »* à titre onéreux, sous quelques réserves toutefois. Or, il s'avère qu'en principe *« la réutilisation d'informations publiques est gratuite »*, selon l'article 15, I de la loi du 17 juillet 1978[439], telle que modifiée par la loi relative à la gratuité et aux modalités de la réutilisation des informations du secteur public, du 28 décembre 2015[440]. La politique d'*open data* s'est en effet complètement autonomisée depuis quelques années (cf. *infra*).

D'autres textes témoignent de l'incomplétude du décret n° 2009-151 : qu'ils portent sur la valorisation des travaux issus de la recherche publique[441] ou bien sur la protection des noms des collectivités territoriales[442] ou encore sur les marques détenues par l'Etat[443], ce dernier texte redessinant par la même occasion le périmètre des compétences de l'Agence du patrimoine immatériel de l'Etat, en lui confiant notamment la gestion des marques de l'Etat, soit un portefeuille d'environ 750 marques.

---

[438] Sur cette objection, voir : J.-D. DREYFUS, art. préc. ; spéc. p. 698 : *« on peut se demander si la directive du 17 novembre 2003 - transposée par l'ordonnance n° 2005-650 du 6 juin 2005 - qui autorise toute forme de réutilisation des données publiques, est pleinement respectée par le 3°. Mais il est vrai que l'article 15 de l'ordonnance précitée prévoit que la réutilisation d'informations publiques peut donner lieu au versement de redevances. »*.

[439] Loi n° 78-753 du 17 juillet 1978 portant diverses mesures d'amélioration des relations entre l'administration et le public et diverses dispositions d'ordre administratif, social et fiscal.

[440] Loi n° 2015-1779 du 28 décembre 2015 relative à la gratuité et aux modalités de la réutilisation des informations du secteur public, *JORF* n°0301, 29 décembre 2015, p. 24319, texte n° 4.

[441] Décret n° 2009-645 du 9 juin 2009 relatif à la gestion entre personnes publiques de la propriété industrielle des résultats issus de travaux de recherche réalisés par des fonctionnaires ou des agents publics, *JORF* n°0132, 10 juin 2009, p. 9411, texte n° 32.

[442] Loi n° 2014-344 du 17 mars 2014 relative à la consommation, *JORF* n°0065, 18 mars 2014, p. 5400, texte n° 1.

[443] Décret n° 2015-716 du 23 juin 2015 relatif au service à compétence nationale dénommé « Agence du patrimoine immatériel de l'Etat », *JORF* n°0145, 25 juin 2015, texte n° 28 ; Circulaire du 20 juillet 2015 relative au dispositif de gestion des marques de l'État et prestation de l'Agence du patrimoine immatériel de l'Etat (APIE) en matière de noms de domaine.

Les décrets du 10 février 2009 n'ont finalement pas donné lieu à une véritable unification du régime juridique applicable aux éléments du "patrimoine immatériel", de telle sorte que la lecture de ces textes déçoit à double titre : l'étendue limitée de son champ matériel et l'absence de réflexion d'ensemble sur le régime du "patrimoine immatériel" des personnes publiques. Le cadre réglementaire applicable au "patrimoine immatériel" non approprié présente donc certains défauts : il constitue certainement une avancée intéressante, en ce qu'il a contribué à concrétiser la prise de conscience des pouvoirs publics – à la suite du rapport Lévy-Jouyet et de la création de l'Agence du patrimoine immatériel de l'Etat – de l'importance qu'il y avait à valoriser le "patrimoine immatériel", mais il ne porte finalement que sur certaines actions de valorisation menées par des services de l'Etat, sans comporter ni une véritable définition du "patrimoine immatériel", ni non plus tous les éléments de régime du "patrimoine immatériel". La seule lecture de l'intitulé des décrets concernés ne doit pas induire en erreur : il s'agit certainement davantage d'un encouragement à engager des actions ponctuelles de valorisation du "patrimoine immatériel" que d'une charte compilant l'entièreté des règles gouvernant la gestion du "patrimoine immatériel".

En définitive, il faut nuancer l'affirmation selon laquelle il existe un régime juridique unitaire commun aux éléments composant le "patrimoine immatériel". Il y a certes quelques actions spécifiques de valorisation du "patrimoine immatériel", mais l'ensemble du "patrimoine immatériel" n'est pas assujetti à des règles identiques.

Il n'en demeure pas moins que malgré la diversité des règles qui leur sont applicables, les différentes catégories d'éléments composant le "patrimoine immatériel" se voient appliquer, chacune en ce qui la concerne, des régimes juridiques globalement équilibrés.

Chapitre II – La valorisation complémentaire du "patrimoine immatériel" non approprié pourvue par ses régimes propres

Outre la valorisation rendue possible par le cadre réglementaire applicable au "patrimoine immatériel" de l'Etat – c'est-à-dire les deux décrets du 10 février 2009[444], dont les principales dispositions ont été étudiées précédemment –, les régimes propres aux différents éléments le composant se sont multipliés.

L'existence de ces régimes propres aurait pu faire craindre une régression dans la valorisation du "patrimoine immatériel" non approprié (Section I), mais elle se traduit en réalité par une contribution à l'optimisation de la valorisation du "patrimoine immatériel" non approprié (Section II).

Section I – La multiplication des régimes propres au risque d'une valorisation marginalisée du "patrimoine immatériel" non approprié

L'atomisation du régime juridique du "patrimoine immatériel" des personnes publiques s'observe à un double niveau : il y a d'abord une différenciation en fonction de la catégorie à laquelle l'élément étudié se rattache – "patrimoine immatériel" approprié (c'est-à-dire, les propriétés publiques immatérielles) ou "patrimoine immatériel" non approprié (c'est-à-dire, les éléments du "patrimoine immatériel" des personnes publiques insusceptibles de propriété) – ; il y a ensuite une différenciation au sein même de ces catégories, parmi les éléments étudiés – ce qui signifie que deux éléments d'une même catégorie, entre celles énumérées ci-avant, peuvent faire l'objet de différences de régime entre eux.

Il convient pour cette raison d'étudier successivement : les hypothèses d'inexistence d'un régime propriétariste (§1), puis les hypothèses

[444] Décret n° 2009-151 du 10 février 2009 relatif à la rémunération de certains services rendus par l'Etat consistant en une valorisation de son patrimoine immatériel ; Décret n° 2009-157 du 10 février 2009 portant attribution de produits aux budgets des ministères concernés en application du décret n° 2009-151 du 10 février 2009 relatif à la rémunération de certains services rendus par l'Etat consistant en une valorisation de son patrimoine immatériel.

d'existence d'un régime propriétariste (§2), en abordant pour chaque niveau d'analyse les points de convergence ou de divergence propres aux éléments contenus dans ces catégories ainsi délimitées.

§1. L'autonomisation complète des régimes non propriétaristes du "patrimoine immatériel"

Il faut ici mettre en lumière la diversité des solutions imaginées pour mettre en ordre le régime applicable aux éléments du "patrimoine immatériel" des personnes publiques dans les hypothèses dans lesquelles ils sont soustraits à tout régime propriétariste. Là encore, les situations et les solutions se dédoublent, dans la mesure où il existe à la fois des cas dans lesquels un véritable régime unitaire est mis en place, alors même qu'il est expressément non propriétariste (A), ainsi que des cas dans lesquels aucune solution n'a été spécifiquement envisagée et pour lesquels il y a en apparence une absence complète de tout régime textuel (B).

A. Mise en place d'un régime non propriétariste

Le régime juridique applicable à certains des éléments composant le "patrimoine immatériel" s'est parfois complètement autonomisé du régime applicable par ailleurs aux autres éléments du "patrimoine immatériel". Certains, comme les fréquences hertziennes, font ainsi l'objet d'un régime juridique domanial non propriétariste (1), alors que d'autres, comme les données publiques ou les noms de domaine, sont assujettis à un régime non propriétariste et extra-domanial (2).

1. Mise en place d'un régime domanial non propriétariste

Il est des éléments qui, au sein du "patrimoine immatériel" des personnes publiques – et plus spécifiquement, s'agissant de cette question, de l'Etat – font l'objet d'un régime domanial, sans être pour autant des éléments appropriés : il s'agit des fréquences hertziennes, aussi appelées fréquences radioélectriques.

Leur nature a été à l'origine de nombreux débats[445], et elle a notamment posé la question de la possibilité d'assujettir ces éléments du "patrimoine immatériel" au régime de la domanialité publique. A l'analyse, il s'avère que *« les critères de la domanialité publique ne sont pas évidemment remplis par les fréquences radioélectriques »*[446]. Plus spécialement, c'est la propriété publique – condition *sine qua non* à la domanialité publique – qui semble ici faire défaut[447]. Or, *« sans propriété publique, pas de domaine public [ce qui signifie que] sans propriété des fréquences, pas de domaine public hertzien »*[448].

Des qualifications juridiques alternatives ont parfois été envisagées : qu'il s'agisse de celle de *res nullius*[449] ou de celle de *res communis*[450]. L'une comme l'autre excluent *a priori* la domanialité publique, celle-ci nécessitant l'existence préalable d'une propriété publique. Finalement,

---

[445] Voir notamment les développements consacrés à la question de l'appropriation des fréquences hertziennes : TH. PEZ, *Le domaine public hertzien : attribution et exploitation des fréquences radioélectriques*, LGDJ Lextenso, 2011 ; spéc. pp. 15-17.

[446] TH. PEZ, *op. cit.* ; spéc. p. 15.

[447] TH. PEZ, *op. cit.* ; spéc. pp. 15-16 : *« Le spectre hertzien est constitué d'ondes* immatérielles. *Il n'est pas aisé de concevoir qu'il puisse faire l'objet d'une propriété. Il n'est pas aisé de concevoir que les ondes et leurs fréquences appartiennent à l'Etat. La propriété publique étant généralement considérée comme la première condition de la domanialité publique, l'appartenance du spectre hertzien au domaine public a pu être contestée. »* (souligné par l'auteur).

[448] TH. PEZ, *op. cit.* ; spéc. p. 16.

[449] CONSEIL D'ETAT, *Redevances pour service rendu et redevances pour occupation du domaine public*, La Documentation française, 2002 ; spéc. p. 58 : *« Le spectre hertzien, constitué d'ondes immatérielles, pourrait en effet être considéré comme* res nullius *relevant des dispositions de l'article 714 du code civil, selon lequel* « il est des choses qui n'appartiennent à personne et dont l'usage est commun à tous ». *La légitimité de l'Etat à y intervenir reposerait alors sur le principe, énoncé par le même article, suivant lequel* « des lois de police règlent la manière d'en jouir ». *Sur ce fondement, l'Etat pourrait donc exercer une mission de police des fréquences hertziennes, sans qu'il soit nécessaire de les intégrer dans son patrimoine. Au demeurant, son domaine public se compose essentiellement de biens matériels, immeubles ou meubles, qu'ils soient artificiels ou naturels »*. Il semble toutefois qu'il faille ici lire "*res communis*" à la place de "*res nullius*", ces dernières étant des choses sans maître, mais susceptibles d'appropriation, alors que les premières sont des choses communes, insusceptibles d'appropriation.

[450] TH. PEZ, *op. cit.* ; spéc. p. 17 : *« Le spectre hertzien a pu être considéré comme une* res communis *relevant des dispositions de l'article 714 du Code civil, selon lequel « il est des choses qui n'appartiennent à personne et dont l'usage est commun à tous ». La légitimité de l'Etat à y intervenir reposerait alors sur le principe, énoncé par le même article, suivant lequel « des lois de police règlent la manière d'en jouir ». L'Etat aurait pu simplement être considéré comme exerçant une mission de* police *sur les fréquences hertziennes »* (souligné par l'auteur).

sans avoir été réellement débattue, la question a été tranchée par le législateur. L'article 10 de la loi du 17 janvier 1989[451] a ainsi modifié l'article 10 de la loi du 30 septembre 1986[452], aujourd'hui codifié à l'article L. 2124-26 du code général de la propriété des personnes publiques, qui dispose que : *« L'utilisation, par les titulaires d'autorisation, de fréquences radioélectriques disponibles sur le territoire de la République, constitue un mode d'occupation privatif du domaine public »*. Dans le même ordre d'idées, l'article L. 2111-17 du code précité confirme cette analyse, en énonçant que *« Les fréquences radioélectriques disponibles sur le territoire de la République relèvent du domaine public de l'Etat »*.

Il faut ici exposer à grands traits les caractéristiques essentielles de leur régime, puisque d'une part celui-ci se dédouble – selon que l'utilisation des fréquences hertziennes se fait dans le secteur des communications électroniques ou de la communication audiovisuelle – et d'autre part il se singularise, contribuant ainsi un peu plus à l'éclatement des règles applicables aux éléments composant le "patrimoine immatériel" des personnes publiques.

S'agissant du dédoublement du régime applicable aux fréquences hertziennes, il faut relever sommairement qu'en la matière le droit de la communication s'applique concomitamment avec le droit du domaine public[453]. Il peut donc y avoir certaines difficultés à articuler ces deux corps de règles rarement confrontés l'un à l'autre. Il faut également noter que les fréquences hertziennes sont traditionnellement attribuées dans

---

[451] Loi n° 89-25 du 17 janvier 1989 modifiant la loi n° 86-1067 du 30 septembre 1986 relative à la liberté de communication.

[452] Loi n° 86-1067 du 30 septembre 1986 relative à la liberté de communication.

[453] TH. PEZ, « Communication numérique et domaine public hertzien », *in La communication numérique, un droit, des droits*, Ed. Panthéon-Assas, 2012, p. 395 ; spéc. p. 399 : *« Les fréquences parce qu'elles sont le vecteur de services de communication obéissent à une réglementation spécifique, à la loi du 30 septembre 1986 qui s'applique surtout aux services de* communication audiovisuelle *et au Code des postes et communications électroniques qui régit les services de* communications électroniques. *Au droit du domaine public s'ajoute le droit de la communication. Cette rencontre entre le droit de la communication et le droit du domaine public teinte d'un particularisme certain le système français d'attribution des fréquences. Parce que les fréquences radioélectriques sont soumises à ces deux* corpus *de règles, leur utilisation est un mode d'occupation privatif du domaine public qui présente certaines caractéristiques propres. Les autorisations d'utilisation des fréquences sont à la fois des autorisations d'occupation domaniale et des autorisations de diffusion de services de communications électroniques ou de services audiovisuels. Les contreparties de l'utilisation des fréquences trouvent leur justification première dans l'occupation du domaine public et leurs limites dans les exigences du droit de la communication. »*.

deux finalités : permettre les communications électroniques et la communication audiovisuelle. Il n'y a à première vue pas de différences sensibles sur ce point, la nature des fréquences étant bien entendu identique dans l'un ou l'autre cas. Il est en revanche une différence véritablement substantielle, déjà esquissée précédemment et sur laquelle il conviendra de revenir, qui concerne le caractère onéreux ou gratuit de l'attribution des fréquences[454].

Pour ce qui est de la singularité du régime applicable aux fréquences hertziennes, elles font l'objet d'une certaine spécificité, en raison de leur insertion forcée dans le domaine public de l'Etat. Plus précisément, le régime qui leur est applicable est particulier puisqu'elles *« sont des dépendances domaniales, mais ce ne sont pas des dépendances domaniales comme les autres »*[455]. La nécessité de les soumettre au régime de la domanialité publique a pu être contestée, cette dernière étant considérée comme étant tout à la fois *« archaïque, inutile et peu compatible tant avec le droit du domaine public qu'avec celui de la commission audiovisuelle »*[456]. Celle-ci est de fait pour partie inadaptée aux fréquences hertziennes – et plus généralement à d'autres éléments composant le "patrimoine immatériel" des personnes publiques[457] –, même s'il faut reconnaître que *« face aux considérations économiques, les objections doctrinales opposées à la « domanialisation » des fréquences n'ont pas pesé lourd »*[458].

Plus spécifiquement, s'agissant des fréquences hertziennes, certains dispositifs particuliers, comme les contraventions de grande voirie ou le défaut d'entretien, pour s'en tenir à ces deux exemples, s'ils pourraient éventuellement se concevoir, nécessiteraient indubitablement des ajustements afin que le droit des propriétés publiques soit mis en adéquation avec leur nature spécifique[459]. L'application du régime de la

---

[454] TH. PEZ, *Le domaine public hertzien : attribution et exploitation des fréquences radioélectriques*, *ibid.*, spéc. pp. 129-189.

[455] TH. PEZ, *idem*, spéc. p. 22.

[456] Pour la citation complète, voir : B. DELCROS et D. TRUCHET, « Controverse : les ondes appartiennent-elles au domaine public ? », *RFDA* 1989, p. 255, Truchet : *« Pourquoi être contre la domanialité publique de l'espace hertzien ? Elle n'est ni scandaleuse, ni ridicule. Mais, elle est archaïque, inutile et peu compatible tant avec le droit du domaine public qu'avec celui de la communication audiovisuelle »*.

[457] Cf. *infra*.

[458] PH. YOLKA, « Exploitation des fréquences hertziennes : point trop n'en faut ! », *JCP A* 2008, act. 989.

[459] Voir également sur ces questions : A. CHAMINADE, « La soumission du spectre des fréquences radioélectriques aux règles de la domanialité publique », *JCP G* 2003, II, 10189. L'auteur écrit notamment que *« les règles relatives à la gestion du domaine*

domanialité publique aux fréquences hertziennes ne se fait donc pas sans certaines adaptations[460]. Jean-Philippe Brouant remarque à cet égard que le régime applicable aux occupations privatives du domaine public a dû être adapté en raison de la nature particulière des dépendances domaniales concernées et des libertés en jeu[461].

Par-delà les controverses sur la nature des fréquences hertziennes et sur l'identité du régime juridique le mieux approprié pour leur gestion, il faut reconnaître que du point de vue de la valorisation du "patrimoine immatériel", le mécanisme reposant sur la domanialité publique est globalement satisfaisant.

En définitive, il y a là de nouveau un régime à part, complètement inédit d'ailleurs au sein du "patrimoine immatériel" des personnes publiques, dont la cohérence est parfois incertaine, dans la mesure où il conduit tout à la fois à perturber potentiellement les équilibres centenaires du droit des propriétés publiques et à écorner un peu plus encore l'homogénéité de ce patrimoine particulier. Il n'en demeure pas moins que le régime choisi permet dans l'ensemble d'assurer un bon équilibre entre la protection des éléments en cause – qui sont inaliénables et imprescriptibles du fait de leur domanialité publique – et leur exploitation financière, particulièrement frugifère, spécialement dans le domaine des communications électroniques, au premier rang desquelles les communications téléphoniques.

---

public doivent s'appliquer au spectre des fréquences radioélectriques sous réserve des spécificités de cette parcelle domaniale ».

460 TH. PEZ, *Le domaine public hertzien : attribution et exploitation des fréquences radioélectriques*, *ibid.*, spéc. p. 25 : *« la spécificité du spectre des fréquences radioélectriques conduit cependant à l'adaptation des règles de la domanialité publique ».*

461 J.-P. BROUANT, « L'usage des fréquences de communication audiovisuelle et la domanialité publique », *AJDA* 1997, p. 115 ; spéc. p. 125 : *« Au final, l'usage des fréquences hertziennes n'est pas très éloigné du régime d'occupation du domaine public immobilier, car ce régime a évolué. Il s'agit bien d'un mode d'occupation privatif du domaine public, avec cependant certaines caractéristiques propres, liées à la consistance des dépendances occupées et aux libertés en cause. L'autorisation est certes délivrée* intuitu personae, *mais n'est pas soumise à la perception d'une redevance. Cette autorisation est révocable, sans être pour autant précaire, sachant que les motifs de retrait sont limitativement énumérés et que la procédure suivie est particulièrement respectueuse des droits de la défense. L'autorisation est théoriquement incessible, mais, tout comme dans le droit domanial, des dérogations à ce principe existent ».*

2. Mise en place d'un régime non propriétariste et extra-domanial

Les données publiques et les noms de domaine sont deux éléments du "patrimoine immatériel" des personnes publiques qui font l'objet d'un régime juridique distinct. Les deux régimes qui leur sont applicables présentent toutefois la caractéristique commune de n'être ni pleinement propriétaristes, ni domaniaux. Ils ne sont pas pour autant dépourvus d'une certaine cohérence endogène et, s'ils contribuent à illustrer la diversité des régimes juridiques applicables aux différents éléments du "patrimoine immatériel", ils tendent à prouver que la domanialité publique n'est pas inévitable et qu'un régime juridique *ad hoc* peut parfaitement suppléer à la protection juridique, certes rassurante, que celle-ci pourvoit. Il convient dès lors de revenir sommairement sur le régime juridique applicable à ces deux éléments, en abordant successivement la question des données publiques (a) et celle des noms de domaine (b).

a. Les données publiques

S'agissant des données publiques, leur mouvement d'ouverture – ou *open data* – est entamé depuis plusieurs années déjà[462]. Leur nature juridique semble différenciée, selon qu'elles font ou non l'objet d'une appropriation. La possibilité de l'appropriation serait assujettie à un travail préalable de traitement des données brutes, afin de les enrichir. Il convient donc de distinguer "données brutes", insusceptibles d'appropriation[463], et "données enrichies" (ou "élaborées"), susceptibles

[462] Pour mémoire, Monsieur Lionel Jospin avait fait allusion à cet objectif, dans son discours d'Hourtin (XXe Université de la Communication, 25 août 1997), dans lequel il s'exprimait de la façon suivante : *« Les données publiques essentielles doivent désormais pouvoir être accessibles à tous gratuitement sur Internet. »*.

[463] Voir sur ce point : O. DE DAVID BEAUREGARD-BERTHIER, « Le patrimoine immatériel de l'Etat », *in Bien public, bien commun, Mélanges en l'honneur d'Etienne Fatôme*, Dalloz, 2011, p.23 ; spéc. p. 29 : *« même si le rapport Lévy-Jouyet range les données publiques dans le patrimoine immatériel de l'Etat sans distinction entre les données brutes et les données élaborées, on ne saurait ranger les premières parmi les biens de l'Etat, faute d'appropriation possible par celui-ci. Le droit exercé par l'Etat sur les* res communes *n'est que l'expression de sa souveraineté au plan international et de ses prérogatives de puissance publique au plan interne. »*. Voir également : PH. YOLKA, « *Open data : « l'ouverture, c'est l'aventure »* », *AJDA* 2016, p. 79 ; spéc. p. 79 : *« le statut des données publiques brutes fait encore figure de « trou noir » (peut-on véritablement y voir – à l'image des bases de données structurées –, sans confondre compétence et droit subjectif, des objets de propriété pour l'administration ?) »*.

d'appropriation[464]. Il faut cependant relever que la politique d'*open data* – visant à l'ouverture des données publiques afin d'en permettre l'accès aux citoyens et plus généralement à tout opérateur intéressé – transcende largement cette distinction[465] et n'affecte pas directement les objectifs majeurs de cette politique publique.

La notion *« d'*open data *est délicate à saisir »*[466]. Pour Monsieur Laurent Teresi, cette notion *« fait tout d'abord référence aux caractères d'un objet, la donnée, qui se veut ouverte en rapport à une triple évaluation juridique, financière et, surtout, technique ; elle vise ensuite la démarche ou le mouvement d'ouverture des données, c'est-à-dire les processus techniques, organisationnels, soutenus (ou pas) par des politiques publiques, destinés à mettre à disposition de telles données, qu'elles soient publiques ou privées d'ailleurs, et à encadrer leur*

---

[464] Voir notamment : H. MOYSAN, *Le droit de propriété des personnes publiques*, LGDJ, Bibliothèque de droit public, Tome 219, 2001, spéc. p. 22 : *« Dans le cas des données publiques, l'idée que certains des biens des personnes publiques ne peuvent être l'objet d'un droit de propriété apparaît particulièrement forte. (...) la circulaire du 14 février 1994 affirme que les données publiques « brutes » « ne sont en principe la propriété de personne » et ajoute que leur contenu « ne peut être objet de propriété ». (...) Cette analyse a été reprise, plus récemment, par le Conseil d'Etat qui distingue, de la même façon, les données brutes des données enrichies. »* ; C. CHAMARD, *La distinction des biens publics et des biens privés : Contribution à la définition de la notion de biens publics*, Dalloz, NBT, vol. 33, 2004 ; spéc. § 340, p. 241 : *« les personnes publiques (...) ne détiennent (...) aucun droit de propriété intellectuelle sur les données publiques brutes qui ne constituent pas des œuvres de l'esprit »* ; O. DE DAVID BEAUREGARD-BERTHIER, art. préc. ; spéc. p. 27 : *« une distinction a été introduite entre les données publiques brutes et les données publiques élaborées ou enrichies, les premières ayant « une existence propre avant tout conditionnement intellectuel (exemple d'un commentaire d'un tableau de statistiques) ou documentaire (l'information se fondant dans un ensemble plus large) ». Le principe, adopté par le juge avant d'être confirmé par les textes est que les informations brutes « sont bien commun à tous ». Seules les informations élaborées sont protégées, en tant qu'œuvres de l'esprit, sur le terrain de la propriété intellectuelle : l'administration peut alors en céder l'usage dans le respect des règles de concurrence »* ; J.-B. AUBY, « La réutilisation des données publiques », *Dr. adm.* 2011, repère 8 : *« il y a les meilleures raisons de penser que les données publiques ne peuvent être objets de propriété que lorsqu'elles sont élaborées, pas lorsqu'elles restent brutes »*.

[465] O. DE DAVID BEAUREGARD-BERTHIER, art. préc. ; spéc. p. 28 : *« si la consultation des données publiques demeure gratuite, leur réutilisation peut, en revanche, donner lieu à la perception d'une redevance [et] ce semble-t-il quelle que soit la nature, brute ou élaborée, des informations »*.

[466] L. TERESI, « L'*open data* et le droit de l'Union européenne », *AJDA* 2016, p. 87 ; spéc. p. 87.

exploitation »[467]. Pour Madame Mélanie Dulong de Rosnay, elle *« désigne une donnée numérique ouverte, ou plus largement le mouvement techno-politique à l'origine de l'ouverture des données produites par le secteur public principalement, mais aussi privé. Pour être reconnues comme ouvertes, les données doivent être rendues disponibles dans un format standard ouvert et permettre la reproduction et la réutilisation libre et gratuite par tous »*[468].

Depuis une quinzaine d'années, il est possible de constater que *« [d]e plus en plus de données publiques sont mises à disposition des citoyens et des entreprises, et le sont directement, par diffusion, et non par suite d'une demande d'accès »*[469]. Il est ainsi possible de déceler un changement de logique, puisque la diffusion des données se fait de moins en moins sur sollicitation et bien davantage de façon spontanée[470].

Le mouvement de l'*open data* a parfois été analysé comme une *« conquête démocratique »*[471], ou comme présentant une *« plus-value démocratique »*[472]. Il est indéniable qu'il a été encouragé *« initialement*

---

[467] Pour la citation complète, voir : L. TERESI, art. préc. ; spéc. p. 87 : *« Bien qu'elle soit employée dans nombre de discours et serve de support à maintes actions publiques, la notion d'*open data *est délicate à saisir. Il a été observé qu'une certaine confusion entoure sa signification et son emploi. La difficulté tient, en partie, à l'ambiguïté de l'expression, qui désigne des réalités distinctes, quoique étroitement associées. La formule «* open data *» peut en effet recevoir deux acceptions qui sont souvent intimement mêlées. Elle fait tout d'abord référence aux caractères d'un objet, la donnée, qui se veut ouverte en rapport à une triple évaluation juridique, financière et, surtout, technique ; elle vise ensuite la démarche ou le mouvement d'ouverture des données, c'est-à-dire les processus techniques, organisationnels, soutenus (ou pas) par des politiques publiques, destinés à mettre à disposition de telles données, qu'elles soient publiques ou privées d'ailleurs, et à encadrer leur exploitation. A ce titre, l'*open data *n'est pas, au sens strict, synonyme d'ouverture des données publiques ; l'ouverture ou la « semi-ouverture » des données est aussi pratiquée par le secteur privé, pour des raisons très variées. »*.

[468] M. DULONG DE ROSNAY, « Données ouvertes (*open data*) », *in Dictionnaire des biens communs*, PUF, 2017, p. 403 ; spéc. p. 403.

[469] J.-B. AUBY, « La réutilisation des données publiques », *Dr. adm.* 2011, repère 8.

[470] S. ABBOUB et E. COQUEL, « Les modalités de mise à disposition des données publiques locales », *RFDA* 2018, p. 35 ; spéc. p. 35 : *« La loi pour une République numérique [(loi n°2016-1321 du 7 octobre 2016)] consacre (...) le passage d'une logique de demande d'accès telle qu'elle prévalait sous l'empire de la loi CADA [(loi n°78-753 du 17 juillet 1978)] à une logique de mise à disposition spontanée, sans que l'usager ait besoin d'en faire la demande officielle. »*.

[471] D. BOURCIER et P. DEFILIPPI, « La double face de l'Open Data », *Petites affiches* 10 octobre 2013, p. 6.

[472] A. CHERON, « *Open data* et valorisation du patrimoine immatériel », *AJCT* 2013, p. 123 ; spéc. p. 124.

par les idées très fortes de transparence de l'action publique, de participation du citoyen à la prise de décisions concernant le fonctionnement de la démocratie, en d'autres termes par la volonté de réinscrire la confiance des gouvernés dans les institutions administratives et plus généralement dans l'action de l'Etat »[473].

Le rapport "Lévy-Jouyet" – déjà évoqué à maintes reprises s'agissant de la diffusion dans tous les pans de l'activité administrative de l'importance capitale de l'immatériel – n'est pas étranger à l'affermissement du mouvement de l'*open data* et de la multiplication des actions de ce genre dans les différentes administrations. Ce rapport préconisait en effet, dès 2006, d' *« [a]ccélérer la mise en ligne des données publiques »*[474], en soulignant qu'il paraissait *« indispensable d'intégrer [l']objectif de diffusion croissante des données publiques dans le dispositif (...) de recensement des actifs immatériels, afin de renforcer l'incitation des services à déployer un effort de recensement et de mise en ligne de leurs données »*[475]. Le mouvement a surtout été amorcé en France par certaines collectivités territoriales[476] et il a été corroboré dans la période qui a suivi par une forte intervention du *« pouvoir central [qui] a fait preuve dans les dernières années d'un incontestable volontarisme, qui inscrit l'open data au cœur de la réforme administrative et de la*

---

473 Pour la citation complète, voir : A. CHERON, « *Open data* et valorisation du patrimoine immatériel », *AJCT* 2013, p. 123 ; spéc. p. 124 : *« L'ouverture des données publiques a été motivée initialement par les idées très fortes de transparence de l'action publique, de participation du citoyen à la prise de décisions concernant le fonctionnement de la démocratie, en d'autres termes par la volonté de réinscrire la confiance des gouvernés dans les institutions administratives et plus généralement dans l'action de l'Etat »*. Voir également : J. MARCHAND, « L'open data, la réutilisation des données publiques entre exigence démocratique et potentiel économique », *JCP A* 2014, 2038 ; spéc. : *« L'*open data *s'inscrit alors dans un grand projet démocratique et repose sur une forte volonté politique qui vise la publication des informations gouvernementales en ligne ; l'amélioration de la qualité de cette information ; la création et l'institutionnalisation de la culture de transparence et la mise à jour des politiques afin qu'elles soient adaptées à ces changements »*.

474 M. LEVY et J.-P. JOUYET, *L'économie de l'immatériel, la croissance de demain*, La Documentation française, 2006 ; spéc. p. 124, recommandation n°11.

475 *Idem.*

476 Voir l'exemple de la ville de Rennes, pionnière en la matière : CONSEIL D'ETAT, *Le patrimoine immatériel des personnes publiques*, Colloque du 16 mars 2012, La Documentation française, coll. Droits et Débats n°6, 2013 ; intervention de S. Naudet, spéc. p. 49 : *« Le premier à l'avoir montré en France est effectivement la ville de Rennes : en organisant un concours sur l'emploi des données, ils ont pu se rendre compte immédiatement que cela favorisait la création de services. Ce n'est évidemment pas le rôle de l'administration de faire ça et pourtant, un certain nombre d'administrations était tenté de le faire ou le faisait. »*.

construction d'un « Etat numérique » »[477]. Ce mouvement participe donc pleinement de la réforme de l'Etat[478]. Finalement, le législateur est intervenu *« en favorisant dans un premier temps l'accès aux documents administratifs puis en transposant le principe de l'ouverture et de la réutilisation des données publiques »*[479], de telle sorte que *« le droit « des » informations publiques en est (...) venu à consacrer un droit « aux » informations publiques »*[480].

Conçu avant tout comme un vecteur de transparence de l'action administrative, le partage des données contribue certainement à la dynamisation de l'activité économique. Il a ainsi pu être qualifié de *« bon stimulant pour la démocratie et l'économie »*[481]. Le dualisme de l'*open data* peut être résumé de la façon suivante : il s'agit d'un mouvement qui *« donne indiscutablement de nouveaux moyens de contrôle de l'action publique aux citoyens et participe en cela au renouvellement de la légitimité démocratique [et qui, en tant que] levier économique (...) offre*

---

[477] Pour la citation complète, voir : PH. YOLKA, « *Open data : « l'ouverture, c'est l'aventure »* », *AJDA* 2016, p. 79 ; spéc. p. 79 : *« Si les collectivités territoriales ont joué un rôle pionnier en la matière, le pouvoir central a fait preuve dans les dernières années d'un incontestable volontarisme, qui inscrit l'open data au cœur de la réforme administrative et de la construction d'un « Etat numérique » ».*

[478] J. MARCHAND, « L'open data, la réutilisation des données publiques entre exigence démocratique et potentiel économique », *JCP A* 2014, 2038. Voir spéc. : *« A la suite de la RGPP [(Révision générale des politiques publiques)], la modernisation de l'action publique fait du numérique et de l'ouverture des données publiques de puissants leviers de transformation et de performance de l'action publique ».* Voir également : A. ANTOINE, « Les expériences étrangères d'ouverture de l'accès aux données publiques », *AJDA* 2016, p. 81 ; spéc. p. 85 : *« L'*open data *vise en tout premier lieu à favoriser l'efficience des services publics et l'attractivité économique de l'Etat ».*

[479] J. MARCHAND, « L'open data, la réutilisation des données publiques entre exigence démocratique et potentiel économique », *JCP A* 2014, 2038. Voir spéc. : *« Le législateur a (...) juridicisé la transparence en favorisant dans un premier temps l'accès aux documents administratifs puis en transposant le principe de l'ouverture et de la réutilisation des données publiques ».*

[480] PH. YOLKA, « *Open data : « l'ouverture, c'est l'aventure »* », *AJDA* 2016, p. 79 ; spéc. p. 79.

[481] Pour la citation complète, voir : M. DULONG DE ROSNAY, « Données ouvertes (*open data*) », *in Dictionnaire des biens communs*, PUF, 2017, p. 403 ; spéc. p. 406 : *« En définitive, le mouvement de l'*open data *est louable et les efforts pour la mise en commun de données disponibles et réutilisables sont un bon stimulant pour la démocratie et l'économie ».* Voir également : J. MARCHAND, « L'open data, la réutilisation des données publiques entre exigence démocratique et potentiel économique », *JCP A* 2014, 2038 ; voir spéc. : *« Deux grands ensembles de justifications sont systématiquement avancés pour légitimer le mouvement d'ouverture des données publiques et le principe de leur réutilisation : l'approfondissement démocratique et la stimulation de l'innovation économique. ».*

en outre de formidables opportunités d'exploitation de gisements de données dans un but de créer des services innovants »[482].

A la croisée d'exigences démocratiques et économiques, le mouvement d'*open data* pose directement la question *« capitale (...) de la gratuité ou du caractère payant de la réutilisation »*[483]. Cette problématique est déterminante car les destinataires de la mise à disposition des données publiques sont à la fois les citoyens et les entreprises, mais leur comportement est fortement influencé par l'onérosité ou non des données. En effet, le fait de rendre leur mise à disposition ou leur utilisation payante aura pour double conséquence de réduire l'accès aux données publiques, et donc de limiter la transparence de l'action administrative, et de limiter la création de valeur issue de la réutilisation de ces données par des opérateurs privés. D'un autre côté, la gratuité est certainement satisfaisante pour le plus grand nombre[484], mais

---

[482] L. CLUZEL-METAYER, « Les limites de l'*open data* », *AJDA* 2016, p. 102 ; spéc. p. 102. Pour une analyse plus détaillée, voir : H. VERDIER et S. VERGNOLLE, « L'Etat et la politique d'ouverture en France », *AJDA* 2016, p. 92 ; spéc. pp. 93-94 : *« Tout d'abord, l'ouverture des données publiques est un outil essentiel au service de la transparence du fonctionnement des administrations. Le renforcement de la politique d'*open data *constitue ainsi un enjeu démocratique majeur, puisqu'il permet aux administrés, comme aux citoyens, de savoir ce que sait l'Etat. Le développement d'une politique d'*open data *constitue donc un levier pour créer une relation de confiance à travers une action ouverte et transparente, sur le plan national comme sur le plan international.*
*Par ailleurs, l'*open data *offre la possibilité d'améliorer le travail des administrations et de moderniser l'action publique. Cette politique a assurément pour effet de décloisonner le travail des agents publics, en proposant l'accès libre et gratuit à des ressources numériques nécessaires à l'exercice des missions de service public des administrations. Cette ouverture permet également de nourrir le débat démocratique, en contribuant à fonder les choix politiques sur des analyses éclairées et ancrées dans le réel.*
*Enfin, l'*open data *- en ce qu'il permet une réutilisation libre et gratuite par toute personne, notamment des entreprises, des développeurs et des* start up *- constitue un enjeu économique important (v. circ. du 26 mai 2011). En effet, une politique d'ouverture des données publiques est un moyen d'accélérer l'activité et la croissance. Plusieurs études nationales et étrangères reconnaissent que ces politiques publiques offrent des potentiels économiques très importants. »*.

[483] J.-B. AUBY, « La réutilisation des données publiques », *Dr. adm.* 2011, repère 8 ; voir spéc. : *« Une question capitale est celle de la gratuité ou du caractère payant de la réutilisation. »*.

[484] PH. TERNEYRE, « Les actifs immatériels des personnes publiques », *RJEP* 2013, étude 16 ; voir spéc. § 36 : *« [ouvrir les données publiques] à tous et à titre gratuit (...) car nul ne conteste que, dans la société ouverte et dématérialisée dans laquelle nous vivons, le libre et instantané accès aux informations publiques est capital, tant pour les entreprises qui en ont besoin pour exister et se développer (en cela, il s'agit déjà là d'une valorisation de ces actifs publics) que pour les particuliers, pour lesquels ces*

outre l'intérêt parfois limité que présentent les données mises à disposition pour les citoyens[485], elle prive les pouvoirs publics d'une importante ressource financière. La valorisation la plus optimale de cet élément du "patrimoine immatériel" passe donc par un équilibre subtil dans la recherche des contreparties – financières ou non – à la mise à disposition des données publiques au plus grand nombre.

Le mouvement *d'open data* a fait l'objet d'un amoncellement normatif ces dernières années[486]. Les derniers textes législatifs ont finalement tranché pour une mise à disposition gratuite des données publiques[487]. Ainsi, la loi dite "Valter" du 28 décembre 2015, relative à la gratuité et aux modalités de réutilisation des informations du secteur public, a modifié la loi du 17 juillet 1978[488], et plus spécialement son article 15, dont le premier paragraphe dispose désormais que : *« La réutilisation d'informations publiques est gratuite. Toutefois, les administrations mentionnées à l'article 1er peuvent établir une redevance de réutilisation lorsqu'elles sont tenues de couvrir par des recettes propres une part substantielle des coûts liés à l'accomplissement de leurs missions de service public. »*. Cette disposition a fait l'objet d'une codification[489] et

---

actes et ces données publiques créent du lien social en évitant une fracture culturelle entre les « sachants » et les autres ».

485 A. CHERON, art. préc. ; spéc. p. 124 : *« Le citoyen est-il suffisamment compétent et informé pour profiter de l'ouverture et de la réutilisation des données publiques ? Pour certains experts de l'*open data, *la réutilisation des données publiques ne concernerait finalement que ceux qui ont une capacité technique et cognitive pour les exploiter, c'est-à-dire les acteurs du numérique. »*. Dans le même ordre d'idées, il convient de ne pas accorder au mouvement de l'*open data* plus d'importance qu'il n'en a réellement ; voir sur ce point : D. BOURCIER et P. DEFILIPPI, « La double face de l'Open Data », *Petites affiches* 10 octobre 2013, p. 6 ; spéc. : *« Le mouvement* Open Data *peut être vu comme une arme à double tranchant. Alors qu'il est évident que l'*Open Data *a été (et continue d'être) un moteur de changement pour la société dans son ensemble, ce dernier ne doit cependant pas être surévalué ».*

486 Voir sur ce point : S. ABBOUB et E. COQUEL, art. préc. Les auteurs recensent dans cette étude les textes normatifs des dernières années portant sur ces questions. Voir également : L. CLUZEL-METAYER, « Les limites de l'*open data* », *AJDA* 2016, p. 102 ; spéc. p. 103 : *« Le dispositif original, tel que modifié, est ainsi complexe et l'enchevêtrement textuel qui se profile ne laisse présager aucune clarification. ».*

487 Loi n° 2015-1779 du 28 décembre 2015 relative à la gratuité et aux modalités de la réutilisation des informations du secteur public ; Loi n° 2016-1321 du 7 octobre 2016 pour une République numérique.

488 Loi n°78-753 du 17 juillet 1978 portant diverses mesures d'amélioration des relations entre l'administration et le public et diverses dispositions d'ordre administratif, social et fiscal.

489 Ordonnance n° 2016-307 du 17 mars 2016 portant codification des dispositions relatives à la réutilisation des informations publiques dans le code des relations entre le public et l'administration.

elle figure désormais dans le code des relations entre le public et l'administration, à l'article L. 324-1, alinéa 1er[490]. Le montant de l'éventuelle redevance est ensuite strictement encadré, puisqu'il ne doit pas excéder les coûts exposés par l'Administration concernée pour rendre ces données réutilisables[491].

Le principe est bien celui de la mise à disposition et de la réutilisation gratuites des données publiques. Dès lors, la question se pose inévitablement de savoir à qui profite réellement le mouvement d'*open data*[492]. Il est incontestable que si *« [l]es fichiers et leur traitement informatisé sont devenus (...) une véritable manne financière pour le secteur privé »*[493], le citoyen ne fait quant à lui qu'un usage modéré des données publiques mises à sa disposition – il peut tout au plus être rassuré par l'existence de ce mouvement, dont il peine toutefois bien souvent à voir les effets concrets. Il n'est pas certain, dans ces conditions, que le mouvement d'*open data* profite concrètement bien davantage à d'importants opérateurs privés spécialisés dans le traitement et la réutilisation des données qu'aux citoyens, supposés avides de transparence.

D'autres difficultés sont régulièrement soulevées[494] et tendent à infléchir les bienfaits apparents du mouvement d'*open data*. Plus spécialement, des frictions peuvent être décelées avec le droit au respect

---

[490] Article L. 324-1, al. 1er du code des relations entre le public et l'administration : *« La réutilisation d'informations publiques est gratuite. Toutefois, les administrations mentionnées au premier alinéa de l'article L. 300-2 peuvent établir une redevance de réutilisation lorsqu'elles sont tenues de couvrir par des recettes propres une part substantielle des coûts liés à l'accomplissement de leurs missions de service public. ».*

[491] Article L. 324-1, al. 2 du code des relations entre le public et l'administration : *« Le produit total du montant de cette redevance, évalué sur une période comptable appropriée, ne dépasse pas le montant total des coûts liés à la collecte, à la production, à la mise à la disposition du public ou à la diffusion de leurs informations publiques. ».*

[492] PH. YOLKA, « Open data : « l'ouverture, c'est l'aventure » », *AJDA* 2016, p. 79 ; spéc. p. 79 : *« à qui profite (surtout) l'*open data *? Le pavillon sert de plus en plus les intérêts d'une flotte de commerce (voire, de quelques écumeurs de l'océan numérique), qui supplante progressivement les navires scientifiques. Si, aux débuts de l'internet, dominait chez les chercheurs l'idéal altruiste du partage des connaissances, ce temps est révolu : la loi du marché a implacablement repris ses droits, tant il est vrai que l'information – notamment, publique – constitue la nouvelle richesse des nations, mais aussi des marchands ».*

[493] J. MARCHAND, « L'open data, la réutilisation des données publiques entre exigence démocratique et potentiel économique », *JCP A* 2014, 2038.

[494] L. CLUZEL-METAYER, « Les limites de l'*open data* », art. préc.

de la vie privée, du fait du croisement de certaines données[495], ainsi qu'avec le droit de la propriété intellectuelle[496].

b. Les noms de domaine

Pour ce qui est des noms de domaine, leur nature juridique exacte est toujours débattue[497]. Appelé à se prononcer sur cette question, le Conseil constitutionnel est d'ailleurs resté en retrait[498]. Pour le Professeur Grégoire Loiseau, *« son appartenance à la catégorie des signes distinctifs est vraisemblable, de sorte que son accession, comme telle, à l'univers des propriétés intellectuelles serait logique »*[499]. Pour Madame Agnès Rabagny-Lagoa, en revanche, *« [i]l semble impossible de rattacher le nom de domaine tant à la propriété de l'article 544 du Code*

---

[495] J. MARCHAND, « L'open data, la réutilisation des données publiques entre exigence démocratique et potentiel économique », *JCP A* 2014, 2038. Voir spéc. : *« les technologies du* Big data *associées au mouvement d'*open data *questionnent l'effectivité des techniques d'anonymisation dès lors qu'elles permettent des croisements de données qui ouvrent des possibilités infinies de profilage. ».*

[496] Sur cette question voir : C. BERNAULT, « Ouverture des données publiques et propriété intellectuelle », *Dalloz IP/IT* 2018, p. 103 ; spéc. : *« L'articulation des dispositions du code des relations entre le public et l'administration, du code de la recherche et du code de la propriété intellectuelle peut, dans certains cas, faire échec à l'Open Data. ».*

[497] C. CARON, « A la recherche de la nature juridique du nom de domaine », *Communication Commerce électronique*, Juin 2001, comm. 60 ; M.-E. HAAS, « Un an de droit français des noms de domaine », *Propriété industrielle* 2014, chron. 5 ; voir également, pour une étude récente et approfondie : A. RABAGNY-LAGOA, « Propos sur la nature juridique du nom de domaine », *Communication Commerce électronique* 2015, étude 8.

[498] CC, *M. Mathieu P.*, Décision n°2010-45 QPC, 6 octobre 2010 ; *D.* 2010, p. 2285, note C. MANARA ; *Communication Commerce électronique* 2010, comm. 121, note C. CARON ; *Revue française de droit constitutionnel* 2011, p. 292, note E. BORNER-KAYDEL ; *Communication Commerce électronique* 2011, étude 2, note F. SARDAIN. D'après le commentaire aux Cahiers du Conseil constitutionnel, cahier n°30, spéc. p. 3 : *« Le requérant entendait faire juger par le Conseil constitutionnel que le droit sur un nom de domaine est assimilable au droit de propriété. Le Conseil n'a pas estimé nécessaire, pour apprécier la constitutionnalité de la disposition déférée, de trancher cette question d'interprétation qui divise la doctrine entre les opposants et les partisans de l'assimilation. ».*

[499] G. LOISEAU, « Nom de domaine et Internet : turbulences autour d'un nouveau signe distinctif », *D.* 1999, p. 245 ; pour la citation complète, voir spéc. p. 245 : *« cette dimension commerciale du nom de domaine donne évidemment tout son poids à la question de sa nature juridique. A cet égard, son appartenance à la catégorie des signes distinctifs est vraisemblable, de sorte que son accession, comme telle, à l'univers des propriétés intellectuelles serait logique. Il importe en tout cas d'y réfléchir car la détermination de la nature du nom de domaine est à n'en pas douter l'une des clés de la résolution du contentieux qu'il peut occasionner ».*

civil qu'aux propriétés intellectuelles »[500]. Il ne s'agit donc pas d'un bien, mais d'une *res nullius*[501]. Contrairement à la marque, dont l'enregistrement *« donne naissance à un droit privatif [, le] nom de domaine est enregistré par le premier déposant, en application du principe* premier arrivé, premier servi. *»*[502]. Il en résulte que *« [s]on titulaire n'acquiert aucune protection contre l'usage de signes identiques ou similaires par des tiers »*[503]. En réalité, il s'avère que le nom de domaine *« n'est protégé que par la théorie de la concurrence déloyale, lorsqu'une atteinte lui a été effectivement portée par un risque de confusion pouvant être qualifié de faute »*[504]. Cet élément est de nature à confirmer qu'il ne s'agit pas d'une propriété incorporelle, puisque le fondement utilisé pour sa protection est celui de l'ex-article 1382 du Code civil[505], soit celui de la responsabilité civile extracontractuelle. Certains auteurs relèvent que le régime juridique qui est applicable aux noms de domaine des personnes publiques *« est toujours en développement »*, en soulignant tout de même que celles-ci bénéficient *« des mêmes modes de protection que tout opérateur privé, mais aussi de prérogatives spécifiques à leur qualité de personne morale de droit public »*[506].

Il s'avère toutefois que l'un des traits caractéristiques concernant le dépôt d'une marque à l'Institut national de la propriété industrielle (INPI) par une personne publique est qu'il n'entraîne pas automatiquement sa protection au titre de la législation sur les noms de domaine, et réciproquement[507]. La personne publique concernée par un dépôt de

---

[500] A. RABAGNY-LAGOA, art. préc.

[501] A. RABAGNY-LAGOA, art. préc. A noter que si cette qualification est retenue, le nom de domaine serait alors non approprié mais susceptible d'appropriation.

[502] A. RABAGNY-LAGOA, art. préc. ; souligné par l'auteur.

[503] A. RABAGNY-LAGOA, art. préc.

[504] A. RABAGNY-LAGOA, art. préc.

[505] Voir aujourd'hui l'article 1240 du même code, dans une formulation illustre – demeurée inchangée – selon laquelle : *« Tout fait quelconque de l'homme, qui cause à autrui un dommage, oblige celui par la faute duquel il est arrivé à le réparer »*.

[506] D. DA PALMA, S. NOURI-MESHKATI et F. PAGGI, « La protection des marques et des noms de domaine des collectivités publiques », *JCP A* 2015, 2250.

[507] L'Agence du patrimoine immatériel de l'Etat divulgue régulièrement de nombreuses préconisations en la matière, pour un bon exemple, voir : Agence du patrimoine immatériel de l'Etat, « Nom de domaine : affirmer et sécuriser sa présence sur Internet », Ressources de l'immatériel, 2012 ; spéc. p. 2 : *« si les marques et les noms de domaine sont régis par des règles spécifiques, ils sont néanmoins susceptibles d'interférer les uns avec les autres. Une marque peut constituer un obstacle juridique à l'adoption d'un nom de domaine et inversement. Détenir une marque ne crée pas de facto un droit sur le nom de domaine et réciproquement. Le dépôt d'une marque peut s'accompagner de la réservation de noms de domaine, lorsque la marque donne lieu à un site internet dédié*

marque n'est donc pas dispensée de la réservation du nom de domaine convoité et la protection liée à l'antériorité ne sera pas systématique.

Il faut également noter que de nombreuses collectivités territoriales ont cru devoir déposer leur nom à titre de marque, alors même que cette logique de protection ne s'accompagnait pas nécessairement d'une exploitation commerciale, à peine de quoi la marque serait susceptible d'une action en déchéance[508]. Cette démarche ne s'inscrivait donc pas dans une logique de long-terme ou dans une stratégie spécifique de gestion de leur "patrimoine immatériel", mais elle visait à pallier les défaillances d'un dispositif législatif ne protégeant pas spécifiquement les noms de domaine des personnes publiques – régulièrement convoités par des opérateurs privés parfois animés par de viles destinées. Pour remédier à ces insuffisances, la loi Hamon[509] a prévu un dispositif spécifique visant à ce que les collectivités territoriales et établissements publics de coopération intercommunale soient prévenus par l'INPI de tout dépôt de marque contenant leur dénomination. Ainsi, l'article L. 712-2-1 du code de la propriété intellectuelle prévoit désormais que : *« Toute collectivité territoriale ou tout établissement public de coopération intercommunale peut demander à l'Institut national de la propriété industrielle d'être alerté en cas de dépôt d'une demande d'enregistrement d'une marque contenant sa dénomination, dans des conditions fixées par décret. (...) »*. Les conditions de mise en œuvre de ces dispositions sont précisées par un décret du 2 juin 2015[510], qui détaille en outre le nouveau dispositif des indications géographiques protégeant les produits industriels et artisanaux, résultant directement de la malencontreuse affaire "Laguiole"[511] (cf. *infra*).

---

par exemple. À l'inverse, la simple exploitation d'un nom de domaine pour un site internet peut, dans certaines circonstances, s'accompagner utilement d'un dépôt de marque, afin notamment de protéger plus efficacement la dénomination. » (nous soulignons).

[508] Article L. 714-5 du code de la propriété intellectuelle : *« Encourt la déchéance de ses droits le propriétaire de la marque qui, sans justes motifs, n'en a pas fait un usage sérieux, pour les produits et services visés dans l'enregistrement, pendant une période ininterrompue de cinq ans. (...) »*.

[509] Loi relative à la consommation, n° 2014-344, du 17 mars 2014, dite "loi Hamon".

[510] Décret du 2 juin 2015, n° 2015-595, relatif aux indications géographiques protégeant les produits industriels et artisanaux et portant diverses dispositions relatives aux marques.

[511] TGI Paris, 13 septembre 2012, *Commune de Laguiole*, n° 10/08800 ; confirmé par : CA Paris, Pôle 5, ch. 2, 4 avril 2014, *Commune de Laguiole*, n° 12-20559 ; *AJCT* 2014, p. 455, note J.-D. DREYFUS. Voir dernièrement : Cass. com., 4 octobre 2016, *Commune de Laguiole*, n° 14-22245 ; *JCP E* 2016, 1689, note A. MENDOZA-CAMINADE ; *Propriété industrielle* 2016, comm. 89, note J. LARRIEU.

S'agissant plus spécifiquement de la lutte contre le phénomène de *cybersquatting* – qui peut être défini comme consistant à essayer de bénéficier de mauvaise foi de la réputation d'une entité qui inspire la confiance auprès du public –, un député avait proposé de mettre en place pour les noms de domaine un dispositif similaire à celui envisagé pour les marques, de telle sorte à ce que l'INPI alerte les collectivités territoriales en cas d'enregistrement d'un nom de domaine contenant leur dénomination.

A l'occasion de la discussion du projet de loi relatif à la consommation[512], il avait été proposé de prévoir un nouveau dispositif de protection spécifique au nom des collectivités territoriales sur internet, consistant en une alerte de la collectivité territoriale concernée, par l'INPI, d'un dépôt potentiellement litigieux[513]. L'amendement projeté avait finalement été retiré par son instigatrice, en raison d'un avis défavorable du gouvernement et malgré une justification assez peu convaincante, dans la mesure où le Ministre s'était contenté de soulever une inconstitutionnalité potentielle du dispositif envisagé[514][515].

---

[512] Le texte définitivement adopté est la loi Hamon précitée.

[513] Compte-rendu intégral de la 3e séance du jeudi 27 juin 2013, JORF, Année 2013, N° 83 [3] A.N. (C.R.), vendredi 28 juin 2013 ; spéc. p. 7245 : « *Cet article vise à protéger les noms des collectivités territoriales contre tout usage malveillant. À ce titre, il serait bon que nous réfléchissions à la possibilité de protéger les noms de domaine internet. Dans ce secteur, c'est la règle du premier inscrit, premier servi qui prévaut. S'il est difficile d'agir pour se prémunir contre tout usage indélicat d'un nom de collectivité pour ce qui est des noms de domaine à l'échelle de l'Europe et du monde, il doit être envisageable de le faire à l'échelle de la France, pour les noms se terminant par « fr », lesquels sont régis par l'Association française pour le nommage internet en coopération. Celle-ci pourrait, à l'instar de l'INPI pour le dépôt d'un nom de marque, alerter les collectivités qui le souhaitent du dépôt de leur nom pour un nom de domaine.* ».

[514] Compte-rendu intégral de la 3e séance du jeudi 27 juin 2013, *ibid.* : « *L'enregistrement des noms de domaine doit rester libre, en application des principes de liberté d'entreprendre et de communiquer, comme l'a rappelé le Conseil constitutionnel dans une décision de 2010. Il n'est donc pas possible, madame la députée, de réserver une suite favorable à votre amendement.* ». Il s'agit en réalité de la Décision n°2010-45 QPC, précitée, dans laquelle le Conseil constitutionnel censure les dispositions qui lui sont déférées pour incompétence négative, ce qui signifie qu'il n'a pas estimé que la disposition contestée était en elle-même contraire aux libertés invoquées – les atteintes qui y sont portées peuvent d'ailleurs être justifiées. Le commentaire de cette décision aux Cahiers du Conseil constitutionnel (cahier n°30, spéc. p. 6) souligne également que : « *[Le Conseil constitutionnel] a affirmé une réserve de compétence du législateur mais n'a pas reconnu un droit constitutionnel au libre choix de son nom de domaine pour créer son site internet.* ».

[515] Il convient toutefois de noter qu'il existe en la matière une procédure tout à fait particulière de résolution alternative des litiges, dite procédure "SYRELI" (aussi appelée

La question est particulièrement sensible s'agissant du nom des collectivités territoriales, puisqu'elles sont régulièrement la cible de *cybersquatteurs*[516]. Le code des postes et des communications électroniques a pendant un temps pourvu une protection spécifique aux noms de domaine des collectivités territoriales. Son article R. 20-44-43, II, issu d'un décret du 6 février 2007[517], prévoyait ainsi que : « *Sauf autorisation de l'assemblée délibérante, le nom d'une collectivité territoriale ou d'un établissement public de coopération intercommunale à fiscalité propre, seul ou associé à des mots ou abréviations faisant référence aux institutions locales, peut uniquement être enregistré par cette collectivité ou cet établissement public comme nom de domaine au sein des domaines de premier niveau correspondant au territoire national.* ». Cette disposition a été abrogée, à la suite de la déclaration d'inconstitutionnalité du texte législatif lui servant de fondement, soit l'article L. 45 du même code[518]. Désormais, l'article L. 45-2 du code prévoit que « *l'enregistrement ou le renouvellement des noms de domaine peut être refusé ou le nom de domaine supprimé lorsque le nom de domaine est : (...) 3° Identique ou apparenté à celui de la République française, d'une collectivité territoriale ou d'un groupement de collectivités territoriales ou d'une institution ou service public national ou local, sauf si le demandeur justifie d'un intérêt légitime et agit de*

Système de résolution des litiges, cette procédure est prévue aux articles L. 45-1 et s. du Code des postes et des communications électroniques), facultative, avant tout recours judiciaire, effectuée devant l'AFNIC (Association française pour le nommage Internet en coopération) et qui paraît en phase avec l'objet particulier en cause de ce type de litiges. Pour une bonne synthèse sur toutes ces questions : D. DA PALMA, S. NOURI-MESHKATI et F. PAGGI, *ibid.*). Ce dispositif est en revanche largement moins protecteur que celui qui était envisagé dans les débats parlementaires précités, puisqu'il intervient uniquement *a posteriori*, c'est-à-dire une fois qu'un nom de domaine est exploité par un tiers et que la personne publique lésée cherche à le récupérer ou à en interdire l'usage qui en est fait.

[516] Voir par exemple : Cass. com., 10 juillet 2012, *Commune de Marmande*, n°11-21919 ; *D.* 2012, p. 2768, chron. Y. Auguet ; *Communication commerce électr.* 2012, repère 9, note C. Caron.

[517] Décret n°2007-162 du 6 février 2007 relatif à l'attribution et à la gestion des noms de domaine de l'internet et modifiant le code des postes et des communications électroniques.

[518] Cons. const., décision n°2010-45 QPC, *M. Mathieu P.* ; *D.* 2010, p. 2285, obs. C. MANARA ; *RFDA* 2010, p. 1257, chron. A. ROBLOT-TROIZIER et T. RAMBAUD ; *Gaz. Pal.* 17 déc. 2010, p. 35, note F. GILBERT ; *Communication commerce électr.* 2010, comm. 121, note C. CARON ; *Communication commerce électr.* 2011, étude 2, F. SARDAIN.

bonne foi. ». La notion d'intérêt légitime est ensuite précisée par l'article R. 20-44-46 du code[519].

L'existence de cette pluralité de régimes juridiques spécifiques accroit la différenciation des dispositions applicables aux éléments du "patrimoine immatériel" des personnes publiques. Elle permet toutefois de garantir l'application de règles ciselées sur-mesure pour ces éléments particuliers. Les mécanismes de protection existants sont *a priori* suffisants pour contrer des utilisations non consenties du nom d'une collectivité territoriale à titre de nom de domaine. L'existence de ce régime textuel, récemment remodelé, présente également une sécurité juridique appréciable en comparaison avec l'absence de régime textuel dont souffrent parfois d'autres éléments du "patrimoine immatériel".

B. Absence complète de tout régime textuel

Parfois considérés comme des éléments du "patrimoine immatériel" des personnes publiques[520], l'image des biens publics et les noms des

---

[519] Aux termes de cet article : « *Peut notamment caractériser l'existence d'un intérêt légitime, pour l'application du 2° et du 3° de l'article L. 45-2, le fait, pour le demandeur ou le titulaire d'un nom de domaine :*
– d'utiliser ce nom de domaine, ou un nom identique ou apparenté, dans le cadre d'une offre de biens ou de services, ou de pouvoir démontrer qu'il s'y est préparé ;
– d'être connu sous un nom identique ou apparenté à ce nom de domaine, même en l'absence de droits reconnus sur ce nom ;
– de faire un usage non commercial du nom de domaine ou d'un nom apparenté sans intention de tromper le consommateur ou de nuire à la réputation d'un nom sur lequel est reconnu ou établi un droit.
Peut notamment caractériser la mauvaise foi, pour l'application des 2° et 3° de l'article L. 45-2, le fait, pour le demandeur ou le titulaire d'un nom de domaine :
– d'avoir obtenu ou demandé l'enregistrement de ce nom principalement en vue de le vendre, de le louer ou de le transférer de quelque manière que ce soit à un organisme public, à une collectivité locale ou au titulaire d'un nom identique ou apparenté sur lequel un droit est reconnu et non pour l'exploiter effectivement ;
– d'avoir obtenu ou demandé l'enregistrement d'un nom de domaine principalement dans le but de nuire à la réputation du titulaire d'un intérêt légitime ou d'un droit reconnu sur ce nom ou sur un nom apparenté, ou à celle d'un produit ou service assimilé à ce nom dans l'esprit du consommateur ;
– d'avoir obtenu ou demandé l'enregistrement d'un nom de domaine principalement dans le but de profiter de la renommée du titulaire d'un intérêt légitime ou d'un droit reconnu sur ce nom ou sur un nom apparenté, ou de celle d'un produit ou service assimilé à ce nom, en créant une confusion dans l'esprit du consommateur. ».

[520] Voir notamment : PH. TERNEYRE, « Les actifs immatériels des personnes publiques », *RJEP* 2013, étude 16 ; spéc. §14.

espaces culturels ou sportifs – ces opérations s'appellent également "nommage"[521] ou "*naming*"[522] – sont dépourvus d'un véritable lien de propriété avec la personne publique concernée[523]. Ces éléments ne bénéficient pas non plus d'un régime juridique véritablement cohérent. En la matière, le législateur s'est mis en retrait et la jurisprudence, lorsqu'elle se prononce à ce propos, joue simplement un rôle subsidiaire, sans pouvoir réellement suppléer à une prise en main de ces questions par le législateur, qui paraît dès lors inévitable.

Ces questions sont, ainsi qu'il a été dit, clairement marquées par l'inexistence de toute disposition législative pour en déterminer précisément tant la notion que le régime juridique, aussi bien en ce qui concerne l'image des biens publics (1) que le nommage (2). Il convient de revenir sur ces questions successivement.

1. L'image des biens publics

L'absence de mise en place de règles législatives spécifiques[524] pour régir le cas de l'image des biens publics a été relativement bien comblée

---

[521] S. BRAMERET, « Les contrats de « nommage » des équipements publics », *RFDA* 2015, p. 671.

[522] M. CARIUS, « Le *naming* des enceintes sportives, les nouveaux dieux du stade », *AJCT* 2012, p. 357 ; Voir également : S. BRAMERET, « Le naming « à la française » », *AJDA* 2016, p. 1537 ; E. DEROUESNE et V. LAFARGUE, « Le naming des équipements publics », *Revue du gestionnaire public* 2017, 22.

[523] Ce point de vue n'est pas unanimement partagé, certains auteurs considérant que ces éléments du "patrimoine immatériel" des personnes publiques font l'objet d'un droit de propriété : pour les images – O. DE DAVID BEAUREGARD-BERTHIER, « Le patrimoine immatériel de l'Etat », *in Bien public, bien commun, Mélanges en l'honneur d'Etienne Fatôme*, Dalloz, 2011, p. 23, spéc. p. 25 : *« Les personnes publiques, au premier rang desquelles l'Etat, sont donc bien propriétaires de brevets publics, de logiciels publics, comme de leur image et de leurs marques »* (nous soulignons) ; pour le *naming* – M. Carius, art. préc. : *« À l'instar de l'enseigne d'une entreprise ou de son nom commercial, la dénomination d'un équipement relevant du domaine public constitue une propriété publique immatérielle »* (nous soulignons) ; dans le même ordre d'idées, puisque l'argumentation retenue suppose la reconnaissance préalable de la propriété publique, l'auteur écrit plus loin que : *« le naming s'apparente à un démembrement de propriété, portant en l'occurrence sur l'usus et l'abusus. »*.

[524] Seule une proposition de loi pouvait jusqu'ici être citée, quoiqu'elle n'ait pas même fait l'objet d'un examen par le Parlement : Proposition de loi visant à donner un cadre juridique au droit à l'image et à concilier ce dernier avec la liberté d'expression, 16 juillet 2003. Ce texte a été considérablement critiqué : J.-M. BRUGUIERE et B. GLEIZE, « Proposition de loi sur le droit à l'image, Pitié pour les juristes ! », *D.* 2003, p. 2643. Désormais, il faut également se reporter à l'article L. 621-42 du code du patrimoine, issu de la loi n°2016-925 du 7 juillet 2016 relative à la liberté de la création, à

par la jurisprudence, même si celle-ci n'est pas totalement exempte d'incertitudes, ainsi que cela a été exposé précédemment. En la matière, il faut étudier à la fois l'image des biens du domaine privé et celle des biens du domaine public, en distinguant selon que ce dernier est mobilier ou immobilier.

Il n'y a pas à ce jour de jurisprudence spécifique à l'image de biens relevant du domaine privé des personnes publiques, mais cela s'explique sans difficulté par l'intérêt *a priori* limité que comporte un tel bien, qu'il soit immobilier ou surtout mobilier, puisqu'il ne remplit alors pas le critère de l'*« intérêt public du point de vue de l'histoire, de l'art, de l'archéologie, de la science ou de la technique »* figurant à l'article L. 2112-1 du code général de la propriété des personnes publiques. Dans cette hypothèse, il y a tout lieu de penser que le juge appliquerait le raisonnement suivi pour la prise de photographie de biens appartenant à une personne privée. Celle-ci est en principe libre, sous réserve qu'un trouble anormal ne soit pas causé au propriétaire du bien. Tel est le sens de l'arrêt *Société civile particulière Hôtel de Girancourt*, rendu par l'Assemblée plénière de la Cour de cassation en 2004[525].

Quant au cas de l'image des biens du domaine public, il reçoit en jurisprudence un traitement différencié[526] suivant qu'il s'agit d'un bien mobilier ou immobilier.

---

l'architecture et au patrimoine, qui régit uniquement la prise de photographies de certains biens du domaine public immobilier (cf. *infra*).

[525] Cass., Ass., 7 mai 2004, *Société civile particulière Hôtel de Girancourt*, n°02-10450 ; *JCP E* 2004, 1021, note C. CARON ; *JCP G* 2004, I, 147, chron. D. TRICOIRE ; *JCP G* 2004, I, 163, note G. VINEY ; *JCP G* 2004, I, 171, chron. H. PERINET-MARQUET ; *JCP G* 2004, II, 10085, note C. CARON ; *D.* 2004, p. 1545, note J.-M. BRUGUIERE ; *D.* 2004, p. 1547, note E. DREYER ; *D.* 2004, p. 2406, note N. REBOUL-MAUPIN ; *Légipresse* 2004, n° 213, III, p. 117, note J.-M. BRUGUIERE et B. GLEIZE ; *Droit et patrimoine* juillet 2004, p. 34, note TH. REVET ; *RTD civ.* 2004, p. 528, obs. TH. REVET ; *RTD com.* 2004, p. 712, obs. J. AZEMA et J.-C. GALLOUX ; *Propr. intell.* 2004, p. 817, obs. V.-L. BENABOU ; *Propr. intell.* 2004, p. 833, obs. J.-M. BRUGUIERE et M. VIVANT ; *RIDA* 2005, n° 203, p. 231, obs. A. KEREVER.

[526] A l'exception notable d'une intéressante décision sur laquelle le Conseil d'Etat est revenu en cassation : CAA Nantes, 16 décembre 2015, *Etablissement public du domaine national de Chambord*, n°12NT01190 ; *JCP A* 2016, note PH. HANSEN ; *CMP* 2016, comm. 45, note P. DEVILLERS. Dans cet arrêt, la Cour administrative d'appel entend soumettre la prise de vue d'un bien du domaine public immobilier à l'obtention préalable d'une autorisation, au besoin moyennant le paiement d'une redevance (cf. *infra*).

Ainsi qu'en juge le Conseil d'Etat dans ses arrêts *Commune de Tours*, du 29 octobre 2012[527] et du 23 décembre 2016[528], l'obtention d'une autorisation d'occupation ou d'utilisation du domaine public est nécessaire, pour la photographie d'un bien du domaine public mobilier, que l'autorité affectataire n'est jamais tenue d'octroyer – cette circonstance n'étant d'ailleurs pas de nature à contrarier par elle-même ni la liberté du commerce et de l'industrie, ni le principe d'égalité. La circonstance que le bien photographié soit entré dans le domaine public de la propriété intellectuelle par expiration des droits patrimoniaux de l'auteur – ce qui rend l'œuvre librement réutilisable – est ici indifférente et elle n'est pas de nature à faire obstacle à l'obligation d'obtention préalable d'une autorisation d'occupation ou d'utilisation du domaine public[529]. Le Conseil d'Etat n'a sur ce point pas spécialement motivé sa décision – dont il faut pourtant comprendre qu'elle privilégie les dispositions du code général de la propriété des personnes publiques par rapport à celles du code de la propriété intellectuelle.

Cette condition de l'obtention préalable d'une autorisation n'est en revanche pas imposée s'agissant de la captation de l'image d'un bien du domaine public immobilier, puisqu'elle n'est assimilable ni à une occupation ni à une utilisation du domaine public. Le Conseil d'Etat s'est

---

[527] CE, 29 octobre 2012, *EURL Photo Josse*, n° 341173 ; *Dr. adm.* 2012, comm. 96, note S. ZIANI ; *JCP A* 2012, 2390, note S. CARPI-PETIT et 2391, note C. VOCANSON ; *AJDA* 2013, p. 111, note N. FOULQUIER ; *AJCT* 2013, p. 153, note F. BLANC ; *BJCL* 2013, p. 54, concl. N. ESCAUT et p. 57, obs. B. POUJADE ; *Petites affiches*, 11 avril 2013, p. 11, note S. CAZET.

[528] CE, 23 décembre 2016, *Commune de Tours*, n° 378879 ; *JCP A* 2016, 2016, note PH. HANSEN ; *RDI* 2016, p. 89, note N. FOULQUIER.

[529] Voir spécialement CE, 23 décembre 2016, *Commune de Tours*, n° 378879 : *« Les dispositions de l'article L. 123-1 du code de la propriété intellectuelle, qui prévoient qu'à l'expiration des soixante-dix années suivant l'année civile du décès de l'auteur d'une œuvre, il n'existe plus, au profit de ses ayants droit, de droit exclusif d'exploiter cette œuvre, n'ont ni pour objet, ni pour effet de faire obstacle à l'application à des œuvres relevant du 8° de l'article L. 2112-1 du code général de la propriété des personnes publiques des règles découlant de ce code, et notamment de celles relatives aux conditions de délivrance d'une autorisation devant être regardée comme tendant à l'utilisation privative de ce domaine public mobilier. Il suit de là qu'en écartant le moyen tiré de ce que, s'agissant des œuvres énumérées dans la demande de la société Photo J. L. Josse, la période de soixante-dix ans mentionnée à l'article L. 123-1 du code de la propriété intellectuelle étant échue, l'exploitation de ces oeuvres serait libre et gratuite, de sorte que la commune de Tours ne saurait y faire obstacle, sauf à justifier du trouble anormal que cette exploitation pourrait lui causer, la cour n'a pas commis d'erreur de droit. »*.

prononcé en ce sens dans l'arrêt *Etablissement public du domaine national de Chambord* du 13 avril 2018[530].

Dans cette affaire, la Cour administrative d'appel de Nantes avait essayé d'imposer l'obtention préalable d'une autorisation pour la photographie d'un bien relevant du domaine public immobilier, soit lorsque les dépendances domaniales concernées sont soustraites à l'usage de tous[531] – il y aurait dans ce cas occupation ou utilisation privative du domaine public, laquelle donne lieu à rémunération dans les conditions du code général de la propriété des personnes publiques[532] – soit lorsque le but recherché est exclusivement financier[533] – la Cour estimant alors que cette obligation résulterait *« des exigences constitutionnelles tenant*

[530] CE, Ass., 13 avril 2018, *Etablissement public du Domaine national de Chambord*, n° 397047 ; *BJCL* 2018, p. 280, concl. R. VICTOR ; *JCP G* 2018, 614, note PH. HANSEN ; *D.* 2018, p. 1051, note J.-M. BRUGUIERE ; *RDI* 2018, p. 345, note F. TARLET ; *RFDA* 2018, p. 461, note N. FOULQUIER ; *Dr. adm.* 2018, comm. 42, note F. BRENET ; *CMP* 2018, repère 6, note F. LLORENS et P. SOLER-COUTEAUX ; *JCP A* 2018, 2156, note C. ROUX ; *Dalloz IP/IT* 2018, p. 490, note M. CORNU ; *AJDA* 2018, p. 1850, note F. TARLET ; *BJCL* 2018, p. 290, note A. FITZJEAN Ó COBHTHAIGH.

[531] La Cour administrative d'appel juge en effet que : *« si la personne publique est fondée à demander à celui qui occupe ou utilise irrégulièrement le domaine public le versement d'une indemnité calculée par référence à la redevance qu'il aurait versée s'il avait été titulaire d'un titre régulier à cet effet, l'occupation ou l'utilisation du domaine public dans les limites ne dépassant pas le droit d'usage appartenant à tous, qui n'est soumise à la délivrance d'aucune autorisation, ne peut, par suite être soumise au paiement d'une redevance »* puis, elle ajoute : *« qu'il ne résulte pas de l'instruction et qu'il n'est d'ailleurs pas soutenu que, pour la réalisation des prises de vue, le château de Chambord, lequel relève du domaine public immobilier de l'Etat, aurait été, le temps de ces photographies, soustrait à l'usage de tous ; que par suite, en l'absence d'un usage privatif de ce domaine public, l'établissement public du domaine national de Chambord ne pouvait légalement réclamer aucune redevance domaniale de ce chef »*.

[532] Article L. 2125-1, al. 1er du code général de la propriété des personnes publiques : *« Toute occupation ou utilisation du domaine public d'une personne publique mentionnée à l'article L. 1 donne lieu au paiement d'une redevance sauf lorsque l'occupation ou l'utilisation concerne l'installation par l'Etat des équipements visant à améliorer la sécurité routière ou nécessaires à la liquidation et au constat des irrégularités de paiement de toute taxe perçue au titre de l'usage du domaine public routier. »*.

[533] Pour la formulation exacte : CAA Nantes, 16 décembre 2015, *Etablissement public du domaine national de Chambord*, n°12NT01190 : *« les prises de vue d'un immeuble, appartenant au domaine public d'une personne publique, à des fins de commercialisation des reproductions photographiques ainsi obtenues ou d'association de ces reproductions à des produits dans le cadre d'opérations de publicité commerciale, requièrent une autorisation préalable délivrée par le gestionnaire de ce domaine dans le cadre de ses prérogatives de puissance publique »*.

à la protection du domaine public »[534]. Le Conseil d'Etat est toutefois revenu sur cette décision, parce qu'elle était totalement dépourvue de fondement législatif. La Cour administrative d'appel de Nantes ne revient pas sur la jurisprudence antérieure : elle la confirme explicitement mais elle l'approfondit également considérablement. La juridiction semble avoir ici comblé un vide, mais elle va en réalité au-delà de son office. Les juges du fond font preuve dans cette décision d'une inventivité substantielle et se parent ainsi des habits du "jurislateur", au risque de l'insécurité juridique. Cette décision était critiquable à double titre : d'une part parce qu'elle invite implicitement mais nécessairement tous les propriétaires publics des autres monuments exploités "indument" à lancer une telle action, dans le délai offert par la prescription[535] et d'autre part parce qu'en voulant assurer à l'autorité affectataire un minimum de revenus financiers, elle en oublie même de protéger le propriétaire public contre le trouble anormal[536], de telle façon que l'hypothèse de l'utilisation de l'image d'un bien public qui serait de nature à causer un tel préjudice à la personne publique n'est pas neutralisée par cette jurisprudence.

Cette jurisprudence est partiellement contradictoire avec celle de la Cour de cassation[537], puisqu'elle vise à rendre possible le paiement de la

---

[534] Pour la citation complète, voir spéc. : *« compte tenu des exigences constitutionnelles tenant à la protection du domaine public et afin d'éviter à tous égards qu'il n'y soit indirectement porté atteinte de manière inappropriée, les prises de vue d'un immeuble, appartenant au domaine public d'une personne publique, à des fins de commercialisation des reproductions photographiques ainsi obtenues ou d'association de ces reproductions à des produits dans le cadre d'opérations de publicité commerciale, requièrent une autorisation préalable délivrée par le gestionnaire de ce domaine dans le cadre de ses prérogatives de puissance publique ; »*

[535] Cette affirmation est toutefois tempérée par M. Philippe Hansen qui écrit, dans la note précitée, que : *« La question se posera en revanche de la détermination du préjudice censé avoir été subi par le gestionnaire du domaine public. En effet, <u>la seule prise de vue, voire son utilisation à des fins commerciales ou publicitaires, même fautives car non autorisées, ne créent pas en elles-mêmes un préjudice</u>, ainsi que le jugent les juridictions judiciaires. <u>Il est donc probable qu'au plan financier, la faute commise n'ait pas de réelles conséquences pour son auteur</u>. »* (nous soulignons).

[536] Là où la Cour de cassation jugeait expressément, dans son arrêt d'Assemblée plénière du 7 mai 2004, que : *« le propriétaire d'une chose ne dispose pas d'un droit exclusif sur l'image de celle-ci ; qu'il peut toutefois s'opposer à l'utilisation de cette image par un tiers lorsqu'elle lui cause un trouble anormal »*.

[537] Cass., Ass., 7 mai 2004, *Société civile particulière Hôtel de Girancourt*, n°02-10450 ; *JCP E* 2004, 1021, note C. CARON ; *JCP G* 2004, I, 147, chron. D. TRICOIRE ; *JCP G* 2004, I, 163, note G. VINEY ; *JCP G* 2004, I, 171, chron. H. PERINET-MARQUET ; *JCP G* 2004, II, 10085, note C. CARON ; *D.* 2004, p. 1545, note J.-M. BRUGUIERE ; *D.* 2004, p. 1547, note E. DREYER ; *D.* 2004, p. 2406, note N. REBOUL-MAUPIN ; *Légipresse* 2004, n° 213, III, p. 117, note J.-M. BRUGUIERE et B. GLEIZE ; *Droit et patrimoine* juillet 2004,

personne publique propriétaire, en vertu d'une autorisation d'occupation *ad hoc*[538], là où la Cour de cassation ne le permettait pas. Ou du moins ne le permettait-elle que sous une forme très atténuée, puisque seul le "trouble anormal" pouvait donner lieu, nécessairement *a posteriori*, à une rémunération – ou plutôt à une indemnisation – de la personne propriétaire. Il faut toutefois noter que le fait que l'opérateur retire des bénéfices de l'exploitation commerciale de l'image captée n'a jusqu'à présent jamais été considéré comme un "trouble anormal"[539]. Alors qu'ici c'est précisément l'utilisation commerciale de l'image du bien qui est soumise à l'obtention préalable d'une autorisation, moyennant une contrepartie – *a priori* – financière.

Outre certaines interdictions de photographier certains biens (centrales nucléaires, bases militaires, établissements pénitentiaires, etc.)[540], résultant de mesures de police administrative[541], il semble qu'il soit à présent nécessaire de distinguer trois cas : celui de la photographie d'un bien relevant du domaine public mobilier, pour laquelle l'obtention d'une autorisation préalable est obligatoire ; celui de la photographie des biens du domaine public immobilier, pour laquelle l'obtention préalable d'une autorisation n'est normalement pas nécessaire ; enfin celui de la photographie d'un bien immobilier constituant les domaines nationaux,

p. 34, note TH. REVET ; *RTD civ.* 2004, p. 528, obs. TH. REVET ; *RTD com.* 2004, p. 712, obs. J. AZEMA et J.-C. GALLOUX ; *Propr. intell.* 2004, p. 817, obs. V.-L. BENABOU ; *Propr. intell.* 2004, p. 833, obs. J.-M. BRUGUIERE et M. VIVANT ; *RIDA* 2005, n° 203, p. 231, obs. A. KEREVER.

[538] PH. HANSEN, art. préc.

[539] Voir par ex. : Cass. civ. 1ère, 5 juillet 2005, *Mlles Massip c/ Société Flohic éditions*, n° 02-21452 ; *D.* 2006, p. 2367, chron. N. Reboul-Maupin.

[540] F. TARLET, « L'image des biens publics », *AJDA* 2017, p. 2069 ; spéc. p. 2070.

[541] Arrêté du 27 janvier 2017 fixant la liste des zones interdites à la prise de vue aérienne par appareil photographique, cinématographique ou tout autre capteur.

en application de l'article L. 621-42 du code du patrimoine[542], introduit par la loi du 7 juillet 2016[543], et précisé par le décret du 2 mai 2017[544].

En définitive, l'arrêt de la Cour administrative d'appel semble rendre indispensable l'appel au législateur pour clarifier la situation[545] et limiter ainsi l'effort créatif du juge. Déjà présente dans l'étude annuelle du Conseil d'Etat relative à l'action économique des personnes publiques, cette préoccupation est aujourd'hui renforcée[546]. C'est en partie chose faite, avec la loi du 7 juillet 2016. Le périmètre des biens concernés est toutefois limité – et très en-deçà de ceux visés par la Cour administrative d'appel de Nantes, puisqu'elle envisageait tous les biens immobiliers relevant du domaine public d'une personne publique –, ce qui confirme que la prise de vue des biens immobiliers du domaine public est par

---

[542] Article L. 621-42 du code du patrimoine :
« L'utilisation à des fins commerciales de l'image des immeubles qui constituent les domaines nationaux, sur tout support, est soumise à l'autorisation préalable du gestionnaire de la partie concernée du domaine national. Cette autorisation peut prendre la forme d'un acte unilatéral ou d'un contrat, assorti ou non de conditions financières.
La redevance tient compte des avantages de toute nature procurés au titulaire de l'autorisation.
L'autorisation mentionnée au premier alinéa n'est pas requise lorsque l'image est utilisée dans le cadre de l'exercice de missions de service public ou à des fins culturelles, artistiques, pédagogiques, d'enseignement, de recherche, d'information et d'illustration de l'actualité.
Un décret en Conseil d'Etat définit les modalités d'application du présent article. ».

[543] Loi n°2016-925 du 7 juillet 2016 relative à la liberté de la création, à l'architecture et au patrimoine.

[544] Décret n°2017-720 du 2 mai 2017 fixant la liste et le périmètre des domaines nationaux.

[545] L'arrêt de la Cour administrative d'appel de Nantes fait état à plusieurs reprises de la carence du législateur à prendre en charge ces questions en jugeant que : *« l'image d'un bien appartenant à une personne publique ne se confond pas avec ce bien, que celui-ci relève de son domaine privé ou de son domaine public ; qu'une telle image, laquelle n'est pas par elle-même régie par les dispositions du code de la propriété intellectuelle, n'est pas au nombre des biens et droits visés par les dispositions précitées de l'article L. 1 du code général de la propriété des personnes publiques déterminant le champ d'application de ce code ; ».* Voir également le passage suivant : *« en l'absence de disposition législative contraire, il n'appartient pas à la juridiction administrative de statuer sur la responsabilité qu'une personne privée peut avoir encourue à l'égard d'une personne publique ; ».*

[546] CONSEIL D'ETAT, *L'action économique des personnes publiques*, Etude annuelle 2015, La Documentation française, 2015 ; voir, spécialement, la proposition n°48 : *« Actualiser le droit de la propriété des personnes publiques en : (...) 3) clarifiant le régime juridique du domaine immatériel des personnes publiques, notamment pour les marques publiques et <u>définissant le régime juridique de l'image des biens publics</u> »* (nous soulignons).

principe libre et ne nécessite donc pas l'obtention préalable d'une autorisation.

Assez contraignant pour les opérateurs privés, le régime de la photographie d'un bien du domaine public mobilier fait également pour partie échec à la l'utilisation gratuite des œuvres de l'esprit devenues libres de droit par l'écoulement du temps, c'est-à-dire soixante-dix ans après la mort de leur auteur. En cela, elle contribue au déséquilibre du rapport entre exploitation financière et protection de cet élément du "patrimoine immatériel". Les motivations sous-jacentes à cette jurisprudence sont certainement louables, en ce qu'elles visent à empêcher une exploitation excessive de l'image de certains biens en donnant les moyens aux personnes publiques propriétaires de s'opposer discrétionnairement à certaines prises de vue. Pourtant la valorisation de ces éléments passe certainement par leur diffusion au plus grand nombre, spécialement s'agissant de biens libres de droits – dans l'affaire *Commune de Tours*, les tableaux dont la photographie était envisagée étaient vieux de plusieurs siècles et leur auteur ou ses ayant-droits ne pouvait bénéficier de droits patrimoniaux à l'occasion de leur éventuelle reproduction –, pour lesquels la reproduction ne génère pas de coût spécifique en termes de propriété intellectuelle.

Quant au régime de l'image des biens du domaine public immobilier, il est heureux que la juridiction administrative ne l'ait finalement pas entièrement modulé en fonction du cas très spécifique l'ayant conduite à se prononcer. Il est certain que la facturation de la société Kronenbourg était tentante en l'espèce ; elle n'en demeurait pas moins dépourvue de fondement légal. C'est le principe même de la société libérale : tout ce qui n'est pas expressément interdit doit être autorisé.

L'étude des opérations dites de "nommage" illustre elle aussi les difficultés rencontrées en termes de valorisation pour certains éléments du "patrimoine immatériel" qui ne font pas l'objet d'un véritable régime textuel.

2. Le nommage

Outre la question de l'image des biens publics, le nommage est une autre illustration d'un élément du "patrimoine immatériel" dépourvu de régime textuel. Il s'avère en effet que *« [l]e recours à la technique du*

« nommage » n'est pas encadré par le législateur »[547]. L'absence d'appréhension législative se traduit par de sérieuses difficultés à délimiter des règles d'application communes pour encadrer ce phénomène[548]. Les règles appliquées actuellement ne sont dès lors pas uniformes[549] et le nommage continue à *« [soulever] des questions de qualification délicates »*[550]. Cette opération est *« une forme particulière de sponsoring consistant à concéder le droit d'associer un sponsor à un événement, un projet, une construction ou un lieu, en lui donnant son nom »*[551]. Il s'agit ainsi d'une *« technique contractuelle [qui] consiste pour le gestionnaire d'un équipement à concéder à un opérateur le droit de donner son nom à l'équipement en cause, dans une finalité marketing »*[552]. En France, le nommage a donné lieu à certaines opérations connues du grand public, puisqu'elles ont consisté à renommer pour une durée limitée certains équipements sportifs : Allianz Riviera (Nice), KindArena (Rouen), AccorHotels Arena (Paris), ou encore Orange Vélodrome (Marseille). Cette dernière opération devrait rapporter environ 30 millions d'euros à la société gestionnaire du stade[553], ce qui contribuera à réduire ses coûts, au titre des recettes annexes[554], et finalement à amoindrir le prix payé par la collectivité dans le cadre du contrat de partenariat conclu.

Dans le silence du législateur, la jurisprudence est amenée à jouer un rôle supplétif. Ses réponses, ne pourraient toutefois, même si elles

---

547 S. BRAMERET, « Les contrats de « nommage » des équipements publics », *RFDA* 2015, p. 671 ; spéc. p. 679.

548 Voir sur ce point, M. CARIUS, art. préc. : l'auteur note que *« le processus juridique [du nommage] n'est pas (...) bien balisé »*.

549 S. BRAMERET, art. préc., spéc. p. 679 : *« Technique en voie d'expansion, le « nommage » se singularise par son absence d'appréhension uniforme. »*.

550 Pour la citation complète, voir : PH. YOLKA, « Le nom en matière administrative », *AJDA* 2015, p. 305 ; spéc. p. 305 : *« Une autre tendance émergente intéresse le nom des équipements publics, lequel se charge aussi d'enjeux sonnants et trébuchants. En témoigne, pour financer certains stades - Le Mans, Nice -, le recours au contrat de nommage (...), nouvelle figure du parrainage sportif qui soulève des questions de qualification délicates. »* (nous soulignons).

551 S. BRAMERET, « Le naming « à la française » », *AJDA* 2016, p. 1537 ; spéc. p. 1537.

552 E. DEROUESNE et V. LAFARGUE, « Le naming des équipements publics », *Revue du gestionnaire public* 2017, 22.

553 S. BRAMERET, art. préc. ; spéc. p. 1537 : *« l'entreprise en cause s'est engagée à débourser 2,7 M€ par an durant les dux prochaines années »*.

554 E. DEROUESNE et V. LAFARGUE, art. préc. ; spéc. p. 47 : *« En considération du caractère essentiellement privé du financement des ouvrages en cause et du coût considérable que représente leur construction et/ou leur exploitation, les opérateurs exploitants de ces équipements sont astreints à la recherche de recettes annexes destinées à faire baisser ces coûts »*.

existaient – la question du nommage n'ayant pas fait l'objet de décisions jurisprudentielles à ce jour[555] – faire autre chose que conduire davantage à une clarification purement cosmétique qu'à une véritable unification des règles applicables et des réponses envisageables. Cette clarification ne constitue donc en aucune manière une réelle simplification – pourtant nécessaire – et s'apparente donc à une solution de fortune – nécessairement temporaire – dans l'attente de l'intervention plus que souhaitable du législateur. Il est à cet égard regrettable que le législateur n'ait pas profité de la discussion et du vote de la loi dite "Euro 2016"[556] pour introduire des dispositions spécifiques relatives au nommage, dans une période où le recours à ce procédé était pourtant en expansion, et contribuer ainsi à en clarifier le régime juridique. Cette loi s'est limitée à envisager des dispositions juridiques spécifiques et dérogatoires en rapport avec l'architecture juridique des montages contractuels envisageables pour les stades destinés à accueillir l'Euro de football en 2016[557] et elle a ainsi contribué à *« [émietter] un peu plus le droit des contrats publics »*[558]. L'intervention du législateur en la matière serait bienvenue : elle pourrait d'une part, délimiter le périmètre de ces opérations, en les cantonnant à certains équipements publics et d'autre part, prévenir les associations fâcheuses de telle dénomination avec telle collectivité publique, sachant que bien souvent la personne publique n'est pas invitée à participer au choix du nom de l'équipement concerné[559].

---

[555] La jurisprudence n'est pourtant pas en retrait pour toutes les questions relatives au financement et à la réalisation des stades ; voir par exemple : M. MAISONNEUVE, « Des stades et des contrats administratifs », *in A propos des contrats des personnes publiques, Mélanges en l'honneur du Professeur Laurent Richer*, LGDJ, 2013, p. 693 ; spéc. p. 694 : *« les contrats administratifs relatifs aux stades constituent une source relativement abondante de contentieux, particulièrement ceux relatifs aux grands stades. »*.

[556] Loi n° 2011-617 du 1er juin 2011 relative à l'organisation du championnat d'Europe de football de l'UEFA en 2016.

[557] Sur les différents montages contractuels et sur le risque de leur requalification, voir : S. BRACONNIER, « Construction et exploitation des stades : en attendant l'Euro 2016… », *RDI* 2011, p. 189.

[558] G. CLAMOUR, « Dérogations en cascade dans les contrats publics pour l'Euro 2016 », *CMP* 2011, comm. 190.

[559] E. DEROUESNE et V. LAFARGUE, art. préc. ; spéc. p. 47 : *« Dans le schéma classique du naming, le nom de l'équipement public est contractuellement défini par l'exploitant et le namer privé (à l'exception du [Kindarena] de Rouen dont le contrat de naming a été conclu directement entre le groupe Ferrero France et la Communauté d'agglomération de Rouen-Elbeuf-Austreberthe). Dans cette configuration, la collectivité est écartée du choix du nom attribué à l'ouvrage dont elle est propriétaire, de sorte que ce schéma s'inscrit en porte à faux avec le souci grandissant des collectivités de protéger et de valoriser leur patrimoine immatériel »*.

En termes de valorisation, la création de richesse générée par ces opérations n'est pas contestable. Il reste toutefois à savoir si elle profite réellement à la collectivité publique[560]. En réalité, il serait *« rare que les personnes publiques bénéficient des retombées financières liées aux équipements « re-nommés » »*[561]. Généralement, en raison des montages contractuels réalisés – contrat de partenariat, contrat d'occupation domaniale ou concession de travaux[562] –, *« la valorisation profite à titre exclusif au gestionnaire du bien, et non à la collectivité territoriale propriétaire »*[563]. Il n'en demeure pas moins qu'elle en bénéficie certainement de façon indirecte, dans la mesure où le montage opéré équivaut certainement pour l'opérateur public à une baisse de son loyer, puisque le nommage s'apparente à des recettes annexes comme cela a été dit précédemment.

§2. La différenciation logique vis-à-vis des régimes propriétaristes du "patrimoine immatériel"

Au sein du "patrimoine immatériel", certains éléments se singularisent en raison de leur lien propriétariste avec la personne publique : il s'agit des propriétés publiques immatérielles. Celles-ci font l'objet d'un régime juridique à part, qui se distingue logiquement de celui applicable aux autres éléments du "patrimoine immatériel", qui sont quant à eux insusceptibles d'appropriation. L'existence d'un régime propriétariste, caractéristique commune à plusieurs éléments du "patrimoine immatériel" des personnes publiques – identifiables comme "propriétés publiques immatérielles" – n'entraîne toutefois pas l'application d'un régime juridique unique les concernant. Après être revenu brièvement sur leurs quelques caractéristiques communes, lesquelles feront l'objet d'un exposé approfondi plus avant, il faut s'attarder sur les différenciations observables au sein de cette catégorie apparemment cohérente. Il y a là encore la traduction de l'idée selon laquelle l'atomisation des régimes

---

[560] S. BRAMERET, art. préc. ; spéc. p. 1537 : *« Publicité contre rémunération. Rien de bien original, en somme : le nommage ne serait qu'une forme nouvelle (et bienvenue ?) de valorisation des équipements publics. Sauf qu'en la matière, la question est de savoir à qui profite vraiment le procédé. »*.

[561] Pour la citation complète, voir : S. BRAMERET, art. préc. ; spéc. p. 1537 : *« Les choses étant rarement ce qu'elles semblent être, le nommage « à la française » s'affranchit largement des considérations à l'œuvre hors de nos frontières : il est rare que les personnes publiques bénéficient des retombées financières liées aux équipements « re-nommés » »*.

[562] Sur ces questions, consulter pour plus de détails l'étude de : E. DEROUESNE et V. LAFARGUE, art. préc.

[563] S. BRAMERET, art. préc. ; spéc. p. 1537.

juridiques applicables se fait également au niveau des catégories identifiées comme étant *a priori* révélatrices du clivage inhérent au "patrimoine immatériel" des personnes publiques, censé représenter les deux régimes coexistant, applicables aux éléments appropriés d'une part et aux éléments non appropriés d'autre part.

Ainsi, il faut aborder successivement les éléments de convergence (A) et les éléments de différenciation (B) du régime applicable aux éléments du "patrimoine immatériel" des personnes publiques faisant l'objet d'une appropriation, c'est-à-dire, aux propriétés publiques immatérielles.

A. Eléments de convergence

Les propriétés publiques immatérielles, telles qu'elles ont été identifiées précédemment, font l'objet d'un ensemble de règles juridiques communes du fait de leur nature de propriétés publiques. Il convient de distinguer parmi les propriétés publiques immatérielles d'une part les propriétés publiques intellectuelles – qui recouvrent les propriétés publiques industrielles (brevets d'invention et marques de fabrique) et les propriétés publiques littéraires et artistiques (droits d'auteur – moraux et patrimoniaux) – et d'autre part les propriétés publiques financières, soit les actions détenues par une personne publique dans une société commerciale, sans égard à la portion de capital représentée.

Il faut d'emblée tempérer cette affirmation, dans la mesure où si elle se vérifie aisément s'agissant des grands principes du droit des propriétés publiques (insaisissabilité[564] et incessibilité à vil prix[565]), elle n'est en réalité que difficilement corroborée par la législation et la jurisprudence. La matière se caractérise en effet par une considérable retenue, se traduisant d'une part par une certaine mise en retrait du législateur à ce

---

[564] Article L. 2311-1 du code général de la propriété des personnes publiques : « *Les biens des personnes publiques (...) sont insaisissables.* ».

[565] Cons. const., 25-26 juin 1986, *Loi autorisant le Gouvernement à prendre diverses mesures d'ordre économique et social, dite « décision Privatisations »*, déc. n° 86-207 DC ; *RDP* 1989, p. 399, note L. FAVOREU ; *AIJC* 1986, p. 427, note B. GENEVOIS ; *Rev. soc.* 1986, p. 606, note Y. GUYON ; *AJDA* 1986, p. 575, note J. RIVERO ; *Pouvoirs* 1987, n° 40, p. 178, étude P. AVRIL et J. GICQUEL ; *Petites Affiches* 9 août 1995, p. 19, note J.-P. AMADEI ; *GDCC*, 17e éd., 2013, n° 17.

propos[566] et d'autre part par un relatif silence du juge sur ces questions[567]. Si ces éléments sont de nature à contrarier l'image d'Epinal d'un "patrimoine immatériel" à la fois aisément identifiable et au régime clairement identifié, ils permettent en revanche de prendre conscience de ce que l'importance de cette question ne doit pas être surestimée. Cela signifie par conséquent que l'intérêt relatif parfois accordé à ces questions est en concordance avec la quantité limitée du contentieux en la matière et avec la parcimonie des interventions législatives[568].

Il faut revenir brièvement sur la reconnaissance de l'existence de la propriété publique (1), avant d'exposer brièvement les caractéristiques communes aux propriétés publiques immatérielles (2).

1. Reconnaissance d'une propriété publique

La reconnaissance d'une propriété publique est le préalable à la recherche des caractéristiques communes aux propriétés publiques immatérielles, dans la mesure où certaines conséquences sont rattachées à cette qualification, comme l'application d'un minimum incompressible de règles de protection (incessibilité à vil prix et insaisissabilité). Même si l'application aux propriétés publiques immatérielles du droit des propriétés publiques tel qu'il existe sera vigoureusement critiquée par la suite (cf. *infra*, Partie III, Chapitre I), il convient de déterminer si la propriété publique immatérielle est concevable.

La question de la consécration de l'existence d'une propriété sur le domaine public des personnes publiques a agité la doctrine la plus éminente, spécialement au cours du XIXe siècle[569]. L'existence même

---

[566] P.-A. ROHAN et R. LEONETTI, « Quelle protection pour les actions détenues par une collectivité territoriale dans le capital d'une société cotée ? », *AJDA* 2011, p. 1376 ; spéc. p. 1379 : *« [Le code général de la propriété des personnes publiques] ne fixe pas le régime (...) des meubles incorporels »* ; de la même façon, p. 1380, les auteurs relèvent : *« L'absence de dispositions relatives aux meubles incorporels dans le Code général de la propriété des personnes publiques (...) »*.
[567] Sur cette question, voir *supra*.
[568] O. DE DAVID BEAUREGARD-BERTHIER, « Le patrimoine immatériel de l'Etat », *in Bien public, bien commun, Mélanges en l'honneur d'Etienne Fatôme*, Dalloz, 2011, p. 23 ; spéc. p. 35 : *« on voit bien que, jusqu'ici, les pouvoirs publics ne se sont préoccupés de régir l'utilisation des actifs immatériels de l'Etat que de façon sporadique, au gré des besoins »*.
[569] Pour mémoire et pour ne citer qu'eux : J.-B. PROUDHON, *Traité du domaine public*, Dijon, Lagier, 2e éd., tome I, 1843, spéc. p. 267 : *« le domaine public n'est donc pour personne, ni même pour l'Etat, un domaine de propriété, puisque nul n'en est exclu »* ;

d'une propriété des personnes publiques sur les biens relevant de leur domaine privé soulevait par contre assez peu de réserves[570], à deux exceptions notables près[571] : Duguit et Jèze.

Pourtant, alors même qu'il était couramment retenu que les personnes publiques étaient propriétaires de leur domaine privé, la réciproque n'était pas vraie – et ne l'est toujours pas : il n'existe pas de propriété privée du domaine public. Cette solution a été constamment réitérée. Dans une affaire récente[572], le Conseil d'Etat, saisi pour avis sur une

T. DUCROCQ, *Cours de droit administratif*, Librairie Fontemoing, 7e éd., 1897, spéc. Préface, p. XXXV : *« C'est en tant que puissance publique [que l'Etat] est, non pas propriétaire, mais gardien et conservateur du domaine public »* ; pour une synthèse, voir : H. MOYSAN, *Le droit de propriété des personnes publiques*, LGDJ, Bibliothèque de droit public, tome 219, 2001, spéc. pp. 14-27 ; voir également, pour une mise en perspective plus exhaustive : PH. YOLKA, *La propriété publique, éléments pour une théorie*, LGDJ, Bibliothèque de droit public, Tome 191, 1997, spéc. pp. 115-165.

[570] Voir, sur cette question, Y. GAUDEMET, *Traité de Droit administratif des biens*, LGDJ, 15e éd., 2014, spéc. p. 11 : *« s'ils admettent l'idée d'une propriété des personnes publiques sur les biens de leur domaine privé, les auteurs du XIXe siècle, marqués par les formules du code civil, considèrent généralement que le domaine public ne peut pas être considéré comme un objet de propriété pour l'administration. Ayant ainsi écarté l'idée de propriété, ces auteurs analysent le droit de l'administration comme un « droit de garde et de surintendance », d'une nature différente de la propriété. (...) Prévaut alors la conviction que la domanialité publique exclut la propriété, qu'elle est d'une autre nature, cependant que la propriété est elle-même perçue et appréhendée sous l'aspect catégorique de la propriété quiritaire romaine ».*

[571] L. DUGUIT, *Traité de droit constitutionnel*, Tome III, de Boccard, 1930, spéc. pp. 345-346 : *« On ne doit pas davantage faire intervenir les textes de 1790 et du code civil quand on veut déterminer la nature du droit appartenant à l'Etat sur les dépendances de son domaine. Sans doute il est dit expressément dans la loi de 1790 que la nation possède sur son domaine un véritable droit de propriété. Sans doute aussi il semble bien que dans la pensée des auteurs du code civil, l'Etat avait sur son domaine un véritable droit de propriété. Ils ne s'en sont pas expliqués d'une manière précise, mais certainement ils s'inspiraient de la loi précitée des 22 novembre-1er décembre 1790, dont ils reproduisaient textuellement quelques unes des dispositions ; et cette loi, je viens de le dire déclarait formellement que le domaine était propriété de la nation. (...) Mais aujourd'hui, sous l'empire de causes diverses qui se rattachent à la transformation générale du droit si souvent mise en relief au cours de cet ouvrage et particulièrement à la notion de service public qui se développe et s'impose de plus en plus, cette notion de propriété domaniale disparaît certainement. »* ; Voir également : G. JEZE, *RDP* 1910, note sous CE 15 avril 1910, *Brasier*, p. 695, spéc. p. 697 : *« Les dépendances du domaine public font partie des patrimoines administratifs ; ce ne sont ni des* res communes, *comme l'air, la lumière, etc., ni des* res nullius. *Certains disent qu'elles ont un propriétaire, à savoir : l'Etat, le département, la commune, etc. A mon avis, c'est une façon de parler très critiquable ».*

[572] CE, Ass., *Avis relatif au statut juridique du siège de l'AFP*, 10 juin 2004 ; *RFDA* 2004, p. 923, note JC ; *GDDAB*, 3e éd., 2018, n°3, comm. PH. YOLKA.

opération immobilière d'envergure, après avoir qualifié l'Agence France Presse (AFP) d'organisme de droit privé *sui generis*, a ainsi estimé que : *« dès lors que seules les personnes publiques peuvent être propriétaires d'un domaine public*[573]*, il résulte de ce qui précède que l'Agence France Presse ne peut détenir un domaine public qui lui soit propre »*.

Le juge administratif a cependant reconnu timidement, dans la première moitié du XXe siècle, l'existence d'une propriété publique sur les biens relevant du domaine public des personnes publiques, notamment[574] dans l'arrêt *Piccioli*[575]. La doctrine la plus sensible à cette cause n'a pas tardé à faire d'une décision qui ne présentait pourtant pas les caractéristiques d'une décision de principe, au libellé tout à la fois obscur et fort peu explicite[576], une jurisprudence fondamentale.

Ainsi, malgré l'absence apparente de "considérant de principe" dans cette décision, la doctrine en a fait une décision à la portée capitale[577]. Maurice Hauriou a souligné le premier que l' *« importance doctrinale considérable »*[578] de l'arrêt *Piccioli* réside dans le fait qu'il met fin au débat portant sur la question de savoir si le domaine public est susceptible de propriété – publique en l'occurrence. En réalité, Maurice Hauriou trouve opportunément dans cette espèce, et spécialement dans la formulation retenue par le Conseil d'Etat – qui évoque des biens

---

573 Nous soulignons.

574 Le Conseil d'Etat, dans un arrêt *Jacquemin* (CE, 24 février 1911) avait précédemment reconnu, dans un arrêt au demeurant fort peu explicite, que : *« l'herbe qui croît sur les chemins vicinaux et ruraux est la propriété de la commune »*, ce qui pouvait déjà traduire l'idée d'une existence d'une propriété publique.

575 CE, 17 janvier 1923, *Ministre des Travaux publics et gouverneur général de l'Algérie c/ Sieurs Piccioli*, n°s 69886 et 77666 ; *RDP* 1923, p. 569, concl. L.-F. CORNEILLE et p. 567, note G. JEZE ; *S.* 1925, III, 17, note M. HAURIOU ; *GDDAB*, 3e éd., 2018, n°1, comm. PH. YOLKA.

576 C. CHAMARD-HEIM, F. MELLERAY *et al.*, *Les grandes décisions du droit administratif des biens*, Dalloz, 3e éd., 2018, comm. Ph. Yolka sous CE, 17 janvier 1923, *Ministre des Travaux publics et gouverneur général de l'Algérie c/ Sieurs Piccioli*, spéc. p. 5 : *« l'arrêt Piccioli (...) a incontestablement marqué une date, en dépit d'une formulation sibylline excluant tout considérant de principe »*.

577 Le Professeur Yves Gaudemet relève, à cet égard, dans son *Traité de Droit administratif des biens*, LGDJ, 15e éd., 2014, spéc. p. 13 : *« c'est à Hauriou que revient d'avoir introduit dans la doctrine moderne l'idée de la propriété des collectivités administratives sur leur domaine public »*.

578 Dans sa note au Sirey (1925, III, 17), Maurice Hauriou relève que : *« [Cette décision] est d'une importance doctrinale considérable, car elle parait bien trancher la question si controversée de la propriété des dépendances du domaine public »*.

« appartenant à l'Etat » –, une réitération de la position qu'il défend par ailleurs dans son *Précis de droit administratif et de droit public*[579].

En dépit de son manque de clarté, cette jurisprudence fait donc référence depuis près d'un siècle[580]. Depuis cet arrêt, il est ainsi admis *« unanimement que l'administration est propriétaire de son domaine »*[581]. La propriété publique se définit exclusivement au regard du critère organique – c'est-à-dire, l'appartenance à une personne publique – sans égards donc au critère de l'affectation. Il s'agit en revanche, par une lecture combinée des articles L. 1 et L. 2111-1 du code général de la propriété des personnes publiques[582], d'une condition à la domanialité, publique ou privée. En effet, les biens du domaine public, immobilier comme mobilier, et du domaine privé, font nécessairement l'objet d'une propriété publique. Le Professeur Norbert Foulquier note à cet égard que la propriété publique est toujours un préalable à la recherche du régime de domanialité applicable, en ce que *« la distinction des domaines public et privé ne concerne que les biens publics, c'est-à-dire les biens sur lesquels une personne publique exerce son droit de propriété »*[583].

---

[579] M. HAURIOU, *Précis de droit administratif et de droit public*, Sirey, 12e éd., 1933, spéc. p. 782 : *« Depuis plus de trente ans nous soutenons que le domaine public est objet de propriété administrative et à chacune des éditions de ce livre, les faits administratifs et la jurisprudence nous fournissent de nouvelles raisons de nous affermir dans cette opinion »*.

[580] M. Hervé Moysan estime, quant à lui (*op. cit.*, spéc. p. 7), que *« la reconnaissance du droit de propriété des collectivités publiques sur le domaine public au début du XXe siècle »* trouve son ancrage dans la jurisprudence *Ville de Paris* (CE, 16 juillet 1909), dans laquelle *« la Haute juridiction a qualifié la ville de Paris de « propriétaire de ses voies publiques » »*.

[581] PH. GODFRIN et M. DEGOFFE, *Droit administratif des biens*, 11e éd., 2015, spéc. p. 25.

[582] Article L. 1 du code général de la propriété des personnes publiques : *« Le présent code s'applique aux biens et aux droits, à caractère mobilier ou immobilier, appartenant à l'Etat, aux collectivités territoriales et à leurs groupements, ainsi qu'aux établissements publics. »* (nous soulignons) ; Article L. 2111-1 du même code : *« Sous réserve de dispositions législatives spéciales, le domaine public d'une personne publique mentionnée à l'article L. 1 est constitué des biens lui appartenant qui sont soit affectés à l'usage direct du public, soit affectés à un service public pourvu qu'en ce cas ils fassent l'objet d'un aménagement indispensable à l'exécution des missions de ce service public. »* (nous soulignons) ; cela vaut également pour le domaine public mobilier, puisque l'Article L. 2112-1 dispose que : *« Sans préjudice des dispositions applicables en matière de protection des biens culturels, font partie du domaine public mobilier de la personne publique propriétaire les biens présentant un intérêt public du point de vue de l'histoire, de l'art, de l'archéologie, de la science ou de la technique, notamment (...) »* (nous soulignons).

[583] N. Foulquier, *Droit administratif des biens*, Lexis Nexis, 3e éd., 2015, spéc. p. 7.

Le débat s'est aujourd'hui déplacé sur la nature de la propriété des personnes publiques sur leurs biens, dans la mesure où la doctrine est divisée sur la question de savoir s'il s'agit d'une propriété publique ou d'une propriété privée. Quoiqu'il en soit, et sans entrer plus avant dans ce débat, il faut noter que les règles communes à toutes les propriétés publiques trouvent de toute façon à s'appliquer aux propriétés publiques immatérielles. Quelques frictions sont parfois à déplorer, ce qui invitera à s'interroger sur la pertinence des dispositions actuelles du code général de la propriété des personnes publiques pour réceptionner les propriétés publiques immatérielles (cf. *infra*, spéc. Partie III, Chapitre I).

2. Caractéristiques communes aux propriétés publiques immatérielles

En l'état actuel, la qualification de "propriété publique" permet essentiellement l'application de deux règles protectrices particulières (incessibilité à vil prix et insaisissabilité) et ouvre droit à l'application alternative de deux régimes variés : celui du domaine public[584] ou celui du domaine privé[585]. De nombreux développements seront consacrés ultérieurement à la question de la domanialité des propriétés publiques immatérielles (cf. *infra* : Partie III), de telle sorte qu'il est inutile de l'approfondir à ce stade. En revanche, il faut s'interroger dès à présent sur la question de l'éventuelle singularité de ces règles de protection minimale s'agissant des propriétés publiques immatérielles.

Sur ce point, il n'y a pas apparemment de spécificité pour les propriétés publiques immatérielles par rapport aux propriétés publiques en général[586]. Ainsi, aucune disposition particulière n'est prévue pour

---

[584] Articles L. 2111-1 et s. du code général de la propriété des personnes publiques, s'agissant du domaine public immobilier ; article L. 2112-1 du même code, s'agissant du domaine public mobilier.

[585] Outre certaines dispositions législatives particulières, font partie du domaine privé des personnes publiques, aux termes de l'article L. 2211-1 du code général de la propriété des personnes publiques : *« (...) les biens des personnes publiques (...) qui ne relèvent pas du domaine public (...) »*.

[586] C. MALWE, *JCl Propriétés publiques*, Fasc. 49 « Propriétés publiques immatérielles », Lexis Nexis, 2011 ; spéc. §26 : *« L'extension du champ de la propriété publique et la réception d'une propriété publique immatérielle par le droit positif répondent à une logique de protection : la propriété des personnes publiques se caractérise par l'existence de règles dérogatoires au droit commun qui confèrent un degré de protection renforcé aux biens qui en sont l'objet. Ces règles sont toutefois limitées aux principes d'insaisissabilité des biens publics et à celui d'incessibilité des biens publics en deçà de leur valeur réelle. »*.

exclure les propriétés publiques immatérielles de l'application des deux principes cardinaux que constituent l'incessibilité à vil prix et l'insaisissabilité.

Le Conseil constitutionnel a consacré ce premier principe dans une célèbre décision relative à la privatisation de certaines entreprises publiques[587] en mettant sur un même plan la protection de la propriété publique et la protection de la propriété privée[588][589]. Ce principe se limite aux cessions de biens à des personnes poursuivant des fins d'intérêt privé[590], ce qui a conduit le Conseil d'Etat à admettre la possibilité pour une personne publique de céder un bien à un prix inférieur à sa valeur, pourvu que cette décision soit *« justifiée par des motifs d'intérêt général et comporte des contreparties suffisantes »*[591]. Le Conseil constitutionnel

---

[587] Cons. const., 25-26 juin 1986, Loi autorisant le Gouvernement à prendre diverses mesures d'ordre économique et social, dite « décision Privatisations », déc. n° 86-207 DC ; *RDP* 1989, p. 399, note L. FAVOREU ; *AIJC* 1986, p. 427, note B. GENEVOIS ; *Rev. soc.* 1986, p. 606, note Y. GUYON ; *AJDA* 1986, p. 575, note J. RIVERO ; *Pouvoirs* 1987, n° 40, p. 178, étude P. AVRIL et J. GICQUEL ; *Petites Affiches* 9 août 1995, p. 19, note J.-P. AMADEI ; *GDCC*, 17e éd., 2013, n° 17.

[588] Le Conseil constitutionnel estime en effet que la protection de la propriété qui découle de la Déclaration des droits de l'homme et du citoyen (articles 2 et 17) *« ne concerne pas seulement la propriété privée des particuliers mais aussi, à un titre égal, la propriété de l'État et des autres personnes publiques »* (point 58 de la décision précitée).

[589] L'appréciation de cette jurisprudence ne fait toutefois pas l'unanimité ; voir par exemple : R. LEBLOND-MASSON, « La protection constitutionnelle du droit de propriété des personnes publiques », *in La constitution économique*, Actes du colloque organisé en hommage au professeur Guy Carcassonne par le Centre de Recherches du le Droit Public de l'Université Paris Ouest Nanterre La Défense, La mémoire du droit, 2015, p. 131 ; spéc. p. 162 : *« la consécration constitutionnelle d'un droit de propriété des personnes publiques a pu fonder des espoirs sur une protection identique à la propriété privée. Mais en réalité la Constitution protège peu la propriété publique. Cette différenciation dans le degré de protection [est] pleinement assumée par la jurisprudence constitutionnelle (...) »*.

[590] D'après le Conseil constitutionnel, en effet : *« la Constitution s'oppose à ce que des biens ou des entreprises faisant partie de patrimoines publics soient cédés à des personnes poursuivant des fins d'intérêt privé pour des prix inférieurs à leur valeur »* (point 58 de la décision précitée).

[591] CE, Sect., 3 novembre 1997, *Commune de Fougerolles*, n° 169473 ; *CJEG* 1998, p. 16, concl. L. TOUVET ; *AJDA* 1997, p. 1010, note L. RICHER ; *JCP* 1998, I, 165, §34, chron. J. PETIT ; *JCP* 1998, II, 10007, note R. PIASTRA ; *D.* 1998, jurisp., p. 131, note J.-F. DAVIGNON ; *GDDAB*, 3e éd., 2018, n°97, comm. PH. YOLKA. Cette solution a été confirmée par le juge administratif, sous une forme atténuée toutefois, puisqu'il s'agissait d'une association, personne morale de droit privé certes, mais ne poursuivant pas des fins d'intérêt privé : CE, 25 novembre 2009, *Commune de Mer*, n° 310208 ; *AJDA* 2010, p. 51, note PH. YOLKA ; *JCP A* 2010, 2031, note C. CHAMARD-HEIM ; *Dr. adm.* 2010, comm. 23, note F. MELLERAY. De la même façon, le Conseil d'Etat a

a pour ce qui le concerne reconnu la constitutionnalité d'un transfert de biens entre personnes publiques à titre gratuit[592]. Les tempéraments à l'absolutisme du principe d'incessibilité à vil prix des biens publics sont donc assez limités et ils ne concernent *a priori* pas les propriétés publiques immatérielles, en tout cas pas en raison de leur nature.

Le second principe a quant à lui été reconnu dans une formulation très générale par le juge judiciaire[593], avant d'être repris dans le code général de la propriété des personnes publiques[594], ce qui lui confère dès lors une valeur supérieure, puisque législative, et non plus simplement celle d'un principe général du droit[595]. D'après le Professeur Philippe Yolka : *« en droit public, l'insaisissabilité présente un caractère absolu et permanent »*[596]. Ce principe, libellé de façon très générale, n'admet en effet pas de tempérament tangible. Il n'est de fait pas limité dans sa formulation, ni quant aux biens visés, ni quant aux personnes publiques concernées.

---

récemment réitéré cette solution, à propos de personnes physiques cette fois – en l'occurrence, des gens du voyage : CE, 14 octobre 2015, *Commune de Châtillon-sur-Seine*, n° 375577 ; *Dr. adm.* 2016, comm. 9, note G. EVEILLARD ; *JCP A* 2016, 2031, note M. CORNILLE.

[592] Voir notamment : CC, déc. n° 2009-594 DC, 3 décembre 2009, *Loi relative à l'organisation et à la régulation des transports ferroviaires et portant diverses dispositions relatives aux transports* ; *RFDA* 2010, p. 62, note C. BARTHELEMY et A.-E. RUBIO ; *AJDA* 2010, p. 598, note P.-A. JEANNENEY ; *Dr. adm.* 2010, étude 16, note F. HOFFMANN ; *RJEP* 2010, n° 376, p. 30, note C. CHAMARD-HEIM ; *GDDAB*, 3e éd., 2018, n°98, comm. C. CHAMARD-HEIM.

[593] Cass., Civ. 1ère, 21 décembre 1987, *Bureau de recherches géologiques et minières*, n° 86-14167 ; *CJEG* 1988, p. 107, note L. RICHER ; *RFDA* 1988, p. 771, concl. L. CHARBONNIER et p. 774, note B. PACTEAU ; *JCP* 1989, II, 21183, note B. NICOD ; *RTD civ.* 1989, p. 145, note R. PERROT ; *Gaz. Pal.* 1988, II, p. 685, note O. VERON ; GDDAB, n°75, 2013. La Cour de cassation juge dans cet arrêt que : *« s'agissant des biens appartenant à des personnes publiques, même exerçant une activité industrielle et commerciale, le principe de l'insaisissabilité de ces biens ne permet pas de recourir aux voies d'exécution de droit privé ».*

[594] Article L. 2311-1 du code général de la propriété des personnes publiques : *« Les biens des personnes publiques (...) sont insaisissables. ».*

[595] Les principes généraux du droit ayant, selon la formule consacrée une valeur *« infra-législative »* et *« supra-décrétale »* (cf. R. CHAPUS, « De la valeur des principes généraux du droit et autres règles jurisprudentielles du droit administratif », *D.* 1966, chron. p. 99, réitérant le point de vue développé dans une autre de ses études : « De la soumission au droit des règlements autonomes », *D.* 1960, chron. p. 119).

[596] C. CHAMARD-HEIM, F. MELLERAY *et al.*, *Les grandes décisions du droit administratif des biens*, Dalloz, 2013, comm. Ph. Yolka sous Cass., Civ. 1ère, 21 décembre 1987, *Bureau de recherches géologiques et minières*, spéc. p. 664.

Le cas des établissements publics industriels et commerciaux doit toutefois être réservé. En effet, même si leur statut juridique n'est pas mis en cause directement par la jurisprudence de la Cour de justice de l'Union européenne, en raison du principe de neutralité des institutions européennes vis-à-vis du régime de la propriété dans les Etats-membres[597], le régime qui leur est applicable est en revanche régulièrement critiqué par cette juridiction, dans la mesure où l'insaisissabilité de leurs biens les empêche d'honorer leurs créanciers en cas de défaut de paiement, ce qui équivaudrait à une garantie implicite illimitée de l'Etat quand aux dettes contractées par eux, laquelle s'apparenterait à une aide d'Etat, prohibée par l'Article 107 du TFUE. Tel est le sens de l'arrêt "La Poste" du 3 avril 2014[598]. Il faut toutefois noter que certaines propositions visant à moduler le régime juridique des biens des établissements publics industriels et commerciaux ont déjà été formulées par la doctrine[599], sans recevoir d'écho particulier dans la législation. La solution pourrait consister à introduire un second alinéa dans l'article L. 2311-1 du code général de la propriété des personnes publiques, pour limiter la portée du principe d'insaisissabilité des biens des personnes publiques, en soustrayant de son application les établissements publics industriels et commerciaux, et spécialement parmi ceux-ci ceux qui interviennent sur un marché concurrentiel.

Ces principes – d'insaisissabilité et d'incessibilité à vil prix – sont formulés de façon générale et sont libellés indépendamment de la nature du bien. Madame Claire Malwé relève d'ailleurs avec sagacité que le principe d'incessibilité à vil prix des biens publics a été consacré par le Conseil constitutionnel à propos d'une propriété publique immatérielle[600], puisqu'il s'agissait alors des actions détenues par les

---

[597] Article 345 TFUE : *« Les traités ne préjugent en rien le régime de la propriété dans les Etats membres »*.

[598] CJUE, 3 avril 2014, *République française c/ Commission*, aff. C-559/12 P ; *Dr. adm.* 2014, comm. 42, note M. BAZEX ; *Contrats Concurrence Consommation* 2014, chron. 2, note L. AYACHE ; *AJDA* 2014, p. 1155, chr. M. AUBERT, E. BROUSSY et H. CASSAGNABERE ; *AJDA* 2014, p. 1242, note M. LOMBARD ; *AJCA* 2014, p. 139, note B. CHEYNEL.

[599] Voir par exemple : J. CLAMENS, « Vers la remise en cause du principe d'insaisissabilité des biens des personnes publiques », *AJDA* 2000, p. 767 ; Y. GAUDEMET, « Revenir sur le principe d'insaisissabilité des biens des personnes publiques », *JCP G* 2007, n°Hors-Série, cahier n°2, p. 32 ; F. BLANC, « L'insaisissabilité des biens des établissements publics industriels et commerciaux, éléments pour une évolution », *RDP* 2009, p. 1553.

[600] C. MALWE, *JCl Propriétés publiques*, Fasc. 49 « Propriétés publiques immatérielles », Lexis Nexis, 2011 ; spéc. §33 : *« L'applicabilité du principe ne semble pas pouvoir être remise en cause en raison de la nature des biens visés, dès lors que c'est précisément à*

personnes publiques dans des sociétés commerciales, propriétés publiques financières. Le principe d'insaisissabilité des biens des personnes publiques a quant à lui récemment été réitéré à propos de propriétés publiques immatérielles[601], en l'occurrence également des actions détenues par une personne publique dans une société commerciale, dans l'affaire *Autoroutes Paris-Rhin-Rhône (APRR).*

Il faut noter pour conclure que ces principes ne peuvent être contrariés que par la Constitution pour l'un, ou par une loi pour l'autre. Si la question ne se pose pas en ces termes en ce qui concerne le principe d'incessibilité à vil prix des biens publics, le débat existe en revanche s'agissant du principe d'insaisissabilité des biens des personnes publiques[602]. Ainsi, pour le Professeur Yves Gaudemet, il est nécessaire de *« compléter l'article L. 2311-1 du Code général de la propriété des personnes publiques pour exclure de son champ les entreprises publiques à forme d'établissement public et permettre à celles-ci d'offrir en gage un bien comme facteur de diminution du coût du crédit recherché, et dès lors que ce bien n'est pas nécessaire à la continuité du service public »*. Une telle modulation permettrait de conserver la forme de l'établissement public industriel et commercial tout en se mettant en conformité avec la jurisprudence de la Cour de justice de l'Union européenne. La transformation des établissements publics industriels et commerciaux en sociétés commerciales, palliatif souvent avancé comme étant le seul susceptible de permettre l'arrêt des procédures en manquement engagées par la Commission européenne, n'est donc pas l'unique solution envisageable pour atteindre ce but.

Sa redéfinition législative potentielle n'est toutefois pas à l'ordre du jour actuellement et elle ne devrait d'ailleurs pas porter sur l'exclusion des propriétés publiques immatérielles du champ d'application de ce principe.

Les propriétés publiques immatérielles ne sont certainement pas des propriétés publiques comme les autres. Pourtant, rien ne singularise leur

---

l'égard d'éléments incorporels que celui-ci avait été formulé par le juge constitutionnel ».

[601] Cass. com., 21 janvier 2014, *Dpt de Saône-et-Loire c/ Société APRR*, n° 12.29475 ; *Dr. adm.* 2014, comm. 26, note J.-F. GIACCUZZO ; *AJDA* 2014, p. 460, note PH. YOLKA ; *Contrats et marchés publ.* 2015, chron. 2, note F. LLORENS et P. SOLER-COUTEAUX.

[602] Pour la citation complète, voir : Y. GAUDEMET, art. préc., spéc. p. 32 : *« Il faudra donc au moins compléter l'article L. 2311-1 du Code général de la propriété des personnes publiques pour exclure de son champ les entreprises publiques à forme d'établissement public et permettre à celles-ci d'offrir en gage un bien comme facteur de diminution du coût du crédit recherché, et dès lors que ce bien n'est pas nécessaire à la continuité du service public ».*

situation juridique dans le code général de la propriété des personnes publiques. Déjà mal adapté aux propriétés publiques immatérielles (cf. *infra*), celui-ci s'avèrerait l'être encore moins pour des éléments non appropriés, tels que ceux qui composent le "patrimoine immatériel".

B. Eléments de différenciation

Malgré l'existence de points de convergence dans le régime applicable à toutes les propriétés publiques immatérielles, de nombreux aspects de différenciation peuvent être relevés. Ceux-ci sont incontestablement de nature à accentuer le sentiment d'atomisation du régime des éléments composant le "patrimoine immatériel" des personnes publiques. Ces éléments tiennent avant tout à la nature particulière des propriétés publiques immatérielles. Celles-ci font en effet souvent l'objet d'une superposition de régime entre des règles issues du droit commun et les règles issues du droit des propriétés publiques exposées précédemment, au risque de quelques difficultés d'articulation.

Les propriétés publiques immatérielles présentent une nature hybride et se voient appliquer diverses règles issues du droit privé, en ce qu'elles sont des propriétés immatérielles, et également des règles issues du droit public, en ce qu'elles sont des propriétés publiques.

Il faut déplorer que l'application concomitante de diverses règles de droit privé applicables aux propriétés publiques immatérielles et du droit des propriétés publiques (1) ne se soit pas accompagnée d'aménagements spécifiques de cette dernière matière (2).

1. Application concomitante de règles de droit privé

De la même façon que le Professeur Odile de David Beauregard-Berthier a souligné *« la richesse et la diversité des biens incorporels »*[603], il faut, tout en souscrivant à cette analyse, la corroborer en remarquant que les éléments concernés font eux-mêmes l'objet d'un traitement juridique différencié, ce qui accentue l'affirmation selon laquelle il n'existe pas de régime juridique unique du "patrimoine immatériel" des personnes publiques. Le Professeur Philippe Terneyre a d'ailleurs relevé

[603] O. DE DAVID BEAUREGARD-BERTHIER, « Le patrimoine immatériel de l'Etat », *in Bien public, bien commun, Mélanges en l'honneur d'Etienne Fatôme,* Dalloz, 2011, p.23 ; spéc. p. 24.

à cet égard *« l'extrême hétérogénéité des règles applicables en la matière »*[604].

La singularité des propriétés publiques immatérielles repose tout entière sur la superposition des régimes qui leur sont parfois applicables[605]. Au même titre que ce sont des propriétés publiques, ce sont également des éléments immatériels particuliers, assujettis alternativement à une branche particulière du droit privé[606], qu'il s'agisse du droit de la propriété intellectuelle (brevets, marques, droits d'auteur)[607] ou du droit des sociétés[608] (actions)[609].

Pour les actions détenues par des personnes publiques dans des sociétés commerciales, le cumul de régimes applicables est possible, même si la qualification de propriété publique n'équivaut normalement pas à l'application d'un surplus de protection au bénéfice de la personne publique actionnaire[610]. Les obstacles à une articulation parfaite n'en

---

[604] PH. TERNEYRE, « Les actifs immatériels des personnes publiques », *RJEP* 2013, étude 16 ; spéc. §50.

[605] Y. GAUDEMET, *Traité de Droit administratif des biens*, LGDJ, 15e éd., 2014, spéc. p. 8 : *« les propriétés incorporelles des personnes publiques – dont l'importance économique est grande – obéissent à des règles particulières avec lesquelles doivent composer les principes du code général de la propriété des personnes publiques »*.

[606] Pour mémoire, l'ensemble des éléments qui suivent sont des éléments particuliers du "patrimoine immatériel" des personnes publiques, dans la mesure où ils font l'objet d'un droit de propriété. Sur ce point, voir par exemple le constat selon lequel : *« [Les marques publiques] font partie du patrimoine immatériel des personnes publiques au même titre que les actions ou obligations les propriétés littéraires ou artistiques (droit d'auteur, base de données...) ou encore les autres titres de propriété industrielle (brevets...) »* (CONSEIL D'ETAT, *L'action économique des personnes publiques*, Etude annuelle 2015, La Documentation française, 2015, spéc. p. 80).

[607] O. DE DAVID BEAUREGARD-BERTHIER, *Ibid.*, spéc. p. 25 : *« la propriété intellectuelle est susceptible de bénéficier aux personnes publiques comme aux autres sujets de droit »*.

[608] Entendu *lato sensu* comme englobant notamment le droit des sociétés, le droit boursier et le droit des fusions et acquisitions.

[609] J.-G. SORBARA, « Les sociétés publiques locales et la propriété publique : la SPL, outil d'aménagement foncier », *RFDA* 2012, p. 1140 ; spéc. p. 1141 : *« les actions des SPL sont la propriété des personnes publiques »*. Il est possible de généraliser à toutes les actions détenues par des personnes publiques dans des sociétés commerciales, d'une part parce que les actionnaires des sociétés publiques locales (SPL) sont tous des personnes publiques, d'autre part parce que ces sociétés sont des sociétés anonymes (Article L. 1531-1, al. 4 du code général des collectivités territoriales), c'est-à-dire des sociétés commerciales.

[610] G. ECKERT, « Une collectivité territoriale est-elle un actionnaire ordinaire ? », *RJEP* 2013, comm. 4 : selon l'auteur, en général, la personne publique actionnaire *« ne bénéficie ni de prérogatives spécifiques, ni de protections exorbitantes »*.

demeurent pas moins réels[611] et ils sont de nature à rendre impérieuse une entreprise de clarification. Dans le même ordre d'idées, le Professeur René Hostiou souligne de façon générale, mais à l'occasion d'une contribution consacrée aux droits de propriété intellectuelle des personnes morales de droit public, *« [les] difficultés que suscite la mise en application de règles de droit privé lorsque celles-ci sont projetées dans la sphère du droit public »*[612]. Ces questions seront détaillées plus avant dans la démonstration (cf. *infra* ; spéc. Partie III, Chapitre I). L'application cumulative de deux corps de règles, lorsqu'elle ne s'accompagne pas d'un travail de coordination des différents régimes juridiques, peut en effet présenter de nombreuses imperfections. En la matière, cela se traduit souvent par l'absence d'aménagement spécifique du droit des propriétés publiques pour prévoir le traitement des cas particuliers que représentent les différentes propriétés publiques immatérielles.

2. Absence d'aménagement spécifique du droit des propriétés publiques

Le droit des propriétés publiques n'a pas du tout été aménagé pour recevoir en son sein les propriétés publiques immatérielles. Elles entrent pourtant dans le champ d'application du code général de la propriété des personnes publiques. La conjonction des règles issues du code de la propriété intellectuelle avec celles du code général de la propriété des personnes publiques fait ressortir d'importantes difficultés d'articulation. Ainsi, comme l'indique le Professeur Philippe Yolka : *« la valorisation de la propriété intellectuelle des personnes publiques s'est, jusqu'à présent, réalisée sur fond de droit privé. Pourtant, le statut des biens publics s'accommode mal de certains principes applicables à la propriété intellectuelle des personnes privées »*[613]. La mauvaise articulation des différentes règles applicables en la matière est

[611] Sur ce point, voir notamment les deux exemples développés par le Professeur Philippe Yolka : PH. YOLKA, « Les patrimoines publics à l'épreuve de la propriété intellectuelle », *Dr. adm.* 2012, prat. 1.

[612] R. HOSTIOU, « Les droits moraux du co-contractant de l'Administration – Propriété littéraire et artistique et droit administratif », *in Contrats publics, Mélanges en l'honneur du Professeur Michel Guibal*, vol. 1, Presses de la Faculté de droit de Montpellier, 2006, p. 259 ; spéc. p. 274.

[613] PH. YOLKA, « Les patrimoines publics à l'épreuve de la propriété intellectuelle », *Dr. adm.* 2012, prat. 1.

régulièrement remarquée[614] et critiquée[615]. Elle fera l'objet de nombreux développements plus avant[616].

Pour s'en tenir à ce stade à l'exemple des marques publiques s'agissant de la propriété intellectuelle des personnes publiques, même si *a priori* celles-ci *« sont soumises au droit commun des marques »*[617], certains auteurs plaident pour qu'il ne leur soit pas fait une simple transposition du régime existant en droit privé[618]. Cela suggère indirectement la nécessité qu'il y a à apporter des aménagements au régime existant[619], afin de trouver la coordination la plus adéquate possible entre les différentes règles qui trouvent à s'appliquer aux propriétés publiques immatérielles, dans la mesure où elles pourraient être en contradiction.

Ce constat vaut également pour les actions détenues par les personnes publiques dans des sociétés commerciales. Ainsi, la plupart du temps, c'est-à-dire sauf dispositions législatives spécifiques, *« la situation de l'actionnaire public n'est (...) guère différente de celle de l'actionnaire privé »*[620]. Le juge administratif en a récemment fait la démonstration

---

[614] Voir notamment : PH. TERNEYRE, art. préc., spéc. §50.

[615] Lors du Colloque relatif au Patrimoine immatériel des personnes publiques, déjà évoqué précédemment, le Président Michel Pinault s'est ainsi exprimé de la façon suivante : *« Je m'interroge depuis un certain temps déjà sur une question qui n'est pas un point d'inadéquation du droit public des biens au domaine immatériel, mais plutôt l'inverse. Dans le cas précis de la propriété intellectuelle, je suis frappé de voir que, alors même que l'Etat est détenteur de toute une série de droits de propriété intellectuelle, l'utilisation qui en est faite en réalité par les collectivités publiques est relativement faible. (...) Il me semble que le système de propriété intellectuelle de droit commun gagnerait peut-être à être précisé s'agissant du droit de propriété intellectuelle des personnes publiques. »* (CONSEIL D'ETAT, *Le patrimoine immatériel des personnes publiques*, Colloque du 16 mars 2012, La Documentation française, coll. Droits et Débats n°6, 2013, spéc. p. 112).

[616] Cf. *infra* ; spéc. Partie III, Chapitre I.

[617] CONSEIL D'ETAT, *L'action économique des personnes publiques*, *op. cit.*, spéc. p. 82.

[618] Voir : C. ROSSETTI, « Vers une gestion stratégique des marques publiques », *AJDA* 2010, p. 2197 ; spéc. p. 2200 : *« (...) les spécificités de certaines marques publiques semblent s'opposer à la simple transposition des méthodes prévues par ce code. Concernant le contrat de cession de droits d'exploitation, il est évident que certaines marques publiques, consubstantielles à l'identité même de l'Etat, n'ont pas vocation à être cédées. Dès lors, la possibilité de tels contrats doit être strictement encadrée. Là encore, le droit actuel est muet. »*.

[619] Voir sur ce point les propositions formulées dans l'étude suivante : A. DILLOARD, « L'émergence des marques publiques dans le patrimoine immatériel des personnes publiques », *RDP* 2014, p. 39.

[620] G. ECKERT, « Une collectivité territoriale est-elle un actionnaire ordinaire ? », *RJEP* 2013, comm. 4.

dans un contentieux opposant une collectivité territoriale actionnaire à une société commerciale[621]. Dans cette affaire, une procédure dite "d'offre publique de retrait avec retrait obligatoire" (ou *squeeze-out*), propre au droit boursier[622], est appliquée à une collectivité territoriale. Il est remarquable de noter que le département concerné, malgré sa nature de personne morale de droit public, n'a pas bénéficié d'un traitement de faveur et qu'il s'est retrouvé dans une situation identique à celle d'un actionnaire ordinaire[623]. Sa nature de propriétaire public n'est ainsi pas susceptible de faire échec, par elle-même, à l'application des procédures classiques du droit boursier.

Dans la mesure où il n'y a pas d'aménagements substantiels de l'un ou l'autre de ces corps de règles[624], il faut considérer que le régime du "patrimoine immatériel" des personnes publiques est atomisé, même s'agissant de ses éléments appropriés, quand bien même ils feraient l'objet d'un régime propriétariste, faisant nécessairement bénéficier les éléments du "patrimoine immatériel" ainsi considérés de caractéristiques communes. En l'absence d'un tel régime propriétariste, pourvoyant un minimum de règles identiques, le désordre des règles applicables paraît *a fortiori* plus important encore.

En fin de compte, il ressort des derniers développements opérés que le "patrimoine immatériel" ne se voit pas appliquer un régime propriétariste. Il est certainement préférable que les régimes applicables aux différents éléments composant le "patrimoine immatériel" se soient autonomisés pour s'éloigner du code général de la propriété des personnes publiques, à l'exception notable – mais isolée – des fréquences hertziennes. Pour l'essentiel, il s'avère en effet que la domanialité est étrangère aux questions en lien avec l'immatériel. La domanialité – publique ou privée – est inapplicable, en l'état actuel, à l'immatériel et l'application de la domanialité à l'immatériel pourrait se révéler dangereuse pour la cohérence et la survie des schémas classiques du droit des propriétés publiques.

---

[621] CE, 4 juillet 2012, *Département de Saône-et-Loire*, n°356168 ; *AJDA* 2013, p. 522, note G. EVEILLARD ; *RJEP* 2013, comm. 4, note G. ECKERT ; pour plus de précisions sur l'ensemble de cette affaire : cf. *infra*.

[622] Article L. 433-4, II du Code monétaire et financier.

[623] G. ECKERT, art. préc. : *« la solution adoptée (...) conduit à ne pas singulariser la situation de l'actionnaire public face aux procédures de droit boursier »*.

[624] Voir sur ce point : PH. YOLKA, « Les patrimoines publics à l'épreuve de la propriété intellectuelle », *Dr. adm.* 2012, prat. 1 ; où l'auteur relève : *« les sérieuses difficultés qu'il peut y avoir à faire dialoguer des ensembles normatifs n'ayant, a priori, pas grand-chose à se dire »*.

Les régimes propres aux différents éléments composant le "patrimoine immatériel" non approprié des personnes publiques doivent être analysés plus avant, afin de mesurer s'ils sont satisfaisants en termes de valorisation, c'est-à-dire s'ils sont de nature à assurer un bon équilibre entre protection et exploitation financière.

Section II – L'adaptation des régimes propres au service d'une valorisation optimisée du "patrimoine immatériel" non approprié

Les éléments composant le "patrimoine immatériel" en plus de se voir appliquer un régime juridique commun – limité à quelques actions de valorisation et ne les saisissant que partiellement – sont appréhendés par des régimes juridiques propres, parfois extérieurs à la logique domaniale, souvent extérieurs à toute logique propriétariste. La multiplication de ces régimes et leur absence apparente de cohésion aurait pu laisser craindre une marginalisation de de la préoccupation de mieux valoriser le "patrimoine immatériel". A l'analyse, il s'avère que dans l'ensemble, les différents régimes existants contribuent à l'optimisation de la valorisation du "patrimoine immatériel". Finalement, en l'état actuel, la valorisation du "patrimoine immatériel" s'avère globalement satisfaisante (§1), même si elle est pour partie perfectible (§2), puisque quelques améliorations peuvent être ponctuellement proposées.

§1. Une valorisation encourageante du "patrimoine immatériel" non approprié

Il s'agit ici d'apporter une appréciation quant aux régimes applicables aux éléments composant le "patrimoine immatériel" des personnes publiques et spécialement quant à l'équilibre existant entre leur exploitation et leur protection. Sans aborder ici la question des propriétés publiques immatérielles, il faut se concentrer sur l'optimisation de la valorisation des autres éléments du "patrimoine immatériel", et faire état tout à la fois de leur réceptivité à la création de richesse (A), et de leur propension à satisfaire d'autres intérêts, complémentaires à celle-ci (B), tout en gardant à l'esprit les améliorations pouvant être apportées.

A. Une valorisation réceptive à la création de richesse

Deux exemples significatifs d'actions de valorisation du "patrimoine immatériel", engagées *a priori* pour un motif exclusivement financier peuvent être pris ici. En vérité, en plus de répondre à un souci de rentabilité financière, les actions envisagées permettent généralement la satisfaction d'autres objectifs d'intérêt général. Deux illustrations particulièrement significatives seront développées dans les lignes qui suivent : l'opération du Louvre à Abou Dabi, ainsi que l'attribution des fréquences hertziennes à des opérateurs publics ou privés.

L'utilisation du nom "Le Louvre", par le musée universel d'Abou Dabi offre une bonne illustration de la considérable création de richesses parfois générée à partir de l'exploitation d'un élément du "patrimoine immatériel"[625]. En effet, *« le nom des personnes publiques (...) peut aujourd'hui être considéré comme un actif patrimonial doté d'une forte valeur économique. »*[626]. En l'occurrence, un accord en date du 6 mars 2007[627], passé entre le gouvernement français et le gouvernement des Emirats Arabes Unis, a permis l'utilisation du nom "Le Louvre" pour la dénomination d'un musée à Abou Dabi, pour une durée de trente ans et

---

[625] Sur l'idée que cette opération est un exemple révélateur de la valorisation du patrimoine immatériel : M. CORNU et M. FRIGO, « L'accord portant création du Louvre Abou Dhabi, musée universel : une double invention culturelle et juridique », *Annuaire français de droit international*, 2009, n°55, p. 111 ; spéc. p. 113 : *« Mais derrière la dimension culturelle, c'est aussi le musée comme élément moteur dans les stratégies de développement qui est en action, comme producteur de valeur économique. Le musée détient des « actifs immatériels » dont le nom de marque, dont les savoir-faire et autres prestations des professionnels en la matière et il s'agit ici de faire fructifier ces gisements dormants. « La décision d'autoriser le musée universel à utiliser le terme « Louvre » dans son appellation permet de conférer une valeur à un bien immatériel qui serait resté inexploité » peut-on lire dans les débats parlementaires. Le projet Louvre Abou Dabi est de l'avis de ses artisans exemplaire de « cette nouvelle économie de l'immatériel ».* » (nous soulignons).

[626] C. MALWE, « Noms publics et droit des marques », *in Le nom : administrations, droit et contentieux administratifs*, PH. YOLKA (dir.), Institut universitaire Varenne, LGDJ Lextenso, 2016, p. 45 ; spéc. p. 48.

[627] Sur cette opération, voir notamment : Loi n°2007-1478 du 17 octobre 2007 autorisant l'approbation d'accords entre le Gouvernement de la République française et le Gouvernement des Emirats arabes unis relatifs au musée universel d'Abou Dabi, *JORF* n°242, 18 octobre 2007, p. 17170, texte n° 5 ; Décret n°2008-879 du 1er septembre 2008 portant publication de l'accord entre le Gouvernement de la République française et le Gouvernement des Emirats arabes unis relatif au musée universel d'Abou Dabi, signé à Abou Dabi le 6 mars 2007, *JORF* n°0205, 3 septembre 2008, p. 13803, texte n° 2 ;

six mois[628], moyennant une contrepartie financière conséquente[629]. Le Rapport "Lévy-Jouyet" n'était pas étranger à ces préoccupations, puisqu'il avait même expressément invité le gouvernement à *« [r]enforcer le rayonnement des musées français en leur donnant [notamment] la possibilité (...) de céder le droit d'utilisation de leur nom dans des conditions très strictes »*[630].

---

[628] Voir sur ce point l'Article 14 de l'Accord entre le gouvernement de la République française et le gouvernement des Emirats Arabes Unis relatif au Musée universel d'Abou Dabi :
« (...) 2. Dénomination du Musée. La dénomination du Musée est constituée d'un élément distinctif verbal, précédant ou suivant le nom du Musée du Louvre ou le mot « Louvre », permettant de distinguer nettement le Musée du Louvre et le Musée. L'usage du nom du Musée du Louvre ne peut être consenti que pour la dénomination du Musée, à l'exclusion de tout autre. Toute autre exploitation du nom du Musée du Louvre, de sa marque, de son image et/ou de la dénomination du Musée ou toute apposition de l'un de ces éléments sur un quelconque produit ou service fait l'objet d'une autorisation expresse et préalable du Musée du Louvre sous forme de convention conclue au cas par cas et prévoyant notamment l'intéressement au bénéfice de l'Etablissement public du Musée du Louvre. Aucune annonce officielle relative au Musée ne peut être effectuée à l'intention du public ou des représentants des médias sans l'autorisation expresse et préalable de la Partie française.
3. Durée de l'autorisation. L'autorisation d'usage du nom du Musée du Louvre est consentie par la Partie française pour une durée de trente ans et six mois à compter de la signature du présent accord, sous réserve des conditions fixées par la convention d'application séparée mentionnée précédemment. En aucun cas ladite autorisation ne peut être considérée comme reconduite tacitement. (...) ».

[629] Voir sur ce point l'Article 15, relatif aux conditions financières de l'opération envisagée, de l'Accord précité : *« (...) 5. Nom du Louvre. La Partie émirienne s'engage à verser à l'Etablissement public du Musée du Louvre une somme de 400 millions d'euros. ».*

[630] Voir sur ce point : M. LEVY et J.-P. JOUYET, *L'économie de l'immatériel, la croissance de demain*, La Documentation française, 2006 ; spéc. p. 123, Recommandation n°10 : *« Renforcer le rayonnement des musées français en leur donnant la possibilité : de céder le droit d'utilisation de leur nom dans des conditions très strictes ; de louer et de vendre certaines de leurs œuvres selon des modalités également très encadrées ; d'avoir accès à un statut de fonds de dotation pour favoriser la collecte de fonds privés, sur le modèle des Endowment Funds américains :*
- autoriser les musées à céder le droit d'utilisation de leur nom dans des conditions très strictes : plusieurs musées français sont riches d'une notoriété exceptionnelle, qui demeure aujourd'hui encore largement sous-valorisée. À l'image du schéma retenu pour le musée Guggenheim de Bilbao et le projet de grand musée d'art islamique d'Abu Dhabi, les principaux musées nationaux devraient être encouragés à développer une politique de valorisation internationale de leur marque, en proposant dans les pays les plus dynamiques en matière culturelle la cession du droit d'utilisation de leur nom. Cette opération serait naturellement accompagnée d'un cahier des charges strict, garantissant la qualité des collections, la préservation de la réputation de la marque et la protection des œuvres éventuellement prêtées par l'institution ; (...) » (nous soulignons).

En résumé, « *loin d'être négligeable sur le plan financier l'accord, d'un montant de 400 millions d'euros, permet à la fois d'exploiter commercialement le nom du Louvre et de le valoriser à l'étranger en lui offrant ainsi une visibilité non négligeable* »[631]. Cette opération, « *d'un caractère inédit et pour le moins complexe* »[632] a en outre permis d'envisager l'emploi d'une combinaison inédite de méthodes pour l'évaluation de la marque[633]. Cette opération n'a en revanche pas donné lieu à l'établissement d'une concession de licence de marque classique. En l'espèce, un véhicule juridique *ad hoc* a été utilisé, s'intégrant dans un ensemble plus vaste[634], parfois qualifié – à dessein – de « *constellation complexe* »[635]. Finalement, cette opération s'est traduite par une création de richesse importante, mais elle n'a pas donné lieu à une cession de la marque, qui aurait, vu l'évaluation envisagée, été encore plus onéreuse. La sauvegarde d'autres intérêts est ici entrée en compte (cf. *infra*).

L'exercice consistant à évaluer la valeur d'une telle marque est délicat. D'ailleurs, il est certainement virtuel lorsqu'il s'agit d'envisager sa valeur marchande, c'est-à-dire le prix auquel elle serait potentiellement mise en vente. Rien ne semble interdire, juridiquement, une cession. De nombreux autres impératifs président en revanche au maintien d'une maîtrise publique totale sur cette marque – laquelle passe sans doute par son appropriation.

A noter que la création de richesse n'est bien entendu pas forcément le motif principal de l'action d'un musée tel que Le Louvre lorsqu'il entreprend une opération consistant à autoriser l'utilisation de son nom.

Il peut aussi souhaiter, alternativement ou cumulativement, renforcer son rayonnement culturel, accroître sa réputation internationale, ou encore contribuer à la diffusion de la connaissance au plus grand nombre. L'ouverture d'une antenne du Louvre dans des contrées moins exotiques que les Emirats arabes unis, en l'occurrence à Lens, semble participer d'un tel mouvement, qualifiable de "solidarité territoriale", puisqu'il s'est agi de redynamiser culturellement une région en perte de vitesse sur ce terrain. Les conditions dans lesquelles cette opération s'est réalisée

---

[631] A. DILLOARD, « L'émergence des marques publiques dans le patrimoine immatériel des personnes publiques », *RDP* 2014, p. 39.

[632] J.-D. DREYFUS, « Montages culturels complexes : le Louvre Abou Dhabi », *CP-ACCP*, février 2008, p. 74 ; spéc. p. 75.

[633] J.-D. DREYFUS, « La valorisation par l'Etat de son patrimoine immatériel », *AJDA* 2009, p. 696 ; spéc. p. 697.

[634] J.-D. DREYFUS, *idem*.

[635] M. CORNU et M. FRIGO, art. préc. ; spéc. p. 114.

sont remarquables, notamment parce que l'autorisation d'utilisation du nom "Le Louvre" s'est ici faite sans contrepartie financière (cf. *infra*).

S'agissant de l'attribution des fréquences hertziennes – ou fréquences radioélectriques –, à des opérateurs publics ou privés, il faut l'envisager dans deux secteurs, celui de la téléphonie mobile et celui de l'audiovisuel, dans la mesure où la contrepartie demandée change de nature dans l'un ou l'autre cas, ainsi que cela a été esquissé précédemment. Dans le secteur de la téléphonie mobile, les contreparties financières demandées aux opérateurs attributaires sont particulièrement élevées, à tel point que leur bonne santé financière a parfois pu en souffrir. En la matière, il n'est pas contestable que *« l'Etat a procédé (...) dans un pur intérêt financier, avec un objectif de maximisation des finances publiques »*[636]. Le montant proposé en contrepartie de l'utilisation des fréquences hertziennes a même été un critère de sélection des candidats à leur attribution[637]. En revanche, *« l'utilisation des fréquences radioélectriques par les services audiovisuels n'est pas soumise au paiement de redevances mais assortie de contreparties non financières. Ces dernières se substituent aux contreparties financières classiquement exigées des opérateurs. »*[638]. Cela permet de répondre à d'autres préoccupations d'intérêt général (cf. *infra*).

Reste la question de savoir si les ministères affectataires de certaines fréquences hertziennes sont prêts à en optimiser davantage la gestion, en en retirant des recettes financières plus importantes. Il s'avère en effet que *« la gratuité actuelle n'incite pas les ministères (...) à utiliser le spectre de manière optimale »*[639]. Le Rapport "Lévy-Jouyet" proposait d'ailleurs d'utiliser plus efficacement les fréquences en question en prévoyant un mécanisme permettant tout à la fois de révéler le coût réel d'usage des fréquences et d'envisager d'en faire une utilisation

---

636 A. Laget-Annamayer, « Occupation du domaine public et intérêt général, d'un pouvoir de gestion étendu des autorités domaniales à une liberté d'action encadrée », *AJDA* 2003, p. 1201 ; spéc. p. 1207.

637 Voir sur ce point : Th. Pez, *Le domaine public hertzien : attribution et exploitation des fréquences radioélectriques*, LGDJ Lextenso, 2011 ; spéc. p. 70 : *« pour assurer une bonne valorisation des fréquences, patrimoine immatériel de l'Etat, a été retenu comme l'un des critères de sélection le montant financier proposé par les candidats pour l'assignation des fréquences et ont été fixés des prix de réserve (...) »*.

638 Th. Pez, *op. cit.* ; spéc. p. 183.

639 Th. Pez, *op. cit.* ; spéc. p. 141.

raisonnable, ainsi qu'un intéressement en cas de restitution de fréquences surnuméraires[640].

Faut-il pour autant mettre fin à l'utilisation gratuite de ces fréquences, dans un but affiché de responsabilisation des ministères concernés ? Réciproquement, est-il possible de rationaliser l'usage public qui est fait des fréquences en cause afin d'en attribuer davantage, à titre onéreux, à des opérateurs économiques ?

La piste de l'intéressement est certainement une option à considérer avec sérieux. Ce mécanisme n'est pas sans rappeler celui prévu par les dispositions du décret n° 2009-157, du 10 février 2009, qui ont créé un mécanisme particulier de réversion des bénéfices retirés par les administrations de leurs actions de valorisation du "patrimoine immatériel". Le dispositif prévu est orienté vers l'incitation à la création de richesses. Il s'agit de reverser l'argent directement au ministère concerné par l'action de valorisation engagée. Il y a là indéniablement un mécanisme qui vise à *« « motiver » les administrations »*[641] à multiplier ces actions de valorisation. L'Agence du patrimoine immatériel de l'Etat devrait communiquer sur l'effectivité de ce dispositif, afin d'indiquer clairement les recettes retirées dans ce cadre et directement réattribuées au ministère concerné.

---

[640] M. LEVY et J.-P. JOUYET, *L'économie de l'immatériel, la croissance de demain*, La Documentation française, 2006 ; spéc. p. 130, Recommandation n°18 : *« Affirmer le principe du caractère payant de l'accès au spectre, selon des modalités tenant compte des spécificités de chaque acteur : loyers et droit de revente des fréquences pour les utilisateurs publics ; pour le secteur audiovisuel, application d'un principe d'équivalence démontrée entre la gratuité des fréquences et les contreparties exigées des chaînes au titre de la diversité culturelle et de la promotion de la culture française :*
• pour les utilisateurs publics, une redevance d'utilisation devrait être imputée sur les budgets des organismes concernés. Budgétairement, l'opération serait neutre, puisque la subvention de l'État serait majorée d'un même montant. Mais elle aurait pour vertu de révéler le coût d'usage des fréquences et, partant, d'inciter à les économiser. Les autorités publiques pourraient, en outre, se voir reconnaître le droit de revendre leurs fréquences sur un marché secondaire et de conserver une partie du produit de l'opération de cession. Cette disposition inciterait les utilisateurs publics à approfondir leurs réflexions sur la possibilité de déployer des usages et des technologies moins consommateurs de fréquences. Elle favoriserait en conséquence les réaffectations de bandes de fréquences entre les différentes catégories d'utilisateurs ; (...) » (nous soulignons).

[641] Voir, pour la citation complète : J.-D. DREYFUS, « La valorisation par l'Etat de son patrimoine immatériel », *AJDA* 2009, p. 696 : *« Tel est exactement ce que prévoient les décrets du 10 février 2009 qui ajoutent, afin de « motiver » les administrations, que les produits résultant de la rémunération des prestations sont attribués au budget de chaque ministère concerné (art. 1er décr. n° 2009-157) ».*

Ainsi, un meilleur équilibre devait être recherché dans la gestion du spectre hertzien, afin d'en rationaliser l'utilisation, de telle sorte à ce que seules les fréquences effectivement utilisées par les opérateurs étatiques continuent d'être soustraites au paiement d'une redevance, mais que toutes les autres puissent être restituées en vue d'être ensuite attribuées à des opérateurs privés moyennant redevance.

B. Une valorisation soucieuse d'impératifs complémentaires

Les inconvénients d'une recherche de rentabilité excessive ont déjà été soulignés. Il convient de reprendre les deux exemples déjà cités de l'opération du Louvre Abou Dabi et de l'attribution des fréquences hertziennes.

Sous les apparences d'une opération motivée avant tout par la création de richesses, la mise en place du musée universel d'Abou Dabi a permis de satisfaire d'autres préoccupations complémentaires. En réalité, *« l'enjeu n'est pas exclusivement d'ordre financier »*[642]. Cela se vérifie notamment dans l'affectation des fonds perçus pour l'utilisation par le musée universel du nom "Le Louvre". Ceux-ci sont en effet *« [versés] au fonds de dotation du Louvre, nouvelle structure permettant de mobiliser le mécénat »*[643]. Il y a là une traduction de la pluralité des intérêts qui

---

[642] M. CORNU et M. FRIGO, « L'accord portant création du Louvre Abou Dhabi, musée universel : une double invention culturelle et juridique », *Annuaire français de droit international*, 2009, n°55, p. 111 ; spéc. pp. 117-118 : *« Mais d'une part, l'enjeu n'est pas exclusivement d'ordre financier. L'ensemble du montage notamment les obligations à la charge de la partie émirienne se focalisent autour de l'utilisation du nom explicitement reliée au respect des conditions techniques et scientifiques prévues dans l'accord. D'autre part et le point est cardinal, le nom Louvre n'est pas seulement un titre de propriété intellectuelle. Il est une dénomination officielle étroitement associée « au patrimoine culturel muséal et culturel français dont le musée du Louvre est l'un des représentants et des garants ». Dans cette construction, le musée du Louvre n'intervient pas en sa seule qualité de titulaire d'un droit de marque. L'État est pleinement impliqué dans la concession d'usage du nom Louvre. »*.

[643] Pour la citation complète : M. CORNU et M. FRIGO, art. préc. ; spéc. p. 129 : *« Quant aux redevances d'utilisation du nom Louvre, elles sont versées au fonds de dotation du Louvre, nouvelle structure permettant de mobiliser le mécénat. En vertu de l'article 140 de la loi n° 2008-776 du 4 août 2008 de modernisation de l'économie, le fonds de dotation est une personne morale de droit privé à but non lucratif qui reçoit et gère, en les capitalisant, des biens et droits de toute nature qui lui sont apportés à titre gratuit et irrévocable et utilise les revenus de la capitalisation en vue de la réalisation d'une œuvre ou d'une mission d'intérêt général ou les redistribue pour assister une personne morale à but non lucratif dans l'accomplissement de ses œuvres et de ses missions d'intérêt général. »*.

entrent en jeu dans la mise en place d'une telle opération. La recherche de la valorisation financière maximale aurait pu conduire à la cession pure et simple de la marque "Le Louvre". La sauvegarde de l'intérêt général a naturellement présidé à ne pas abonder dans ce sens.

La création de richesse n'est donc pas systématiquement au cœur des opérations de valorisation menées par certains musées autorisant la réutilisation de leur nom. Si elle n'était qu'une préoccupation parmi d'autres s'agissant du "Louvre Abou Dabi", à plus forte raison l'était-elle bien moins encore concernant l'ouverture d'une antenne à Lens du célèbre musée parisien, à partir du début de l'année 2011[644]. D'une part, l'opération n'a pas donné lieu au versement d'une contrepartie financière directe à l'établissement public du Musée du Louvre pour l'utilisation de son nom. Il y a là une différence majeure en comparaison avec l'opération menée à Abou Dabi. S'agissant du "Louvre-Lens", les statuts de cet établissement public de coopération culturelle reconnaissent expressément que la marque "Louvre-Lens" est la propriété de l'établissement public du Musée du Louvre. En outre, comme cela a été indiqué, *« dans le cadre de l'opération Louvre Lens, le musée parisien [du Louvre] a consenti une licence de marque à titre gratuit à l'établissement public de coopération culturelle porteur du projet »*[645]. Les statuts de cet établissement font état expressément du choix d'autoriser dans un contrat dédié l'exploitation de la marque « Louvre-Lens » à titre gratuit par le musée nouvellement créé[646]. D'autre part, il s'agit d'une opération qui n'était pas indifférente à diverses préoccupations d'ordre social. L'implantation du Musée du Louvre à Lens devait notamment contribuer à redynamiser culturellement sa région[647].

---

[644] L'établissement public de coopération culturelle du Musée du Louvre-Lens a été créé à partir du 1er janvier 2011 par un arrêté du préfet de la région Nord-Pas-de-Calais du 3 décembre 2010.

[645] J.-D. DREYFUS, « Nom des collectivités et droit des marques », *AJCT* 2013, p. 127 ; voir spécialement la note de bas de page n°2.

[646] Voir sur ce point les statuts de l'établissement public de coopération culturelle « Musée du Louvre-Lens », et spécialement l'article 7 : *« La dénomination Louvre et la marque « Louvre-Lens » sont la propriété de l'établissement public du musée du Louvre. Le musée du Louvre autorise le musée du Louvre-Lens à utiliser la dénomination « Louvre-Lens » tant que le musée du Louvre demeure membre l'établissement public de coopération culturelle et selon les modalités d'utilisation qui seront définies dans un contrat lui délivrant la licence de marque à titre gratuit. »* (nous soulignons).

[647] Voir spéc. l'article 3 de l'arrêté précité du 3 décembre 2010, fixant les missions de l'établissement public du "musée du Louvre-Lens" :
« Article 3 – L'établissement public de coopération culturelle dénommé « musée du Louvre-Lens » a pour objet la gestion et l'exploitation du musée du Louvre-Lens dans

La valorisation du "patrimoine immatériel" est complexe et elle n'est pas uniforme. Les préoccupations prises en compte le sont dans des proportions variables selon l'élément du "patrimoine immatériel" considéré et suivant les opérations réalisées. Cela se vérifie encore à propos de l'attribution des fréquences hertziennes, notamment dans le domaine de l'audiovisuel.

L'attribution, très onéreuse, des fréquences hertziennes aux opérateurs de téléphonie mobile a été critiquée, parce qu'elle a été parfois perçue comme étant susceptible de porter atteinte durablement à la solidité financière des acteurs de ce secteur et ainsi d'amenuiser fortement leur compétitivité sur les marchés sur lesquels ils sont actifs[648]. La multiplicité des paramètres entrant en compte dans la décision d'attribution des fréquences, et donc dans la politique de valorisation de cet *« élément particulièrement important de son patrimoine*

---

le cadre du projet scientifique et culturel défini par l'établissement public du musée du Louvre et en tenant compte de la politique culturelle locale et régionale notamment muséale. Il a pour mission :
- d'accueillir en dépôt une sélection d'œuvre des collections nationales confiées à la garde de l'établissement public du musée du Louvre, les mettre en valeur et les présenter au public,
- de présenter des expositions temporaires,
- de mettre en œuvre un programme d'éducation artistique et culturelle,
- de gérer un auditorium qui proposera des manifestations culturelles en lien étroit avec le musée du Louvre,
- de concourir à la formation et à la recherche dans le domaine de l'histoire de l'art, de l'archéologie, de la muséographie et de la médiation,
- de définir et mettre en œuvre, en lien étroit avec le musée du Louvre, une politique visant à favoriser l'accueil du public le plus large, à développer la connaissance des œuvres exposées et de contribuer au développement culturel de la région Nord – Pas-de-Calais,
- de coopérer avec les collectivités publiques et organismes de droit public, français ou étrangers, poursuivant des objectifs répondant à sa vocation. » (nous soulignons). Cette formule est d'ailleurs reprise telle quelle à l'article 4 des statuts de l'établissement public du "musée du Louvre-Lens", qui en définit l'objet social.

648 Voir, par exemple, sur cette question, les propos du Président Michel Pinault : CONSEIL D'ETAT, *Le patrimoine immatériel des personnes publiques*, Colloque du 16 mars 2012, La Documentation française, coll. Droits et Débats n°6, 2013 ; spéc. p. 104 : *« s'agissant de l'ARCEP, une des questions-clés à propos de la valorisation des fréquences hertziennes est la suivante : comment avez-vous procédé pour obtenir une approximation correcte de la valeur des fréquences qui soit à la fois la plus pertinente possible d'un point de vue économique, qui ne mette pas les opérateurs en situation de handicap et qui malgré tout permette d'ouvrir la concurrence sur l'utilisation de ces fréquences ? ».*

immatériel »[649], se vérifie par l'observation de la diversité des critères retenus pour sélectionner les candidats attributaires des fréquences[650]. La question de l'attribution des fréquences hertziennes dans le secteur de l'audiovisuel est également intéressante et permet d'envisager d'emblée la multiplicité des intérêts pris en compte, puisqu'elle ne se fait pas à titre onéreux. Il y a toutefois des contreparties non financières à l'utilisation par les opérateurs économiques de ces fréquences. Le Professeur Thomas Pez relève ainsi que ces contreparties non financières s'agencent en deux catégories : les contraintes de diffusion, qui recouvrent les quotas de diffusion imposés aux opérateurs et la règlementation des publicités diffusées, ainsi que les obligations de production de films[651]. La question essentielle est ici de savoir s'il y a une *« équivalence des contreparties non financières et des avantages retirés de l'occupation du spectre par les services audiovisuels »*[652], c'est-à-dire qu'il convient de déterminer s'il y a bien une valorisation optimale du "patrimoine immatériel", ou si celle-ci est perfectible, notamment s'il est démontré que les contraintes de diffusion et de production n'équivalent pas financièrement à l'avantage retiré de l'autorisation d'utiliser les fréquences hertziennes attribuées. La réalisation d'une étude sur ce point serait particulièrement bienvenue : elle contribuerait à dissiper le doute qui peut exister quant à l'utilisation optimale du spectre hertzien.

En l'état actuel, la recherche d'une rentabilité financière maximale dans la démarche de valorisation des fréquences hertziennes n'est donc que partiellement vraie, puisque d'autres intérêts sont poursuivis concurremment. Ce constat se retrouve dans des proportions variables suivant l'élément du "patrimoine immatériel" considéré.

---

[649] Pour la citation complète, voir : A. CHAMINADE, « Régime juridique des autorisations d'utilisation des fréquences radioélectriques », *JCP G* 2007, II, 10177 : *« les dispositions législatives actuellement applicables au spectre des fréquences radioélectriques et leur interprétation jurisprudentielle apparaissent ainsi propres à garantir les droits de l'Etat sur un élément particulièrement important de son patrimoine immatériel, et l'on ne peut que saluer la volonté des pouvoirs publics de définir une politique de gestion cohérente de ses actifs. »*.

[650] Voir sur ce point : A. LAGET-ANNAMAYER, « Occupation du domaine public et intérêt général, d'un pouvoir de gestion étendu des autorités domaniales à une liberté d'action encadrée », *AJDA* 2003, p. 1201 ; spéc. p. 1206 : *« chaque candidat doit déposer un dossier complet qui couvre les aspects commerciaux, financiers, techniques et les engagements en matière de couverture du territoire du projet pour lequel il sollicite la fréquence, le critère de la valorisation ne devant pas être, en principe, le seul critère qui préside à l'allocation des fréquences. »*.

[651] TH. PEZ, *Le domaine public hertzien : attribution et exploitation des fréquences radioélectriques*, LGDJ Lextenso, 2011 ; spéc. pp. 185-188.

[652] TH. PEZ, *op. cit.* ; spéc. p. 188.

§2. Une valorisation perfectible du "patrimoine immatériel" non approprié

Malgré le relatif équilibre des intérêts généralement trouvé par les personnes publiques dans la gestion qu'elles font de leur "patrimoine immatériel", il faut noter que certaines améliorations ont été proposées par le juge (A), afin de rééquilibrer le rapport entre exploitation et protection, quand d'autres restent à pourvoir par le législateur (B).

A. Améliorations ponctuelles pourvues par le juge

Il convient d'exposer à ce stade certaines améliorations du régime applicable à certains éléments du "patrimoine immatériel" récemment envisagées par le juge – parfois relayé partiellement par le législateur –, afin de rééquilibrer le rapport entre les impératifs de protection et d'exploitation, au cœur de la valorisation de ces éléments. Il convient de revenir successivement sur la question de l'image des biens publics, puis sur celle de la protection du nom des personnes publiques, essentiellement les collectivités territoriales d'ailleurs, qui permettent d'envisager respectivement un rééquilibrage au profit de l'exploitation puis de la protection de ces éléments du "patrimoine immatériel".

S'agissant de l'image des biens publics, le récent arrêt de la Cour administrative d'appel de Nantes[653], déjà cité précédemment, a été l'occasion pour le juge administratif d'envisager un fondement original pour exiger la sollicitation préalable par un opérateur projetant de recourir à une exploitation commerciale de l'image d'un bien du domaine public immobilier, en l'occurrence le château de Chambord, d'une autorisation de la part de l'autorité affectataire. En l'occurrence, *« la cour va relever qu'une telle autorisation était nécessairement requise, en raison des « exigences constitutionnelles tenant à la protection du domaine public », afin d'éviter qu'il n'y soit « indirectement porté atteinte de manière inappropriée » »*[654]. La Cour administrative d'appel de Nantes s'engage ainsi, par un chemin légèrement différent[655], dans la

[653] CAA Nantes, 16 décembre 2015, *Etablissement public du domaine national de Chambord,* n°12NT01190 ; *CMP* 2016, comm. 45, note P. DEVILLERS ; *JCP A* 2016, note PH. HANSEN.

[654] P. DEVILLERS, « Régime d'autorisation pour les photographies à visées commerciales de biens immobiliers appartenant au domaine public », *CMP* 2016, comm. 45.

[655] P. DEVILLERS, art. préc. : *« Au total et bien qu'empruntant des chemins différents, celui de l'utilisation privative du domaine public pour les biens mobiliers dans l'affaire* Eurl Josse *et celui de la protection constitutionnelle du domaine public pour les biens*

voie qui avait été ouverte précédemment par le Conseil d'Etat s'agissant de la prise de photographie de biens relevant du domaine public mobilier d'une personne publique[656].

Cet arrêt est sans conteste le plus audacieux de la série de décisions consacrée au litige opposant l'établissement public du Domaine national de Chambord à la société des Brasseries Kronenbourg. Il ressort de sa lecture – combinée avec celle des arrêts *Commune de Tours*[657] du Conseil d'Etat portant sur la prise de vue d'un bien du domaine public mobilier – que l'obtention préalable d'une autorisation est parfois nécessaire pour effectuer en vue de la commercialiser la photographie d'un bien du domaine public d'une personne publique, qu'il soit mobilier ou immobilier. Or, dans la mesure où les autorisations demandées devront vraisemblablement faire l'objet d'une négociation préalable et ainsi ouvrir droit à la perception d'une redevance pour la personne publique, le juge administratif peut être perçu comme ayant été à l'origine, par sa jurisprudence, d'un renforcement de l'exploitation financière du "patrimoine immatériel". L'intention de la Cour administrative d'appel était certainement louable. Il n'en demeure pas moins que la tâche de créer les conditions de l'exploitation commerciale de l'image des biens des personnes publiques incombait au législateur[658].

---

immobiliers, la prise de vues à des fins de commercialisation des reproductions photographiques obtenues requiert une autorisation, voire le paiement d'une redevance ou d'un prix. ».

656 CE, 29 octobre 2012, *EURL Photo Josse*, n° 341173 ; *Dr. adm.* 2012, comm. 96, note S. ZIANI ; *JCP A* 2012, 2390, note S. CARPI-PETIT et 2391, note C. VOCANSON ; *AJDA* 2013, p. 111, note N. FOULQUIER ; *AJCT* 2013, p. 153, note F. BLANC ; *BJCL* 2013, p. 54, concl. N. ESCAUT et p. 57, obs. B. POUJADE ; *Petites affiches*, 11 avril 2013, p. 11, note S. CAZET.

657 CE, 29 octobre 2012, *EURL Photo Josse*, n° 341173 ; *Dr. adm.* 2012, comm. 96, note S. ZIANI ; *JCP A* 2012, 2390, note S. CARPI-PETIT et 2391, note C. VOCANSON ; *AJDA* 2013, p. 111, note N. FOULQUIER ; *AJCT* 2013, p. 153, note F. BLANC ; *BJCL* 2013, p. 54, concl. N. ESCAUT et p. 57, obs. B. POUJADE ; *Petites affiches*, 11 avril 2013, p. 11, note S. CAZET. Voir également : CE, 23 décembre 2016, *Commune de Tours*, n° 378879 ; *JCP A* 2016, 2016, note PH. HANSEN ; *RDI* 2016, p. 89, note N. FOULQUIER.

658 Le Conseil d'Etat l'a d'ailleurs expressément admis dans son arrêt *Etablissement public du Domaine national de Chambord* (cité *infra*), en jugeant que : *« L'autorité administrative ne saurait, en l'absence de disposition législative le prévoyant, soumettre à un régime d'autorisation préalable l'utilisation à des fins commerciales de prises de vues d'un immeuble appartenant au domaine public, un tel régime étant constitutif d'une restriction à la liberté d'entreprendre et à l'exercice du droit de propriété. ».*

Le Conseil d'Etat a finalement remis de l'ordre dans la jurisprudence administrative et par un arrêt du 13 avril 2018[659] il a définitivement dissipé le doute sur la question en jugeant d'une part que : *« [s]i l'opération consistant en la prise de vues d'un bien appartenant au domaine public est susceptible d'impliquer, pour les besoins de la réalisation matérielle de cette opération, une occupation ou une utilisation du bien qui excède le droit d'usage appartenant à tous, une telle opération ne caractérise toutefois pas, en elle-même, un usage privatif du domaine public »* et d'autre part que *« l'utilisation à des fins commerciales de l'image d'un tel bien ne saurait être assimilée à une utilisation privative du domaine public, au sens des dispositions (...) du code général de la propriété des personnes publiques»*.

En fin de compte, la décision de la Cour administrative d'appel de Nantes aura au moins eu le mérite de susciter la réaction du législateur, puisque celui-ci est intervenu à l'occasion du vote de la loi relative à la liberté de la création, à l'architecture et au patrimoine[660] pour soumettre les opérateurs souhaitant faire une exploitation commerciale de l'image de certains biens publics à l'obtention d'une autorisation préalable, au besoin moyennant le paiement d'une redevance[661]. Reste la question de savoir si cette intervention a été suffisante, puisque le périmètre des biens pour lesquels l'obtention d'une autorisation préalable est nécessaire est particulièrement réduit, ne concernant – en vertu d'un décret du 2 mai

---

[659] CE, Ass., 13 avril 2018, *Etablissement public du Domaine national de Chambord*, n° 397047 ; *BJCL* 2018, p. 280, concl. R. VICTOR ; *JCP G* 2018, 614, note PH. HANSEN ; *D.* 2018, p. 1051, note J.-M. BRUGUIERE ; *RDI* 2018, p. 345, note F. TARLET ; *RFDA* 2018, p. 461, note N. FOULQUIER ; *Dr. adm.* 2018, comm. 42, note F. BRENET ; *CMP* 2018, repère 6, note F. LLORENS et P. SOLER-COUTEAUX ; *JCP A* 2018, 2156, note C. ROUX ; *Dalloz IP/IT* 2018, p. 490, note M. CORNU ; *AJDA* 2018, p. 1850, note F. TARLET ; *BJCL* 2018, p. 290, note A. FITZJEAN Ó COBHTHAIGH.

[660] Loi n° 2016-925 du 7 juillet 2016 relative à la liberté de la création, à l'architecture et au patrimoine.

[661] Article L. 621-42 du code du patrimoine : *« L'utilisation à des fins commerciales de l'image des immeubles qui constituent les domaines nationaux, sur tout support, est soumise à l'autorisation préalable du gestionnaire de la partie concernée du domaine national. Cette autorisation peut prendre la forme d'un acte unilatéral ou d'un contrat, assorti ou non de conditions financières.*

La redevance tient compte des avantages de toute nature procurés au titulaire de l'autorisation.

L'autorisation mentionnée au premier alinéa n'est pas requise lorsque l'image est utilisée dans le cadre de l'exercice de missions de service public ou à des fins culturelles, artistiques, pédagogiques, d'enseignement, de recherche, d'information et d'illustration de l'actualité.

Un décret en Conseil d'Etat définit les modalités d'application du présent article. ».

2017[662] – que certains immeubles des domaines nationaux[663], en l'occurrence : le domaine de Chambord, le domaine du Louvre et des Tuileries, le domaine de Pau, le château d'Angers, le Palais de l'Elysée et le Palais du Rhin. Par ailleurs, dans de nombreuses hypothèses, l'exploitation de la photographie continuera à être libre, puisque l'obtention préalable d'une autorisation est exclue par l'alinéa 3 de l'article L. 621-42 du code du patrimoine *« lorsque l'image est utilisée dans le cadre de l'exercice de missions de service public ou à des fins culturelles, artistiques, pédagogiques, d'enseignement, de recherche, d'information et d'illustration de l'actualité. »*. La lecture de ces dispositions est assez riche d'enseignements, puisque d'une part, elle conforte l'idée selon laquelle la photographie sans autorisation d'un bien immobilier du domaine public est le cas général, et d'autre part, elle témoigne de ce que l'affaire *Etablissement public du Domaine national de Chambord* (ou "affaire Kronenbourg") a finalement constitué un cas assez exceptionnel, qui ne s'est apparemment pas reproduit depuis.

Le juge administratif a donc participé dans une certaine mesure à l'amélioration de la valorisation du "patrimoine immatériel" non approprié, d'abord parce qu'il a contribué à créer une nouvelle source de revenus pour les personnes publiques, dans certaines conditions strictes, ensuite et surtout, parce qu'il a su éveiller l'intérêt du législateur de telle sorte à ce qu'il encadre la pratique de la prise de vue des biens du domaine public immobilier.

Il faut revenir à présent sur la question de l'éventuel affermissement de la protection du nom des collectivités territoriales par le juge. Certainement regrettables, les carences de protection rencontrées résultaient sans doute de l'absence de clarté des textes législatifs relatifs à ces questions. En cette matière aussi, les juridictions ont provoqué

---

[662] Décret n° 2017-720 du 2 mai 2017 fixant la liste et le périmètre de domaines nationaux.

[663] Le décret précité du 2 mai 2017 a introduit un article R. 621-98 au code du patrimoine, aux termes duquel :

« Les domaines nationaux au sens de l'article L. 621-34 sont les suivants :
1° Domaine de Chambord (Loir-et-Cher) ;
2° Domaine du Louvre et des Tuileries (Paris) ;
3° Domaine de Pau (Pyrénées-Atlantiques) ;
4° Château d'Angers (Maine-et-Loire) ;
5° Palais de l'Elysée (Paris) ;
6° Palais du Rhin (Bas-Rhin).
Les périmètres des domaines nationaux sont définis à l'annexe 7 du présent code. ».

l'intervention du législateur[664] pour rénover un dispositif insuffisant pour permettre aux collectivités territoriales de se prémunir contre des utilisations non consenties de leur nom – soit à titre de marque, soit à titre de nom de domaine sur internet.

Pendant un temps, un décalage assez considérable pouvait être observé entre le traitement réservé par les juridictions à l'usurpation du nom d'une collectivité territoriale par un opérateur économique privé, lorsqu'il s'agissait de l'utiliser à titre de marque[665] ou à titre de nom de domaine[666]. Les derniers développements de la jurisprudence[667] montrent toutefois que le juge a su se montrer attentif aux préoccupations des collectivités territoriales en cette matière. Cette relative différence de traitement conduisait à ce que le nom de la collectivité territoriale soit mieux défendu contre les utilisations non consenties commises par l'enregistrement d'un nom de domaine, plutôt que pour celles commises par le dépôt d'une marque.

Fortement médiatisée, l'"affaire Laguiole", dans laquelle la célèbre commune aveyronnaise avait engagé en vain une action en nullité de la marque éponyme ainsi que d'une vingtaine d'autres marques comportant sa dénomination[668], toutes utilisées depuis plusieurs années par un seul et même industriel, vraisemblablement peu scrupuleux, si elle a montré les limites de l'œuvre créatrice du juge, aura au moins permis – ici encore – une réaction bienvenue du législateur. Sans se cantonner à être simplement *« la bouche qui prononce les paroles de la loi »*[669], le juge, qu'il soit administratif ou judiciaire, parvient parfois à répondre de façon satisfaisante aux carences du législateur. Mais la réponse apportée par les juges à la protection législative insuffisante de certains éléments du

---

[664] Voir spéc. : Loi n°2014-344 du 17 mars 2014 relative à la consommation (dite "Loi Hamon").

[665] TGI Paris, 13 septembre 2012, *Commune de Laguiole*, n° 10/08800 ; confirmé par : CA Paris, Pôle 5, ch. 2, 4 avril 2014, *Commune de Laguiole*, n° 12-20559 ; *AJCT* 2014, p. 455, note J.-D. DREYFUS. Voir toutefois *infra* l'arrêt de la Cour de cassation du 4 octobre 2016.

[666] Cass. com., 10 juillet 2012, *Commune de Marmande*, n° 11-21919 ; *Prop. Ind.* 2013, comm. 12, RICBOURG-ATTAL.

[667] Cass. com., 4 octobre 2016, *Commune de Laguiole*, n° 14-22245 ; *JCP E* 2016, 1689, note A. MENDOZA-CAMINADE ; *Propriété industrielle* 2016, comm. 89, note J. LARRIEU.

[668] Voir par exemple : "Domaine Laguiole", "Laguiole premium", "Laguiole cuisinier de père en fils", "Baron Laguiole", "Laguiole shopper"...

[669] Clin d'œil à Montesquieu ! Montesquieu, *De l'esprit des lois*, livre XI, Chap. VI ; voir spéc. : *« les juges de la nation ne sont, comme nous avons dit, que la bouche qui prononce les paroles de la loi ; des êtres inanimés, qui n'en peuvent modérer ni la force ni la rigueur ».*

"patrimoine immatériel" peut s'avérer relative. La marge de manœuvre des juridictions dans l'expression de leur pouvoir créateur n'est donc pas toujours considérable, ce qui rend l'intervention du législateur indispensable dans certaines conditions. Le législateur est intervenu, pour l'avenir, pendant les développements contentieux de l'"affaire Laguiole", courant 2014, pour prévoir non seulement un dispositif d'alerte des collectivités territoriales le souhaitant par l'Institut national de la propriété industrielle (INPI) de dépôts de marques contenant leur dénomination, mais aussi un signalement de l'origine géographique de certains produits industriels et artisanaux[670].

La commune de Laguiole, qui avait succombé à l'instance devant le Tribunal de grande instance[671] et devant la Cour d'appel[672], a finalement vu son pourvoi accueilli par la Cour de cassation[673]. Cette dernière s'est attardée à démontrer la potentielle fraude commise au droit des marques, mais elle s'est également – et avant tout – placée sur le terrain des pratiques commerciales trompeuses, réprimées par le code de la consommation. Plus précisément, la Cour de cassation a d'abord relevé qu' *« une pratique commerciale est réputée trompeuse lorsque soit elle contient des informations fausses, soit elle est susceptible d'induire en erreur le consommateur moyen, et qu'elle est en outre de nature à altérer de manière substantielle le comportement économique de celui-ci en le conduisant à prendre une décision commerciale qu'il n'aurait pas prise autrement »*. Elle opère ce faisant, par une interprétation large, une extension opportuniste des dispositions du code de la consommation – censées protéger les consommateurs ou les professionnels – aux collectivités territoriales. Il est ensuite reproché à la Cour d'appel de ne pas avoir recherché si l'utilisation du nom de la commune à titre de marque était susceptible d'induire en erreur le consommateur moyen, ce qui serait constitutif d'une pratique commerciale trompeuse. En réalité, la Cour d'appel s'était fondée sur la circonstance qu'un sondage effectué auprès d'un panel représentatif de la population révélait que seulement 47% des personnes interrogées connaissaient l'existence de la commune et l'associaient soit à des couteaux, soit à un fromage. En réalité, *« le texte du droit de la consommation n'exige aucun critère quantitatif et repose sur l'altération substantielle du comportement économique du consommateur normalement informé et raisonnablement attentif et*

[670] Loi n°2014-344 du 17 mars 2014 relative à la consommation (dite "Loi Hamon").

[671] TGI Paris, 13 septembre 2012, *Commune de Laguiole*, n° 10/08800.

[672] CA Paris, Pôle 5, ch. 2, 4 avril 2014, *Commune de Laguiole,* n° 12-20559 ; *AJCT* 2014, p. 455, note J.-D. DREYFUS.

[673] Cass. com., 4 octobre 2016, *Commune de Laguiole*, n° 14-22245 ; *JCP E* 2016, 1689, note A. MENDOZA-CAMINADE ; *Propriété industrielle* 2016, comm. 89, note J. LARRIEU.

avisé »[674]. La Cour de cassation censure ensuite l'arrêt de la Cour d'appel au visa des dispositions du code de la propriété intellectuelle[675] relatives à la marque de fabrique, ainsi que du principe selon lequel *« la fraude corrompt tout »*[676], en relevant que celle-ci aurait dû rechercher si le dépôt d'un ensemble de marques pour désigner des produits très divers *« sans lien de rattachement avec cette commune, ne s'inscrivait pas dans une stratégie commerciale visant à priver celle-ci, ou ses administrés actuels ou potentiels, de l'usage de son nom nécessaire à leur activité, caractérisant la mauvaise foi [du déposant] »*.

B. Améliorations potentielles à la charge du législateur

Les appels au législateur, dont la nécessité a déjà été relayée précédemment, trouvent une résonnance toute particulière s'agissant de l'amélioration qu'il faut parfois apporter au régime juridique applicable à certains éléments du "patrimoine immatériel". Ainsi en va-t-il s'agissant des opérations de nommage. Celles-ci nécessitent parfois que le rapport, déjà étudié, entre les impératifs d'exploitation et de protection soit rééquilibré. En l'occurrence, il faut parfois freiner les ardeurs d'un mouvement trop axé sur la rentabilité financière et pourvoir une meilleure protection que celle envisagée en l'état actuel. Il revient ici au législateur de faire entendre sa voix, dans la mesure où l'intervention du juge a montré ses limites. S'agissant du nommage – aussi appelé *naming* –, il se trouve précisément que les juridictions n'ont pas été saisies pour le moment de telles questions. Cela n'empêche évidemment pas le législateur d'intervenir, par anticipation.

A l'avenir, les opérations de nommage pourraient en effet devenir un terrain propice pour le contentieux juridictionnel, car si *« l'engouement actuel des collectivités publiques pour le naming est largement lié au potentiel financier que cette technique recèle »*[677], il faut prendre garde à

---

[674] A. MENDOZA-CAMINADE, « Affaire Laguiole, retournement de situation : suite et fin ? », *JCP E* 2016, 1689.

[675] Articles L. 711-1 et L. 712-1 du code de la propriété intellectuelle.

[676] Principe pluriséculaire, déjà libellé en droit romain dans une formule bien connue selon laquelle : *« fraus omnia corrumpit »*.

[677] Voir, pour la citation complète : M. CARIUS, « Le naming des enceintes sportives, les nouveaux dieux du stade », *AJCT* 2012, p. 357 : *« L'engouement actuel des collectivités publiques pour le naming est largement lié au potentiel financier que cette technique recèle. Applicable à tous les types d'enceintes, que leur rayonnement soit régional ou international, elle permet d'envisager une manne régulière - sous forme de redevance - avec un risque et des investissements de départ faibles, dès lors qu'il s'agit d'un*

ce qu'une telle opération ne porte pas atteinte à la réputation, à l'honneur ou plus généralement à l'image de la collectivité concernée[678]. Un contentieux pourrait naître du refus opposé par une personne publique à la réalisation de telle ou telle opération, parce qu'elle estime que l'apparentement envisagé n'a pas lieu d'être[679]. Le choix de l'opérateur proposant l'offre la plus avantageuse financièrement pourrait donc dans cette hypothèse ne pas être souhaitable, alors même qu'elle conduit paradoxalement à une meilleure rentabilisation économique du "patrimoine immatériel". La recherche exclusive de rentabilité ou la recherche de la rentabilité financière maximale trouve là encore une limite évidente.

La pratique du nommage devrait donc être encadrée par le législateur d'un double point de vue : d'une part, afin de conditionner le choix du nom retenu pour un équipement public au respect de l'ordre public et des bonnes mœurs ; d'autre part, afin de délimiter le périmètre des équipements sur lesquels peut porter une telle opération.

En premier lieu, le législateur devrait mettre des conditions au choix du nom donné à un équipement public dans le cadre d'une opération de nommage. En effet, à l'occasion de certaines opérations, des difficultés pourraient apparaître lorsque ce n'est pas la personne publique qui est à

---

complément au sein d'un montage plus large. ». Voir également : M. CARIUS, art. préc. : *« Un autre phénomène, plus récent, vient renforcer cette mercantilisation du sport de compétition. Il consiste à faire entrer l'économie dans le cœur même de la compétition sportive, à savoir le stade. On parle de naming ou nommage. ».*

678 Voir sur ce point : CONSEIL D'ETAT, *Le patrimoine immatériel des personnes publiques*, Colloque du 16 mars 2012, La Documentation française, coll. Droits et Débats n°6, 2013 ; spéc. p. 88 : *« il peut y avoir toutes sortes d'intérêts à préserver par la collectivité en disant : je veux bien que vous accoliez un nom à l'équipement public pour essayer de le valoriser mais je veux que ce soit soumis à mon agrément, et cela figurera dans le contrat, car au regard de la probité, de l'honneur, de l'intérêt du bien, ce n'est pas une image de marque que la ville de Paris souhaite développer. Il y a donc des associations qu'elle exclura ou bien qu'elle n'exclura pas* ex ante *mais dont elle dira qu'il faut que ce soit soumis à son agrément ».*

679 Voir par exemple : *op. cit.*, spéc. p. 88 : *« Je parlais du* naming *tout à l'heure, la possibilité d'accoler un autre nom à un nom public : il est certain que la ville de Paris ne fera pas le Palais omnisport de Bercy Coca-Cola et il est probable que l'on ne fera pas non plus le Parc des Princes Nike. »*. Il y a là un décalage entre ces propos et ceux relevés dans la note *supra* : les marques citées dans cet exemple sont-elles de nature à porter atteinte à l'image de la ville de Paris ? Rien n'est moins sûr. Il faut noter d'ailleurs que peu quelques mois seulement après la tenue du colloque au cours duquel ces propos ont été tenus, une opération de nommage a été précisément réalisée s'agissant du Palais omnisport de Bercy avec le groupe AccorHotels.

l'origine du choix du partenaire donnant son nom à l'équipement public. Les préoccupations poursuivies sont à l'évidence différentes, la personne publique n'étant pas innervée par la recherche exclusive de l'offre la plus onéreuse, mais certainement de celle qui saura au mieux synthétiser ses propres préoccupations, à savoir tant la création de richesse que la sauvegarde de l'intérêt général, qui passe ici vraisemblablement par le choix d'un nom en adéquation avec l'ordre public et les bonnes mœurs. Tant que le législateur n'encadre pas le choix du nom en prévoyant par exemple expressément qu'il ne peut être contraire à l'ordre public ou aux bonnes mœurs, il faut ici s'en remettre à l'autorégulation ou à l'autolimitation de la part des personnes publiques

Suivant la formule contractuelle retenue pour réaliser l'opération de nommage, la marge de manœuvre de la personne publique sera plus ou moins importante dans le choix du nom finalement retenu, sachant que *« [d]ans le schéma classique du naming, le nom de l'équipement public est contractuellement défini par l'exploitant et le namer privé »*, après autorisation par la commune de réaliser cette opération, puisqu'elle tire de la clause générale de compétence[680] la compétence de fixer le nom des équipements publics[681].

Il s'avère toutefois que *« la collectivité n'est (...) pas dépourvue de tout moyen de contrôle du nom attribué »*[682] et que certains mécanismes pourraient ici venir au soutien d'une personne publique qi souhaiterait s'opposer au choix d'un nom qu'elle jugerait inopportun pour un équipement public.

D'abord, l'infraction réprimée par l'article R. 624-2 du code pénal aurait pu constituer une piste intéressante pour contribuer utilement à lutter contre des associations non souhaitées par la collectivité publique propriétaire de l'équipement public faisant l'objet d'un nommage. Toutefois, ce dispositif est sûrement trop partiel, pour deux raisons : d'une part, parce qu'il ne vise à réprimer que les *« messages contraires*

---

680 Article L. 2121-29, al. 1er du code général des collectivités territoriales : *« Le conseil municipal règle par ses délibérations les affaires de la commune. »*.

681 E. DEROUESNE et V. LAFARGUE, « Le naming des équipements publics », *Revue du gestionnaire public* 2017, 22 ; spéc. p. 47 : *« En ce qui concerne la compétence d'attribution d'un nom à un équipement public, celle-ci appartient à l'assemblée délibérante de la collectivité propriétaire (V. pour le conseil municipal :* CGCT, art. L. 2121-29. – CE, 2 déc. 1991, n° 84929, Cne Montgeron : JurisData n° 1991-047791*). Le transfert du droit de nommage de l'équipement doit en conséquence faire l'objet d'une délibération de cette assemblée. »*.

682 E. DEROUESNE et V. LAFARGUE, art. préc. ; spéc. p. 47.

à la décence »[683] diffusés sur la voie publique ou dans des lieux publics, d'autre part, dans la mesure où son libellé correspond mal aux opérations de nommage, puisqu'il prévoit à titre de peine complémentaire la *« confiscation de la chose qui a servi ou était destinée à commettre l'infraction ou de la chose qui en est le produit »*[684].

Ensuite, il se pourrait que le maire d'une commune, en application des dispositions de l'article L. 2212-2 du code général des collectivités territoriales[685] – fondement des pouvoirs de police administrative générale du maire –, prenne des mesures visant à interdire la réalisation de telle ou telle opération de nommage. Certains auteurs ont ainsi pu relever qu' *« [a]u titre de ses prérogatives de police administrative, le maire de la commune peut (...) s'opposer à la conclusion du contrat de naming en cas de non-respect [de l'intérêt général, de la neutralité du service public, ou encore des bonnes mœurs] »*[686].

Un mécanisme contractuel pourrait enfin offrir à la personne publique la possibilité de s'opposer au choix d'un nom dont elle ne souhaite pas qu'il soit attribué à un équipement public. Une clause du contrat de nommage peut en effet prévoir un droit de veto au bénéfice de la personne publique[687]. Un tel mécanisme est certainement appréciable ; il n'exclut

---

[683] Article R. 624-2 du code pénal : *« Le fait de diffuser sur la voie publique ou dans des lieux publics des messages contraires à la décence est puni de l'amende prévue pour les contraventions de la 4e classe. (...)*
Les personnes coupables des contraventions prévues au présent article encourent également la peine complémentaire de confiscation de la chose qui a servi ou était destinée à commettre l'infraction ou de la chose qui en est le produit. (...)
Les personnes morales déclarées responsables pénalement, dans les conditions prévues par l'article 121-2, des infractions définies au présent article encourent, outre l'amende suivant les modalités prévues par l'article 131-41, la peine de confiscation de la chose qui a servi ou était destinée à commettre l'infraction ou de la chose qui en est le produit. ».

[684] *Idem*.

[685] Article L. 2212-2 du code général des collectivités territoriales : *« La police municipale a pour objet d'assurer le bon ordre, la sûreté, la sécurité et la salubrité publiques. »*.

[686] E. DEROUESNE et V. LAFARGUE, art. préc. ; spéc. p. 48.

[687] E. DEROUESNE et V. LAFARGUE, art. préc. ; spéc. p. 48 : *« La volonté de la collectivité de conserver un droit de veto sur le nom donné à son ouvrage peut également se matérialiser de manière expresse, par l'insertion d'une clause au sein du contrat principal, laquelle identifie les cas dans lesquels la collectivité pourra s'opposer au nom que l'exploitant a convenu d'attribuer à l'équipement avec le namer privé. Dans la plupart des contrats liant collectivités et exploitants, ce droit de veto peut être revendiqué pour des motifs d'ordre public ou d'atteinte aux bonnes mœurs, ou pour « dénomination manifestement inappropriée à l'image de la ville » »*.

toutefois pas tout risque contentieux : soit en cas de désaccord sur l'interprétation de la clause et sur la possibilité de la personne publique de mettre en œuvre son droit de veto, soit en cas de contestation de la décision de la personne publique de ne pas faire usage du droit de veto qui lui est conféré par le contrat.

En second lieu, l'encadrement de la pratique du nommage par le législateur devrait viser à ne pas démultiplier ces opérations, qui sont parfois réalisées au risque d'une "mercantilisation" excessive de l'espace public. Ainsi en irait-il si elles venaient à porter non plus uniquement sur des équipements sportifs, mais également sur des stations de métro, des noms de rue ou même des noms de villes.

En effet, si elles ont initialement été envisagées essentiellement à propos d'enceintes sportives, les opérations de nommage pourraient à l'avenir devenir de plus en plus fréquentes et s'étendre à d'autres domaines.

Le métro de Madrid en a ainsi fait l'expérience, en renommant une de ses stations « Sol Vodafone », du nom de l'important opérateur de télécommunications. Dans d'autres pays, il est parfois envisagé de réaliser des opérations de nommage de certaines rues[688]. En extrapolant les méfaits du recours au nommage, un député a relevé que *« [si ce phénomène venait à se généraliser] ce [seraient] bientôt les rues, les places, les ponts, les monuments, les écoles, les cours d'eau qui seront vendus à l'encan »*[689]. Il y a incontestablement une part d'exagération

---

[688] S. BRAMERET, « Les contrats de « nommage » des équipements publics », *RFDA* 2015, p. 671 ; spéc. p. 679 : *« la Hongrie fournit quelques exemples de « nommage » de rues (par exemple la Hertz Utca à Vecsés, la Auchan Utca à Törökbálint, la Mercedes Utca à Kecskemét ou la Nokia Utca à Komárom, pour ne citer que des références aux noms d'entreprises internationales »*.

[689] Voir pour la citation complète, non sans un certain humour teinté de cynisme : Assemblée nationale, Question écrite de M. François Loncle, n° 24390, au Ministre des Sports, de la jeunesse, de l'éducation populaire et de la vie associative, publiée au *JO* le 16 avril 2013, p. 4085 ; réponse publiée au *JO* le 23 juillet 2013, p. 7889 ; spéc. : *« En vogue en Angleterre et en Allemagne, cette opération de marketing s'est à présent répandue en France. À Rennes, au Mans, à Lyon, à Montpellier, à Rouen et ailleurs, les stades se réfèrent désormais à une compagnie d'assurances, une chaîne hôtelière, une firme chocolatière ou tout autre produit publicitaire. Cette tendance ne fait que se renforcer, au point que l'on peut se demander si le PSG ne jouera pas à l'avenir au parc des Émirs. Or le « naming » présente de graves défauts, dans la mesure où il entraîne la privatisation de l'espace public et la modification de la toponymie locale. Virtuellement, un lieu appartenant à tous devient la propriété d'une seule marque. Et le plus surprenant est que cela intervient avec l'agrément, voire la sollicitation, des*

tangible dans ces propos, notamment parce qu'il n'a pas encore été question en France de renommer autre chose que des bâtiments publics – et encore, uniquement des enceintes sportives. Il est pourtant intéressant de relever que le Ministre n'a pas du tout pris en compte cette préoccupation dans la réponse qu'il a apportée à cette question parlementaire[690], très certainement en raison de l'inexistence de législation et de jurisprudence en ces matières. Reste toutefois à savoir si le nommage bénéficie réellement à la personne publique[691]. Ainsi que cela a été dit précédemment, malgré le fait que la personne publique propriétaire de l'équipement public sur lequel porte le nommage ne reçoive pas directement la contrepartie financière générée par cette opération, elle en bénéficie *a priori* indirectement, puisque la réalisation

---

collectivités locales. Si ce phénomène se généralise, ce seront bientôt les rues, les places, les ponts, les monuments, les écoles, les cours d'eau qui seront vendus à l'encan : rien qu'à Paris, la rue des Maraîchers pourrait, par exemple, être rebaptisée rue Bonduelle, la cité Champagne pourrait devenir la cité Bollinger, la rue des Cendriers pourrait être remplacée par la rue Philip-Morris, la rue Couche par la rue Pampers, le quai de l'Horloge par le quai [Rolex], la rue Malus par la rue Axa, la rue des Canettes par la rue Coca-Cola. Quant à la rue de la Grande-Truanderie, elle susciterait, sans nul doute, une concurrence féroce. Face à cette déferlante publicitaire, il est plus que temps de réagir. Il faut mettre un terme à l'asservissement exclusif du football par ce mercantilisme rapace. ».

690 Voir la réponse suivante, dans laquelle il n'est pas question une seule fois du nommage : *« Les spécialistes considèrent que le mouvement de marchandisation du sport s'est accéléré dans les années 1995, après l'arrêt « Bosman ». Cet arrêt, s'il a eu le mérite de libérer les joueurs en leur offrant une mobilité internationale et en réglant des situations absurdes, a également dérégulé le marché des transferts du football professionnel. De nombreux clubs ont ainsi fait le choix d'investir lourdement afin de recruter des joueurs qui leur permettaient d'obtenir rapidement des résultats sportifs, une visibilité médiatique et des retombées financières importantes. La mobilité des joueurs est alors devenue vite incontrôlable et a abouti à une très grande libéralisation des échanges de sportifs au sein d'un système favorisant les clubs les plus riches. La ministre chargée des sports, consciente de ces excès et dérives soutient auprès de la commission européenne des initiatives comme celle du fair- play financier mis en œuvre par l'UEFA et qui devrait conduire les clubs européens de football à respecter un ensemble de règles visant à garantir une éthique financière pour le football. Elle a en outre, dans le cadre de l'évaluation des politiques publiques lancée par le gouvernement, proposé la mise en place d'une mission d'évaluation relative au soutien du sport professionnel et à la solidarité avec le sport amateur. Les pistes d'action qui seront proposées par cette mission qui rendra son rapport en juin 2013 conduiront certainement la ministre chargée des sports à proposer au plan national des mesures concernant le sport professionnel, son financement et sa régulation. Certaines de ces mesures pourront également être portées au plan européen. ».*

691 Monsieur Sébastien Brameret, art. préc., spéc. p. 680, pose avec une certaine circonspection la question de savoir *« à qui profite réellement le « nommage » ? »*, ce qui selon lui *« revient à se demander si les droits d'appellation permettent réellement aux personnes publiques de valoriser leur patrimoine. ».*

de recettes annexes doit pouvoir contribuer à réduire le montant versé à l'opérateur privé gestionnaire de l'équipement public.

Le travail à venir du législateur sur ces questions devrait être assez substantiel, afin de rééquilibrer au profit de l'impératif de protection cette opération de valorisation du "patrimoine immatériel".

La question se pose également de savoir si une commune pourrait, dans un but exclusivement financier, procéder à un changement de nom, dans le cadre d'une opération publicitaire. Le dispositif législatif actuel, porté par l'article L. 2111-1 du code général des collectivités territoriales, ne semble pas s'y opposer au premier regard, puisque : « *Le changement de nom d'une commune est décidé par décret en Conseil d'Etat, sur demande du conseil municipal et après consultation du conseil départemental.* ». Reste toutefois que la jurisprudence sur la question, semble imposer un lien direct avec l'histoire du lieu concerné et les usages[692]. D'autant plus que, même en l'absence de toute disposition législative[693] interdisant expressément le recours au nommage portant sur le nom des collectivités territoriales et malgré le fait que la jurisprudence fasse une place particulière à l'intérêt économique et touristique du changement de nom[694], il paraît assez peu probable que le juge administratif s'il était amené à connaître d'une telle question reconnaisse la légalité d'un tel changement de nom s'il équivalait uniquement à une opération purement publicitaire.

Là encore une intervention du législateur serait souhaitable afin de réfréner les collectivités les plus enclines à recourir à de telles opérations.

---

692 Voir sur ce point les conclusions sur l'affaire citée *infra* : D. BESLE, « Le droit pour une commune de changer l'orthographe de son nom », *AJDA* 2008, p. 92 : « *en général, selon l'éclairage apporté par les commissaires du gouvernement concluant sur les décisions de changement ou de refus de changement de nom, une demande doit être justifiée par le souci de mettre le nom officiel de la commune en accord avec un usage différent mais suffisamment ancien et constant, ou par celui de mettre fin à de véritables risques de confusion avec d'autres communes.* ».

693 D. BESLE, art. préc. : « *La loi ne fixant aucun critère, il est reconnu un pouvoir discrétionnaire aux autorités de l'Etat aussi bien en ce qui concerne les décisions de changement de nom (...) que pour les refus de changement de nom opposés par le ministre de l'Intérieur (...) ce qui conduit le juge administratif à ne sanctionner que l'erreur manifeste d'appréciation.* » (nous soulignons).

694 CAA de Lyon, 19 juillet 2007, *Commune de Chatelguyon*, n° 04LY00581 ; *AJDA* 2008, p. 92, concl. D. BESLE.

Finalement, l'existence de régimes juridiques pluriels, c'est-à-dire non unitaires, différents pour chaque élément du "patrimoine immatériel" n'est pas préjudiciable à leur valorisation. Malgré l'absence de cohérence, chaque régime est finalement adapté aux problématiques spécifiques liées à chaque élément du "patrimoine immatériel" considéré.

Conclusion du Chapitre II

Malgré leur diversité profonde et leur éclatement certain, les différents régimes juridiques applicables aux éléments qui composent le "patrimoine immatériel" répondent dans l'ensemble à un assez bon équilibre entre les impératifs – contradictoires mais conciliables – d'exploitation et de protection.

Les différents régimes juridiques envisagés pour les éléments du "patrimoine immatériel" étudiés se sont en général construits complètement en-dehors de la domanialité, publique ou privée. Elle apparaît déjà à ce stade comme n'étant pas la seule solution envisageable pour pourvoir un régime juridique satisfaisant – c'est-à-dire susceptible d'offrir une valorisation équilibrée – aux éléments du "patrimoine immatériel", ce qui tend inévitablement à la marginaliser.

Les développements qui précèdent donnent déjà un premier aperçu de l'idée selon laquelle il n'est *a priori* pas possible d'imposer un régime juridique unique aux éléments qui composent le "patrimoine immatériel". Il est en revanche envisageable d'observer qu'il existe à l'heure actuelle une forme de valorisation optimale, toutefois perfectible, des différents éléments du "patrimoine immatériel" non approprié. Il y a en effet, dans l'ensemble, tout à la fois une certaine dose de protection et de rentabilité financière, dans des proportions variables en fonction de l'élément du "patrimoine immatériel" considéré.

Reste donc à savoir si parallèlement, s'agissant cette fois des propriétés publiques immatérielles, composante particulière du "patrimoine immatériel", le régime de la domanialité publique est en l'état actuel susceptible de leur offrir un équilibre satisfaisant entre protection et rentabilité financière, c'est-à-dire si leur valorisation est optimale.

La relativisation de l'utilité de la domanialité pour pourvoir un régime juridique offrant une valorisation optimale aux éléments composant le "patrimoine immatériel" pourra ainsi être confirmée ou infirmée.

PARTIE II – L'AMELIORATION POTENTIELLE DE LA VALORISATION DU "PATRIMOINE IMMATERIEL" APPROPRIE DES PERSONNES PUBLIQUES

> *« Nul ne peut servir deux maîtres : ou il haïra l'un et aimera l'autre ou il s'attachera à l'un et méprisera l'autre »*[695].

Les propriétés publiques immatérielles, qu'il s'agisse de la "propriété publique intellectuelle" (brevets d'invention, marques de fabrique et droits d'auteur) ou de la "propriété publique financière" (actions), doivent faire l'objet d'une attention toute particulière dans la période récente. A les étudier de plus près, il apparaît en effet rapidement qu'il existe des mécanismes susceptibles d'en améliorer la valorisation.

Le régime juridique applicable aux propriétés publiques immatérielles conditionne leur valorisation. Pour mémoire, celle-ci correspond à la recherche du meilleur équilibre possible entre des objectifs divergents, à savoir l'exploitation financière et la protection. Il conviendra donc de s'interroger sur l'existence et l'agencement possible entre les différents modes de valorisation des propriétés publiques immatérielles, afin de déterminer de quelle latitude disposent les pouvoirs publics pour améliorer cette valorisation. Il ne s'agira en revanche pas de se prononcer sur l'usage qui doit être fait de ces mécanismes, ni des proportions dans lesquelles il faut y avoir recours. Ces décisions sont de nature politique et nécessiteraient de mener une étude parallèle. Les mobiles animant les décideurs publics à un moment donné peuvent mener à une utilisation variée des outils de gestion des propriétés publiques immatérielles à leur disposition sur laquelle il n'y a pas lieu de revenir.

Il convient à présent d'envisager de quelle façon la gestion de ces propriétés publiques immatérielles peut être améliorée. Cette gestion a pour spécificité d'être placée sous l'égide de la valorisation, forme

---

[695] Matthieu, chap. 6, verset 24. Cité par J.-F. LACHAUME, Préface à la Thèse de M. CARIUS, *Cumuls et agents publics*, LGDJ, Bibliothèque de droit public, Tome 222, 2002 ; spéc. p. VII.

dérivée de la performance, véritable substrat moderne de l'action publique, mais dont la spécificité est d'allier dans des proportions variables l'exploitation financière et la protection des éléments envisagés.

La recherche d'une valorisation optimisée des propriétés publiques immatérielles conduit à agir sur les deux leviers d'action précités : l'exploitation et la protection. La recherche de l'optimisation de la valorisation des propriétés publiques immatérielles conduit à envisager successivement : le renforcement de leur exploitation (Chapitre I) et le renouvellement de leur protection (Chapitre II).

Chapitre I – L'amélioration de la valorisation des propriétés publiques immatérielles par une exploitation renforcée

Il ressort clairement d'une étude approfondie des modalités d'évaluation et des modes de gestion des propriétés publiques immatérielles, qu'il s'agisse des propriétés publiques intellectuelles – en ce compris les propriétés industrielles (brevets d'invention et marques de fabrique appartenant à des personnes publiques) et les propriétés littéraires et artistiques (droits d'auteur moraux ou patrimoniaux appartenant à une personne publique) – ou des propriétés publiques financières (actions détenues par des personnes publiques dans des sociétés commerciales), que la mise en œuvre de certains mécanismes permet d'envisager une amélioration de leur valorisation. Il existe ainsi différents moyens pour les personnes publiques propriétaires de répondre favorablement à l'exigence de valorisation, particulièrement prégnante dans la période récente. A l'étude, il apparaît visiblement que la valorisation des propriétés publiques immatérielles peut faire l'objet d'une amélioration substantielle.

Il convient par conséquent d'analyser plus avant la question de l'accentuation de l'exploitation tant des propriétés intellectuelles (Section I), que des propriétés financières (Section II) des personnes publiques.

Section I – L'accentuation virtuelle de l'exploitation des propriétés intellectuelles des personnes publiques

L'exploitation des propriétés intellectuelles des personnes publiques est un des leviers d'action à la disposition des administrations concourant à l'amélioration de la valorisation des propriétés publiques immatérielles. Or, malgré l'existence de différents outils susceptibles de contribuer au renforcement de l'exploitation des propriétés publiques intellectuelles, leur utilisation n'est pas toujours possible ou opportune. Il convient dès lors d'examiner successivement les moyens (§1) et les limites (§2) à l'optimisation de l'exploitation des propriétés intellectuelles des personnes publiques.

§1. Les moyens de l'optimisation de l'exploitation des propriétés intellectuelles des personnes publiques

L'optimisation de l'exploitation de la propriété intellectuelle des personnes publiques est rendue possible d'une part par l'optimisation des modalités de son évaluation (A) et d'autre part par la rationalisation des mécanismes de sa gestion (B).

A. Optimisation des modalités d'évaluation de la propriété intellectuelle

La question de l'évaluation de la propriété intellectuelle est assez différente selon qu'elle est appréhendée à travers le droit commun de la propriété intellectuelle (1) ou à travers le droit de la propriété intellectuelle appliqué aux personnes publiques (2).

1. Evaluation et droit commun de la propriété intellectuelle

Outre l'intérêt crucial que comporte la comptabilisation pour une société de ses actifs incorporels[696] – dont certains s'analysent juridiquement comme des propriétés intellectuelles (cf. *supra*) – l'évaluation financière de la valeur de ces actifs peut intervenir à différents stades de leur existence juridique, qu'il s'agisse de leur cession ou de leur exploitation par un tiers, par le mécanisme de la concession d'une licence d'exploitation.

Certes, dans la plupart des cas, la liberté contractuelle, et conséquemment le rapport de force entre les parties contractantes, présideront aux discussions visant à établir la valeur de la propriété intellectuelle objet du contrat. Il reste qu'en pratique la mise en œuvre de différentes techniques permettront de donner objectivement une valeur approximative de l'actif considéré, alors même que les auteurs du rapport Lévy-Jouyet relevaient déjà que *« la valeur des actifs immatériels est souvent très difficile à estimer et (...) est affectée d'une très forte*

---

[696] Sur ces questions, voir notamment : P. BREESE et A. KAISER, *L'évaluation des droits de propriété industrielle*, Gualino, 2004, où la "propriété industrielle" est entendue au sens large comme recouvrant différents aspects de la propriété intellectuelle.

volatilité selon les perspectives de réussite ou d'échec d'une innovation »[697].

La propriété littéraire et artistique (droits d'auteurs, moraux et patrimoniaux) et la propriété industrielle (brevets d'invention et marques de fabrique) recèlent différentes méthodes d'évaluation de la propriété intellectuelle sur lesquelles il convient de revenir rapidement.

En ce qui concerne l'évaluation des droits d'auteur, celle-ci sera nécessaire à l'occasion d'une opération portant sur la cession des seuls droits patrimoniaux d'un auteur, les droits moraux étant incessibles[698]. Cependant, il faut s'accorder d'emblée sur le fait qu'*« il n'existe pas de méthode d'évaluation des œuvres unique et applicable de manière générale et exclusive »*[699]. La méthode d'évaluation finalement retenue repose invariablement sur la conjugaison de deux éléments : *« la nature du bien évalué et (...) l'occasion de l'évaluation, c'est-à-dire la personne qui réalise l'opération et surtout les raisons qui impliquent de procéder à cette opération »*[700]. Une assez large part est laissée ici à la négociation entre les parties au contrat portant sur la cession de ces droits de propriété intellectuelle spécifiques que sont les droits patrimoniaux d'un auteur[701]. Il faut admettre que *« le but de chacune des parties au contrat étant l'enrichissement de son patrimoine (pour l'auteur en cédant ses droits et pour le cessionnaire en exploitant l'œuvre), le rapport de forces entre les parties est essentiel à l'occasion de la négociation du prix de cession »*[702]. Toutefois, cette relation bipartite implique très régulièrement un déséquilibre, ce qui a des conséquences non négligeables sur l'évaluation des droits d'auteur et nécessairement aussi sur la rémunération

---

[697] M. LEVY et J.-P. JOUYET, *L'économie de l'immatériel, la croissance de demain*, La Documentation française, 2006 ; spéc. p. 77.

[698] Article L. 121-1 du code de la propriété intellectuelle :
« L'auteur jouit du droit au respect de son nom, de sa qualité et de son œuvre.
Ce droit est attaché à sa personne.
Il est perpétuel, inaliénable et imprescriptible.
Il est transmissible à cause de mort aux héritiers de l'auteur.
L'exercice peut être conféré à un tiers en vertu de dispositions testamentaires. » (nous soulignons).

[699] G. HENRY, *L'évaluation en droit d'auteur*, Lexis Nexis, 2008 ; spéc. p. 59.

[700] G. HENRY, *op. cit.* ; spéc. p. 59.

[701] G. HENRY, *op. cit.* ; spéc. p. 62 : *« dans un premier temps, chaque partie au contrat évalue l'œuvre selon la méthode qu'elle estime la plus adaptée, afin de déterminer le prix qu'elle est prête à payer ou à recevoir. (...) Dans un second temps, la phase de négociation correspond à la confrontation des évaluations réalisées par les parties. L'élément essentiel est alors le rapport de force qui s'établit entre les protagonistes, entre la volonté (ou la nécessité) de vendre et celle d'acquérir le bien. »*.

[702] G. HENRY, *op. cit.* ; spéc. p. 211.

finalement octroyée en contrepartie de l'autorisation d'exploitation des droits patrimoniaux de l'auteur. La négociation en matière de cession des droits patrimoniaux de l'auteur est pour cette raison bien souvent illusoire et dans ce domaine comme dans d'autres, la nature reprend ses droits sans difficulté. Il y a même, bien souvent, une inversion de la logique des choses qui voudrait que le créateur soit en position de force pour négocier la cession de ses droits patrimoniaux.

D'une manière plus générale, la nature du déséquilibre entre des cocontractants est variable et la domination d'une partie sur l'autre ne résulte pas nécessairement de sa supériorité économique, fût-elle significative ; elle peut également tenir à une asymétrie d'information (dol ou erreur) ou à l'exercice d'une contrainte *« de nature à faire impression sur une personne raisonnable »*[703] (violence). La protection de la partie faible, supplétive de la volonté des parties, n'est pas totalement virtuelle dans le droit commun des obligations. En effet, certains palliatifs existent au risque d'un déséquilibre contractuel excessif du fait de la puissance d'une partie. Un rapide regard jeté au Code civil permet de s'en convaincre. Qu'il s'agisse, au stade de la formation du contrat, de la sanction des vices du consentement, ou, au stade de l'exécution du contrat, de la sanction des clauses abusives dans les contrats entre professionnels et non-professionnels ou consommateurs, ou encore à la rescision du contrat pour lésion : au-delà d'un déséquilibre "supportable", le juge a des moyens d'action pour corriger l'inégalité contractuelle et estomper l'inégalité entre les parties.

Il est tout de même remarquable de noter que le législateur a également aménagé un dispositif spécifique s'agissant de la cession des droits d'auteur permettant au juge de s'immiscer dans le contrat lésionnaire[704] et de lui donner ainsi la faculté d'arbitrer une relation contractuelle excessivement déséquilibrée[705], à la condition toutefois que le choix ait été fait de recourir à une rémunération forfaitaire[706].

---

[703] Cf. la formule retenue par l'ancien article 1112 du Code civil.

[704] Sur cette question, voir : G. HENRY, *op. cit.* ; pp. 231-243.

[705] Cf. l'article L. 131-5, al. 1er du code de la propriété intellectuelle : *« En cas de cession du droit d'exploitation, lorsque l'auteur aura subi un préjudice de plus de sept douzièmes dû à une lésion ou à une prévision insuffisante des produits de l'œuvre, il pourra provoquer la révision des conditions de prix du contrat. »* (nous soulignons).

[706] Article L. 131-5, al. 2 du code de la propriété intellectuelle : *« Cette demande ne pourra être formée que dans le cas où l'œuvre aura été cédée moyennant une rémunération forfaitaire. ».*

Pour ce qui est de l'évaluation en matière de propriété industrielle – c'est-à-dire en matière de brevets d'invention et de marques de fabrique –, trois méthodes coexistent[707] et font généralement l'objet d'une combinaison[708], afin d'affiner l'évaluation : l'approche par les coûts, l'approche par les revenus et l'approche par le marché. La première consiste à évaluer la propriété industrielle en fonction des coûts engagés pour sa constitution ; la deuxième vise à évaluer la propriété industrielle en fonction des revenus qu'elle génère, lesquels peuvent être très supérieurs ou très inférieurs aux coûts engagés pour sa constitution, la troisième consiste à établir une comparaison avec les opérations similaires, lorsque de telles données sont disponibles. Les brevets[709] comme les marques[710] se voient appliquer ces différentes techniques d'évaluation, notamment lorsqu'il s'agit de réaliser certaines opérations, telles qu'une cession ou une concession de licence d'exploitation.

Lorsqu'il s'agit d'évaluer la propriété intellectuelle des personnes publiques – qu'il s'agisse d'ailleurs de leur propriété industrielle (brevets d'invention, marques de fabrique) ou de leur propriété littéraire et artistique (droits d'auteur, moraux et patrimoniaux) –, ces questions reçoivent des réponses particulières sur lesquelles il convient de revenir.

2. Evaluation et droit de la propriété intellectuelle appliqué aux personnes publiques

S'agissant du droit de la propriété intellectuelle appliqué aux personnes publiques, il faut aborder tour à tour les problématiques spécifiques aux hypothèses dans lesquelles l'Administration est productrice de la propriété intellectuelle (a) ou utilisatrice de la propriété intellectuelle (b), dans la mesure où les modalités d'évaluation des propriétés intellectuelles varient considérablement selon le cas de figure concerné.

---

[707] Sur ces questions, voir : P. BREESE et A. KAISER, *L'évaluation des droits de propriété industrielle*, Gualino, 2004 ; spéc. pp. 104-109.

[708] Voir : P. BREESE et A. KAISER, *op. cit.*, spéc. p. 109.

[709] Pour les questions spécifiques à l'évaluation du brevet, voir : P. BREESE et A. KAISER, *op. cit.*, spéc. pp. 109-130.

[710] Pour les questions spécifiques à l'évaluation de la marque, voir : P. BREESE et A. KAISER, *op. cit.*, spéc. pp. 130-146.

a. L'Administration productrice de propriété intellectuelle

L'Administration peut se trouver à être productrice de différentes propriétés intellectuelles susceptibles d'évaluation, qu'il s'agisse de droits d'auteur (α), de brevets (β) ou de marques (γ).

α. Les droits d'auteur

Lorsque l'Administration est productrice de la propriété intellectuelle, et plus spécialement s'agissant de la dévolution des droits d'auteur, il convient de nouveau de distinguer sommairement selon qu'il s'agit de l'état du droit antérieur ou postérieur à la loi relative au droit d'auteur et aux droits voisins dans la société de l'information (dite « loi DADVSI »)[711], du 1er août 2006, qui a opéré un renversement important de la position traditionnelle de la juridiction administrative sur la question, synthétisée dans un avis *OFRATEME*[712], de 1972.

L'état du droit antérieur à la loi précitée du 1er août 2006 pouvait permettre une optimisation assez considérable de la propriété intellectuelle par la personne publique "employeur", en reconnaissant de façon extensive aux œuvres de l'esprit réalisées à l'occasion de leur emploi le caractère de "création liée au service", c'est-à-dire finalement en leur déniant la qualité d'"œuvre personnelle". En effet, il ressort des termes mêmes de l'avis *OFRATEME*, que si *« les nécessités du service exigent que l'administration soit investie des droits de l'auteur sur les œuvres de l'esprit (...) pour celles de ces œuvres dont la création fait l'objet même du service »*, en revanche *« les collaborateurs du service public (...) conservent les droits de propriété littéraire et artistique sur leurs œuvres personnelles dans la mesure où la création de ces œuvres n'est pas liée au service ou s'en détache ; qu'il en est ainsi notamment si cette œuvre a été faite en dehors du service ou si elle est sans rapport direct avec la participation de l'auteur à l'objet du service »*. Une interprétation extensive de cet avis par l'Administration était tentante, étant donné le régime spécifique des droits moraux et patrimoniaux de l'auteur d'une œuvre de l'esprit réalisée dans le cadre du service et en lien avec celui-ci. Dans cette hypothèse, les droits patrimoniaux revenaient directement à la personne publique, sans indemnisation

---

[711] Loi n° 2006-961, du 1er août 2006.

[712] CE, Avis, 21 novembre 1972, *Office français des techniques modernes d'éducation (OFRATEME)*, n° 309721 ; *GACE*, 2e éd., 2002, n°7, comm. G. KUPERFILS ; *GDDAB*, 3e éd., 2018, n°2, comm. PH. YOLKA.

spécifique au bénéfice de l'agent, ce qui correspondait peu ou prou à une "cession consentie à titre gratuit", à la différence près que fictivement la juridiction administrative considérait qu'il n'y avait alors pas de cession, le transfert de droits à la personne publique se faisant *ab initio*[713]. L'Administration disposait par conséquent, sur le fondement des "nécessités du service" d'un puissant levier pour limiter l'étendue des dépenses qu'elle aurait pu devoir effectuer pour utiliser certains contenus protégés par des droits d'auteur.

L'application du régime issu de l'avis *OFRATEME* supprimait toute rémunération au bénéfice de l'agent public lorsque l'œuvre était réalisée dans le cadre du service. Il avait en revanche bien entendu la possibilité de percevoir l'ensemble des fruits produits par son œuvre dès lors qu'elle était "détachable du service"[714]. Ainsi, par exemple, des œuvres littéraires romanesques ou poétiques nées de l'imagination de leur auteur.

Il existe certains cas limitrophes. Même si l'œuvre créée se rapporte directement ou indirectement au service qui emploie par ailleurs l'auteur et que celui-ci l'utilise comme contexte, il est peu vraisemblable que le lien avec le service soit retenu car vraisemblablement le "rapport hiérarchique" fera défaut – à moins qu'il ne s'agisse d'un ouvrage destiné à faire connaître le service au public, spécialement commandé par la personne publique "employeur".

---

[713] Voir sur cette question le commentaire de l'avis *OFRATEME* (CE, Avis, 21 novembre 1972, n° 309721) par Me Guillaume Kuperfils, *in* Y. GAUDEMET, B. STIRN *et al.*, *Les grands avis du Conseil d'Etat*, Dalloz, 2e éd., 2002, p. 105 ; spéc. p. 112 : *« <u>Les nécessités du service impliquent donc que l'administration soit investie des droits d'auteur à titre originaire</u> car elle est dans l'impossibilité (morale et matérielle) d'acquérir, par la voie de cession expresse, la titularité de droits normalement dévolus au fonctionnaire. Outre que cela serait illicite, sur un plan simplement pratique, on imagine sans grand effort les difficultés qui résulteraient de l'obligation faite à l'administration de négocier au cas par cas avec ses agents les conditions financières particulières dans lesquelles la divulgation de ces œuvres serait susceptible d'intervenir »* (nous soulignons).

[714] Aux termes de l'avis précité : *« que cependant l'acceptation d'une mission de service public implique pour lesdits agents non seulement la mise à la disposition du service de leurs facultés créatrices avec l'abandon de tous les droits d'auteur sur les œuvres à la création desquelles ils peuvent participer en service ainsi qu'il a été exposé en réponse à la première question ci-dessus mais encore la cession au service de l'exercice des droits patrimoniaux auxquels ils pourraient prétendre sur l'œuvre réalisée dans le service lorsque lesdits droits n'ont d'autre fondement que la présomption de l'article 8 précité ; que les agents concernés conservent au contraire personnellement les droits sur les œuvres qu'ils ont créées sans que cette création soit liée au service ; (...) »*.

La jurisprudence a pu retenir dans certains cas une conception extensive de la notion de "création liée au service", de telle sorte que dans certains cas il y a eu une forme d'accaparation par la personne publique "employeur" des droits patrimoniaux qui auraient normalement dû être dévolus à l'agent auteur de l'œuvre de l'esprit concernée. Ainsi en a-t-il été dans l'affaire des photographies du Général de Gaulle par le militaire en charge du service photographique des forces navales de la France libre : le Tribunal de grande instance de Nanterre a jugé que les droits d'exploitation des œuvres en cause revenaient à l'Etat parce qu'elles avaient été prises par un fonctionnaire dans l'exercice de sa mission de service public, et ce alors même que la "stricte nécessité" du service n'était pas ici démontrée[715].

La doctrine a en revanche fait état des incertitudes recouvrant certains cas jugés limitrophes, dans lesquels le critère de la détachabilité ne permet pas de répondre avec certitude à la question du régime applicable à l'œuvre concernée[716]. Dans cette hypothèse, l'œuvre est indirectement liée avec le service mais elle n'a pas nécessairement été élaborée avec les moyens du service ou sur instructions du chef de service.

Malgré sa consécration tardive par la Cour de cassation[717], le mécanisme pourvu par l'avis *OFRATEME* n'a pas survécu à l'adoption de la loi précitée du 1er août 2006[718].

Il existe de rares hypothèses, dans le droit commun de la propriété

---

[715] Voir sur cette question : M. CORNU, « Droits d'auteur des fonctionnaires : le périmètre contenu de l'exception de service public », *D.* 2006, p. 2185. Dans cette étude, l'auteur estime que le raisonnement du juge encourt la cassation parce que les nécessités du service ne sont pas clairement démontrées.

[716] M.-G. CALAMARTE-DOGUET, « Les fonctionnaires en quête de droit d'auteur. Pirandello au pays de la propriété intellectuelle des fonctionnaires », *AJDA* 2003, p. 1968 ; spéc. p. 1972 : « *La transposition [du critère de la détachabilité] à la propriété des agents publics sur leurs œuvres n'a pas abouti à un résultat plus rigoureux : en ce qui concerne les œuvres dont le lien avec le service est plus relâché, c'est-à-dire qui ne sont pas dépourvues de tout lien avec le service, sans avoir clairement été élaborées avec les moyens du service ou dans le strict cadre des fonctions de l'agent, il n'existe pas de règle intangible qui permette de trouver une solution certaine dans l'esprit de l'avis* Ofrateme. ».

[717] Cass. civ. 1ère, 1er mars 2005, *SPEDIDAM*, n° 02-10903 ; *AJDA* 2005, p. 1905, note J.-M. BRUGUIERE. Voir sur cette question : J.-M. BRUGUIERE, « Attribution des droits de propriété littéraire et artistique dans le cadre du service public », *AJDA* 2005, p. 1905 ; spéc. p. 1907 : « *Pour la première fois, le juge du droit consacre l'avis du 21 novembre 1972* ».

[718] Loi n° 2006-961 du 1er août 2006 relative au droit d'auteur et aux droits voisins dans la société de l'information.

intellectuelle, dans lesquelles la fixation de la rémunération due à l'auteur après évaluation de ses droits donne lieu à une cession à titre gratuit[719]. Reste à savoir si dans une optique de valorisation maximisée de la propriété intellectuelle qu'elle utilise, une personne publique est en mesure de se prévaloir d'un tel dispositif lui permettant d'utiliser des droits de propriété intellectuelle à moindre coût. A la vérité, la question ne se pose pas exactement dans les mêmes termes depuis la loi précitée du 1er août 2006, puisque cette dernière règle expressément le cas des agents "auteurs" de l'Administration, en prévoyant des règles spécifiques d'attribution des droits moraux et patrimoniaux. Comme auparavant, la situation dans laquelle un agent d'une personne publique se trouve être auteur d'une œuvre de l'esprit en-dehors du cadre du service présente assez peu de difficultés – si ce n'est évidemment celle de déterminer si l'œuvre a ou non été créée dans le cadre du service – : dans cette hypothèse, les droits tant moraux que patrimoniaux reviennent pleinement à l'auteur. Certains cas limitrophes, dans lesquels l'agent se trouve être auteur d'une œuvre de l'esprit dans le cadre de son service, présentent davantage de complexité. La loi du 1er août 2006, qui donne l'impression d'un renversement de la réponse de principe donnée par le Conseil d'Etat dans l'avis *OFRATEME* précité, n'a pas réellement contribué à simplifier la solution à cette problématique. Le législateur a procédé à une unification apparente des dispositions existantes en rapprochant de façon significative la situation des agents des personnes morales de droit public de celle des auteurs de droit commun. Aux termes de l'article L. 111-1 du code de la propriété intellectuelle, en effet : *« L'auteur d'une œuvre de l'esprit jouit sur cette œuvre, du seul fait de sa création, d'un droit de propriété incorporelle exclusif et opposable à tous. Ce droit comporte des attributs d'ordre intellectuel et moral ainsi que des attributs d'ordre patrimonial (...). »* ; et le texte de poursuivre : *« il n'est pas (...) dérogé à la jouissance de ce (...) droit lorsque l'auteur de l'œuvre de l'esprit est un agent de l'Etat, d'une collectivité territoriale, d'un établissement public à caractère administratif, d'une autorité administrative indépendante dotée de la personnalité morale ou de la Banque de France. »*. A la lecture de ce seul texte, il ressort que l'agent d'une personne morale de droit public, auteur d'une œuvre de l'esprit, jouit par principe des droits moraux et patrimoniaux sur son œuvre.

---

[719] A. LUCAS et H.-J. LUCAS, *Traité de la propriété littéraire et artistique*, Litec, 1994 ; spéc. p. 431 : *« L'article L. 122-7, alinéa 1er, CPI (L. 1957, art. 30, al. 1er) réserve expressément l'hypothèse d'une cession consentie à titre gratuit. Mais il est clair que le plus souvent l'acte est à titre onéreux et doit donc comporter au profit de l'auteur une rémunération dont le montant doit être déterminé ou au moins déterminable. »*.

En réalité, à la suite de cette réforme du droit de la propriété intellectuelle, l'octroi des droits moraux et patrimoniaux à l'agent auteur d'une œuvre de l'esprit dans le cadre de son service a été agencé d'une manière spécifique, de telle sorte qu'il ne jouit pas pleinement de l'ensemble des prérogatives normalement dévolues à l'auteur d'une œuvre de l'esprit[720].

Plus concrètement, l'agent auteur dans le cadre de son service d'une œuvre de l'esprit, s'il voit son droit moral assez considérablement réduit – puisqu'il *« ne peut : 1° S'opposer à la modification de l'œuvre décidée dans l'intérêt du service par l'autorité investie du pouvoir hiérarchique, lorsque cette modification ne porte pas atteinte à son honneur ou à sa réputation ; 2° Exercer son droit de repentir et de retrait, sauf accord de l'autorité investie du pouvoir hiérarchique. »*[721] –, peut tout de même obtenir une rémunération dans certaines conditions. Le mécanisme prévu à l'article L. 131-3-1 du code de la propriété intellectuelle[722] prévoit en effet une alternative : soit l'œuvre réalisée n'est utilisée que dans le cadre du service et dans ce cas l'agent n'a pas droit à rémunération, soit l'œuvre

---

[720] Voir sur ce point : J.-D. DREYFUS, « Brèves remarques sur le droit d'auteur des agents publics après la loi du 1er août 2006 », *AJDA* 2006, p. 2179 ; spéc. p. 2179 : l'auteur parle d' *« abandon en trompe-l'œil de l'avis Ofrateme »*, ce qui tend à relativiser l'inversion de tendance amorcée par la loi du 1er août 2006, censée consacrer les droits de l'agent auteur d'une œuvre de l'esprit dans le cadre du service.

[721] Pour la citation complète, voir les dispositions de l'article L. 121-7-1 du code de la propriété intellectuelle :

« Le droit de divulgation reconnu à l'agent mentionné au troisième alinéa de l'article L. 111-1, qui a créé une œuvre de l'esprit dans l'exercice de ses fonctions ou d'après les instructions reçues, s'exerce dans le respect des règles auxquelles il est soumis en sa qualité d'agent et de celles qui régissent l'organisation, le fonctionnement et l'activité de la personne publique qui l'emploie.

L'agent ne peut :

1° S'opposer à la modification de l'œuvre décidée dans l'intérêt du service par l'autorité investie du pouvoir hiérarchique, lorsque cette modification ne porte pas atteinte à son honneur ou à sa réputation ;

2° Exercer son droit de repentir et de retrait, sauf accord de l'autorité investie du pouvoir hiérarchique. ».

[722] Selon les dispositions de cet article : *« Dans la mesure strictement nécessaire à l'accomplissement d'une mission de service public, le droit d'exploitation d'une œuvre créée par un agent de l'Etat dans l'exercice de ses fonctions ou d'après les instructions reçues est, dès la création, cédé de plein droit à l'Etat.*

Pour l'exploitation commerciale de l'œuvre mentionnée au premier alinéa, l'Etat ne dispose envers l'agent auteur que d'un droit de préférence. Cette disposition n'est pas applicable dans le cas d'activités de recherche scientifique d'un établissement public à caractère scientifique et technologique ou d'un établissement public à caractère scientifique, culturel et professionnel, lorsque ces activités font l'objet d'un contrat avec une personne morale de droit privé. ».

en cause a vocation à être commercialisée et dans cette hypothèse la personne publique employeur dispose d'un droit de préférence par rapport à son agent, qui ne percevra le fruit de l'œuvre de l'esprit réalisée dans le cadre du service que si son employeur ne procède pas de lui-même à la commercialisation.

β. Les brevets

Dans le même ordre d'idées, les mécanismes de répartition des droits de propriété industrielle en matière de brevets donnent lieu à des développements au sein du code de la propriété intellectuelle qui ne présentent *a priori* pas de spécificité vis-à-vis du régime des inventions des salariés, puisqu'ils se trouvent régis par le même texte[723]. La situation des agents des personnes publiques n'est ainsi pas singularisée sur ce point.

La partie réglementaire du code de la propriété intellectuelle précise le régime des inventions des fonctionnaires et des agents publics et notamment les conditions de leur rémunération. Ceux-ci sont soumis aux dispositions des articles R. 611-11 et suivants du code de la propriété intellectuelle, à moins que des stipulations contractuelles plus favorables n'aient été convenues avec la personne publique employeur. Plus particulièrement, les textes prévoient tout à la fois une prime d'intéressement et une prime au brevet d'invention[724]. Le juge administratif a pu retenir une conception extensive du champ matériel d'application de ces dispositions lorsqu'elles concernent un logiciel. En l'occurrence, un agent réclamait un intéressement sur l'exploitation commerciale d'une base de données et d'un CD-Rom qui permettait d'utiliser un logiciel. Le Conseil d'Etat a jugé que ces éléments étant indissociables, une prime d'intéressement devait bien être versée à l'agent concerné[725].

---

[723] Voir sur cette question l'article L. 611-7 du code de la propriété intellectuelle et spécialement le 5° : « *Les dispositions du présent article sont également applicables aux agents de l'Etat, des collectivités publiques et de toutes autres personnes morales de droit public, selon des modalités qui sont fixées par décret en Conseil d'Etat* ».

[724] Article R. 611-14-1, I du code de la propriété intellectuelle.

[725] CE, 22 mai 2013, *Dendien*, n° 345867 ; *RTD Com.* 2013, p. 710, note F. POLLAUD-DULIAN.

γ. Les marques

L'Administration peut encore être considérée comme "productrice" de propriété intellectuelle lorsqu'elle a déposé une marque auprès de l'Institut national de la propriété industrielle (INPI). Dans cette hypothèse, elle peut réaliser certaines opérations visant à accroître l'exploitation financière de cet actif spécifique. Qu'il s'agisse de la cession de marque ou de la concession d'une licence de marque, l'opération considérée donnera nécessairement lieu à une évaluation préalable de la marque. La littérature juridique ne fait en général pas état de l'existence et des modalités spécifiques de telles opérations, à une exception près toutefois : le cas – déjà évoqué (cf. *supra*) – du Louvre à Abou Dabi. Eu égard à l'ampleur du projet, cette opération a donné lieu à un montage juridique d'un genre nouveau[726] s'inscrivant dans un mouvement plus général parfois qualifié de *« mécénat "de long terme" »*[727]. Comme c'est le cas dans d'autres matières de la propriété intellectuelle, les personnes en charge du montage juridique *ad hoc* ont eu ici recours à une combinaison de plusieurs méthodes d'évaluation de l'actif considéré. Plus concrètement, ce sont *« deux méthodes [qui] ont été utilisées pour réaliser l'évaluation. Premièrement, un* benchmark, *un étalonnage, a porté sur l'activité industrielle la plus proche du Louvre en termes de marque, à savoir l'industrie du luxe. La deuxième méthode a reposé sur le rôle de consultant international dans le métier des musées assumé par le musée parisien »*[728]. Ainsi qu'il a déjà été souligné, le but recherché par l'Administration qui donne à exploiter une marque est rarement exclusivement financier, à tel point qu'il a parfois été possible d'envisager une concession de licence de marque sans contrepartie financière. Cette hypothèse est celle du montage réalisé dans le cadre de l'opération dite du "Louvre-Lens"[729], déjà évoquée (cf. *supra*). Dans ce cas de figure, des préoccupations autres que purement financières sont prises en considération. Les motivations premières à cette opération transparaissent à la lecture de l'arrêté portant création de l'établissement public du "musée du Louvre-Lens"[730]. Son article 3 mentionne

---

[726] Sur cette question, voir : J.-D. DREYFUS, « Montages culturels complexes : le Louvre Abu Dhabi », *CP-ACCP* février 2008, p. 74.

[727] L. CLUZEL-METAYER, « Le mécénat au soutien des institutions publiques », *Dr. adm.* 2009, prat. 3.

[728] J.-D. DREYFUS, « La valorisation par l'Etat de son patrimoine immatériel », *AJDA* 2009, p. 696 ; spéc. p. 697.

[729] Pour des données d'ordre général sur cette opération, voir : Chambre régionale des comptes Nord-Pas-de-Calais-Picardie, Etablissement public de coopération culturelle (EPCC) « Louvre-Lens » (Département du Pas-de-Calais), Exercices 2011 et suivants, Rapport d'observations définitives sans réponse, mars 2015.

[730] Arrêté du préfet de la région Nord – Pas-de-Calais, du 3 décembre 2010.

notamment les missions classiques d' « *accueillir en dépôt une sélection d'œuvres (...), de présenter des expositions temporaires, de mettre en œuvre un programme d'éducation artistique et culturelle* », mais aussi de façon plus spécifique s'agissant de cette opération de "solidarité culturelle" menée en région : « *de définir et mettre en œuvre, en lien étroit avec le musée du Louvre, une politique visant à favoriser l'accueil du public le plus large, à développer la connaissance des œuvres exposées et de contribuer au développement culturel de la région Nord – Pas-de-Calais* »[731].

Le code de la propriété intellectuelle ne comporte aucune précision quant au caractère onéreux ou non de la convention conclue[732]. Dans le silence des textes, la jurisprudence a trouvé à se prononcer, pour approuver la gratuité de la cession d'une marque. Le juge judiciaire a estimé que l'absence de mention d'un prix ne permettait pas d'annuler la convention pour absence de prix, car elle était précisément conclue à titre gratuit[733]. Ce que les juridictions ont jugé licite dans l'hypothèse d'une cession de marque devrait *a fortiori* donner lieu à une appréciation similaire s'agissant de la concession d'une licence d'exploitation d'une

---

[731] Pour la formule complète, voir l'article 3 de l'arrêté précité du 3 décembre 2010 : « *Article 3 – L'établissement public de coopération culturelle dénommé « musée du Louvre-Lens » a pour objet la gestion et l'exploitation du musée du Louvre-Lens dans le cadre du projet scientifique et culturel défini par l'établissement public du musée du Louvre et en tenant compte de la politique culturelle locale et régionale notamment muséale. Il a pour mission :*
- d'accueillir en dépôt une sélection d'œuvre des collections nationales confiées à la garde de l'établissement public du musée du Louvre, les mettre en valeur et les présenter au public,
- de présenter des expositions temporaires,
- de mettre en œuvre un programme d'éducation artistique et culturelle,
- de gérer un auditorium qui proposera des manifestations culturelles en lien étroit avec le musée du Louvre,
- de concourir à la formation et à la recherche dans le domaine de l'histoire de l'art, de l'archéologie, de la muséographie et de la médiation,
- de définir et mettre en œuvre, en lien étroit avec le musée du Louvre, une politique visant à favoriser l'accueil du public le plus large, à développer la connaissance des œuvres exposées et de contribuer au développement culturel de la région Nord – Pas-de-Calais,
- de coopérer avec les collectivités publiques et organismes de droit public, français ou étrangers, poursuivant des objectifs répondant à sa vocation. ». A noter que cette formule est reprise telle quelle à l'article 4 des statuts de l'établissement public du "musée du Louvre-Lens", qui en définit l'objet social.

[732] Article L. 714-1, al. 2 du code de la propriété intellectuelle : « *Les droits attachés à une marque peuvent faire l'objet en tout ou partie d'une concession de licence exclusive ou non exclusive (...)* ».

[733] CA Toulouse, 4 mars 1993, *SARL Cogisoft c/ SARL Contactel.*

marque. Si elles existent, de telles opérations peuvent toutefois présenter pour les sociétés certains risques en termes de fiscalité[734].

L'Administration n'est pas seulement une productrice de propriété intellectuelle, elle en est aussi une utilisatrice. Il convient dès lors d'apprécier l'évaluation de la propriété intellectuelle qui peut être réalisée dans ce cadre.

b. L'Administration utilisatrice de propriété intellectuelle

L'Administration se trouve parfois être utilisatrice de propriété intellectuelle, spécialement en matière de brevets d'invention et en matière de droits patrimoniaux d'auteur.

Les personnes publiques peuvent se rendre utilisatrices d'un brevet dans les conditions du droit commun, c'est-à-dire en se voyant octroyer une licence d'exploitation ou en procédant à l'acquisition d'un brevet. Dans cette hypothèse, comme dans celles précédemment évoquées, il y a une grande liberté laissée aux parties dans l'appréciation de la valeur du brevet cédé ou concédé et consécutivement du prix payé par la personne publique utilisatrice. Outre cette possibilité, il est envisageable, pour l'Etat uniquement, de mettre en œuvre un mécanisme d'expropriation, dérogatoire au droit commun, de certains brevets. Dans ces conditions, la personne publique expropriante va en apparence bénéficier d'un levier d'action considérable pour optimiser l'évaluation du brevet visé et potentiellement la revoir à la baisse, au détriment de l'opérateur titulaire des droits de propriété intellectuelle. Cependant, en plus d'être circonscrites au domaine particulier de la défense nationale, ces opérations sont strictement encadrées dans leurs modalités par les textes et par l'autorité judiciaire, "gardienne de la propriété privée"[735]. En effet, en cas de désaccord sur l'indemnisation pourvue au propriétaire du brevet exproprié, le juge judiciaire pourra être saisi pour en fixer le montant[736].

---

[734] Sur ces questions : C. COURT, « Cessions et licences gratuites de marques : le point de vue du fiscaliste », *Communication Commerce électronique* 2012, étude 13.

[735] Le Conseil constitutionnel a expressément consacré le *« principe fondamental reconnu par les lois de la République, selon lequel l'autorité judiciaire est garante de la propriété »* dans la décision suivante : Cons. const., 25 juillet 1989, déc. n°89-256 DC, « Loi portant dispositions diverses en matière d'urbanisme et d'agglomérations nouvelles » ; *RFDA* 1989, p. 1009, note P. BON ; *CJEG* 1990, p. 1, note B. GENEVOIS.

[736] Article L. 613-20, al. 2 du code de la propriété intellectuelle : *« A défaut d'accord amiable, l'indemnité d'expropriation est fixée par le tribunal de grande instance. »*.

Il reste toutefois à savoir – ce qui est loin d'être clair en l'état actuel des textes législatifs régissant la matière – si l'Etat lorsqu'il exproprie un brevet de la défense nationale doit ensuite obligatoirement l'exploiter. Cette question pourrait s'avérer cruciale dans la mesure où la possibilité pour un tiers d'obtenir une licence obligatoire – lui permettant d'exploiter lui-même un brevet délaissé par son inventeur –, sur le fondement de l'article L. 613-11 du code de la propriété intellectuelle[737], sur un brevet de la défense nationale précédemment exproprié par l'Etat priverait d'effet utile cette mesure. L'Etat est-il, dans ces conditions, dans l'obligation de procéder à l'exploitation d'un brevet qu'il a exproprié pour *« les besoins de la défense nationale »*[738] ? L'articulation de ces deux dispositifs n'est ici pas suffisamment claire, de telle sorte que la réponse à cette question est incertaine. Il semble cependant que le législateur devrait prévoir que, par dérogation aux dispositions de l'article L. 613-11 précité, un opérateur ne devrait jamais pouvoir obtenir de licence obligatoire sur un brevet exproprié par l'Etat pour les besoins de la défense nationale. Il serait en effet *a priori* paradoxal et également contreproductif de donner ainsi la possibilité à un opérateur d'obtenir une licence obligatoire pour non exploitation d'un brevet exproprié par l'Etat. L'article précité ouvre toutefois la possibilité au titulaire du brevet de faire état d' *« excuses légitimes »* pour justifier l'absence d'exploitation ou de commercialisation de son titre : peut-être y aurait-il, avec le recours à ce standard, la possibilité pour l'Etat de motiver son refus de procéder à l'exploitation d'un brevet portant sur une invention dangereuse.

Tout dépend en réalité de ce que recouvre cette notion, que l'absence de jurisprudence n'a bien évidemment pas contribué à clarifier. Faut-il considérer par exemple que la mise au point de vêtements ignifugés ou pare-balles tout comme l'invention d'armes de destruction massive

---

[737] Aux termes de cet article : *« Toute personne de droit public ou privé peut, à l'expiration d'un délai de trois ans après la délivrance d'un brevet, ou de quatre ans à compter de la date du dépôt de la demande, obtenir une licence obligatoire de ce brevet, dans les conditions prévues aux articles suivants, si au moment de la requête, et sauf excuses légitimes le propriétaire du brevet ou son ayant cause :*
a) N'a pas commencé à exploiter ou fait des préparatifs effectifs et sérieux pour exploiter l'invention objet du brevet (...) ;
b) N'a pas commercialisé le produit objet du brevet en quantité suffisante pour satisfaire aux besoins du marché français.
Il en est de même lorsque l'exploitation prévue au a ci-dessus ou la commercialisation prévue au b ci-dessus a été abandonnée depuis plus de trois ans. (...) ».
[738] Article L. 613-20, al. 1er du code de la propriété intellectuelle : *« L'Etat peut, à tout moment, par décret, exproprier, en tout ou partie, pour les besoins de la défense nationale, les inventions, objet de demandes de brevet ou de brevets »* (nous soulignons).

peuvent faire l'objet d'une expropriation par l'Etat pour les besoins de la défense nationale ? Dans la première hypothèse, l'exploitation du brevet, quitte à ce qu'elle se fasse par le mécanisme de la licence d'office – consistant à désigner de façon autoritaire un opérateur afin qu'il procède à l'exploitation d'un brevet d'invention (cf. *infra*) – ne serait pas inenvisageable, alors que dans la seconde hypothèse, elle serait bien davantage sujette à discussion. Il y aurait donc des hypothèses dans lesquelles l'Etat pourrait exproprier certaines inventions parce qu'elles sont dangereuses et alors même qu'elles n'ont pas vocation à faire l'objet d'une exploitation. Dans ce cas, l'indemnisation du propriétaire initial du brevet faisant l'objet de la mesure d'expropriation n'aura pas d'autre contrepartie pour l'Etat que la certitude qu'il ne sera pas fait exploitation d'une invention dont la dangerosité est avérée.

Ce mécanisme d'expropriation fait figure d'exception en droit de la propriété intellectuelle, où il ne trouve pas d'équivalent, ni s'agissant des marques, ni s'agissant des droits d'auteur. En ce qui concerne les droits d'auteur, tant les droits patrimoniaux que les droits moraux – ces derniers étant d'ailleurs inaliénables et imprescriptibles[739] –, ne sont pas susceptibles d'expropriation. Tout au plus est-il possible de voir dans le mécanisme antérieur à la loi du 1er août 2006 précitée d'attribution des droits d'auteur dans la fonction publique une forme d'expropriation – "pour cause d'utilité publique"[740] ? – par la personne publique de la

---

[739] Article L. 121-1 du code de la propriété intellectuelle :
« L'auteur jouit du droit au respect de son nom, de sa qualité et de son œuvre.
Ce droit est attaché à sa personne.
Il est perpétuel, inaliénable et imprescriptible.
Il est transmissible à cause de mort aux héritiers de l'auteur.
L'exercice peut être conféré à un tiers en vertu de dispositions testamentaires. » (nous soulignons).

[740] Cette expression, utilisée spécialement pour désigner les opérations d'expropriation de biens immobiliers, devrait être la justification essentielle à tout mécanisme aboutissant à un résultat similaire à celui d'une expropriation. La notion d'"utilité publique" est assez lâche et peut s'avérer être un rempart insuffisamment épais pour empêcher que certaines opérations d'expropriation soient menées à leur terme. Relire sur cette question l'appréciation suivante : G. BAUDRY, *L'expropriation pour cause d'utilité publique*, Sirey, 2e éd., 1947 (deuxième édition revue et augmentée par M. ROUSSELET, M. PATIN et M. ANCEL) ; spéc. p. 3 : *« La loi ne donne pas de définition de* « l'utilité publique ». *Elle laisse à l'autorité administrative le soin d'apprécier dans chaque cas si cette utilité existe. Actuellement, après avoir progressivement évolué, la notion d'utilité publique est devenue très large. Il suffit que l'expropriation projetée présente un intérêt général, c'est-à-dire qu'elle soit d'un intérêt supérieur d'ordre matériel ou moral pour une collectivité de citoyens ».* Il est à noter que la jurisprudence a assez rapidement opéré un glissement vers la notion voisine d'"intérêt général" pour

personne travaillant pour son compte. Comme cela a été rappelé précédemment, le Conseil d'Etat a opté pour une fiction selon laquelle la personne publique "employeur" serait investie des droits de l'agent *ab initio*, sans cession, soit sans contrepartie financière. A cet égard, Me Guillaume Kuperfils, commentant l'avis *OFRATEME* précité, souligne bien qu'*« il n'est (...) pas question d'évoquer une quelconque cession de droits, même implicite, puisque la titularité est initiale et immédiate »*[741], en insistant sur le fait que l'*« œuvre (...) appartient, dès l'origine, à la personne morale de droit public concernée »*[742].

Il est un autre mécanisme qui permettrait d'annihiler intégralement les droits patrimoniaux de l'auteur employé par une administration : leur intégration forcée au "domaine public" de la propriété intellectuelle. Une telle méthode reviendrait à les rendre "libres de droits" *ab initio* et consécutivement à permettre leur utilisation sans la moindre contrepartie financière pour l'auteur. Cette formule est assez peu débattue par la doctrine, qui n'y fait d'ailleurs référence que ponctuellement[743]. Une proposition de loi déposée récemment sur ce sujet comportait l'introduction d'un tel mécanisme. Elle n'a cependant pas été inscrite à l'ordre du jour de l'Assemblée nationale, et n'a par conséquent été ni débattue, ni adoptée, ni promulguée[744].

Lorsque l'Administration est utilisatrice de droits d'auteur, dans le cadre de contrats de la commande publique, il faut s'interroger sur son éventuelle marge de manœuvre pour optimiser l'évaluation des droits utilisés. En réalité, l'acheteur public doit avoir conscience qu'il n'est pas automatiquement cessionnaire des droits patrimoniaux de ce sur quoi porte la commande publique et qu'il ne peut de toute façon pas être titulaire des droits moraux sur l'œuvre de l'esprit concernée[745]. Il faut

---

justifier la légalité des opérations d'expropriation ; cf. sur cette question : Y. GAUDEMET, *Traité de Droit administratif des biens*, LGDJ, 15e éd., 2014 ; spéc. pp. 437-438.

[741] Voir sur ce point le commentaire de l'avis *OFRATEME* (CE, Avis, 21 novembre 1972, n° 309721) par M. Guillaume Kuperfils, *in* Y. GAUDEMET, B. STIRN *et al.*, *Les grands avis du Conseil d'Etat*, Dalloz, 2e éd., 2002, p. 105 ; spéc. p. 113.

[742] G. KUPERFILS, art. préc. ; spéc. p. 114.

[743] F. MEURIS, « Est-il nécessaire de protéger le domaine public ? », *Communication Commerce électronique* 2013, alerte 77 : *« on ne reviendra pas sur la proposition d'inclure les œuvres créées par les fonctionnaires directement dans le domaine public dès leur divulgation. »*.

[744] Proposition de loi AN, n° 1573, visant à consacrer le domaine public, à élargir son périmètre et à garantir son intégrité, enregistrée à la Présidence de l'Assemblée nationale, 21 novembre 2013.

[745] Voir sur cette question : A. BUREL, « La titularité des droits d'auteurs dans le cadre des marchés publics », *Contrats publics*, Janvier 2013, p. 39.

également *« déterminer si le contractant du pouvoir adjudicateur possède bien les droits qu'il pense ou laisse paraître avoir, sauf à devoir négocier par la suite des droits d'utilisation à des conditions qui n'avaient pas été envisagées par la personne publique »*[746]. En outre, il est à noter que la question des clauses de cession de droits d'auteur vient concrètement à se poser lorsqu'est en cause une œuvre originale de l'esprit. Le recours au CCAG-PI[747] est optionnel[748]. Dans le cas où il n'y est pas fait recours, *« les parties définissent librement la nature de la transmission des droits et précisent la durée de la cession, et les territoires pour lesquels ils sont cédés »*[749]. Il y a donc là en apparence une importante marge de manœuvre laissée à l'acheteur public. Il reste que la question de la rémunération de la cession des droits est incertaine : en effet, *« le CCAG-PI précise que le prix de la concession (option A) est forfaitairement compris dans le montant du marché »*[750], de telle sorte qu'il n'est pas précisément déterminé. S'agissant de l'option B, le CCAG-PI indique, sans autre précision, que le prix de la cession à titre exclusif des droits patrimoniaux relève des documents particuliers du marché. Pour les marchés passés en-dehors du CCAG-PI, il conviendra de *« préciser un prix pour chacun des droits cédés, dans le respect des dispositions [du code de la propriété intellectuelle] »*[751].

En définitive, lorsque l'Administration est utilisatrice de propriété intellectuelle, elle doit veiller – ce qui ne relève pas toujours de l'évidence – à l'occasion de la passation des contrats l'y autorisant que l'évaluation de la propriété intellectuelle est optimale et qu'il est opportun soit qu'elle les acquière à titre exclusif (option B), soit qu'elle se limite à se les voir concédés comme ils peuvent l'être à d'autres opérateurs (option A), l'onérosité étant dans cette hypothèse moindre.

---

[746] A. BUREL, « La titularité des droits d'auteurs dans le cadre des marchés publics », préc. ; spéc. p. 42.
[747] Arrêté du 16 septembre 2009 portant approbation du cahier des clauses administratives générales applicables aux marchés publics de prestations intellectuelles.
[748] A. TRICOIRE, « Les clauses de cession de droits d'auteur », *Contrats publics,* Janvier 2013, p. 43 ; spéc. p. 43 : *« le CCAG-PI n'est pas obligatoire et ne s'applique qu'aux marchés qui s'y réfèrent expressément »*.
[749] A. TRICOIRE, *ibid.* ; spéc. p. 44.
[750] A. TRICOIRE, *ibid.* ; spéc. p. 46.
[751] A. TRICOIRE, *ibid.* ; spéc. p. 46.

B. Rationalisation des mécanismes de gestion de la propriété intellectuelle

Il convient à ce stade de faire état de l'existence de mécanismes ponctuels visant à rationaliser la gestion mutualisée, ou centralisée, de la propriété intellectuelle par les personnes publiques (1), coexistant ainsi avec certains mécanismes propres de rationalisation de la gestion de la propriété intellectuelle par les personnes publiques (2).

1. L'institutionnalisation d'une gestion rationalisée de la propriété intellectuelle des personnes publiques

Les mécanismes visant à permettre une gestion rationalisée de la propriété intellectuelle des personnes publiques apparaissent paradoxalement, et ainsi à contrecourant de la tendance actuelle, comme particulièrement peu nombreux. Ils concernent avant tout la propriété industrielle, en ses deux principales composantes : le droit des marques et le droit des brevets.

S'agissant des marques, le décret du 23 juin 2015[752] a centralisé la gestion des marques des administrations de l'Etat, qu'elles soient civiles ou militaires, en renforçant corrélativement les moyens d'action de l'Agence du patrimoine immatériel de l'Etat (APIE). Ce décret donne en réalité compétence à l'APIE pour opérer une gestion des marques concernées à tous les niveaux, puisqu'elle assure tout à la fois le dépôt, le suivi, la veille et les éventuelles actions précontentieuses à mener, au nom et pour le compte des administrations concernées. Aux termes de l'article 3 du décret précité, l'APIE intervient ainsi tout à la fois pour[753] : se prononcer sur la pertinence du dépôt et accomplir le cas échéant les formalités d'enregistrement de la marque concernée ; assurer le suivi de la marque concernée pour en permettre le cas échéant, c'est-à-dire s'il s'avère pertinent, le renouvellement – la protection ne pouvant excéder dix ans, est toutefois renouvelable indéfiniment[754] avant la date anniversaire de l'expiration de la marque – ; identifier les dépôts postérieurs susceptibles de porter atteinte aux marques concernées ;

[752] Décret n° 2015-716 du 23 juin 2015 relatif au service à compétence nationale dénommé « Agence du patrimoine immatériel de l'Etat »

[753] Décret n° 2015-716 du 23 juin 2015, préc. ; spéc. l'article 3, I.

[754] Article L. 712-1, al. 2 du code de la propriété intellectuelle : *« L'enregistrement produit ses effets à compter de la date de dépôt de la demande pour une période de dix ans indéfiniment renouvelable. »*.

engager les éventuelles actions précontentieuses nécessaires à la protection des marques en cause.

Le mouvement engagé permet de faire profiter les administrations d'Etat de l'expérience et de l'expertise de l'APIE, avec la volonté sous-jacente de donner une cohérence bienvenue à la gestion de ces marques publiques. La rationalisation envisagée prend une tournure globalement satisfaisante. Cependant, si la pertinence du dispositif en cause paraît peu discutable, sa solidité juridique pourrait quant à elle être davantage exposée à la critique.

Les activités confiées par ce décret sont de façon récurrente prises en charge par des entreprises privées. Il faut pour cette raison s'interroger sur la licéité du dispositif envisagé et notamment sur son éventuelle contrariété à la liberté du commerce et de l'industrie. La prise en charge d'une activité économique – c'est-à-dire une activité de production, de distribution ou de services[755], ou plus généralement, une activité consistant à échanger des biens ou des services sur un marché[756] – par une personne publique est conditionnée par l'existence d'un intérêt public à ce faire, lequel résulte notamment – mais pas exclusivement – d'une carence de l'initiative privée[757]. En l'occurrence, l'initiative privée est loin d'être absente. L'article 7 du décret précité du 23 juin 2015 le

[755] Pour reprendre les termes de l'article L. 410-1 du code de commerce, selon lesquels : *« Les règles définies au présent livre s'appliquent à toutes les activités de production, de distribution et de services, y compris celles qui sont le fait de personnes publiques, notamment dans le cadre de conventions de délégation de service public. ».*

[756] CJCE, 16 juin 1987, *Commission c/ Italie* ; spéc. point 7 : *« L'Etat peut agir soit en exerçant l'autorité publique, soit en exerçant des activités économiques de caractère industriel ou commercial consistant à offrir des biens et des services sur le marché ».*

[757] Voir sur cette question le célèbre arrêt *Ordre des avocats au barreau de Paris* : CE, Ass., 31 mai 2006, *Ordre des avocats au Barreau de Paris*, n° 275531 ; *BJCP* 2006, n°47, p. 295, concl. D. CASAS ; *AJDA* 2006, p. 1592, chr. C. LANDAIS et F. LENICA ; *JCP A* 2006, 1133, note F. LINDITCH ; *ACCP* n°59, oct. 2006, p. 78, note L. RENOUARD ; *Dr. adm.* août 2006, n°129, note M. BAZEX ; *CMP* 2006, comm. 202, note G. ECKERT ; *Revue Lamy de la concurrence* 2006, n°641, note G. CLAMOUR ; *Contrats conc. cons.* 2006, comm. 188, note F. ROLIN. Voir spécialement le considérant suivant : *« Considérant que les personnes publiques sont chargées d'assurer les activités nécessaires à la réalisation des missions de service public dont elles sont investies et bénéficient à cette fin de prérogatives de puissance publique ; qu'en outre, si elles entendent, indépendamment de ces missions, prendre en charge une activité économique, elles ne peuvent légalement le faire que dans le respect tant de la liberté du commerce et de l'industrie que du droit de la concurrence ; qu'à cet égard, pour intervenir sur un marché, elles doivent, non seulement agir dans la limite de leurs compétences, mais également justifier d'un intérêt public, lequel peut résulter notamment de la carence de l'initiative privée ; ».*

suggère même expressément, puisqu'il renvoie l'entrée en vigueur des dispositions de l'article 3 du même décret à l'expiration, le cas échéant, d'un contrat passé par une administration civile ou militaire confiant à un prestataire extérieur la gestion d'une marque[758]. Quant à l'intérêt public, son appréciation par la jurisprudence administrative fait l'objet d'une certaine souplesse – à tel point qu'a même pu être mis en avant *« l'échec du principe de la liberté du commerce et de l'industrie à délimiter un espace réservé aux activités privées »*[759] –, de telle sorte que son existence fait assez peu de doute en l'espèce et qu'il serait difficile de contester sur le terrain de la liberté du commerce et de l'industrie ce décret.

Il est en outre à noter que le décret susmentionné, traduisant une nouvelle fois la volonté d'optimiser la gestion des marques publiques, crée au profit des établissements publics de l'Etat la possibilité de bénéficier de la part de l'Agence du patrimoine immatériel de l'Etat d'un *« appui méthodologique à la gestion de leur portefeuille de marques »*[760], ce qui contribue à la rationalisation de leur gestion.

La rationalisation de la gestion de la propriété intellectuelle des personnes publiques se manifeste également en matière de "propriété scientifique", c'est-à-dire en ce qui concerne les brevets des personnes publiques, spécialement lorsqu'ils font l'objet d'une copropriété, quoique la doctrine ait relevé qu'il y avait *« lieu de s'interroger sur l'insertion d'une telle technique concernant ces créations intellectuelles que sont les brevets, dont la notion juridique s'insère, par ailleurs difficilement au sein du régime juridique des propriétés publiques »*[761].

L'article L. 533-1, V du code de la recherche, régissant le dépôt et la gestion par les personnes publiques des inventions réalisées par leurs

---

[758] Décret n° 2015-716 du 23 juin 2015, préc. ; article 7 : *« Les dispositions du I au III de l'article 3 entrent en vigueur le 1er novembre 2015. Toutefois, lorsqu'une administration civile ou militaire de l'Etat a confié la gestion d'une ou plusieurs de ses marques à un prestataire extérieur dans le cadre d'un contrat en cours à cette date, les dispositions du I au III de l'article 3 ne s'appliquent aux marques concernées qu'à compter de l'expiration dudit contrat. »*.

[759] G. PELLISSIER, « Création et dévolution des services publics locaux », *RJEP* 2010, comm. 44. Voir également, sur cette question : S. BERNARD, « Le GIP à l'abri de la commande publique et de la liberté du commerce et de l'industrie ? », *RJEP* 2011, comm. 24 ; pour l'auteur, il y a un *« impact limité de la liberté du commerce et de l'industrie sur la capacité d'initiative économique des personnes publiques. »*.

[760] Décret n° 2015-716 du 23 juin 2015, préc. ; article 3, V.

[761] F.-X. FORT et A. ROBIN, « Remarques sur le régime de gestion de la propriété industrielle entre personnes publiques », *AJDA* 2010, p. 2292 ; spéc. p. 2292.

agents aux moyens de ressources publiques, prévoit un mécanisme visant *« [à] simplifier et [à] accélérer le transfert d'un titre de propriété industrielle »*, suivant lequel en cas de copropriété publique, un mandataire unique peut être désigné par les personnes publiques ayant procédé au dépôt, afin de prendre en charge tout à la fois la gestion, l'exploitation et la négociation du titre de propriété industrielle ainsi obtenu. Le législateur impose ainsi en cas de copropriété publique le recours à un mandataire unique[762].

En cette matière, un décret du 9 juin 2009, portant sur la mutualisation de la gestion par des personnes publiques d'éléments protégés au titre de la propriété industrielle[763], introduit de nouvelles dispositions réglementaires au sein du code de la propriété intellectuelle, lesquelles envisagent tout à la fois : *« une règle d'identification de l'établissement en charge de la gestion du bien intellectuel, une délimitation des obligations de la personne publique assurant la protection et l'exploitation du bien intellectuel, et, enfin, une règle de répartition des frais et fruits de l'exploitation du bien intellectuel »*[764]. Ce texte porte notamment sur la désignation de la personne chargée d'assurer la gestion du titre de propriété industrielle éventuellement obtenu, en se fondant pour cela sur le critère de la mission inventive[765]. La personne ayant fourni les locaux dans lesquels les travaux ont été principalement réalisés étant alors désignée comme mandataire unique[766].

---

[762] Article L. 533-1, V du code de la recherche : *« V.- Afin de simplifier et d'accélérer le transfert d'un titre de propriété industrielle acquis en application du II, en cas de copropriété publique constatée au dépôt de l'invention, un mandataire unique chargé de la gestion, de l'exploitation et de la négociation du titre est désigné par les déposants avant sa publication. Un décret fixe les missions et le mode de désignation du mandataire. »*. Voir également, pour plus de précisions : Décret n° 2014-1518 du 16 décembre 2014 relatif au mode de désignation et aux missions du mandataire prévu à l'article L. 533-1 du code de la recherche.

[763] Décret n° 2009-645 du 9 juin 2009 relatif à la gestion entre personnes publiques de la propriété industrielle des résultats issus de travaux de recherche réalisés par des fonctionnaires ou des agents publics.

[764] N. BINCTIN, « À la recherche d'une rationalisation de la gestion des actifs intellectuels de l'État », *Propriété industrielle* 2009, alerte 123.

[765] F.-X. FORT et A. ROBIN, « Remarques sur le régime de gestion de la propriété industrielle entre personnes publiques », art. préc. ; spéc. p. 2293 : *« Le critère de la mission inventive, déjà utilisé en propriété intellectuelle pour attribuer la titularité d'une invention à l'employeur de l'inventeur salarié (art. L. 611-7 CPI) acquiert, à présent, une autre dimension, en permettant désormais de désigner celui qui assurera le mandat de gestion des droits et obligations relatifs aux résultats innovants. »*.

[766] *Ibid.* ; spéc. p. 2293 : *« Celui qui a vocation à devenir le mandataire unique, est « celle de ces personnes qui a fourni les locaux dans lesquels les tâches comportant une mission inventive, les études ou les recherches ont été principalement réalisés » (art. R.*

Le décret prévoit également, dans certains cas spécifiques, des hypothèses de copropriété des brevets, quoique le recours à un tel mécanisme, déjà peu stabilisé en droit commun des propriétés publiques, soit susceptible de critiques. La copropriété en matière de propriété industrielle est source de complexité : elle entraîne des aléas dans la prise de décision ainsi que des coûts de gestion parfois élevés et elle ne contribue pas à faciliter la négociation des éventuels contrats de licence. Ainsi, si la valorisation économique est clairement encouragée par les textes les plus récents sur la question, sa mise en œuvre concrète peut être source de certaines difficultés. Un arrêté en date du 19 juillet 2016 précise quant à lui les modalités de répartition des frais exposés par le mandataire unique désigné par les personnes publiques copropriétaires d'une invention faisant l'objet d'un titre de propriété industrielle[767], en application de l'article L. 533-1 du code de la recherche.

2. L'existence parallèle de mécanismes propres de rationalisation de la gestion de la propriété intellectuelle par les personnes publiques

A côté des mécanismes déjà exposés de rationalisation de la gestion de la propriété intellectuelle par les personnes publiques, l'utilisation "extensive" de la propriété intellectuelle peut être un moyen d'en optimiser l'exploitation. Une telle utilisation consiste à rechercher systématiquement le plus grand profit possible ou la moindre dépense possible, de façon licite ou même de façon illicite. Il faut dès lors envisager l'utilisation "extensive" de la propriété intellectuelle par les personnes publiques, à la fois lorsqu'elle est licite (a) et lorsqu'elle ne l'est pas (b).

a. Licéité de certaines formes d'utilisation "extensive" de la propriété intellectuelle par les personnes publiques

Déterminer jusqu'à quel point une personne publique a la possibilité de faire une utilisation "extensive" de la propriété intellectuelle, revient à s'interroger sur la licéité d'une gestion publique maximisant l'exploitation des éléments de propriété intellectuelle à sa disposition,

---

611-13 I 1° CPI). Le pouvoir réglementaire désigne l'« hébergeur » comme étant le mandataire. ».

[767] Arrêté du 19 juillet 2016 relatif aux modalités de prise en charge des frais engagés par le mandataire unique prévu à l'article L. 533-1 du code de la recherche.

qu'ils ressortissent à la propriété industrielle ou à la propriété littéraire et artistique.

S'agissant, en premier lieu, de la propriété industrielle, il faut aborder successivement la question des marques et des brevets. Il est des circonstances de fait dans lesquelles une gestion rationnelle par la personne publique de ses éléments de propriété industrielle lui permettront de réaliser des opérations profitables. Sa force de négociation doit notamment lui permettre d'envisager de concéder des licences d'exploitation de ses marques ou de ses brevets dans des conditions tout à la fois financièrement acceptables pour son partenaire et également en adéquation avec ses objectifs de performance. Il s'agit là de circonstances purement factuelles dont l'occurrence semble facilitée par la culture de la performance induite par la Loi organique relative aux lois de finances (LOLF) et la Révision générale des politiques publiques (RGPP), ainsi que par la doctrine administrative entourant la gestion du "patrimoine immatériel" des personnes publiques.

Au-delà de cet argument de pur fait, un moyen licite d'utilisation "extensive" par la personne publique de la propriété industrielle pourrait consister à réduire autant que possible les indemnités dues au propriétaire d'un brevet de la défense nationale, lorsque celui-ci fait l'objet soit d'une expropriation[768], soit d'une concession de licence d'office[769]. Dans l'un ou l'autre cas, en cas de désaccord sur le montant de l'indemnisation due, le juge judiciaire peut être saisi. Il reste toutefois qu'en cette matière, l'établissement d'une *« juste et préalable indemnité »*, pour reprendre la formule consacrée à l'article 17 de la Déclaration des droits de l'homme et du citoyen, paraît particulièrement subjective, à plus forte raison dans la mesure où le brevet exproprié ou faisant l'objet d'une licence

[768] Article L. 613-20 du code de la propriété intellectuelle : *« L'Etat peut, à tout moment, par décret, exproprier, en tout ou partie, pour les besoins de la défense nationale, les inventions, objet de demandes de brevet ou de brevets.*
A défaut d'accord amiable, l'indemnité d'expropriation est fixée par le tribunal de grande instance. (...) ».

[769] Article L. 613-19 du code de la propriété intellectuelle : *« L'Etat peut obtenir d'office, à tout moment, pour les besoins de la défense nationale, une licence pour l'exploitation d'une invention, objet d'une demande de brevet ou d'un brevet, que cette exploitation soit faite par lui-même ou pour son compte.*
La licence d'office est accordée à la demande du ministre chargé de la défense par arrêté du ministre chargé de la propriété industrielle. Cet arrêté fixe les conditions de la licence à l'exclusion de celles relatives aux redevances auxquelles elle donne lieu.
La licence prend effet à la date de la demande de licence d'office.
A défaut d'accord amiable, le montant des redevances est fixé par le tribunal de grande instance. (...) ».

d'exploitation d'office se situe en quelque sorte "hors marché", puisqu'il est soustrait par l'application des textes législatifs et réglementaires à l'échange devant normalement se réaliser sur un marché donné. Dans ces conditions, la marge de manœuvre laissée à l'Etat pourrait conduire à une évaluation dérisoire ou du moins insuffisante de la compensation financière due au propriétaire du brevet exproprié. L'intervention du juge judiciaire n'étant dans ces conditions qu'un palliatif modique. De la même manière, l'Etat pourrait exiger de l'opérateur à qui est attribuée de façon autoritaire une licence d'office qu'il lui verse une redevance excessive ou particulièrement élevée. Là encore, il conviendra au juge judiciaire d'intervenir en cas de désaccord sur le montant à payer. La matière manque considérablement de jurisprudence, de telle sorte qu'il est difficile d'engager plus avant la réflexion et d'afficher avec certitude les lacunes ou carences des mécanismes existants.

S'agissant, en second lieu, de la propriété littéraire et artistique, un levier actionnable par le législateur pourrait en permettre une utilisation "extensive" par les personnes publiques, et à leur suite par toute personne privée physique ou morale, tout en étant licite. Il s'agirait dans cette hypothèse de limiter, à défaut de supprimer dans certaines conditions, la durée des droits patrimoniaux de l'auteur. Ce mécanisme aurait pour conséquence d'accélérer l'entrée des droits concernés dans le domaine public de la propriété intellectuelle. En l'état actuel, les œuvres de l'esprit deviennent libres de droits soixante-dix ans après la mort de l'auteur[770], ce qui signifie qu'à cette date, il est possible d'en faire une exploitation commerciale sans avoir à verser de contrepartie financière à qui que ce soit, sous réserve toutefois de respecter son droit moral. Selon l'expression malheureuse, à cette date, les œuvres de l'auteur "tombent" dans le domaine public : il s'agit là du domaine public de la propriété littéraire et artistique, c'est-à-dire l'ensemble des œuvres libres de droits, dont l'exploitation ne requiert pas le versement préalable d'une quelconque contrepartie financière. La variation dans la durée de protection des droits de l'auteur offre donc la perspective d'une utilisation sans contrepartie financière pour la personne publique – ou pour toute personne intéressée – ce qui théoriquement peut correspondre à une forme de rationalisation de la gestion par les personnes publiques de leur propriété intellectuelle.

[770] Article L. 123-1 du code de la propriété intellectuelle : *« L'auteur jouit, sa vie durant, du droit exclusif d'exploiter son œuvre sous quelque forme que ce soit et d'en tirer un profit pécuniaire. Au décès de l'auteur, ce droit persiste au bénéfice de ses ayants droit pendant l'année civile en cours et les soixante-dix années qui suivent. »*.

b. Illicéité de certaines formes d'utilisation "extensive" de la propriété intellectuelle par les personnes publiques

Il ne doit pas être fait mention, sinon à titre résiduel, des moyens d'optimisation de la gestion liés à une utilisation irrégulière du droit de la propriété intellectuelle, ces mécanismes ne pouvant bien entendu pas être raisonnablement conseillés à la personne publique, qu'ils exposeraient à des actions en contrefaçon. Sans faire l'apologie des mécanismes rendant potentiellement la personne publique coupable de contrefaçon, il y a lieu de faire un rapide retour sur certaines décisions mettant en cause l'utilisation "extensive" par une personne publique de droits de propriété intellectuelle. En cette matière, la jurisprudence est en effet parsemée de quelques rares hypothèses dans lesquelles l'Administration s'est retrouvée en situation d'être poursuivie, voire condamnée pour contrefaçon. Ces exemples se retrouvent dans différents champs de la propriété intellectuelle, qu'il s'agisse de la propriété littéraire et artistique ou de la propriété industrielle.

En matière de propriété littéraire et artistique, plusieurs litiges ont mis en cause une personne publique sur le terrain de la contrefaçon. Il est constant que la juridiction administrative peut se prononcer sur la question de l'engagement de responsabilité d'une personne morale de droit public pour les atteintes portées aux droits des auteurs[771].

Ainsi en est-il, par exemple, du cas de l'architecte d'un stade qui se plaignait de ce que les travaux de modification de l'ouvrage portaient atteinte à son droit moral. Si le tribunal administratif avait accepté de condamner en première instance la personne publique propriétaire de l'œuvre architecturale que constitue le stade, la cour administrative d'appel de Nantes a en revanche refusé de faire droit à la demande de l'architecte, estimant que son œuvre n'était pas intangible et qu'elle n'avait pas au reste été dénaturée[772]. Son arrêt a toutefois été cassé par le

---

[771] J.-F. MILLET, « Le stade, œuvre architecturale à vocation utilitaire », *AJDA* 2004, p. 875 ; spéc. p. 876 : *« la juridiction administrative est compétente pour apprécier, sans renvoi préjudiciel, l'atteinte qu'une personne publique est susceptible de porter à une œuvre d'art »*.

[772] CAA Nantes, 18 décembre 2003, *Agopyan*, 01NT01726 ; *AJDA* 2004, p. 875, note J.-F. MILLET. La Cour administrative d'appel de Nantes juge en l'espèce, à propos de transformations apportées au stade de la Beaujoire que celui-ci constitue *« un ensemble immobilier à vocation utilitaire et non pas purement artistique »*, de telle sorte que *« l'architecte qui en a conçu les plans ne peut imposer au maître d'ouvrage une intangibilité absolue de son œuvre, ce dernier ne pouvant, toutefois, porter atteinte au droit de l'auteur de l'œuvre en apportant des modifications à l'ouvrage que dans la*

Conseil d'Etat, parce qu'elle s'était *« born[ée] à constater que la transformation du stade de la Beaujoire opérée par la ville de Nantes avait eu pour effet d'améliorer la sécurité de l'ouvrage sans rechercher si les travaux avaient été rendus strictement indispensables par des impératifs notamment de sécurité légitimés par les nécessités du service public »*[773]. Evoquant l'affaire et statuant au fond, le Conseil d'Etat a ensuite jugé que *« si en raison de la vocation d'un stade, l'architecte qui l'a conçu ne peut prétendre imposer au maître de l'ouvrage une intangibilité absolue de son œuvre, ce dernier ne peut toutefois porter atteinte au droit de l'auteur de l'œuvre en apportant des modifications à l'ouvrage que dans la seule mesure où elles sont rendues strictement indispensables par des impératifs esthétiques, techniques ou de sécurité publique, légitimés par les nécessités du service public et notamment la destination de l'ouvrage ou son adaptation à des besoins nouveaux »*[774] et il a finalement opté pour une appréciation de l'indemnisation de l'architecte par la personne publique propriétaire du stade à hauteur d'environ quinze mille euros.

Le juge administratif a également pu condamner une personne publique qui s'était rendue coupable d'une violation des droits du coauteur d'une œuvre de l'esprit[775]. En l'occurrence, il s'agissait de l'organisation d'une exposition au musée des Beaux-arts de Nantes, qui diffusait la version filmée d'un entretien réalisé avec un psychanalyste à propos des œuvres d'une artiste. *« [Ses] ayants droit engagent une action contre la commune de Nantes en invoquant une atteinte au droit à l'image, ainsi qu'une atteinte au droit d'auteur, estimant que la diffusion et la reproduction de l'entretien sur divers documents sans leur autorisation constitue une contrefaçon »*[776]. En l'espèce, le Conseil d'Etat a condamné la commune au versement d'une somme équivalente à mille euros par requérant.

---

mesure où elles sont rendues strictement indispensables par des impératifs esthétiques, techniques ou de sécurité publique légitimés par les nécessités du service public et notamment l'adaptation de l'édifice à des besoins nouveaux ».

[773] CE, 11 septembre 2006, *Agopyan*, n° 265174 ; *AJDA* 2006, p. 2189, note J.-D. DREYFUS.

[774] Ces critères ne sont pas nouveaux dans la jurisprudence du Conseil d'Etat. Pour une première application, à propos de la transformation de l'orgue d'une cathédrale, voir : CE, 14 juin 1999, *Conseil de la fabrique de la cathédrale de Strasbourg*, n° 181023 ; *BJCP* 1999, p. 583, concl. J.-D. COMBREXELLE ; *RFDA* 2000, p. 600, note Y. G. ; *AJDA* 1999, p. 938, note G. GUIHEUX.

[775] CE, 27 avril 2011, *Fédida*, n° 314577 ; *Dr. adm.* 2011, comm. 70, note H. BELRHALI-BERNARD.

[776] H. BELRHALI-BERNARD, « Le Conseil d'Etat, la vie privée et le droit de la propriété intellectuelle », *Dr. adm.* 2011, comm. 70.

Le juge administratif a également envisagé, même s'il l'a finalement rejetée, que dans certaines conditions la responsabilité pénale des personnes publiques soit engagée lorsqu'elles se rendent coupables de contrefaçon[777].

En matière de propriété industrielle, la jurisprudence a trouvé à se prononcer sur des hypothèses dans lesquelles la personne publique était potentiellement contrefactrice de marques, de brevets et de dessins ou modèles.

Il existe des cas dans lesquels l'Etat a pu faire l'objet d'une action en contrefaçon pour une marque qu'il avait déposée. Ainsi en est-il de l'affaire "Dataconnexions", marque déposée par l'Etat français dans le cadre de la mission "Etalab", en charge de l'ouverture des données publiques. Saisi par un requérant ayant déposé une marque similaire près de dix ans auparavant, le Tribunal de grande instance de Paris avait initialement interdit en référé à l'Etat français l'utilisation de la marque "Dataconnexions" pour la quasi-totalité des produits et services visés à l'enregistrement[778]. Sur le fond de l'affaire, la solution s'est doublement inversée : les prétentions de l'Etat ont d'abord été entièrement accueillies, le juge saisi en première instance estimant qu'il y avait eu défaut d'usage sérieux de la marque "Data Connexion" ; la juridiction saisie en appel[779] a quant à elle confirmé la déchéance des droits du requérant sur la marque "Data Connexion", mais a pour partie infirmé le jugement rendu sur le fond par le Tribunal de grande instance de Paris[780], en prononçant la nullité partielle de la marque "Dataconnexions" déposée par l'Etat français, au titre du risque de confusion avec la dénomination sociale de la société exploitant la marque "Data Connexion".

En matière de propriété industrielle, les juridictions se sont également prononcées depuis un certain temps déjà sur de prétendus agissements en contrefaçon commis par une personne publique. C'est d'abord sur une question de répartition des compétences, dans l'affaire *Hennebique* que le Tribunal des conflits[781] a eu à connaître d'un cas dans lequel était

---

[777] TA Lyon, 13 septembre 2007, *Communauté urbaine de Lyon (Courly)*, n° 0504698 ; *AJDA* 2007, p. 2441, note J.-D. DREYFUS. En appel, la requérante s'est désistée de sa requête : CAA Lyon, 25 novembre 2008, *Mme Peyrard Champaney*, n° 07LY02543.

[778] TGI Paris, réf., 23 mai 2013, M. *Frédéric P. c/ Etat français*.

[779] CA Paris, Pôle 5, 12 avril 2016, *M. Frédéric P. et SARL Data Connexion c/ Etat français*.

[780] TGI Paris, 3e ch., 20 novembre 2014, 2013/09164, *M. Frédéric P. et SARL Data Connexion c/ Etat français*.

[781] TC, 12 mars 1912, *Hennebique c. l'Etat et Danat* ; *Rec. CE*, p. 469.

débattue la compétence des juridictions civiles pour juger d'un litige opposant l'Etat et un entrepreneur de travaux publics auquel il était lié par contrat à un particulier alléguant que le matériel fourni était une contrefaçon d'inventions protégées par un brevet par lui déposé. Le Tribunal des conflits a finalement estimé que la législation attributive de compétence aux juridictions civiles en matière de répression des atteintes aux droits d'un breveté trouvait à s'appliquer sans exception à l'Etat[782] et que le litige en question ne portant pas sur l'interprétation du marché de travaux publics passé par l'Etat il n'y avait pas lieu de renvoyer l'affaire au juge administratif.

Près de cent ans plus tard, le Tribunal des conflits a encore trouvé à se prononcer dans un sens identique sur une question relativement similaire, mais inédite, puisqu'elle mêlait dans le cadre d'un marché public une commune à une question de contrefaçon de dessins et modèles, protégés par des droits de propriété industrielle. Conformément aux conclusions de son commissaire du Gouvernement[783], le Tribunal des conflits[784] a ainsi admis qu'il revenait à la juridiction judiciaire, qui avait toutefois décliné sa compétence en première instance et en appel au profit de la juridiction administrative, de trancher ce litige. Dans cette décision, le Tribunal des conflits adopte une lecture constructive des textes législatifs entrés en vigueur après les faits, afin d'unifier le contentieux au bénéfice du juge judiciaire et ce malgré la compétence de principe du juge administratif pour connaître des actions en responsabilité publique menées contre les personnes morales de droit public.

§2. Les limites à l'optimisation de l'exploitation des propriétés intellectuelles des personnes publiques

L'optimisation de l'exploitation de la propriété intellectuelle par les personnes publiques rencontre certaines limites, qu'elles soient inhérentes (A) ou extérieures (B) au droit commun de la propriété intellectuelle.

---

[782] Le Tribunal des conflits juge ainsi : *« considérant qu'aucune disposition légale n'autorise à prétendre que ces règles ne soient pas applicables à l'Etat, quand il est reconnu contrefacteur ; »*.

[783] J.-D. SARCELET, « L'ordre judiciaire seul compétent en matière de contrefaçon de dessins et modèles », *JCP G* 2011, 768.

[784] TC, 2 mai 2011, *Société d'équipements industriels urbains c/ Société Frameto et Commune de Ouistreham*, n° 3770 ; *JCP G* 2011, 768, concl. J.-D. SARCELET.

A. Limites inhérentes au droit commun de la propriété intellectuelle

Il existe différents mécanismes dans le code de la propriété intellectuelle qui peuvent être analysés comme des limites à l'optimisation de l'exploitation de la propriété intellectuelle par les personnes publiques. Déjà évoquée, la sanction de la contrefaçon de droits de propriété intellectuelle commise par les personnes publiques, est une de ces limites. Il n'est par conséquent pas besoin d'y revenir. D'autres mécanismes, qu'ils relèvent de la propriété littéraire et artistique (1) ou de la propriété industrielle (2), méritent en revanche de rapides développements, parce qu'ils sont eux aussi susceptibles de constituer une limite au mouvement d'optimisation de l'exploitation de la propriété intellectuelle par la personne publique.

1. Limites propres au droit de la propriété littéraire et artistique

En matière de propriété littéraire et artistique, d'abord, les cas d'exploitation gratuite des droits patrimoniaux de l'auteur étant très limitatifs et mal adaptés aux cas d'acquisition par des personnes publiques, il est assez peu probable que ce levier soit actionné par une personne publique pour optimiser l'exploitation de la propriété intellectuelle qu'elle utilise. D'autant plus qu'en règle générale, depuis la loi du 1er août 2006[785], son mode d'acquisition des droits patrimoniaux de l'auteur prend des formes qui ne lui permettent *a priori* pas d'envisager l'utilisation d'un tel mécanisme. L'article L. 122-7 du code de la propriété intellectuelle prévoit certes expressément la possibilité d'une cession à titre gratuit des deux composantes du droit d'exploitation, à savoir le droit de représentation et le droit de reproduction de l'auteur, ensemble ou séparément, mais son utilisation particulièrement résiduelle d'une manière générale, le sera bien davantage s'agissant du cas spécifique des personnes publiques. Dans le régime applicable antérieurement, celui de l'avis *OFRATEME*[786] (cf. *supra*), la personne publique pouvait être considérée comme cessionnaire à titre gratuit des droits patrimoniaux de son agent sur les œuvres produites dans le cadre du service. Il reste toutefois que fictivement le

[785] Loi n° 2006-961 du 1er août 2006 relative au droit d'auteur et aux droits voisins dans la société de l'information.

[786] CE, Avis, 21 novembre 1972, *Office français des techniques modernes d'éducation (OFRATEME)*, n° 309721 ; *GACE*, 2e éd., 2002, n°7, comm. G. KUPERFILS ; *GDDAB*, 3e éd., 2018, n°2, comm. PH. YOLKA.

Conseil d'Etat considérait que la personne publique était en réalité cessionnaire *ab initio* de ces droits, de telle sorte qu'il n'y avait en théorie pas de cession à titre gratuit de ces droits patrimoniaux[787].

Le droit commun de la propriété intellectuelle semble toutefois offrir un mécanisme particulier de dévolution des droits patrimoniaux à l'Administration qui emploie des agents auteurs d'œuvres de l'esprit. Un mécanisme de sauvegarde a été envisagé, puisque le droit d'exploitation de l'œuvre réalisée dans le cadre du service, créée par un agent *« dans l'exercice de ses fonctions ou d'après les instructions reçues »*[788], cédé en principe de plein droit à la personne publique[789], lui donne en réalité priorité et non exclusivité pour les éventuelles perspectives de commercialisation. De cette façon, dans l'hypothèse où l'œuvre ferait l'objet d'une exploitation commerciale, la personne publique employant l'agent concerné ne disposerait que d'un droit de préférence, ce qui signifie que dans les cas dans lesquels l'Administration ne lèvera pas l'option d'une exploitation commerciale, elle ne bénéficiera pas de la richesse ainsi créée. Il est à noter qu'un mécanisme d'intéressement des agents publics aux produits tirés de l'exploitation de son œuvre doit faire l'objet de mesures d'application à caractère réglementaire, mais qu'elles n'ont apparemment toujours pas été adoptées à ce jour. N'y a-t-il pas là

---

787 Sur ce point, voir notamment : J.-D. DREYFUS, « Brèves remarques sur le droit d'auteur des agents publics après la loi du 1er août 2006 », *AJDA* 2006, p. 2179 ; spéc. p. 2180 : *« Tel est le sens de l'avis* Ofrateme *du 21 novembre 1972 du Conseil d'Etat qui consacre l'abandon au service public des fruits possibles de la liberté d'auteur de l'agent public. Rejetant la théorie des cessions implicites, l'avis opte pour une propriété initiale et immédiate de la personne publique. »*.

788 Voir sur ce point les dispositions de l'article L. 131-3-1 du code de la propriété intellectuelle :
« Dans la mesure strictement nécessaire à l'accomplissement d'une mission de service public, le droit d'exploitation d'une œuvre créée par un agent de l'Etat dans l'exercice de ses fonctions ou d'après les instructions reçues est, dès la création, cédé de plein droit à l'Etat.
Pour l'exploitation commerciale de l'œuvre mentionnée au premier alinéa, l'Etat ne dispose envers l'agent auteur que d'un droit de préférence. Cette disposition n'est pas applicable dans le cas d'activités de recherche scientifique d'un établissement public à caractère scientifique et technologique ou d'un établissement public à caractère scientifique, culturel et professionnel, lorsque ces activités font l'objet d'un contrat avec une personne morale de droit privé. ».

789 L'article L. 131-3-2 du code de la propriété intellectuelle étend à toutes les personnes morales de droit public – à l'exception des établissements publics industriels et commerciaux, de l'Institut de France et des Groupements d'intérêt public – le mécanisme de l'article précité, prévu pour l'Etat. Sont ainsi concernés par ces dispositions : les collectivités territoriales, les établissements publics administratifs, la Banque de France et les autorités publiques indépendantes.

une hypothèse de dépassement du délai raisonnable imposé au pouvoir réglementaire pour prendre les mesures d'application d'une loi, en application de la jurisprudence *Dame veuve Renard*[790] ? Un agent public pourrait dans ces conditions potentiellement demander au Premier ministre que les mesures réglementaires soient prises et attaquer au contentieux son éventuel refus, qu'il soit explicite ou implicite, afin que le juge administratif enjoigne, au besoin sous astreinte, au Premier ministre de prendre ces mesures.

S'agissant des droits moraux de l'auteur, il a déjà été fait mention précédemment, à l'occasion de l'étude des formes de gestion "extensive" de la propriété intellectuelle par les personnes publiques, de l'inopportunité qu'il y a à violer ces droits en ayant recours d'une façon ou d'une autre à la contrefaçon, laquelle induit un risque contentieux non négligeable.

En revanche, en la matière, en application des dispositions de l'article L. 121-7-1 du code de la propriété intellectuelle[791], le droit moral de

---

[790] CE, 27 novembre 1964, *Dame veuve Renard* ; *Rec. CE* p. 590. Voir spécialement : *« Considérant qu'en prévoyant qu'un second décret devait déterminer les modalités de coordination entre le régime qu'il instituait et ceux visés en son article 2, le décret du 12 décembre 1951 a conféré aux intéressés qui avaient accompli des services relevant de régimes de retraites différents, le droit de voir leur situation au regard de ces divers régimes de retraites fixée de façon précise par un texte réglementaire ; que si <u>le gouvernement</u> conservait la faculté d'abroger, s'il le jugeait opportun, l'article 13 précité du décret du 12 décembre 1951, il <u>avait</u> par contre, en l'absence d'une telle mesure d'abrogation, <u>l'obligation d'assurer la pleine application de ce décret en prenant dans un délai raisonnable</u>, qui est en l'espèce largement dépassé, <u>le texte complémentaire qui y était expressément prévu</u> ; qu'une abstention aussi prolongée équivaut de la part du gouvernement à un refus de satisfaire à l'obligation qui lui incombait ; qu'elle est dans ces conditions constitutive d'une faute de nature à engager la responsabilité de l'Etat ; qu'il suit de là que le ministre des Finances et des affaires économiques n'est pas fondé à demander, par le moyen qu'il invoque, l'annulation du jugement attaqué ; »* (nous soulignons).

[791] Aux termes de cet article, en effet :
« Le droit de divulgation reconnu à l'agent mentionné au troisième alinéa de l'article L. 111-1, qui a créé une œuvre de l'esprit dans l'exercice de ses fonctions ou d'après les instructions reçues, s'exerce dans le respect des règles auxquelles il est soumis en sa qualité d'agent et de celles qui régissent l'organisation, le fonctionnement et l'activité de la personne publique qui l'emploie.
L'agent ne peut :
1° S'opposer à la modification de l'œuvre décidée dans l'intérêt du service par l'autorité investie du pouvoir hiérarchique, lorsque cette modification ne porte pas atteinte à son honneur ou à sa réputation ;
2° Exercer son droit de repentir et de retrait, sauf accord de l'autorité investie du pouvoir hiérarchique. ».

l'agent auteur est sérieusement contraint, puisque le nouveau régime *« limite l'exercice du droit moral de l'agent de manière à ne pas entraver le fonctionnement du service public »*[792] – ce qui, réciproquement, facilite et sécurise la gestion publique potentiellement attentatoire à cette dimension du droit moral de l'auteur. Il y a là une entorse faite au droit commun de la propriété intellectuelle, de telle sorte à ce qu'il soit *« adapté aux besoins du service public »*[793]. L'agent ne peut s'opposer à une modification de son œuvre décidée dans l'intérêt du service et il ne peut pas non plus exercer son droit de retrait ou de repentir, à moins que l'autorité hiérarchique ne l'y autorise[794].

2. Limites spécifiques au droit de la propriété industrielle

Le droit de la propriété industrielle comporte lui aussi des limites à l'optimisation de l'exploitation par les personnes publiques de certaines de leurs propriétés immatérielles. Il convient de revenir successivement sur la question des marques et des brevets.

Il a déjà été fait mention de l'obligation d'exploitation commerciale pesant sur les propriétaires d'une marque déposée, à peine de déchéance[795]. Il y a tout lieu de penser qu'en l'absence de mention contraire dans le code de la propriété intellectuelle, ces dispositions trouvent à s'appliquer aux personnes publiques comme aux personnes privées. Si ni la jurisprudence ni la doctrine ne font état d'hypothèses dans lesquelles certaines personnes publiques auraient été visées par une action en déchéance d'une marque, il faut considérer que le risque n'est pas complètement théorique, en particulier dans la mesure où celles-ci n'ont pas nécessairement vocation à procéder à l'exploitation commerciale d'une marque, qu'elles ont pu déposer pour en améliorer la protection juridique.

---

[792] J.-D. DREYFUS, « Brèves remarques sur le droit d'auteur des agents publics après la loi du 1er août 2006 », préc. ; spéc. p. 2180.
[793] J.-D. DREYFUS, *ibid.* ; spéc. p. 2181.
[794] Voir sur ce point les dispositions précitées de l'article L. 121-7-1 du code de la propriété intellectuelle.
[795] Article L. 714-5, al. 1er du code de la propriété intellectuelle : *« Encourt la déchéance de ses droits le propriétaire de la marque qui, sans justes motifs, n'en a pas fait un usage sérieux, pour les produits et services visés dans l'enregistrement, pendant une période ininterrompue de cinq ans. »*.

Il existe, de la même manière, une action pour obtenir la licence obligatoire d'un brevet lorsque celui-ci ne fait pas l'objet d'une véritable exploitation commerciale[796]. Ce dispositif est animé par la volonté de ne pas bloquer les recherches et l'innovation par des entreprises concurrentes lorsqu'un titre de propriété industrielle est obtenu par un inventeur. Il s'agit ici de ne pas contrecarrer – volontairement ou non – les perspectives de développement technologique des entreprises par un inventeur multipliant les dépôts, sans jamais procéder à une exploitation industrielle sérieuse puis à une commercialisation effective de ses inventions.

En l'occurrence, il s'agit de permettre à tout opérateur économique intéressé, qui présente des garanties suffisantes de sa volonté d'exploiter le brevet et qui parvient à prouver que celui-ci ne fait pas déjà l'objet d'une licence d'exploitation, de demander une licence obligatoire lorsque le brevet n'a pas fait l'objet des démarches nécessaires à son exploitation ou à la commercialisation de l'invention, à l'expiration d'un délai de trois ans après la délivrance dudit brevet ou de quatre ans à compter de la date de dépôt de la demande dudit brevet[797]. Il est remarquable de noter que

---

[796] Article L. 613-11 du code de la propriété intellectuelle : « *Toute personne de droit public ou privé peut, à l'expiration d'un délai de trois ans après la délivrance d'un brevet, ou de quatre ans à compter de la date du dépôt de la demande, obtenir une licence obligatoire de ce brevet, dans les conditions prévues aux articles suivants, si au moment de la requête, et sauf excuses légitimes le propriétaire du brevet ou son ayant cause :*
a) N'a pas commencé à exploiter ou fait des préparatifs effectifs et sérieux pour exploiter l'invention objet du brevet (...) ;
b) N'a pas commercialisé le produit objet du brevet en quantité suffisante pour satisfaire aux besoins du marché français.
Il en est de même lorsque l'exploitation prévue au a ci-dessus ou la commercialisation prévue au b ci-dessus a été abandonnée depuis plus de trois ans. (...) ».

[797] Voir sur ce point les dispositions de l'article L. 613-11 du code de la propriété intellectuelle : « *Toute personne de droit public ou privé peut, à l'expiration d'un délai de trois ans après la délivrance d'un brevet, ou de quatre ans à compter de la date du dépôt de la demande, obtenir une licence obligatoire de ce brevet, dans les conditions prévues aux articles suivants, si au moment de la requête, et sauf excuses légitimes le propriétaire du brevet ou son ayant cause :*
a) N'a pas commencé à exploiter ou fait des préparatifs effectifs et sérieux pour exploiter l'invention objet du brevet sur le territoire d'un Etat membre de la Communauté économique européenne ou d'un autre Etat partie à l'accord sur l'Espace économique européen ;
b) N'a pas commercialisé le produit objet du brevet en quantité suffisante pour satisfaire aux besoins du marché français.
Il en est de même lorsque l'exploitation prévue au a ci-dessus ou la commercialisation prévue au b ci-dessus a été abandonnée depuis plus de trois ans.

le code de la propriété intellectuelle a ici souligné l'applicabilité du texte aux personnes morales de droit public, en les mentionnant expressément comme destinataires du dispositif en cause. Réciproquement, à défaut de texte spécifique cette fois, il y a tout lieu de considérer qu'une telle action serait opposable à une personne publique titulaire d'un brevet. Il y a donc nécessairement un arbitrage à opérer quant à l'opportunité des dépôts de brevets.

La présentation d'un mécanisme voisin, celui de la licence d'office, présente ici un intérêt certain. Dans principalement[798] trois domaines distincts – à savoir : la santé publique[799], le développement de l'économie nationale[800] et la défense nationale[801] – il est possible pour un opérateur d'obtenir d'office une licence d'exploitation. Dans les deux premières hypothèses, il s'agit sans précision supplémentaire de *« toute personne qualifiée »*[802] ; tandis que dans la troisième, seul l'Etat est directement visé[803]. Il est donc des hypothèses dans lesquelles une personne publique peut obtenir, contre le gré du déposant, mais pour un motif déterminé, la concession d'une licence d'exploitation d'un brevet. Reste à savoir à quelle hauteur s'établira la redevance due au propriétaire du brevet. Du niveau de la compensation fixée dépendra ainsi la réalisation par la personne publique concernée d'une opération financièrement satisfaisante. Il reste toutefois que, dans la pratique, le recours à de tels procédés ne semble pas guidé par des considérations purement financières. Dans les trois hypothèses précitées, le juge judiciaire pourra être saisi à défaut d'accord amiable pour fixer le montant de la redevance finalement due.

Pour l'application du présent article, l'importation de produits objets de brevets fabriqués dans un Etat partie à l'accord instituant l'Organisation mondiale du commerce est considérée comme une exploitation de ce brevet. ».

[798] Pour être exhaustif, il faudrait encore évoquer la licence d'office dans le domaine des produits semi-conducteurs (article L. 613-19-1 du code de la propriété intellectuelle) ainsi que celle qui existe dans l'intérêt de l'économie de l'élevage (article L. 5141-3 du code de la santé publique).

[799] Article L. 613-16 du code de la propriété intellectuelle.

[800] Article L. 613-18 du code de la propriété intellectuelle.

[801] Article L. 613-19 du code de la propriété intellectuelle.

[802] Article L. 613-17 et L. 613-18 du code de la propriété intellectuelle.

[803] Article L. 613-19 du code de la propriété intellectuelle.

B. Limites extérieures au droit commun de la propriété intellectuelle

Au-delà des limites que le droit commun de la propriété intellectuelle apporte à l'optimisation de l'exploitation par une personne publique de ses propriétés intellectuelles, il est d'autres freins possibles à ce mouvement, à la fois juridiques (1) et extra-juridiques (2).

1. Fondement juridique à la limitation de l'exploitation de la propriété intellectuelle des personnes publiques

Les limitations qu'il faut nécessairement apporter à l'optimisation de l'exploitation de la propriété intellectuelle par les personnes publiques sont d'abord d'ordre juridique. Il convient de revenir successivement sur ces différents mécanismes, qui trouvent à s'appliquer alternativement à la propriété littéraire et artistique ou à la propriété industrielle.

Les principes contenus dans la Déclaration des droits de l'homme et du citoyen offrent un assez bon aperçu des limitations juridiques qu'il existe parfois au mouvement de valorisation de la propriété intellectuelle des personnes publiques. Ainsi en est-il tout à la fois du bon usage des deniers publics et de la protection du droit de propriété.

Le bon usage des deniers publics, qui trouve son fondement d'après les décisions du Conseil constitutionnel dans les articles 14 et 15 de la Déclaration des droits de l'homme et du citoyen[804], paraît au premier abord une piste intéressante pour envisager les limitations apportées à l'exploitation extensive de la propriété intellectuelle des personnes publiques. Cela étant, son efficacité pour limiter une politique inopportunément dispendieuse n'est pas avérée. Ici, la difficulté provient en réalité du fait que ce principe n'appelle pas spécialement de sanction de façon à ce qu'il soit scrupuleusement respecté dans la gestion par les personnes publiques de leur propriété intellectuelle. De telle sorte qu'il faudrait s'en remettre à la tempérance des gestionnaires publics. Les décisions prises en la matière relèvent en réalité de choix politiques, dont il faut espérer qu'ils seront mesurés et ne conduiront pas à une politique systématiquement expansionniste visant à faire un usage déraisonnable

---

[804] D. BOITEUX, « Le bon usage des deniers publics », *RDP* 2011, p. 1099 ; spéc. p. 1131 : *« « La société a le droit de demander compte à tout agent public de son administration », déclare l'article 15 de la Déclaration de 1789. Cet article est aujourd'hui utilisé par le Conseil constitutionnel, avec l'article 14, comme fondement de la notion de bon usage des deniers publics. ».*

de la propriété intellectuelle. Il faut de telle sorte s'assurer aux fins d'une parfaite maîtrise des dépenses publiques que certains dépôts de marques – dont la multiplication et le suivi peuvent être coûteux – ne seront réalisés qu'après une étude de faisabilité suffisamment poussée pour déterminer s'ils sont opportuns.

Dans le même ordre d'idées, la prise de décisions en matière de commande publique doit être rationalisée, afin qu'elle ne conduise pas à l'acquisition systématique par la personne publique, ce qui est nécessairement plus coûteux, des droits exclusifs de propriété intellectuelle à l'occasion des marchés publics passés. Une réflexion doit ainsi être menée quant au choix de retenir l'"option A" ou l'"option B" proposée par les cahiers des clauses administratives générales relatifs aux marchés de prestations intellectuelles. La personne publique doit envisager la question de la réservation de droits de propriété intellectuelle au-delà de la seule recherche de l'appropriation d'un maximum de droits. D'autres dimensions sont ici à prendre en considération pour optimiser la gestion de la propriété intellectuelle.

Pour ce qui est de la protection du droit de propriété, son assise constitutionnelle ressort de l'article 17 de la Déclaration des droits de l'homme et du citoyen. Elle a sans conteste vocation à jouer s'agissant de l'expropriation des brevets de la défense nationale et constitue ainsi une limite certaine à la marge de manœuvre de l'Etat, notamment en ce qui concerne la détermination de l'existence et de la quotité de l'indemnisation. Ici comme ailleurs, en matière d'expropriation, l'indemnité doit être juste et préalable à la réalisation de l'opération. La protection constitutionnelle du droit de propriété a également vocation à jouer de façon plus large en matière de propriété intellectuelle[805].

2. Fondement extra-juridique à la limitation de l'exploitation de la propriété intellectuelle des personnes publiques

La recherche de l'optimisation de l'exploitation de la propriété intellectuelle par les personnes publiques doit également faire l'objet d'une limitation pour des raisons d'ordre extra-juridique, tenant aux impératifs d'une gestion publique rationnelle irriguant désormais sans ambiguïté l'action administrative.

---

[805] J.-M. Bruguiere, « Le patrimoine immatériel de l'Etat est-il l'objet d'une propriété publique ? », *CDST* 2010, p. 59 ; spéc. p. 65 : *« la propriété intellectuelle de l'Etat est une propriété publique qui mérite le même respect que la propriété privée ».*

Sans verser excessivement dans la science administrative qui n'est pas l'objet de cette étude, il faut s'interroger plus avant sur le dessein ou les ressorts de l'action administrative, afin de déterminer où se trouve le point d'équilibre dans la politique de gestion de la propriété intellectuelle menée par les personnes publiques.

Pour le dire succinctement, les personnes publiques lorsqu'elles passent des marchés publics de prestations intellectuelles ne doivent pas se porter acquéreuses systématiquement de l'ensemble des droits d'exploitation. Une étude du besoin exact de la personne publique doit permettre de déterminer avec précision les cas dans lesquels le rachat des droits de propriété intellectuelle se justifie.

Concernant les marques déposées par les personnes publiques, leur vocation est plurielle. Un arbitrage doit là encore nécessairement être opéré afin de s'assurer de la pertinence du dépôt ou du renouvellement de la marque, ainsi que de l'éventuelle politique de licence de marque mise en place. Les marques publiques véhiculent des valeurs spécifiques, en ce qu'elles sont le témoin fidèle de l'identité de l'institution qu'elles représentent. Les marques publiques répondent à des fonctions diversifiées : elles doivent permettre tout à la fois d' *« identifier »* le service rendu, d' *« attirer »* les usagers, de *« garantir »* l'origine du service, de *« fédérer »* les agents et de *« valoriser »* certaines actions[806].

La question de l'exploitation financière des marques publiques est délicate : créatrice de richesse, elle peut être une option opportune pour la personne publique concernée, d'autant plus qu'elle permet de justifier de l'exploitation commerciale continue de la marque – condition nécessaire pour faire échec à une éventuelle action en déchéance de marque. Il n'en demeure pas moins qu'elle ne peut être considérée autrement que comme un complément à l'activité normale de la personne publique déposante. La gestion d'un portefeuille de marques ne peut être soustraite à l'élaboration d'une stratégie visant à déterminer quel dépôt ou quel renouvellement il convient d'opérer et quelle marque il convient d'exploiter effectivement. Toutes les marques publiques n'ont certainement pas vocation à donner lieu à une exploitation commerciale, via la conclusion d'une licence, pour permettre notamment la commercialisation de produits dérivés. La ville de Paris a conclu un contrat avec un agent de licence, recruté par le biais d'un marché public de services, qui a pour mission d'entrer en contact avec des fabricants en

---

[806] AGENCE DU PATRIMOINE IMMATERIEL DE L'ETAT, « La stratégie de marque pas-à-pas », 2013.

vue de commercialiser des produits dérivés. En deux ans, une telle opération aurait rapporté près de 2,5 millions d'euros à la ville de Paris.

Section II – L'accentuation potentielle de l'exploitation des propriétés financières des personnes publiques

La bonne exploitation par les personnes publiques de leurs propriétés financières (actions et obligations) est en apparence un puissant levier pour l'amélioration de la valorisation des propriétés publiques immatérielles, puisqu'elle peut être une source de création de richesse.

Il convient dès à présent de resserrer cette étude, dans son champ matériel et dans son champ organique : il ne sera question, sauf exceptions, que des actions détenues dans des sociétés commerciales et non des obligations, sur la gestion desquelles les informations sont peu nombreuses ; il sera fait référence avant tout à l'Etat, qui a de significatives prises de participation s'élevant à plus de 90 milliards d'euros (novembre 2016)[807] et dont certaines opérations emblématiques donnent lieu à d'importantes retombées médiatiques, qu'elles les approuvent ou qu'elles les réprouvent. A la vérité, mêlant espérance d'un gain financier optimal et objectifs économiques ou sociaux[808], la politique de gestion par l'Etat de ses prises de participation dans des sociétés commerciales présente d'emblée certaines contraintes et laisse entrevoir l'existence d'une marge de manœuvre singulièrement étroite s'agissant des arbitrages à opérer pour réaliser des cessions ou acquisitions. Quant aux collectivités territoriales, elles n'ont qu'une

---

807 AGENCE DES PARTICIPATIONS DE L'ETAT, *Rapport d'activité 2015-2016*, La Documentation française, 2016 ; spéc. p. 16. En octobre 2018, la participation de l'Etat dans des sociétés cotées s'élève à près de 87 milliards d'euros, d'après l'Agence des participations de l'Etat.

808 J. MARCHAND, *Recherche sur le régime des actions et participations financières publiques*, LGDJ, Bibliothèque de droit public, Tome 279, 2014 ; spéc. p. 258 : *« Si l'Etat est un actionnaire classique lorsqu'il poursuit une logique patrimoniale de ses actifs, il conserve néanmoins des spécificités irréductibles. Cette fonction est aussi politique. »*. Voir également : M. LOMBARD, « Participations de l'Etat », *in* Actualité du droit de la concurrence et de la régulation, *AJDA* 2011, p. 1302 ; spéc. p. 1303 : *« Sans renoncer à cette mission de défense des intérêts patrimoniaux de l'Etat, le décret du 31 janvier 2011 entend cependant l'enrichir en prévoyant que le « commissaire aux participations de l'Etat », qui exerce dorénavant la direction générale de l'APE, « anime la politique actionnariale de l'Etat, sous ses aspects économiques, industriels et sociaux » ».*

possibilité résiduelle d'intervenir dans des sociétés commerciales. Il existe effectivement encore un encadrement strict à l'heure actuelle de cette forme d'interventionnisme économique, qui témoigne d'une méfiance jamais totalement disparue vis-à-vis des collectivités territoriales dans un pays où le jacobinisme centralisateur hérité de la période révolutionnaire continue à faire recette.

La recherche de l'exploitation optimale des propriétés financières des personnes publiques sera appréhendée à travers le double prisme de l'évaluation et de la gestion. Sommairement, l'évaluation correspond à la recherche du niveau de valeur d'un titre pour l'acheter au niveau minimal et le vendre au niveau maximal. La gestion, quant à elle, renvoie à la recherche du moment adéquat pour décider d'une opération d'acquisition ou de cession d'une prise de participation.

L'optimisation de l'évaluation (§1) et l'optimisation de la gestion (§2) sont deux aspirations dont la prise en considération conditionne fortement l'affermissement de la valorisation des propriétés financières des personnes publiques.

§1. L'optimisation de l'évaluation des propriétés publiques financières

Pour être optimale, l'évaluation des propriétés financières doit normalement permettre d'envisager à son issue une acquisition peu onéreuse (A) ou une cession particulièrement profitable (B).

A. L'acquisition "au moins disant" des propriétés publiques financières

L'étude de la dynamisation des acquisitions de participations financières par les personnes publiques nécessite de distinguer deux hypothèses qui leur laissent une marge de manœuvre, en apparence seulement, sensiblement différente. Aussi faut-il aborder successivement le cas général (1) puis le cas particulier – que constitue la nationalisation – (2) d'acquisition de participations publiques dans des sociétés commerciales.

1. Cas général : acquisition négociée

Lorsque l'Etat se porte acquéreur de participations dans des sociétés commerciales, en-dehors de toute nationalisation, l'opération est décidée par décret – lorsqu'elle a pour effet de faire entrer la société concernée dans le secteur public – ou par arrêté du ministre de l'économie dans les autres hypothèses[809].

La liberté apparente dans la fixation du prix d'acquisition est en réalité doublement contrainte, de telle sorte qu'il convient de considérer que la liberté dans la fixation du prix est tout à la fois variable (a) et conditionnée (b).

a. Une liberté variable dans la fixation du prix

En règle générale, c'est-à-dire hormis le cas spécifique de la nationalisation, l'acquisition par l'Etat de participations financières dans des entreprises se fait dans des conditions déterminées par le jeu du marché. L'Etat est donc tributaire de l'évolution des cours des actions qu'il projette d'acquérir, lorsque la société est cotée, ou alors il se trouve en situation de négocier le coût de leur acquisition. Il convient par conséquent de distinguer ces deux situations et de les étudier successivement, en revenant sur la négociabilité limitée des actions sur le marché (α), puis sur la négociation restreinte des actions hors marché (β).

---

[809] CONSEIL D'ETAT, « Guide des outils d'action économique », *in L'action économique des personnes publiques*, Etude annuelle 2015, Etudes et Documents n°66, La documentation française, 2015 ; spéc. p. 149 : *« Les acquisitions autres que les nationalisations, c'est-à-dire celles convenues entre le vendeur et la personne publique acheteuse, sont décidées par décret lorsqu'elles entraînent le transfert de la majorité du capital d'une société au secteur public, et par arrêté du ministre chargé de l'économie dans les autres cas (art. 24 de l'ordonnance du 24 août 2014). »*. Voir également : S. NICINSKI, *Droit public des affaires*, 4e éd., 2014 ; spéc. p. 361 : *« L'ordonnance n°2014-948 du 20 août 2014 fixe désormais un cadre aux opérations d'acquisition de participation (art. 24). Les opérations par lesquelles l'Etat se porte acquéreur d'une participation sont décidées par décret lorsqu'elles entraînent le transfert de la majorité du capital d'une société au secteur public. Les autres opérations d'acquisition par l'Etat sont décidées par le ministre chargé de l'Economie. »*.

α. La négociabilité limitée des actions sur le marché

L'acquisition d'actions sur le marché présente un double inconvénient : d'une part, la marge de négociation est considérablement réduite et d'autre part, l'annonce par l'Etat d'une entrée prochaine au capital d'une société peut avoir pour effet de faire varier à la hausse le cours des actions juste avant la concrétisation de l'opération projetée.

Dans la pratique, le décret ou l'arrêté autorisant l'acquisition des actions de la société concernée par l'opération contient une fourchette calquée sur l'évolution de la cotation de l'action. Le décret ou l'arrêté comportent ainsi un montant minimal et maximal en euros du coût de l'opération, pour un nombre d'actions donné[810]. L'exemple de la récente acquisition par l'Etat français d'une portion de 1,7% du capital d'Air France est une illustration intéressante de ce procédé. La fourchette contenue dans ce texte est assez réaliste et même plutôt basse par rapport à l'évolution du cours dans les trois mois précédant l'édiction de l'arrêté. Ce qui contribue à alimenter l'idée selon laquelle l'Etat agit en investisseur avisé. A y regarder de plus près, il s'avère que l'arrêté autorise l'acquisition d'actions à une cotation comprise entre 6,5 et 9 euros, soit un écart de plus de 38%. Toutefois, la cotation de l'action Air France étant à cette période aux alentours de 8,2 euros[811], il en ressort que l'Etat s'interdit avant tout d'acheter à un cours trop élevé, puisque le maximum autorisé est environ de 10% par rapport au cours de l'action lors de l'autorisation de réaliser l'opération, tout en ne s'empêchant pas d'acquérir les mêmes actions si leur cours venait à baisser.

β. La négociation restreinte des actions hors marché

L'acquisition par l'Etat d'actions non cotées présente en théorie l'avantage de le faire bénéficier d'une marge de négociation *a priori* plus importante. Dans cette hypothèse, il n'est en effet pas tenu par une cotation donnée.

---

[810] Pour un exemple récent, voir : Arrêté du 7 mai 2015 autorisant l'acquisition de titres d'Air France-KLM par l'Etat ; aux termes de ce texte : *« Par arrêté du ministre des finances et des comptes publics et du ministre de l'économie, de l'industrie et du numérique en date du 7 mai 2015, l'acquisition par l'Etat de 5 100 000 d'actions de la société Air France-KLM, représentant 1,7 % du capital, pour un montant compris entre 33,15 millions d'euros et 45,9 millions d'euros, est autorisée. ».*

[811] Cotation au 8 mai 2015.

Il reste toutefois qu'une telle opération ne saurait être soustraite au contrôle dont font l'objet les aides d'Etat et qu'une acquisition moyennant un prix trop onéreux, c'est-à-dire situé au-delà du "prix normal du marché" ne résisterait pas au contrôle de la Commission européenne et à sa suite de la Cour de justice. Il est à noter que dans un tel cas de figure le "prix normal du marché" sera plus difficile à établir, puisque précisément les actions concernées ne s'échangent pas sur le marché.

b. Une liberté conditionnée dans la fixation du prix

Que l'opération se réalise sur le marché ou hors marché, dans l'un et l'autre cas, il y a deux limitations à la liberté de fixation du prix : la première est liée à la survenance d'un événement extérieur consistant en la divulgation d'informations stratégiques (α) ; la seconde est liée au contrôle d'une acquisition trop onéreuse s'analysant potentiellement en une aide d'Etat prohibée par les traités (β).

α. La variation potentielle du prix par une divulgation anticipée d'informations stratégiques

Il est une circonstance bien connue selon laquelle la prise de parole peut être déterminante dans des négociations, quelle qu'en soit la nature. Il en va ainsi s'agissant de l'acquisition d'actions ou de parts sociales, que l'opération se réalise hors marché ou sur le marché.

La prise de parole publique est peu efficiente parfois et peut s'avérer tout à la fois inopportune et contreproductive. Il n'y a qu'à voir la façon assez surprenante dont se réalisent certaines opérations, quasiment négociées au grand jour, par voie de presse ou par le biais de communiqués interposés. La période récente a présenté un bel exemple du caractère inapproprié de certaines prises de position gouvernementales, rendues publiques. La divulgation de certaines informations stratégiques peut peser de façon non négligeable sur certaines négociations, parfois au détriment des intérêts patrimoniaux de l'Etat.

Vue de l'extérieur, l'opération réalisée par l'Etat courant 2014 concernant la cession par Alstom de sa branche "énergie" a de quoi étonner. Le Gouvernement d'alors, par la voix de son Ministre du redressement productif, s'est mis à découvert, en faisant savoir que la préservation des intérêts stratégiques de la nation nécessitait une montée de l'Etat au capital d'Alstom. Le groupe Bouygues a été réceptif à cet appel. En se déclarant demandeur d'une portion de capital non négligeable – en l'occurrence 20% –, le Gouvernement s'est mis en position de faiblesse vis-à-vis du potentiel vendeur, détenteur de près de 30% du capital d'Alstom. Il est assez peu étonnant dans ces conditions que le groupe Bouygues ait proposé à l'Etat français de lui céder la portion de capital convoitée à raison de 34 euros par action, alors que son cours s'établissait à cette époque autour de 29 euros, soit environ 17% de plus que leur valeur sur le marché. Ces actions ont toutefois fait l'objet d'un prêt au bénéfice de l'Etat français, qui n'a finalement pas levé l'option d'achat à son terme (cf. *infra*).

β. La possibilité résiduelle d'un contrôle des aides d'Etat

Pour rappel, toute prise de participation étatique dans une entreprise commerciale n'est pas prohibée par les traités de l'Union européenne. L'acquisition par l'Etat d'actions dans une société ne constitue pas en elle-même une aide d'Etat[812]. En revanche, les conditions dans lesquelles l'opération est réalisée sont déterminantes de l'application du dispositif européen visant à réprimer les aides d'Etat.

Là encore, il sera fait application par la Commission européenne et par la Cour de justice du critère de l'investisseur avisé en économie de marché, afin de déterminer si l'opération a été réalisée dans des conditions normales de marché, ou si le montant de l'acquisition a excédé ce que l'entreprise était en droit d'attendre de tout autre opérateur[813]. Dans certaines hypothèses, la Cour de justice a pu estimer qu'une

[812] CONSEIL D'ETAT, « Guide des outils d'action économique », *in L'action économique des personnes publiques*, Etude annuelle 2015, Etudes et Documents n°66, La documentation française, 2015 ; spéc. p. 149 : *« Par elles-mêmes, les prises de participation de l'Etat au capital d'une entreprise ne constituent une aide d'Etat au sens de l'article 107 du traité sur le fonctionnement de l'Union européenne »*.

[813] CONSEIL D'ETAT, *ibid.* ; spéc. p. 149 : *« la qualification d'aide n'est pas retenue lorsque l'entreprise bénéficiaire aurait pu obtenir le même avantage dans des conditions normales de marché, cette appréciation s'effectuant, pour les entreprises publiques, par application, en principe, du critère de l'investisseur privé »*.

opération d'acquisition par un opérateur public d'actions d'une société commerciale était assimilable à une aide d'Etat[814].

2. Cas particulier : acquisition forcée

L'étude des mécanismes d'acquisition forcée d'actions par une personne publique conduit à envisager sommairement le cas des nationalisations par l'Etat d'entreprises. Il s'agit en effet de la seule personne publique à pouvoir nationaliser une société commerciale[815]. La nationalisation est difficile à distinguer du mécanisme d'expropriation[816], à tel point qu'elle est parfois assimilée à une forme spécifique d'expropriation[817]. L'une comme l'autre constituent *« un mode de cession forcée de biens qui s'opère dans le respect de la même disposition constitutionnelle de fond, l'article 17 de la Déclaration des droits de l'homme et du citoyen de 1789 »*[818]. Portant la marque indélébile de la puissance publique, la nationalisation pourrait s'avérer être une opération de nature à permettre une acquisition peu onéreuse, voire gratuite, pour l'Etat d'une entreprise commerciale, ce qui constituerait un mode assez singulier d'optimisation de la valeur des actions des entreprises concernées. Le législateur est, aux termes de l'article 34 de la Constitution, compétent pour préciser les conditions dans lesquelles une entreprise doit être nationalisée[819]. Est-il pour autant seul compétent pour décider de la nationalisation d'une entreprise donnée ? La question reste débattue à l'heure actuelle, certains auteurs estimant *« que le législateur*

---

[814] CONSEIL D'ETAT, *ibid.* ; spéc. p. 149 : *« une mesure accordée au moyen de ressources d'Etat qui place une entreprise dans une situation financière plus favorable que celle de ses concurrents et qui, pour cette raison, à la fois fausse ou menace de fausser la concurrence et affecte les échanges entre Etats membres, peut revêtir une telle qualification (CJUE, grande ch., 5 juin 2012, Commission / EDF, aff. C-124/10). »*.
[815] P. DELVOLVE, *Droit public de l'économie*, Dalloz, 1998 ; spéc. p. 653 : *« Ce transfert est décidé par l'Etat, dans l'exercice de sa souveraineté. Il ne saurait être décidé par une autre collectivité publique »*.
[816] J.-M. AUBY, P. BON *et al.*, *Droit administratif des biens*, Dalloz, 7e éd., 2016 ; spéc. p. 491 : *« c'est certainement la distinction la plus délicate à faire car les deux notions entretiennent des rapports très étroits. »*.
[817] Y. GAUDEMET, *Droit administratif des biens*, LGDJ, 15e éd., 2014 ; spéc. p. 497 : *« Avec les nationalisations sont apparues des formes d'expropriation très particulières »*.
[818] J.-M. AUBY, P. BON *et al.*, *op. cit.* ; spéc. p. 491.
[819] Article 34 de la Constitution : *« La loi fixe les règles concernant : (...) –les nationalisations d'entreprises et les transferts de propriété d'entreprises du secteur public au secteur privé »*.

[n'a pas à] décider de chaque nationalisation »[820]. Il reste que les dernières nationalisations d'entreprises réalisées ont toutes été décidées par le législateur. Dans un but d'accroissement maximal de la rentabilité financière des investissements de l'Etat, les pouvoirs publics pourraient ainsi virtuellement décider de s'approprier telle ou telle entreprise, sans en indemniser les actionnaires.

Le risque d'une spoliation systématique des actionnaires d'une société faisant l'objet d'une nationalisation rencontre toutefois une limite importante dans les textes de valeur constitutionnelle. Cette éventualité se trouve en effet efficacement neutralisée par les dispositions de l'article 17 de la Déclaration des droits de l'homme et du citoyen. Aux termes de cet article l'acquisition forcée d'une propriété privée par les moyens de la puissance publique ne peut se réaliser qu'à *« la condition d'une juste et préalable indemnité »*[821]. Il s'agit là d'un rempart au moins théorique érigé contre les éventuels excès d'un législateur "revanchard". Dans la pratique, le dispositif s'est avéré efficient dans la plupart des cas. Dans sa décision du 16 janvier 1982[822], s'agissant précisément du premier contrôle de constitutionnalité d'une loi de nationalisation, le Conseil constitutionnel a reconnu sans ambiguïté *« force juridique à l'article 17 de la Déclaration (...) sans faire la distinction entre les dispositions de la Déclaration selon qu'elles concernent ou non les droits de l'homme ou la souveraineté »*[823]. Le droit de propriété a dès lors pleine valeur constitutionnelle. Encore faut-il toutefois que le Conseil constitutionnel soit saisi d'un contrôle de constitutionnalité de la loi de nationalisation.

L'exigence d'une *« juste et préalable indemnité »* a des incidences concrètes sur l'abondance et sur la chronologie de l'indemnisation des

---

[820] Pour la citation complète, voir : J.-M. AUBY, P. BON *et al.*, *op. cit.* ; spéc. p. 492 : *« (...) la nationalisation exigerait une loi. (...) Certes, l'article 34 de la Constitution dispose que la loi fixe les règles concernant « les nationalisations d'entreprises ». Mais cela ne veut pas dire que le législateur doive décider de chaque nationalisation. Il peut le faire – comme cela a été le cas en 1982 – mais il peut aussi confier ce soin à l'autorité administrative à la condition de ne pas lui laisser un pouvoir purement discrétionnaire et de lui fixer des directives précises. »*.

[821] Pour la formule complète, voir : *« La propriété étant un droit inviolable et sacré, nul ne peut en être privé, si ce n'est lorsque la nécessité publique, légalement constatée, l'exige évidemment, et sous la condition d'une juste et préalable indemnité. »*.

[822] Cons. const., Décision n° 81-132 DC, 16 janvier 1982, *Loi de nationalisation* ; *AJDA* 1982, p. 209, note J. Rivero ; *RDP* 1982, p. 377, note L. Favoreu ; *GDDAB*, 3e éd., 2018, n°21, comm. R. NOGUELLOU.

[823] P. GAÏA, R. GHEVONTIAN *et al.*, *Les grandes décisions du Conseil constitutionnel*, Dalloz, 17e éd., 2013 ; spéc. p. 373.

actionnaires[824]. D'un point de vue "quantitatif", l'indemnisation est équilibrée, pour les sociétés cotées, lorsqu'elle est calculée sur la base d'une moyenne des cours de bourse sur une courte période antérieure à la réalisation de l'opération de nationalisation, pour les sociétés non cotées, lorsqu'elle est *« basé[e] sur l'actif net et le bénéfice net, avec les actualisations nécessaires »*[825]. D'un point de vue temporel, l'indemnisation est jugée préalable même si elle ne donne pas lieu à un paiement en numéraire[826] et prend d'autres formes, telle que celle d'*« un titre négociable, préservé des risques de dépréciation monétaire »*[827].

Le consensus politique autour de la nécessité de procéder à des nationalisations dans l'immédiat après-guerre s'est fait par étapes successives et pour des motifs variables[828] selon la mouvance concernée. Les socialistes, communistes et démocrates-chrétiens, quoique d'accord pour des raisons différentes sur le principe même de la nationalisation ont été directement confrontés à la question du niveau d'indemnisation adéquate des actionnaires, allant de la nullité à l'excès[829]. Le cas des *« nationalisations de la libération »*[830] offre ainsi quelques exemples d'opérations de transfert autoritaire d'entreprises réalisées sans indemnisation de certains actionnaires, soit d'une forme de spoliation maximisant en théorie le profit étatique. Le cas de la nationalisation des

---

[824] Pour plus de précisions sur ces questions, voir : P. DELVOLVE, *Droit public de l'économie*, Dalloz, 1998 ; spéc. pp. 657-659. Voir également : S. BRACONNIER, *Droit public de l'économie,* PUF, 2e éd., 2017, spéc. pp. 267-268 ; S. NICINSKI, *Droit public des affaires*, 4e éd., 2014, spéc. p. 341.

[825] P. DELVOLVE, *op. cit.* ; spéc. p. 658.

[826] *Ibid.*, spéc. p. 658.

[827] *Ibid.*, spéc. p. 658.

[828] C. ANDRIEU, L. LE VAN et A. PROST, *Les nationalisations de la libération, De l'utopie au compromis*, Presses de la Fondation Nationale des Sciences Politiques, 1987 ; spéc. p. 236 : *« Les communistes revendiquent le mérite essentiel des nationalisations et ils accusent les socialistes de les avoir freinées. Ceux-ci, inversement, dénoncent le tardif ralliement des communistes à une mesure dont ils estiment avoir été les vrais promoteurs. D'autres rappellent le rôle du MRP et des gaullistes. Bref, on se dispute la paternité des nationalisations de 1944-1947, ce qui souligne le consensus qui les entoure : il est plus difficile de trouver les responsables de réformes réprouvées »*.

[829] C. ANDRIEU, L. LE VAN et A. PROST, *Les nationalisations de la libération, De l'utopie au compromis, op. cit.* ; spéc. p. 268 : *« Trois grandes tendances, correspondant de façon très approximative à l'éventail des forces politiques, peuvent être distinguées : le refus de toute indemnité, l'indemnisation limitée, la pleine indemnisation »*. Voir également, p. 267 : *« le recul du temps ne paraît nullement avoir mis fin aux controverses sur le sujet, puisque le thème de la spoliation et le thème opposé de la surindemnisation (la « bonne affaire » réalisée par les actionnaires) ont reparu à diverses reprises. »*.

[830] Sur toutes ces questions, voir : C. ANDRIEU, L. LE VAN et A. PROST, *Les nationalisations de la libération, De l'utopie au compromis, op. cit.*

usines Renault est emblématique, sans être pour autant archétypique des nationalisations d'après-guerre. L'histoire retient en général qu'elle a été *« prononcée à titre de sanction pour des comportements reprochés aux propriétaires de l'entreprise (collaboration) »*[831]. En réalité, elle s'inscrit dans un mouvement de fond plus important et répond également à des aspirations idéologiques précédemment exprimées, de telle sorte qu'*« on ne peut réduire la création de la Régie Renault à une nationalisation-sanction. Dans l'esprit de ses inspirateurs, elle correspond aussi à un désir de ranimer tout un secteur économique déclinant depuis 1930 et participe de leur volonté de planification »*[832].

La question de l'indemnisation – ou plutôt de l'absence d'indemnisation – est dans le cas précis des usines Renault particulièrement symptomatique. Elle appelle plusieurs remarques. Cette opération, contrairement à celle de certaines banques ou des houillères, n'a pas donné lieu au versement d'une indemnité à certains des actionnaires expropriés, en l'occurrence à Louis Renault. Même si cette hypothèse est restée exceptionnelle et que la justification avancée est particulière, un doute a pu être émis quant à la validité d'un tel procédé s'il avait lieu aujourd'hui[833]. Une dizaine d'années après ce constat, ce sentiment est renforcé car même dans l'hypothèse où serait adoptée une loi de nationalisation ne prévoyant pas spécifiquement une indemnisation des actionnaires échappant potentiellement – à la faveur d'un consensus politique – au contrôle *a priori* du Conseil constitutionnel, les requérants conserveraient la possibilité de contester cette mesure par l'exercice d'une question prioritaire de constitutionnalité[834]. Les héritiers de la famille Renault ne s'y sont d'ailleurs pas trompés et ont tenté d'exploiter cette possibilité il y a peu, après avoir précédemment formé une action restée infructueuse. La question de l'indemnisation des héritiers de l'industriel convaincu de collaboration avec l'ennemi a ainsi ressurgi dans la période récente.

---

[831] P. DELVOLVE, *Droit public de l'économie*, Dalloz, 1998 ; spéc. p. 657.

[832] C. ANDRIEU, L. LE VAN et A. PROST, *Les nationalisations de la libération, De l'utopie au compromis*, *op. cit.* ; spéc. p. 252.

[833] P. DELVOLVE, *op. cit.* ; spéc. p. 657 : « *Il n'est pas sûr que cette solution serait admise aujourd'hui.* ».

[834] Notamment en invoquant les dispositions de l'article 17 de la Déclaration des droits de l'homme et du citoyen, fondement désormais classique de la "juste et préalable indemnité" des actionnaires dont l'entreprise est nationalisée. P. GAÏA, R. GHEVONTIAN, *et al.*, *op. cit.* ; spéc. p. 374 : *« le droit de propriété figure (...) au nombre des droits et libertés que la Constitution garantit et peut être invoqué à l'appui d'une question prioritaire de constitutionnalité (Cons. const. 6 oct. 2010, n°2010-43 QPC ; 4 févr. 2011, n°2010-96 QPC ; 16 mai 2012, n°2012-247 QPC...). »*.

Dans cette affaire, le Conseil d'Etat a confirmé le refus de transmettre une question prioritaire de constitutionnalité portant sur l'ordonnance relative à la nationalisation des usines Renault[835], la créance détenue sur l'Etat étant prescrite par l'effet d'une loi postérieure[836]. Le Conseil d'Etat a également refusé de renvoyer au Conseil constitutionnel une question prioritaire de constitutionnalité[837] formulée à l'encontre de la loi précitée prescrivant par quatre ans les créances détenues sur l'Etat[838] et limitant de fait la possibilité d'action en justice pour obtenir réparation à la suite de la nationalisation sans indemnisation des usines Renault. En l'occurrence, le Conseil d'Etat a justifié le non-renvoi par le fait que si une loi antérieure à la Constitution de 1958 peut bien faire l'objet d'un contrôle de constitutionnalité *a posteriori*, tel n'est pas le cas lorsque cette loi a fini de produire tous ses effets[839].

Il est enfin à noter que le droit de l'Union européenne n'est pas totalement étranger à la question des nationalisations d'entreprises. Sans évidemment les encourager, il ne les interdit pas systématiquement. Il s'agit là d'une des implications du principe de neutralité porté par les traités[840]. *A priori*, le droit de l'Union européenne ne s'intéresse pas à la question de savoir si une entreprise relève ou non du secteur public – c'est-à-dire si les actions composant le capital de cette société sont détenues ou non par une personne publique. Cependant, l'Union européenne veillera à ce que la nationalisation se fasse dans des conditions respectant le droit européen des aides d'Etat (articles 107 et 108 du TFUE), en faisant application du test de l'investisseur privé en

---

835 Ordonnance n°45-68 du 16 janvier 1945, nationalisation des usines Renault.

836 Il est à noter qu'à la génération précédente les héritiers de Louis Renault s'étaient déjà heurtés à un refus d'indemnisation, également fondé sur l'existence de cette même disposition législative : CE, 10 novembre 1961, *Sieur Renault*, Rec. p. 636.

837 CE, 4 mai 2016, *Fabry*, n° 395466 ; *JCP G* 2016, doctr. 971, note G. EVEILLARD ; *AJDA* 2016, p. 1168, chr. L. DUTHEILLET DE LAMOTHE et G. ODINET.

838 Aux termes de l'article 148 de la loi du 31 décembre 1945 en effet : « *sont prescrites et définitivement éteintes au profit de l'Etat (...) toutes créances qui, n'ayant pas été acquittées avant la clôture de l'exercice auquel elles appartiennent, n'auraient pas été liquidées, ordonnancées et payées dans un délai de quatre années à partir de l'ouverture de l'exercice pour les créanciers domiciliés en Europe (...)* ».

839 Le juge administratif estime en effet au point 6 de sa décision que les requérants ne peuvent « *utilement invoquer les droits et libertés que [la Constitution] garantit à l'encontre de dispositions de nature législative antérieures à la Constitution du 4 octobre 1958 dont tous les effets sur la situation en litige ont été définitivement produits avant l'entrée en vigueur de cette Constitution* ».

840 B. DELAUNAY, « Les limites de la neutralité de l'article 295 CE à l'égard du régime de la propriété dans les États membres », *RJEP* 2009, étude 11 ; spéc. §21 : « *la neutralité apparente du droit communautaire vaut (...) à l'égard des nationalisations* ».

économie de marché[841], tant pour ce qui concerne la gestion de l'entreprise que pour ce qui est de la fixation du prix d'acquisition. Ce standard est en effet couramment utilisé pour vérifier si un acteur opérant dans les conditions normales du marché aurait lui aussi réalisé cet investissement ou non.

B. La cession "au mieux disant" des propriétés publiques financières

L'optimisation de l'évaluation par les personnes publiques de leurs propriétés financières doit leur permettre d'envisager de les céder dans des conditions telles que leur valeur soit conservée, voire relevée, à l'issue d'une telle opération[842]. Les opérations de cession des participations publiques font l'objet d'un double encadrement, en droit français et en droit de l'Union européenne. L'un et l'autre pourvoient, de différentes manières, une forme de préservation de la valeur des propriétés financières cédées, de telle sorte qu'il faut revenir successivement sur l'encadrement interne (1), puis externe (2) des procédures de cession de participations publiques.

1. Encadrement interne des procédures de cession de participations publiques

L'encadrement interne des procédures de cession des participations publiques a récemment fait l'objet d'une refonte d'ensemble, dans l'ordonnance du 20 août 2014[843].

Une opération de privatisation consiste en la cession par l'Etat d'une participation qu'il détient dans une entreprise commerciale de telle sorte qu'elle soit ramenée en deçà du seuil de détention de 50% du capital. Toute cession de participations publiques n'aboutit par conséquent pas nécessairement à une privatisation et, qui plus est, la majorité de ces opérations de cession n'entraîne pas de privatisation. Cependant, qu'il y

---

[841] Commission européenne, Réponse de M. Joaquin Almunia à la question parlementaire de Mme Frédérique Ries, 24 novembre 2011.

[842] Voir sur ce point : J. MARCHAND, *op. cit.* ; spéc. p. 248 : *« l'Etat actionnaire veille à ce que les entreprises qui entrent dans son champ d'intervention créent de la valeur et* a fortiori *n'en détruisent pas, afin de permettre, le cas échéant, de les céder dans les meilleures conditions patrimoniales possibles. »*.

[843] Ordonnance n°2014-948 du 20 août 2014 relative à la gouvernance et aux opérations sur le capital des sociétés à participation publique.

ait ou non privatisation, un certain nombre de mécanismes permettent de limiter une dépréciation artificielle – c'est-à-dire qui ne soit pas imposée par le marché lorsque l'entreprise en question est cotée en bourse – des participations publiques. Il faut dans ces conditions aborder successivement la question de la cession de participations publiques, lorsqu'elles n'entraînent pas une privatisation (a) ou, au contraire, lorsqu'elles consistent en une opération de privatisation (b).

a. Cas général : la cession de participation sans transfert de l'entreprise au secteur privé

En règle générale, les cessions de participations réalisées par l'Etat sont volontaires et s'inscrivent dans le cadre plus général de sa politique actionnariale de long-terme. De façon résiduelle, il est toutefois une hypothèse dans laquelle l'Etat n'est pas maître de la chronologie de la cession de ses participations : il s'agit du cas, assez exceptionnel il est vrai, de la cession forcée d'actions. Outre sa singularité, puisqu'elle revient en quelque sorte à une "expropriation pour cause d'utilité privée" (cf. *infra*), il faut mesurer l'impact d'une telle procédure sur l'évaluation financière des actions cédées par ce biais.

Il convient par conséquent d'envisager successivement les cas de cession spontanée (α) et celui de la cession forcée (β) d'une participation capitalistique par l'Etat.

α. La cession spontanée d'une participation capitalistique

L'encadrement des cessions opérées par l'Etat qui n'emportent pas privatisation de l'entreprise concernée est relativement plus souple que celle appliquée en cas de privatisation[844]. Elle peut toutefois nécessiter qu'un décret soit pris, que la Commission des participations et des transferts soit saisie, ou encore, que l'évaluation des parts se fasse dans des conditions strictement déterminées.

Même lorsque la cession des parts d'une entreprise dans laquelle l'Etat détient des participations n'équivaut pas à une privatisation, les décisions qui ont pour effet de ramener la participation de l'Etat sous le seuil de 33% du capital, ou sous le seuil de 66% du capital, doivent être

---

[844] Sur ces questions voir : S. NICINSKI, *Droit public des affaires*, LGDJ, 5e éd., 2016 ; spéc. pp. 358-359.

prises par décret[845]. Les autres décisions sont quant à elle prises par arrêté du ministre en charge de l'économie.

La Commission des participations et des transferts intervient en outre de façon résiduelle : soit de façon obligatoire, d'une part pour une procédure sur le marché, impliquant la cession de plus de 0,5% du capital d'une entreprise employant plus de 1000 salariés et dont le chiffre d'affaires est supérieur à 75 millions d'euros[846], d'autre part pour une procédure de gré-à-gré[847] ; soit de façon facultative, à la discrétion du ministre de l'économie[848].

Quant à l'évaluation des participations financières concernées[849], elle sera le cas échéant incluse dans l'avis rendu par la Commission des

---

[845] Ordonnance n°2014-948 du 20 août 2014 relative à la gouvernance et aux opérations sur le capital des sociétés à participation publique. Voir spéc. l'article 22, II : *« II. - Les opérations de cession de participations par l'Etat qui n'entrent pas dans les cas énumérés au I sont décidées par décret :*
1° Lorsqu'elles entraînent le transfert au secteur privé de la majorité du capital de la société ;
2° Lorsque la participation de l'Etat est supérieure au tiers du capital, si la cession a pour conséquence de la ramener en dessous de ce seuil ;
3° Lorsque la participation de l'Etat est supérieure aux deux tiers du capital, si la cession a pour conséquence de la ramener en dessous de ce seuil. ».
[846] Ordonnance n°2014-948 du 20 août 2014, préc. Voir spéc. l'article 26, I :
« I. - La Commission des participations et des transferts est saisie par le ministre chargé de l'économie, lorsqu'elles sont réalisées selon les procédures des marchés financiers :
1° Des opérations qui emportent le transfert par l'Etat de la majorité du capital de la société au secteur privé ;
2° Des opérations qui emportent transfert par l'Etat au secteur privé d'au moins 0,5 % du capital des sociétés concernées calculé sur une période de six mois consécutifs, dont l'effectif augmenté de celui de leurs filiales dépasse mille personnes ou le chiffre d'affaires consolidé 150 millions d'euros ;
3° Des opérations par lesquelles un établissement public de l'Etat ou une société dont l'Etat ou ses établissements publics détiennent directement ou indirectement, seuls ou conjointement, plus de la moitié du capital transfère au secteur privé la majorité du capital d'une société réalisant un chiffre d'affaires supérieur à 150 millions d'euros ou employant plus de mille personnes. ».
[847] Ordonnance n°2014-948 du 20 août 2014, préc. Voir spéc. l'article 26, II :
« II. - La Commission des participations et des transferts est saisie par le ministre chargé de l'économie de toute opération de cession au secteur privé mentionnée à l'article 22 réalisée en dehors des procédures des marchés financiers. ».
[848] Ordonnance n°2014-948 du 20 août 2014, préc. Voir spéc. l'article 26, III : *« III. - La commission peut être saisie par le ministre chargé de l'économie de toute autre opération de cession par l'Etat ainsi que sur toute opération d'acquisition par l'Etat. ».*
[849] Ordonnance n°2014-948 du 20 août 2014, préc. Voir spéc. les articles 27 et 28.

participations et des transferts, lorsque celle-ci est saisie, dans les conditions sus-évoquées.

Quelle que soit la procédure finalement suivie, il existe toujours, à titre de mécanisme de sauvegarde, le principe d'incessibilité à vil prix des biens publics. Consacré par le code général de la propriété des personnes publiques, il dispose également d'une valeur législative s'agissant de la cession d'actions par une personne publique, en application des dispositions de l'article 29 de l'ordonnance du 20 août 2014[850], ratifiée par la loi « Macron »[851]. Ce principe sera susceptible le cas échéant de servir de fondement à une éventuelle contestation contentieuse du décret ou de l'arrêté décidant de la cession litigieuse.

Par delà la question de la cession dans des "conditions normales de marché" de participations publiques qui n'entraîne pas la perte du contrôle par l'Etat de l'entreprise, il est une hypothèse particulière à laquelle il faut prêter attention, puisqu'elle peut avoir une influence non négligeable sur l'évaluation des cotations boursières : la parole publique. La prise de parole d'un ministre dans les médias peut avoir un impact considérable sur le marché, à tel point que la question de savoir si elle pouvait être de nature à entrainer l'existence, puis la sanction, d'une aide d'Etat s'est posée récemment[852].

Réciproquement et sans parler des aides d'Etat, il est nécessaire de se demander dans quelle mesure la gestion "équitable" du portefeuille de l'Etat actionnaire n'est pas contradictoire avec des prises de position émises publiquement par certains ministres sur des questions sensibles ou des opérations en cours de négociation, qui plus est lorsque l'Etat se trouve détenir des participations dans une ou plusieurs des entreprises concernées. La question se pose clairement de savoir quel sort il faut

---

[850] Ordonnance n° 2014-948 du 20 août 2014, préc. Voir spéc. l'article 29, al. 1er : *« La propriété de tout ou partie du capital des sociétés mentionnées au présent titre ne peut être cédée à des personnes du secteur privé pour des prix inférieurs à leur valeur. »*.

[851] Loi n°2015-990 du 6 août 2015, pour la croissance, l'activité et l'égalité des chances économiques (dite « Loi Macron ») ; voir spéc. l'article 182, I : *« L'ordonnance n° 2014-948 du 20 août 2014 relative à la gouvernance et aux opérations sur le capital des sociétés à participation publique est ratifiée. »*.

[852] Voir sur ce point l'affaire dite « France Télécom » : CJUE, grande ch., 19 mars 2013, *Bouygues SA et Bouygues Télécom SA c/ Commission et République française*, C-399/10 P et C-401/10 P ; *Dr. adm.* 2013, comm. 39, note M. BAZEX ; *Europe* 2013, comm. 221, note L. IDOT. Voir également : TUE, 21 mai 2010, affaires jointes T-425/04, T-444/04, T-450/04 et T-456/04, *République française, France Télécom c/ Commission européenne* ; *Europe* 2010, comm. 248, note L. IDOT ; *RJEP* 2010, repère 8, note M. LOMBARD ; *Contrats Concurrence Consommation* 2010, comm. 211, note M. BAZEX.

réserver aux opérations dans lesquelles l'Etat bénéficierait de façon indue d'un renfort de valorisation artificiel de ses participations dans une société donnée, conduisant potentiellement à leur cession à un coût supérieur à leur valeur en quelque sorte. Il y a là une forme un peu particulière de cession d'une participation publique "au mieux disant", puisqu'elle impliquerait un comportement délictueux.

« La prégnance du politique et de la parole publique dans le fonctionnement des marchés financiers n'est (...) pas chose nouvelle mais la tendance des années récentes marque un renforcement de celle-ci, notamment à l'occasion d'opérations boursières que l'État ou ses autres leviers institutionnels encouragent, garantissent, ou éventuellement dissuadent, quand ils n'y participent pas directement. »[853]. Une intéressante étude a récemment été consacrée au traitement juridique qu'il convenait de réserver à ces incursions récurrentes de l'Etat ou de ses représentants dans la médiatisation de l'actualité boursière[854]. Ces interventions intempestives ne sont en effet pas exemptes de tout risque pour le bon fonctionnement du marché et peuvent même être à l'origine de certaines perturbations donnant lieu "en temps normal" – c'est-à-dire, lorsque des entreprises du secteur privé sont seules impliquées – à une répression des acteurs en cause.

Ce risque de déstabilisation du jeu normal du marché par l'intervention des pouvoirs publics a été particulièrement significatif dans deux affaires récentes : l'opération impliquant General Electric et Siemens, pour le rachat de la branche "énergie" d'Alstom[855] déjà évoqué ; l'acquisition par le groupe Altice de la société SFR, cédée par Vivendi[856].

---

[853] A. FELIX, « L'Etat est-il au-dessus des règles de marché ? », *Bulletin Joly Bourse* 2014, p. 572.

[854] A. FELIX, *ibid.*

[855] Cette opération a été l'occasion pour l'Etat de pratiquer une forme interventionniste particulière, puisqu'elle a donné lieu à un renforcement de la protection des entreprises françaises dans lesquelles des groupes étrangers sont susceptibles de prendre des participations capitalistiques (cf. ci-après), par l'édiction du décret n° 2014-479 du 14 mai 2014 relatif aux investissements étrangers soumis à autorisation préalable, dit « décret Montebourg, dit encore « décret Alstom ».

[856] Voir sur ce point, A. FELIX, *ibid.* : *« L'exemple le plus probant est la cession de SFR par Vivendi où l'État a pu sembler annoncer les choix d'investissement du cédant avant son conseil de surveillance. Ces déclarations, dans certains cas, se sont, en outre, accompagnées par des opérations d'investissement ou de cessions réalisées par l'État. »*.

Ainsi, malgré la poursuite de l'intérêt général, *« l'État peut aussi perturber le bon fonctionnement des marchés financiers »*[857]. L'Etat peut en effet être détenteur de renseignements privilégiés, sur la situation financière d'une entreprise ou sur ses perspectives d'évolution à court ou moyen terme, et se trouver ainsi dans une situation d'asymétrie d'informations par rapport aux autres acteurs du marché. Ce n'est pas en tant que telle *« la qualité d'initié de l'Etat »*[858] qui pose problème, mais plutôt la divulgation qu'il peut opérer de certaines informations par le biais des déclarations publiques de ses représentants[859].

L'auteur condamne ainsi la *« responsabilité largement théorique des acteurs publics »*[860] qui se rendraient coupables d'abus de marché.

L'auteur souligne également les difficultés qu'il y aurait à mettre en jeu la responsabilité de l'Etat et des différents acteurs publics – membres du gouvernement, parlementaires ou agents publics – pour la commission de ces infractions, soit parce qu'ils bénéficient de privilèges ou d'immunités, soit parce qu'il faudrait démontrer l'existence d'une faute pour parvenir à une telle fin.

En définitive, si la répression de certains manquements boursiers commis par l'Etat ou par ses représentants est virtuellement possible, elle est en pratique beaucoup plus compliquée à mettre en œuvre de façon concrète, car le dispositif répressif existant est assez largement inadapté à ces hypothèses, rarement envisagées.

β. La cession forcée d'une participation capitalistique

Autre hypothèse, exceptionnelle celle-là, de cession d'une participation publique sans transfert de l'entreprise au secteur privé, le cas de la cession forcée d'actions présente un intérêt indéniable. Le mécanisme de l'offre publique de retrait suivie d'un retrait obligatoire (ou *squeeze-out*), régi par les dispositions de l'article L. 433-4 du code monétaire et financier, doit ici être approfondi. Le texte ne distingue pas

---

[857] A. FELIX, *ibid.*
[858] A. FELIX, *ibid.*
[859] A. FELIX, *ibid.* L'auteur écrit en particulier : *« À vrai dire, la qualité d'initié de l'État ne serait pas problématique si ce dernier, à travers ses représentants, n'effectuait pas de déclarations publiques sur des sociétés au sujet desquelles il détient des informations privilégiées ou s'il n'investissait pas lui-même dans ces dernières. »*.
[860] A. FELIX, *ibid.*

selon que l'actionnaire majoritaire souhaitant évincer un ou plusieurs actionnaires minoritaires (détenant ensemble moins de 5% du capital de la société) est une personne publique ou privée. La personne publique n'est *a priori* pas intéressée par un tel mécanisme, puisqu'elle dispose de l'outil de la nationalisation pour ordonner le transfert autoritaire de certaines actions entre ses mains, moyennant indemnisation. L'Etat a toutefois pu avoir recours à ce mécanisme dans la période récente, probablement parce qu'il est moins contraignant à mettre en place et parce qu'il est certainement plus neutre politiquement[861].

Dans la situation un peu particulière dans laquelle une offre publique de retrait suivie d'un retrait obligatoire serait menée pour évincer l'actionnaire public d'une société, l'initiative de l'acquisition des actions détenues par la personne publique dans une société commerciale est à la maîtrise d'une personne privée. Ici, la personne publique propriétaire n'a donc pas d'influence quant au moment de la décision de céder et plus encore quant au principe même de céder ses actions ou parts sociales. Il faut mesurer l'impact de ces deux paramètres sur l'évolution de la valeur des participations publiques en cause par une telle opération, notamment afin de déterminer si quoique n'ayant pas de contrôle sur sa chronologie et ses modalités la personne publique concernée peut réaliser une plus-value financière.

Il faut d'emblée préciser que les participations publiques éventuellement concernées par cette opération sont en nombre limité : elle concerne les détentions inférieures à 5% du capital d'une société commerciale. Cette hypothèse, courante dans la vie des affaires, n'est pas totalement virtuelle s'agissant des personnes morales de droit public. L'affaire *Autoroutes Paris Rhin-Rhône*, dont il sera de nouveau fait mention s'agissant du statut domanial des participations publiques dans des sociétés commerciales, en a offert une belle illustration. Les textes du code monétaire et financier ne restreignent pas aux seules personnes morales de droit privé le champ des destinataires d'une telle opération, ce dont il faut déduire que non seulement les collectivités territoriales – ce qui était le cas dans l'espèce précitée – mais aussi les autres personnes publiques détenant des actions dans une société peuvent être concernées.

La question se pose de savoir quelles seront les modalités d'évaluation des actions détenues par une personne publique acquises en quelque sorte "de façon autoritaire" par une société commerciale. Dans le volet judiciaire de l'affaire précitée, la Cour de cassation a eu à se prononcer,

---

861 AGENCE DES PARTICIPATIONS DE L'ETAT, « Mise en œuvre du retrait obligatoire de la société Areva initiée par l'Etat français », communiqué de presse, 18 août 2017.

à la demande du département de Saône-et-Loire, sur la question de savoir si la méthode retenue permettait une indemnisation à caractère "juste et équitable" – c'est-à-dire proportionnée – de l'actionnaire public faisant l'objet d'une procédure d'offre publique de retrait avec retrait obligatoire[862]. S'en remettant à l'appréciation souveraine des juges du fond, la Cour de cassation estime que le moyen n'est pas fondé, dans la mesure où : *« la cour d'appel (...) a constaté que rien ne permettait de remettre en cause le caractère juste et équitable de l'indemnisation proposée aux actionnaires minoritaires après mise en œuvre de la méthode "multicritères" prévue par l'article L. 433-4 II du code monétaire et financier ; »*. Le code monétaire et financier prévoit expressément dans ce cas que : *« l'évaluation des titres, effectuée selon les méthodes objectives pratiquées en cas de cession d'actifs tient compte, selon une pondération appropriée à chaque cas, de la valeur des actifs, des bénéfices réalisés, de la valeur boursière, de l'existence de filiales et des perspectives d'activité »*[863]. La formule est connue, puisqu'elle est couramment utilisée dans les opérations de privatisation. La propriété, qu'elle soit privée, ou comme en l'espèce publique, est ainsi *« protégée par l'intervention d'un expert indépendant chargé de fixer le prix de cession »*[864].

L'évaluation objective prévue par les textes a en définitive vocation à garantir la fixation d'un "prix plancher", en-deçà duquel l'indemnisation ne peut intervenir légalement. Dans le même ordre d'idées, les textes précisent que *« L'indemnisation est égale, par titre, au résultat de l'évaluation précitée ou, s'il est plus élevé, au prix proposé lors de l'offre ou la demande de retrait »*[865]. Les méthodes d'évaluation proposées n'épuisent toutefois pas la question de savoir si la cession forcée se traduit par une valorisation optimisée des propriétés immatérielles cédées. Il y a certes dans cette hypothèse une indemnisation proportionnée de l'actionnaire à un instant donné mais cela ne signifie pas pour autant que l'opération se traduira forcément par une plus-value. La dimension temporelle revêt en réalité une importance cruciale dans la détermination de ce que constitue une opération de cession d'actions réussie. La valeur des actions au moment de leur cession forcée peut ainsi

---

[862] Cass. com., 21 janvier 2014, *Société Autoroutes Paris-Rhin-Rhône*, n°12-29475 ; *AJDA* 2014, p. 460, note PH. YOLKA ; *Dr. adm.* 2014, comm. 26, note J.-F. GIACUZZO ; *JCP G* 2014, p. 1558, chron. G. EVEILLARD ; *CMP* 2015, chron. 2, F. LLORENS et P. SOLER-COUTEAUX.

[863] Cf. Article L. 433-4, II du code monétaire et financier.

[864] G. ECKERT, « Une collectivité territoriale est-elle un actionnaire ordinaire ? », *RJEP* 2013, n°704, p. 25 ; spéc. p. 28.

[865] Article L. 433-4, II du code monétaire et financier.

être inférieure à leur coût d'acquisition ou encore être inférieure à la valeur qu'elle aurait eue dans un avenir plus ou moins proche. Bien entendu, le raisonnement joue en sens inverse et ainsi une opération de cession forcée peut s'avérer *a posteriori* pourvoyeuse d'une plus-value au bénéfice de la personne publique.

b. Cas particulier : la privatisation de l'entreprise

Quoique faisant l'objet d'une littérature foisonnante, les privatisations d'entreprises publiques, c'est-à-dire le transfert de la majorité du capital de certaines entreprises du secteur public vers le secteur privé, ne constituent pas le cas général des cessions par l'Etat de ses prises de participations au sein d'entreprises commerciales. La procédure varie suivant le volume de titres transférés et l'importance économique de la société concernée, de telle sorte qu'une privatisation peut nécessiter soit l'adoption d'une loi, soit l'édiction d'un décret ou d'un arrêté. Sans détailler outre mesure à ce stade le processus de privatisation, il convient de revenir sur le rôle central de la Commission des participations et des transferts (CPT) dans la recherche et la détermination du "juste prix", c'est-à-dire de la contrepartie financière la mieux à même de garantir la sauvegarde des intérêts patrimoniaux de l'Etat.

Pour encadrer la procédure de privatisation des entreprises publiques, la Commission des participations et des transferts (CPT) est amenée à jouer un rôle important dans la détermination du prix auquel l'Etat se déleste de certaines des actions qu'il détient dans une société commerciale. Sa création a été considérablement influencée par l'importante décision du Conseil constitutionnel des 25-26 juin 1986[866], dite "Privatisations", qui a conditionné le transfert d'entreprises au secteur privé à une évaluation de la valeur des entreprises[867] *« par des*

[866] Cons. const., 25-26 juin 1986, Loi autorisant le Gouvernement à prendre diverses mesures d'ordre économique et social, déc. n° 86-207 DC ; *RDP* 1989, p. 399, note L. Favoreu ; *AIJC* 1986, p. 427, note B. Genevois ; *Rev. soc.* 1986, p. 606, note Y. Guyon ; *AJDA* 1986, p. 575, note J. Rivero ; *Pouvoirs* 1987, n° 40, p. 178, étude P. Avril et J. Gicquel ; *Petites Affiches* 9 août 1995, p. 19, note J.-P. Amadei ; *GDCC*, 17e éd., 2013, n° 17.

[867] A. Cartier-Bresson, *L'Etat actionnaire*, LGDJ, Bibliothèque de droit public, Tome 264, 2010 ; p. 306 : *« Alors que le recours à l'expertise est facultatif en droit commercial, le Conseil constitutionnel en a fait une obligation pour l'Etat vendeur. Il a affirmé dans sa décision des 25-26 juin 1986 que l'évaluation de la valeur des entreprises à privatiser doit être opérée « par des experts compétents totalement*

experts compétents totalement indépendants des acquéreurs éventuels »[868]. La décision poursuit en imposant que la procédure d'évaluation soit *« conduite selon les méthodes objectives couramment pratiquées en matière de cession totale ou partielle d'actifs de sociétés en tenant compte, selon une pondération appropriée à chaque cas, de la valeur boursière des titres, de la valeur des actifs, des bénéfices réalisés, de l'existence des filiales et des perspectives d'avenir »*. Là est la feuille de route adressée à la future Commission des privatisations[869], qui deviendra plus tard Commission des participations et des transferts.

La privatisation de l'entreprise, qu'elle soit opérée par la loi, par décret ou par arrêté, devra de toute façon se faire dans des conditions telles qu'elle ne pourra pas être considérée comme ayant été effectuée à un prix inférieur à sa valeur. Le principe d'interdiction de cession d'un bien public pour un prix inférieur à sa valeur, consacré par le Conseil constitutionnel dans la décision déjà citée de 1986[870], pourrait servir de fondement à une éventuelle déclaration d'inconstitutionnalité. Il y a là un principe protecteur du patrimoine public. Ce principe ayant également valeur législative, depuis la ratification de l'ordonnance du 20 août 2014[871] par la loi « Macron »[872], il pourrait aisément servir de fondement

---

indépendants des acquéreurs éventuels ». Pour satisfaire à cette exigence, la loi du 6 août 1986 a instauré une Commission de la privatisation. ».

[868] Cons. const., 25-26 juin 1986, Loi autorisant le Gouvernement à prendre diverses mesures d'ordre économique et social, déc. n° 86-207 DC, préc. ; spéc. point 61 : *« Considérant, de même, que les dispositions de l'article 5 auxquelles renvoie le deuxième alinéa de l'article 4 doivent se comprendre comme imposant au Gouvernement de prendre par voie d'ordonnance des dispositions selon lesquelles l'évaluation de la valeur des entreprises à transférer sera faite par des experts compétents totalement indépendants des acquéreurs éventuels ; (...) ».*

[869] A. CARTIER-BRESSON, *L'Etat actionnaire*, *op. cit.* ; p. 309 : *« Le Conseil constitutionnel ne s'est pas contenté d'imposer le recours à des experts. Il a également fixé les grandes lignes des méthodes d'évaluation qui doivent s'appliquer aux actifs publics ».*

[870] Cons. const., Décision n° 86-207 DC du 26 juin 1986, préc. ; spéc. point 58 : *« Considérant que la Constitution s'oppose à ce que des biens ou des entreprises faisant partie de patrimoines publics soient cédés à des personnes poursuivant des fins d'intérêt privé pour des prix inférieurs à leur valeur ; que cette règle découle du principe d'égalité invoqué par les députés auteurs de la saisine ; qu'elle ne trouve pas moins un fondement dans les dispositions de la Déclaration des Droits de l'Homme de 1789 relatives au droit de propriété et à la protection qui lui est due ; que cette protection ne concerne pas seulement la propriété privée des particuliers mais aussi, à un titre égal, la propriété de l'État et des autres personnes publiques ; ».*

[871] Ordonnance n° 2014-948 du 20 août 2014 relative à la gouvernance et aux opérations sur le capital des sociétés à participation publique.

[872] Loi n° 2015-990 du 6 août 2015 pour la croissance, l'activité et l'égalité des chances économiques ; spéc. article 182, I.

à la contestation de la légalité d'un décret ou d'un arrêté opérant la privatisation d'une entreprise publique.

2. Encadrement externe des procédures de cession de participations publiques

Plus congru est en apparence l'encadrement externe des procédures de cession de participations publiques. L'encadrement prévu ici vaut *a priori* pour toutes les cessions de participations publiques par l'Etat – qu'il y ait ou non privatisation de l'entreprise à l'issue de l'opération. Mais à plus forte raison tout de même si la cession représente un volume financier important.

La contrainte provient ici du droit de l'Union européenne. Le Traité sur le fonctionnement de l'Union européenne affiche, en son article 345, une neutralité de principe de l'Union vis-à-vis du régime de la propriété dans les Etats-membres[873] ; d'où il convient logiquement de déduire que le droit de l'Union européenne est indifférent vis-à-vis de la détention capitalistique publique ou privée d'une entreprise, et que les institutions de l'Union n'affichent théoriquement pas de préférence pour l'une ou l'autre. Dans la réalité, il existe une sorte d'incitation à la privatisation, de telle façon que ce mécanisme constitue finalement une pratique encouragée officieusement[874]. Le Professeur Benoît Delaunay a retiré de la critique de la relativité du principe précité le chiasme suivant : *« on peut légitimement se demander ce qui demeure du principe de cette affirmation sinon une simple affirmation de principe »*[875]. En d'autres

[873] Article 345 du Traité sur le fonctionnement de l'Union européenne : *« Les traités ne préjugent en rien le régime de la propriété dans les États membres. »*.

[874] S. BRACONNIER, *Droit public de l'économie,* PUF, 2e éd., 2017 ; spéc. p. 275 : l'auteur parle ici d' *« encouragement indirect aux privatisations »*. Voir également : M. KARPENSCHIF, « La privatisation des entreprises publiques : une pratique encouragée sous surveillance communautaire », *RFDA* 2002, p. 95 ; spéc. p. 96 : *« Parce qu'il s'oppose frontalement au principe de neutralité du traité à l'égard du régime de propriété en vigueur dans les pays membres, l'encouragement communautaire au désengagement de l'Etat du capital d'entreprises qu'il contrôle ne peut être que discret. Il n'en demeure pas moins réel (...) »* (nous soulignons).

[875] Pour la citation complète, voir : B. DELAUNAY, « Les limites de la neutralité de l'article 295 CE à l'égard du régime de la propriété dans les Etats membres », *RJEP* 2009, étude 11 ; spéc. §4 : *« L'article 295 CE n'appartient-il pas à cette catégorie de textes, d'apparence principielle, que l'on avance volontiers comme un étendard, mais qu'il est possible de méconnaître sans encourir de sanction ? En d'autres termes, on peut légitimement se demander ce qui demeure du principe de cette affirmation sinon une simple affirmation de principe »*.

termes, *« la neutralité défendue par l'article [345 TFUE] se trouve détournée »*[876]. Pour le Professeur Anémone Cartier-Bresson, ce principe s'avère même *« d'une portée très théorique en ce qui concerne l'Etat actionnaire »*[877].

La relative neutralité de l'Union européenne vis-à-vis du régime de propriété dans les Etats-membres a pu se traduire par une forme d'incitation – parfois presque de chantage – à la privatisation[878]. Pour s'en tenir à deux exemples, mais particulièrement significatifs, le cas du Crédit Lyonnais et celui d'Alstom peuvent être évoqués ici. S'agissant tout d'abord du Crédit lyonnais, la Commission européenne au milieu des années 1990 a conditionné son refus de poursuivre sur le fondement des aides d'Etat la recapitalisation de cette institution rencontrant des difficultés financières majeures à l'engagement des pouvoirs publics de procéder à sa privatisation[879]. Concernant ensuite le cas d'Alstom, la Commission européenne a décidé[880] de conditionner son sauvetage financier par l'Etat français à un désengagement progressif de ce dernier du capital de la société, limité en tout état de cause à quatre années[881].

---

[876] B. DELAUNAY, art. préc. ; spéc. §20 : *« on doit (...) observer que la neutralité défendue par l'article 295 CE se trouve détournée par le mouvement suivant : en mettant en cause les structures de nature publique, le droit communautaire œuvre pour une transformation de celles-ci en structures de nature privée »*.

[877] A. CARTIER-BRESSON, *L'Etat actionnaire*, LGDJ, Bibliothèque de droit public, Tome 264, 2010 ; spéc. p. 30 : *« Le principe de la neutralité du Traité instituant la Communauté européenne envers le régime de la propriété, posé par son article 295, se révèle d'une portée très théorique en ce qui concerne l'Etat actionnaire »*.

[878] Voir sur ce point : M. KARPENSCHIF, « La privatisation des entreprises publiques : une pratique encouragée sous surveillance communautaire », art. préc. ; spéc. p. 95 : *« nonobstant l'apparente neutralité des traités sur cette question, la privatisation des entreprises d'Etat s'inscrit pleinement dans l'un des objectifs que se sont fixés les pays fondateurs de la Communauté économique européenne : soumettre le plus largement possible les autorités publiques et les activités qu'elles exercent ou qu'elles contrôlent aux règles de concurrence »*.

[879] A. CARTIER-BRESSON, « Recapitalisations publiques et transferts de risques », *in Risque économique et puissance publique – L'émergence de la prévoyance publique économique*, Actes du colloque du 22 mars 2013, Université d'Auvergne et LGDJ, 2014, p. 151 ; spéc. p. 158 : *« Il n'est pas rare que la Commission cherche à obtenir l'engagement des Etats de se désengager du capital à relativement court terme (engagement de céder une participation minoritaire prise pour recapitaliser, engagement de privatiser s'il s'agit d'une recapitalisation d'entreprise publique. (...) On retrouve là une des limites bien connues du principe de neutralité du traité envers le régime de la propriété... »*.

[880] Décision de la Commission, n°2005/418/CE, 7 juillet 2004, concernant les mesures d'aide mises à exécution par la France en faveur d'Alstom ; voir spéc. le point 98 de la décision et son article 2.

[881] S. BRACONNIER, *Droit public de l'économie*, *op. cit.* ; spéc. p. 276.

En réalité, il faut considérer à la suite du Professeur Michaël Karpenschif que « *ce principe de neutralité consacré par le traité ne s'analyse pas en une « neutralité négative » interdisant en toutes circonstances aux institutions de l'Union de s'intéresser à une privatisation, mais en une « neutralité positive » empêchant simplement ces dernières de se prononcer sur l'opportunité d'une telle opération sans pour autant qu'elles perdent leurs compétences pour se pencher sur les conditions dans lesquelles se déroule le transfert d'une entreprise publique au secteur privé* »[882]. La neutralité positive des traités ne prive donc pas les institutions européennes de tout point d'entrée dans le contrôle des opérations de privatisation.

Ainsi, les traités européens, afin de répondre à l'objectif d'un marché unique à la concurrence non faussée, répriment depuis leur origine les aides d'Etat. Or, la prohibition des aides d'Etat trouve à s'appliquer tout à la fois pour les opérations d'acquisition et de cession de participations publiques dans des entreprises[883]. Les critères cumulatifs de l'article 107 du Traité sur le fonctionnement de l'Union européenne – origine étatique de l'aide, sélectivité de la mesure, affectation de la concurrence, affectation du commerce entre les Etats-membres – ont donc vocation à jouer lorsqu'est en cause une procédure de cession par l'Etat de participations publiques, que celle-ci emporte privatisation ou non de l'entreprise concernée. Il y a lieu ici de faire application du critère dit du "vendeur privé" ou, pour reprendre les mots de la Cour de justice, du vendeur opérant dans une économie de marché[884]. Il est des hypothèses dans lesquelles la Commission européenne exclut totalement la qualification d'aide d'Etat lorsqu'elle a à connaître de certaines opérations de privatisation d'entreprises. Ainsi en est-il lorsque la procédure de cession des titres détenus par la personne publique se fait au candidat ayant présenté l'offre la plus attrayante, dès lors qu'il a été sélectionné à la suite de l'organisation d'une procédure d'appel d'offres, présentant toutes les garanties de transparence et de non discrimination, et que les autres candidats ont bénéficié d'une information et d'une durée

---

[882] M. KARPENSCHIF, « La privatisation des entreprises publiques : une pratique encouragée sous surveillance communautaire », art. préc. ; spéc. p. 96.

[883] CONSEIL D'ETAT, « Guide des outils d'action économique », préc. ; spéc. p. 153 : *« Les cessions sont susceptibles d'être soumises, comme les acquisitions, au droit des aides d'Etat (critère de l'opérateur privé en économie de marché) ».*

[884] Pour un exemple récent voir : CJUE, 2e ch., 24 octobre 2013, *Burgenland*, aff. jointes C-214/12 P, C-215/12 P et C-223/12 P. Dans cette affaire la Cour a rejeté le recours formé contre une décision du Tribunal de première instance qui avait refusé d'accueillir un recours porté contre une décision de la Commission européenne reconnaissant l'existence d'une aide accordée par l'Etat autrichien dans le cadre de la privatisation d'une banque rencontrant des difficultés financières substantielles.

suffisantes pour formuler une proposition d'achat[885]. La Commission européenne a notamment tenu ce raisonnement dans la décision qu'elle a rendue dans l'affaire *Azienda Comunale Centrale del Latte di Roma*[886]. A ce stade, il convient d'indiquer que c'est certainement l'amplitude de l'opération de cession réalisée (pourcentage du capital) davantage que le fait que celle-ci équivaille à une privatisation (laquelle peut en théorie ne porter que sur une portion négligeable du capital) qui est déterminante pour justifier d'une éventuelle affectation du commerce interétatique et *in fine* pour voir ou non s'appliquer le droit des aides d'Etat.

§2. L'optimisation de la gestion des propriétés financières des personnes publiques

La gestion des propriétés financières des personnes publiques pose des questions différentes suivant qu'il s'agit de l'Etat ou des collectivités territoriales. Le cas des établissements publics doit être réservé en ce que leur vocation initiale n'est *a priori* pas de prendre part à de telles opérations, en raison principalement du principe de spécialité[887], même

---

[885] M. KARPENSCHIF, « La privatisation des entreprises publiques : une pratique encouragée sous surveillance communautaire », art. préc. ; spéc. p. 100.

[886] Décision de la Commission, n°2000/628/CE, 11 avril 2000, concernant les aides accordées par l'Italie à la Centrale del Latte di Roma ; voir spéc. le point 32 : *« Selon ses pratiques établies, la Commission estime que la privatisation d'une société publique ne comporte aucune aide d'État au sens de l'article 87, paragraphe 1, du traité lorsque :*
- la vente se fait par appel d'offres public, ouvert, transparent et inconditionnel, ou d'une procédure équivalente,
- la société est adjugée au plus offrant,
- tous les candidats disposent du temps et des informations nécessaires pour procéder à une évaluation appropriée des activités, afin d'avoir une base pour formuler leur offre ».

[887] CE, 7 juillet 1994, Avis "Diversification des activités d'EDF-GDF", Section des travaux publics, n° 356089. Voir spéc. : *« Le principe de spécialité qui s'applique à un établissement public tel qu'EDF et GDF signifie que la personne morale, dont la création a été justifiée par la mission qui lui a été confiée, n'a pas de compétence générale au delà de cette mission. Il n'appartient pas à l'établissement d'entreprendre des activités extérieures à cette mission ou de s'immiscer dans de telles activités.*
Si ce principe de spécialité invite, pour déterminer la nature des activités confiées à l'établissement, à se reporter à ses règles constitutives, telles qu'elles ont été définies en l'espèce par la loi, il ne s'oppose pas par lui même à ce qu'un établissement public, surtout s'il a un caractère industriel et commercial, se livre à d'autres activités économiques à la double condition :
d'une part que ces activités annexes soient techniquement et commercialement le complément normal de sa mission statutaire principale, en l'occurrence de la

si la loi prévoit ponctuellement soit la faculté de prendre des participations, soit la faculté de créer des filiales, sous la forme de sociétés de droit privé.

Il convient ici de s'attacher avant tout à la question de la gestion par l'Etat des propriétés financières qu'il détient dans des sociétés commerciales. Leur gestion a fait l'objet d'un lent travail de rationalisation. Il est possible de remarquer la survenance de deux mouvements concomitants faisant apparaître une diversité des acteurs impliqués (A) dans la gestion des propriétés financières de l'Etat ainsi qu'une diversification des méthodes appliquées (B) à cette fin.

A. La diversité des acteurs impliqués dans la gestion des propriétés financières des personnes publiques

La gestion des participations étatiques est opérée par plusieurs entités sous contrôle public. Autrefois morcelée, elle a été recentrée dans la période récente autour de trois entités : l'Agence des participations de l'Etat (ci-après « APE »), la Caisse des dépôts et consignations (ci-après, « CDC ») et la Banque publique d'investissement (ci-après, « BPI »).

Dans la période précédant la mise en place de l'APE[888], le risque de confusion des rôles était régulièrement souligné : tout à la fois client, régulateur et actionnaire, l'Etat se trouvait omniprésent dans la vie des entreprises publiques, sans toutefois être en mesure de porter un message complètement cohérent. Ce manque de lisibilité a été pointé du doigt, de telle sorte que la thématique de l'Etat actionnaire a donné lieu à une réflexion approfondie, quoique disjointe, dans une période temporelle resserrée[889]. Deux rapports ont ainsi été rendus à ce sujet, qui

---

production, du transport, de la distribution et de l'importation et exportation d'électricité et de gaz ou au moins connexe à ces activités,
d'autre part que ces activités soient à la fois d'intérêt général et directement utiles à l'établissement public notamment par son adaptation à l'évolution technique, aux impératifs d'une bonne gestion des intérêts confiés à l'établissement, le savoir-faire de ses personnels, la vigueur de sa recherche et la valorisation de ses compétences, tous moyens mis au service de son objet principal. ».

[888] Décret n°2004-963 du 9 septembre 2004 portant création du service à compétence nationale Agence des participations de l'Etat.

[889] R. BARBIER DE LA SERRE, J.-H. DAVIS *et al.*, *L'Etat actionnaire et le gouvernement des entreprises publiques*, La Documentation française, mars 2003 (dit « Rapport Barbier de La Serre ») ; Assemblée nationale, *Rapport fait au nom de la commission d'enquête sur la gestion des entreprises publiques afin d'améliorer le système de prise de décision*, juillet 2003 (dit « Rapport Douste-Blazy »).

envisageaient l'un et l'autre la mise en place d'une agence permettant d'identifier plus nettement les fonctions de l'Etat actionnaire[890]. L'APE a également permis de *« regrouper et [de] rationaliser une gestion des participations jusqu'alors éclatée entre différents ministères »*[891]. L'APE a pour rôle d'intervenir en amont et en aval dans la gestion des entreprises publiques : elle doit ainsi veiller à la cohérence de la parole publique dans les entreprises placées sous son contrôle ; elle doit porter un regard et opérer un suivi sur la gestion concrète des entreprises publiques, notamment en faisant un rapport annuel rendu public. *« [Elle] concrétise, sur le plan institutionnel, l'Etat actionnaire et opère une conciliation entre la dimension patrimoniale de ses activités et un volet plus stratégique »*[892]. L'institutionnalisation de l'Etat actionnaire sous la forme de l'APE – service à compétence nationale – contribue ainsi à assurer le développement d'une politique axée sur la recherche de rentabilité[893] combinée à *« une nouvelle forme d'intervention de l'Etat dans le système politico-économique »*[894][895]. En définitive, *« la finalité*

---

[890] M. LOMBARD, « Participations de l'Etat », *in* « Actualité du droit de la concurrence et de la régulation », *AJDA* 2011, p. 1302 ; p. 1302 : *« Ces deux rapports proposaient, pour identifier clairement la mission de « l'Etat actionnaire », d'en confier le pilotage à une agence chargée de veiller à la sauvegarde des intérêts patrimoniaux de l'Etat. Ce fut l'objectif visé par le décret du 9 septembre 2004 créant l'Agence des participations de l'Etat (APE), qui l'a expressément chargée d'exercer, « en veillant aux intérêts patrimoniaux de l'Etat, la mission de l'Etat actionnaire ». ».*

[891] Pour la citation complète, voir : J. MARCHAND, *Recherche sur le régime des actions et participations financières publiques, op. cit.* ; spéc. p. 272 : *« La création de l'Agence des participations de l'Etat vise à regrouper et à rationaliser une gestion des participations jusqu'alors éclatée entre différents ministères. L'objectif est moins de les céder au plus vite que de s'adapter aux évolutions. ».*

[892] S. BRACONNIER, *Droit public de l'économie*, PUF, 2e éd., 2017 ; spéc. p. 280.

[893] J. MARCHAND, *op. cit.*, spéc. p. 166 : *« La préoccupation de la rentabilité des actions détenues par l'Etat a comme point d'orgue l'instauration de l'Agence des participations de l'Etat, et l'émergence d'une comptabilité patrimoniale. (...) l'Agence des participations de l'Etat est censée maximiser les intérêts patrimoniaux de l'Etat et assurer le « droit de regard » de l'Etat sur la stratégie, les investissements et la situation financière des entreprises intégrées dans son périmètre de consolidation comptable. ».*

[894] Pour la citation complète, voir le constat réalisé il y a quelques années déjà par le Professeur Michel Bazex : M. BAZEX, « La privatisation, stade suprême de l'interventionnisme ? », *RFDA* 1994, p. 285 ; spéc. p. 287 : *« les modifications apportées [par la loi n°93-923 du 19 juillet 1993 de privatisation] au dispositif de 1986 constituent autant d'innovations révélatrices d'une nouvelle fonction assignée aux transferts d'entreprises du secteur public au secteur privé. Cessant d'être considérés seulement comme des opérations patrimoniales, ils s'analysent dorénavant en effet comme des instruments d'une nouvelle forme d'intervention de l'Etat dans le système politico-économique ».*

[895] Le Professeur Martine Lombard relève toutefois à ce sujet qu'il y aurait eu une évolution dans la doctrine de l'APE, puisqu'elle aurait dans un premier temps privilégié

des missions dévolues à l'Agence des participations de l'Etat (APE) est de contribuer à la meilleure valorisation possible des participations financières de l'Etat. Dans ce but, l'Etat actionnaire se voit assigner deux objectifs : veiller à l'augmentation de la valeur des participations financières et assurer le succès des opérations de cession des participations financières »[896].

Institution bicentenaire, véritable fer de lance de l'interventionnisme financier de l'Etat, la Caisse des dépôts et consignations contribue par l'exercice de certaines de ses activités à la gestion des participations étatiques dans des sociétés commerciales. Ainsi, *« la CDC détient une vingtaine de filiales et intervient sur les marchés financiers par des émissions obligataires et - en tant qu'« investisseur avisé » -* via *des prises de participations dans de nombreuses entreprises, notamment du CAC40, mais également au capital de La Poste par exemple »*. Actionnaire, dès sa création, du Fonds stratégique d'investissement, fonds souverain de l'Etat français dont la doctrine d'intervention repose sur des prises de participation stratégiques[897], elle le contrôle encore indirectement en se trouvant, aux côtés de l'Etat, comme actionnaire à 50% de la BPI récemment créée[898], qui regroupe les activités précédemment exercées par le fonds, ainsi que celles d'Oséo et de CDC Entreprises.

La BPI[899] est le nouveau bras armé de l'Etat en matière d'interventionnisme économique. L'effort de rationalisation à l'origine

---

une approche exclusivement patrimoniale de la gestion des participations étatiques, avant de prendre en compte dans un second temps d'autres impératifs. Voir sur ce point : M. LOMBARD, « Participations de l'Etat », *in* Actualité du droit de la concurrence et de la régulation, *AJDA* 2011, p. 1302 ; spéc. pp. 1302-1303 : *« Les rapports annuels de l'APE, transmis chaque automne au Parlement, témoignaient bien, jusqu'à la fin de l'année 2009 du moins, de la prépondérance d'une vision financière de la gestion des entreprises publiques par l'Agence. Celle-ci veille à apprécier la situation de chaque entreprise du point de vue de ses résultats nets, de son endettement, de son retour sur fonds propres, etc., sans nécessairement s'interroger plus avant sur sa contribution aux missions d'intérêt général de l'Etat. »*.

[896] J. MARCHAND, *op. cit.* ; spéc. p. 166.

[897] Voir sur cette question : S. NICINSKI, « Le Fonds stratégique d'investissement », *RFDA* 2012, p. 449 ; spéc. p. 449, l'auteur synthétise les principaux objectifs du fonds : *« soutenir le développement des entreprises petites et moyennes ; sécuriser le capital d'entreprises stratégiques, c'est-à-dire des entreprises qui ont des compétences, des technologies, des emplois qui sont irremplaçables pour le territoire national »*.

[898] Loi n° 2012-1559 du 31 décembre 2012 relative à la création de la Banque publique d'investissement.

[899] Sur ces questions, voir : L. DE FOURNOUX, « La Banque publique d'investissement : le nouveau visage de l'intervention publique », *Dr. adm.* 2014, étude 12 ; L. CHAN-

de sa création est particulièrement louable. Le législateur a ainsi opportunément procédé au regroupement d'activités relativement connexes au sein d'un seul établissement. Répondant à un besoin de financement de l'économie réelle particulièrement prégnant dans la période 2007-2012, la BPI peut dans ces conditions proposer un panel de solutions aux entreprises en recherche de financement, spécialement lorsqu'elles ne parviennent pas à obtenir des ressources par les moyens classiques, notamment auprès des établissements bancaires. Plus concrètement, la BPI se traduit pour les acteurs économiques par une logique de guichet unique, centralisant de cette façon les différents outils à leur disposition. La BPI est en mesure, au regard des compétences qui lui sont attribuées par la loi, d'effectuer des prises de participation dans le capital de certaines entreprises : soit qu'il s'agisse de petites et moyennes entreprises (PME) ou d'entreprises de taille intermédiaire (ETI), afin d'accompagner leur développement économique, soit qu'il s'agisse de fleurons industriels nationaux, pour contribuer à affiner leur stratégie de groupe. Les investissements sont réalisés *via* plusieurs fonds, dont la gestion est assurée par Bpifrance Participations, filiale à 100% de la société anonyme Bpifrance, elle même détenue à 50% par l'établissement public Bpifrance et à 50% par la Caisse des dépôts et consignations.

Un premier effort de regroupement des activités de l'Etat actionnaire a été opéré à la suite de la création de l'APE. Ce service ne centralise toutefois pas la gestion de toutes les participations étatiques. D'autres structures, telles que la BPI ou la CDC, complètent le panorama. Institutions publiques portant clairement la marque de la puissance publique étatique, elles se trouvent toutefois exercer des activités spécifiques animées par une doctrine d'intervention particulière, de telle sorte que leur coexistence à côté de l'APE n'est pas véritablement problématique. En définitive, la diversité des acteurs impliqués dans la gestion des prises de participations étatiques dans les entreprises ne préjudicie pas à la clarté et à la cohérence du message porté par l'Etat actionnaire de sociétés commerciales : à la pluralité des objectifs interventionnistes poursuivis répond ainsi une diversité d'acteurs impliqués. Indépendamment de cette multiplication des acteurs concernés, synonyme d'institutionnalisation croissante de la gestion des propriétés financières des personnes publiques, s'est développée une diversification des méthodes appliquées pour la gestion des participations financières de l'Etat.

TUNG, « La mise en place de la Banque publique d'investissement », *AJDA* 2013, p. 2011.

B. La diversification des méthodes appliquées dans la gestion des propriétés financières des personnes publiques

L'observation des opérations de gestion des propriétés publiques financières dans la période récente se traduit par le constat d'une certaine diversification des méthodes appliquées. La revendication par les gestionnaires publics de l'adoption des méthodes employées par le secteur privé (1) se double de l'affichage du recours à une gestion avisée (2) des propriétés publiques financières.

1. L'adoption des méthodes du privé revendiquée

La gestion par l'Etat de ses participations dans des entreprises commerciales le confronte à un équilibre délicat à trouver puisque les objectifs poursuivis ne sont pas identiques d'une opération à l'autre. La recherche du profit n'est ainsi qu'une exigence parmi d'autres auxquelles s'astreint l'Etat actionnaire. Il est certes entendu que *« l'Etat doit agir au mieux de ses intérêts patrimoniaux »*[900], mais il n'en demeure pas moins contraint d'élargir le spectre des intérêts dont il assure la défense par la mise en œuvre de sa politique actionnariale. Si *« la combinaison des termes « Etat actionnaire » et efficacité n'est plus antinomique »*[901] la politique actionnariale de l'Etat ne se limite pour autant pas à la seule recherche d'un gain financier. Il y a en réalité une *« volonté d'aller dorénavant au-delà d'une vision purement financière du pilotage des participations publiques »*[902], de telle sorte que les services gestionnaires ne sont normalement pas animés par une simple *« logique du court-termisme »*[903] et qu'ils ne mettent ainsi pas en œuvre une forme de spéculation étatique de grande ampleur. Ainsi, *« parallèlement à la poursuite de l'efficacité financière, l'Etat actionnaire inscrit la gestion*

---

900 Pour la citation complète, voir : S. NICINSKI, « L'Etat actionnaire : état des réflexions », *in Terres du droit, Mélanges en l'honneur de Yves Jégouzo*, Dalloz, 2009, p. 157 ; spéc. p. 163 : *« Comme dans le secteur privé, l'Etat doit se comporter comme un véritable actionnaire propriétaire d'entreprises, soucieux de leur compétitivité et de leur performance, et il s'agit là de sa fonction la plus fondamentale. L'Etat doit agir au mieux de ses intérêts patrimoniaux. »*.

901 J. MARCHAND, *Recherche sur le régime des actions et participations financières publiques*, *op. cit.* ; spéc. p. 283.

902 M. LOMBARD, « Participations de l'Etat », *in* Actualité du droit de la concurrence et de la régulation, *AJDA* 2011, p. 1302 ; spéc. p. 1303.

903 J. MARCHAND, *op. cit.* ; spéc. p. 257 : *« L'Etat en tant qu'actionnaire industriel ne doit-il pas privilégier une politique d'investissement et de renforcement des capitaux des entités figurant dans son portefeuille et ne pas céder à la logique du court-termisme ? »*.

de ses participations dans une logique extrapatrimoniale traduite institutionnellement dans les statuts de l'APE »[904].

L'optimisation de la gestion des propriétés publiques financières, par-delà les arbitrages opérés pour déterminer quel investissement il convient de réaliser, peut également se traduire par le recours, au bénéfice de l'Etat, à certains mécanismes courants dans la vie des affaires, visant à maximiser la rentabilité d'une prise de participation. Il existe un outil récemment reformaté qui, dans la gestion par l'Etat de ses participations financières, peut conduire à une maximisation de la rentabilité financière de son investissement. Une ordonnance du 24 juin 2004 a en effet institué des actions dites "préférentielles"[905] : dans le prolongement des actions à dividende prioritaire sans droit de vote[906] et des certificats d'investissement existant précédemment, ont été instituées des actions de préférence sans droit de vote[907]. Dans certaines configurations, il est ainsi possible de procéder à une augmentation du droit au dividende de tel

[904] J. MARCHAND, *op. cit.* ; spéc. p. 283.

[905] Ordonnance n° 2004-604 du 24 juin 2004 portant réforme du régime des valeurs mobilières émises par les sociétés commerciales et extension à l'outre-mer de dispositions ayant modifié la législation commerciale. Sur cette question voir : H. LE NABASQUE, « La réforme des actions de préférence », *JCP E* 2008, 2445.

[906] Sur cette question, voir : A. CARTIER-BRESSON, *op. cit.* ; spéc. pp. 134-135 : *« Introduite par la loi « Monory » du 13 juillet 1978, l'action à dividende prioritaire sans droit de vote est venue opérer une dissociation entre le droit de vote, qui est supprimé, et les droits pécuniaires, qui sont renforcés. (...) Largement initié pour les besoins du secteur public, ce processus d'innovation financière a donné naissance au concept de « quasi-fonds propre ».*

[907] A. CARTIER-BRESSON, *op. cit.* ; spéc. p. 136 : *« L'ordonnance du 24 juin 2004 a opéré une unification de la matière en créant la catégorie générique d'action de préférence, qui regroupe différents types d'actions assorties de droits particuliers, de nature financière (notamment en termes de dividendes), ou autre. Elle a par voie de conséquence supprimé les actions à dividende prioritaire sans droit de vote et les certificats d'investissement. Les actions de préférence sans droit de vote ne peuvent représenter plus de la moitié du capital social (ou du quart du capital dans les sociétés cotées). ».*

actionnaire moyennant une privation corrélative du droit de vote[908][909]. Cette technique serait assez singulière et surprenante s'agissant de l'Etat, puisqu'il recherche *a priori* dans ses prises de participation à s'arroger une certaine influence dans les décisions stratégiques de l'entreprise davantage qu'à une création de richesse pure et simple. En revanche, ce schéma de pensée peut se justifier pleinement pour un actionnaire privé *lambda* qui ne chercherait pas à avoir en particulier un degré d'influence minimal dans la gestion d'une entreprise donnée.

Les actions sans droit de vote présentent un certain danger, dans la mesure où les actionnaires de l'entreprise qui n'en sont pas titulaires sont susceptibles de subir le déséquilibre existant entre leur responsabilité pécuniaire sans rapport avec leur influence sur la gestion de l'entreprise[910]. Inversement, à responsabilité pécuniaire équivalente, les titulaires des actions sans droit de vote auront une influence limitée sur les prises de décision en assemblée générale : pour une portion de capital identique, deux investisseurs seront porteurs d'actions donnant droit à un dividende différencié. Dans ces conditions, l'Etat doit se garder de multiplier de tels outils susceptibles d'affaiblir considérablement son influence dans la politique de gestion de telle ou telle entreprise.

---

[908] Voir sur ce point l'article L. 228-11 du code de commerce : « *Lors de la constitution de la société ou au cours de son existence, il peut être créé des actions de préférence, avec ou sans droit de vote, assorties de droits particuliers de toute nature, à titre temporaire ou permanent. Ces droits sont définis par les statuts dans le respect des dispositions des articles L. 225-10 et L. 225-122 à L. 225-125.*
Le droit de vote peut être aménagé pour un délai déterminé ou déterminable. Il peut être suspendu pour une durée déterminée ou déterminable ou supprimé.
Les actions de préférence sans droit de vote ne peuvent représenter plus de la moitié du capital social, et dans les sociétés dont les actions sont admises aux négociations sur un marché réglementé, plus du quart du capital social.
Toute émission ayant pour effet de porter la proportion au-delà de cette limite peut être annulée.
Par dérogation aux articles L. 225-132 et L. 228-91, les actions de préférence sans droit de vote à l'émission auxquelles est attaché un droit limité de participation aux dividendes, aux réserves ou au partage du patrimoine en cas de liquidation sont privées de droit préférentiel de souscription pour toute augmentation de capital en numéraire, sous réserve de stipulations contraires des statuts. ».

[909] Voir sur cette question : G. KESSLER et L. POSOCCO, « L'associé investisseur », *Droit des sociétés* 2016, dossier 5 ; spéc. §5 : « *Il est ainsi possible de créer plusieurs catégories d'actions dans une même société afin de s'adapter aux besoins de chacun : actions avec droits politiques renforcés pour les associés entrepreneurs ou sans droits de vote avec avantages financiers pour fidéliser les associés investisseurs.* ».

[910] A. CARTIER-BRESSON, *op. cit.* ; spéc. p. 135 : « *Ces titres sans droit de vote ne sont pas sans dangers. Leur accumulation risque d'aboutir à ce que des actionnaires ne détenant qu'une infime fraction du capital exercent le pouvoir sans en supporter les risques.* ».

Ces considérations sont à conjuguer aux développements consacrés plus avant aux droits de vote multiples qui peuvent être institués dans les entreprises commerciales et dont l'apparition a tendu à se multiplier dans la période récente, incontestablement sous la pression de l'Etat qui y a vu le moyen de conserver une influence substantielle dans certaines entreprises tout en se délestant de certaines participations. Il y a là encore un équilibre à trouver, une hiérarchisation à opérer dans le choix des outils les plus adéquats – droit de vote "normal", droit de vote multiple, absence de droit de vote ; dividende normal ou dividende majoré –, de façon à opérer une structuration intelligible de la politique interventionniste étatique.

La maximisation de la rentabilité d'un investissement donné n'est ainsi pas toujours souhaitable – d'autant plus que ce n'est pas l'objectif unique des prises de participation étatiques dans le capital de sociétés commerciales – et il convient en définitive de réaliser un arbitrage entre l'influence décisionnelle et l'opulence capitalistique.

Par-delà la question de l'éventuelle attribution à l'Etat de dividendes multiples, il faut étudier plus avant la politique de distribution de dividendes à l'Etat par les entreprises dans lesquelles il détient une participation. Cela contribuera à déterminer si l'Etat est influencé par les méthodes du privé et dans quelle mesure il les applique.

À y regarder de plus près, la gestion par l'Etat de ses participations se rapproche parfois assez considérablement de celle opérée dans le secteur privé. L'Etat ne néglige pas la rente régulière que constitue le versement des dividendes[911], notamment dans les entreprises dans lesquelles il détient une majorité suffisante pour imposer ses choix dans la détermination du montant du dividende alloué pour chaque action[912]. La politique de distribution des dividendes dans les entreprises du secteur public, qui se mesure à l'aune de la proportion du résultat bénéficiaire allouée aux actionnaires, est sensiblement similaire à celle rencontrée

---

[911] J. MARCHAND, *op. cit.* ; spéc. p. 256 : *« l'évolution du montant des dividendes met en évidence les bénéfices de la mise en place par l'Etat d'une « gestion active » de ses participations financières. Malgré la crise, il devrait percevoir en 2012 un montant en numéraire cinq fois supérieur à celui de 2003. Ainsi, les dividendes devaient atteindre 4,5 milliards d'euros. Cela résulte du rétablissement de la situation financière des entreprises mais aussi des exigences croissantes de l'Etat actionnaire. ».*

[912] J. MARCHAND, *op. cit.* ; spéc. p. 256 : *« Le versement de dividendes par des entreprises où l'Etat est l'unique actionnaire est symptomatique d'une gestion orientée vers la valorisation et les préoccupations financières. ».*

dans les entreprises du secteur privé[913]. En définitive, L'Etat actionnaire véhicule l'idée que la gestion qu'il opère des entreprises publiques est sensiblement proche de celle pratiquée dans le secteur privé, puisqu'il se livre lui aussi à un versement régulier – une ponction ? – de dividendes dans les entreprises commerciales dans lesquelles il détient une participation ou une influence suffisantes pour en décider seul. Là où une gestion prudente, ou "avisée", commanderait peut-être un placement en réserves[914] – en vue d'un réinvestissement – de tout ou partie de la somme versée à titre de dividende. Cette assimilation de la gestion publique à la gestion privée apparaît parfois comme caricaturale, à tel point que l'Etat actionnaire se muerait en véritable Etat investisseur[915].

Cette similitude dans les méthodes de gestion semble également trouver un écho au-delà de la politique de distribution des dividendes. Elle ressortirait également selon certains auteurs, de manière plus générale, de la politique d'investissement de l'Etat actionnaire, lequel serait guidé dans les arbitrages qu'il réalise avant tout par la recherche de rentabilité, quels que soient les autres mobiles (économiques et sociaux) pouvant être pris en compte dans les choix opérés. La détermination de la rentabilité des investissements réalisés par l'Etat dans des entreprises serait ainsi indissociablement liée à la logique de l'investisseur avisé, laquelle est censée préserver d'une sanction sur le fondement du droit des aides d'Etat. Il reste que l'application systématique de cette logique de façon absolutiste pourrait sembler contrevenir au principe de neutralité des traités européens vis-à-vis du régime de propriété choisi par les Etats-membres : tel est le sens de l'argumentation retenue par le Professeur Cartier-Bresson[916]. L'influence

---

913 J. MARCHAND, *op. cit.* ; spéc. p. 256 : « *L'orientation de l'Etat actionnaire vers la rentabilité financière se retrouve aussi dans un taux de redistribution des dividendes proche des pratiques du secteur privé. Les entreprises privées reversent en moyenne 50% de leur résultat net par groupe à leurs actionnaires (*pay-out ratio*).* ».

914 J. MARCHAND, *op. cit.* ; spéc. p. 257 : « *Dans le contexte économique et financier difficile, il importe que les entreprises puissent mettre en réserve une part importante de leurs bénéfices afin de renforcer leurs fonds propres* ».

915 J. MARCHAND, *op. cit.* ; spéc. p. 283 : « *La rentabilité financière est désormais un but en soi et son amélioration a permis un assainissement des entités entrant dans le portefeuille géré par l'APE. Cela s'est traduit par le versement de dividendes à l'Etat. (...) Cette tendance a contribué à transformer l'Etat actionnaire en Etat investisseur, soucieux de la rentabilité de ses investissements.* ».

916 A. CARTIER-BRESSON, *op. cit.* ; spéc. p. 366 : « *La discipline induite par le critère de l'investisseur privé se révèle certes plus efficace, pour la préservation des intérêts patrimoniaux de l'Etat actionnaire, que les règles du droit interne destinées à promouvoir une logique de rentabilité dans la gestion des participations étatiques. Sa progression continue risque cependant d'aboutir à vider de sa portée le principe de la*

grandissante de la logique d'investisseur avisé devrait pour cette raison être circonscrite. La portée véritable du principe énoncé à l'article 345 du TFUE ne doit cependant pas être extrapolée : ses dispositions souffrent en réalité d'une certaine relativité, en raison de la généralité de son libellé et de la difficulté qu'il y a à déterminer avec précision son exact champ d'application.

2. L'adoption d'une gestion avisée affichée

S'il est constant que l'affichage par les pouvoirs publics de l'idée selon laquelle la gestion qui est faite des participations publiques est avisée, quelle que soit la nature de l'opération réalisée (a) – acquisition ou cession –, il n'en demeure pas moins que l'ampleur de l'opération envisagée peut avoir une influence déterminante quant à son caractère avisé (b).

a. L'indifférence de la nature de l'opération réalisée sur l'affichage d'une gestion avisée

L'impératif de "bonne gestion" des deniers publics déploie son attractivité dans la période récente, à plus forte raison dans un contexte de finances publiques sous tension, pour l'écrire pudiquement ou par euphémisme. La gestion par l'Etat des participations qu'il détient dans des entreprises commerciales participe bien entendu de ce mouvement, avec la particularité toutefois par rapport à la gestion privée "classique" que la recherche d'une plus-value financière ne peut être une fin en soi et se trouve couplée à la recherche d'autres objectifs d'intérêt général[917]. Ainsi, *« il faut avant tout que le portefeuille détenu par l'Etat actionnaire soit bien géré »*[918], ce à quoi contribue le cadre rénové de la gestion des finances publiques que constitue la LOLF, en véhiculant *« des préceptes*

---

neutralité du Traité envers les régimes de la propriété, ce qui a conduit la Cour à en préciser les limites ».

[917] B. DELAUNAY, « Le droit européen de la concurrence et la privatisation des entreprises publiques nationales », *in Entre les ordres juridiques, Mélanges en l'honneur du Doyen François Hervouët*, Faculté de droit et des sciences sociales de Poitiers, 2016, p. 307 ; spéc. p. 324 : *« [L'Agences des participations de l'Etat] soutient les entreprises publiques dans une stratégie de développement industriel et économique de long terme ».*

[918] J. MARCHAND, *Recherche sur le régime des actions et participations financières publiques*, préc. ; spéc. p. 250.

gestionnaires, eux-mêmes traduits par des indicateurs de performance »[919].

Les entités gestionnaires des participations étatiques, au premier rang desquelles l'Agence des participations de l'Etat, ont pleinement pris conscience des implications de l'impératif de "bonne gestion", d'autant qu'il rejoint la logique d'investisseur avisé neutralisant les risques de qualification en aide d'Etat des opérations réalisées par l'Etat[920].

La thématique de la gestion avisée des participations publiques se retrouve à tous les niveaux : qu'il s'agisse d'une acquisition – pour laquelle il convient d'acheter le moins cher possible – ou d'une cession – pour laquelle il convient de vendre le plus cher possible. Il y a toutefois une limite évidente qui ressort de la lecture de la littérature produite par l'APE : qu'il s'agisse des opérations d'acquisition ou de cession qu'elle entreprend, elle se félicite invariablement de les avoir réalisées dans des conditions normales de marché. Il y a là un défaut d'objectivité critiquable.

S'agissant en premier lieu des acquisitions de participations publiques dans des sociétés commerciales, une rapide observation de la littérature produite par l'Agence des participations de l'Etat laisse transparaître le recours récurrent à un vocabulaire renvoyant sans équivoque à la logique d'investisseur avisé. À la limite de la caricature, les formules employées apparaissent même, à y réfléchir, comme superfétatoires. En y ayant recours, l'Etat actionnaire se décerne à lui-même un faire-valoir ou un estampillage qualitatif sur les opérations qu'il réalise, comme si l'utilisation d'une formule péremptoire pourrait suffire à duper la Commission européenne et la dissuader ainsi de procéder à l'examen

---

919 Pour la citation complète, voir : J. MARCHAND, *op.cit.*, spéc. p. 250 : *« Pour céder éventuellement des participations ou pour qu'elles contribuent activement au désendettement, il faut avant tout que le portefeuille détenu par l'Etat actionnaire soit bien géré. Cet objectif suppose que la volonté politique soit sous-tendue par des préceptes gestionnaires, eux-mêmes traduits par des indicateurs de performance ».*

920 Voir sur ce point, en transposant à l'Agence des participations de l'Etat le raisonnement appliqué au Fonds stratégique d'investissement (FSI) : M. LOMBARD, « Participations de l'Etat », *in* Actualité du droit de la concurrence et de la régulation, *AJDA* 2011, p. 1302 ; spéc. p. 1304 : *« Pour éviter de prêter le flanc à la critique au regard des règles relatives au contrôle des aides d'Etat, il avait été souligné, dès l'annonce de sa création, que l'objectif du FSI serait d'agir comme le ferait un « investisseur avisé », le président de la République ayant veillé à adopter des termes expressément en adéquation avec le critère dégagé par la Commission et la Cour de justice des Communautés européennes pour éviter la qualification d'aide d'Etat à l'égard d'une participation publique au capital d'une entreprise. ».*

d'une opération donnée. Il est assez peu probable qu'à la seule lecture d'un communiqué énonçant que l'opération a été réalisée dans le respect des intérêts de l'Etat actionnaire la Commission européenne s'abstienne d'intervenir et décide de ne pas approfondir son examen en termes d'aides d'Etat. Le besoin ressenti par les acteurs publics de procéder à de telles déclarations peut donc paraître surprenant à certains égards[921]. Il est en vérité assez peu vraisemblable qu'un investisseur quelconque, fût-ce une personne publique, prendrait le risque de se présenter comme étant mal avisé et comme opérant des choix peu rationnels ! Pour cette raison, ces prises de position incantatoires relèvent de l'affichage. En définitive, et pour le dire ironiquement, le fait d'effecteur de telles déclarations permet aux acteurs publics, sinon de réaliser des investissements fructueux, du moins de se persuader qu'ils en réalisent de tels. Il y a ainsi cinq occurrences de l'expression "investisseur avisé" dans le Rapport sur l'Etat actionnaire produit par l'Agence des participations de l'Etat pour 2014-2015. L'expression est utilisée soit lorsque l'organisme incarnant les fonctions de l'Etat actionnaire expose sa propre doctrine d'intervention, soit plus étrangement lorsqu'il commente les opérations qu'il réalise !

S'agissant en second lieu des cessions par l'Etat de participations détenues dans des sociétés commerciales, il est là aussi fait recours par l'Agence des participations de l'Etat à l'utilisation d'une formule récurrente, sorte de *leitmotiv* faisant figure d'argument d'autorité, dont la seule lecture devrait persuader que l'opération réalisée embrasse nécessairement la logique de l'investisseur avisé.

Dans différents communiqués de presse, l'Agence des participations de l'Etat ou les ministres de l'économie et des finances ont eu recours à

[921] Dans le même ordre d'idées, le Professeur Martine Lombard dans un commentaire relatif à un communiqué portant sur la politique de l'Etat actionnaire a remarqué avec justesse la singularité de certaines des formulations retenues. Voir sur cette question : M. LOMBARD, « Participations de l'Etat », art. préc. ; spéc. p. 1302 : « *Le communiqué publié à l'issue du conseil des ministres du 27 avril 2011, relatif à la politique de l'Etat actionnaire, peut à première lecture étonner, mais non pas tant par l'ampleur de l'« évolution majeure » dont il fait état, que par le contraste, bien plutôt, entre ce qui est présenté comme une nouveauté, annoncée en des termes forts, et l'apparente banalité d'une orientation qui « consiste à mettre au premier plan la vision industrielle dans le pilotage des participations de l'Etat et à soutenir ainsi les entreprises concernées dans une stratégie de développement industriel et économique de long terme ». C'est lire l'inverse qui eût été en effet curieux, tant aurait été étrange l'idée que l'Etat se désintéresserait dorénavant du développement de long terme des entreprises dans lesquelles il détient des participations pour n'agir que comme un spéculateur financier de court terme.* » (nous soulignons).

une expression identique pour annoncer la cession de certaines prises de participations étatiques détenues dans des entreprises commerciales. Selon le libellé de cette formule récurrente, utilisée dernièrement à l'occasion de la cession de titres "Safran" et "GDF Suez"[922] : *« Cette cession s'inscrit dans le cadre d'une politique de gestion active des participations de l'Etat, qui doit permettre de préserver les intérêts patrimoniaux et stratégiques de l'Etat tout en dégageant des ressources pour contribuer à l'effort de désendettement et réinvestir dans des entreprises de secteurs porteurs de développement économique. »*[923].

Le recours à une telle formulation est critiquable car l'Agence des participations de l'Etat est ici juge et partie : elle participe activement à la réalisation d'opérations qu'elle évalue par ailleurs *a posteriori*. Il est tellement invraisemblable que l'Agence en vienne un jour à s'accuser d'être un piètre gestionnaire des participations étatiques que l'utilisation d'une telle formule ne se justifie pas et ne paraît pas devoir perdurer, d'autant plus qu'elle ne suffirait pas à détourner la Commission européenne d'une opération donnée pour laquelle celle-ci aurait des soupçons d'existence d'une aide d'Etat.

b. L'influence de l'ampleur de l'opération réalisée sur l'affichage d'une gestion avisée

Le recours à des techniques de gestion des participations publiques proches de celles adoptées dans le secteur privé rencontre toutefois une limite évidente dans certaines hypothèses dans lesquelles la propriété publique est contrainte.

Il est des cas dans lesquels l'Etat ne peut pas se délester d'une participation détenue dans une entreprise commerciale, en vertu d'une interdiction législative ou constitutionnelle. L'empêchement constitutionnel est connu – et sa relativité également – : l'Etat ne peut procéder à la privatisation d'une entreprise gérant *« un service public*

---

[922] AGENCE DES PARTICIPATIONS DE L'ETAT, Communiqué de presse n° 353/683, 30 novembre 2015 ; voir également : Ministères de l'économie et des finances, Communiqué de presse, 16 juin 2015 ; voir encore : Ministères de l'économie et des finances, Communiqué de presse n° 216/437, 2 mars 2015.

[923] Voir également, pour une formulation quasiment identique : AGENCE DES PARTICIPATIONS DE L'ETAT, Communiqué de presse n° 090/165, 25 juin 2014 ; aux termes duquel : *« Cette opération s'inscrit dans le cadre d'une politique de gestion active des participations de l'Etat, qui doit permettre de dégager des ressources pour des secteurs porteurs de développement économique et pour le désendettement de l'Etat, dans le respect des intérêts patrimoniaux et stratégiques de l'Etat. ».*

national »[924] ou prenant la forme d'*« un monopole de fait »*[925]. La loi peut également contraindre la gestion des participations de l'Etat, en ce qu'elle empêche parfois certaines cessions : ainsi, l'Etat détient obligatoirement 70% du capital d'EDF[926], 50% du capital de Paris aéroport (ex-ADP)[927], 33% du capital d'Engie (ex-GDF-Suez)[928] et plus de 50% du capital de Bpifrance, conjointement avec d'autres personnes morales de droit public[929]. Dans ces cas de figure, la sortie du capital n'est pas possible, même lorsque le maintien d'une participation publique élevée devient contraire à la logique, parce qu'elle exposerait l'Etat à un risque financier conséquent.

---

[924] Voir sur ce point l'alinéa 9 du Préambule de la Constitution du 27 octobre 1946 : *« Tout bien, toute entreprise, dont l'exploitation a ou acquiert les caractères d'un service public national ou d'un monopole de fait, doit devenir la propriété de la collectivité ».*

[925] *Idem.*

[926] Article 24 de la loi n° 2004-803 du 9 août 2004 relative au service public de l'électricité et du gaz et aux entreprises électriques et gazières : *« Electricité de France et Gaz de France sont transformés en sociétés dont l'Etat détient plus de 70 % du capital. Sauf dispositions législatives contraires, elles sont régies par les lois applicables aux sociétés anonymes. ».*

[927] Article L. 251-1 du code de l'aviation civile : *« La société Aéroports de Paris est régie par le présent code, par les dispositions du titre Ier de la loi n° 2005-357 du 20 avril 2005 relative aux aéroports et, sauf dispositions législatives contraires, par les lois applicables aux sociétés anonymes. La dénomination sociale de la société, qui figure dans les statuts, peut être modifiée dans les conditions prévues à l'article L. 225-96 du code de commerce. La majorité de son capital est détenue par l'Etat. »* (nous soulignons).

[928] Article L. 111-68 du code de l'énergie : *« L'entreprise dénommée "GDF-Suez" est une société anonyme, dont le capital est détenu à plus du tiers par l'Etat. ».*

[929] Article 6, II de l'Ordonnance n° 2005-722 du 29 juin 2005 relative à la Banque publique d'investissement : *« II. L'Etat et l'établissement public Bpifrance détiennent au moins 50% et, conjointement avec d'autres personnes morales de droit public, plus de 50% du capital de la société anonyme Bpifrance ».*

Conclusion du Chapitre I

Les propriétés publiques immatérielles – qu'il s'agisse des propriétés publiques intellectuelles (brevets d'invention, marques de fabrique et droits d'auteur – moraux et patrimoniaux –) ou des propriétés publiques financières (actions détenues par des personnes publiques dans des sociétés commerciales) – ne sont pas assujetties aux mêmes règles de fonctionnement. Les premières sont encadrées par les dispositions du code de la propriété intellectuelle et les secondes sont soumises à un ensemble de règles éparses, souvent ciselées sur-mesure, au bénéfice de l'Etat actionnaire.

Il peut être fait recours à différents mécanismes pour envisager une amélioration de l'exploitation des propriétés publiques immatérielles. Leur activation n'est toutefois pas toujours opportune, dans la mesure où la création de richesse maximale n'est pas le seul objectif poursuivi par les personnes publiques. Là encore, un équilibre doit être trouvé entre différents impératifs.

La valorisation optimale étant le point d'équilibre entre l'exploitation et la protection, il convient d'évaluer les améliorations de la gestion des propriétés publiques immatérielles auxquelles il peut être fait recours par un renouvellement de leur protection.

Chapitre II – L'amélioration de la valorisation des propriétés publiques immatérielles par une protection renouvelée

La valorisation des propriétés publiques immatérielles correspond à la conciliation optimale des impératifs d'exploitation et de protection. Dans la recherche d'une valorisation optimisée de leurs propriétés publiques immatérielles, les personnes publiques peuvent envisager, en plus d'une accentuation de leur exploitation, un renforcement de leur protection. Le renforcement de la valorisation des propriétés publiques immatérielles par l'affermissement de la protection dont elles font l'objet est aujourd'hui envisageable, quoiqu'il faille distinguer selon qu'il s'agit de propriétés financières ou de propriétés intellectuelles. La modulation du régime de ces dernières paraît en effet présenter un degré d'impériosité plus élevé, en raison de l'absence de prise en compte de la spécificité de l'identité de leur propriétaire, personne publique. Quant aux propriétés financières des personnes publiques, la mise en place d'un certain nombre de mécanismes spécifiques permet de les singulariser et d'en garantir une protection satisfaisante dans l'ensemble.

Il y a lieu, qu'il s'agisse des propriétés financières ou des propriétés intellectuelles, d'étudier ici leur réception par le droit commun, et spécifiquement les hypothèses dans lesquelles respectivement le droit des sociétés et le droit de la propriété intellectuelle réservent le cas des personnes publiques afin de les faire bénéficier de prérogatives particulières, de nature à renforcer leur protection.

Le renforcement de la valorisation des propriétés publiques immatérielles paraît possible, dans la mesure où certaines carences peuvent être identifiées à l'occasion d'une étude approfondie du régime qui leur est actuellement appliqué. Il faut, pour cette raison, envisager le recours à différents mécanismes susceptibles d'améliorer la protection des propriétés publiques immatérielles. Il y a donc lieu d'envisager successivement une présentation des améliorations envisageables de la protection des propriétés publiques immatérielles (Section I), puis de discuter de l'adéquation de certains mécanismes alternatifs qui pourraient être envisagés pour affermir la protection des propriétés publiques immatérielles (Section II).

Section I – Les améliorations envisageables de la protection des propriétés publiques immatérielles

La protection de certaines propriétés publiques immatérielles peut faire l'objet d'une amélioration, en ce que les différents mécanismes existants présentent plusieurs faiblesses, d'une intensité variable selon la nature de la propriété envisagée : ainsi, si la protection des propriétés financières des personnes publiques semble pouvoir recevoir des améliorations limitées (§1), celle des propriétés intellectuelles des personnes publiques est davantage susceptible de faire l'objet d'améliorations substantielles (§2).

§1. Des améliorations limitées de la protection des propriétés financières des personnes publiques

Le constat selon lequel *« [l]'Etat actionnaire se situe au croisement du droit public et du droit des sociétés (y compris boursier) »*[930] est logique, étant donné que les entreprises publiques épousent différentes formes : elles sont alternativement des personnes morales de droit privé, et revêtent alors la forme de société commerciale, ou des personnes morales de droit public, et sont dans ce cas des établissements publics industriels et commerciaux. L'application du droit commun des sociétés aux personnes publiques détenant des actions dans des sociétés commerciales ne constitue pas un handicap irrémédiable pour celles-ci. Pour une large part, l'application du droit commun des sociétés aux personnes publiques actionnaires est indifférente (A), en ce qu'elle ne diminue pas sensiblement leur protection, laquelle se trouve d'ailleurs convenablement complétée par l'existence de mécanismes supplétifs (B).

A. L'indifférence générale de l'application du droit commun

Le fait d'appliquer le droit commun des sociétés aux personnes publiques actionnaires ne présente pas d'inconvénients majeurs, spécialement en termes de protection de leurs intérêts ou de leur propriété. Les quelques dispositions législatives propres aux personnes publiques sont d'une relative banalité, de telle sorte qu'elles ne sont pas de nature à traiter leur situation de façon considérablement différente par

---

[930] COUR DES COMPTES, *L'Etat actionnaire*, Rapport public thématique, La Documentation française, janvier 2017 ; spéc. p. 67.

rapport aux propriétaires personnes privées. Le droit commun ne singularise pas de façon significative les personnes publiques actionnaires (1), ce qui n'empêche pas qu'il soit parfois utilisé pour renforcer l'influence de l'Etat dans certaines entreprises (2).

1. Le droit commun étranger à la singularité des personnes publiques actionnaires

Le droit commun comporte des dispositions législatives propres aux personnes publiques actionnaires, même si elles ne se démarquent pas franchement par leur spécificité. Les dispositions législatives propres aux personnes publiques actionnaires contenues dans le droit commun allègent ou alourdissent, suivant le dispositif considéré, les obligations mises à leur charge. Il convient de distinguer le cas dans lequel la personne publique actionnaire est l'Etat de celui dans lequel il s'agit d'une collectivité territoriale. L'hypothèse, plus résiduelle, des établissements publics étant ici réservée.

L'Etat est amené à intervenir dans le secteur public suivant diverses modalités : il peut d'une part gérer une entreprise publique nationale et d'autre part participer en tant qu'actionnaire minoritaire à une entreprise publique. Les entreprises publiques nationales doivent être entendues comme réunissant tout à la fois les sociétés commerciales dans lesquelles l'Etat détient plus de 50% du capital et les établissements publics industriels et commerciaux de dimension nationale. Quant aux entreprises publiques, il s'agit plus généralement de toutes les sociétés commerciales dans lesquelles l'Etat détient une portion de capital. Les entreprises publiques et les entreprises publiques nationales adoptant la forme d'une société commerciale sont des personnes morales de droit privé. Par conséquent, *« elles obéissent d'abord au code de commerce et à l'ensemble des normes comptables et financières qui régissent leurs pairs »*[931].

Fort logiquement, ces sociétés commerciales, qui sont la plupart du temps des sociétés anonymes, disposent de statuts, d'un capital minimal, d'un nombre d'associés minimum et d'organes décisionnels classiques, soit en général un conseil d'administration ou un directoire et un conseil de surveillance. Ces sociétés commerciales à participation publique, qu'elle soit minoritaire ou majoritaire, adoptent donc des mécanismes de fonctionnement communs par rapport à ceux mis en œuvre dans les

[931] COUR DES COMPTES, *ibid.* ; p. 67.

sociétés commerciales classiques. Il reste toutefois que certaines spécificités peuvent parfois être décelées dans leur mode de fonctionnement. Cela étant, ces hypothèses résiduelles dans lesquelles le régime des entreprises publiques est singularisé, ne concernent pas des règles relatives à la propriété immatérielle en elle-même et correspondent ainsi davantage à des aménagements à la marge du régime de droit commun des sociétés commerciales, rendus nécessaires par la nature publique du propriétaire.

Pour s'en tenir à deux illustrations, il faut revenir successivement sur la question du nombre d'associés dans les sociétés anonymes à participation publique, ainsi que sur la composition tripartite des organes décisionnels des entreprises publiques nationales, spécialement lorsqu'il s'agit de sociétés commerciales.

Comme l'a relevé le Professeur Anémone Cartier-Bresson, *« l'Etat actionnaire a très tôt dérogé à [la règle fixant à sept le nombre minimal d'actionnaires dans une société anonyme], d'abord en devenant l'unique actionnaire d'entreprises nationalisées, puis en instituant seul des sociétés anonymes »*[932]. Ainsi, par dérogation au droit commun des sociétés, certaines entreprises à participation publique, revêtant la forme de société anonyme, n'ont pas comporté le minimum requis de sept associés, mais parfois deux (La Poste, par exemple), voire un seul (Laboratoire français du fractionnement et des biotechnologies ou Nexter, par exemple). Cette différence tend toutefois à s'estomper, car l'article L. 225-1 du code de commerce distingue désormais le cas des sociétés non cotées, pour lesquelles le nombre minimum d'actionnaires est réduit à deux, et des sociétés cotées, pour lesquelles le nombre minimum d'actionnaires reste de sept[933]. Cette disposition législative est issue d'une ordonnance du 10 septembre 2015[934]. Dans le Rapport au Président de la République relatif à ce texte, il est indiqué que le chiffre de sept actionnaires, introduit à la faveur d'une loi du 23 mai 1863[935],

---

[932] A. CARTIER-BRESSON, « Les collectivités territoriales peuvent-elles être des actionnaires ordinaires ? », *BJCL* 2013, p. 316 ; spéc. p. 323.

[933] Aux termes de cette disposition, en effet : *« La société anonyme est la société dont le capital est divisé en actions et qui est constituée entre des associés qui ne supportent les pertes qu'à concurrence de leurs apports. Elle est constituée entre deux associés ou plus. Toutefois, pour les sociétés dont les actions sont admises aux négociations sur un marché réglementé ou sur un système multilatéral de négociation, le nombre des associés ne peut être inférieur à sept. »*.

[934] Ordonnance n°2015-1127 du 10 septembre 2015 portant réduction du nombre minimal d'actionnaires dans les sociétés anonymes non cotées.

[935] Loi des 23 et 29 mai 1863, relative aux sociétés à responsabilité limitée ; v. spéc. l'article 2 : *« Le nombre des associés ne peut être inférieur à sept. »*.

« ne repos[e] sur aucune justification »[936], qu'il est inadapté au modèle des sociétés familiales ou des petites et moyennes entreprises[937], et qu'il est inapproprié aux groupes de sociétés dans lesquels une filiale est détenue à 100% par sa société mère[938].

Par ailleurs, depuis 1983, le législateur organise une composition tripartite des organes de direction des entreprises publiques nationales, qu'il s'agisse d'établissements publics ou d'entreprises commerciales, par dérogation au droit commun des sociétés. La loi relative à la démocratisation du secteur public[939] prévoit en effet tout à la fois la nomination de représentants de l'Etat et de personnalités qualifiées, ainsi que l'élection de représentants des salariés[940], au sein des conseils d'administration et des conseils de surveillance des entités concernées. Les entreprises publiques nationales sont en outre visées par les dispositions législatives issues d'une loi du 27 janvier 2011[941] qui tendent à promouvoir une représentation paritaire dans les organes de direction, au même titre que les sociétés commerciales qui font l'objet d'une cotation. En application de ces dispositions, la proportion des membres nommés des conseils d'administration ou des conseils de surveillance des entreprises publiques nationales ne peut être inférieure à 40% pour chaque sexe. La loi du 4 août 2014, pour l'égalité réelle entre les femmes et les hommes[942], renforce cette exigence en prévoyant que dans les

---

[936] Rapport au Président de la République relatif à l'ordonnance n° 2015-1127 du 10 septembre 2015 portant réduction du nombre minimal d'actionnaires dans les sociétés anonymes non cotées, *JORF* n°0210, 11 septembre 2015, p. 15850, texte n° 5.

[937] *Ibid.*

[938] *Ibid.*

[939] Loi n° 83-675 du 26 juillet 1983 relative à la démocratisation du secteur public.

[940] Voir sur ce point l'article 5 de la loi, dans une version légèrement remaniée par la loi "Macron" n° 2015-990 du 6 août 2015 :

« Le conseil d'administration ou de surveillance comprend :

1° des représentants de l'Etat nommés par décret ;

2° des personnalités choisies, soit en raison de leur compétence technique, scientifique ou technologique, soit en raison de leur connaissance des aspects régionaux, départementaux ou locaux des activités en cause, soit en raison de leur connaissance des activités publiques et privées concernées par l'activité de l'entreprise, soit en raison de leur connaissance des problématiques liées à l'innovation et au développement d'entreprises innovantes, soit en raison de leur qualité de représentants des consommateurs ou des usagers, nommées par décret pris, le cas échéant, après consultation d'organismes représentatifs desdites activités ;

3° des représentants des salariés, élus dans les conditions prévues au chapitre II. (...) ».

[941] Loi n° 2011-103 du 27 janvier 2011 relative à la représentation équilibrée des femmes et des hommes au sein des conseils d'administration et de surveillance et à l'égalité professionnelle.

[942] Loi n° 2014-873 du 4 août 2014 pour l'égalité réelle entre les femmes et les hommes.

organes de direction des entreprises publiques nationales, l'écart entre le nombre d'hommes et de femmes ne peut être supérieur à un[943], lorsque ces personnes sont nommées par décret. La matière réglementaire n'est pas étrangère non plus à ces considérations et elle contribue également à singulariser le régime applicable aux entreprises publiques nationales, sans pour autant porter directement sur la propriété publique immatérielle en elle-même. S'agissant par exemple de la rémunération des dirigeants des entreprises publiques nationales, le pouvoir réglementaire est intervenu pour la réguler en fixant des montants à ne pas dépasser[944]. Le décret du 26 juillet 2012 modifie sur ce point un précédent décret du 9 août 1953[945] et fixe ainsi le plafond de la rémunération des dirigeants des entreprises publiques nationales, qu'il s'agisse d'établissements publics ou d'entreprises commerciales, à 450 000 euros bruts annuels[946].

S'agissant des collectivités territoriales, leur périmètre d'intervention dans des sociétés commerciales est résiduel, dans la mesure où elles ne peuvent généralement pas, contrairement à l'Etat, prendre des participations en-dehors de *« sociétés dont l'objet social revêt un caractère d'intérêt général »*[947]. Sur cette question, le code général des collectivités territoriales a récemment connu un assouplissement, s'agissant des régions, à la faveur de la loi portant nouvelle organisation territoriale de la République, dite "NOTRe"[948]. Contrairement aux

[943] Voir spécialement l'article 66 de la loi précitée, qui modifie en ce sens la loi n°83-675 du 26 juillet 1983 relative à la démocratisation du secteur public.
[944] Décret n° 2012-915 du 26 juillet 2012 relatif au contrôle de l'Etat sur les rémunérations des dirigeants d'entreprises publiques.
[945] Décret n°53-707 du 9 août 1953 relatif au contrôle de l'Etat sur les entreprises publiques nationales et certains organismes ayant un objet d'ordre économique ou social.
[946] Voir spécialement l'article 3, III du décret précité du 9 août 1953.
[947] Pour la citation complète, voir : A. CARTIER-BRESSON, art. préc., spéc. p. 320 : *« L'obligation législative de se limiter aux sociétés dont l'objet social revêt un caractère d'intérêt général constitue une singularité des collectivités territoriales, non seulement par rapport aux actionnaires privés, mais aussi par rapport à l'Etat actionnaire, qui n'est pas limité de telle sorte. ».*
[948] Loi n° 2015-991 du 7 août 2015 portant nouvelle organisation territoriale de la République.

communes[949] et aux départements[950] qui par principe ne peuvent pas être actionnaires de sociétés commerciales, sauf autorisation préalable par décret en Conseil d'Etat, les régions peuvent *« désormais décider par elles-mêmes d'entrer au capital d'une société privée »*[951]. Elles sont toutefois limitées dans les prises de participation qu'elles sont amenées à effectuer, d'une part, quant au montant qu'elles peuvent investir et, d'autre part, quant à la portion de capital qu'elles peuvent détenir[952]. Pour s'en tenir aux principales formes d'entreprises publiques locales, c'est-à-dire les sociétés d'économie mixte et les sociétés publiques locales, le code général des collectivités territoriales renvoie dans l'ensemble à l'application du droit commun, hormis quelques aménagements rendus nécessaires par la nature publique de tout ou partie des actionnaires[953]. Les sociétés publiques locales[954], comme les sociétés d'économie mixte[955], sont ainsi constituées sous la forme de sociétés anonymes,

---

[949] Voir sur ce point les dispositions de l'article L. 2253-1 du code général des collectivités territoriales, suivant lesquelles : *« Sont exclues, sauf autorisation prévue par décret en Conseil d'Etat, toutes participations d'une commune dans le capital d'une société commerciale et de tout autre organisme à but lucratif n'ayant pas pour objet d'exploiter les services communaux ou des activités d'intérêt général dans les conditions prévues à l'article L. 2253-2. »*.

[950] Voir ici l'article L. 3231-6 du code général des collectivités territoriales, aux termes duquel : *« Sont exclues, sauf autorisation prévue par décret en Conseil d'Etat, toutes participations dans le capital d'une société commerciale et de tout autre organisme à but lucratif n'ayant pas pour objet d'exploiter les services départementaux ou des activités d'intérêt général dans les conditions analogues à celles prévues, pour les communes, par l'article L. 2253-2. (...) »*.

[951] B. CHARITE, « La participation directe des régions au capital des sociétés privées : les contours d'une faculté nouvelle », *JCP A* 2016, 2243. Voir également les dispositions de l'article L. 4211-1 du code général des collectivités territoriales.

[952] Voir sur ce point l'article 1er du Décret n° 2016-807 du 16 juin 2016 relatif aux conditions de prises de participation au capital de sociétés commerciales par les régions.

[953] A. CARTIER-BRESSON, art. préc. ; spéc. p. 316 : *« La participation des collectivités territoriales à des sociétés commerciales les conduit à se placer dans les cadres du droit commun. Elles prennent des participations dans des sociétés qui, bien que partiellement soumises à des règles dérogatoires, restent des sociétés commerciales. »*.

[954] Article L. 1531-1 du code général des collectivités territoriales : *« (...) Ces sociétés revêtent la forme de société anonyme régie par le livre II du code de commerce. (...) »*.

[955] Article L. 1522-1 du code général des collectivités territoriales : *« Les assemblées délibérantes des communes, des départements, des régions et de leurs groupements peuvent, à l'effet de créer des sociétés d'économie mixte locales mentionnées à l'article L. 1521-1, acquérir des actions ou recevoir, à titre de redevance, des actions d'apports, émises par ces sociétés.*

Les prises de participation sont subordonnées aux conditions suivantes :

1° La société revêt la forme de société anonyme régie par le livre II du code de commerce, sous réserve des dispositions du présent titre ;

lesquelles sont régies par les dispositions du code de commerce. Malgré l'évidente recherche d'*« une assimilation poussée (...) avec le droit commun des sociétés commerciales »*[956], il existe un certain nombre de dispositions propres à ces sociétés[957]. Elles induisent parfois des atteintes à certaines règles essentielles du droit des sociétés, tel que le principe de proportionnalité[958]. Cela étant, aucune adaptation de la propriété publique immatérielle n'est envisagée, ce qui confirme l'idée que le droit commun des sociétés est dans l'ensemble étranger aux spécificités des personnes publiques actionnaires.

2. Le droit commun mis au service d'un renforcement de l'influence de l'Etat

Le renforcement de l'influence de l'Etat dans certaines sociétés commerciales ne nécessite pas forcément le recours à des mécanismes exorbitants du droit commun. Une utilisation opportuniste du droit commun des sociétés peut en effet contribuer utilement à un accroissement de l'influence de l'Etat dans certaines entreprises. Le Professeur Anémone Cartier-Bresson a ainsi souligné que *« plusieurs techniques de droit commun permettent à l'Etat de maintenir un contrôle sur la gestion des entreprises privatisées »*[959]. L'auteur envisage successivement la question du recours aux minorités de blocage[960], puis celle de la constitution d'un groupe d'actionnaires stables[961] et enfin celle de la conclusion de pactes d'actionnaires[962]. Sans revenir sur l'étude de ces mécanismes, il faut en envisager un, qui a trouvé à se développer dans

---

2° Les collectivités territoriales et leurs groupements détiennent, séparément ou à plusieurs, plus de la moitié du capital de ces sociétés et des voix dans les organes délibérants. (...) ».

[956] A. CARTIER-BRESSON, art. préc., spéc. p. 316.

[957] A. CARTIER-BRESSON, art. préc., spéc. pp. 316-317 : *« Cette soumission de principe au droit commun s'accompagne toutefois de nombreuses dérogations, touchant à tous les pans du statut d'actionnaire des collectivités territoriales. ».*

[958] A. CARTIER-BRESSON, art. préc., spéc. p. 317 : *« La loi du 7 juillet 1983 (...) garantit la prééminence des collectivités actionnaires par des dispositions dérogatoires au droit commun des sociétés. Outre l'obligation de détenir la majorité du capital et des sièges dans les organes délibérants, les collectivités territoriales doivent toutes y être représentées individuellement, ce qui peut se traduire par des atteintes au principe de proportionnalité. ».*

[959] A. CARTIER-BRESSON, *L'Etat actionnaire*, LGDJ, Bibliothèque de droit public, Tome 264, 2010 ; p. 83.

[960] A. CARTIER-BRESSON, *L'Etat actionnaire*, *op. cit.* ; spéc. pp. 83-84.

[961] *Idem* ; spéc. pp. 84-85.

[962] *Idem* ; spéc. pp. 85-86.

la période récente : la généralisation dans les sociétés cotées des droits de vote double.

Cette mesure a notamment été préconisée par le "Rapport Gallois"[963]. Elle visait à *« [équilibrer] le poids des actionnaires dans les entreprises (...), en privilégiant ceux qui jouent le long terme et en donnant la parole aux autres parties prenantes de l'entreprise »*[964].

Ce mécanisme consiste à renforcer les droits politiques attachés à une participation déjà existante dans une société commerciale. Le législateur est ainsi intervenu courant 2014, à la faveur de la loi "Florange"[965], pour stabiliser l'actionnariat et lutter contre les logiques privilégiant le court terme[966]. Il s'agit, en l'occurrence, de multiplier par deux les droits de vote détenus par un actionnaire dans une société cotée[967]. Officiellement, le mécanisme retenu a été institué pour récompenser de leur fidélité tous les actionnaires de longue durée des sociétés cotées, en renforçant ainsi leur influence dans les assemblées générales[968]. Il *« constitue également*

---

[963] L. GALLOIS, *Pacte pour la compétitivité de l'industrie française*, Rapport au Premier ministre, La Documentation française, 2012.

[964] *Idem* ; spéc. p. 21.

[965] Loi n°2014-384 du 29 mars 2014 visant à reconquérir l'économie réelle.

[966] S. TORCK, « L'attribution automatique du droit de vote double », *Droit des sociétés* 2014, dossier 7. Voir spéc. : *« La réalité, plus crue, est que l'attribution automatique du droit de vote double, comme la suppression du principe de neutralité des organes d'administration et de direction d'ailleurs, est conçue comme un mécanisme de lutte contre le capitalisme dit financier et des dérives dont on l'accuse régulièrement, au rang desquelles la destruction de l'emploi en France. »*.

[967] Voir spécialement l'article 7, I de la loi précitée : *« I. — L'article L. 225-123 du code de commerce est ainsi modifié :*
1° Au premier alinéa, les mots : « ou une assemblée générale extraordinaire ultérieure » sont supprimés ;
2° Le dernier alinéa est ainsi rédigé :
« Dans les sociétés dont les actions sont admises aux négociations sur un marché réglementé, les droits de vote double prévus au premier alinéa sont de droit, sauf clause contraire des statuts adoptée postérieurement à la promulgation de la loi n°2014-384 du 29 mars 2014 visant à reconquérir l'économie réelle, pour toutes les actions entièrement libérées pour lesquelles il est justifié d'une inscription nominative depuis deux ans au nom du même actionnaire. Il en est de même pour le droit de vote double conféré dès leur émission aux actions nominatives attribuées gratuitement en application du deuxième alinéa. » ».

[968] Voir sur cette question : A. EMERY-DUMAS, *Rapport fait au nom de la commission des affaires sociales sur la proposition de loi, adoptée par l'Assemblée nationale après engagement de la procédure accélérée, visant à reconquérir l'économie réelle*, n°328, 29 janvier 2014 ; spéc. p. 22 : *« la mesure vise explicitement à promouvoir un actionnariat stable de longue durée dans les sociétés cotées, en conférant un avantage*

une stratégie défensive au regard des tentatives de prises de contrôle inamicales »[969]. Il n'en demeure pas moins qu'en réalité une des motivations implicites de cette manœuvre était de permettre à l'Etat de se délester d'un certain nombre de ses participations dans certaines entreprises, tout en conservant une influence équivalente dans la gestion de l'entreprise concernée[970]. Ainsi, *« grâce à ses actions à droit de vote plural, l'actionnaire de contrôle peut accepter une diminution de son intérêt dans le capital, dans la mesure où ce type d'action lui permet de garder le contrôle sur l'entreprise. »*[971].

Conformément aux préconisations du "Rapport Gallois", dans les sociétés concernées, le droit de vote double est acquis après une durée de détention non discontinue de deux ans, sauf à ce qu'à l'occasion d'une Assemblée générale extraordinaire il ne soit décidé par les actionnaires de la société, à une majorité qualifiée des deux tiers, de s'opposer à cette mesure[972]. Cela signifie donc qu'une portion représentant un tiers des droits de vote peut *a contrario* suffire à empêcher l'adoption d'une résolution proposée en Assemblée générale ayant pour objet de refuser l'instauration des droits de vote double dans une société visée par ce dispositif législatif.

---

aux actionnaires qui ne mettent pas en œuvre de stratégie de court-terme, dont l'impact sur l'emploi et les territoires est souvent dramatique ».

969 J. MARCHAND, *Recherche sur le régime des actions et participations financières publiques*, LGDJ, Bibliothèque de droit public, Tome 279, 2014 ; pour la citation complète, voir spéc. p. 180 : *« cette dissociation du capital et du pouvoir permet non seulement de récompenser les actionnaires fidèles, mais constitue également une stratégie défensive au regard des tentatives de prises de contrôle inamicales. ».*

970 S. TORCK, « L'attribution automatique du droit de vote double », art. préc. ; voir spéc. : *« Il ne faut pas au surplus exclure que le législateur n'ait pas entendu, par l'inversion du principe et de l'exception, permettre à l'État français de céder une partie de ses participations dans le capital de certaines sociétés cotées sans pour autant perdre, à terme, la position qui était initialement la sienne par attribution automatique d'un droit de vote double. »*. Voir également : A. EMERY-DUMAS, *Rapport fait au nom de la commission des affaires sociales sur la proposition de loi, adoptée par l'Assemblée nationale après engagement de la procédure accélérée, visant à reconquérir l'économie réelle, op. cit.* ; spéc. p. 22 : *« [cette mesure] permettra à l'Etat actionnaire de vendre certaines participations tout en conservant le même niveau de contrôle. Il s'agit là d'une conséquence indirecte du dispositif mais dont les bénéfices pour l'Etat pourraient être à moyen et long termes considérables selon l'Agence des participations de l'Etat ».*

971 J. MARCHAND, *Recherche sur le régime des actions et participations financières publiques, op. cit.* ; spéc. p. 196.

972 Aux termes du "Rapport Gallois" précité, *« le droit de vote double serait automatiquement acquis après deux ans de détention des actions, l'Assemblée Générale ne pouvant le remettre en cause qu'à la majorité des 2/3 ».*

Cette dérogation à la règle « une action, une voix »[973] n'est pas nouvelle et certaines entreprises l'avaient expressément prévue dans leurs statuts antérieurement à l'adoption de la loi "Florange" précitée. Cette possibilité est en effet autorisée par l'article L. 225-123 du code de commerce[974] pour les sociétés anonymes. Pour les sociétés par actions simplifiées, le législateur va plus loin, puisqu'il autorise la multiplication des droits de vote sans la limiter au double : il peut ainsi exister des droits de vote double, triple, voire davantage encore. Les dispositions de l'article L. 227-1 du code de commerce, applicables aux sociétés par actions simplifiées, écartent expressément le jeu du principe « une action, une voix »[975]. En dissociant complètement capital et pouvoir, cette forme de société offre ainsi la possibilité d'agencer très librement la répartition des droits de vote.

La généralisation des droits de vote double dans les entreprises cotées appelle deux remarques. La première concerne la pertinence qu'il y a à recourir à cette technique dans une situation dans laquelle l'Etat se force à prendre des participations pour s'assurer de la multiplication de ses droits de vote. La seconde concerne la définition même de ce qui constitue une entreprise publique nationale, dans la mesure où le critère ultime de distinction entre une entreprise privée et une entreprise publique nationale se situe peut-être au niveau politique plutôt qu'au niveau capitalistique, en ce sens que l'Etat peut finalement contrôler une entreprise sans en détenir plus de 50% du capital.

Le premier point qui mérite réflexion est celui de savoir si la généralisation des droits de vote double n'a pas conduit l'Etat à réaliser,

---

973 Voir sur ce point les dispositions de l'article L. 225-122, I du code de commerce : *« Sous réserve des dispositions des articles L. 225-10, L. 225-123, L. 225-124, L. 225-125 et L. 225-126, le droit de vote attaché aux actions de capital ou de jouissance est proportionnel à la quotité de capital qu'elles représentent et chaque action donne droit à une voix au moins. Toute clause contraire est réputée non écrite. »*.

974 Selon le premier alinéa de cet article : *« Un droit de vote double de celui conféré aux autres actions, eu égard à la quotité de capital social qu'elles représentent, peut être attribué, par les statuts à toutes les actions entièrement libérées pour lesquelles il sera justifié d'une inscription nominative, depuis deux ans au moins, au nom du même actionnaire. »*.

975 Aux termes de cet article, en effet : *« Une société par actions simplifiée peut être instituée par une ou plusieurs personnes qui ne supportent les pertes qu'à concurrence de leur apport. (...) Dans la mesure où elles sont compatibles avec les dispositions particulières prévues par le présent chapitre, les règles concernant les sociétés anonymes, à l'exception des articles L. 224-2, L. 225-17 à L. 225-102-2, L. 225-103 à L. 225-126, L. 225-243 et du I de l'article L. 233-8, sont applicables à la société par actions simplifiée. (...) »* (nous soulignons).

dans certaines hypothèses des opérations mal avisées. L'Etat s'est efforcé, courant 2015, de renforcer sa participation capitalistique dans certaines entreprises visées par le dispositif des droits de vote double pourvu par la loi "Florange" précitée. Cet épisode a donné lieu à de vifs échanges, par médias interposés, spécialement s'agissant de Renault et d'Air France-KLM. Pour l'une et l'autre de ces sociétés, l'Etat a pris le risque de réaliser des moins-values, dans l'unique but de consolider ses prises de participation, en vue de pouvoir s'opposer aux résolutions proposées en Assemblée générale visant à empêcher l'instauration des droits de vote double dans les sociétés concernées. La gestion du surplus des actions achetées par l'Etat dans le capital de Renault est à cet égard significative. Celles-ci ont été acquises aux alentours de 87 euros en avril 2015, alors qu'elles étaient cotées à 57 euros trois mois auparavant, ce qui représente une variation à la hausse d'environ 35%. Pour pouvoir revendre ces actions surnuméraires dans des conditions satisfaisantes, il était nécessaire que le cours du titre Renault se maintienne à un niveau proche de celui d'acquisition. Or, deux ans plus tard, l'opération inverse n'avait toujours pas trouvé à se concrétiser. Le caractère avisé d'une telle opération aurait ainsi pu être directement remis en question. Toutefois, courant novembre 2017, la portion "surabondante" détenue dans le capital de Renault, soit 4,7%, a été cédée par l'Etat autour de 87 euros par action, c'est-à-dire au niveau du cours de l'action à la date d'acquisition. Le versement de dividendes pendant la période de détention de ces actions et la revente au prix d'achat contrebalancent le risque pris par l'Etat lorsqu'il a acquis une portion de capital uniquement dans le but de faire échec au vote de la résolution visant à s'opposer à la mise en place de droits de vote double dans la société Renault. S'agissant d'Air France-KLM, l'augmentation de capital réalisée le 4 septembre 2017, au bénéfice de Delta Airlines et de China Eastern, a mécaniquement retracté la participation étatique, la faisant passer de 17,6% à 14%. Le surplus des actions achetées pour contrer l'opposition des actionnaires à l'instauration des droits de vote double dans cette société a au moins permis à l'Etat de porter ses droits de vote à hauteur de 23%.

Le second point à analyser porte sur la définition de l'entreprise publique nationale, que la généralisation des droits de vote double dans les sociétés cotées invite à reconsidérer. Malgré la tendance actuelle à la privatisation continue des entreprises publiques, il est possible de constater le développement d'outils interventionnistes alternatifs, tels que les droits de vote double, qui permettent à l'Etat de conserver une influence certaine dans les entreprises concernées. L'Etat actionnaire peut globalement être présenté comme étant un actionnaire, certes minoritaire, mais à l'influence non négligeable[976] dans le contrôle et la gestion des entreprises publiques. En ce sens, le développement des droits de vote double dans les sociétés à participation publique constituerait le stade ultime de l'interventionnisme désengageant de l'Etat dans les entreprises commerciales. En fin de compte, ce mécanisme pérennise et cristallise l'idée d'un Etat tout à la fois présent et en retrait. Certains auteurs ont souligné que pour *« apprécier au mieux l'existence d'un pouvoir de direction sur une société, il [convenait] de substituer une approche en droits de vote à une approche en capital »*[977]. En effet, classiquement, pour déterminer si une entreprise appartient au secteur public, le juge administratif retient le critère de la détention capitalistique majoritaire[978]. Le Conseil d'Etat juge ainsi que les sociétés dans lesquelles les personnes publiques détiennent plus de la moitié du capital social appartiennent au secteur public, ce qui signifie que les règles spécifiques à la privatisation des entreprises publiques ont vocation à s'appliquer dès lors que la participation publique n'est plus majoritaire, c'est-à-dire qu'elle passe en dessous de 50% du capital. D'où l'idée d'une nouvelle forme de privatisation : à côté de la privatisation du statut – consistant en la transformation juridique d'un établissement public en une société commerciale, sans transfert de la propriété au secteur privé – et de la privatisation du capital – consistant en une réduction de la portion de capital détenue par l'Etat dans une entreprise commerciale en-deçà du seuil de 50% – résiderait la privatisation de la gouvernance – qui consisterait en une disparition de l'influence déterminante exercée par l'Etat sur une entreprise commerciale, se traduisant par un transfert au secteur privé d'un nombre d'actions suffisant pour la priver de sa majorité en termes de droits de vote. Trois degrés de privatisation seraient ainsi identifiables : la privatisation du statut, la privatisation du capital et la privatisation de la gouvernance.

---

976 A. LOUVARIS, « Biens publics et concurrence : bref inventaire des fruits d'une union de raison », *in Bien public, bien commun, Mélanges en l'honneur d'Etienne Fatôme*, Dalloz, 2011, p. 287 ; spéc. p. 291 : *« la privatisation d'entreprises publiques s'est en effet accompagnée d'une mutation de l'Etat actionnaire, souvent minoritaire, mais en droit ou en fait, comme un actionnaire minoritaire influant »*.

977 Pour la citation complète, voir : J. MARCHAND, *Recherche sur le régime des actions et participations financières publiques*, *op. cit.* ; spéc. p. 180 : *« Afin d'apprécier au mieux l'existence d'un pouvoir de direction sur une société, il convient de substituer une approche en droits de vote à une approche en capital. Cette dernière se définit traditionnellement par le pouvoir patrimonial attaché à la détention de la majorité du capital social. (...) On assiste à une fragmentation des prérogatives financières et de gouvernement dans les sociétés par actions (...). Ainsi en est-il des actions à vote plural ou actions à vote double. »*.

978 CE, Ass., 24 novembre 1978, *Schwartz* ; voir également, du même jour : CE, Ass., 24 novembre 1978, *Syndicat national de l'énergie atomique CFDT*.

Les droits de vote double traduisent en définitive assez bien l'idée d'un renforcement de l'influence de l'Etat dans les entreprises commerciales au sein desquelles il détient une participation financière. Le recours à cet outil se double également en pratique de certaines cessions d'actions détenues par l'Etat dans les entreprises concernées, ce qui sert clairement les intérêts de l'Etat actionnaire puisqu'il ne subit pas en contrepartie une perte d'influence. Cette technique n'en demeure pas moins critiquable parce qu'elle est révélatrice de l'existence des motivations réelles d'un Etat actionnaire en manque de trésorerie, prêt à consolider son influence politique par une multiplication de ses droits de vote, au détriment du développement d'une meilleure stratégie dans les choix opérés de prendre ou non une participation dans une entreprise donnée. Les droits de vote double permettent en apparence un renforcement de l'influence de l'Etat, lorsqu'il détient les actions concernées depuis plus de deux années consécutives, jusqu'à ce que les autres actionnaires de la société puissent eux aussi bénéficier de ce dispositif, ce qui réduira d'autant l'influence de l'Etat dans le temps. Le droit commun n'est en conséquence pas étranger à l'amélioration de la protection des propriétés financières des personnes publiques. Il est parfois utilisé de façon opportuniste pour servir les intérêts de l'Etat actionnaire, fussent-ils strictement temporaires et au risque alors de réaliser des opérations mal avisées sur le plan financier.

A cet égard, la réalisation dans la période récente d'une opération sur le capital d'Engie (ex-GDF-Suez) donne de quoi s'interroger. L'Etat actionnaire voit ses opérations guidées par des motivations sous-jacentes qui ne sont pas toujours clairement perceptibles. En recherche permanente de trésorerie, l'Etat actionnaire se livre à de périlleuses expériences capitalistiques. Il a ainsi procédé en septembre 2017 à une importante cession portant sur plus de 4% du capital d'Engie. Si elle permet de dégager environ 1,5 milliards d'euros de trésorerie, cette opération fait courir le risque à l'Etat, en raison d'un dispositif législatif singulier, de devoir racheter tout ou partie de ces actions pour un prix supérieur, au gré des fluctuations boursières à venir. L'Etat à la suite de cette opération a détenu 24% du capital et 27,5% des droits de vote d'Engie, alors même que sa participation devait équivaloir au tiers du capital ou des droits de vote, une disposition législative ciselée sur-mesure, introduite à l'article 7 de la loi "Florange"[979], ayant en effet

[979] Loi n°2014-384 du 29 mars 2014 visant à reconquérir l'économie réelle ; voir plus spécifiquement, l'article 7, VI : *« VI. — Dans les sociétés anonymes dans lesquelles la loi prévoit que l'Etat doit atteindre un seuil minimal de participation en capital, inférieur à 50 %, cette obligation est remplie si ce seuil de participation est atteint en capital ou en droits de vote. La participation de l'Etat peut être temporairement*

discrètement atténué l'obligation contenue dans le code de l'énergie de détention de plus du tiers du capital par l'Etat[980]. Cette exception a permis une incursion simplement ponctuelle sous le niveau de participation minimal antérieur, l'Etat devant atteindre de nouveau le seuil d'un tiers sous deux ans. L'Etat a pris ici le risque de voir les conditions de son futur rachat de titres considérablement défavorables, sauf modification législative ultérieure qui rendrait indolore, sur le plan des finances publiques, ce nouvel acte de désengagement capitalistique.

B. L'existence de mécanismes de protection supplétifs au droit commun

Les améliorations envisageables de la protection des propriétés financières des personnes publiques sont résiduelles. L'application du droit commun ne leur est en effet pas particulièrement préjudiciable. Plusieurs modes de protection alternatifs à la seule prise de participation publique existent en outre, de telle sorte que l'application du droit commun est opportunément suppléée lorsque pareille nécessité est identifiée. Les droits de vote double, s'ils contribuent à accroître l'influence de l'Etat dans certaines entreprises commerciales, sont ici exclus, d'une part parce qu'ils ne constituent pas un mode d'intervention alternatif à la prise de participation publique, qui au contraire en conditionne l'existence, et d'autre part parce qu'ils ont été institués dans les conditions du droit commun des sociétés et conçus pour s'appliquer à tout type d'actionnaire, c'est-à-dire sans égard à sa nature publique ou privée. D'autres mécanismes, dont le degré d'exorbitance est variable, doivent ici être envisagés. Le contrôle de l'activité des entreprises à participation publique passe ainsi tout à la fois par des mécanismes ordinaires (1) et par des mécanismes exceptionnels (2).

---

inférieure à ce seuil à condition qu'elle atteigne le seuil de détention du capital ou des droits de vote requis dans un délai de deux ans. ».

[980] Article L. 111-68 du code de l'énergie : *« L'entreprise dénommée "GDF-Suez" est une société anonyme, dont le capital est détenu à plus du tiers par l'Etat. ».* Voir initialement : Loi n° 2004-803 du 9 août 2004, relative au service public de l'électricité et du gaz et aux entreprises publiques et gazières ; spéc. art. 24 : *« EDF et GDF sont des sociétés anonymes. L'Etat détient plus de 70% du capital d'EDF et plus du tiers du capital de GDF ».*

1. Les mécanismes ordinaires du contrôle de l'activité des entreprises à participation publique

Au titre des mécanismes ordinaires du contrôle de l'activité des entreprises à participation publique, il faut revenir successivement sur le rôle joué par les différents rapports rendus à propos de la gestion des entreprises publiques ou des participations publiques dans des entreprises commerciales, puis sur la place tenue par le commissaire du Gouvernement dans les entreprises.

Le plus faible degré de contrôle sur l'activité des entreprises publiques est certainement la rédaction de rapports, par les assemblées parlementaires ou par les institutions publiques financières. Ainsi, *« la gestion des entreprises publiques fait l'objet de contrôles de tutelle et de contrôles politique (par le Parlement) et financier (par la Cour des comptes) »*[981]. Cette forme très atténuée de contrôle, donne régulièrement lieu à l'élaboration d'une abondante littérature. Dès 2003, l'Assemblée nationale s'était ainsi saisie de la question de la gestion des participations de l'Etat au sein d'entreprises commerciales. Le rapport "Douste-Blazy"[982] avait alors mis en évidence la nécessité d'une institutionnalisation des fonctions de l'Etat actionnaire, dans la droite ligne du rapport "Barbier de La Serre"[983] remis quelques mois auparavant, qui se traduira rapidement par la mise en place effective de l'Agence des participations de l'Etat[984]. Les assemblées parlementaires se penchent régulièrement, à l'occasion du vote des lois de finances, sur les questions en lien avec la gestion des participations de l'Etat. Plus récemment, un sénateur a mené une étude d'envergure sur la politique de versement des dividendes de l'Etat actionnaire, en mettant clairement en avant les dangers d'une politique de court terme axée principalement sur le comblement de certains déficits par un prélèvement excessif de dividendes[985].

---

[981] P. IDOUX, « Les spécificités de l'actionnariat public », *RFDA* 2012, p. 1101 ; spéc. p. 1105.

[982] Assemblée nationale, *Rapport fait au nom de la commission d'enquête sur la gestion des entreprises publiques afin d'améliorer le système de prise de décision*, juillet 2003.

[983] R. BARBIER DE LA SERRE, J.-H. DAVIS *et al.*, *L'Etat actionnaire et le gouvernement des entreprises publiques*, La Documentation française, mars 2003.

[984] Décret n°2004-963 du 9 septembre 2004 portant création du service à compétence nationale Agence des participations de l'Etat.

[985] SENAT, *Rapport d'information fait au nom de la commission des finances sur la politique de dividendes de l'Etat actionnaire*, fait au nom de la commission des finances par M. Maurice Vincent, janvier 2017.

La Cour des comptes se penche également souvent sur la question et porte parfois un regard critique sur la gestion étatique des participations détenues dans des entreprises commerciales. Par deux fois déjà[986], elle a rédigé un rapport thématique en lien avec les entreprises d'armement et de défense invitant à engager une réflexion quant à l'opportunité des politiques menées en ces matières. Plus précisément, la Cour des comptes a pu regretter un défaut de stratégie dans la façon dont certaines opérations ont été menées, ainsi qu'une difficulté à prendre certaines décisions induisant d'opérer un arbitrage entre des intérêts contradictoires. La juridiction financière a également mené deux études plus générales sur ces questions, en se penchant d'abord sur le fonctionnement de l'Agence des participations de l'Etat[987], puis en approfondissant les problématiques en lien avec l'Etat actionnaire[988]. Dans ce dernier rapport, la Cour des comptes juge avec sévérité certaines opérations récemment réalisées par l'Agence des participations de l'Etat et émet un doute quant à la pertinence du périmètre actuel d'intervention de l'Etat dans les entreprises commerciales. Il n'en demeure pas moins qu'un tel contrôle, non sanctionné, est nécessairement modéré dans ses effets.

2. Les mécanismes exceptionnels du contrôle de l'activité des entreprises à participation publique

La volonté de pourvoir une protection efficace aux secteurs réputés stratégiques, conjuguée aux vagues successives de privatisation, ont incité le législateur à *« prév[oir] des mécanismes permettant à l'Etat de s'assurer de la protection des intérêts nationaux, par des procédés exorbitants du droit des sociétés »*[989]. Les mécanismes envisagés pour contrôler l'activité des entreprises à participation publique sont divers. Certains d'entre eux contribuent au renforcement de la protection de la propriété publique financière, parce qu'ils garantissent à l'Etat un droit de regard d'une intensité variable sur la gestion de l'entreprise concernée. Il convient d'étudier, par degré d'exorbitance, trois

---

[986] COUR DES COMPTES, *Les industries d'armement de l'Etat : un point de vigilance*, Rapport thématique, La Documentation française, janvier 2012 ; Cour des comptes, *Les faiblesses de l'Etat actionnaire d'entreprises industrielles de défense*, Rapport thématique, La Documentation française, avril 2013.

[987] COUR DES COMPTES, *L'Etat actionnaire : apports et limites de l'Agence des participations de l'Etat*, Rapport thématique, La Documentation française, février 2008.

[988] COUR DES COMPTES, *L'Etat actionnaire*, Rapport thématique, La Documentation française, janvier 2017.

[989] A. CARTIER-BRESSON, *L'Etat actionnaire*, LGDJ, Bibliothèque de droit public, Tome 264, 2010 ; spéc. p. 86.

mécanismes : le commissaire du Gouvernement, le décret "Montebourg" et l'action spécifique. Parmi ces mécanismes, seule l'action spécifique module réellement les prérogatives rattachées à la propriété immatérielle. Quant aux deux premiers, c'est-à-dire le commissaire du Gouvernement et le décret "Montebourg", ainsi que cela sera exposé plus avant, ils ne sont pas propres à l'Etat actionnaire puisque leur mise en œuvre ne nécessite pas de détention capitalistique de la part de l'Etat. Ils traduisent toutefois correctement l'idée de mécanismes supplétifs de protection des intérêts de l'Etat.

Puisqu'il s'agit de rendre compte ici de mécanismes exorbitants, c'est-à-dire propres à l'Etat comme puissance publique, il ne sera pas question du renforcement de l'influence de l'Etat par une consolidation de ses prises de participation au capital d'une société donnée. Cette voie est sûrement la plus effective pour que l'Etat actionnaire accroisse son emprise sur une entreprise ; cependant, il s'agit certainement d'une voie trop onéreuse pour que sa généralisation soit envisagée sérieusement. La période récente reste marquée par l'idée d'un désengagement progressif de l'Etat[990], de telle sorte qu'un renforcement des prises de participation capitalistiques n'apparaît pas en adéquation avec ce mouvement de fond[991], à plus forte raison en période de raréfaction de l'argent public. L'intérêt des développements qui suivent est de mettre en évidence l'existence de mécanismes, qu'ils soient d'origine législative ou réglementaire, non onéreux et susceptibles de donner les moyens à l'Etat d'exercer un contrôle sur certaines entreprises.

Seront étudiées successivement : l'institution d'un commissaire du Gouvernement dans une entreprise commerciale (a), l'autorisation préalable à la réalisation de certains investissements étrangers (b) et enfin, la création d'une action spécifique dans une entreprise à participation publique minoritaire (c).

---

[990] A. LOUVARIS, « Biens publics et concurrence : bref inventaire des fruits d'une union de raison », *in Bien public, bien commun, Mélanges en l'honneur d'Etienne Fatôme*, Dalloz, 2011, p. 287 ; spéc. p. 291 : *« la privatisation d'entreprises publiques s'est en effet accompagnée d'une mutation de l'Etat actionnaire, souvent minoritaire, mais en droit ou en fait, comme un actionnaire minoritaire influant »*.

[991] COUR DES COMPTES, *L'Etat actionnaire*, Rapport public thématique, La Documentation française, 2017 ; voir spéc. pp. 126-129. Voir également la recommandation n° 15 : *« redimensionner le portefeuille de participations publiques en choisissant entre un ajustement du périmètre et un resserrement plus significatif. »*.

a. L'institution d'un commissaire du Gouvernement dans une entreprise commerciale

Le Conseil d'Etat a récemment mené une étude consacrée au commissaire du Gouvernement dans les entreprises[992]. « *Institution ancienne* »[993], dont l'origine remonterait à un décret du 18 octobre 1923 relatif aux sociétés concessionnaires d'entreprises hydrauliques[994], son rôle est « *de veiller à la cohérence, à la compatibilité, voire à la conformité des orientations retenues par l'entreprise avec la politique menée dans le secteur par Gouvernement* »[995]. Les commissaires du Gouvernement sont présents dans cent-cinquante-cinq "entreprises"[996], qu'il s'agisse d'établissements publics, soit administratifs, soit industriels et commerciaux, ou de sociétés commerciales. Peu problématique dans le cadre des établissements publics industriels et commerciaux, dans la mesure où il incarne convenablement la tutelle de l'Etat[997], la question de la désignation par l'Etat d'un commissaire du Gouvernement est davantage sujette à caution dans les entreprises commerciales, à plus forte raison lorsque la participation de l'Etat au capital est limitée ou même inexistante[998], ce qui peut être le cas au sein de certaines entreprises des secteurs de l'armement, de l'énergie, de la banque ou encore des transports. Paradoxalement, c'est pourtant là qu'il se justifie le mieux au regard de son rôle, puisque plus la participation capitalistique est importante, plus le contrôle de l'Etat sur la gestion de l'entreprise est important. L'intensité du contrôle exercé sur l'activité de l'entreprise est assez faible[999]. Privé de toute voix délibérative, il se limite

---

[992] CONSEIL D'ETAT, *Les commissaires du Gouvernement dans les entreprises*, La Documentation française, 2015.

[993] A. CARTIER-BRESSON, *L'Etat actionnaire*, *op. cit.* ; spéc. p. 86.

[994] Décret du 18 octobre 1923, sur les conditions générales de la représentation de l'Etat, et de la représentation de l'Etat obligatoire dans les sociétés concessionnaires d'entreprises hydrauliques ; JORF du 19 octobre 1923, p. 10023. Voir spéc. l'article 12 : « *(...) l'Etat a le droit d'être représenté auprès de la société concessionnaire par un commissaire du Gouvernement, assisté, s'il y a lieu, d'un commissaire suppléant, s'il n'est pas déjà représenté auprès de cette société par un ou plusieurs délégués (...)* ».

[995] CONSEIL D'ETAT, *op. cit.* ; spéc. p. 21.

[996] CONSEIL D'ETAT, *op. cit.* ; spéc. p. 7. Le terme d'entreprise est ici entendu au sens large, comme renvoyant tout à la fois aux établissements publics et aux sociétés commerciales.

[997] CONSEIL D'ETAT, *op. cit.* ; spéc. p. 15.

[998] Voir sur ces questions : CONSEIL D'ETAT, *op. cit.* ; spéc. p. 18. Voir également : A. CARTIER-BRESSON, *op. cit.* ; spéc. p. 86 : « *Le commissaire du gouvernement (...) permet au gouvernement d'exercer une surveillance sur la gestion d'entreprises bénéficiant de fonds publics (qui ne prennent pas forcément la forme de participations étatiques).* ».

[999] Le professeur Anémone Cartier-Bresson note à cet égard que les commissaires du Gouvernement « *constituent un moyen feutré pour l'Etat actionnaire minoritaire de*

théoriquement à exercer en quelque sorte un contrôle visuel et auditif. Malgré l'inexistence d'obstacles majeurs, qu'ils soient issus du droit de l'Union européenne ou du droit constitutionnel[1000], à la survie de cette institution, le Conseil d'Etat a envisagé des pistes de réflexion d'une part pour réviser le périmètre des entreprises dans lesquelles est institué un commissaire du Gouvernement[1001] et d'autre part pour maximiser la pertinence et l'efficacité de ses interventions[1002].

b. L'autorisation préalable à la réalisation de certains investissements étrangers

Le dispositif dont il est question dans les lignes qui suivent est révélateur de l'influence déterminante qui peut être celle de l'Etat sur une entreprise pour laquelle il a atténué, voire totalement supprimé, sa prise de participation capitalistique[1003].

La cession par Alstom, courant 2014, de sa branche "énergie" a été l'occasion pour le Gouvernement de rénover, en vue de le rendre plus contraignant[1004], l'arsenal réglementaire visant à protéger certains actifs nationaux d'une prise de contrôle indésirable par un investisseur étranger[1005]. Le décret "Montebourg", du nom du ministre du

---

conserver un droit de regard sur la gestion des entreprises privatisées » ; voir sur ce point : A. CARTIER-BRESSON, *op. cit.*, spéc. pp. 86-87.

[1000] CONSEIL D'ETAT, *op. cit.* ; spéc. pp. 37 et s.

[1001] CONSEIL D'ETAT, *op. cit.* ; spéc. pp. 27 et s.

[1002] CONSEIL D'ETAT, *op. cit.* ; spéc. pp. 51 et s.

[1003] Certains auteurs y voient d'ailleurs une traduction d'un certain développement dans la période récente *« d'une législation qui évince progressivement l'actionnaire au profit du pouvoir politique et l'*imperium *des tribunaux »*. Voir sur ce point : D. BOMPOINT, « Peu à peu, le citoyen évince l'actionnaire », *JCP G* 2015, doctr. 1305.

[1004] Pour un regard critique, voir : D. DE BECHILLON, « Le volontarisme politique contre la liberté d'entreprendre », *Les Nouveaux Cahiers du Conseil constitutionnel* 2015/4, p. 5 ; spéc. pp. 11-13. L'auteur écrit par exemple à propos de ce dispositif, p. 12 : *« c'est le menton haut que la France agit comme elle le fait et complique l'entrée sur le territoire de ces capitaux structurants dont tout nous dit par ailleurs que nous avons le plus grand besoin pour sauver l'emploi et améliorer l'état des finances. Elle le fait au surplus avec une très grande candeur (ou un très grand aveuglement) parce que nul ne sait vraiment de quoi et jusqu'où notre pays se prive en agissant de la sorte ».*

[1005] Sur cette question, voir : J. MARCHAND, *Recherche sur le régime des actions et participations financières publiques*, LGDJ, Bibliothèque de droit public, Tome 279, 2014 ; spéc. p. 123 : *« Dans un contexte économique particulièrement heurté et d'attrition des moyens de financement des entreprises, les fonds souverains représentent une opportunité pour les économies occidentales. Cependant, l'exigence principale pour*

redressement productif d'alors, ou décret "Alstom", a été adopté dans ces conditions le 14 mai 2014[1006]. La confrontation du champ matériel couvert par ce décret avec son fondement législatif, contenu dans le code monétaire et financier, laisse perplexe.

Certes, *« le dispositif français de protection des actifs jugés sensibles se révèle comparativement moins restrictif que les mécanismes organisés par la plupart des pays développés »*[1007], cependant, sa légalité, davantage que sa conventionnalité, pose question. Le support législatif, à savoir l'article L. 151-3 du code monétaire et financier[1008], visant tout à la fois les *« activités de nature à porter atteinte à l'ordre public, à la sécurité publique ou aux intérêts de la défense nationale »* ainsi que les *« activités de recherche, de production ou de commercialisation d'armes, de munitions, de poudres et substances explosives »* paraît en adéquation avec l'article 346 du Traité sur le fonctionnement de l'Union européenne[1009], qui prévoit expressément qu'un Etat membre *« [puisse] prendre les mesures qu'il estime nécessaires à la protection des intérêts essentiels de sa sécurité et qui se rapportent à la production ou au commerce d'armes, de munitions et de matériel de guerre »*[1010]. En revanche, le texte du décret de 2014 semble en décalage avec le champ matériel prévu par la loi. En effet, il soumet à l'obtention préalable d'une

---

les pays destinataires est, légitimement, de préserver le capital et le savoir-faire des entreprises dont l'activité concerne directement la souveraineté et la défense du pays. ».

1006 Décret n° 2014-479 du 14 mai 2014 relatif aux investissements étrangers soumis à autorisation préalable.

1007 J. MARCHAND, *Recherche sur le régime des actions et participations financières publiques*, *op. cit.* ; voir spéc. p. 125.

1008 Article L. 151-3 du Code monétaire et financier : *« I. - Sont soumis à autorisation préalable du ministre chargé de l'économie les investissements étrangers dans une activité en France qui, même à titre occasionnel, participe à l'exercice de l'autorité publique ou relève de l'un des domaines suivants :*
a) Activités de nature à porter atteinte à l'ordre public, à la sécurité publique ou aux intérêts de la défense nationale ;
b) Activités de recherche, de production ou de commercialisation d'armes, de munitions, de poudres et substances explosives.
Un décret en Conseil d'Etat définit la nature des activités ci-dessus. (...) ».

1009 Article 346, §1 TFUE :
« 1. Les dispositions des traités ne font pas obstacle aux règles ci-après :
(...)
b) tout État membre peut prendre les mesures qu'il estime nécessaires à la protection des intérêts essentiels de sa sécurité et qui se rapportent à la production ou au commerce d'armes, de munitions et de matériel de guerre ; ces mesures ne doivent pas altérer les conditions de la concurrence dans le marché intérieur en ce qui concerne les produits non destinés à des fins spécifiquement militaires. ».

1010 *Idem.*

autorisation du Ministre de l'Economie, la réalisation d'investissements dans certains secteurs. D'une façon générique, les activités nouvellement visées sont celles *« portant sur des matériels, des produits ou des prestations de services (...) essentielles à la garantie des intérêts du pays en matière d'ordre public, de sécurité publique ou de défense nationale »*. Ici, si la lettre du Traité n'est pas parfaitement respectée, son esprit ne paraît pas totalement contrarié, la proximité du champ lexical employé dans l'un et l'autre cas aidant. Cependant, le doute naît de l'adjonction, dans les alinéas qui suivent, d'un ensemble d'activités en lien indirect avec le champ légal. Sont ainsi tout à la fois visés les secteurs de l'eau, de l'énergie, des communications électroniques, de la santé, des transports et des infrastructures. Idéologiquement, la mesure a du sens : elle tend à empêcher les prises de contrôle non souhaitées des fleurons de l'industrie nationale. Elle envoie cependant un signal négatif aux investisseurs qui pourraient être découragés par cette étape supplémentaire, dont l'issue peut par ailleurs être perçue comme aléatoire.

En définitive, il est assez peu étonnant que le ministre du "redressement productif", après avoir fait la promotion du *"made in France"*, ait fait du "patriotisme économique" son nouveau fer de lance. Cela étant, en privilégiant l'affichage politique sur la rigueur juridique, le Gouvernement a pris le risque de l'illégalité. Les aménagements du dispositif réglementant les investissements étrangers dans les secteurs stratégiques se sont faits au prix d'une distorsion des restrictions envisageables en application de la loi et en bonne intelligence avec le Traité. L'avenir contentieux du dispositif en cause est pour cette raison incertain.

c. La création d'une action spécifique dans une entreprise à participation publique minoritaire

« [A]ction privilégiée conférant à l'Etat des pouvoirs sans rapport avec sa participation au capital de la société »[1011], l'action spécifique ou *golden share*, est archétypique d'un mécanisme exorbitant, extérieur au droit commun des sociétés, de nature à renforcer l'influence de l'Etat alors qu'il est en position minoritaire dans le capital[1012], spécialement

[1011] C. Dureau-Hazera et Ph. Thomas, « Les golden shares dans les sociétés françaises », *Revue de droit bancaire et financier* 2016, étude 12.

[1012] J.-C. Devouge, « Privatisations et préservation des intérêts essentiels de la Nation. Vers un renforcement du fait du Prince en matière de sélection des acquéreurs ? », *JCP A* 2016, 2182. L'auteur résume l'esprit de l'action spécifique en indiquant qu'il s'agit

lorsqu'il a souhaité se désengager d'une entreprise donnée, après la réalisation d'une opération de privatisation. *« La domination publique est [alors] plus subtile »*[1013], puisque, en réalité, la mise en œuvre d'un tel dispositif aménage considérablement le régime de l'action ordinaire, détenue par l'Etat, ainsi transformée. De cette façon, *« [le] droit public s'infiltre par le biais d'une valeur mobilière qui se trouve totalement dénaturée »*[1014].

Initialement institué en 1986[1015], à l'occasion de la première vague de privatisation d'entreprises – ou de *« dénationalisation »*[1016] – le dispositif de l'action spécifique a connu des modulations successives, au double prisme de la jurisprudence de la Cour de justice de l'Union européenne, qui exige qu'il ne soit mis en œuvre que *« pour des raisons impérieuses d'intérêt général, dans la mesure où il peut être susceptible de contrevenir aux libertés européennes, en particulier la liberté de circulation des capitaux »*[1017], et de la rénovation du droit des entreprises publiques, par l'ordonnance du 20 août 2014[1018], puis par la loi "Macron" du 6 août 2015[1019]. A cette occasion, le critère générique justifiant la transformation d'une action ordinaire en action spécifique dans une société donnée a été *« reformulé et détaillé »*[1020], c'est-à-dire resserré, pour renvoyer désormais aux cas dans lesquels *« la protection des intérêts essentiels du pays en matière d'ordre public, de santé publique, de sécurité publique ou de défense nationale [l'] exige »*[1021].

---

d'un *« dispositif (...) permettant à l'Etat de transformer une action ordinaire d'une entreprise privatisée en action spécifique lui conférant des prérogatives particulières »*.

[1013] Pour la citation complète, voir : P. IDOUX, art. préc. ; spéc. p. 1102 : *« La domination publique est plus subtile lorsque l'actionnaire public, même minoritaire, détient des prérogatives exorbitantes. Il en va notamment ainsi en cas de détention d'une action spécifique. »*.

[1014] Sur ce point, voir : A. CARTIER-BRESSON, *op. cit.* ; spéc. p. 87 : *« Contrairement à ce que sa dénomination semble laisser entendre, l'action spécifique ne relève pas de l'aménagement de la condition des actionnaires. Le droit public s'infiltre par le biais d'une valeur mobilière qui se trouve totalement dénaturée, et l'on sort de la logique de la société anonyme. »*.

[1015] Article 10 de la loi n°86-912 du 6 août 1986 relative aux modalités de privatisation.

[1016] Pour reprendre le terme employé par Me Jean-Christophe Devouge : J.-C. DEVOUGE, art. préc.

[1017] P. IDOUX, art. préc. ; spéc. p. 1102.

[1018] Ordonnance n°2014-948 du 20 août 2014 relative à la gouvernance et aux opérations sur le capital des sociétés à participation publique.

[1019] Loi n°2015-990 du 6 août 2015 pour la croissance, l'activité et l'égalité des chances économiques.

[1020] J.-C. DEVOUGE, art. préc.

[1021] Voir sur ce point l'article 31-1 de l'ordonnance du 20 août 2014, introduit par l'article 186 de la loi "Macron" précitée, ratifiant et modifiant ladite ordonnance.

Les prérogatives pouvant être rattachées à l'action spécifique n'ont quant à elles pas substantiellement changé : *« agrément ministériel pour les cessions d'actions au-delà d'un certain seuil, nomination au Conseil d'un représentant de l'Etat sans voix délibérative et droit de veto en cas de cession d'actifs »*[1022]. Le législateur a toutefois cru bon devoir ajouter que *« les droits pouvant être attachés à une action spécifique [sont] définis dans chaque cas de façon à être nécessaires, adéquats et proportionnés aux objectifs poursuivis »*[1023]. La formule retenue n'étonnera pas : son inspiration directe est, sans ambigüité possible, la jurisprudence de la Cour de justice de l'Union européenne[1024], laquelle exige un usage strictement proportionné de l'action spécifique par les Etats membres. Son utilisation par le législateur n'en demeure pas moins incantatoire et impropre à tromper la vigilance des institutions européennes qui s'interrogeraient sur la compatibilité d'une action spécifique donnée aux libertés garanties par les Traités. Tout au plus la formule employée peut-elle être justifiée par la perspective bienveillante du législateur de rappeler au gouvernement distrait les exigences bien établies de la jurisprudence de la Cour de justice en vue d'éviter un éventuel recours en manquement.

1022 La formule, ainsi contractée, est de : C. DUREAU-HAZERA et PH. THOMAS, art. préc. ; pour la formule complète, voir l'article 31-1, I de l'ordonnance précitée du 20 août 2014 : *« (...) 1° La soumission à un agrément préalable du ministre chargé de l'économie du franchissement, par une personne agissant seule ou de concert, d'un ou de plusieurs des seuils prévus au I de l'article L. 233-7 du code de commerce, précisés dans le décret qui institue l'action spécifique. Un seuil particulier peut être fixé pour les participations prises par des personnes étrangères ou sous contrôle étranger, au sens de l'article L. 233-3 du même code, agissant seules ou de concert. Cet agrément ne peut être refusé que si l'opération en cause est de nature à porter atteinte aux intérêts essentiels du pays qui ont justifié la création de l'action spécifique ;*
2° La nomination au conseil d'administration, au conseil de surveillance ou au sein de l'organe délibérant en tenant lieu, selon le cas, d'un représentant de l'Etat sans voix délibérative, désigné dans les conditions fixées par le décret qui institue l'action spécifique ;
3° Le pouvoir de s'opposer, dans des conditions fixées par voie réglementaire, aux décisions de cession d'actifs ou de certains types d'actifs de la société ou de ses filiales ou d'affectation de ceux-ci à titre de garantie qui seraient de nature à porter atteinte aux intérêts essentiels du pays. (...) ».

1023 Voir l'article 31-1, I de l'ordonnance précitée du 20 août 2014.

1024 Sur cette question, voir initialement : CJCE, 4 juin 2002, *Commission c/ France*, C-483/99, spéc. § 45 ; *CJEG* 2002, p. 640, comm. M. GUILLAUME. Pour une application plus récente, voir par exemple : CJUE, 11 novembre 2010, *Commission européenne c/ République portugaise*, C-543/08, spéc. §§ 90-92 ; *Europe* 2011, comm. 17, note V. MICHEL. Plus généralement, sur ces questions, voir : J. HOUET, *Les* golden shares *en droit de l'Union européenne*, Thèse Paris X, 2014. Voir également : C. DUREAU-HAZERA et PH. THOMAS, « Les golden shares dans les sociétés françaises », *Revue de droit bancaire et financier* 2016, étude 12.

L'étude des mécanismes de protection des intérêts de l'Etat dans les entreprises à participation publique, surtout lorsqu'ils sont supplétifs du droit commun, met en évidence la faiblesse des améliorations envisageables, s'agissant des propriétés financières des personnes publiques. Il existe ainsi d'ores et déjà un ensemble de modes d'intervention, extérieurs au droit commun des sociétés, susceptibles de permettre à l'Etat d'accroître de façon efficace son influence dans une société donnée.

Les propriétés publiques financières sont en définitive plutôt bien protégées, au regard des mécanismes existants en l'état actuel. Un doute peut simplement subsister s'agissant de la question des actions spécifiques. Elles ne devraient pas entrer dans le domaine public des personnes publiques et, dès lors, elles ne sont *a priori* ni inaliénables, ni imprescriptibles. Qu'adviendrait-il en cas de cession, volontaire ou non, d'une telle action ? En cas de cession volontaire ou involontaire – par le mécanisme déjà exposé de l'offre publique de retrait suivie d'un retrait obligatoire – de l'action sur laquelle porte l'action spécifique, il est vraisemblable qu'elle serait au préalable convertie de nouveau en action simple[1025]. Elle pourrait sinon certainement faire l'objet d'une protection exceptionnelle par le jeu du principe d'incessibilité à vil prix des biens publics, étant donné que sa valeur est "inestimable".

L'analyse du régime des propriétés intellectuelles des personnes publiques, quant à elle, révèle l'existence en l'état actuel de certaines carences dans les modes de protection envisageables des intérêts des personnes publiques.

§2. Des améliorations substantielles de la protection des propriétés intellectuelles des personnes publiques

Les propriétés intellectuelles des personnes publiques, contrairement à leurs propriétés financières, lesquelles ont assez tôt fait l'objet de divers mécanismes particuliers – d'origine législative ou réglementaire – prenant en compte les enjeux induits par leur détention, n'ont que rarement été appréhendées en tant que telles en vue de bénéficier d'une protection spécifique. L'absence de toute protection supplémentaire par rapport à celle pourvue par le droit commun au bénéfice des personnes

[1025] A. CARTIER-BRESSON, *L'Etat actionnaire*, LGDJ, Bibliothèque de droit public, Tome 264, 2010 ; spéc. p. 89 : *« En raison des prérogatives dont elle bénéficie, la propriété d'une action spécifique est incessible »*.

publiques est en réalité préjudiciable (A) et elle nécessite qu'une réflexion soit menée sur l'opportunité de la mise en place de mécanismes propres aux personnes publiques dans leur confrontation aux propriétés intellectuelles qu'elles possèdent (B).

A. L'inexistence préjudiciable d'une protection spécifique aux propriétés intellectuelles des personnes publiques

Les personnes publiques ne sont pas désignées explicitement comme étant destinataires des dispositions du code de la propriété intellectuelle, ce qui invite intuitivement à supposer que ces dispositions trouvent à s'appliquer aux personnes publiques lorsqu'elles sont dans une des situations régies par le code. Pour autant, l'application des mécanismes protecteurs pourvus par le code de la propriété intellectuelle, sans égard à la nature juridique de celui qui s'en prévaut, n'est pas systématiquement satisfaisante. Un diagnostic doit dès lors être dressé afin d'établir quels dispositifs jouent indistinctement pour les personnes publiques ou privées, puis quels importants défauts de protection peuvent encore être mis en évidence, de telle sorte à envisager ensuite des palliatifs efficaces. L'absence d'inclusion explicite des personnes publiques dans le code de la propriété intellectuelle (1) conduit à supposer que ce dernier s'applique indistinctement aux personnes privées et aux personnes publiques lorsqu'il ne singularise pas la situation de ces dernières (2).

1. L'absence d'inclusion explicite des personnes publiques au code de la propriété intellectuelle

D'une façon générale, *« la propriété littéraire et artistique bénéficie (...) presque exclusivement aux particuliers, la propriété industrielle, surtout aux sociétés commerciales »*[1026]. La lecture du code de la propriété intellectuelle révèle d'ailleurs, sans véritable surprise, que les personnes morales de droit public n'y sont pas explicitement incluses. Elles n'en sont réciproquement pas exclues, ce qui permet de considérer qu'en l'absence de disposition contraire, ce code s'applique aux personnes publiques, lorsqu'elles se trouvent dans les situations qu'il régit. Les dispositions qui ont trait à la propriété littéraire et artistique font simplement mention du cas des agents publics, sans évoquer explicitement la dévolution et la gestion des droits moraux de la personne

---

[1026] P. DELVOLVE, Préface à la Thèse de C. BLAIZOT-HAZARD, *Les droits de propriété intellectuelle des personnes publiques en droit français*, LGDJ, Bibliothèque de droit public, Tome 159, 1991 ; spéc. p. 15.

publique reconnue comme auteur. Celles concernant la propriété industrielle appréhendent de façon variable la confrontation des personnes publiques aux brevets et aux marques.

En matière de droit de la propriété littéraire et artistique, le code de la propriété intellectuelle envisage essentiellement les droits de l'auteur avec une approche personnaliste[1027]. En toute logique, le code embrasse avant tout les situations dans lesquelles l'auteur est une personne physique, quand bien même il serait salarié d'une entreprise ou employé d'une personne morale de droit public[1028]. De façon résiduelle, une personne morale peut être investie des droits de l'auteur. Depuis l'importante réforme du 1er août 2006[1029], une personne morale, de droit public ou de droit privé, ne peut être investie des droits de l'auteur que dans le cadre d'une œuvre collective[1030] (cf. *supra*). Dans une telle hypothèse, par le jeu d'une fiction légale, *« les droits sur l'œuvre vont* directement *naître dans le patrimoine du cocontractant, sans passer par celui de l'auteur »*[1031].

Les dispositions du code de la propriété intellectuelle consacrées aux brevets se concentrent sur l'invention susceptible de protection, sans

---

[1027] C'est ce qui ressort en substance de la lecture de l'article L 111-1 du code de la propriété intellectuelle : *« L'auteur d'une œuvre de l'esprit jouit sur cette œuvre, du seul fait de sa création, d'un droit de propriété incorporelle exclusif et opposable à tous. (...) »*.

[1028] Sur ces situations spécifiques, voir notamment : article L 111-1, al. 3 du code de la propriété intellectuelle : *« L'existence ou la conclusion d'un contrat de louage d'ouvrage ou de service par l'auteur d'une œuvre de l'esprit n'emporte pas dérogation à la jouissance du droit reconnu par le premier alinéa, sous réserve des exceptions prévues par le présent code. Sous les mêmes réserves, il n'est pas non plus dérogé à la jouissance de ce même droit lorsque l'auteur de l'œuvre de l'esprit est un agent de l'Etat, d'une collectivité territoriale, d'un établissement public à caractère administratif, d'une autorité administrative indépendante dotée de la personnalité morale ou de la Banque de France. »*.

[1029] Loi n° 2006-961 du 1er août 2006 relative au droit d'auteur et aux droits voisins dans la société de l'information.

[1030] Pour rappel, aux termes de l'article L. 113-2, al. 3 du code de la propriété intellectuelle : *« Est dite collective l'œuvre créée sur l'initiative d'une personne physique ou morale qui l'édite, la publie et la divulgue sous sa direction et son nom et dans laquelle la contribution personnelle des divers auteurs participant à son élaboration se fond dans l'ensemble en vue duquel elle est conçue, sans qu'il soit possible d'attribuer à chacun d'eux un droit distinct sur l'ensemble réalisé. »*.

[1031] P.-Y. GAUTIER, *Propriété littéraire et artistique*, PUF, 9e éd., 2014 ; spéc. p. 721 : *« On voit tout de suite l'originalité de l'hypothèse : alors que la nature des choses veut que l'œuvre soit mise au monde par un créateur, puis qu'il cède les droits y afférents à un exploitant, la loi prescrit ici que les droits sur l'œuvre vont* directement *naître dans le patrimoine du cocontractant, sans passer par celui de l'auteur »*.

égard à la nature juridique de la personne qui accomplit les formalités de dépôt auprès de l'Institut national de la propriété industrielle. Ainsi, aux termes de l'article L. 611-1, alinéa 1er du code précité : *« Toute invention peut faire l'objet d'un titre de propriété industrielle (...) qui confère à son titulaire ou à ses ayants cause un droit exclusif d'exploitation »*. Les articles qui suivent sont toutefois assez peu ambigus quant à l'identité du déposant, titulaire initial du droit d'exploiter le brevet d'invention, puisqu'ils font référence à l' *« inventeur »*[1032] - ce qui sous-entend qu'il s'agit d'une personne physique. Bien entendu, cela n'empêchera pas l'inventeur de céder ou de concéder ultérieurement le droit d'exploiter le brevet déposé, en procédant soit à une cession dudit brevet, soit à sa concession par le biais d'une licence d'exploitation.

En réalité, seul l'article L. 711-1 du code de la propriété intellectuelle, qui définit le champ des dispositions législatives relatives aux marques, fait mention d'une application tant aux personnes physiques que morales[1033], dont il faut déduire, en l'absence de contrindication, que toutes les personnes morales sont ici visées, fussent-elles de droit public.

De telle sorte qu'une interrogation sur la nécessité d'adopter *« quelques dispositions originales »* pour adapter la propriété industrielle aux relations entre les personnes publiques et leurs agents n'est pas totalement incongrue[1034].

Rien dans la structure actuelle du code de la propriété intellectuelle ne laisse entendre que le cas des personnes publiques est réservé. Pourtant, l'application concomitante des dispositions du code aux personnes publiques et privées conduit parfois à une transposition un peu aveugle des règles prévues pour tout propriétaire de droit commun aux cas particuliers dans lesquels une personne publique est propriétaire[1035].

[1032] Voir spécialement : article L. 611-6 du code de la propriété intellectuelle : *« Le droit au titre de propriété industrielle mentionné à l'article L 611-1 appartient à l'inventeur ou à son ayant cause. (...) »* ; article L 611-9 du code de la propriété intellectuelle : *« L'inventeur, salarié ou non, est mentionné comme tel dans le brevet ; il peut également s'opposer à cette mention »*.

[1033] Article L. 711-1 du code de la propriété intellectuelle : *« La marque de fabrique, de commerce ou de service, est un signe susceptible de représentation graphique servant à distinguer les produits ou services d'une personne physique ou morale. (...) »* (nous soulignons).

[1034] Voir sur ce point : J. WALINE, « Propriété industrielle et droit public », *in Propriétés intellectuelles – An 2000, Mélanges offerts à Jean-Jacques Burst*, Litec, 1997, p. 667 ; spéc. p. 669.

[1035] Voir par exemple : J. WALINE, « Propriété industrielle et droit public », art. préc. ; spéc. p. 681 : *« L'article 2 du décret du 4 août 1980 reprend tout simplement, pour les*

En l'état actuel, il paraît ainsi difficile de parler d'un *« véritable droit administratif de la propriété intellectuelle »*[1036] – parfois appelé *« droit public de la propriété intellectuelle »*[1037] –, en tout cas comme un ensemble cohérent de règles ayant vocation à s'appliquer aux personnes publiques confrontées à la propriété intellectuelle, en tenant compte de la spécificité liée à leur nature juridique. Les questions mêlant droit administratif et droit de la propriété intellectuelle n'ont jusqu'à récemment pas été appréhendées par le législateur et par la doctrine[1038] de façon autonome.

De façon ponctuelle, toutefois, le code de la propriété intellectuelle réserve le cas des personnes publiques. Pourtant, ces hypothèses résiduelles ne concernent pas tant la propriété intellectuelle des personnes publiques, que la propriété intellectuelle de droit commun confrontée aux exigences de protection de l'identité de la République française ou de celle des collectivités territoriales. Ainsi en est-il, par exemple, en matière de noms de domaine, en application des dispositions de l'article R. 20-44-44 du code des postes et des communications électroniques[1039]. Il est regrettable que pareille protection n'ait pas été étendue aux *« atteintes aux droits de la République française, de ses*

---

appliquer aux personnels de l'Administration, les dispositions de l'article 1er ter de la loi du 2 janvier 1968 applicable aux salariés du secteur privé. Il y a donc unification du droit puisque le même régime de principe s'applique au secteur public et au secteur privé. (...) On peut cependant se demander si la nature particulière des liens qui unissent les personnes publiques à leurs agents n'aurait pas justifié des règles quelque peu différentes » (nous soulignons).

[1036] L'expression est utilisée par le professeur P. Delvolvé dans la Préface à la Thèse de C. Blaizot-Hazard, *op. cit.* ; spéc. p. 15.

[1037] Sur cette question : M. Conan et B. Thomas-Tual, *Les transformations du droit public*, Actes de la journée d'études organisée le 20 juin 2008 à Brest, Éd. La Mémoire du droit, 2010 ; voir spécialement : B. Warusfel, « L'émergence d'un droit public de la propriété intellectuelle », p. 161.

[1038] Voir sur ce point, un constat dressé à propos de la propriété industrielle, qui peut être généralisé à l'ensemble des composantes du droit de la propriété intellectuelle : J. Waline, art. préc. ; spéc. p. 668 : *« les problèmes de la propriété industrielle [n'ont] pratiquement jamais été abordés par la doctrine sous l'angle du droit administratif »*.

[1039] Voir sur cette question : C. Rossetti, « Vers une gestion stratégique des marques publiques », *AJDA* 2010, p. 2197 ; spéc. p. 2200 : *« A cet égard, le droit des marques pourrait s'enrichir des règles propres à l'attribution et à la gestion des noms de domaines en .fr. En effet, le décret n° 2007-162 du 6 février 2007 relatif à la gestion et l'attribution des noms de domaine de l'internet insère dans le code des postes et des communications électroniques (CPCE) un article R. 20-44-44 qui précise qu'un nom de domaine en .fr ne saurait « porter atteinte au nom, à l'image ou à la renommée de la République française, de ses institutions nationales, des services publics nationaux, d'une collectivité territoriale ou d'un groupement de collectivités territoriales, ou avoir pour objet ou pour effet d'introduire une confusion dans l'esprit du public ». »*.

institutions et des services publics (...) contrairement à celles pouvant être portées au nom, à l'image ou à la renommée des collectivités territoriales » en matière de marques[1040]. Il y a ici une forme d'inclusion implicite, fût-elle incomplète, des personnes publiques dans le code de la propriété intellectuelle. Ce n'est cependant pas pour protéger les éléments de leur propriété intellectuelle, mais pour éviter une appropriation indue, par les déposants d'une marque ou par les personnes qui enregistrent un nom de domaine, de droits de propriété intellectuelle sur des éléments inhérents à l'identité d'une personne publique. D'autres mécanismes protecteurs peuvent exister ponctuellement. Ainsi en est-il, par exemple, dans le code de l'éducation pour empêcher l'utilisation par un établissement privé du terme "université" dans son nom, sous peine d'amende[1041].

2. La supposition d'une application totale du code de la propriété intellectuelle aux personnes publiques

Un certain nombre de mécanismes protecteurs, contenus dans le code de la propriété intellectuelle, pourraient opportunément trouver à s'appliquer aux personnes morales de droit public. En effet, le code pourvoit aux auteurs, ou aux déposants de marques ou de brevets, des modes de protection spécifiques, soit qu'il s'agisse de sanctuariser leur propriété sur certains droits, soit qu'il s'agisse de créer à leur profit des actions tendant à garantir l'exclusivité de la protection dont ils bénéficient.

Ainsi que cela a été exposé précédemment, les principales dispositions du code de la propriété intellectuelle relatives aux droits d'auteur, aux marques et aux brevets, n'incluent pas expressément les personnes morales de droit public dans leur champ d'application. Cela étant, elles ne les excluent pas non plus. Il faut dès lors considérer qu'en l'absence de texte contraire, les dispositions du code devraient s'appliquer effectivement aux personnes publiques.

Le code de la propriété intellectuelle contient certaines dispositions qui prévoient une protection spécifique en matière de propriété industrielle et en matière de propriété littéraire et artistique. Ces

---

[1040] C. ROSSETTI, art. préc. ; spéc. p. 2200.

[1041] Aux termes de l'article L. 731-14 du code de l'éducation : *« Les établissements d'enseignement supérieur privés ne peuvent en aucun cas prendre le titre d'universités. (...) Le fait, pour le responsable d'un établissement de donner à celui-ci le titre d'université (...) est puni de 30000 euros d'amende ».*

mécanismes présentent un intérêt dès lors qu'ils sont communs à tous les titulaires de droits de propriété intellectuelle, qu'il s'agisse de personnes, physiques ou morales, de droit privé ou de personnes morales de droit public. Ils apparaissent dès lors, s'agissant de ces dernières, comme d'intéressants substituts à la domanialité publique. Bien davantage, ces prérogatives protectrices transcendent complètement la distinction domaniale, de telle sorte qu'elles trouvent à s'appliquer en toute hypothèse, que les propriétés intellectuelles concernées ressortissent au domaine public ou au domaine privé de la personne publique considérée.

Cependant, à y regarder de plus près, certains mécanismes, quoiqu'ils paraissent attractifs, n'ont pas vocation à jouer s'agissant des personnes morales de droit public, pour les raisons exposées ci-après. Il y a lieu de distinguer ici le cas de la propriété industrielle et celui de la propriété littéraire et artistique.

En matière de propriété industrielle, les dispositions pertinentes du code ne s'appliquent pas à raison de la personne, mais essentiellement à raison de l'objet concerné. Ainsi, toutes les marques et tous les brevets déposés se verront appliquer le régime protecteur pourvu par le code de la propriété intellectuelle, sans égard à la nature, publique ou privée, du déposant.

En matière de propriété littéraire et artistique, la dimension personnaliste du droit d'auteur est incontestable. Il n'en demeure pas moins que le code de la propriété intellectuelle ne réserve pas non plus le cas, assez spécifique, de la personne publique auteur. En l'état, il y a donc tout lieu de penser que les dispositions du code s'appliquent indistinctement aux personnes publiques ou privées. En réalité, le droit de la propriété littéraire et artistique opère une distinction entre le droit moral de l'auteur et ses droits patrimoniaux : une personne publique peut être sans difficultés cessionnaire de droits patrimoniaux, elle peut être reconnue titulaire de droits d'auteur de façon moins évidente, spécialement depuis la loi du 1er août 2006[1042].

En effet, les hypothèses dans lesquelles une personne morale de droit public peut être investie des droits de l'auteur, et ainsi être titulaire de droits moraux sont aujourd'hui limitées au cas de l'œuvre collective et aux cas dans lesquels en application de l'avis *OFRATEME* la personne publique employeur a été reconnue comme titulaire des droits moraux de l'auteur d'une œuvre réalisée dans le cadre du service (cf. *supra*). A ce

---

[1042] Loi n° 2006-961 du 1er août 2006 relative au droit d'auteur et aux droits voisins dans la société de l'information.

stade, une précision terminologique d'importance s'impose. Bien qu'une personne morale ne puisse être reconnue comme auteur, en application de l'article L. 113-5 du code de la propriété intellectuelle, elle peut être *« investie des droits de l'auteur »*[1043]. D'ailleurs, dans le cadre d'une œuvre collective, la personne morale qui la divulgue est présumée investie des droits d'auteur, toujours en vertu de l'article précité[1044], sans pour autant avoir la qualité d'auteur. Cette distinction a son importance, parce qu'elle influe sur l'applicabilité aux personnes morales de droit public des mécanismes protecteurs pourvus par le code de la propriété intellectuelle.

Il convient de revenir sur les différentes modes de protection existant en droit de la propriété intellectuelle. Seront abordées successivement les questions de la lésion en matière de droits d'auteur (a), puis les questions de la durée et de l'intensité de la protection des propriétés intellectuelles (b).

a. La lésion en matière de droits d'auteur

En matière de propriété littéraire et artistique, un mécanisme protecteur a été envisagé pour limiter les effets négatifs d'une cession par trop déséquilibrée de droits patrimoniaux d'un auteur. Une révision pour lésion a ainsi été mise en place dans le code de la propriété intellectuelle[1045], s'agissant uniquement du cas de la rémunération forfaitaire des auteurs et non de la rémunération proportionnelle par versement d'un pourcentage des recettes[1046], ce que la doctrine a pu

---

[1043] Article L. 113-5 du code de la propriété intellectuelle : *« L'œuvre collective est (...) la propriété de la personne physique ou morale sous le nom de laquelle elle est divulguée. Cette personne est investie des droits de l'auteur »*.

[1044] Article L. 113-5, al. 1er du code de la propriété intellectuelle : *« L'œuvre collective est, sauf preuve contraire, la propriété de la personne physique ou morale sous le nom de laquelle elle est divulguée. Cette personne est investie des droits de l'auteur »* (nous soulignons).

[1045] Article L. 131-5, al. 1er du code de la propriété intellectuelle : *« En cas de cession du droit d'exploitation, lorsque l'auteur aura subi un préjudice de plus de sept douzièmes dû à une lésion ou à une prévision insuffisante des produits de l'œuvre, il pourra provoquer la révision des conditions de prix du contrat. (...) »*.

[1046] Article L. 131-5, al. 2 du code de la propriété intellectuelle : *« Cette demande ne pourra être formée que dans le cas où l'œuvre aura été cédée moyennant une rémunération forfaitaire. »*.

critiquer[1047]. Ce mécanisme n'est pas sans rappeler celui de la rescision pour lésion, contenu dans le Code civil.

Dans certaines hypothèses où un important déséquilibre contractuel apparaît, le droit des obligations pourvoit en effet depuis longtemps au cocontractant lésé la possibilité d'agir en justice en vue de remettre en cause l'engagement pris. Depuis 1804, le Code civil reconnaît ainsi la faculté, dans des cas limitatifs, de demander au juge de rescinder pour lésion certains contrats[1048]. La lésion n'est cependant pas en elle-même une cause de nullité des contrats. Un contrat légèrement – raisonnablement si on peut dire ironiquement – déséquilibré n'encourra pas de risque d'annulation de ce chef. A la faveur de la récente réforme du droit des obligations[1049], l'esprit de ce texte est resté intact, même si sa lettre a été légèrement modifiée. L'article 1168 du Code civil dispose désormais que : *« Dans les contrats synallagmatiques, le défaut d'équivalence des prestations n'est pas une cause de nullité du contrat, à moins que la loi n'en dispose autrement »*. Pour les contrats conclus à titre onéreux, l'action en rescision pour lésion n'est d'ailleurs pas exclusive de l'action en nullité pour vil prix[1050]. Le prix vil se distingue du prix lésionnaire en ce qu'il est insignifiant et non simplement insuffisant[1051]. Différents moyens coexistent ainsi au bénéfice du cocontractant lésé en vue de pallier un déséquilibre contractuel significatif.

Parmi ceux-ci, le mécanisme de la lésion n'est pas étranger aux personnes publiques. Dans leurs relations contractuelles de droit privé, elles peuvent être confrontées à la lésion, soit qu'elles l'invoquent, soit

---

[1047] P.-Y. GAUTIER, *Propriété littéraire et artistique*, PUF, 9e éd., 2014, spéc. pp. 526-527 : *« Le seul regret que l'on puisse avoir, mais il est de taille, est que l'on ait cantonné au forfait, alors que la révision aurait parfaite vocation à s'appliquer aussi à un pourcentage dérisoire »*.

[1048] Selon l'ancien article 1118 du Code civil : *« La lésion ne vicie les conventions que dans certains contrats ou à l'égard de certaines personnes, ainsi qu'il sera expliqué en la même section »*.

[1049] Ordonnance n° 2016-131 du 10 février 2016 portant réforme du droit des contrats, du régime général et de la preuve des obligations ; JORF n°0035 du 11 février 2016, texte n° 26.

[1050] Voir en ce sens : Cass. civ. 3e, 18 juillet 2001, n° 99-17496, *Consorts Vorangine et a. c/ Mme Arnassalom* ; *Contrats Concurrence Consommation*, 2001, comm. 171, note L. LEVENEUR.

[1051] Voir sur ce point : L. LEVENEUR, « Vil prix : quelle conséquence ? », *Contrats Concurrence Consommation* 2001, comm. 171 : *« Le vil prix et le prix lésionnaire sont bien entendu tous deux insuffisants au regard de la valeur du bien vendu ; mais le vil prix l'est beaucoup plus que le prix lésionnaire : il est dérisoire, tellement infime qu'il en vient à représenter un défaut de prix réel »*.

qu'elles se la voient opposer. En tout état de cause, il est un principe bien établi selon lequel la rescision pour lésion joue au bénéfice exclusif du vendeur, puisqu'elle *« n'a pas lieu en faveur de l'acheteur »*[1052].

La rescision pour lésion ayant vocation à jouer lorsque sont en cause des ventes d'immeuble réalisées dans les conditions du droit privé, en pratique ce sont les opérations portant sur les biens du domaine privé des personnes publiques qui seront susceptibles de se la voir opposer. Ainsi en est-il lorsqu'elles acquièrent ou cèdent par un contrat de droit privé des biens. Une personne publique qui acquiert un bien immobilier est susceptible de faire l'objet d'une action en rescision pour lésion devant le juge judiciaire. Une commune a ainsi pu être condamnée à verser un complément de prix substantiellement élevé *« pour avoir délibérément sous-évalué des terrains qui lui ont été cédés à vil prix ou qu'elle a ensuite revendu beaucoup plus cher »*[1053]. Inversement, lorsqu'une personne publique cède un bien relevant de son domaine privé, elle peut invoquer le bénéfice de la lésion des sept douzièmes. Dans cette hypothèse, soit elle agit d'elle-même, spontanément, soit par la mise en œuvre du mécanisme de l'autorisation de plaider, un ou plusieurs contribuables se substituant alors à elle pour mener cette action[1054], sous réserve de *« [fournir] des éléments suffisants pour estimer que la commune a vraisemblablement été lésée de plus de sept douzièmes dans le prix de vente d'un immeuble qu'elle a aliéné »*[1055]. Le Conseil d'Etat a ainsi pu annuler la décision d'un tribunal administratif refusant d'autoriser certains contribuables de la commune de Cabourg à exercer une action en justice pour son compte, en vue d'obtenir la rescision pour lésion de la vente de terrains constructibles à une société[1056]. Le raisonnement suivi par le juge administratif consiste ici à évaluer les chances de succès de l'action à venir, au vu des éléments qui lui sont soumis. Il estime en l'espèce, selon les propres termes de l'arrêt, que

---

[1052] Voir sur ce point l'article 1683 du Code civil, dans une rédaction inchangée depuis 1804 : *« La rescision pour lésion n'a pas lieu en faveur de l'acheteur »*.

[1053] O. GOHIN, « La contribution des juges au droit des collectivités territoriales », *JCP A* 2004, 1825. Voir spécialement : TGI Nantes, 13 novembre 2002, *Bussière de Nercy et Époux de Bodinat*.

[1054] Voir sur cette question : PH. YOLKA, « Collectivités locales et rescision pour lésion », *AJDA* 2003, p. 1097 ; spéc. p. 1098 : *« Soit la collectivité venderesse est diligente et saisit elle-même la juridiction civile (c'est rare) ; soit elle néglige ses intérêts, et certains contribuables peuvent être autorisés à s'y substituer »*.

[1055] Voir : J.-B. AUBY, « Domaine public. Domaine privé, Aliénation, Contentieux, Rescision pour lésion, Autorisations de plaider, c. communes, art. L. 316-5 », *RDI* 1992, p. 490.

[1056] CE, 26 juin 1992, *Lepage-Huglo* ; *AJDA* 1992, p. 506, concl. G. LE CHATELIER ; *RDI* 1992, p. 490, note J.-B. AUBY.

« l'action envisagée présente un intérêt suffisant pour la commune et qu'elle a une chance de succès »[1057]. En annulant le jugement rendu en première instance, le Conseil d'Etat rend de nouveau possible l'exercice de l'action des contribuables, à la place de la commune concernée certes, mais dans son intérêt propre.

La question de la rescision pour lésion de la vente d'un immeuble peut faire penser intuitivement, lorsque la personne publique venderesse s'en prévaut, à un mécanisme protecteur en apparence équivalent : l'incessibilité à vil prix des biens publics. Dans l'un et l'autre cas, il est question de revenir sur la cession d'un bien par une personne publique, à un prix inférieur à sa valeur. Le parallèle mérite donc d'être fait.

L'articulation pourrait se faire en fonction du degré de décalage observable entre le prix de cession d'un bien et sa valeur réelle. Ainsi, pour le Professeur Philippe Yolka, le mécanisme de la rescision pour lésion n'est pas envisageable dès lors qu'est en cause une libéralité, puisque ce dispositif concerne exclusivement les contrats conclus à titre onéreux[1058]. Cependant, mise à part la vente à l'euro symbolique, la ligne frontière est objectivement difficile à tracer avec précision entre une libéralité et une cession opérée pour un prix inférieur à sa valeur. A noter qu'alors même qu'une vente à l'euro symbolique relèverait davantage du principe d'incessibilité à vil prix des biens publics que de la rescision pour lésion, elle n'en serait pas pour autant nécessairement illégale. Le juge administratif a en effet construit – et récemment renouvelé – un raisonnement selon lequel des "motifs d'intérêt général" et des "contreparties suffisantes" sont susceptibles de justifier la cession d'un bien immobilier à un prix inférieur à sa valeur à des personnes poursuivant des fins d'intérêt privé. La jurisprudence du Conseil d'Etat, initiée par l'arrêt *Commune de Fougerolles*[1059], réitérée par la jurisprudence *Commune de Mer*[1060] et récemment pérennisée dans la

---

[1057] *Ibid.*

[1058] PH. YOLKA, art. préc. ; spéc. p. 1099 : *« sont uniquement pris en compte les cas de sous-évaluation manifeste (plus de sept douzièmes). Une vente à l'euro symbolique est-elle, dans ces conditions, rescindable ? En droit civil, l'intention libérale exclut généralement l'exercice de cette action. »*.

[1059] CE, Sect., 3 novembre 1997, *Commune de Fougerolles*, n° 169473 ; *CJEG* 1998, p. 16, concl. L. TOUVET ; *AJDA* 1997, p. 1010, note L. RICHER ; *JCP* 1998, I, 165, §34, chron. J. PETIT ; *JCP* 1998, II, 10007, note R. PIASTRA ; *D.* 1998, jurisp., p. 131, note J.-F. DAVIGNON ; *GDDAB*, 3e éd., 2018, n°97, comm. PH. YOLKA.

[1060] CE, 25 novembre 2009, *Commune de Mer*, n° 310208 ; *AJDA* 2010, p. 51, note PH. YOLKA ; *JCP A* 2010, 2031, note C. CHAMARD-HEIM ; *Dr. adm.* 2010, comm. 23, note F. MELLERAY.

décision *Commune de Châtillon-sur-Seine*[1061], évoque ainsi invariablement : *« le principe selon lequel une collectivité publique ne peut pas céder un élément de son patrimoine à un prix inférieur à sa valeur à une personne poursuivant des fins d'intérêt privé lorsque la cession est justifiée par des motifs d'intérêt général, et comporte des contreparties suffisantes »*.

Il reste toutefois qu'en pratique une telle hypothèse ne devrait pas se rencontrer, dès lors qu'une personne publique ne peut se trouver être venderesse de droits patrimoniaux d'auteur qu'à condition d'être reconnue au préalable comme auteur. Or, les conditions dans lesquelles une personne morale – de droit public comme de droit privé – peut être auteur ou investie des droits de l'auteur sont particulièrement restrictives, ainsi que cela a été exposé précédemment. La forte dimension personnaliste de cette matière n'est bien entendu pas étrangère à cette circonstance.

Deux hypothèses peuvent dès lors se rencontrer : celle dans laquelle la personne publique est investie des droits de l'auteur dans le cadre d'une œuvre collective, et celle dans laquelle la personne publique a été reconnue comme auteur, en lieu et place de son agent, en application du régime antérieur à la loi du 1er août 2006 relative aux droits d'auteur[1062], inspiré par l'avis du Conseil d'Etat *OFRATEME*. Dans l'un et l'autre cas, il ne semble pas que le mécanisme de la lésion, propre à la propriété intellectuelle, ait vocation à jouer. En effet, suivant le jeu d'une fiction déjà évoquée, la personne publique est investie *ab initio* des droits de l'auteur et elle est donc *« directement détentrice des droits »*[1063]. Ce mécanisme particulier de dévolution des droits d'auteur permet à la personne publique de les exploiter "gratuitement", sans qu'aucune cession ne soit opérée. Dans ces conditions, une personne publique, même investie des droits de l'auteur sur une œuvre donnée, ne saurait se

---

[1061] CE, 14 octobre 2015, *Commune de Châtillon-sur-Seine*, n° 375577 ; *Dr. adm.* 2016, comm. 9, note G. EVEILLARD ; *JCP A* 2016, 2031, note M. CORNILLE.

[1062] Loi n° 2006-961 du 1er août 2006 relative au droit d'auteur et aux droits voisins dans la société de l'information.

[1063] Voir sur ce point, à propos du seul cas de l'œuvre collective – lequel peut être étendu sans difficulté à celui de la personne publique reconnue comme auteur *ab initio* – les développements suivants : P.-Y. GAUTIER, *Propriété littéraire et artistique*, PUF, 9e éd., 2014 ; spéc. p. 527 : *« A noter que le texte ne semble viser que les « cessions », de sorte que les auteurs d'œuvres collectives, qui ne cèdent rien, puisque la personne morale est directement détentrice des droits, ne devraient pas pouvoir obtenir la révision. Ce serait trop injuste, alors qu'ils sont en position de faiblesse encore plus accusée, de sorte qu'on aura recours au raisonnement* a fortiori. *»*.

prévaloir du mécanisme spécifique de la lésion en droit de la propriété littéraire et artistique.

b. La durée et l'intensité de la protection

Au cœur de la problématique de la protection des propriétés intellectuelles se trouvent les questions de sa durée et de son intensité. L'analyse des mécanismes existants est l'occasion de confronter le droit de la propriété intellectuelle avec le droit des propriétés publiques, et spécialement de comparer l'inaliénabilité, l'imprescriptibilité et l'insaisissabilité éventuelles des propriétés intellectuelles, en application des dispositions du code de la propriété intellectuelle, avec ces mêmes prérogatives telles qu'elles sont pourvues par le code général de la propriété des personnes publiques.

Il convient de revenir successivement sur la durée (α), puis sur l'intensité (β), de la protection des propriétés intellectuelles des personnes publiques.

α. La durée de la protection des propriétés intellectuelles

Dans la mesure où les développements qui suivent ne s'éloignent pas considérablement du droit commun de la propriété intellectuelle, il paraît moins impérieux d'y consacrer des développements particulièrement substantiels. Il faut ici distinguer, assez sommairement, la façon dont est traitée la question de la durée de la protection, sous l'angle de la propriété littéraire et artistique, puis du point de vue de la propriété industrielle, en fonction du titre concerné, brevet d'invention ou marque de fabrique.

S'agissant d'abord de la propriété littéraire et artistique, il convient d'aborder successivement la question de la protection dans le temps du droit moral de l'auteur, puis de ses droits patrimoniaux, ces deux questions appelant des réponses différentes.

Le droit moral de l'auteur recouvre, suivant les dispositions du code de la propriété intellectuelle, quatre prérogatives : le droit de paternité[1064],

---

[1064] Article L. 121-1 du code de la propriété intellectuelle : « *L'auteur jouit du droit au respect de son nom, de sa qualité et de son œuvre. Ce droit est attaché à sa personne. Il est perpétuel, inaliénable et imprescriptible. (…)* » (nous soulignons).

le droit au respect de l'œuvre[1065], le droit de divulgation[1066] et le droit de repentir ou de retrait[1067].

Les conséquences induites par l'imprescriptibilité du droit moral de l'auteur sont doubles, puisque cette prérogative affecte tout à la fois la durée d'existence du droit moral en lui-même, et également l'éventuelle extinction d'une action fondée sur le droit moral d'un auteur. L'imprescriptibilité vaut uniquement dans ce premier cas, *« le non-usage n'[ayant] aucune influence sur la permanence de la prérogative »*[1068]. Elle est en revanche sans impact sur l'application du droit commun s'agissant de la durée impartie pour exercer une action fondée sur le droit moral, soit cinq ans[1069].

« Faisant écho à la traditionnelle perpétuité du droit de propriété »[1070], la perpétuité du droit moral, comme l'inaliénabilité et l'imprescriptibilité, marque une rupture nette avec la protection limitée dans le temps des droits patrimoniaux de l'auteur et la liberté de leur exploitation une fois qu'ils sont entrés – ou "tombés", selon l'expression malencontreuse – dans le domaine public du droit de la propriété intellectuelle. La perpétuité de la protection des droits moraux de l'auteur est toutefois à relativiser, du fait de l'écoulement du temps. Il est en effet *« difficile de rechercher la volonté d'un auteur quelques siècles après sa mort »*[1071], d'où l'idée que l'importance revêtue par la perpétuité du droit moral est parfois amplifiée de façon artificielle.

Les droits patrimoniaux de l'auteur font quant à eux l'objet d'une durée de protection moindre. Ils permettent à l'auteur, puis à ses ayants droit, de décider librement de l'opportunité de leur exploitation

---

1065 *Idem.*

1066 Article L. 121-2 du code de la propriété intellectuelle : *« L'auteur a seul le droit de divulguer son œuvre. (...) ».*

1067 Article L. 121-4 du code de la propriété intellectuelle : *« Nonobstant la cession de son droit d'exploitation, l'auteur, même postérieurement à la publication de son œuvre, jouit d'un droit de repentir ou de retrait vis-à-vis du cessionnaire. (...) »* (nous soulignons).

1068 N. BINCTIN, *Droit de la propriété intellectuelle*, LGDJ, 4e éd., 2016 ; spéc. p. 118. Voir également : Cass. civ. 1ère, 17 janvier 1995, n°91-21123 : *« l'exercice par l'auteur du droit de propriété intellectuelle qu'il tient de la loi, et qui est attaché à sa personne en qualité d'auteur, n'est limité par aucune prescription ».*

1069 Voir sur ce point l'article 2224 du Code civil : *« Les actions personnelles ou mobilières se prescrivent par cinq ans à compter du jour où le titulaire d'un droit a connu ou aurait dû connaître les faits lui permettant de l'exercer. ».*

1070 N. BINCTIN, *op. cit.* ; spéc. p. 117.

1071 *Idem.*

commerciale[1072]. Ces droits sont viagers, concernant l'auteur, et ils sont dévolus à ses ayants droit pour les soixante-dix années suivant son décès[1073].

S'agissant d'une personne publique, une difficulté apparaît cependant, puisqu'il s'agit d'une personne morale. La question de sa disparition est relativement virtuelle, à plus forte raison s'agissant d'une personne morale de droit public. Puisqu'une personne publique est parfois investie *ab initio* des droits de l'auteur par le jeu d'une fiction légale, elle a la possibilité d'exploiter les droits patrimoniaux sans avoir à les acquérir de qui que ce soit au préalable (cf. *supra*). Se pose toutefois la question de savoir à quelle date l'œuvre ainsi exploitée deviendra libre de droits, ou pour le dire trivialement "tombera" dans le domaine public de la propriété intellectuelle. Le fait de se référer au décès de l'auteur personne morale *« condui[rait] à une protection perpétuelle »*[1074]. Le code intègre cette exception et retient pour les œuvres collectives, comme du reste pour les œuvres pseudonymes et anonymes, une protection de soixante-dix années à compter du 1er janvier suivant la publication. La publication devant *« s'entendre de la communication de l'œuvre à des personnes non tenues au secret »*[1075]. La protection est alors limitée par rapport aux auteurs personnes physiques, puisque les concernant la date de départ du décompte des soixante-dix ans de protection est celle du 1er janvier de l'année civile suivant leur décès et non pas celle de la publication de leur œuvre[1076].

En matière de propriété industrielle, il convient de distinguer le cas des brevets d'invention de celui des marques déposées. A côté d'autres titres de propriété industrielle, évoqués simplement pour mémoire, à savoir les certificats d'utilité et les certificats de protection

---

1072 Article L. 123-1, al. 1er du code de la propriété intellectuelle : *« L'auteur jouit, sa vie durant, du droit exclusif d'exploiter son œuvre sous quelque forme que ce soit et d'en tirer un profit pécuniaire. »*.

1073 Article L. 123-1, al. 2 du code de la propriété intellectuelle : *« Au décès de l'auteur, ce droit persiste au bénéfice de ses ayants droit pendant l'année civile en cours et les soixante-dix années qui suivent »*.

1074 Pour la citation complète, voir : S. CHOISY, *Le domaine public en droit d'auteur*, Litec, 2002 ; spéc. p. 98 : *« le titulaire [des droits patrimoniaux attachés à une œuvre collective] est souvent une personne morale et (...) la référence à son décès aurait conduit à une protection perpétuelle »*.

1075 S. CHOISY, *op. cit.* ; spéc. p. 94.

1076 Dans une telle configuration, certains auteurs publiant des œuvres de l'esprit très jeunes pourraient voir de leur vivant certaines de leurs œuvres devenir libres de droits !

complémentaire rattachés à un brevet[1077], les brevets d'invention font l'objet d'une protection d'une durée de vingt ans, à compter du dépôt de la demande à l'Institut national de la propriété industrielle[1078]. Afin de ne pas entraver excessivement le progrès technique, la protection n'est pas renouvelable dans le temps. La fixation de la durée de la protection à vingt ans est assez consensuelle et elle est censée traduire un équilibre entre une protection suffisante des droits de l'inventeur et une accessibilité satisfaisante des éventuels concurrents à l'invention protégée.

La logique de protection des marques répond quant à elle à des impératifs différents et il n'est pas étonnant, dans ces conditions, que leur protection soit renouvelable indéfiniment, par périodes de dix ans[1079], sous réserve – à peine de déchéance – qu'un "usage sérieux" en soit fait[1080], et que les redevances dues soient réglées en temps voulu.

β. L'intensité de la protection des propriétés intellectuelles

La protection du droit moral de l'auteur est renforcée par deux prérogatives : l'inaliénabilité et l'insaisissabilité. La première trouve sa source dans le code de la propriété intellectuelle ; la seconde se déduit de la nature juridique du droit moral de l'auteur.

L'inaliénabilité du droit moral est explicitement consacrée par l'article L. 121-1, alinéa 3 du code de la propriété intellectuelle[1081]. Elle

---

[1077] Pour davantage d'informations, voir : L. MARINO, *Droit de la propriété intellectuelle*, PUF, 2013 ; spéc. pp. 304-305.

[1078] Article L. 611-2, al. 1er, 1° du code de la propriété intellectuelle : « *Les titres de propriété industrielle protégeant les inventions sont : 1° Les brevets d'invention, délivrés pour une durée de vingt ans à compter du jour du dépôt de la demande ; (...)* ».

[1079] Article L. 712-1 du code de la propriété intellectuelle : « *La propriété de la marque s'acquiert par l'enregistrement. (...) L'enregistrement produit ses effets à compter de la date de dépôt de la demande pour une période de dix ans indéfiniment renouvelable.* ».

[1080] Article L. 714-5 du code de la propriété intellectuelle : « *Encourt la déchéance de ses droits le propriétaire de la marque qui, sans justes motifs, n'en a pas fait un usage sérieux, pour les produits et services visés dans l'enregistrement, pendant une période ininterrompue de cinq ans. (...)* ».

[1081] Selon les termes de cette disposition : « *Il est perpétuel, inaliénable et imprescriptible.* ». A noter que cette disposition concerne deux des prérogatives du droit moral de l'auteur, à savoir le droit de paternité et le droit au respect de l'œuvre. Il est considéré par extension que les autres prérogatives découlant du droit moral de l'auteur

« protège l'auteur contre toute tentation de renoncer à ces prérogatives du droit de propriété, le protégeant en tant que partie faible »[1082] et, étant d'ordre public, elle fait échec à d'éventuelles clauses contractuelles contraires[1083].

Il est par ailleurs à noter que la doctrine considère généralement le droit moral de l'auteur comme insaisissable, en raison *« tant de son caractère personnel que de sa nature extrapatrimoniale »*[1084].

Cette protection supplémentaire, dédiée au droit moral de l'auteur, conforte l'idée que le droit commun sait parfois ménager, à l'aide de mécanismes spécifiques, un régime propre à satisfaire les exigences induites par la titularité de droits de propriété intellectuelle. Les mécanismes étudiés sont assez largement indifférents à la nature juridique du titulaire des droits en cause, qu'il s'agisse d'une personne physique ou d'une personne morale, de droit public ou de droit privé.

A noter que le législateur a prévu, pour les titulaires de droits sur les différents types de propriétés intellectuelles, des actions en justice en vue d'éviter une appropriation indue. Ainsi, des actions en contrefaçon bénéficiant aux titulaires de droits de propriété intellectuelle, indifféremment selon qu'il s'agit de personnes privées ou de personnes publiques, ont été mises en place pour permettre la défense des marques et des brevets contre des utilisations non consenties.

B. L'opportunité de la mise en place d'une protection spécifique aux propriétés intellectuelles des personnes publiques

La logique suivie pour régler en droit de propriété intellectuelle les questions en lien avec les personnes publiques est variable selon la nature

– c'est-à-dire le droit de divulgation et le droit de repentir ou de retrait – sont également concernées.

1082 N. BINCTIN, *op. cit.* ; spéc. p. 117.

1083 *Idem.*

1084 Pour la citation complète, voir : A. LUCAS-SCHLOETTER, *JCl Brevets,* Fasc. 1210 « Droits des auteurs », Lexis Nexis, 2014 : *« L'insaisissabilité du droit moral découle tant de son caractère personnel que de sa nature extrapatrimoniale. (...) on ne voit pas très bien à quoi pourrait correspondre en pratique la saisie du droit moral et quel intérêt auraient les créanciers de l'auteur à sa voir attribuer en justice une prérogative dont ils ne peuvent* a priori *tirer aucun revenu. ».* Voir également : A. LUCAS et H.-J. LUCAS, *Traité de la propriété littéraire et artistique*, Litec, 2e éd., 2001, spéc. n° 377 ; F. POLLAUD-DULLIAN, *Le droit d'auteur*, Économica, 2005, spéc. n° 584 ; P.-Y. GAUTIER, *Propriété littéraire et artistique*, PUF, 5e éd., 2004, spéc. n° 469.

de la propriété intellectuelle considérée. Le droit de la propriété littéraire et artistique a ainsi récemment singularisé dans la loi le cas de la personne publique, ce que n'a toujours pas fait le droit de la propriété industrielle. Il faut revenir successivement sur l'adaptation récente du droit de la propriété littéraire et artistique dans le sens d'une prise en compte des spécificités du statut des personnes publiques (1), puis sur l'adaptation souhaitable que pourrait connaître à l'avenir le droit de la propriété industrielle pour tenir compte davantage des particularismes liés à une appropriation publique de brevets ou de marques (2).

1. L'adaptation récente du droit de la propriété littéraire et artistique

Mettant fin à la logique suggérée par le Conseil d'Etat dans l'avis *OFRATEME* du 21 novembre 1972, la loi "DADVSI" du 1er août 2006[1085], a proposé une nouvelle formule pour la dévolution de droits de propriété littéraire et artistique à une personne morale de droit public. Une lecture rapide du nouveau dispositif donne l'illusion que le législateur a limité l'influence des personnes publiques sur les œuvres créées dans le cadre du service par leurs agents, en ne les investissant pas systématiquement des droits de l'auteur, qu'ils soient moraux ou patrimoniaux. En réalité, malgré la réduction considérable des hypothèses de titularité des droits d'auteur par une personne publique (a), le législateur a substantiellement renforcé la maîtrise de l'usage des attributs des droits d'auteur par les personnes publiques (b).

a. La réduction apparente des hypothèses de titularité des droits d'auteur par une personne publique

La question des droits d'auteur des agents publics a connu dans la période récente un inversement de paradigme étonnant. Le législateur a ainsi abandonné l'état du droit antérieur qui avait laissé se développer une logique d'appropriation visant à légitimer la maîtrise de la personne publique sur les droits d'auteur – moraux et patrimoniaux – de ses agents. L'avis *OFRATEME*, fixant ce régime dérogatoire de dévolution des droits, a été à maintes reprises qualifié de *« contra legem »* par une partie

[1085] Loi n° 2006-961 du 1er août 2006 relative au droit d'auteur et aux droits voisins dans la société de l'information (dite "DADVSI").

de la doctrine[1086]. Il est vrai que le Conseil d'Etat avait ici opportunément tiré profit du silence de la loi[1087] en imaginant un régime spécifique de dévolution des droits d'auteur dans le secteur public. En l'occurrence, la loi du 11 mars 1957[1088] ne singularisait effectivement pas le cas des relations de travail dans le secteur public. Ainsi, selon cette décision, *« les nécessités du service exigent que l'administration soit investie des droits de l'auteur sur les œuvres de l'esprit (...) pour celles de ces œuvres dont la création fait l'objet même du service »*[1089]. Avec la loi précitée du 1er août 2006, le législateur trouve l'occasion de mettre à mal cette décision. Par l'effet d'une illusion d'optique, le régime applicable aux agents des personnes publiques paraît avoir été aligné sur celui des salariés du secteur privé[1090]. Désormais, le législateur consacre explicitement *« la reconnaissance d'un droit d'auteur naissant, ab initio, sur la tête de l'agent public »*[1091]. Il y a là une réduction sensible des hypothèses de titularité des droits d'auteur par une personne publique. Désormais, celle-ci n'est plus possible que dans la rare hypothèse d'une œuvre collective créée sur l'initiative d'une personne morale de droit public, en application des dispositions de l'article L. 113-2, alinéa 3 du code de la propriété intellectuelle[1092].

1086 Voir notamment : C. CARON, « La création salariée du militaire », *Communication Commerce électronique* 2006, comm. 2 ; spéc. pt 1. Voir également : J. MEL, « Les créations de fonctionnaires », *Communication Commerce électronique* 2006, étude 31 ; spéc. pt 3.

1087 Voir sur ce point : S. FRANÇOIS, « Le droit d'auteur de l'agent public », *JCP A* 2015, 2091 ; spéc. pt 30 : *« l'absence de tout droit d'auteur par principe à l'agent public était justifiée par l'absence de disposition particulière dans la loi relative au droit d'auteur des agents publics »* (nous soulignons). Voir également : TH. LAMBERT, « La valorisation de la recherche publique en sciences humaines et sociales face au droit d'auteur des universitaires », *D.* 2008, p. 3021 ; spéc. p. 3024 : *« Le code de la propriété intellectuelle ayant jusqu'à la loi « DADVSI » [du 1er août 2006] conservé un silence total sur le sujet, c'est le Conseil d'Etat qui s'était prononcé pour ce qui est de la situation de l'ensemble des agents publics »* (nous soulignons).

1088 Loi n°57-298 du 11 mars 1957 sur la propriété littéraire et artistique.

1089 CE, Avis, 21 novembre 1972, *Office français des techniques modernes d'éducation (OFRATEME)*, n° 309721 ; *GACE*, 2e éd., 2002, n°7, comm. G. KUPERFILS ; *GDDAB*, 3e éd., 2018, n°2, comm. PH. YOLKA.

1090 C. MALWE, « La répartition des droits de propriété intellectuelle entre l'administration et ses agents », *AJDA* 2017, p. 2050 ; spéc. p. 2051 : *« A première vue, [les dispositions de la loi du 1er août 2001] opèrent donc un rapprochement inédit entre les régimes applicables aux salariés de droit privé et aux agents publics ».*

1091 C. MALWE, art. préc. ; spéc. p. 2050.

1092 Aux termes de ce texte : *« Est dite collective l'œuvre créée sur l'initiative d'une personne physique ou morale qui l'édite, la publie et la divulgue sous sa direction et son nom et dans laquelle la contribution personnelle des divers auteurs participant à son élaboration se fond dans l'ensemble en vue duquel elle est conçue, sans qu'il soit possible d'attribuer à chacun d'eux un droit distinct sur l'ensemble réalisé. ».*

Ce retour supposé à l'orthodoxie n'est en réalité pas total[1093], puisque la maîtrise de la personne publique employant les agents auteurs sur leurs droits a été renforcée avec la loi du 1er août 2006.

b. Le renforcement paradoxal dans la maîtrise de l'usage des attributs des droits d'auteur par une personne publique

Le principe porté par la loi précitée du 1er août 2006, reconnaissant l'agent public auteur d'une œuvre – et titulaire *ab initio* des droits attachés à cette qualité –, fût-elle créée dans le cadre du service, est assorti d'un nombre conséquent d'exceptions, qui sont de nature à le vider de sa substance[1094] et à renforcer de façon considérable la maîtrise des personnes publiques sur les œuvres de l'esprit – qu'elles soient littéraires ou artistiques – créées par leurs agents. Les restrictions textuelles apportées à l'exercice du droit moral par l'agent auteur de l'œuvre donnent à la réforme un effet inverse à celui supposé à la seule lecture du principe nouvellement consacré. La situation des personnes publiques est singularisée : alors même qu'elles ne sont désormais plus "investies des droits de l'auteur", elles exercent en réalité la plupart des prérogatives rattachées au droit moral des agents auteurs. Les agents ne peuvent en définitive pas tirer de la réforme davantage que la satisfaction de voir reconnaître leur paternité sur l'œuvre concernée. Ainsi, *« au bout du compte, seul le droit à la paternité de l'œuvre demeure effectivement dans les mains des agents publics »*[1095].

En l'état, la réforme initiée par la loi du 1er août 2006 s'avère donc une belle opération pour les personnes publiques employant des agents créant des œuvres de l'esprit, dans la mesure où elles exercent une emprise considérable sur l'exercice des droits moraux rattachés aux œuvres créées par leurs agents, dans le cadre de leur service. Cet

---

[1093] C. MALWE, art. préc. ; spéc. p. 2051 : *« La portée d'une telle réforme doit cependant être relativisée au regard des infléchissements imposés aux différents attributs du droit d'auteur »*.

[1094] Voir sur ce point : M. CORNU et N. MALLET-POUJOL, « Droit d'auteur des universitaires et des chercheurs : l'expropriation sans cause d'utilité publique », *D.* 2005, p. 3025. Commentant le projet de loi relatif au droit d'auteur et aux droits voisins dans la société de l'information (DADVSI), ayant finalement donné lieu à la loi du 1er août 2006, les auteurs écrivent : *« Non sans emphase, le rapport parlementaire annonce le renversement d'OFRATEME, restaurant, dans la sphère publique, le principe cardinal selon lequel le titulaire des droits ab initio est celui qui crée (...). Oui mais, aussitôt claironné, voilà que le principe est vidé de sa substance »* (nous soulignons).

[1095] C. MALWE, art. préc. ; spéc. p. 2051.

aménagement s'est opéré à moindres coûts, la seule contrepartie étant la reconnaissance de la paternité de l'agent auteur sur ses œuvres.

S'agissant des droits patrimoniaux attachés à une œuvre de l'esprit créée par un agent public dans l'exercice de ses fonctions, ils *« n'échappent pas à ce mouvement favorable à l'employeur public »*[1096], à double titre, puisque d'une part la personne publique va pouvoir exploiter librement l'œuvre dans le cadre du service[1097] et d'autre part elle va bénéficier d'un droit de préférence pour l'éventuelle exploitation commerciale de l'œuvre en cause[1098]. Ces dispositions législatives, prévues pour les agents de l'Etat, sont également applicables aux agents de la plupart des autres personnes morales de droit public[1099], qu'il s'agisse des collectivités territoriales, des établissements publics administratifs, des autorités publiques indépendantes ou de la Banque de France. Il est toutefois à noter qu'en l'état actuel, plus de dix ans après l'entrée en vigueur de la loi "DADVSI" du 1er août 2006, les mesures réglementaires devant fixer les modalités de l'intéressement des agents auteurs pour l'exploitation – qu'elle soit commerciale ou non – de leurs œuvres n'ont toujours pas été prises[1100]. Une réponse ministérielle apportée courant 2014[1101], faisant état pudiquement *« de la difficulté rencontrée dans l'articulation des droits de l'administration avec ceux de l'agent public, auteur »*, indique sommairement qu'une *« réflexion interministérielle est en cours sur ce sujet »*. Cela ne résout bien entendu en rien l'insécurité juridique – liée à l'absence de base légale – de la situation dans laquelle se trouvent les agents publics dont l'œuvre fait l'objet d'une exploitation par la personne morale de droit public qui les emploie.

1096 C. Malwe, art. préc. ; spéc. p. 2051.

1097 Article L. 131-3-1, al. 1er du code de la propriété intellectuelle : *« Dans la mesure strictement nécessaire à l'accomplissement d'une mission de service public, le droit d'exploitation d'une œuvre créée par un agent de l'Etat dans l'exercice de ses fonctions ou d'après les instructions reçues est, dès la création, cédé de plein droit à l'Etat. »*.

1098 Article L. 131-3-1, al. 2 du code de la propriété intellectuelle : *« Pour l'exploitation commerciale de l'œuvre mentionnée au premier alinéa, l'Etat ne dispose envers l'agent auteur que d'un droit de préférence. (...) »*.

1099 Article L. 131-3-2 du code de la propriété intellectuelle : *« Les dispositions de l'article L. 131-3-1 s'appliquent aux collectivités territoriales, aux établissements publics à caractère administratif, aux autorités administratives indépendantes dotées de la personnalité morale et à la Banque de France à propos des œuvres créées par leurs agents dans l'exercice de leurs fonctions ou d'après les instructions reçues. »*.

1100 Voir sur ce point : S. François, art. préc. ; spéc. pt 61. Voir également : C. Malwe, art. préc. ; spéc. pp. 2054-2055.

1101 Rép. min. n°47662 : JOAN 3 juin 2014, p. 4520.

2. L'adaptation souhaitable du droit de la propriété industrielle

Contrairement au droit de la propriété littéraire et artistique, le droit de la propriété industrielle ne singularise pas le cas des personnes publiques[1102]. Une étude approfondie du régime des marques publiques et des brevets publics révèle pourtant d'importantes lacunes, découlant de l'inadaptation de la stricte application du droit commun aux situations en cause. Il faut dès lors envisager les aménagements nécessaires du droit des marques (a) ainsi que les réajustements potentiels du droit des brevets (b), en vue de mieux tenir compte dans l'un et l'autre cas d'une appropriation publique.

a. Les aménagements nécessaires du droit des marques

L'expression même de "marque publique" prête à confusion. La conjonction des deux termes pourrait laisser entendre qu'il existe un régime juridique propre, susceptible de tenir compte des spécificités des marques lorsqu'elles sont la propriété d'une personne morale de droit public. En réalité, il n'en est rien et les marques publiques sont *« gouvernées par des règles de pur droit privé qui ne semblent pas prendre en compte leurs spécificités intrinsèques »*[1103]. Ainsi, sauf exceptions, la loi ne singularise pas le cas des marques déposées des personnes publiques et ne leur pourvoit pas une protection particulière, supplémentaire par rapport au droit commun. Pourtant, en raison de la diversité des objectifs qu'elles poursuivent, les marques publiques nécessitent une protection juridique ciselée à leur mesure[1104].

[1102] C. BUISSON et C. ROGLIANO, « La marque, levier de transformation de l'action publique. Spécificités et enjeux », *AJDA* 2017, p. 2062 ; spéc. p. 2063 : *« Le code de la propriété intellectuelle (CPI), qui régit le droit des marques, ne prévoit pas de dispositions spécifiques concernant les marques publiques. »*.

[1103] A. DILLOARD, « L'émergence des marques publiques dans le patrimoine immatériel des personnes publiques », *RDP* 2014, p. 39 ; spéc. p. 47.

[1104] Certains auteurs plaident ainsi pour *« l'émergence d'un droit spécifique des marques publiques, qui ne seraient plus* ipso facto *des marques comme les autres »*, allant même jusqu'à suggérer leur *« incorporation au domaine public »* ; voir sur ce point : A. DILLOARD, art. préc., spéc. pp. 47-48.

Les marques publiques ne peuvent être cantonnées à la seule recherche de rentabilité financière dans leur exploitation[1105]. Les marques publiques sont perçues différemment par le public auquel elles s'adressent, qu'il soit externe, comme les usagers, ou interne, comme les agents. Elles jouent d'abord un important rôle d'identification[1106] et de différenciation par rapport aux services proposés par les personnes privées. Elles présentent ainsi *« un gage d'objectivité et de qualité de service auprès des usagers »*[1107]. Les marques publiques ont ensuite un rôle fédératif[1108] non négligeable, puisqu'elles permettent *« de rassembler les agents publics autour [d'une] mission clairement identifiée et de valeurs communes véhiculées par la marque »*[1109]. Les regroupements de services issus de la Révision générale des politiques publiques (RGPP) ont été l'occasion d'opérer un travail pour forger une identité nouvelle pour les directions concernées et emporter ainsi plus facilement l'adhésion des agents à la réforme. La Direction générale des finances publiques (DGFiP) est ainsi issue de la fusion de la Direction générale des impôts (DGI) et de la Direction générale de la comptabilité publique (DGCP). Elle regroupe près de cent-dix-mille agents, d'où l'importance capitale de la réalisation d'une fusion réussie, autour d'une identité commune.

La pluralité des objectifs poursuivis par les personnes publiques titulaires de marques met en évidence l'attention particulière avec laquelle il convient de les appréhender juridiquement. La gestion des marques publiques n'est pas exempte de lacunes et les moyens de protection existants ne sont pas toujours suffisamment efficaces. Il faut donc envisager successivement les limites actuelles du droit des marques publiques et les solutions envisageables pour y remédier.

Parmi les limites actuelles du droit des marques, deux sont aisément identifiables : les insuffisances marquant leur gestion et celles portant sur leur statut juridique à proprement parler. Les marques utilisées dans la

---

1105 C. ROSSETTI, « Vers une gestion stratégique des marques publiques », *AJDA* 2010, p. 2197 ; spéc. p. 2198 : *« Les marques ne sauraient être réduites à des stratégies de valorisation purement financière du patrimoine immatériel de l'Etat »*.

1106 C. ROSSETTI, art. préc. ; voir spéc. p. 2197 : *« la marque facilite l'identification de la personne publique et du service public dont elle a la charge »*.

1107 C. ROSSETTI, art. préc. ; spéc. p. 2198.

1108 C. BUISSON et C. ROGLIANO, art. préc. ; spéc. p. 2064 : *« La réflexion sur l'identité de marque a vocation à être partagée (ou mieux encore, co-construite) avec les agents afin qu'ils puissent s'approprier ses valeurs, sa promesse, ses ambitions stratégiques. Cela permet de faire comprendre les orientations données, de fédérer les personnels autour d'un projet commun. »*.

1109 C. ROSSETTI, art. préc. ; spéc. p. 2197.

sphère publique ne font pas toutes l'objet d'un dépôt[1110], ce qui atténue parfois considérablement leur protection et peut donner lieu à des pratiques de parasitisme de la part d'opérateurs privés. Le seul dépôt n'est toutefois pas suffisant pour pourvoir une protection optimale de la marque[1111] : une veille régulière doit nécessairement être opérée pour permettre une défense encore plus efficace de la marque. Par ailleurs, l'absence de coordination ou de mise en place d'une réelle stratégie dans la gestion des marques publiques a été régulièrement critiquée[1112]. Les personnes publiques doivent ainsi *« s'interroger sur l'opportunité du dépôt d'une marque »*[1113] et en évaluer le rapport coût/avantages : en effet, la multiplication des dépôts génère des coûts financiers non négligeables, pour un avantage parfois limité. Concernant le régime juridique applicable aux marques détenues par des personnes publiques, il a pu être critiqué comme constituant un *« cadre juridique incertain »*[1114]. De fait, la situation des personnes publiques n'est jamais singularisée dans le code de la propriété intellectuelle, ce qui peut donner lieu – au moins virtuellement – à des situations périlleuses. Les marques publiques sont ainsi *« librement cessibles »*[1115]. Or, il est inimaginable de s'en remettre simplement à la tempérance supposée des personnes publiques pour éviter la réalisation d'opérations de cession indésirables. La cession d'une marque publique à un opérateur privé peut en effet entraîner d'importants risques de confusion dans l'esprit du public, puisqu'une telle marque *« exprim[e] un contrat de confiance liant l'Etat ou les autres personnes publiques au citoyen »*[1116]. Certes, il paraît logique que *« certaines marques publiques, consubstantielles à l'identité*

[1110] C. ROSSETTI, art. préc. ; spéc. p. 2197 : *« l'administration dispose de marques aux yeux des usagers qui n'ont pas fait l'objet d'un dépôt »*.

[1111] C. BUISSON et C. ROGLIANO, art. préc. ; spéc. p. 2065 : *« il est essentiel de garder en mémoire que le dépôt d'une marque n'est pas une fin en soi. Détenir une marque n'est utile que si cette dernière est correctement défendue. »*.

[1112] Voir notamment : C. BUISSON et C. ROGLIANO, art. préc. ; spéc. p. 2066 : *« il n'est pas souhaitable de voir proliférer des dépôts non pertinents dans le seul but de détenir un outil défensif »*.

[1113] CONSEIL D'ETAT, *Guide des outils d'action économique*, La Documentation française, 2017 ; voir notamment : Fiche 8, « Marques publiques », spéc. p. 81. Voir également : C. ROSSETTI, art. préc. ; spéc. p. 2199 : *« Il convient (...) de ne déposer que les marques pertinentes »*.

[1114] C. ROSSETTI, art. préc. ; spéc. p. 2197.

[1115] CONSEIL D'ETAT, *op. cit.* ; voir notamment : Fiche 8, « Marques publiques », spéc. p. 82.

[1116] C. BUISSON et C. ROGLIANO, art. préc. ; spéc. p. 2065.

même de l'Etat, n'ont pas vocation à être cédées »[1117]. Cependant, en l'état actuel, le code de la propriété intellectuelle est muet sur ce point[1118].

Les difficultés exposées ci-avant ont fait l'objet d'un traitement varié. S'agissant de la gestion des marques des administrations de l'Etat, l'Agence du patrimoine immatériel de l'Etat (APIE) a vu ses prérogatives renforcées en cette matière, à la faveur d'un décret du 23 juin 2015[1119]. L'Agence intervient désormais à tous les stades[1120] : elle émet un avis avant tout dépôt de marque, elle procède à son enregistrement, elle en effectue le renouvellement et elle en assure la défense, en procédant à une veille et en engageant le cas échéant une action précontentieuse tendant notamment à s'opposer à l'enregistrement d'une marque. Les autres personnes morales de droit public ne bénéficient pas quant à elles de ce régime sur-mesure.

En revanche, concernant le régime juridique des marques publiques, c'est-à-dire des marques appartenant à des personnes publiques, aucun changement tangible n'est identifiable dans la période récente. Certaines solutions ont été proposées, mais elles devront à l'avenir être concrétisées pour consolider le régime applicable aux marques des

---

[1117] C. ROSSETTI, art. préc. ; spéc. p. 2200.

[1118] C. ROSSETTI, art. préc. ; spéc. p. 2200 : *« il est évident que certaines marques publiques (...) n'ont pas vocation à être cédées. (...) Là encore, le droit actuel est muet. »*.

[1119] Décret n° 2015-716 du 23 juin 2015 relatif au service à compétence nationale dénommé « Agence du patrimoine immatériel de l'Etat ».

[1120] Voir spéc. l'article 3, I du décret précité : *« I. - L'Agence du patrimoine immatériel de l'Etat est chargée de la gestion des portefeuilles de marques des administrations civiles de l'Etat au sens de l'article 2 du décret du 7 mai 2015 susvisé ainsi que de celles des administrations militaires et des forces armées.*
Les administrations mentionnées au premier alinéa saisissent l'agence de tout projet de dépôt de marque.
L'agence assure pour ces administrations les prestations suivantes :
1° Elle émet un avis sur la pertinence et la validité du dépôt de marque envisagé et formule des recommandations de protection ; elle procède, en leur nom et pour leur compte, à l'ensemble des formalités nécessaires à l'enregistrement des marques, en France comme à l'étranger, et aux formalités d'inscription relatives aux marques ;
2° Elle les informe des échéances de renouvellement des marques et, dans le cas où elles souhaitent les renouveler, procède, en leur nom et pour leur compte, aux formalités correspondantes ;
3° Elle assure la veille des dépôts de marque postérieurs susceptibles de porter atteinte aux marques qu'elles ont déposées et émet à leur attention des recommandations motivées sur les actions à mener en cas d'atteinte aux marques ;
4° Elle engage, avec leur accord, toute action précontentieuse utile à la protection des marques, notamment la procédure d'opposition à l'enregistrement de marques postérieures leur portant atteinte. ».

personnes publiques. A observer de plus près la physionomie des portefeuilles de marques des différentes personnes publiques, il semble que toutes leurs composantes ne nécessitent pas une protection identique. Ainsi en va-t-il d'abord de certaines marques entrées de façon presque accidentelle dans le champ de la propriété publique. L'évocation de l'exemple de la marque automobile "Triumph" est ici particulièrement éloquent[1121]. Cette marque *a priori* purement commerciale a intégré le portefeuille des marques détenues par l'Etat après avoir au préalable été mise sous séquestre comme "bien ennemi" et avant sa radiation. Son rattachement à l'intérêt général est, par euphémisme, loin d'être évident. Il en va ainsi ensuite de certaines marques périphériques à l'action des pouvoirs publics, porteuses de façon moins évidente des valeurs classiquement véhiculées par les marques publiques et par conséquent moins consubstantielles à l'identité spécifique de l'Administration. Il apparaît dans ces conditions qu'une différenciation dans le régime juridique applicable aux marques publiques serait une piste de réflexion intéressante. Ainsi, *« le régime juridique des marques ne doit (...) pas être considéré comme un ensemble uniforme »*[1122]. La protection des marques publiques pourrait de la sorte être hiérarchisée, en fonction de leur rattachement plus ou moins lointain au cœur de métier de l'Administration concernée. Cette idée d'une protection par degrés[1123] des marques publiques pourrait se concrétiser en actionnant différents leviers. La nature juridique des marques publiques les soumet à deux *corpus* juridiques distincts : le code de la propriété intellectuelle et le code général de la propriété des personnes publiques. La solution à l'aménagement du régime juridique des marques publiques pourrait ainsi s'opérer par une modulation du droit privé ou du droit public. Les développements ultérieurs auront pour objet d'identifier, puis d'évaluer l'opportunité, de telles modifications textuelles, s'agissant des marques publiques, mais également des autres propriétés publiques immatérielles (cf. *infra*, Partie III, Chapitre II).

[1121] Voir sur ce point : CE, 23 mars 1960, *Société Spiesshofer et Braun*, n°46 221 ; *Rec. CE* p. 215.

[1122] C. ROSSETTI, art. préc. ; spéc. p. 2200.

[1123] Voir dans le même ordre d'idées : C. ROSSETTI, art. préc. ; spéc. p. 2200 : *« le régime applicable aux marques publiques et les méthodes visant à leur valorisation doivent différer selon le type de marque considéré. (...) Le régime juridique des marques ne doit (...) pas être considéré comme un ensemble uniforme, mais comme un gradient adapté à une diversité de situations. »*.

b. Le réajustement potentiel du droit des brevets

S'agissant des brevets détenus par des personnes publiques, l'application du droit commun sans aménagements laisse perplexe. Ici, pas davantage qu'en matière de marques, le code de la propriété intellectuelle ne singularise la situation des personnes morales de droit public. Même s'agissant des brevets de la défense nationale – qui bénéficient d'un régime juridique sur-mesure déjà détaillé précédemment – la combinaison du droit de la propriété intellectuelle et du droit des propriétés publiques n'est pas parfaitement satisfaisante, alors qu'ils présentent un risque accru de mésusage. Les mesures envisagées dans le code de la propriété intellectuelle pour protéger efficacement la sécurité de la nation transcendent complètement la distinction entre propriété publique et propriété privée. Les régimes juridiques spécifiques encadrant les inventions en lien avec la défense nationale sont ainsi indifférents à l'identité du déposant ou de l'exploitant du brevet concerné.

Les faiblesses du régime juridique applicable aux brevets des personnes publiques sont principalement de trois ordres. Elles résultent d'abord de la protection temporelle limitée des brevets d'invention, ensuite de leur libre cessibilité et enfin de l'obligation générale d'exploitation des brevets déposés.

En vertu des dispositions de l'article L. 611-2 du code de la propriété intellectuelle, les brevets d'invention sont protégés pour une durée non renouvelable de vingt ans, une fois les formalités de dépôt accomplies auprès de l'Institut national de la propriété industrielle[1124]. Au-delà de cette durée, le brevet d'invention intègre le domaine public – de la propriété intellectuelle – et devient ainsi libre de droits, ce qui signifie que son exploitation peut être envisagée sans la conclusion préalable d'une cession ou d'une concession de licence de brevet avec l'inventeur. Aucune dérogation n'est prévue pour prolonger la protection, ce qui peut être préjudiciable s'agissant d'inventions dangereuses, dès lors qu'elles deviennent exploitables librement par tout industriel à l'expiration du délai de vingt ans.

Les différentes mesures prévues pour les brevets intervenant en matière de défense nationale pourvoient dans l'ensemble une protection

---

[1124] Article L. 611-2, al. 1er, 1° du code de la propriété intellectuelle : « *Les titres de propriété industrielle protégeant les inventions sont : 1° Les brevets d'invention, délivrés pour une durée de vingt ans à compter du jour du dépôt de la demande ;* ».

efficace des intérêts de la nation. Les inventions concernées peuvent notamment faire l'objet d'une expropriation, pour les "besoins de la défense nationale", au bénéfice exclusif de l'Etat[1125]. Cela étant, celle-ci ne se double pas d'une interdiction pour l'Etat de céder ensuite le brevet concerné. Tout transfert à titre onéreux des droits exclusifs portant sur l'invention brevetée est ainsi théoriquement possible, sans restriction spécifique[1126]. Il n'y a en effet pas de limitation à la libre-cessibilité de principe des brevets. Le principe ne souffre pas d'exception ni à raison de la nature juridique de son propriétaire – personne publique ou privée – ni à raison du champ matériel couvert par l'invention. Cette hypothèse est certes purement théorique, mais s'en remettre à la tempérance supposée des pouvoirs publics sur ce point peut s'avérer périlleux.

L'obligation d'exploiter les brevets génère quant à elle d'autres difficultés. Le dépôt de brevets d'invention doit protéger le déposant en lui conférant un droit exclusif d'exploitation de son invention ; elle ne doit pas avoir pour objet de limiter artificiellement le développement de la concurrence par la multiplication de dépôts ne donnant pas lieu à une exploitation ou à une commercialisation de l'invention concernée. Ainsi, *« les brevets doivent servir à assurer la marche du progrès ; ils ne peuvent se transformer en barrières et l'entraver »*[1127]. Les dispositions du code de la propriété intellectuelle sanctionnent les déposants négligents ou récalcitrants à exploiter commercialement leur invention par la possibilité pour les personnes intéressées d'obtenir une licence obligatoire en vue de procéder elles-mêmes à l'exploitation de l'invention protégée[1128]. L'Etat, s'il se rend propriétaire – par voie

---

[1125] Article L. 613-20 du code de la propriété intellectuelle.

[1126] Voir sur ce point l'article L. 613-8, al. 1er du code de la propriété intellectuelle : *« Les droits attachés à une demande de brevet ou à un brevet sont transmissibles en totalité ou en partie »*.

[1127] Pour la citation complète, voir : E. POUILLET, *Traité théorique et pratique des brevets d'invention et des secrets de fabrique*, LGDJ, Marchal & Billard, 5e éd., 1909, spéc. n° 506 : *« les brevets doivent servir à assurer la marche du progrès ; ils ne peuvent se transformer en barrières et l'entraver. Le breveté qui n'exploite pas, non seulement ne fait rien, mais il nuit à qui veut faire »* (cité par : J.-M. MOUSSERON et Y. BASIRE, *JCl Brevets*, Fasc. 4520 « Charges du breveté », Lexis Nexis, 2017).

[1128] Voir sur ce point l'article L 613-11 du code de la propriété intellectuelle : *« Toute personne de droit public ou privé peut, à l'expiration d'un délai de trois ans après la délivrance d'un brevet, ou de quatre ans à compter de la date du dépôt de la demande, obtenir une licence obligatoire de ce brevet, dans les conditions prévues aux articles suivants, si au moment de la requête, et sauf excuses légitimes le propriétaire du brevet ou son ayant cause :*
a) N'a pas commencé à exploiter ou fait des préparatifs effectifs et sérieux pour exploiter l'invention objet du brevet sur le territoire d'un Etat membre de la Communauté

autoritaire ou non – de procédés ou d'inventions dangereux est-il pareillement soumis à cette obligation d'exploitation ? Le code est muet sur ce point. Cette lacune pourrait théoriquement s'avérer contrariante si une entreprise commerciale obtenait une licence obligatoire d'un brevet portant sur une invention dangereuse que l'Etat refusait d'exploiter après avoir effectué une expropriation stratégique visant précisément à ce que l'invention ne soit pas exploitée. Les dispositions du code de la propriété intellectuelle mériteraient assurément d'être complétées sur ce point.

Section II – Discussion sur l'opportunité du recours à des mécanismes protecteurs alternatifs à la domanialité publique

Après avoir mis en évidence les lacunes des modes de protection actuels des propriétés publiques immatérielles, il faut rechercher des solutions pour leur pourvoir une protection plus efficace. L'étude combinée du droit des propriétés publiques et du droit commun des biens laisse entrevoir l'existence de mécanismes de protection potentiellement substituables à la domanialité publique, dont il conviendra de mesurer l'adéquation avec la nature spécifique des propriétés publiques immatérielles.

L'intuition développée dans les lignes qui suivent consiste à démontrer que la domanialité publique n'est pas indépassable, qu'elle ne constitue pas "l'alpha et l'oméga" de la protection des propriétés publiques, et que des mécanismes spécifiques, extérieurs au droit des propriétés publiques, peuvent s'avérer plus efficaces, parce qu'ils seraient mieux adaptés aux propriétés publiques immatérielles.

A l'analyse, il s'avère que la domanialité publique présente une originalité relative, de telle sorte que ses éléments caractéristiques sont reproductibles dans le droit commun, soit par la loi, soit par convention.

Des mécanismes protecteurs, potentiellement applicables aux personnes publiques, se sont développés en-dehors de la domanialité

économique européenne ou d'un autre Etat partie à l'accord sur l'Espace économique européen ;
b) N'a pas commercialisé le produit objet du brevet en quantité suffisante pour satisfaire aux besoins du marché français.
Il en est de même lorsque l'exploitation prévue au a ci-dessus ou la commercialisation prévue au b ci-dessus a été abandonnée depuis plus de trois ans. (...) ».

publique, même si leur application à leurs propriétés immatérielles pose question. Ainsi, malgré la nécessité apparente qu'il y a à mettre en place des mécanismes protecteurs alternatifs à la domanialité publique (§1), il faut constater après analyse leur inadaptation en l'état actuel aux propriétés publiques immatérielles (§2).

§1. La nécessité apparente de mécanismes protecteurs alternatifs à la domanialité publique

Pour répondre de façon satisfaisante aux attentes – précédemment exprimées – en termes de protection des propriétés publiques immatérielles, il faut envisager diverses possibilités. La plus naturelle paraît être au premier regard la domanialité publique. En effet, elle constitue *a priori* l'alternative la plus logique au régime classique de la domanialité privée, qui pourvoit une protection limitée aux propriétés publiques concernées, puisqu'il les soustrait à l'inaliénabilité et à l'imprescriptibilité.

L'étude des propriétés publiques immatérielles met en évidence la nécessité de recourir dans une certaine mesure aux "mécanismes de la domanialité publique", l'emploi de cette expression renvoyant tout à la fois au régime de la domanialité publique et également aux hypothèses dans lesquelles les prérogatives protectrices pourvues par ce régime sont dupliquées – c'est-à-dire reproduites –, spécialement par des régimes juridiques *ad hoc* qui permettent de garantir le rattachement à l'utilité publique de certains biens.

S'agissant des propriétés publiques immatérielles, la tentation d'un recours aux mécanismes de la domanialité publique est récurrente (A) et elle répond parfois – comme pour les autres propriétés publiques – à une exigence constitutionnelle (B).

A. La tentation récurrente d'un recours aux mécanismes de la domanialité publique

Les développements ultérieurs auront pour objet de démontrer d'une part l'inadéquation de la domanialité publique et d'autre part l'inadaptation de la domanialité privée pour appréhender de façon satisfaisante les propriétés publiques immatérielles (cf. *infra* ; spéc. Partie III, Chapitre I). Il n'en demeure pas moins que la domanialité privée des propriétés publiques immatérielles reste à ce stade une hypothèse de travail.

Si les propriétés publiques immatérielles sont rangées, par défaut, dans le domaine privé des personnes publiques (1), cette classification d'office n'est pas exempte de défauts (2), notamment quant à la protection de ces propriétés.

1. La domanialité privée des propriétés publiques immatérielles par défaut

Ainsi que cela sera exposé dans les développements à venir de façon détaillée, une lecture attentive du code général de la propriété des personnes publiques doit amener à la conclusion que les propriétés publiques immatérielles – qu'il s'agisse des propriétés financières ou des propriétés intellectuelles – ressortissent au domaine privé des personnes publiques propriétaires, quoique cette solution ne soit pas parfaitement satisfaisante (cf. *infra*, Partie III, Chapitre I).

Malgré quelques tentatives isolées de forcer les catégories domaniales connues pour intégrer de façon ponctuelle quelques propriétés publiques immatérielles spécifiques au domaine public, l'opinion de la doctrine majoritaire est invariable pour présumer de la domanialité privée des propriétés publiques immatérielles[1129].

[1129] R. LEONETTI, « La protection de l'affectation au service public des biens incorporels », *AJDA* 2009, p. 1689 ; spéc. p. 1693 : *« Puisqu'ils sont des biens publics et qu'ils n'appartiennent pas au domaine public, les biens incorporels devraient être rangés dans le domaine privé du fait de la définition négative de ce domaine »*. Voir également : C. BLAIZOT-HAZARD, *Les droits de propriété intellectuelle des personnes publiques en droit français*, LGDJ, Bibliothèque de droit public, Tome 159, 1991 ; spéc. p. 147 : *« Comme n'importe quel titulaire de droits patrimoniaux de propriété intellectuelle, les personnes publiques vont chercher à les exploiter. Ces droits font partie du domaine privé. »*. Voir encore : J.-M. SAUVE, Discours d'ouverture, *in Le patrimoine immatériel des personnes publiques*, Colloque du 16 mars 2012, La Documentation française, coll. Droits et Débats n°6, 2013, p. 9 ; spéc. p. 15 : *« le patrimoine immatériel fait-il partie du domaine public ? La doctrine considère généralement que ce patrimoine ressortit au domaine privé des personnes publiques. C'est également la position adoptée par le Conseil d'Etat dans une ancienne décision* Spiesshofer et Braun *du 23 mars 1960 à propos de la marque « Triumph ». »*. Voir enfin : PH. TERNEYRE, « Les actifs immatériels des personnes publiques », *RJEP* 2013, étude 16 ; spéc. §29 : *« (...) en principe, les actifs incorporels qui appartiennent à des personnes publiques font plutôt partie du domaine privé de ces personnes, comme l'a par exemple jugé le Conseil d'État pour les actions d'un département dans une société commerciale d'autoroutes. »*.

Certains esprits, dotés d'une imagination féconde, pourraient être tentés de ranger dans le domaine public mobilier certaines propriétés publiques immatérielles. La démarche n'en serait pas moins erronée pour autant, la définition – et au demeurant le régime – de la domanialité publique mobilière n'autorisant pas pareille construction extravagante[1130]. La similarité apparente entre certaines caractéristiques des propriétés publiques immatérielles et certains des critères du domaine public mobilier n'est en réalité qu'accidentelle (cf. *infra*).

Plus précisément, la définition du domaine public mobilier de l'article L. 2112-1 du code général de la propriété des personnes publiques est parfois sollicitée en renfort à l'argumentation visant à ranger certaines propriétés publiques immatérielles dans le domaine public. Aux termes de cette disposition, pour faire partie du domaine public d'une personne publique, un bien mobilier lui appartenant doit présenter un *« intérêt public du point de vue de l'histoire, de l'art, de l'archéologie, de la science ou de la technique »*. Il serait tentant, au moyen d'une interprétation constructive de cette définition d'inclure certaines propriétés publiques immatérielles dans le domaine public mobilier des personnes publiques. L'inclusion – ou peut-être l'intrusion – la moins absurde consisterait à considérer que certains brevets, dès lors qu'ils présentent un intérêt technique majeur, peuvent intégrer le domaine public[1131]. En réalité, dans la mesure où le code général de la propriété des personnes publiques illustre avec clarté le caractère des biens publics mobiliers considérés – à savoir des biens culturels, qui plus est corporels –, un tel raisonnement paraît voué à l'échec. L'article L. 2112-1 du code précité ne mentionne en effet aucun élément se rapprochant de près ou de

[1130] De l'aveu du Professeur Philippe Terneyre, art. préc., spéc. §26 : « *Dans la mesure où il ne s'agit pas là de biens à caractère immobilier mais de biens meubles, l'article L. 2112-1 du Code de la propriété des personnes publiques relatif au domaine public mobilier n'est pas d'un grand secours puisque celui-ci n'intègre expressément dans le domaine public des personnes publiques que les biens présentant un intérêt public d'un point de vue de l'histoire, de l'art, de l'archéologie, de la science ou de la technique, toutes destinations assez étrangères aux actifs incorporels ici en discussion.* ».

[1131] Voir sur ce point : J.-G. SORBARA, « Le domaine public mobilier au regard du code général de la propriété des personnes publiques », *AJDA* 2007, p. 619 ; spéc. p. 621 : « *Pour les brevets scientifiques qui sont des biens meubles incorporels, l'intérêt public du point de vue de la science pourrait sembler évident. En effet, la Convention européenne sur le droit des brevets soumet la brevetabilité d'une invention à son caractère novateur, inventif et susceptible d'application industrielle (art. 52). La nature des brevets leur conférerait par conséquent la domanialité publique. Les conséquences seraient très importantes.* ». Voir également : T. SOLEILHAC, « Les bibliothèques numériques, un domaine public immatériel », *AJDA* 2008, p. 1133 ; spéc. p. 1138. Voir enfin : PH. YOLKA, note sous CE, Avis, 21 novembre 1972, *OFRATEME*, *GDDAB*, Dalloz, 3e éd., 2018, n°2, p. 29, spéc. §15.

loin des propriétés publiques immatérielles, qu'il s'agisse des propriétés financières ou des propriétés intellectuelles. La lecture des onze catégories énumérées pour illustrer le caractère des biens publics mobiliers composant le domaine public mobilier des personnes publiques est sans ambiguïté sur ce point[1132].

L'emploi de la définition du domaine public immobilier pour envisager une intégration au domaine public des personnes publiques de certaines propriétés publiques immatérielles peut également être exclue, dans la mesure où ces dernières ne présentent pas une caractéristique immobilière. Les brevets d'invention, les marques de fabrique, les droits d'auteur (moraux et patrimoniaux) et les actions détenues dans une société commerciale ne peuvent pas recevoir pareille qualification.

Ainsi, le jeu de l'article L. 2211-1 du code général de la propriété des personnes publiques, dont le premier alinéa définit négativement le domaine privé comme étant constitué de l'ensemble des biens appartenant aux personnes publiques et ne faisant pas partie de leur

---

[1132] Voir à titre d'illustration l'article L. 2112-1 du code général de la propriété des personnes publiques : « *Sans préjudice des dispositions applicables en matière de protection des biens culturels, font partie du domaine public mobilier de la personne publique propriétaire les biens présentant un intérêt public du point de vue de l'histoire, de l'art, de l'archéologie, de la science ou de la technique, notamment :*
1° Un exemplaire identifié de chacun des documents dont le dépôt est prescrit aux fins de constitution d'une mémoire nationale par l'article L. 131-2 du code du patrimoine ;
2° Les archives publiques au sens de l'article L. 211-4 du code du patrimoine ;
3° Les archives issues de fonds privés entrées dans les collections publiques par acquisition à titre onéreux, don, dation ou legs ;
4° Les biens archéologiques mobiliers devenus ou demeurés propriété publique en application du chapitre 3 du titre II, des chapitres Ier et VI du titre IV du livre V du code du patrimoine ;
5° Les biens culturels maritimes de nature mobilière au sens du chapitre 2 du titre III du livre V du code du patrimoine ;
6° Les objets mobiliers classés ou inscrits au titre du chapitre 2 du titre II du livre VI du code du patrimoine ou situés dans un immeuble classé ou inscrit et concourant à la présentation au public de parties classées ou inscrites dudit immeuble ;
7° Les objets mobiliers autres que ceux mentionnés au 6° ci-dessus, présentant un intérêt historique ou artistique, devenus ou demeurés propriété publique en application de la loi du 9 décembre 1905 concernant la séparation des Eglises et de l'Etat ;
8° Les collections des musées ;
9° Les œuvres et objets d'art contemporain acquis par le Centre national des arts plastiques ainsi que les collections d'œuvres et objets d'art inscrites sur les inventaires du Fonds national d'art contemporain dont le centre reçoit la garde ;
10° Les collections de documents anciens, rares ou précieux des bibliothèques ;
11° Les collections publiques relevant du Mobilier national et de la Manufacture nationale de Sèvres. » (nous soulignons).

domaine public[1133], force à penser que les propriétés publiques immatérielles ont vocation à intégrer le domaine privé des personnes publiques. De la même façon, l'absence d'alternative apparente – c'est-à-dire l'inexistence d'une catégorie tierce, qui serait composée des biens publics qui ne relèvent ni du domaine public, ni du domaine privé – renforce ce sentiment.

En réalité, comme cela sera démontré dans les développements à venir, tant les critères du domaine public – immobilier comme mobilier – que le régime de la domanialité publique sont inadaptés pour recevoir les propriétés publiques immatérielles, malgré l'intérêt évident que pourrait revêtir une telle protection. En effet, la classification domaniale actuelle des propriétés publiques immatérielles – comme appartenant au domaine privé des personnes publiques – présente parfois d'importants défauts.

2. Les défauts de la domanialité privée des propriétés publiques immatérielles

La classification des propriétés publiques immatérielles dans le domaine privé des personnes publiques est accidentelle. Elle résulte d'une malencontreuse succession d'exclusions : des critères de la domanialité publique immobilière d'une part et des critères de la domanialité publique mobilière d'autre part. Il n'en demeure pas moins que la domanialité privée des propriétés publiques immatérielles présente d'importants défauts et que cette solution s'avère insatisfaisante pour leur parfaite valorisation. Il est ainsi possible de mettre en évidence – tant s'agissant des propriétés publiques financières que des propriétés publiques intellectuelles – des carences dans leur protection. La classification dans le domaine public de certaines propriétés publiques immatérielles et l'application subséquente du régime de la domanialité publique apparaît pour cette raison comme une option particulièrement attrayante, comme une solution presque naturelle aux doutes suscités par une application systématique des règles de la domanialité privée. Ainsi que cela sera démontré plus avant, une telle solution n'est pourtant ni souhaitable, ni possible (cf. *infra*).

S'agissant des propriétés publiques financières, leur classification dans le domaine privé des personnes publiques présente le double

[1133] Article L. 2211-1, al. 1er du code général de la propriété des personnes publiques : *« Font partie du domaine privé les biens des personnes publiques (...), qui ne relèvent pas du domaine public (...). ».*

inconvénient de ne les soustraire ni aux rares cas de cessions d'actions non voulues, ni non plus aux hypothèses même virtuelles d'appropriation indue de certaines actions.

Pour ce qui est des cessions d'actions non voulues, il s'agit là de l'intéressant cas de figure, développé en détail ultérieurement (cf. *infra*, Partie III, Chapitre I), de l'offre publique de retrait, suivie d'un retrait obligatoire. Le contentieux opposant le département de Saône-et-Loire à la société Autoroute Paris-Rhin-Rhône (affaire APRR) a donné l'occasion à la juridiction administrative, et plus spécialement au Tribunal administratif de Paris, de rendre une audacieuse décision[1134], par laquelle était suggérée l'existence d'un domaine public – additionnel aux domaines publics mobilier et immobilier – susceptible de recueillir en son sein certains éléments présentant un "intérêt public éminent". En l'espèce, les juridictions se sont finalement prononcées tout à la fois dans le sens d'un refus de l'appartenance au domaine public des propriétés publiques financières[1135], quelles qu'elles soient, puis de l'inexistence d'une incompatibilité de principe avec les règles du code monétaire et financier permettant l'éviction du capital d'une société, moyennant indemnisation, d'un actionnaire ultra-minoritaire. La classification dans le domaine public des propriétés publiques financières ferait échec à de telles formes de cessions forcées, puisque les biens du domaine public sont inaliénables[1136], même si elle présenterait d'autres inconvénients majeurs, notamment parce qu'elle s'opposerait frontalement à la libre-négociabilité et empêcherait donc la cotation en bourse de la société.

Pour ce qui est de l'appropriation indue de certaines actions, il s'agit ici principalement de revenir sur l'hypothèse particulière des actions spécifiques – ou *golden shares* – détenues par l'Etat dans le capital de

---

[1134] TA Paris, 21 octobre 2011, *Société Autoroutes Paris-Rhin-Rhône*, n°1105713 ; *AJDA* 2012, p. 208, note P.-A. ROHAN et R. LEONETTI.

[1135] TA Paris, 21 octobre 2011, *Société Autoroutes Paris-Rhin-Rhône*, n°1105713 ; voir spécialement : « *considérant qu'il résulte de ce qui précède que les actions ou parts et instruments financiers détenus par le département de Saône-et-Loire dans le capital de la société APRR appartient au domaine privé de cette collectivité* ». Voir aussi, implicitement : CE, 4 juillet 2012, *Département de Saône-et-Loire*, n°356168 ; *AJDA* 2013, p. 522, note G. EVEILLARD ; *RJEP* 2013, comm. 4, note G. ECKERT. A noter que le département en cause ne soutenait plus devant le Conseil d'Etat que les actions litigieuses faisaient partie de son domaine public (dans sa décision, le Conseil d'Etat relève ainsi que : « *[le] département de Saône-et-Loire (...) ne conteste pas l'appartenance à son domaine privé de ces actions* »).

[1136] Article L. 3111-1 du code général de la propriété des personnes publiques : « *Les biens des personnes publiques (...), qui relèvent du domaine public, sont inaliénables et imprescriptibles.* ».

certaines sociétés. Ces actions offrent à l'Etat actionnaire des prérogatives exorbitantes du droit commun des sociétés lui permettant notamment de s'opposer à la cession de certains actifs, ou à la montée au capital de certains actionnaires, ou encore de nommer certains représentants au conseil d'administration de la société concernée. Ces actions n'ont de raison d'être qu'entre les mains de l'Etat. Leur appropriation publique paraît ainsi consubstantielle. Si leur cession paraît purement virtuelle, elle n'est pas pour autant impossible, en raison de l'application des règles de la domanialité privée aux propriétés publiques financières. Les actions spécifiques sont par conséquent soustraites à l'application de l'inaliénabilité et de l'imprescriptibilité, principes propres aux seuls biens du domaine public[1137], ce qui entame leur protection.

Concernant les propriétés publiques intellectuelles, il y a ici lieu de distinguer entre les propriétés industrielles des personnes publiques et leurs propriétés littéraires et artistiques.

Certaines propriétés industrielles souffrent de l'inapplication d'un régime plus protecteur que celui de la domanialité privée. Ainsi, certaines marques publiques nécessitent certainement une protection spécifique en raison de leur lien de rattachement avec l'idée même de puissance publique. Certaines marques sont inhérentes à l'identité de la personne publique et devraient pouvoir faire l'objet d'une protection renforcée. Leur aliénation, même si elle peut paraître relever de l'hypothèse d'école, n'est en l'état pas impossible.

Il en va de même s'agissant de certains brevets portant sur des inventions sensibles ou dangereuses et pour lesquels il faut s'assurer qu'ils ne seront pas cédés indument. Sont concernés ici avant tout les brevets de la défense nationale.

S'agissant en revanche des droits d'auteur, la protection pourvue par le droit commun et l'application apparente du régime de la domanialité privée ne présentent pas d'inconvénients majeurs. Ainsi, dans les rares cas dans lesquels une personne publique est investie des droits moraux de l'auteur sur une œuvre de l'esprit (cf. *supra*), ceux-ci sont, en application des dispositions du code de la propriété intellectuelle, inaliénables et imprescriptibles. L'application du droit commun est dans l'ensemble satisfaisante et les améliorations éventuellement envisageables tiennent par conséquent davantage à la modulation du droit

---

[1137] *Idem.*

commun de la propriété intellectuelle qu'à une incorporation dans le domaine public.

En définitive, la domanialité publique apparaît à bien des égards comme une solution tentante pour pourvoir à certaines propriétés publiques immatérielles une protection supplémentaire. La domanialité publique n'est pas pour autant indépassable, dans la mesure où il peut être fait recours à des mécanismes de protection alternatifs aussi efficaces et mieux adaptés à la nature particulière des propriétés publiques immatérielles. Il faut dès lors se concentrer davantage sur la recherche du régime susceptible d'assurer la meilleure protection du rattachement à l'utilité publique des propriétés publiques immatérielles concernées.

La nature spécifique des propriétés publiques immatérielles combinée à l'absence de leur appréhension en tant que telles par le code général de la propriété des personnes publiques, plaident ensemble pour la recherche de mécanismes protecteurs alternatifs à la domanialité publique. La lecture de la jurisprudence constitutionnelle est ici d'un secours appréciable parce qu'elle révèle la possibilité d'autres régimes juridiques – à côté de la domanialité publique – susceptibles de garantir l'affectation de biens à l'utilité publique. L'application parfois trop rigoureuse du régime de la domanialité publique pouvant être un inconvénient, il s'avère possible de se tourner vers des régimes juridiques alternatifs, reproduisant les fonctions de la domanialité publique et assurant dans le respect des exigences induites par la jurisprudence du Conseil constitutionnel l'affectation à l'utilité publique des biens publics.

B. L'exigence constitutionnelle du recours aux mécanismes de la domanialité publique

Ainsi que cela a été expliqué, l'expression de "mécanismes de la domanialité publique" renvoie tout à la fois au régime de la domanialité publique, tel qu'il ressort du code général de la propriété des personnes publiques, et aux régimes de substitution parfois envisagés par le législateur qui garantissent l'affectation de certains biens à l'utilité publique, sans toutefois s'apparenter exactement avec le domaine public, principalement parce qu'ils concernent en général des propriétés privées, insusceptibles d'intégrer le domaine public, le critère organique lié à l'appropriation publique faisant alors défaut. La démultiplication des régimes susceptibles de garantir l'affectation de certains biens à l'utilité publique trouve sa source dans la jurisprudence du Conseil constitutionnel qui envisage le développement de mécanismes plus souples que la domanialité publique en vue de garantir l'affectation de certains biens – qu'ils soient d'ailleurs publics ou privés – à l'utilité publique.

La jurisprudence du Conseil constitutionnel est claire : il n'y a pas de domaine public constitutionnellement exigé[1138]. En revanche, le Conseil constitutionnel impose parfois la garantie de l'affectation de certains biens à l'utilité publique (1), ce qui explique le développement corrélatif de mécanismes de protection alternatifs à la domanialité publique (2), celle-ci n'étant qu'une option parmi d'autres pour assurer l'affectation à l'utilité publique.

1. Une stricte limitation à la garantie de l'affectation à l'utilité publique

Selon le Professeur Etienne Fatôme, *« il n'existe pas (...) d'obligation constitutionnelle d'appartenance de tel ou tel type de biens au domaine public »*[1139]. Cependant, le recours aux mécanismes de la domanialité publique est parfois exigé du législateur par le Conseil constitutionnel, de telle sorte à ce que soit garantie l'affectation à l'utilité publique de certains biens.

A défaut d'indiquer avec précision les contours du domaine public, la lecture des décisions du Conseil constitutionnel renseigne opportunément sur les exigences minimales d'application de certaines règles de protection de l'affectation à l'utilité publique de certains biens, de telle sorte que les fonctions de la domanialité publique ressortent plus clairement. A étudier de plus près la jurisprudence du Conseil constitutionnel, il est ainsi possible de déduire que ce dernier oriente son contrôle vers l'identification des fonctions de la domanialité publique plutôt que vers la délimitation de la seule catégorie des propriétés publiques ayant vocation à intégrer le domaine public.

En réalité, le Conseil constitutionnel retient – davantage qu'une conception simplement organique du domaine public – une conception matérielle de la domanialité publique. Il reconnaît pour cette raison que

---

[1138] E. FATOME, « Le régime juridique des biens affectés au service public. A propos de la décision du Conseil constitutionnel du 14 avril 2005 », *AJDA* 2006, p. 178 ; spéc. p. 179 : *« l'appartenance au domaine public d'un bien affecté au service public n'est jamais constitutionnellement obligatoire ».*
[1139] E. FATOME, « A propos des bases constitutionnelles du droit du domaine public », *AJDA* 2003, p. 1192 ; spéc. p. 1197.

des biens affectés à l'utilité publique peuvent être correctement protégés en-dehors de toute appartenance au domaine public. Ainsi, dès lors que les biens concernés continuent de connaître une protection adéquate de leur affectation à l'utilité publique – car susceptible, selon la formule de principe retenue par le Conseil constitutionnel, *« de ne pas priver de garanties légales les exigences constitutionnelles qui résultent de l'existence et de la continuité des services publics (...) »*[1140] –, les exigences constitutionnelles sont pleinement satisfaites.

De cette façon, il faut comprendre que le Conseil constitutionnel n'a pas une position rigidifiée sur l'existence du domaine public, mais qu'il développe en revanche une conception matérielle intéressante de la domanialité publique, axée sur sa finalité. Le Professeur Etienne Fatôme traduit bien cette idée en écrivant que : *« la caractéristique fondamentale du droit de la domanialité publique est d'être un droit de protection, un droit dont la raison d'être première est d'assurer la protection des biens qui sont nécessaires à la satisfaction d'un certain nombre d'intérêts généraux essentiels (fonctionnement des services publics, circulation des personnes et des biens, etc. »*[1141]. Finalement, le Conseil constitutionnel est assez peu regardant quant aux formes que le législateur utilise pour traduire l'exigence d'affectation à l'utilité publique de certains biens. Il ne conçoit pas le domaine public comme une fin en soi ou comme un horizon indépassable. Le domaine public est bien entendu la traduction authentique, fidèle, des prérogatives de domanialité publique, mais celles-ci peuvent être efficacement suppléées par des mécanismes alternatifs qui en reprennent les fonctions essentielles.

[1140] Voir sur ce point le considérant 2 de la décision du Conseil constitutionnel n°94-346 DC du 21 juillet 1994, Loi relative à la constitution de droits réels sur le domaine public : *« Considérant (...) qu'il incombe au législateur lorsqu'il modifie les dispositions relatives au domaine public de ne pas priver de garanties légales les exigences constitutionnelles qui résultent de l'existence et de la continuité des services publics auxquels il est affecté »*.
Cette jurisprudence a été réitérée une dizaine d'années plus tard dans la décision n°2005-513 du 14 avril 2005, *Loi relative aux aéroports* (*AJDA* 2005, p. 1835, note J.-F. BRISSON ; *AJDA* 2006, p. 178, note E. FATOME ; *LPA* 6 mai 2005, p. 5, note J.-E. SCHOETTL *GDDAB*, 3e éd., 2018, n°85, comm. C. CHAMARD-HEIM) (cf. spéc. le considérant 4 : *« Considérant que le déclassement d'un bien appartenant au domaine public ne saurait avoir pour effet de priver de garanties légales les exigences constitutionnelles qui résultent de l'existence et de la continuité des services publics auxquels il reste affecté ; »*).
Sur ces questions, voir également : Y. GAUDEMET, « Constitution et biens publics », *Nouveaux Cahiers du Conseil constitutionnel*, n°37, octobre 2012.
[1141] E. FATOME, art. préc., *AJDA* 2003, p. 1192 ; spéc. pp. 1192-1193.

Comme cela a été dit, le Conseil constitutionnel retient une conception matérielle de la domanialité publique, plutôt qu'une conception organique du domaine public, ce qui laisse une marge de manœuvre au législateur pour aménager les manifestations de cette protection, garantissant efficacement l'affectation de certains biens à l'utilité publique. Pour le dire autrement, *« la seule exigence constitutionnelle qui existe en ce qui concerne le régime juridique des biens affectés à un service public est que ce régime soit tel que l'existence et la continuité des services concernés soient toujours garanties »*[1142]. Deux conséquences découlent nécessairement de ces constatations : certains biens affectés à l'utilité publique ne font pas partie du domaine public ; et plus encore, certains biens affectés à l'utilité publique n'appartiennent pas à une personne publique et ressortissent donc à la propriété privée.

Ce n'est donc pas le domaine public qui est exigé constitutionnellement, mais l'application à certains biens d'un régime inspiré de la domanialité publique, d'un régime susceptible de garantir leur affectation à l'utilité publique. Pour reprendre la terminologie dégagée ci-avant, le Conseil constitutionnel exige parfois l'utilisation par le législateur de mécanismes de domanialité publique ; il le laisse en revanche seul juge des contours du domaine public. De cette façon, *« le Conseil constitutionnel et le législateur protègent l'affectation au service public bien plus que l'appartenance au domaine public »*[1143].

En fin de compte, il n'existe pas vraiment de domaine public résiduel, pas plus qu'il n'existerait une propriété publique incompressible. A la lire entre les lignes, la jurisprudence du Conseil constitutionnel signifie que tous les biens affectés à l'utilité publique peuvent virtuellement ressortir à la propriété privée, tant que leur affectation à l'utilité publique est garantie par la mise en place par le législateur de mécanismes propres, similaires à la domanialité publique. Ainsi, *« le législateur est constitutionnellement en droit de soustraire des biens affectés à l'usage du public au régime de la domanialité publique »*[1144], pourvu dans ce cas qu'il soumette ces biens à un régime spécifique assurant une affectation à l'utilité publique des biens concernés. Il n'existe donc, en l'état actuel de la jurisprudence du Conseil constitutionnel qu'une application incompressible des fonctions de la domanialité publique – lesquelles peuvent trouver à être reproduites par des régimes juridiques spécifiques

---

[1142] E. FATOME, art. préc., *AJDA* 2003, p. 1192 ; spéc. p. 1194.

[1143] F. MELLERAY, « Incertitudes sur la notion d'ouvrage public », *AJDA* 2005, p. 1376 ; spéc. p. 1377.

[1144] E. FATOME, art. préc., *AJDA* 2003, p. 1192 ; spéc. p. 1197.

autres que la domanialité publique et à d'autres biens qu'aux seuls biens du domaine public.

Dans la mesure où *« le régime du domaine privé n'impose aucune obligation de protection de l'affectation au service public »*[1145], la perspective de mettre en place des régimes de protection *ad hoc* de certains biens affectés à l'utilité publique, en-dehors du domaine public et même en-dehors de la propriété publique est particulièrement bienvenue. Par conséquent, des régimes de protection de l'affectation de certains biens à l'utilité publique se sont logiquement développés, dans le respect des exigences constitutionnelles identifiées précédemment. Cependant, *« toute difficulté n'a pas disparu pour autant car encore faut-il savoir quel doit être, dans chacune des hypothèses où le législateur décide de recourir à cette solution d'un régime spécifique, le contenu de ce régime »*[1146].

S'agissant des propriétés publiques immatérielles, la constatation selon laquelle la protection de l'affectation à l'utilité publique de certains biens ne passe pas forcément par leur intégration au domaine public de la personne publique propriétaire est d'un intérêt capital. En effet, au premier regard, elles semblaient ressortir au domaine privé des personnes publiques, car exclues du domaine public, en raison de l'inadaptation des critères prévus par le code général de la propriété des personnes publiques. Il existe en réalité, comme cela a été démontré précédemment, une possibilité de prévoir dans la loi des mécanismes protecteurs alternatifs au domaine public, mais de nature à répondre aux exigences constitutionnelles de garantie de l'affectation à l'utilité publique. Des mécanismes plus souples existent donc pour pourvoir une protection optimale aux propriétés publiques immatérielles pour lesquelles des lacunes ont été mises en évidence. Le développement de tels mécanismes permet, et cet avantage est loin d'être négligeable, de surmonter les critères actuels du domaine public – qu'il soit immobilier ou mobilier – tout en utilisant les prérogatives de domanialité publique de façon adéquate, au gré des besoins de protection identifiés en fonction des spécificités de la propriété publique immatérielle considérée.

[1145] R. LEONETTI, « La protection de l'affectation au service public des biens incorporels », *AJDA* 2009, p. 1689 ; spéc. p. 1693.
[1146] E. FATOME, art. préc., *AJDA* 2006, p. 178 ; spéc. p. 179.

2. Le développement subséquent de mécanismes de protection alternatifs

Les perspectives offertes par la jurisprudence du Conseil constitutionnel s'agissant de la protection des propriétés publiques immatérielles sont particulièrement attractives. Il est en effet possible d'imaginer le développement de régimes juridiques autonomes, extérieurs au domaine public, susceptibles de garantir l'affectation à l'utilité publique des propriétés publiques immatérielles concernées. Or, il se trouve précisément qu'en l'état actuel le code général de la propriété des personnes publiques n'autorise pas l'intégration au domaine public de la personne publique propriétaire des propriétés publiques immatérielles. Le développement de mécanismes alternatifs, extérieurs au domaine public, s'annonce pour cette raison comme une perspective tout à fait en phase avec les attentes précédemment identifiées. Il y a lieu ici de faire état, pour le généraliser à toutes les propriétés publiques immatérielles, du raisonnement suivi par deux auteurs à propos du régime juridique applicable aux propriétés publiques financières. Ceux-ci se sont interrogés sur la question de savoir *« si le régime domanial [était] bien la meilleure forme de protection »*[1147]. Cette question est fondamentale. La doctrine majoritaire cherche à tout prix à intégrer au domaine public certaines propriétés publiques immatérielles, quitte d'ailleurs à tordre les critères légaux pour parvenir à cette fin. Pareille démarche est aussi vaine qu'inopportune. Plutôt que d'essayer de plaquer des critères et un régime pensés pour des biens de nature matérielle aux propriétés publiques immatérielles, il paraît plus avisé, après avoir relevé que *« la domanialité publique (...) n'est pas le seul régime protecteur envisageable »*[1148], de rechercher le régime juridique le plus adéquat pour assurer une protection optimale aux propriétés publiques immatérielles. Il est d'ailleurs à noter que cette protection n'est pas exclusive d'une appropriation privée des propriétés immatérielles considérées, le Conseil constitutionnel étant indifférent à cette question. Ainsi, *« [p]eu importe* a priori *qu'un bien appartienne à une personne publique ou privée pourvu qu'il fasse l'objet d'une protection spécifique (...) »*[1149].

[1147] P.-A. ROHAN et R. LEONETTI, « Vers une définition prétorienne d'un domaine public mobilier *praeter legem* : à propos de l'affaire *APRR* », *AJDA* 2012, p. 208 ; spéc. p. 211.
[1148] P.-A. ROHAN et R. LEONETTI, art. préc., *AJDA* 2012, p. 208 ; spéc. p. 211.
[1149] H.-G. HUBRECHT, « L'inaliénabilité : passé et avenir d'un principe de droit constitutionnel », *in La constitution et ses valeurs, Mélanges en l'honneur de Dmitri Georges Lavroff*, Dalloz, 2005, p. 417 ; spéc. p. 433.

Finalement, « le régime du domaine public n'est qu'une option parmi d'autres »[1150]. Pour reprendre les termes utilisés par le Professeur Hubert-Gérald Hubrecht : *« [l]e régime de la domanialité publique n'est plus le seul à pouvoir garantir l'affectation à l'utilité publique, le domaine privé le peut aussi et même la propriété purement privée à condition qu'existe alors un régime législatif spécifiquement adapté permettant le respect des exigences constitutionnelles de continuité des services publics et de droits et libertés des personnes. »*[1151]. Certains régimes législatifs spéciaux ont été développés[1152], spécialement pour des biens matériels, qui plus est immobiliers : tel est ainsi le cas de certains des biens de France Télécom, d'Aéroports de Paris et de La Poste (cf. *infra*). Les développements ultérieurs de cette étude auront pour objet, après avoir mis en évidence l'inadéquation des critères – actuels ou même potentiels – du domaine public et l'inadaptation du régime de la domanialité publique, de rechercher les contours de pareils régimes législatifs spécifiques s'agissant des propriétés publiques immatérielles.

En définitive, *« le législateur peut (...), avec une très grande liberté, adopter le régime qui lui paraît le plus adapté au cas d'espèce »*[1153]. Ainsi que cela sera exposé ultérieurement dans cette étude, il serait souhaitable s'agissant des propriétés publiques immatérielles, que des régimes juridiques législatifs *ad hoc* soient parfois prévus afin d'en garantir une protection véritablement optimale. Une telle option présente l'avantage non négligeable de faire un usage mesuré des différents mécanismes de

---

[1150] Pour la citation complète, voir : P.-A. ROHAN et R. LEONETTI, « Quelle protection pour les actions détenues par une collectivité territoriale dans le capital d'une société cotée ? », *AJDA* 2011, p. 1376 ; spéc. p. 1379 : *« A notre connaissance, on sait aujourd'hui que pour protéger les intérêts que servent certains biens, le régime du domaine public n'est qu'une option parmi d'autres (Cons. const. 14 avr. 2005, n° 2005-513 DC, AJDA 2006. 178, étude E. Fatôme). »* (nous soulignons).

[1151] H.-G. HUBRECHT, « L'exorbitance du droit des propriétés publiques », *in* F. MELLERAY (dir.), *L'exorbitance du droit administratif en question(s)*, LGDJ, 2004, p. 219 ; spéc. p. 238. Voir également : H.-G. HUBRECHT, « L'inaliénabilité : passé et avenir d'un principe de droit constitutionnel », art. préc. ; spéc. p. 432 : *« le domaine public n'est pas le seul mode de protection des biens affectés, le régime de la propriété privée peut l'être aussi, à condition de prévoir des régimes spécifiques de protection inspirés du régime classique de l'inaliénabilité administrative ».*

[1152] P.-A. ROHAN et R. LEONETTI, art. préc., *AJDA* 2011, p. 1376 ; spéc. p. 1379 : *« Des régimes législatifs spéciaux ont donc vu le jour et on peut penser que les garanties qu'imposent certaines exigences constitutionnelles, au premier rang desquelles figure la continuité du service public, pourraient aussi conduire le juge administratif, de façon prétorienne, à encadrer la gestion et l'administration de certains biens sans recourir aux règles de la domanialité publique. ».*

[1153] H.-G. HUBRECHT, « L'inaliénabilité : passé et avenir d'un principe de droit constitutionnel », art. préc. ; spéc. p. 433.

domanialité publique précédemment identifiés, de telle sorte à n'utiliser que ceux qui sont réellement nécessaires à la protection de la propriété publique immatérielle considérée[1154]. Le recours à de tels mécanismes peut également s'envisager propriété par propriété, de telle sorte que là encore, au gré des besoins identifiés, telle ou telle propriété publique immatérielle ne fasse pas obligatoirement l'objet d'un régime juridique protecteur totalement identique. Les développements ultérieurs se concentreront ainsi sur la recherche des régimes juridiques susceptibles de pourvoir aux propriétés publiques immatérielles une valorisation optimale, car garantissant tout à la fois leur exploitation raisonnable et leur protection adéquate, après avoir exclu le recours aux schémas classiques du domaine public (cf. *infra*, Partie III).

Toutefois, s'il existe des mécanismes protecteurs des propriétés publiques alternatifs à la domanialité publique, ils ne sont pas adaptés en l'état actuel à la domanialité publique.

§2. L'inadaptation actuelle des mécanismes protecteurs alternatifs à la domanialité publique

L'originalité et le caractère exorbitant des prérogatives de domanialité publique doivent être relativisés, parce que la domanialité publique, parfois imitée dans ses mécanismes, est également concurrencée par des régimes juridiques à part. Il existe donc des régimes de substitution à la domanialité publique, dont l'application aux propriétés publiques immatérielles doit pourtant, après analyse, être rejetée. Ainsi, si la duplication des prérogatives de domanialité publique est relativement banale (A), elle n'en demeure pas moins ambivalente (B), son efficacité s'agissant des propriétés publiques immatérielles étant sujette à caution.

[1154] Dans le même ordre d'idées, voir : E. FATOME, art. préc., *AJDA* 2003, p. 1192 ; spéc. p. 1195 : *« par définition, les régimes de substitution sont des régimes « taillés sur mesure » qui, logiquement, puisque c'est leur raison d'être, ne doivent imposer que les seules sujétions qui apparaissent absolument indispensables pour assurer la garantie de l'existence et de la continuité des services publics concernés ».*

A. La banalité de la duplication des prérogatives de domanialité publique

Les biens du domaine public des personnes publiques sont inaliénables et imprescriptibles[1155]. Ces caractéristiques, qui seront désignées dans la suite des développements comme les "prérogatives de domanialité publique", sont en apparence des mécanismes exorbitants, propres aux personnes publiques, et semblent par ailleurs indissociables, l'imprescriptibilité étant même régulièrement présentée comme découlant nécessairement de l'inaliénabilité. La réalité est plus nuancée : d'une part, en ce que les prérogatives de domanialité publique présentent une originalité relative et d'autre part, en ce qu'elles peuvent faire l'objet d'un découplage, ce qui confirme leur dissociabilité.

Ainsi, les prérogatives de domanialité publique – inaliénabilité et imprescriptibilité – sont non seulement dissociables (1), mais également aisément reproductibles (2).

1. La dissociabilité des prérogatives de domanialité publique

L'inaliénabilité et l'imprescriptibilité d'un bien ne vont pas nécessairement de paire[1156]. L'étude du droit public des biens, comme du droit privé des biens le révèle.

La simple lecture du code général de la propriété des personnes publiques semble annoncer la sentence. Aux termes de son article L. 3111-1, en effet : *« les biens des personnes publiques (...) qui relèvent du domaine public, sont inaliénables et imprescriptibles »*. Certains auteurs considèrent, dans cet esprit, que le *« principe d'imprescriptibilité*

[1155] Article L. 3111-1 du code général de la propriété des personnes publiques : *« Les biens des personnes publiques mentionnées à l'article L. 1, qui relèvent du domaine public, sont inaliénables et imprescriptibles »*.

[1156] R.-E. CHARLIER, « Les biens affectés au service public », *in Perspectivas del Derecho Publico en la segunda mitad del siglo XX : homenaje a Enrique Sayagues-Laso*, Instituto de Estudios de Administracion Local, 1969, p. 47 ; spéc. p. 67 : *« Il faudrait (...) faire éclater le couple traditionnel associant inaliénabilité et imprescriptibilité. Il faudrait dire que tous les biens du domaine de l'Etat, de la commune, etc., sont susceptibles de transfert de propriété sagement délibéré par l'Administration et par contre protégés contre tout transfert qu'elle n'aurait pas accepté ou décidé. »*.

(...) est consubstantiel » au principe d'inaliénabilité[1157], en expliquant que l'inaliénabilité serait privée d'effet si les biens étaient susceptibles de faire l'objet d'une prescription, celle-ci étant après tout un mode d'acquisition parmi d'autres. En outre, l'imprescriptibilité est parfois présentée comme découlant nécessairement de l'inaliénabilité[1158] ou encore comme un *« corollaire »*[1159] au principe d'inaliénabilité des biens du domaine public.

La réalité est plus nuancée[1160] et sporadiquement, il existe des cas de biens publics soumis à l'une seulement de ces prérogatives.

Ainsi, même s'il est couramment admis que l'inaliénabilité et l'imprescriptibilité sont indissociables, le découplage des prérogatives de domanialité publique n'en demeure pas moins possible. A dire vrai, il existe déjà. C'est ainsi que la lecture attentive du code forestier révèle l'existence de dispositions législatives particulières aménageant le régime des forêts publiques en outre-mer[1161]. Malgré la domanialité privée, imposée par le législateur, des *« bois et forêts des personnes*

[1157] Pour la citation complète, voir : H.-G. HUBRECHT, « L'exorbitance du droit des propriétés publiques », *in* F. MELLERAY (dir.), *L'exorbitance du droit administratif en question(s)*, LGDJ, 2004, p. 219 ; spéc. p. 228 : *« si l'inaliénabilité, entendue désormais comme un principe de compétence législative, constitue le premier trait du régime juridique des propriétés publiques dans le droit intermédiaire, il convient de noter qu'elle s'accompagne de la consécration du principe d'imprescriptibilité qui lui est consubstantiel. Il ne sert en effet à rien d'affirmer que seul le législateur peut décider de l'aliénation si, en fait, celle-ci est possible du fait de la prescription. »*.

[1158] L. Hennequin-Marc, *La propriété intellectuelle des personnes publiques*, th. Paris II, 2016 ; spéc. p. 390 : *« l'imprescriptibilité du domaine public est une règle majeure, conséquence nécessaire de l'inaliénabilité »*.

[1159] C. FROGER, *La prescription extinctive des obligations en droit public interne*, NBT v. 145, Dalloz, 2015 ; spéc. p. 6. Voir également : J.-G. SORBARA, *Droit administratif des biens*, PUF, 2016 ; spéc. p. 113.

[1160] N. Foulquier, *Droit administratif des biens*, Lexis Nexis, 4e éd., 2018 ; spéc. p. 209 : *« A la différence de ce qu'il prévoit pour le principe d'inaliénabilité, le Code général de la propriété des personnes publiques ne contient pas d'aménagements de celui de l'imprescriptibilité, preuve qu'ils n'ont pas le même objet. »*. Dans son commentaire sur l'arrêt *Sieur Cazeaux* (CE, Sect., 13 octobre 1967, n° 58332), le Professeur Fabrice Melleray note : *« Il semble (...) possible de soutenir que ces deux principes [d'inaliénabilité et d'imprescriptibilité], que l'on peut regrouper dans un principe plus général d'indisponibilité du domaine public, sont en fait dans une relation de complémentarité, entretiennent des liens étroits mais doivent être distingués. »* (*GDDAB*, 3e éd., 2018, n°88, spéc. p. 842).

[1161] Voir sur cette question : S. COMELLAS, « Interrogations sur le principe de prescriptibilité du domaine privé des personnes publiques », *JCP A* 2015, 2161.

publiques relevant du régime forestier »[1162], certains de ces biens en application de dispositions législatives spéciales sont imprescriptibles mais susceptibles d'aliénation quand même. Ainsi en est-il des bois et forêts du domaine de l'Etat situés en Guadeloupe[1163], en Martinique[1164], à Saint-Barthélemy[1165] et à Saint-Martin[1166]. S'agissant des mêmes biens, situés à La Réunion et à Mayotte, le législateur les a expressément qualifiés d'inaliénables et d'imprescriptibles[1167].

Certains auteurs proposent parfois d'étendre le découplage des prérogatives de domanialité publique et d'élargir ainsi le champ des biens publics imprescriptibles mais susceptibles d'aliénation. Une telle proposition a été formulée s'agissant des chemins ruraux, qui paraissent une terre d'élection fertile pour un aménagement de cet ordre. *« Les chemins ruraux sont en effet des biens affectés à l'usage direct du public que le principe d'imprescriptibilité pourrait protéger »*[1168]. Le législateur n'a, à ce jour, pas encore franchi le pas. Il a pris cependant une intéressante précaution, puisqu'il a instauré une présomption de propriété publique sur ces biens, à l'article L. 161-3 du code rural[1169]. De la sorte, la plupart des tentatives d'appropriation indues de ce type de biens peuvent être plus aisément désamorcées.

Le droit privé des biens est logiquement moins disert sur ces questions. Hormis les droits moraux de l'auteur d'une œuvre de l'esprit[1170], il n'est en effet pas d'exemple d'une hypothèse légale dans laquelle des biens seraient tout à la fois inaliénables et imprescriptibles. Cependant, l'inaliénabilité pouvant, sous certaines conditions, être stipulée conventionnellement, ce mécanisme va être découplé de celui d'imprescriptibilité, qui ne paraît pas pouvoir faire l'objet quant à lui d'une convention. Dans le même ordre d'idées, le droit applicable aux

---

[1162] Voir les dispositions de l'article L. 2212-1 du code général de la propriété des personnes publiques : *« Font également partie du domaine privé :*
1° Les chemins ruraux ;
2° Les bois et forêts des personnes publiques relevant du régime forestier. ».
[1163] Article L. 271-1 du code forestier.
[1164] Article L. 273-1 du code forestier.
[1165] Article L. 276-1 du code forestier.
[1166] Article L. 277-1 du code forestier.
[1167] Voir respectivement les dispositions suivantes : articles L. 275-2 et L. 276-1 du code forestier.
[1168] S. COMELLAS, art. préc.
[1169] Aux termes de cet article : *« Tout chemin affecté à l'usage du public est présumé, jusqu'à preuve du contraire, appartenir à la commune sur le territoire de laquelle il est situé. ».*
[1170] Article L. 121-1 du code de la propriété intellectuelle.

biens de certaines personnes privées a également été aménagé de telle sorte que leur aliénation soit parfois conditionnée.

Tel a été le cas s'agissant, d'abord, de France télécom, puis d'Aéroports de Paris (devenu depuis Paris Aéroport), et enfin de La Poste. Ces trois anciens établissements publics industriels et commerciaux, transformés en sociétés anonymes[1171], ont vu se développer des mécanismes rendant possible, sous certaines conditions, l'opposition à la cession de certains de leurs biens, par l'Etat[1172]. Les biens concernés, en raison de leur lien de rattachement consubstantiel au service public, sont donc en quelque sorte inaliénables, hors le respect d'une procédure spécifique. Cela ne revient pas exactement à les rendre totalement inaliénables, quoique les biens du domaine public des personnes publiques soient finalement eux aussi assujettis à une aliénabilité conditionnée, puisque leur inaliénabilité n'est pas intangible et suppose une désaffectation et un déclassement. Concernant les immeubles de France Télécom, Paris Aéroport (ex-ADP) et La Poste, l'aliénabilité conditionnée de ces biens appartenant à des personnes morales de droit privé est toujours envisagée indépendamment de la question de leur prescriptibilité qui, elle, reste intacte. L'idée d'une dissociation de l'inaliénabilité – ou de sa variante, l'aliénabilité conditionnée – et de l'imprescriptibilité en sort renforcée. Ces prérogatives ne sont pas seulement dissociables, elles sont également reproductibles par différents moyens.

2. La reproductibilité des prérogatives de domanialité publique

« Le droit privé, comme le droit public, peut être le lieu de rapports inégalitaires »[1173]. De fait, le droit public recèle des mécanismes connus du droit commun, qu'il s'agisse principalement de l'inaliénabilité ou de

[1171] Voir respectivement : la loi n°96-660 du 26 juillet 1996 relative à l'entreprise nationale France télécom, la loi n°2005-537 du 20 avril 2005 relative aux aéroports et la loi n°2010-123 du 9 février 2010 relative à l'entreprise publique La Poste et aux activités postales.

[1172] Voir respectivement : pour France télécom, l'article 4 de la loi précitée du 26 juillet 1996 ; pour Paris aéroport, l'article L. 6323-6 du code des transports ; pour La Poste, l'article 8 du décret n°2010-191 du 26 février 2010 fixant les statuts initiaux de La Poste et portant diverses dispositions relatives à La Poste.

[1173] P. GONOD, F. MELLERAY et PH. YOLKA (dir.), *Traité de droit administratif*, Tome 1, Dalloz, 2011 ; voir plus précisément : G. ECKERT, « Droit administratif et droit civil », p. 601 ; spéc. p. 643.

l'insaisissabilité et, dans une moindre mesure, de l'incessibilité à vil prix[1174].

Dans le même ordre d'idées, selon le Professeur Charles Debbasch, *« la spécificité des règles de droit administratif est moins importante que ce que l'on pourrait imaginer à première vue. Même les pouvoirs jugés comme les plus exorbitants de l'administration (...) se retrouvent dans les relations de droit privé »*[1175]. Ce constat peut être transposé, toutes choses égales par ailleurs, au droit des propriétés publiques. L'exorbitance prétendue de la domanialité publique présente en réalité des particularismes surmontables, de telle sorte que certains mécanismes peuvent être retrouvés dans le droit commun. De fait, la reproductibilité des prérogatives de domanialité publique dans le droit commun est soit d'origine légale (a), soit d'origine conventionnelle (b).

a. Reproductibilité légale des prérogatives de domanialité publique

Le droit de la propriété intellectuelle, et spécialement le droit de la propriété littéraire et artistique, est un bon exemple de la singularité relative des prérogatives de domanialité publique. Les droits moraux de l'auteur sont ainsi, en application du code de la propriété intellectuelle, inaliénables et imprescriptibles, pour ce qui concerne le droit au respect du nom, de la qualité et de l'œuvre[1176]. Ces considérations n'appellent pas davantage de remarques à ce stade, les développements antérieurs consacrés à ces questions devant suffire à nourrir le parallélisme possible entre les prérogatives de domanialité publique et les caractéristiques des droits moraux de l'auteur d'une œuvre de l'esprit.

[1174] En effet, selon Mme Elodie Saillant, *« [ce principe] ne présente pas une spécificité réelle face au droit des biens des personnes privées, dans la mesure où l'article 1591 du Code civil prohibe lui aussi la vente à prix symbolique »* ; voir : E. SAILLANT, *L'exorbitance en droit public*, Dalloz, NBT v. 109, 2011, spéc. p. 509. Voir toutefois les réserves formulées *supra* sur l'assimilation de l'incessibilité à vil prix des biens publics avec le mécanisme de la rescision pour lésion en droit privé.

[1175] L'auteur fait référence ici à l'utilisation par les personnes privées de la technique de l'acte unilatéral et du pouvoir réglementaire. C. DEBBASCH, « Le droit administratif, droit dérogatoire au droit commun ? », *in Droit administratif, Mélanges René Chapus*, Montchrestien, 1992, p. 127 ; spéc. p. 127.

[1176] Voir sur ce point l'article L. 121-1 du code de la propriété intellectuelle :
« L'auteur jouit du droit au respect de son nom, de sa qualité et de son œuvre.
Ce droit est attaché à sa personne.
Il est perpétuel, inaliénable et imprescriptible. ».

b. Reproductibilité conventionnelle des prérogatives de domanialité publique

L'inaliénabilité n'est pas exclusivement instituée par le législateur : elle peut également être stipulée conventionnellement, dans des conditions restrictives[1177]. La terre d'élection la plus courante de la stipulation d'une clause d'inaliénabilité semble être le cas d'un acte conclu à titre gratuit, tel une donation. A la suite de la jurisprudence, le législateur a expressément consacré cette possibilité dans le Code civil, à l'article 900-1, selon lequel : *« Les clauses d'inaliénabilité affectant un bien donné ou légué ne sont valables que si elles sont temporaires et justifiées par un intérêt sérieux et légitime. (...) »*. Certainement en raison du principe général de prohibition des engagements perpétuels, l'interdiction de cession qui frappe un bien ne peut pas être d'une durée illimitée. Elle doit en outre être justifiée par un intérêt "sérieux et légitime". La jurisprudence a étendu la possibilité de stipuler une clause d'inaliénabilité aux contrats conclus à titre onéreux, sous les mêmes conditions restrictives toutefois[1178].

L'inaliénabilité n'est ainsi pas inconnue du droit commun. Elle n'est pas l'apanage de la domanialité publique, dont l'exorbitance tiendrait davantage à son caractère général qu'à la nature des prérogatives qu'elle permet de mettre en œuvre. Le Professeur Hubert-Gérald Hubrecht écrivait à cet égard que *« ni l'insaisissabilité ni l'incessibilité ne sont inconnues du droit privé. Il est vrai que le particularisme est cependant avéré dans la mesure où des techniques d'utilisation exceptionnelle, et le plus souvent temporaire, dans l'un des droits font au contraire l'objet de l'affirmation d'une position de principe et permanente dans l'autre. »*[1179]. Ce constat peut être réitéré s'agissant de l'inaliénabilité dans le droit de la domanialité publique, puisqu'elle peut être reproduite dans des conditions strictement délimitées dans le droit commun.

Les clauses d'inaliénabilité peuvent également se retrouver, sporadiquement, dans les statuts de certaines sociétés commerciales.

[1177] Sur ces questions, voir notamment : S. BERNHEIM-DESVAUX, « La clause d'inaliénabilité d'un bien », *Contrats Concurrence Consommation* 2013, form. 7.

[1178] Voir spécialement : Cass. civ. 1ère, 31 octobre 2007, n°05-14238 ; *D.* 2008, p. 963, note A.-L. THOMAT-RAYNAUD ; *JCP N* 2008, 1064, note R. MORTIER ; *RDC* 2008, p. 249, note Y.-M. LAITHIER. L'attendu de principe est sans ambiguïté : *« dès lors qu'elle est limitée dans le temps et qu'elle est justifiée par un intérêt sérieux et légitime, une clause d'inaliénabilité peut être stipulée dans un acte à titre onéreux »*.

[1179] H.-G. HUBRECHT, « L'exorbitance du droit des propriétés publiques », art. préc. ; spéc. p. 232.

Elles concernent alors des biens meubles incorporels. Ainsi, depuis la loi de modernisation de l'économie, dite « LME », du 4 août 2008[1180], le législateur a expressément prévu la possibilité pour les actionnaires des sociétés par actions simplifiées de ménager, dans les statuts, un régime juridique spécifique pour certaines actions. Désormais, aux termes de l'article L. 227-13 du code de commerce, *« les statuts de la société peuvent prévoir l'inaliénabilité des actions pour une durée n'excédant pas dix ans »*. Là encore, si la protection pourvue aux biens du domaine public est reproduite, elle ne l'est pas dans sa plénitude. Les actions concernées par une clause d'inaliénabilité le sont à titre temporaire et non à titre perpétuel, contrairement à la domanialité publique dont les effets ne s'épuisent pas par l'écoulement du temps. Cette même loi a également introduit dans le code de commerce une disposition permettant l'introduction dans les sociétés par actions simplifiées d'actions inaliénables traduisant la réalisation d'un apport en industrie[1181]. L'apport en industrie étant intimement lié à la personne même de l'apporteur, il est réalisé *intuitu personae* et les actions qui en résultent sont logiquement inaliénables, de telle sorte qu'il faut alors organiser différemment l'éventuelle sortie du capital de l'actionnaire apporteur en industrie[1182].

Malgré leur reproductibilité virtuelle, les prérogatives de domanialité publique, lorsqu'elles sont utilisées dans le contexte du droit commun, ne sont pas aisément réutilisables par les personnes morales de droit public. Ces modes de protection alternatifs, quoiqu'existant dans le droit commun, n'apparaissent pas clairement comme étant en parfaite adéquation avec les attentes des personnes morales de droit public pour répondre aux lacunes de la protection de leurs propriétés publiques immatérielles.

B. L'ambivalence de la duplication des prérogatives de domanialité publique

Le recours à la domanialité publique n'épuise pas les modes de protection d'un bien affecté à l'utilité publique. Certains régimes

---

[1180] Loi n°2008-776 du 4 août 2008 de modernisation de l'économie.

[1181] Voir sur ce point l'article L. 227-1, al. 4 du code de commerce : *« La société par actions simplifiée peut émettre des actions inaliénables résultant d'apports en industrie tels que définis à l'article 1843-2 du code civil. Les statuts déterminent les modalités de souscription et de répartition de ces actions. (...). »*.

[1182] Sur ces questions, voir : A. THEIMER, « Les apports en industrie dans une société par actions simplifiée », *JCP E* 2009, 2149.

particuliers, applicables à des biens affectés à un service public, s'appliquent d'ailleurs indistinctement aux propriétés publiques ou privées, relativisant ainsi l'idée de l'exhaustivité des modes de protection pourvus par la domanialité publique. Le législateur a mis en place dans la période récente des régimes de protection des biens affectés, qui sont alternatifs à la domanialité publique. Quoiqu'ils apparaissent au premier abord comme des substituts efficaces (1), la concurrence qu'ils exercent vis-à-vis de la domanialité publique est en réalité relative (2), notamment parce que les solutions qu'ils proposent sont totalement étrangères aux propriétés publiques immatérielles.

1. Efficacité apparente des régimes de protection des biens affectés alternatifs à la domanialité publique

Selon le Professeur Hubert-Gérald Hubrecht : *« [l]e régime de la domanialité publique n'est plus le seul à pouvoir garantir l'affectation à l'utilité publique, le domaine privé le peut aussi et même la propriété purement privée (...) »*[1183]. En effet, *« le domaine public n'est pas le seul mode de protection des biens affectés »*[1184]. Il existerait donc, à côté de la domanialité publique, des modes de protection alternatifs, soit de biens publics, incorporés au domaine privé, soit même de biens purement privés.

Cette idée n'est pas nouvelle : René Capitant a magistralement démontré dans une note restée célèbre que *« [l]a question de l'affectation d'un bien est indépendante de la question de sa propriété »*[1185]. Selon ce postulat, *« la propriété privée peut donc coexister avec une affectation publique »*[1186]. Des propriétés – qu'elles soient publiques ou privées[1187] –

[1183] H.-G. HUBRECHT, « L'exorbitance du droit des propriétés publiques », art. préc. ; spéc. p. 238.

[1184] H.-G. HUBRECHT, « L'inaliénabilité : passé et avenir d'un principe de droit constitutionnel », *in La constitution et ses valeurs, Mélanges en l'honneur de Dmitri Georges Lavroff*, Dalloz, 2005, p. 417 ; spéc. p. 432.

[1185] R. CAPITANT, note sous l'arrêt *Commune de Barran* (CE, 17 février 1932) : Dalloz, 1933, III, p. 49 ; spéc. p. 50. Il est intéressant de relever que les premières traces de la démonstration de René Capitant sont déjà visibles dans sa copie au concours d'agrégation de droit public près de deux ans auparavant ; voir à ce propos : H. de Gaudemar, « L'intrigante copie de René Capitant au concours d'agrégation de 1930 », *RFDA* 2007, p. 1297.

[1186] P. CUCHE, « Domanialité publique, service public et partenariats public-privé », *Dr. adm.* 2003, chron. 16.

[1187] H.-G. HUBRECHT, « L'inaliénabilité : passé et avenir d'un principe de droit constitutionnel », art. préc. ; spéc. p. 433 : *« peu importe* a priori *qu'un bien appartienne*

pourraient ainsi recevoir une protection particulière, dès lors qu'elles sont affectées à l'utilité publique. Cette idée trouve aujourd'hui une traduction concrète évidente dans la multiplication des régimes juridiques dérogatoires au droit commun[1188], prévoyant une protection spécifique à certains biens, sous réserve qu'ils soient affectés à l'utilité publique. Davantage que l'appartenance au domaine public, ce serait désormais l'affectation au service public qui prévaudrait[1189], quelle que soit la nature juridique de la personne propriétaire. La protection de l'affectation d'un bien à l'utilité publique transcende ainsi la distinction entre propriété publique et propriété privée, puisqu'elle peut grever des biens publics comme des biens privés. Un rapide regard à ces différents mécanismes suggère que le renforcement de la protection des propriétés publiques immatérielles dans l'optique d'améliorer leur valorisation ne passe pas exclusivement par une incorporation au domaine public – dont il faudra d'ailleurs mesurer ultérieurement s'il constitue en l'état actuel du droit une option judicieuse, du point de vue de son régime, pour leur pourvoir une protection optimale –, si tant est au demeurant que les critères de domanialité publique soient adaptés pour envisager l'intégration des propriétés publiques immatérielles.

Les vingt dernières années ont vu se développer dans la loi des régimes de protection *ad hoc*, spécialement conçus pour garantir l'affectation à l'utilité publique de certains biens. Ainsi, *« il est devenu plus fréquent que des biens immobiliers affectés à un service public et aménagés à cet effet appartiennent (...) à une personne privée »*[1190]. Tel est le cas de certains des biens des anciens établissements publics industriels et commerciaux France Télécom, Aéroports de Paris et La Poste, comme cela a été exposé précédemment. En l'occurrence, ces établissements ayant été transformés en sociétés anonymes, leurs biens sont mécaniquement sortis du domaine public, le critère organique faisant alors défaut. Dans le respect de la jurisprudence constitutionnelle, *« le législateur peut déclasser un bien du domaine public, pourtant*

à une personne publique ou privée pourvu qu'il fasse l'objet d'une protection spécifique et le législateur peut par ailleurs, avec une très grande liberté, adopter le régime qui lui paraît le plus adapté au cas d'espèce » (nous soulignons).

[1188] H.-G. HUBRECHT, « L'inaliénabilité : passé et avenir d'un principe de droit constitutionnel », art. préc. ; spéc. p. 433 : *« peu importe* a priori *qu'un bien appartienne à une personne publique ou privée pourvu qu'il fasse l'objet d'une protection spécifique et le législateur peut par ailleurs, avec une très grande liberté, adopter le régime qui lui paraît le plus adapté au cas d'espèce »* (nous soulignons).

[1189] F. MELLERAY, « Incertitudes sur la notion d'ouvrage public », *AJDA* 2005, p. 1376 ; spéc. p. 1377 : *« le Conseil constitutionnel et le législateur protègent l'affectation au service public bien plus que l'appartenance au domaine public »*.

[1190] J. PETIT et G. EVEILLARD, *L'ouvrage public*, Litec, 2009 ; spéc. p. 39.

toujours affecté, à la seule condition de prévoir un régime spécifique de protection »[1191]. Les mesures protectrices envisagées ont déjà été exposées antérieurement : il s'agit principalement d'un pouvoir d'opposition à cession, rendant conditionnelle l'aliénation de certains biens. Un tel mécanisme présente l'avantage de dupliquer une des fonctions essentielles de la domanialité publique, tout en transcendant la distinction propriété publique/propriété privée, puisqu'en l'occurrence le législateur opère le choix de grever des biens purement privés.

Ces biens privés spécialement protégés par le législateur reçoivent parfois la qualification cumulative d'ouvrage public. Cette considération donne lieu à une jurisprudence en apparence fluctuante, *« le rôle exact joué par le critère organique dans la définition de l'ouvrage public est controversé »*[1192]. La qualité de personne morale de droit privé ne semble pas être un obstacle dirimant à la qualification d'un bien en ouvrage public. Le Conseil d'Etat n'accepte pas pour autant systématiquement la qualification d'ouvrage public pour les biens concernés. Il a ainsi successivement dénié cette qualité à des biens appartenant à la société France Télécom[1193], pour ensuite reconnaître qu'une personne privée pouvait détenir de tels ouvrages[1194], confirmant ainsi une décision rendue presque concomitamment par le Tribunal des conflits[1195]. Cette divergence d'interprétation est peut-être liée à une forme de disparité dans le niveau de clarté de la loi selon l'entreprise considérée. Par exemple, s'agissant de la société Aéroports de Paris, le législateur a précisé que *« les ouvrages appartenant à la société Aéroports de Paris et affectés au service public aéroportuaire sont des ouvrages*

[1191] H.-G. HUBRECHT, « L'exorbitance du droit des propriétés publiques », art. préc. ; spéc. p. 238.

[1192] F. MELLERAY, « Incertitudes sur la notion d'ouvrage public », *AJDA* 2005, p. 1376 ; spéc. p. 1379.

[1193] CE, 11 juillet 2001, Avis *Adelée*. Décision confirmée par : TC, 5 mars 2012, *Société Generali Assurances IARD c/ France Télécom*, n° C3826 ; *AJDA* 2012, p. 1964, obs. A. CARTIER-BRESSON.

[1194] CE, Sect., 29 avril 2010, Avis *Epoux Béligaud* ; *RFDA* 2010, p. 557, concl. M. GUYOMAR ; *RFDA* 2010, p. 572, note F. MELLERAY ; *AJDA* 2010, p. 1642, chron. S.-J. LIEBER et D. BOTTEGHI ; *AJDA* 2010, p. 1916, note P.-A. JEANNENEY ; *Dr. adm.* 2010, comm. 132, note J.-L. PISSALOUX ; *RJEP* 2010, comm. 54, note Y. GAUDEMET ; *RDI* 2010, p. 390, note O. FEVROT ; *GDDAB*, 3e éd., 2018, n° 11, comm. F. MELLERAY. Voir spécialement : *« La qualification d'ouvrage public peut être déterminée par la loi. Présentent aussi le caractère d'ouvrage public, notamment les biens immeubles résultant d'un aménagement, qui sont directement affectés à un service public, y compris s'ils appartiennent à une personne privée chargée de l'exécution de ce service public. »*.

[1195] TC, 12 avril 2010, *Société ERDF c/ Epoux Michel*, n° C3718 ; *RFDA* 2010, p. 551, concl. M. GUYOMAR ; *RFDA* 2010, p. 572, note F. MELLERAY ; *AJDA* 2010, p. 1642, chron. S.-J. LIEBER et D. BOTTEGHI.

publics »[1196]. La précision n'est pas superfétatoire[1197] et elle a le mérite de lever le doute quant à la qualification juridique exacte des biens considérés. La notion d'ouvrage public a été récemment définie – dans le silence de la loi – par le juge administratif. Il s'agit notamment des *« biens immeubles résultant d'un aménagement qui sont directement affectés à un service public y compris s'ils appartiennent à une personne privée chargée de l'exécution de ce service public »*[1198]. Cette notion emporte par elle-même l'application d'une prérogative protectrice : l'intangibilité. Certes atténué aujourd'hui, le principe selon lequel « ouvrage mal planté ne se détruit pas », continue d'emporter effet et offre une protection supplémentaire à certains biens, qu'ils soient publics ou privés.

2. Efficacité relative des régimes de protection des biens affectés alternatifs à la domanialité publique

Parmi les biens, publics ou privés, affectés à l'utilité publique, certains reçoivent une protection juridique spécifique. Celle-ci peut provenir du régime de la domanialité publique, de celui de l'ouvrage public, ou encore être spécialement prévue par le législateur – comme c'est le cas s'agissant de certains des biens immobiliers d'anciens établissements publics industriels et commerciaux transformés en sociétés anonymes, comme France télécom, Aéroports de Paris ou encore La Poste. Dans la perspective de trouver le régime juridique le plus adéquat pour permettre une valorisation optimale des propriétés publiques immatérielles, il faut évaluer les avantages et les inconvénients de ces formules alternatives à la domanialité publique.

L'ouvrage public ne sera *a priori* pas d'un grand secours s'agissant de la protection supplétive à apporter aux propriétés publiques immatérielles. D'une part, parce que les ouvrages publics sont toujours des immeubles, et d'autre part, parce qu' *« [o]uvrage public et domaine public coïncident souvent »*[1199]. Les ouvrages publics étant

---

[1196] Voir l'article 2 de la loi n°2005-357 du 20 avril 2005, relative aux aéroports.

[1197] Le Professeur Fabrice Melleray, analysant la jurisprudence antérieure, semble soutenir le contraire : *« Cette précision, dont on peut se demander si elle n'est pas inutile car redondante par rapport à la jurisprudence antérieure, illustre les incertitudes pesant sur cette notion pourtant classique »*. Pour plus de précisions, voir : F. MELLERAY, « Incertitudes sur la notion d'ouvrage public », art. préc. ; spéc. p. 1376.

[1198] CE, Sect., 29 avril 2010, Avis *Epoux Beligaud*, préc.

[1199] J. PETIT et G. EVEILLARD, *op. cit.* ; spéc. p. 63 : *« Ouvrage public et domaine public coïncident souvent, mais pas toujours »*.

nécessairement des biens immeubles, affectés à l'utilité publique, il est logique qu'ils remplissent parfois les critères de la domanialité publique immobilière, à plus forte raison lorsqu'ils font l'objet d'un "aménagement indispensable"[1200]. Plus encore, *« les dépendances du domaine public immobilier artificiel sont normalement des ouvrages publics »*[1201]. En revanche, *« ni les biens du domaine public mobilier, ni ceux du domaine public naturel ne sont des ouvrages publics »*[1202], les premiers parce qu'ils ne peuvent être des biens immobiliers, les seconds parce qu'ils ne font pas l'objet d'un aménagement[1203].

Cependant, pour ce qui est des autres mécanismes alternatifs à la domanialité publique, spécialement prévus par le législateur pour garantir l'affectation à l'utilité publique de certains biens, si en l'état actuel ils ne concernent que des biens immobiliers, il n'est pas totalement envisageable qu'ils concernent un jour des propriétés immatérielles. L'avantage évident de la mise en place de tels mécanismes réside dans leur grande souplesse : les prérogatives de protection envisagées peuvent ainsi varier suivant la propriété considérée, voire suivant l'identité de son propriétaire. La création de régimes juridiques autonomes, extérieurs à la domanialité publique, n'est pour cette raison pas inenvisageable. Elle pourrait utilement compléter dans certains cas la protection élémentaire des propriétés publiques – insaisissabilité et incessibilité à vil prix – déjà pourvue par le régime de la domanialité privée sans distinction quant à leur nature – matérielle ou immatérielle. En effet, suivant la doctrine majoritaire, les propriétés publiques immatérielles ressortissent au domaine privé des personnes publiques comme cela a été précédemment exposé et comme cela sera détaillé par la suite. Il conviendra, dans les développements à venir, de confronter les propriétés publiques immatérielles aux critères de la domanialité publique, puis à son régime, afin de tester leur compatibilité. Cette analyse ne pourra pas non plus faire l'économie d'une étude de l'adéquation du régime de la domanialité

1200 Selon la formule employée par l'article L. 2111-1 du code général de la propriété des personnes publiques. En effet, aux termes de cette disposition : *« (...) le domaine public d'une personne publique (...) est constitué des biens lui appartenant qui sont soit affectés à l'usage direct du public, soit affectés à un service public pourvu qu'en ce cas ils fassent l'objet d'un aménagement indispensable à l'exécution des missions de ce service public. »* (nous soulignons).

1201 J. PETIT et G. EVEILLARD, *op. cit.* ; spéc. p. 63.

1202 J. PETIT et G. EVEILLARD, *ibid.*

1203 Dans le même ordre d'idées, voir : F. MELLERAY, art. préc. ; spéc. pp. 1380-1381 : *« Etant par définition un immeuble ayant fait l'objet d'un aménagement, un ouvrage public ne peut naturellement ni être un meuble ni n'avoir fait l'objet d'aucun aménagement... ».*

privée aux propriétés publiques immatérielles, laquelle apparaît en réalité douteuse pour les raisons exposées plus avant.

Conclusion du Chapitre II

La valorisation des propriétés publiques immatérielles peut être renforcée par l'amélioration de la protection qui leur est pourvue. Ce constat vaut avant tout pour les propriétés intellectuelles des personnes publiques, plutôt que pour leurs propriétés financières.

Certaines solutions – qu'elles soient issues du droit des propriétés publiques ou du droit commun des biens – peuvent en apparence être envisagées pour garantir aux propriétés publiques immatérielles une protection satisfaisante. Les mécanismes proposés présentent l'avantage d'être des substituts à la domanialité, publique ou privée. L'adéquation de ces mécanismes avec les propriétés publiques immatérielles est toutefois discutable. De la même façon, l'agencement de la domanialité publique – ou privée – avec les propriétés publiques immatérielles doit désormais être éprouvé, parce qu'il est incertain à ce stade.

Deux leviers peuvent être actionnés pour améliorer la valorisation des propriétés publiques immatérielles : le renforcement de leur exploitation et le renouvellement de leur protection. Ces éléments appropriés du "patrimoine immatériel" étant des "propriétés publiques", la question de leur articulation avec le droit des propriétés publiques se pose nécessairement et elle s'annonce déjà comme la clé de l'optimisation de la valorisation des propriétés publiques immatérielles.

Il conviendra dès lors de s'intéresser plus avant à la classification juridique qui peut être entreprise en droit domanial pour les propriétés publiques immatérielles. Le choix est *a priori* réduit à une alternative : domaine public ou domaine privé, le code général de la propriété des personnes publiques n'envisageant pas de troisième voie[1204]. Les propriétés publiques immatérielles trouveraient donc à s'insérer dans cette distinction binaire dont la simplicité apparente est *a priori* rassurante. Cette simplicité est cependant illusoire et, en réalité, d'assez sérieuses difficultés de classification se posent pour appréhender les propriétés publiques immatérielles à travers le prisme du code général de la propriété des personnes publiques et des catégories domaniales qu'il propose.

Une fois résolue la délicate question de leur insertion dans les catégories domaniales existantes, il conviendra de s'interroger sur le régime à appliquer aux propriétés publiques immatérielles, qu'il s'agisse de celui de la domanialité publique ou de celui de la domanialité privée. Là encore, cette question ne présente visiblement pas de difficulté sérieuse, puisqu'il y a lieu d'appliquer les règles de la domanialité publique aux éléments ressortissant au domaine public, et celles de la domanialité privée à ceux qui ressortissent au domaine privé. La réalité est plus nuancée, spécialement en raison des règles spécifiques applicables par ailleurs aux propriétés publiques immatérielles, qu'elles soient issues du code de la propriété intellectuelle ou des dispositions législatives variées applicables aux actions détenues par des personnes publiques dans des sociétés commerciales.

[1204] Article L. 2211-1, al. 1er du code général de la propriété des personnes publiques : « *Font partie du domaine privé les biens des personnes publiques (...), qui ne relèvent pas du domaine (...).* ». Il ressort de ces dispositions que toutes les propriétés des personnes publiques font automatiquement partie soit du domaine public, soit du domaine privé.

PARTIE III – L'OPTIMISATION ESPEREE DE LA VALORISATION DU "PATRIMOINE IMMATERIEL" APPROPRIE DES PERSONNES PUBLIQUES

Les propriétés publiques immatérielles doivent faire l'objet, en raison de leur nature spécifique, d'un traitement différencié de celui réservé aux autres éléments composant le "patrimoine immatériel" des personnes publiques. Il s'agit en effet des éléments composant le "patrimoine immatériel" qui font l'objet d'une appropriation par une personne publique, qu'il s'agisse d'une propriété publique intellectuelle ou d'une propriété publique financière. A l'instar de Madame Claire Malwé, il faut considérer que *« si la "propriété publique incorporelle" est comprise comme partie intégrante du "patrimoine immatériel public", les deux notions revêtent des champs d'application et des significations distinctes »*[1205].

La notion de propriétés publiques immatérielles recouvre les propriétés publiques intellectuelles – elles-mêmes composées des propriétés publiques industrielles (brevets d'invention et marques de fabrique) et des propriétés publiques littéraires et artistiques (droits d'auteur – moraux et patrimoniaux) – et les propriétés publiques financières (actions détenues dans des sociétés commerciales).

En tant que propriétés publiques, elles sont normalement appelées à s'insérer, alternativement, dans le domaine public ou dans le domaine privé des personnes publiques[1206] ; les dépendances domaniales ne relevant pas du domaine public font en effet automatiquement partie du domaine privé, en application de l'article L. 2211-1, alinéa 1er, du code général de la propriété des personnes publiques[1207], puisqu'il n'existe pas de catégorie tierce.

1205 C. MALWE, « Valorisation du patrimoine immatériel : de quoi parle-t-on ? », *AJCT* 2013, p. 120 ; spéc. p. 121.

1206 PH. TERNEYRE, « Les actifs immatériels des personnes publiques », *RJEP* 2013, étude 16 ; spéc. §25 : *« Pour ceux de ces actifs qui font l'objet d'un droit de propriété de la part des personnes publiques, la question se pose à présent de savoir s'ils appartiennent à leur domaine public ou à leur domaine privé ».*

1207 Selon lequel : *« Font partie du domaine privé les biens des personnes publiques (...), qui ne relèvent pas du domaine public par application des dispositions du titre Ier du livre Ier ».*

L'analyse révèle toutefois de considérables difficultés à faire entrer, sans heurter les équilibres du code, les propriétés publiques immatérielles dans les catégories domaniales existantes.

Il s'avère que la rigidité de la *summa divisio* domaine public/domaine privé[1208], telle qu'elle est généralement entendue et prévue par le code général de la propriété des personnes publiques[1209], est largement préjudiciable à une appréhension "raisonnée" des propriétés publiques immatérielles, pourtant nécessaire à leur traitement uniforme et finalement à leur valorisation optimale.

L'insertion des propriétés publiques immatérielles dans les catégories domaniales existantes est, à l'heure actuelle, inconcevable ; seul le double ajustement des contours des catégories existantes et du régime qui leur est applicable rendrait possible un renouvellement du droit des propriétés publiques susceptible de permettre une valorisation du "patrimoine immatériel" équilibrant la rentabilisation financière et la satisfaction de différents buts d'intérêt général poursuivis.

En fin de compte, l'optimisation de la valorisation des propriétés publiques immatérielles passe d'abord par le rejet des catégories domaniales traditionnelles (Chapitre I), et ensuite par l'élaboration de catégories domaniales nouvelles (Chapitre II).

[1208] Y. GAUDEMET, *Droit administratif des biens*, LGDJ, 14e éd., 2011 ; spéc. p. 37 : *« cette distinction est anciennement et périodiquement dénoncée parce que trop tranchée sinon artificielle »*.

[1209] Par une combinaison des articles L. 2111-1, L. 2112-1 et L. 2211-1 du code général de la propriété des personnes publiques.

Chapitre I – Le rejet des catégories domaniales traditionnelles pour optimiser la valorisation des propriétés publiques immatérielles

> *« Les règles héritées du droit domanial classique – reprises aujourd'hui dans le CGPPP – s'avèrent foncièrement inadaptées à la dématérialisation contemporaine des biens »*[1210].

La rigidité des deux catégories domaniales existantes, domaine public et domaine privé, n'est pas pleinement satisfaisante s'agissant de l'appréhension des propriétés publiques immatérielles. La première difficulté qui ressort de la confrontation des propriétés publiques immatérielles au droit des propriétés publiques est que le champ matériel d'application du code général de la propriété des personnes publiques est très large et qu'il a vocation *a priori* à englober tous les droits – mobiliers et immobiliers – des personnes publiques[1211]. En effet, aux termes de l'article L. 1 du code général de la propriété des personnes publiques : *« Le présent code s'applique aux biens et aux droits, à caractère mobilier ou immobilier, appartenant à l'Etat, aux collectivités territoriales et à leurs groupements, ainsi qu'aux établissements publics »*. Pourtant, le code est par la suite muet sur la question des propriétés publiques immatérielles[1212] et ne leur consacre aucun développement spécifique.

La doctrine est divisée sur les conséquences à tirer de cette relative indétermination. Certains auteurs estiment ainsi que l'immatériel est pleinement inclus dans le code[1213]. En réalité, il faut considérer que la

---

1210 PH. YOLKA, « Les patrimoines publics à l'épreuve de la propriété intellectuelle », *Dr. adm.* 2012, prat. 1.

1211 J.-M. SAUVE, Discours d'ouverture, *in Le patrimoine immatériel des personnes publiques*, Colloque du 16 mars 2012, La Documentation française, coll. Droits et Débats n°6, 2013, p. 9 ; spéc. pp. 14-15 : *« Constatons enfin que l'article L.1 du code général de la propriété des personnes publiques ne semble pas s'opposer à l'inclusion dans les propriétés publiques du patrimoine immatériel, même s'il ne le fait pas expressément. »*.

1212 PH. YOLKA, note sous CE, Avis, 21 novembre 1972, *OFRATEME*, *GDDAB*, Dalloz, 3e éd., 2018, n°2, p. 28, §13: *« Même s'il « s'applique aux biens et aux droits, à caractère mobilier ou immobilier », des personnes publiques (CGPPP, art. L. 1 et L. 2), le CGPPP ne s'intéresse qu'aux propriétés publiques corporelles »*.

1213 J.-M. BRUGUIERE, « Le patrimoine immatériel de l'Etat est-il l'objet d'une propriété publique ? », *Cahiers Droit, Sciences et Technologies* 2010, p. 59 ; spéc. p. 68 :

définition du champ d'application matériel du code est involontairement trop large. Le code inclut certes par une formulation très générale, l'immatériel, mais n'y consacre pas de dispositions spécifiques par la suite. Cette absence de traitement n'est à dire vrai pas étonnante, car plus généralement, l'immatériel a du mal à faire son entrée dans le droit[1214]. Il y a consécutivement une absence évidente d'appréhension approfondie de l'immatériel par le droit des propriétés publiques[1215].

Le Professeur Philippe Yolka, commentant les dispositions du nouveau code de la propriété des personnes publiques constate, à regret que : *« [l]a propriété publique incorporelle passe aussi à la trappe, le code se contentant d'une vague référence aux biens et aux* droits *des collectivités (art. L. 1) ; carence malheureuse, compte tenu d'une nette tendance à la dématérialisation des propriétés, pas uniquement privées. »*[1216].

La question de la domanialité – publique ou privée – des propriétés publiques immatérielles est déterminante, parce qu'elle conditionne le régime qui leur est applicable[1217]. Ainsi, l'appartenance à la catégorie du domaine public entraîne, mécaniquement, l'applicabilité des principes d'inaliénabilité et d'imprescriptibilité[1218].

« Plusieurs arguments peuvent être avancés au soutien de l'inclusion de l'immatériel dans le Code général de la propriété des personnes publiques. L'on peut ainsi observer que l'article L.1 vise les droits aux côtés des biens. Or par nature un droit est immatériel. Tout droit est un bien. ».

1214 Voir notamment : P. BREESE et A. KAISER, *L'évaluation des droits de propriété industrielle*, Gualino, 2004 ; spéc. p. 24 : *« Nos problèmes pour appréhender l'immatériel proviennent de sa nature même ; le fait qu'il s'agisse de réalités non physiques paralyse nos capacités d'analyse et d'action et, dans le monde des affaires, cela se révèle être bien souvent fatal ».*

1215 J.-M. BRUGUIERE, « L'immatériel à la trappe ? », *D.* 2006, p. 2804 ; spéc. p. 2804 : *« Notre droit ne saisit aujourd'hui pas grand chose (...). Un même constat peut être fait à propos du code général de la propriété des personnes publiques issu de l'ordonnance du 21 avril 2006.* Exit *la propriété publique incorporelle puisque le texte se contente d'une seule référence aux biens et* aux droits *des collectivités ».*

1216 PH. YOLKA, « Naissance d'un code : la réforme du droit des propriétés publiques », *JCP A* 2006, actu. 452.

1217 J.-M. SAUVE, Discours d'ouverture, *in Le patrimoine immatériel des personnes publiques*, Colloque du 16 mars 2012, La Documentation française, coll. Droits et Débats n°6, 2013, p. 9 ; spéc. pp. 15-16 ; voir également : PH. YOLKA, note sous CE, Avis, 21 novembre 1972, *OFRATEME*, *GDDAB*, Dalloz, 3e éd., 2018, n°2, p. 28, spéc. §13 ; voir aussi : E. HOFFMAN, L. BOUCHARD et J. CAPIAUX, « Protection du nom de la collectivité territoriale : enjeux publics et privés », *Gaz. Pal.*, 10 décembre 2011, p. 11.

1218 En effet, aux termes de l'article L. 3111-1 du code général de la propriété des personnes publiques : *« Les biens des personnes publiques (...), qui relèvent du domaine public, sont inaliénables et imprescriptibles ».*

L'éventuelle intégration de certaines propriétés publiques immatérielles dans la catégorie du domaine public a, par conséquent, un impact direct sur la possibilité d'une gestion dynamique, et corrélativement d'une valorisation optimale de ces propriétés publiques spécifiques. L'inaliénabilité corsette la faculté pour les personnes publiques de céder une propriété publique. Elle ne la rend pas pleinement impossible, mais elle la conditionne. Il y a là un degré de protection certain, mais qui s'avère être néfaste s'agissant de certaines propriétés publiques immatérielles, dans la mesure où celles-ci, en raison de leur nature particulière, doivent pouvoir circuler facilement.

En réalité, l'inaliénabilité n'empêche pas toute aliénation d'un bien public. Celle-ci est possible, pour un bien immobilier, à la double condition que le bien soit désaffecté puis déclassé. Pour un bien mobilier, la sortie du domaine public peut être volontaire ou involontaire. Elle est volontaire si une procédure unique de déclassement est suivie par la personne publique. S'agissant de biens qui ne sont pas "affectés", il n'y a en effet, contrairement aux biens immobiliers, pas lieu de procéder à leur désaffectation préalable. Et elle est involontaire si le bien ne répond plus à la définition du domaine public mobilier, c'est-à-dire, s'il ne revêt plus un *« intérêt public du point de vue de l'histoire, de l'art, de l'archéologie, de la science ou de la technique »*[1219].

Ne portant plus la marque du domaine public, le bien entre automatiquement dans le domaine privé[1220] et peut être librement aliéné, le principe d'inaliénabilité étant l'apanage du domaine public[1221]. Cette procédure est contraignante par sa lourdeur, de telle sorte que s'agissant des propriétés publiques immatérielles, elle est *a priori* inadaptée. Les propriétés publiques immatérielles s'accommodent assez mal de cet impératif. Mais elles ont, inversement, besoin d'être protégées lorsqu'elles sont porteuses d'une valeur particulière (brevet stratégique, marque publique, action spécifique...). Ceci plaide en faveur de leur intégration dans le domaine public ou du moins, cela invite à la recherche d'un régime juridique rénové – dont les contours exacts resteraient à préciser – alliant protection spécifique et circulation facilitée.

Il n'est cependant pas prouvé qu'elles fassent partie, ni même qu'elles puissent faire partie en l'état des textes du domaine public des personnes publiques. Cette interrogation fondamentale quant à la répartition

---

[1219] Voir l'article L. 2112-1 du code général de la propriété des personnes publiques.
[1220] Par le jeu de l'article L. 2211-1 du code général de la propriété des personnes publiques.
[1221] Article L. 3111-1 du code général de la propriété des personnes publiques.

domaniale des propriétés publiques immatérielles intrigue logiquement la doctrine[1222].

Certains auteurs, partant du constat que les propriétés publiques immatérielles sont assimilables à des biens mobiliers, tentent ainsi de les confronter à la définition du domaine public mobilier pour déterminer si elles peuvent ressortir à cette catégorie juridique spécifique. Le Professeur Jean-Bernard Auby souligne ainsi à propos des "droits immatériels des administrations" que : *« L'article L. 2112-1 du Code général de la propriété des personnes publiques ne les mentionne pas parmi les biens mobiliers appartenant au domaine public, mais la liste qu'il donne n'est pas exhaustive. Et pourquoi le critère par lequel il s'ouvre –* « font partie du domaine public mobilier de la personne publique propriétaire les biens présentant un intérêt public du point de vue de l'histoires, de l'art, de l'archéologie, de la science ou de la technique » *– ne s'appliquerait-il pas à certains d'entre eux ? »*[1223].

Pour le Professeur Jean-Michel Bruguière, la lecture de l'énumération des biens du domaine public mobilier des personnes publiques contenue dans l'article L. 2112-1 du code général de la propriété des personnes publiques conduit également à chercher *« désespérément les valeurs immatérielles dans cette liste »*[1224].

Quant au président Jean-Marc Sauvé, il laisse en suspens la question suivante : *« Le patrimoine immatériel fait-il partie du domaine public ? »*[1225], même s'il y apporte quelques éléments de réponse qui n'emportent que difficilement la conviction. L'ancien Vice-Président du Conseil d'Etat adhère au postulat suivant lequel *« la doctrine considère généralement que ce patrimoine ressortit au domaine privé des personnes publiques »*[1226] et il y rattache la solution de l'arrêt *Spiesshofer et Braun*[1227], dans lequel le Conseil d'Etat avait jugé qu'une marque

---

[1222] Y. GAUDEMET, *Droit administratif des biens*, LGDJ, 13e éd., 2008, spéc. pp. 321-322. Voir aussi : J.-M. SAUVE, Discours d'ouverture, *in Le patrimoine immatériel des personnes publiques*, Colloque du 16 mars 2012, La Documentation française, coll. Droits et Débats n°6, 2013, p. 9 ; spéc. p. 15 : *« le patrimoine immatériel fait-il partie du domaine public ? »*.

[1223] J.-B. AUBY, « L'immatériel dans l'Etat », *Dr. adm.* 2007, repère n°6.

[1224] J.-M. BRUGUIERE, « Le patrimoine immatériel de l'Etat est-il l'objet d'une propriété publique ? », *Cahiers Droit, Sciences et Technologies* 2010, p. 59 ; spéc. p. 68.

[1225] CONSEIL D'ETAT, *Le patrimoine immatériel des personnes publiques*, Colloque du 16 mars 2012, La Documentation française, coll. Droits et Débats n°6, 2013 ; spéc. p. 15.

[1226] CONSEIL D'ETAT, *ibid.*, spéc. p. 15.

[1227] CE, 23 mars 1960, *Société Spiesshofer et Braun,* n° 46221, Rec. CE p. 215.

appartenant à l'Etat était une dépendance de son domaine privé[1228]. Cette solution jurisprudentielle est en réalité malvenue pour illustrer l'appartenance du "patrimoine immatériel", pris dans son ensemble, au domaine privé des personnes publiques, dans la mesure où la marque en question – celle du constructeur automobile "Triumph" – n'était pas porteuse de valeurs d'intérêt général et, finalement, peu représentative des marques que détiennent généralement les personnes publiques[1229] (cf. *infra*). Le président Sauvé remarque également qu'il existe des exceptions à cette tendance consistant à faire relever du domaine privé des personnes publiques leur "patrimoine immatériel" et il relève à titre d'illustration que *« les fréquences hertziennes font partie du domaine public »*[1230], en vertu de la loi[1231]. Il faut, là encore accueillir avec circonspection le choix de cet exemple fréquemment cité[1232] pour illustrer la possibilité, vraisemblablement dérogatoire, de la domanialité publique d'un élément du "patrimoine immatériel" des personnes publiques. Les fréquences hertziennes ne font l'objet d'un droit de propriété qu'artificiellement, c'est-à-dire uniquement par construction législative, ce qui les rend peu révélatrices de l'existence d'un soi-disant "domaine public immatériel"[1233]. Pour le Professeur Norbert Foulquier, les

---

[1228] Rec. CE, p. 215 ; 23 mars 1960 – 46 221, *Société Spiesshofer et Braun* : *« Considérant qu'il est constant que la marque « Triumph », détenue antérieurement à la guerre de 1939-1945 par la Société allemande Spiesshofer et Braun a été mise sous séquestre et a fait partie du domaine privé de l'Etat français ; »*.

[1229] Sur ce point, le Professeur Norbert Foulquier relève, d'ailleurs, que : *« cette affaire n'est pas très pertinente parce que la question de l'affectation à l'intérêt général n'était pas soulevée et n'avait pas à l'être »* - N. FOULQUIER, « Le domaine public immatériel ? », *Gaz. cnes,* Etudes et documents, 7 mai 2012, p. 18 ; voir également, dans le même sens : A. DILLOARD, « L'émergence des marques publiques dans le patrimoine immatériel des personnes publiques », *RDP* 2014, p. 39, spéc. p. 67, où l'auteur parle à ce propos du cas *« rarissime, d'une marque privée détenue par une personne publique et sans lien avec l'Administration »*.

[1230] CONSEIL D'ETAT, *Le patrimoine immatériel des personnes publiques*, Colloque du 16 mars 2012, La Documentation française, coll. Droits et Débats n°6, 2013 ; spéc. p. 15.

[1231] Article L. 2111-17 du code général de la propriété des personnes publiques : *« Les fréquences radioélectriques disponibles sur le territoire de la République relèvent du domaine public de l'Etat »*.

[1232] PH. YOLKA, note sous CE, Avis, 21 novembre 1972, *OFRATEME*, *GDDAB*, Dalloz, 2013, n°2, p. 29, spéc. §15 ; voir également : O. DE DAVID BEAUREGARD-BERTHIER, « Le patrimoine immatériel de l'Etat », *in Bien public, bien commun, Mélanges en l'honneur d'Etienne Fatôme*, Dalloz, 2011, p. 23, spéc. p. 31.

[1233] Le Professeur Norbert Foulquier remarque, à ce propos que : *« comme ce domaine n'existe qu'en vertu de la loi et qu'il se plie à des règles dérogatoires, en matière d'occupation, il ne tranche pas la question de l'existence d'un domaine public immatériel non déterminé par la loi »* - N. FOULQUIER, « Le domaine public immatériel ? », *Gaz. cnes,* Etudes et documents, 7 mai 2012, p. 18.

intentions du législateur ne doivent pas être sur-interprétées : *« L'objectif principal du législateur de 1986 n'était pas de prendre position sur l'appartenance des ondes au domaine privé ou au domaine public de l'Etat. Il s'agissait d'affirmer la propriété de l'Etat sur ces ondes. L'incorporation de ces ondes dans le domaine public a été un moyen « élégant » ou politiquement défendable pour l'Etat de se les accaparer. La conséquence pratique de cette appropriation a été que l'Etat a pu exiger des redevances pour l'utilisation des ondes, qui furent très élevées lors de l'attribution des licences GSM et UMTS. »*[1234].

Le législateur ne s'est en effet pas embarrassé des catégories connues et de l'adéquation ou de la cohérence des notions retenues. La fin justifiant les moyens[1235], il a bousculé les équilibres existants, pour pouvoir bénéficier des avantages du régime de la domanialité publique – en l'occurrence, au premier rang, le régime d'occupation moyennant le paiement d'une redevance prévu par l'article L. 2125-1, alinéa 1er du code général de la propriété des personnes publiques[1236] –. Il a pris le risque, pour les besoins de la cause, de travestir la notion de domaine public, qui s'en est trouvée dénaturée.

Ce sont, précisément, les raisonnements par analogie qui portent préjudice à la question de la répartition domaniale du "patrimoine immatériel" des personnes publiques. La répartition domaniale, en l'absence d'un mode d'emploi clair, peut être qualifiée – par euphémisme – de malaisée.

Le Professeur Philippe Yolka synthétise quant à lui les enjeux de la classification du "patrimoine immatériel" dans les catégories domaniales existantes en estimant que *« [l]e traitement juridique des propriétés publiques incorporelles suscite (...) maintes interrogations, la principale concernant leur rattachement au domaine public ou au domaine privé*

[1234] N. FOULQUIER, *Droit administratif des biens*, Lexis Nexis, 4e éd., 2018 ; spéc. p. 92.
[1235] PH. YOLKA, « L'immatériel public en trompe-l'œil », *JCP A* 2011, act. 726 : *« les fréquences hertziennes – dont la domanialité publique ne sert qu'à empocher les royalties exigées de leurs utilisateurs »*.
[1236] Aux termes de cette disposition : *« Toute occupation ou utilisation du domaine public d'une personne publique mentionnée à l'article L. 1 donne lieu au paiement d'une redevance sauf lorsque l'occupation ou l'utilisation concerne l'installation par l'Etat des équipements visant à améliorer la sécurité routière ou nécessaires à la liquidation et au constat des irrégularités de paiement de toute taxe perçue au titre de l'usage du domaine public routier. »*.

(question déterminante, s'agissant tant du droit applicable que du juge compétent en cas de litige) »[1237].

« Domanialité publique improbable, domanialité privée impossible »[1238], telle est la maxime qui pourrait résumer la question de la confrontation des propriétés publiques immatérielles au droit des propriétés publiques et qui traduit l'inconcevable insertion des propriétés publiques immatérielles dans les catégories domaniales existantes.

La domanialité publique des propriétés publiques immatérielles est rendue improbable (Section I), parce que la définition actuelle du domaine public et son régime juridique leur sont, l'une comme l'autre, inadaptés. Leur domanialité privée est par ailleurs impossible (Section II), dans la mesure où elle est insuffisamment protectrice de certaines propriétés publiques immatérielles spécifiques.

Section I – L'improbable domanialité publique des propriétés publiques immatérielles

La domanialité publique des propriétés publiques immatérielles est improbable pour deux raisons : d'une part, parce que l'application des différents critères d'appartenance au domaine public ne permet pas de conclure en ce sens et d'autre part, dans la mesure où les particularités propres au régime de la domanialité publique, tel qu'il existe aujourd'hui, sont largement inadaptées à ces propriétés spécifiques.

Il convient par conséquent de revenir successivement sur l'inadéquation des critères du domaine public (§1), puis sur l'inadaptation du régime de la domanialité publique (§2) aux propriétés publiques immatérielles.

[1237] PH. YOLKA, note sous CE, Avis, 21 novembre 1972, *OFRATEME*, *GDDAB*, Dalloz, 3e éd., 2018, n°2, p. 28, spéc. §13 ; voir également : J.-M. SAUVE, Discours d'ouverture, *in Le patrimoine immatériel des personnes publiques*, Colloque du 16 mars 2012, La Documentation française, coll. Droits et Débats n°6, 2013, p. 9 ; spéc. pp. 15-16 : *« La classification dans telle ou telle catégorie entraîne (...) l'application d'un régime juridique différent »* ; voir aussi, sur ce point : E. HOFFMAN, L. BOUCHARD et J. CAPIAUX, « Protection du nom de la collectivité territoriale : enjeux publics et privés », *Gaz. Pal.*, 10 décembre 2011, p. 11.

[1238] Clin d'œil à Raymond Aron.

§1. L'inadéquation des critères du domaine public aux propriétés publiques immatérielles

La question de l'application du régime de droit des propriétés publiques aux éléments composant le "patrimoine immatériel" des personnes publiques est centrale. Pourtant, à l'analyse, il s'avère que la catégorisation dans l'un ou l'autre des domaines est plus délicate qu'il n'y paraît. En réalité, le "patrimoine immatériel" des personnes publiques s'accommode mal des critères de la domanialité publique, qu'elle soit mobilière ou, à plus forte raison, immobilière.

Il est important de souligner que le code général de la propriété des personnes publiques a été conçu avant tout pour la propriété matérielle[1239], et prioritairement pour les biens immobiliers[1240]. Il est dès lors logique qu'il ne comporte pas de dispositions spécifiques relatives au "patrimoine immatériel" des personnes publiques. Sa conception a par ailleurs été envisagée avant que n'émergent véritablement les questions liées au recensement et à la valorisation par l'Etat et les autres personnes publiques de leur "patrimoine immatériel". Le Rapport Lévy-Jouyet[1241] a été remis quelques mois après l'entrée en vigueur du code général de la propriété des personnes publiques[1242] et l'Agence du patrimoine immatériel de l'Etat a été mise en place peu de temps après[1243].

Cependant, en raison du mutisme quasi-total du code concernant le régime applicable aux éléments composant le "patrimoine immatériel" des personnes publiques, le juge administratif est contraint de raisonner à partir des catégories qu'il connaît et des concepts qu'il maîtrise, sans pouvoir ajouter à la loi. Les solutions jurisprudentielles, peu nombreuses[1244], paraissent respectueuses des limites des catégories

---

[1239] PH. TERNEYRE, « Les actifs immatériels des personnes publiques », *RJEP* 2013, étude 16 ; spéc. §24 : *« [le CGPPP] est plutôt fait pour les biens corporels »*.

[1240] PH. TERNEYRE, « Les actifs immatériels des personnes publiques », *RJEP* 2013, étude 16 ; spéc. §24 : *« la quasi-totalité [des] dispositions [du CGPPP] sont relatives à des biens immobiliers publics »*.

[1241] Rapport Lévy-Jouyet, L'économie de l'immatériel, la croissance de demain, La Documentation française, 2006.

[1242] Ordonnance n°2006-460, du 21 avril 2006, relative à la partie législative du code général de la propriété des personnes publiques. Le code est entré en vigueur le 1er juillet 2006.

[1243] Arrêté du 23 avril 2007 portant création d'un service à compétence nationale dénommé « Agence du patrimoine immatériel de l'Etat ».

[1244] CE, 23 mars 1960, *Société Spiesshofer et Braun*, n° 46221, Rec. CE p. 215 ; TA Paris, 21 octobre 2011, *Société Autoroutes Paris-Rhin-Rhône*, n° 1105713 ; *AJDA* 2012, p. 208, note P.-A. ROHAN et R. LEONETTI.

existantes, alors qu'en réalité certaines des interprétations doctrinales qui en sont faites conduisent à les tordre.

Ainsi, la doctrine fantasme parfois l'existence d'une domanialité publique immatérielle. Plus encore, certaines études, par leur extrapolation de ces solutions jurisprudentielles, pourtant isolées – et même parfois casuistiques –, sont dangereuses pour la survie de la cohérence de la distinction domaine public/domaine privé.

Cependant, le cadre juridique des éléments composant le "patrimoine immatériel" des personnes publiques est entièrement à revoir et ne peut se limiter à un rapiècement, par nature, partiel. Il faut par conséquent le penser de façon globale, quitte à perturber les équilibres existants en faisant sortir les propriétés publiques immatérielles de la dialectique domaniale classique opposant domaine public et domaine privé (cf. *infra*).

Dans le même ordre d'idées, certains auteurs moins conciliants – et peut-être plus visionnaires quant au destin du traitement juridique des propriétés publiques immatérielles – penchent pour une inadaptation des *« biens immatériels en général »*[1245] pour se voir appliquer les *« critères classiques de la domanialité publique »*[1246]. Entendant par là que les deux formes de domaine public, immobilier et mobilier, se prêtent difficilement à accueillir en leur sein ce type de biens.

L'étude de l'application des critères du domaine public – tant mobilier qu'immobilier – aux propriétés publiques immatérielles débouche sur une incompatibilité manifeste. Ce constat n'est pas étonnant ; la doctrine a en effet déjà relevé que le code général de la propriété des personnes publiques était par essence immobilier (cf. *supra*).

Finalement, la définition du domaine public mobilier (A), comme les critères du domaine public immobilier (B), s'avèrent, tout à la fois, inadaptés pour appréhender de façon cohérente les propriétés publiques immatérielles.

[1245] A. DILLOARD, « L'émergence des marques publiques dans le patrimoine immatériel des personnes publiques », *RDP* 2014, p. 39 ; spéc. p. 63.
[1246] A. DILLOARD, *ibid.* ; spéc. p. 63.

A. L'inadaptation de la définition du domaine public mobilier aux propriétés publiques immatérielles

En l'absence de traitement de la question de la répartition domaniale des propriétés publiques immatérielles par le code général de la propriété des personnes publiques, la jurisprudence et la doctrine se sont logiquement tournées vers la définition du domaine public mobilier, laquelle est pourtant – sans réelle surprise – inadaptée pour appréhender ces propriétés spécifiques. Malgré cette inadaptation, des tentatives d'application de la définition du domaine public mobilier aux propriétés publiques immatérielles existent, mais elles conduisent surtout à tordre une définition pourtant rigide et *a priori* peu malléable.

Contrairement à ce qui est parfois soutenu, la définition du domaine public mobilier comporte un critère conceptuel et un critère énumératif. La liste de biens énumérée à l'article L. 2112-1 du code général de la propriété des personnes publiques ne peut être complétée que par des biens qui répondraient au critère conceptuel préétabli, à savoir présenter *« un intérêt public du point de vue de l'histoire, de l'art, de l'archéologie, de la science ou de la technique »*.

Cette définition peut être qualifiée de "semi-énumérative" et "semi-conceptuelle"[1247], dans la mesure où, si elle recourt effectivement à une énumération de biens faisant partie du domaine public mobilier, elle exprime également la philosophie générale de cette catégorie[1248]. Certes, l'énumération des biens entrant dans le domaine public mobilier est incomplète, parce qu'elle est introduite par l'adverbe "notamment", mais

---

[1247] Pour reprendre, en la modulant, la distinction opérée par le Professeur Hubert Hubrecht, entre méthode énumérative et méthode conceptuelle de définition du domaine public : voir H. HUBRECHT, « Faut-il définir le domaine public et comment ? », *AJDA* 2005, p. 598 ; le Professeur Fabrice Melleray considère, toutefois, que pour le domaine public mobilier *« le choix de la méthode énumérative »* a été fait : F. MELLERAY, « Le Code général de la propriété des personnes publiques : Définitions et critères du domaine public », *RFDA* 2006, p. 906, spéc. p. 908.

[1248] O. DE DAVID BEAUREGARD-BERTHIER, « La définition du domaine public mobilier par le Code général de la propriété des personnes publiques », *in L'art et le droit, Ecrits en hommage à Pierre-Laurent Frier*, Publications de la Sorbonne, 2010, p. 119 ; spéc. p. 120 : *« La définition adoptée mêle de façon originale une approche conceptuelle et une approche énumérative. L'article L. 2112-1 du CGPPP fournit en effet tout à la fois un critère et une liste »* ; voir également : J.-M. AUBY, P. BON *et al.*, *Droit administratif des biens*, Dalloz, 6e éd., 2011, spéc. p. 69 : *« [le CGPPP] cerne le domaine public mobilier par deux biais : -un critère général (...) -une énumération – non exhaustive : elle commence par « notamment » – de biens mobiliers qui relèvent du domaine public par détermination de la loi »*.

cela ne signifie pas pour autant que n'importe quel bien pourrait être reconnu comme relevant du domaine public mobilier, par la seule volonté du juge. Ainsi, en raison du versant "semi-conceptuel" de cette définition, seul un bien présentant *« un intérêt du point de vue de l'histoire, de l'art, de l'archéologie, de la science ou de la technique »* pourrait enrichir la liste déjà dressée.

Il y a en fin de compte une inadaptation des propriétés publiques immatérielles tant au critère conceptuel (1) qu'au critère énumératif (2) de la définition du domaine public mobilier.

1. L'inadaptation des propriétés publiques immatérielles au critère conceptuel du domaine public mobilier

L'origine des tentatives d'application de la définition du domaine public mobilier aux propriétés publiques immatérielles tient principalement au silence du code général de la propriété des personnes publiques sur cette question.

Le mutisme du code quant à l'éventuelle domanialité publique des propriétés publiques immatérielles n'étonnera pourtant pas, puisque la simple idée de l'existence d'une domanialité publique mobilière – alternative à la domanialité publique classique, exclusivement immobilière – a mis des décennies avant de s'imposer tout à la fois en doctrine, en jurisprudence et finalement dans les textes législatifs contemporains.

Terre d'élection de débats doctrinaux fertiles[1249] et d'opinions contradictoires, le domaine public mobilier n'a connu que tardivement une consécration législative[1250].

[1249] N. FOULQUIER, *Droit administratif des biens*, Lexis Nexis, 4e éd., 2018 ; spéc. p. 78 : *« La majorité de la doctrine française a longtemps été défavorable à l'idée d'un domaine public mobilier. Si quelques biens publics mobiliers étaient assujettis à un régime particulier, ce n'était, prétendaient les auteurs, qu'en vertu de textes particuliers, comme l'illustraient les œuvres d'art, et non pas en raison de leur appartenance au domaine public. Certains juristes de renom, tels que Marcel Waline, se démarquaient de cette analyse. Ils considéraient tout de même que le domaine public mobilier devait rester très limité. »*.

[1250] Sur cette question, voir : B. DELAUNAY, « La gratuité du domaine public mobilier », *in Les nouvelles orientations du droit de la propriété publique, Mélanges en l'honneur du Professeur Philippe Godfrin*, Mare & Martin, 2014, p. 127 ; spéc. pp. 129-130.

Son existence a d'abord été reconnue dans plusieurs affaires, au cours du XIXe siècle, par le juge judiciaire, à propos de certains biens culturels, cités par Marcel Waline[1251], tels que : les diamants, perles, pierreries, statues, tableaux, pierres gravées et autres monuments des arts qui se trouvent dans les palais nationaux ; les ouvrages, manuscrits, plans, autographes et autres objets précieux faisant partie de la Bibliothèque nationale ; les objets d'art achetés par l'Etat avec les fonds mis chaque année à la disposition du ministre à cet effet ; les tapisseries affectées à la décoration d'une église ; ou encore, les objets mobiliers provenant du domaine de la Couronne ; et, enfin, les archives de l'Etat. La domanialité publique était alors déduite de l'application d'un régime exorbitant à certains biens, tenant à leur inaliénabilité et à leur imprescriptibilité, plutôt que la conclusion de l'application de critères juridiques précis, tel que celui de l'affectation à l'utilité publique, utilisé pour caractériser la domanialité publique immobilière.

Le juge administratif s'est tenu à distance de cette question et n'a quant à lui reconnu que tardivement, et avec une certaine retenue, la possibilité pour un bien mobilier de faire partie du domaine public d'une personne publique. Il a jugé, à propos d'un violon de la Cité de la musique, que sa mise à disposition n'était pas étrangère à la destination de ce bien et ne contrevenait ainsi pas aux règles applicables aux biens du domaine public, dont il fallait déduire qu'il faisait partie, par conséquent[1252]. Il est remarquable de noter qu'il n'y a pas là encore de référence à un critère unique de domanialité publique mobilière, la référence à l'éminence du bien en question, ou à l'intérêt public qu'il représente, c'est-à-dire finalement à l'importance de sa conservation, est sous-jacente.

S'agissant du domaine public mobilier, contrairement à ce qui a été prévu pour le domaine public immobilier, *« aucune règle générale n'a*

[1251] Voir, sur cette question : M. Waline, note sous CA Nîmes, 4 déc. 1944, *Etat français c/ Brun*, *D.* 1946, p. 28, spéc. pp. 29-30.

[1252] CE, 29 novembre 1996, *Syndicat général des affaires culturelles CFDT*, Rec. CE, p. 866 : *« Considérant, en troisième lieu, qu'en vertu des dispositions de l'article 18 du décret attaqué l'établissement public de la Cité de la musique reçoit la garde de collections appartenant à l'Etat et au conservatoire national supérieur de musique et de danse de Paris ; que, selon des modalités déterminées par une convention passée entre le ministre chargé de la culture et l'établissement, celui-ci gère lesdites collections et est autorisé à consentir des prêts ; que si les syndicats requérants soutiennent que, dans ce cadre, des instruments de musique anciens, peuvent être mis à la disposition de musiciens, ce qui contreviendrait selon eux aux règles de la domanialité publique, cette mise à disposition d'instruments, qui n'implique aucun transfert de propriété, s'effectue dans des conditions respectant la destination de ces biens ».*

été définie par le juge pour identifier un tel domaine public en-dehors des cas de qualification légale »[1253]. Longtemps reléguée au second plan et régulièrement délaissée, la domanialité publique mobilière s'est péniblement émancipée des critères jurisprudentiels façonnés pour la domanialité publique immobilière[1254]. Elle ne s'est toutefois jamais complètement autonomisée, au point de ne pas bénéficier d'un critère réducteur propre.

« L'inadéquation des critères classiques » du domaine public s'étant avérée *« patente »*[1255], la domanialité publique mobilière est aujourd'hui fondée sur une énumération successive de catégories de biens présentant un *« intérêt public du point de vue de l'histoire, de l'art, de l'archéologie, de la science ou de la technique »*[1256]. Parce qu'elle fait usage de l'adverbe "notamment", cette définition doit être considérée comme non-exhaustive, ce qui permet à certains auteurs d'envisager l'incorporation d'autres objets mobiliers au domaine public[1257], quitte à détourner, considérablement parfois, l'esprit du texte.

Les propriétés publiques immatérielles ne sont pas à l'abri de ces audacieuses tentatives, et si elles en ont précisément fait l'objet, c'est en raison du laconisme des dispositions du code général de la propriété des personnes publiques, *« qui reste silencieux sur le sort de ces biens »*[1258]. Certains auteurs rattachent ce manque de réflexion approfondie sur le sujet au *« tropisme immobilier dont a longtemps souffert le droit du domaine public »*[1259], lequel conduit à appliquer cette démarche singulière de confronter les propriétés publiques immatérielles à la définition du domaine public mobilier.

[1253] C. MAUGÜE et G. BACHELIER, « Genèse et présentation du CGPPP », *AJDA* 2006, p. 1073 ; spéc. p. 1079.

[1254] P.-A. ROHAN et R. LEONETTI, « Vers une définition prétorienne d'un domaine public mobilier *praeter legem* : à propos de l'affaire *APRR* », *AJDA* 2012, p. 208.

[1255] PH. YOLKA, *Les grandes décisions du droit administratif des biens*, Dalloz, 3e éd., 2018 ; p. 396, spéc. §11.

[1256] Article L. 2112-1 du code général de la propriété des personnes publiques.

[1257] Voir, par exemple : M. CARIUS, « Les étalons de la République : Contribution à l'étude du domaine public mobilier », *Revue de droit rural* nov. 2007, étude 7 ; également, à propos de la collection des papillons du Museum d'histoire naturelle : C. MAUGÜE et G. BACHELIER, « Genèse et présentation du CGPPP », *AJDA* 2006, p. 1073 ; spéc. p. 1079.

[1258] A. BUTLEN, « Les contrats sur la propriété publique immatérielle », *in Contrats et propriétés publics*, Actes du colloque de Montpellier, des 28 et 29 avril 2011, Lexis Nexis, 2011, p. 249 ; spéc. p. 249.

[1259] P.-A. ROHAN et R. LEONETTI, « Quelle protection pour les actions détenues par une collectivité territoriale dans le capital d'une société cotée ? », *AJDA* 2011, p. 1376 ; spéc. p. 1380.

La définition du domaine public mobilier est régulièrement l'objet de tentatives de remodelage ou de polissage par la doctrine. Néanmoins, ces démarches conduisent la plupart du temps à une dénaturation de la notion de domaine public mobilier, ainsi qu'à une entrave sérieuse à sa relative homogénéité.

Déjà expérimentée par la doctrine à propos de biens mobiliers corporels, en l'occurrence, des chevaux pur-sang[1260], la transposition de la définition du domaine public mobilier à d'autres biens que ceux énumérés par l'article L. 2112-1 du code général de la propriété des personnes publiques a également été appliquée à des propriétés publiques immatérielles.

La lecture de cette disposition pourrait laisser penser – parce qu'elle est en apparence ouverte, en raison de l'emploi de l'adverbe "notamment" et parce qu'elle renvoie à un "intérêt scientifique" ou à un "intérêt technique", auxquels peuvent *a priori* répondre les propriétés publiques immatérielles – qu'elle laisse une place à l'intégration de propriétés publiques immatérielles au domaine public.

La jurisprudence, comme la doctrine, ont ainsi confronté certaines propriétés incorporelles à la définition du domaine public mobilier.

Pour sa part, la jurisprudence administrative a reconnu dans une certaine mesure que la définition du domaine public mobilier pouvait s'appliquer, mais elle n'a en revanche jamais reconnu la domanialité publique de propriétés publiques immatérielles sur ce fondement.

Dans l'affaire APRR (Autoroutes Paris-Rhin-Rhône) déjà citée, le juge judiciaire et le juge administratif ont été amenés, successivement, chacun en ce qui le concerne, à se prononcer sur le régime juridique applicable à des actions détenues par une personne publique, en l'espèce le département de Saône-et-Loire, dans une société commerciale. Agrémentée par la diversité des mécanismes contentieux employés, et significative de la répartition des compétences entre les ordres juridictionnels en matière de propriétés publiques immatérielles, cette affaire portait plus précisément sur la question de savoir si une procédure d'Offre publique de retrait avec retrait obligatoire (OPR-RO) pouvait être appliquée à de telles actions. Le juge administratif a été amené à se prononcer sur l'éventualité de la domanialité publique de cette propriété publique immatérielle.

[1260] M. CARIUS, « Les étalons de la République : Contribution à l'étude du domaine public mobilier », *Revue de droit rural* nov. 2007, étude 7.

En l'espèce, le département de Saône-et-Loire, actionnaire « ultra-minoritaire » (0,025% du capital) de la société Autoroutes Paris Rhin-Rhône (APRR), s'est vu opposer par cette société une OPR-RO, mécanisme courant du droit boursier, permettant l'éviction de certains actionnaires minoritaires, moyennant indemnisation, ce qui conduit, concrètement, à l'aliénation forcée de ces actions, et équivaut ainsi à une forme d'*« expropriation mobilière pour cause d'utilité privée »*[1261].

Le département de Saône-et-Loire a formé un recours contre la décision de l'Autorité des marchés financiers (AMF) autorisant cette opération, en arguant de l'impossibilité pour la société APRR de procéder à une telle opération, en raison du principe d'inaliénabilité des biens du domaine public.

Cette argumentation impliquait dès lors de vérifier au préalable la domanialité publique des actions en question, le principe d'inaliénabilité ne s'appliquant, en effet, qu'aux biens du domaine public[1262].

Amenée à statuer en appel de la décision de l'AMF, la Cour d'appel de Paris a adressé la question préjudicielle suivante au Tribunal administratif de Paris : *« les actions ou autres parts et instruments financiers détenus par le département de Saône-et-Loire dans le capital de la société (forme non précisée) APRR sont-ils susceptibles d'aliénation forcée, en l'occurrence sous la forme d'une offre publique de retrait suivie d'un retrait obligatoire ? »*[1263].

En définitive, le juge administratif était invité à se prononcer *« sur l'existence d'un régime de droit public applicable à ces meubles incorporels »*[1264] que constituent les actions détenues dans le capital d'une société commerciale.

Le Tribunal administratif de Paris se livre à un syllogisme d'une rigueur implacable : il donne les deux définitions du domaine public immobilier et du domaine public mobilier, puis, appliquant les

---

[1261] PH. YOLKA, « Principe d'insaisissabilité et « banalisation » de l'actionnariat public », *AJDA* 2014, p. 460 ; spéc. p. 462.

[1262] Article L. 3111-1 du Code général de la propriété des personnes publiques.

[1263] CA Paris, 17 mars 2011, n°2010-18633, *Département de la Saône-et-Loire c/ Sté APRR, Sté Eiffarie* ; *AJDA* 2011, p. 1376, note P.-A. ROHAN et R. LEONETTI.

[1264] P.-A. ROHAN et R. LEONETTI, « Quelle protection pour les actions détenues par une collectivité territoriale dans le capital d'une société cotée ? », *AJDA* 2011, p. 1376 ; spéc. p. 1376.

dispositions du Code civil[1265], pour déterminer la nature juridique des actions et parts sociales, il en déduit, classiquement qu'il s'agit de biens mobiliers[1266].

Le juge administratif estime alors, fort logiquement, qu'il n'y a pas lieu d'appliquer la définition du domaine public immobilier, dans la mesure où, selon ses propres termes : *« les dispositions de l'article L. 2111-1 du Code général de la propriété des personnes publiques insérées dans le chapitre premier, intitulé "domaine public immobilier", du titre premier du livre premier de la deuxième partie du code, sont inapplicables au domaine public mobilier »*[1267]. Par un raisonnement rigoureux, le juge administratif cloisonne ici l'application de l'article L. 2111-1 du code général de la propriété des personnes publiques et réserve exclusivement la définition du domaine public immobilier aux biens publics à caractère immobilier.

Il regarde ensuite si en application de la définition du domaine public mobilier, issue de l'article L. 2112-1 du code précité, ces actions ou parts sociales sont susceptibles d'entrer dans le domaine public de la personne publique. Sans même confronter ces propriétés publiques immatérielles aux onze catégories énumérées par cet article, le Tribunal administratif relève simplement que *« les parts sociales ultra-minoritaires détenues par un département dans une société autoroutière ne présentent aucun intérêt public du point de vue de l'histoire, de l'art, de l'archéologie, de la science ou de la technique et n'entrent donc pas dans le champ d'application de l'article L.2112-1 du Code général de la propriété des personnes publiques »*. Cet élément conforte l'idée selon laquelle la définition du domaine public mobilier est "semi-énumérative" et "semi-conceptuelle" et que l'intégration d'un bien dans cette catégorie ne peut se faire sans que ce bien soit en concordance avec le critère matériel commun à tous les biens du domaine public mobilier, c'est-à-dire l'*« intérêt public du point de vue de l'histoire, de l'art, de l'archéologie, de la science ou de la technique »*.

Il est par conséquent remarquable de noter que le Tribunal administratif de Paris en déniant aux actions concernées l'appartenance

---

1265 Articles 529 et 535.

1266 Voir également, sur ce point, s'agissant des actions détenues par une personne publique dans une société publique locale : J.-G. SORBARA, « Les sociétés publiques locales et la propriété publique : la SPL, outil d'aménagement foncier », *RFDA* 2012, p. 1140 ; spéc. pp. 1140-1142.

1267 TA Paris, 21 octobre 2011, *Société Autoroutes Paris-Rhin-Rhône*, n° 1105713 ; *AJDA* 2012, p. 208, note P.-A. ROHAN et R. LEONETTI.

au domaine public mobilier en raison du simple fait qu'elles ne répondent pas à sa définition générique, à sa définition conceptuelle, prend acte de l'existence d'une définition à la fois énumérative et conceptuelle de celui-ci.

L'apport de ce jugement à la réflexion juridique est encore plus considérable lorsque, dans un élan prospectif, il s'engage dans une voie audacieuse en imaginant une domanialité publique mobilière "*praeter legem*"[1268], c'est-à-dire à côté de la loi, ce qui laisse entrevoir la possibilité de l'application du régime de la domanialité publique à des propriétés publiques immatérielles[1269]. Ainsi, selon les termes du Tribunal administratif de Paris, feraient potentiellement partie du domaine public des personnes publiques certains biens qui présentent un "intérêt public éminent" (cf. *infra*). Cette voie n'est néanmoins pas suivie en l'espèce. D'ailleurs, le Conseil d'Etat sera plus restrictif en n'abordant pas la question de critères de domanialité publique extérieurs au code général de la propriété des personnes publiques.

En définitive, dans cette décision, le juge administratif rejette triplement la domanialité publique des actions détenues par la personne publique dans la société commerciale concernée, en refusant de reconnaître, d'une part, la domanialité publique immobilière et, d'autre part, la domanialité publique mobilière, à la fois légale et mobilière "*praeter legem*".

La doctrine s'est également essayée à l'exercice d'intégrer au domaine public mobilier des propriétés publiques immatérielles.

Ainsi, s'agissant des brevets, la doctrine s'est parfois interrogée – dans le silence de la jurisprudence – sur leur possible domanialité publique. Le Professeur Jean-Gabriel Sorbara a écrit à ce propos : *« pour*

[1268] P.-A. ROHAN et R. LEONETTI, « Vers une définition prétorienne d'un domaine public mobilier *praeter legem* : à propos de l'affaire *APRR* », *AJDA* 2012, p. 208.

[1269] Le Tribunal administratif de Paris exprime, en ces termes, cette formulation originale : *« Considérant qu'à supposer qu'indépendamment des biens visés par ces dispositions, d'autres biens publics puissent également, à titre exceptionnel, être intégrés au domaine public mobilier en raison de leur intérêt public éminent, tel ne saurait être le cas des actions ou autres parts et instruments financiers détenus par le département de Saône-et-Loire dans la société APRR, dans la mesure où ces participations financières ultraminoritaires ne sont, en tout état de cause, indispensables ni à l'exercice par cette collectivité de ses propres missions de service public, ni au contrôle par les autorités publiques de la mission de service public national d'exploitation des autoroutes confiée à la société APRR »*.

les brevets scientifiques qui sont des biens meubles incorporels, l'intérêt public du point de vue de la science pourrait sembler évident. (...) La nature des brevets leur conférerait par conséquent la domanialité publique »[1270]. Quant à lui, le Professeur Philippe Yolka, appliquant également la définition de l'article L. 2112-1 du code général de la propriété des personnes publiques, considère comme vraisemblable la domanialité publique de brevets d'importance stratégique[1271], parce qu'ils présenteraient, conformément au volet conceptuel de la définition du domaine public mobilier, un *« intérêt public du point de vue de l'histoire, de l'art, de l'archéologie, de la science ou de la technique »*.

Même sans souscrire à cette analyse, parce qu'elle paraît contraire à l'esprit de la définition du domaine public mobilier, il faut en reconnaître l'intérêt : par réflexe, confronté à un bien incorporel, la doctrine est susceptible de l'analyser à l'aune de la définition du domaine public mobilier[1272]. Le Tribunal administratif de Paris – dans l'affaire APRR précitée – en avait fait de même. L'intégration de ces composantes du "patrimoine immatériel" des personnes publiques dans le domaine public mobilier doit être rejetée, parce qu'elle ne répond pas à la philosophie de sa définition. Celle-ci renvoie avant tout à des biens corporels. Elle n'est appelée à être enrichie que dans une certaine mesure et uniquement si le bien concerné répond à ses caractéristiques principales, c'est-à-dire présenter un *« intérêt public du point de vue de l'histoire, de l'art, de l'archéologie, de la science ou de la technique »*, selon la formule de l'article L. 2112-1 du code général de la propriété des personnes publiques.

Un brevet peut bien entendu présenter dans l'absolu un "intérêt technique" – la protection du code de la propriété intellectuelle n'est d'ailleurs offerte qu'aux *« inventions nouvelles impliquant une activité inventive et susceptibles d'application industrielle »*[1273], qui sont les seules brevetables –, mais cela ne lui ouvre pas pour autant les portes du domaine public mobilier. Le domaine public mobilier a davantage été

[1270] J.-G. SORBARA, « Le domaine public mobilier au regard du Code général de la propriété des personnes publiques », *AJDA* 2007, p. 619 ; spéc. p. 621.

[1271] PH. YOLKA, note sous CE, Avis, 21 novembre 1972, *OFRATEME*, *GDDAB*, Dalloz, 3e éd., 2018, n°2, p. 29, §15.

[1272] Voir également, sur la question de l'éventualité de la domanialité publique des *« brevets déposés au nom d'une personne publique ou expropriés en tout ou partie par décret pour les besoins de la défense nationale »* : TH. SOLEILHAC, « Les bibliothèques numériques, un domaine public immatériel », *AJDA* 2008, p. 1133 ; spéc. p. 1138.

[1273] Article L. 611-10, al. 1er du code de la propriété intellectuelle : « *Sont brevetables, dans tous les domaines technologiques, les inventions nouvelles impliquant une activité inventive et susceptibles d'application industrielle.* ».

pensé pour protéger des biens présentant un *« intérêt public du point de vue (...) de la science ou de la technique »*, c'est-à-dire, comme étant des biens culturels d'une certaine nature, témoins de l'histoire des découvertes techniques et scientifiques majeures. A ce titre, il est possible de penser aux biens mobiliers de certains musées, comme des modèles, des maquettes ou des plans figurant une invention, du Musée de l'histoire de la médecine, de la Cité de l'automobile (musée national) ou encore du Museum national d'histoire naturelle.

Finalement, il s'avère qu'en raison de son critère conceptuel, la définition du domaine public mobilier est fortement inadaptée aux propriétés publiques immatérielles. L'utilisation de son critère énumératif est tentante, parce que la catégorie est en apparence incomplète – l'énumération s'ouvre par l'emploi de l'adverbe "notamment" – mais elle s'avère, à l'analyse, fortement contrainte par le critère conceptuel de la définition, duquel elle n'est pas réellement dissociable et qui renvoie sans ambiguïté à des biens mobiliers corporels.

2. L'inadaptation des propriétés publiques immatérielles au critère énumératif du domaine public mobilier

Malgré la définition large du champ matériel du code général de la propriété des personnes publiques[1274], qui semble suffisamment globale pour envisager d'y intégrer les propriétés publiques immatérielles[1275], celui-ci n'en dit mot[1276].

1274 Article L.1 du code général de la propriété des personnes publiques : *« Le présent code s'applique aux biens et aux droits, à caractère mobilier ou immobilier, appartenant à l'Etat, aux collectivités territoriales et à leurs groupements, ainsi qu'aux établissements publics. »*.

1275 J.-M. BRUGUIERE, « L'image du château de Chambord n'est pas un bien du domaine public », *D.* 2012, p. 2222 ; spéc. p. 2225 : *« Plusieurs arguments peuvent être avancés au soutien de l'inclusion de l'immatériel dans le code général de la propriété des personnes publiques. L'on peut ainsi observer que l'article L. 1 vise les droits aux côtés des biens ? Or par nature un droit est immatériel et tout droit est un bien. »*.

1276 M. MONOT-FOULETIER, « Les droits et biens immatériels des personnes morales de droit public : un patrimoine à révéler et valoriser », *in Personne et Patrimoine en Droit*, L.-D. MUKA-TSHIBENDE (dir.), Bruylant, 2014, p. 602 ; spéc. p. 606 : *« on remarque que si le CGPPP ne s'intéresse pas spécifiquement aux biens immatériels des personnes publiques, la définition générale de son article L. 1 ne s'oppose pas explicitement à leur prise en compte au titre des propriétés publiques »*.

En réalité, si *« [ce code] ignore la question de la domanialité publique des biens incorporels »*[1277], c'est en partie en raison de sa destination première : à savoir, les biens immobiliers.

L'attention de la doctrine ne s'est portée que tardivement sur la question de la domanialité publique des biens mobiliers (cf. *supra*) et, à plus forte raison, sur l'éventualité d'une telle domanialité publique concernant les propriétés publiques immatérielles, réputées être des biens mobiliers.

La question de la répartition domaniale est toutefois d'une importance considérable, en ce qu'elle a une incidence sur l'ordre juridictionnel compétent, judiciaire ou administratif. Ensuite, elle est déterminante pour juger de l'applicabilité des principes d'inaliénabilité et d'imprescriptibilité, apanages du domaine public, en plus des principes d'incessibilité à vil prix et d'insaisissabilité, applicables en principe à toutes les propriétés publiques.

L'application de la définition de l'article L. 2112-1 du code général de la propriété des personnes publiques à des biens mobiliers incorporels n'est pas dépourvue de logique : dès lors qu'un bien a été identifié comme étant mobilier, l'unique moyen, en l'état des textes, de savoir s'il ressort au domaine public d'une personne publique est de faire application de cet article.

Plus précisément, ainsi que cela a été exposé précédemment, font partie du domaine public mobilier des personnes publiques les biens qui présentent un intérêt public du point de vue de l'histoire, de l'art, de l'archéologie, de la science ou de la technique. S'en suit, à titre illustratif, une liste de onze items[1278], précédée de l'adverbe "notamment".

[1277] P.-A. ROHAN et R. LEONETTI, « Quelle protection pour les actions détenues par une collectivité territoriale dans le capital d'une société cotée ? », *AJDA* 2011, p. 1376 ; spéc. p. 1380.

[1278] *« 1° Un exemplaire identifié de chacun des documents dont le dépôt est prescrit aux fins de constitution d'une mémoire nationale par l'article L. 131-2 du code du patrimoine ;*

2° Les archives publiques au sens de l'article L. 211-4 du code du patrimoine ;

3° Les archives issues de fonds privés entrées dans les collections publiques par acquisition à titre onéreux, don, dation ou legs ;

4° Les découvertes de caractère mobilier devenues ou demeurées propriété publique en application du chapitre 3 du titre II et du chapitre 1er du titre III du livre V du code du patrimoine ;

5° Les biens culturels maritimes de nature mobilière au sens du chapitre 2 du titre III du livre V du code du patrimoine ;

Certains auteurs avancent l'idée que, cette définition n'étant pas fermée[1279], il serait possible que d'autres biens meubles fassent partie du domaine public mobilier[1280].

Ce n'est pas le seul exemple d'une tentative d'extension de la portée de la définition du domaine public mobilier. En effet, le Professeur Philippe Yolka, s'agissant du dépôt légal d'œuvres dépourvues de support matériel, a également estimé au regard cette fois du volet énumératif de la définition du domaine public mobilier, que *« l'existence du domaine public mobilier immatériel transparait à travers certains items de l'article L.2112-1 du Code général de la propriété des personnes publiques »*[1281].

Il faut reconnaître que si la définition du domaine public mobilier est – comme il a été dit – ouverte, en raison du recours à l'adverbe "notamment", elle reste toutefois conditionnée par la reconnaissance préalable d'un *« intérêt public du point de vue de l'histoire, de l'art, de*

6° Les objets mobiliers classés ou inscrits au titre du chapitre 2 du titre II du livre VI du code du patrimoine ou situés dans un immeuble classé ou inscrit et concourant à la présentation au public de parties classées ou inscrites dudit immeuble ;
7° Les objets mobiliers autres que ceux mentionnés au 6° ci-dessus, présentant un intérêt historique ou artistique, devenus ou demeurés propriété publique en application de la loi du 9 décembre 1905 concernant la séparation des Eglises et de l'Etat ;
8° Les collections des musées ;
9° Les œuvres et objets d'art contemporain acquis par le Centre national des arts plastiques ainsi que les collections d'œuvres et objets d'art inscrites sur les inventaires du Fonds national d'art contemporain dont le centre reçoit la garde ;
10° Les collections de documents anciens, rares ou précieux des bibliothèques ;
11° Les collections publiques relevant du Mobilier national et de la Manufacture nationale de Sèvres. ».

[1279] C. MAUGÜE et G. BACHELIER, « Genèse et présentation du CGPPP », *AJDA* 2006, p. 1073 ; spéc. p. 1079 : *« il ne s'agit pas d'une définition fermée ».*

[1280] Voir spéc. : M. CARIUS, « Les étalons de la République : Contribution à l'étude du domaine public mobilier », *Revue de droit rural* nov. 2007, étude 7 ; B. DELAUNAY, « La gratuité du domaine public mobilier », *in Les nouvelles orientations du droit de la propriété publique, Mélanges en l'honneur du Professeur Philippe Godfrin*, Mare & Martin, 2014, p. 127 ; J.-G. SORBARA, « Le domaine public mobilier au regard du Code général de la propriété des personnes publiques », *AJDA* 2007, p. 619 ; PH. YOLKA, note sous CE, Avis, 21 novembre 1972, *OFRATEME*, *GDDAB*, Dalloz, 3e éd., 2018, n°2, p. 29, §15.

[1281] *Ibid.*Voir également : PH. YOLKA, *in Dictionnaire des biens communs*, PUF, 2017, p. 393 ; spéc. p. 394 : *« C'est uniquement à la marge que l'existence d'un embryon de domaine public immatériel pourrait être imaginée (archives publiques numériques, dépôt légal d'œuvres numériques, brevets présentant un intérêt public sous l'angle scientifique ou technique), sans que la jurisprudence l'ait consacrée pour l'instant. ».*

l'archéologie, de la science ou de la technique ». Elle n'est pour cette raison que partiellement ouverte et, si elle est effectivement partiellement énumérative, elle n'en demeure pas moins prioritairement conceptuelle[1282]. Il paraît injustifié, pour cette raison, de tenter une extension de la définition existante en tirant des conséquences indues de l'emploi de cet adverbe. A cet égard, certains auteurs estiment même que *« la rédaction retenue couvre actuellement la totalité des cas rencontrés par la jurisprudence et (...) [que] la définition est tout de même assez exhaustive »*[1283], ce qui limite un peu plus les velléités d'intégrer au domaine public mobilier des propriétés publiques immatérielles.

L'idée d'incorporer dans le domaine public certaines propriétés publiques immatérielles présentant un "intérêt public" suffisant est séduisante. Cependant, en approfondissant l'étude de l'article L. 2112-1 du code général de la propriété des personnes publiques, il faut convenir que les onze items qu'il recouvre ne permettent pas une marge de manœuvre suffisante pour envisager que la définition générale trouve à s'appliquer à d'autres biens que des biens mobiliers, corporels, à vocation culturelle.

Ainsi, alors même que la domanialité publique de certains brevets, de certaines marques ou de certaines actions pourrait parfois être justifiable, pour en accentuer la protection, ce serait méconnaître l'esprit de la définition du domaine public mobilier que de déduire de sa rédaction qu'elle a vocation à s'appliquer à des propriétés publiques immatérielles.

Il n'y a pas d'étonnement à avoir, puisque la définition du domaine public mobilier n'a pas été pensée en tenant compte des propriétés publiques immatérielles. Il est par conséquent tout à fait logique que leur incorporation au domaine public soit, sinon impossible, du moins envisageable uniquement au prix d'une dénaturation de cette définition législative. D'où l'idée de réfléchir à un renouvellement des schémas de pensée en la matière afin de dessiner un cadre conceptuel sur-mesure pour pourvoir aux propriétés publiques immatérielles une protection adéquate.

1282 Pour reprendre la distinction opérée par le Professeur Hubert Hubrecht : H. HUBRECHT, « Faut-il définir le domaine public et comment ? », *AJDA* 2005, p. 598 ; cf. *supra*.

1283 C. MAUGÜE et G. BACHELIER, « Genèse et présentation du CGPPP », *AJDA* 2006, p. 1073, spéc. p. 1079.

B. L'inapplication de la définition du domaine public immobilier aux propriétés publiques immatérielles

Exclues de la domanialité publique par l'application de la définition du domaine public mobilier, les propriétés publiques immatérielles pourraient trouver à relever de ce régime protecteur, dérogatoire au droit commun, en application des critères classiques du domaine public, aujourd'hui contenus dans la définition législative du domaine public immobilier de l'article L. 2111-1 du code général de la propriété des personnes publiques[1284]. Reste alors à savoir dans quelle mesure cette définition s'applique à des biens qui ne sont pas immobiliers (1), puis à s'interroger sur la pertinence des applications doctrinales de la définition du domaine public immobilier à des biens autres que matériels, c'est-à-dire à des propriétés immatérielles (2).

1. L'inapplication de la définition du domaine public immobilier aux biens autres qu'immobiliers

L'idée même de confronter les propriétés publiques immatérielles à la définition du domaine public immobilier apparaît à tout le moins singulière, si ce n'est incongrue. Les propriétés publiques immatérielles sont en effet généralement identifiées comme étant des biens ou des droits mobiliers : il n'y aurait dès lors pas lieu de leur appliquer la définition du domaine public immobilier.

La doctrine a toutefois été partagée sur la question de savoir si, par delà les critères et définitions connus, la définition du domaine public immobilier avait vocation à s'appliquer, subsidiairement, aux meubles des personnes publiques[1285]. Cela signifie qu'il convient, au préalable, de déterminer si le domaine public mobilier est *« limitatif, énumératif, ou bien s'il doit être compris comme incluant tous les biens meubles qui satisfont par eux-mêmes aux critères généraux de la domanialité*

[1284] *« Sous réserve de dispositions législatives spéciales, le domaine public d'une personne publique mentionnée à l'article L. 1 est constitué des biens lui appartenant qui sont soit affectés à l'usage direct du public, soit affectés à un service public pourvu qu'en ce cas ils fassent l'objet d'un aménagement indispensable à l'exécution des missions de ce service public. »*.

[1285] Ainsi, pour Marcel Waline il n'existe *« aucune raison d'adopter des critères différents du domaine public mobilier et du domaine public immobilier »* : Note sous CA Nîmes, 4 décembre 1944, *Etat c/ Brun*, *D.* 1946, p. 30.

publique (propriété d'une personne publique et affectation à une utilité publique) »[1286].

Dans ses conclusions sur l'affaire *Aéroports de Paris*[1287], le Commissaire du Gouvernement Gilles Bachelier, posant la question de savoir s'il y a *« lieu de retenir pour définir [le domaine public mobilier] les mêmes critères que ceux dégagés par [la jurisprudence du Conseil d'Etat] pour les immeubles »*[1288], a estimé que *« cette approche doit assurément être écartée »*[1289].

Le Conseil d'Etat a toutefois implicitement validé dans cet arrêt l'idée selon laquelle ne pouvait faire partie du domaine public d'une personne publique un bien dont les caractéristiques essentielles ne différaient pas de celles d'un bien semblable appartenant à une personne privée. Ce qui peut signifier, par *a contrario*, que peut également faire partie du domaine public un bien indispensable au fonctionnement du service public. Il convient de se garder d'une interprétation trop extensive de cette jurisprudence, car en fin de compte dans cet arrêt, *« le Conseil d'Etat s'est borné à préciser que des matériels informatiques et des logiciels ne relevaient pas du domaine public »*[1290].

Certains auteurs ont pu considérer que les critères contenus dans la définition du domaine public immobilier pouvaient exceptionnellement avoir vocation à s'appliquer à d'autres biens publics pour justifier leur intégration au domaine public. Ainsi, pour le Professeur Norbert Foulquier, *« l'article L.2112-1 ne forme plus l'alpha et l'oméga du domaine public mobilier »*[1291]. Dans le même ordre d'idées, commentant le premier volet de la jurisprudence *Commune de Tours*[1292] déjà citée (cf. *supra*, Partie I), dans laquelle était en cause la légalité de la décision d'un maire de refuser d'autoriser la réalisation de clichés dans un musée, il relève que : *« comme le domaine public immobilier, le domaine public mobilier repose également sur l'idée d'affectation et que la définition*

[1286] Y. GAUDEMET, *Droit administratif des biens*, LGDJ, 15e éd., 2014 ; spéc. p. 131.

[1287] CE, 28 mai 2004, *Aéroports de Paris*, n° 241304.

[1288] *RJEP/CJEG* 2004, n°615, p. 557.

[1289] *Ibid.*, p. 559.

[1290] C. MAUGÜE et G. BACHELIER, « Genèse et présentation du CGPPP », *AJDA* 2006, p. 1073, spéc. p. 1079.

[1291] N. FOULQUIER, *Droit administratif des biens*, Lexis Nexis, 4e éd., 2018 ; spéc. p. 82.

[1292] CE, 29 octobre 2012, *EURL Photo Josse*, n° 341173 ; *Dr. adm.* 2012, comm. 96, note S. ZIANI ; *JCP A* 2012, 2390, note S. CARPI-PETIT et 2391, note C. VOCANSON ; *AJDA* 2013, p. 111, note N. FOULQUIER ; *AJCT* 2013, p. 153, note F. BLANC ; *BJCL* 2013, p. 54, concl. N. ESCAUT et p. 57, obs. B. POUJADE ; *Petites affiches*, 11 avril 2013, p. 11, note S. CAZET.

posée par l'article L.2111-1 vaut pour tous les biens publics »[1293]. Prolongeant sa réflexion, le Professeur Norbert Foulquier estime que le juge administratif pourrait prochainement se fonder sur cette disposition pour reconnaître la domanialité publique d'un bien mobilier, par delà la définition de l'article L. 2112-1 du code général de la propriété des personnes publiques[1294].

En la matière, un retour à l'orthodoxie serait bienvenu. Il est d'ailleurs encouragé par le jugement du Tribunal administratif de Paris rendu dans l'affaire *APRR* (cf. *supra*). S'interrogeant sur la classification domaniale d'une propriété publique immatérielle, il a d'office rejeté l'application des critères de l'article L. 2111-1 du code général de la propriété des personnes publiques, dont les dispositions *« insérées dans le chapitre premier intitulé "domaine public immobilier" du titre premier du livre premier de la deuxième partie du Code, sont inapplicables au domaine public mobilier »*[1295]. La logique est implacable : le raisonnement retenu se veut au plus près de la traduction législative des principes jurisprudentiels de répartition domaniale.

[1293] N. FOULQUIER, *Droit administratif des biens*, Lexis Nexis, 2e éd., 2014, spéc. §169, p. 75 – A noter toutefois que dans la quatrième édition de son manuel, l'auteur modifie la formulation de la façon suivante : *« le juge a reconnu que, si la notion d'affectation n'est pas au cœur de la notion du domaine public mobilier, elle ne lui est pas aussi étrangère que le suggère la lettre de l'article L. 2112-1. L'esprit de l'article L. 2111-1 plane sur ce domaine »* (N. FOULQUIER, *Droit administratif des biens*, Lexis Nexis, 4e éd., 2018, §188, p. 81) ; voir également, commentant la même affaire : N. FOULQUIER, « Les photographies du domaine public mobilier », *AJDA* 2013, p. 111, spéc. p. 111 : *« [Le Conseil d'Etat] entreprend une certaine banalisation de la notion de domaine public mobilier en la rapprochant de celle de domaine public immobilier, ainsi que de son régime »*.

[1294] N. FOULQUIER, *Droit administratif des biens*, Lexis Nexis, 4e éd., 2018 ; spéc. §190, p. 81 : *« dès lors qu'il s'est fondé sur l'affectation telle que définie à l'article L. 2111-1 pour définir le régime de dépendances du domaine public mobilier de la commune énoncé à l'article L. 2112-1, on peut imaginer qu'à l'avenir, le juge s'en serve pour faire entrer dans le domaine public mobilier des biens en raison de leur seule affectation, nonobstant que l'article L. 2112-1 ne les citerait pas. Les développements jurisprudentiels concernant le domaine public immatériel démontrent qu'une telle évolution n'a rien d'impossible. »* ; voir également, au §194, p. 83, l'exemple des formats numérisés des livres de la Bibliothèque nationale de France ; voir également, sur ce point, F. BLANC, « La photographie d'une œuvre d'art appartenant au musée d'une collectivité est une occupation privative du domaine public mobilier soumise à redevance », *AJCT* 2013, p. 153 ; spéc. p. 153 : *« en retenant que les œuvres d'art sont affectées « au service public culturel », [le Conseil d'Etat] applique, implicitement, au domaine public mobilier la définition dégagée, pour le domaine public immobilier, par l'article L. 2111-1 du code général de la propriété des personnes publiques (CG3P) »*.

[1295] TA Paris, 21 octobre 2011, *Société Autoroutes Paris-Rhin-Rhône*, n° 1105713 ; *AJDA* 2012, p. 208, note P.-A. ROHAN et R. LEONETTI.

En définitive, la vocation globale de la définition du domaine public immobilier est loin d'être une certitude. En l'état de la législation et de la jurisprudence, elle relève plutôt du fantasme. La définition du domaine public mobilier étant insatisfaisante (cf. *supra*), car inadaptée pour appréhender les propriétés publiques immatérielles, il n'est pas anormal que la doctrine se soit interrogée sur l'applicabilité des critères de l'article L. 2111-1 du code général de la propriété des personnes publiques aux propriétés publiques immatérielles. Il faut dès lors discuter de la pertinence de cette proposition.

2. L'inapplication des critères du domaine public immobilier aux biens autres que matériels

L'insertion des fréquences hertziennes dans le chapitre du code général de la propriété des personnes publiques relatif au "domaine public immobilier" ne doit pas tromper : quoiqu'étant des éléments incorporels, qui font artificiellement – c'est-à-dire, par la seule volonté du législateur – l'objet d'un droit de propriété, elles ne répondent pas à la définition du domaine public immobilier de l'article L. 2111-1 du code général de la propriété des personnes publiques, pour trois raisons.

D'abord, parce qu'elles ne font pas l'objet d'un droit de propriété[1296] ; ensuite, parce qu'elles ne sont pas affectées à l'usage direct du public ; enfin, parce que si elles peuvent être "affectées" à un service public, le critère réducteur de la domanialité publique, "l'aménagement indispensable", ne trouve pas à s'appliquer.

Les tentatives d'application de la définition du domaine public immobilier à des éléments relevant du "patrimoine immatériel" des personnes publiques sont, en pratique, assez limitées, et elles concernent, presqu'exclusivement[1297] des éléments qui ne sont pas susceptibles de

---

[1296] TH. PEZ, *Le domaine public hertzien : attribution et exploitation des fréquences radioélectriques*, LGDJ Lextenso éd., coll. Systèmes, 2011. L'auteur émet un doute sur l'existence d'un droit de propriété sur les fréquences hertziennes ainsi que, de façon subséquente, sur la possibilité de les intégrer au domaine public. Voir spéc. p. 15 : *« les critères de la domanialité publique ne sont pas évidemment remplis par les fréquences radioélectriques »* ainsi que p. 16 : *« sans propriété publique, pas de domaine public ; sans propriété des fréquences, pas de domaine public hertzien »*.

[1297] E. HOFFMAN, L. BOUCHARD et J. CAPIAUX, « Protection du nom de la collectivité territoriale : enjeux publics et privés », *Gaz. Pal.*, 10 décembre 2011, p. 11.

faire l'objet d'un droit de propriété[1298], à savoir : l'image des biens du domaine public immobilier (a) et les données publiques (b).

a. La tentative d'application des critères du domaine public immobilier à l'image des biens

Le juge administratif a été amené à s'interroger sur le statut domanial de l'image d'un bien appartenant au domaine public immobilier d'une personne publique[1299]. Il s'agissait, en l'occurrence, du château de Chambord, dont l'image avait été utilisée par la société Kronenbourg, dans une campagne publicitaire.

Dans cette affaire, la société Kronenbourg contestait la légalité des titres de recette émis à son encontre par l'établissement public national du château de Chambord en contrepartie des photographies prises, une fois l'opération réalisée. Le rapporteur public résumait ainsi la question, inédite, posée au Tribunal administratif d'Orléans : *« l'image d'un bien appartenant au domaine public est-elle un bien dont l'utilisation pourrait bénéficier du régime de la domanialité publique ? La question n'est, à notre connaissance, pas tranchée par les juridictions de l'ordre administratif »*[1300].

Suivant les conclusions de son rapporteur public, le Tribunal administratif d'Orléans a refusé d'assimiler l'utilisation de la photographie litigieuse *« comme une occupation »* ou *« comme une utilisation du domaine public susceptible de donner lieu au paiement d'une redevance »*. Le tribunal juge, pour dénier à l'image du château de Chambord la qualification de bien relevant du domaine public, qu'elle n'est *« affectée ni à l'usage direct du public, ni à un service public »*. Il s'agit là de la définition générale du domaine public immobilier, appliquée à l'image d'un bien immobilier, élément du "patrimoine

---

[1298] S'agissant, toutefois, du cas spécifique des marques publiques, voir : A. DILLOARD, « L'émergence des marques publiques dans le patrimoine immatériel des personnes publiques », *RDP* 2014, p. 39 ; spéc. pp. 59-61 ; voir également : J.-D. DREYFUS, « Nom des collectivités et droit des marques », *AJCT* 2013, p. 127 ; spéc. p. 127 : *« il ne semble pas que les marques publiques puissent rentrer dans la définition du domaine public (biens appartenant à une personne publique « qui sont soit affectés à l'usage direct du public, soit affectés à un service public pourvu qu'en ce cas ils fassent l'objet d'un aménagement indispensable à l'exécution des missions de ce service public »). »*.

[1299] TA Orléans, 6 mars 2012, *Société Les Brasseries Kronenbourg*, n° 1102187 ; *AJDA* 2012, p. 1227, concl. J. FRANCFORT ; *D.* 2012, p. 2222, note J.-M. BRUGUIERE.

[1300] *AJDA* 2012, p. 1227, concl. J. FRANCFORT ; spéc. p. 1230.

immatériel" de l'établissement public concerné, quoiqu'étant insusceptible de propriété.

S'il serait possible de voir dans cette décision une expression de l'idée selon laquelle les biens du domaine public mobilier ne se définissent pas exclusivement par l'application de l'article L. 2112-1 du code général de la propriété des personnes publiques, notamment défini par le Professeur Norbert Foulquier (cf. *supra*), il paraît, en réalité, plus avisé de rejeter ce raisonnement, l'image d'un bien public, élément du "patrimoine immatériel", ne faisant pas l'objet d'un droit de propriété[1301]. Le Conseil d'Etat a confirmé ce point de vue dans l'affaire *Etablissement public du Domaine national de Chambord*[1302].

Le Professeur Jean-Michel Bruguière relève d'ailleurs à cet égard en se référant à l'arrêt d'Assemblée plénière de la Cour de cassation, du 7 mai 2004[1303], que *« le juge administratif aurait pu s'en tenir tout simplement au droit commun pour repousser les prétentions du domaine national de Chambord »*[1304].

L'application de la définition du domaine public immobilier à l'image du château de Chambord aurait en toute rigueur dû être précédée d'une interrogation sur la question de savoir si elle faisait l'objet d'un droit de propriété, dans la mesure où l'article L. 2111-1 du code général de la

---

[1301] J.-M. BRUGUIERE, « Le patrimoine immatériel de l'Etat est-il l'objet d'une propriété publique ? », *CDST* 2010, p. 59 ; spéc. p. 65. Voir également : PH. TERNEYRE, « Les actifs immatériels des personnes publiques », *RJEP* 2013, étude 16, spéc. §31.

[1302] CE, Ass., 13 avril 2018, *Etablissement public du Domaine national de Chambord*, n° 397047 ; *BJCL* 2018, p. 280, concl. R. VICTOR ; *JCP G* 2018, 614, note PH. HANSEN ; *D.* 2018, p. 1051, note J.-M. BRUGUIERE ; *RDI* 2018, p. 345, note F. TARLET ; *RFDA* 2018, p. 461, note N. FOULQUIER ; *Dr. adm.* 2018, comm. 42, note F. BRENET ; *CMP* 2018, repère 6, note F. LLORENS et P. SOLER-COUTEAUX ; *JCP A* 2018, 2156, note C. ROUX ; *Dalloz IP/IT* 2018, p. 490, note M. CORNU ; *AJDA* 2018, p. 1850, note F. TARLET ; *BJCL* 2018, p. 290, note A. FITZJEAN Ó COBHTHAIGH.

[1303] Cass., Ass., 7 mai 2004, *Société civile particulière Hôtel de Girancourt*, n°02-10450 ; *JCP E* 2004, 1021, note C. CARON ; *JCP G* 2004, I, 147, chron. D. TRICOIRE ; *JCP G* 2004, I, 163, note G. VINEY ; *JCP G* 2004, I, 171, chron. H. PERINET-MARQUET ; *JCP G* 2004, II, 10085, note C. CARON ; *D.* 2004, p. 1545, note J.-M. BRUGUIERE ; *D.* 2004, p. 1547, note E. DREYER ; *D.* 2004, p. 2406, note N. REBOUL-MAUPIN ; *Légipresse* 2004, n° 213, III, p. 117, note J.-M. BRUGUIERE et B. GLEIZE ; *Droit et patrimoine* juillet 2004, p. 34, note TH. REVET ; *RTD civ.* 2004, p. 528, obs. TH. REVET ; *RTD com.* 2004, p. 712, obs. J. AZEMA et J.-C. GALLOUX ; *Propr. intell.* 2004, p. 817, obs. V.-L. BENABOU ; *Propr. intell.* 2004, p. 833, obs. J.-M. BRUGUIERE et M. VIVANT ; *RIDA* 2005, n° 203, p. 231, obs. A. KEREVER.

[1304] J.-M. BRUGUIERE, « L'image du château de Chambord n'est pas un bien du domaine public », *D.* 2012, p. 2222 ; spéc. p. 2225.

propriété des personnes publiques s'applique aux biens *« appartenant »* à une personne publique.

Le résultat est le même, puisque la domanialité publique de l'image du château de Chambord n'aurait pas non plus été reconnue, mais le raisonnement tenu par le juge administratif dans cette affaire laisse entendre que des éléments du "patrimoine immatériel" des personnes publiques pourraient faire partie du domaine public, par l'application de la définition du domaine public immobilier, entendue comme ayant une portée générale, dépassant les seuls biens immobiliers et recouvrant même des biens qui ne font pas l'objet d'un droit de propriété.

Pareil raisonnement a pu être tenu à propos d'autres éléments du "patrimoine immatériel" des personnes publiques : les données publiques.

b. La tentative d'application des critères du domaine public immobilier aux données publiques

S'il a pu être démontré que la domanialité publique des informations publiques n'était pas totalement inconcevable[1305], à partir de l'application des dispositions du code général de la propriété des personnes publiques, elle ne peut se faire qu'au prix d'un certain dévoiement des notions classiques du droit du domaine public.

Le Professeur Jean-Michel Bruguière a démontré, de façon convaincante, que les informations publiques pouvaient à la fois répondre aux critères de l'appartenance à une personne publique et de l'affectation à une utilité publique[1306].

Il faut cependant immédiatement relever qu'il est ici fait application de la définition du domaine public immobilier, alors que l'information revêt un *« caractère mobilier »*[1307]. En outre, seul un remaniement tangible des notions d'"affectation à l'usage direct du public" ou

---

[1305] J.-M. BRUGUIERE, « L'accès aux archives publiques : existe-t-il un domaine public « informationnel » ? », *in Archives et recherche : aspects juridiques et pratiques administratives*, dir. J. Fromageau, L'Harmattan, 2003, p. 43.
[1306] J.-M. BRUGUIERE, *ibid.*, spéc. pp. 47-58.
[1307] J.-M. BRUGUIERE, *ibid.* ; spéc. p. 50 ; à dire vrai, cette étude a été menée alors que le domaine public mobilier n'avait pas fait l'objet d'une consécration législative et que le doute quant à la vocation globale de la définition du domaine public immobilier pouvait subsister.

d'"affectation à un service public" rend cette démarche juridiquement possible. En l'occurrence, l'usage du public ne serait pas concevable sans aménagement, critère qui n'est pas exigé pour satisfaire cette condition de la domanialité publique. Réciproquement, il n'est pas fait état de l'aménagement dont l'information devrait faire l'objet lorsqu'elle est affectée au service public.

L'application de la définition du domaine public immobilier n'est pas totalement incongrue ; elle doit toutefois donner lieu à un étaiement des notions connues pour être rendue possible.

La confrontation des biens mobiliers aux critères de la domanialité publique immobilière ne se fait pas sans heurts. D'après le Professeur Fabrice Hourquebie, pour la plupart des auteurs, *« l'unité de la notion de domaine public implique que les critères valables pour les immeubles le soient aussi pour les meubles »*[1308] et il constate, à cet égard, que *« cet alignement des conditions en matière mobilière et immobilière est pour le moins discutable »*[1309].

Le critère central de la domanialité publique des propriétés publiques immobilières est leur affectation à l'utilité publique, critère qui se dédouble, dans le code général de la propriété des personnes publiques, en *« affectation à l'usage direct du public »* et en *« affectation à un service public »*, au prix d'un *« aménagement indispensable à l'exécution des missions de ce service public »*.

Ces deux éléments peuvent être repris successivement, afin d'en mesurer la pertinence, s'agissant, d'abord, des propriétés publiques mobilières, puis des propriétés publiques immatérielles.

Concernant les propriétés publiques mobilières, le Professeur Fabrice Hourquebie a synthétisé les raisons de l'inadaptation du critère d'affectation à l'usage direct du public à des biens mobiliers, en relevant principalement qu'elle se confond assez largement avec celle d'affectation du bien à un service public, en raison du rôle joué par le service public dans la préparation et la mise à disposition au public des objets en cause[1310]. Or, s'agissant justement de l'affectation à un service public, le Professeur Hourquebie relève que *« la notion d'affectation est*

[1308] F. HOURQUEBIE, « Le domaine public mobilier », *RDP* 2005, p. 635 ; spéc. pp. 653-654.
[1309] *Ibid.*, spéc. p. 654.
[1310] *Ibid.*, spéc. p. 654.

ici inadéquate »[1311], dans la mesure où celle-ci *« résulte d'une volonté de la personne publique de donner une destination particulière à un bien donné »*[1312].

Le constat de cette inadéquation est d'ailleurs amplifié par l'inextricable difficulté qu'il y a à concevoir la possibilité d'un "aménagement indispensable", notion réductrice du domaine public immobilier[1313], pour de tels biens, puisque *« [le mot aménagement] suppose une transformation artificielle de l'aspect externe ou interne d'une chose de façon à l'adapter à son utilisation »*[1314] et que l'adjectif "indispensable", qui lui est accolé, se conçoit comme *« [restreignant] le champ d'application du mot "aménagement" en l'enfermant dans un espace limité à l'hypothèse où le bien ne sera intégré au domaine public que si la mission de service public l'exige »*[1315].

Ces constatations peuvent être, *mutatis mutandis*, transposées aux propriétés publiques immatérielles. Seules une imagination puissante et une altération profonde des notions connues permettrait d'appliquer aux propriétés publiques immatérielles les critères de la domanialité publique immobilière. C'est ce que constate le Professeur Philippe Terneyre, pour qui ces critères sont *« assez peu adaptés »*, parce que les actifs immatériels des personnes publiques – qu'il faut entendre comme l'ensemble des éléments composant le "patrimoine immatériel" des personnes publiques – *« ne sont* a priori *pas affectés à l'usage direct du public »* et que ces actifs étant *« justement incorporels, on a du mal à imaginer de quel aménagement indispensable ils pourraient faire l'objet »*[1316]. Ce point de vue est corroboré en tous points par le Professeur Odile de David Beauregard-Berthier, qui constate qu' *« il sera le plus souvent impossible de déceler une quelconque concrétisation de l'aménagement indispensable requis »*[1317].

[1311] *Ibid.*, spéc. p. 655.
[1312] *Ibid.*, spéc. p. 655.
[1313] Y. GAUDEMET, *Droit administratif des biens*, LGDJ, 15e éd., 2014, spéc. p. 137 ; voir également : C. BALLANDRAS-ROZET, « L'aménagement indispensable, un critère discutable de réduction du domaine public », *AJDA* 2007, p. 571.
[1314] C. BALLANDRAS-ROZET, préc. ; spéc. p. 572.
[1315] *Idem* ; spéc. p. 572.
[1316] PH. TERNEYRE, « Les actifs immatériels des personnes publiques », *RJEP* 2013, étude 16, spéc. §28.
[1317] O. DE DAVID BEAUREGARD-BERTHIER, « Le patrimoine immatériel de l'Etat », *in Bien public, bien commun, Mélanges en l'honneur d'Etienne Fatôme*, Dalloz, 2011, p. 23, spéc. p. 33 ; voir également : A. DILLOARD, « L'émergence des marques publiques dans le patrimoine immatériel des personnes publiques », *RDP* 2014, p. 39 ; spéc. p. 61, pour

Finalement, l'analyse de la question fait naître un sentiment ambivalent : le critère de l'affectation à l'utilité publique, "infecté d'un certain matérialisme"[1318], n'est pas foncièrement inapplicable à tous les éléments composant le "patrimoine immatériel" des personnes publiques ; les dispositions de l'article L. 2111-1 du code général de la propriété des personnes publiques ne sont toutefois pas applicables, en l'état actuel du droit, dans la mesure où certains de ces éléments ne font pas l'objet d'un droit de propriété et où pour ceux qui font l'objet d'un droit de propriété, leur caractère immobilier n'est pas avéré. Reste à savoir si ces éléments supporteraient les contraintes de la domanialité publique.

La question de la compatibilité du régime des biens du domaine public, tant mobiliers qu'immobiliers, à celui applicable aux propriétés publiques immatérielles s'avère, dans ces conditions, déterminante. Il paraît en effet inenvisageable d'intégrer dans le domaine public des biens qui ne pourraient pas en supporter les contraintes.

§2. L'inadaptation du régime de la domanialité publique aux propriétés publiques immatérielles

Les constructions intellectuelles envisageant l'intégration au domaine public des propriétés publiques immatérielles, au prix d'une distorsion ou tout du moins d'un aménagement des critères du domaine public, oublient parfois d'analyser les effets induits par une classification de tel ou tel élément dans le domaine public. Celui-ci se verra mécaniquement appliquer le régime de la domanialité publique. Or, ce dernier, en tant qu'il est exorbitant du droit commun, s'avère souvent peu adapté aux propriétés publiques immatérielles. Des aménagements pourraient être envisagés (cf. *infra*). A ce stade, il convient uniquement d'éprouver la faisabilité de l'intégration au domaine public des propriétés publiques immatérielles donc de tester leur adaptation au régime de la domanialité publique.

---

l'auteur, ce critère est *« indubitablement voué à l'échec »* s'agissant des marques publiques.

[1318] Pour reprendre, en l'adaptant, la formule du Professeur Jean-Michel Bruguière, citant Michel Villey : *« Nous voilà revenus au point de départ et au constat de Villey selon lequel la notion de bien en droit civil est « infectée de matérialisme »* - J.-M. BRUGUIERE, « L'immatériel à la trappe ? », *D.* 2006, p. 2804.

En réalité, par delà l'inadéquation de l'appartenance au domaine public des propriétés publiques immatérielles, en raison de l'inadaptation des critères et définitions retenus par le code général de la propriété des personnes publiques, il faut relever que le régime de la domanialité publique n'est, pour l'essentiel, *« manifestement pas adapté »*[1319] à ces propriétés spécifiques.

Là encore, l'analyse se fait au regard d'une grille de lecture entièrement pensée pour des propriétés immobilières, corporelles, ce qui la rend, presque d'instinct, peu efficiente s'agissant de propriétés qui ne sont ni immobilières, ni corporelles. Reste, tout de même, à répondre à la question suivante : *« dans quelle mesure le régime de la domanialité publique est-il adapté ou adaptable aux biens incorporels ? »*[1320].

A l'analyse, pris dans son ensemble, le régime de la domanialité publique s'accommode mal des propriétés publiques immatérielles qui auraient éventuellement vocation à l'intégrer, par l'application des critères ou définitions législatifs. Certaines difficultés d'articulation ressortent de la confrontation des propriétés publiques immatérielles tant aux principes généraux (A) qu'aux principes complémentaires (B) de la domanialité publique.

A. Les difficultés d'articulation des propriétés publiques immatérielles avec les principes généraux de la domanialité publique

En raison de leur nature spécifique, les propriétés publiques immatérielles sont parfois captées cumulativement par le droit des propriétés publiques, en tant que propriétés publiques, et par une autre branche du droit, comme le droit de la propriété intellectuelle ou le droit des sociétés.

A supposer que des propriétés publiques immatérielles puissent faire partie du domaine public d'une personne publique, elles se verraient nécessairement soumises aux principes généraux applicables aux biens du domaine public. Or, traditionnellement, le domaine public est associé à l'application de deux principes exorbitants du droit commun : l'inaliénabilité et l'imprescriptibilité. Le code général de la propriété des

---

[1319] P.-A. ROHAN et R. LEONETTI, « Vers une définition prétorienne d'un domaine public mobilier *praeter legem* : à propos de l'affaire *APRR* », *AJDA* 2012, p. 208 ; spéc. p. 212.
[1320] C. MALWE, *La propriété publique incorporelle : au carrefour du droit administratif des biens et du droit public économique*, th. Nantes, 2008 ; spéc. p. 456.

personnes publiques y soumet – à de rares exceptions – toutes les dépendances du domaine public[1321]. Ces deux principes *« pèsent sur le propriétaire public qui ne peut disposer de ses biens comme un propriétaire ordinaire »*[1322].

Il y a dès lors lieu de s'interroger sur l'agencement, le cumul ou la substitution, de ces différents régimes – c'est-à-dire, le droit commun de la propriété intellectuelle ou le droit commun des sociétés – avec les principes d'inaliénabilité (1) et d'imprescriptibilité (2) du domaine public.

1. Difficultés d'articulation des propriétés publiques immatérielles avec le principe d'inaliénabilité des biens du domaine public

Même si l'inaliénabilité a pour avantage indéniable de permettre une protection patrimoniale du domaine public, et *« de garantir l'affectation du bien en interdisant les cessions et en limitant les utilisations privatives »*[1323], dans le cas particulier des éléments composant le "patrimoine immatériel" des personnes publiques, elle pourrait avoir pour effet de le scléroser et partant d'altérer le dynamisme de sa gestion.

Il est difficile de tenir, en cette matière, un raisonnement général et il convient en raison de l'absence d'homogénéité parmi les différentes catégories de propriétés publiques immatérielles de distinguer le cas de la propriété publique intellectuelle et celui de la propriété publique financière.

Il convient donc à la fois de déterminer les inconvénients éventuels de l'inaliénabilité d'une propriété publique immatérielle faisant partie du domaine public d'une personne publique[1324], et également d'établir les contraintes engendrées, s'agissant de la gestion de ces dépendances du

---

[1321] Article L. 3111-1 du code général de la propriété des personnes publiques ; voir aussi, s'agissant plus spécifiquement des collectivités territoriales, l'article L. 1311-1 du code général des collectivités territoriales.

[1322] N. FOULQUIER, *Droit administratif des biens*, Lexis Nexis, 4e éd., 2018, p. 195.

[1323] A. BUTLEN, « Les contrats sur la propriété publique immatérielle », *in Contrats et propriétés publics*, Actes du colloque de Montpellier, des 28 et 29 avril 2011, Lexis Nexis, 2011, p. 249 ; spéc. p. 259.

[1324] Il a toutefois pu être souligné à propos des marques publiques que : *« le principe d'inaliénabilité rend très difficile une éventuelle vente ou location de marque »* - C. ROSSETTI, « Vers une gestion stratégique des marques publiques ? », *AJDA* 2010, p. 2197 ; spéc. p. 2199.

domaine public d'un genre nouveau, concernant leurs modes de valorisation, voire de leur cession.

Madame Anna Butlen fait remarquer que *« si les principes d'insaisissabilité ou d'imprescriptibilité s'articulent parfois difficilement avec cette forme de propriété, le principe d'inaliénabilité semble garder toute sa pertinence appliqué à la propriété immatérielle »*[1325]. Il convient toutefois de tempérer cette affirmation, s'agissant notamment des actions détenues par une personne publique dans le capital d'une société commerciale.

A supposer que certaines actions détenues dans le capital de sociétés commerciales par des personnes publiques puissent faire partie de leur domaine public, il en résulterait nécessairement, en l'état actuel du droit, des difficultés de conjonction avec certaines règles inhérentes au droit commun des sociétés.

Le principe d'inaliénabilité des biens du domaine public entre ainsi en contrariété avec la libre cessibilité des actions sur le marché des entreprises cotées[1326]. Dans le cas où une action détenue par une personne publique dans une société cotée ferait partie de son domaine public, elle serait à la fois inaliénable et librement cessible !

Cette hypothèse est en l'état actuel peu vraisemblable, de telles actions n'ayant à ce jour jamais été reconnues et les critères de la domanialité publique leur étant de toute façon fort peu adaptés.

Ainsi, les hypothèses de domanialité publique des actions détenues par des personnes publiques dans des sociétés commerciales apparaissent comme faibles, voire inexistantes. La doctrine majoritaire ne s'y trompe

---

[1325] A. BUTLEN, « Les contrats sur la propriété publique immatérielle », *in Contrats et propriétés publics*, Actes du colloque de Montpellier, des 28 et 29 avril 2011, Lexis Nexis, 2011, p. 249 ; p. 259.

[1326] Le Professeur Jean-Gabriel Sorbara a écrit que : *« la principale conséquence du régime de la domanialité publique serait de rendre l'action incessible »* ; J.-G. SORBARA, « Les sociétés publiques locales et la propriété publique : la SPL, outil d'aménagement foncier », *RFDA* 2012, p. 1140 ; spéc. p. 1142.

pas et classe, pour la plupart[1327][1328], les actions détenues par les personnes publiques dans des sociétés commerciales dans leur domaine privé[1329].

A ce jour et à notre connaissance, seul le Tribunal administratif de Paris[1330] a imaginé quels pourraient être les critères de la domanialité publique des actions détenues par des personnes publiques dans le capital de sociétés commerciales, sans qu'il n'ait d'ailleurs été suivi dans cette voie par le Conseil d'Etat[1331]. Dans l'affaire *APRR*, déjà évoquée, le Tribunal administratif jugea ainsi qu'à supposer qu'en dehors des biens mentionnés à l'article L. 2112-1 du code général de la propriété des personnes publiques *« d'autres biens publics puissent également, à titre exceptionnel, être intégrés au domaine public mobilier en raison de leur intérêt public éminent, tel ne saurait être le cas des actions ou autres parts et instruments financiers détenus par le département de Saône-et-*

[1327] Certains auteurs font sortir les actions détenues par des personnes publiques du schéma domanial traditionnel distinguant domaine public et domaine privé et parlent, à ce propos, d' *« appartenance publique »* plutôt que de propriété publique : L. RAPP, « De la domanialité publique à l'appartenance publique : une évolution dans la Révolution ! », *in Propriété et Révolution*, Actes du colloque de Toulouse, 12-14 octobre 1989, Ed. du CNRS, 1990 ; J. MARCHAND, *Recherche sur le régime des actions et participations financières publiques*, LGDJ, Bibliothèque de droit public, Tome 279, 2014.

[1328] D'autres auteurs estiment que les actions détenues par les personnes publiques dans des sociétés commerciales relèvent du droit boursier et non du droit de la propriété publique, ce qui les exclut *a fortiori* du domaine public mobilier : F. HOURQUEBIE, « Le domaine public mobilier », *RDP* 2005, p. 635 ; spéc. pp. 637-638.

[1329] A. CARTIER-BRESSON, *L'Etat actionnaire*, LGDJ, Bibliothèque de droit public, Tome 264, 2010 ; spéc. pp. 65-66 : *« Le Code de la propriété des personnes publiques a implicitement confirmé en 2006 l'appartenance des participations étatiques au domaine privé. Cette confirmation découle d'un chapitre très laconique relatif à la « consistance du domaine privé », définie comme englobant les biens des personnes publiques « qui ne relèvent pas du domaine public par application des dispositions du titre Ier du livre Ier » (qui vise essentiellement les biens affectés au public ou au service public, et non les valeurs mobilières). Les auteurs de ce Code n'ont pas jugé utile de définir le statut des participations publiques, ni même de les viser au chapitre relatif au domaine privé comportant des « dispositions particulières », qui vise des biens à l'inaliénabilité limitée tels que « les bois et forêts des personnes publiques relevant du régime forestier ». »*. Voir également : A. CARTIER-BRESSON, *ibid.* ; spéc. p. 23 : *« les actions de sociétés, mêmes publiques, ne font pas partie du domaine public de l'Etat »*. Voir encore : A. LOUVARIS, « Biens publics et concurrence : bref inventaire des fruits d'une union de raison », *in Bien public, bien commun, Mélanges en l'honneur d'Etienne Fatôme*, Dalloz, 2011, p. 287 ; spéc. p. 292 : l'auteur évoque *« la gestion des participations publiques minoritaires de l'Etat, lesquelles sont des biens faisant partie de son domaine privé »*.

[1330] TA Paris, 21 octobre 2011, *Société Autoroutes Paris-Rhin-Rhône*, n° 1105713 ; *AJDA* 2012, p. 208, note P.-A. ROHAN et R. LEONETTI.

[1331] CE, 4 juillet 2012, *Département de Saône-et-Loire*, n° 356168 ; *AJDA* 2013, p. 522, note G. EVEILLARD ; *RJEP* 2013, comm. 4, note G. ECKERT.

Loire dans la société APRR, dans la mesure où ces participations financières ultraminoritaires ne sont, en tout état de cause, indispensables ni à l'exercice par cette collectivité de ses propres missions de service public, ni au contrôle par les autorités publiques de la mission de service public national d'exploitation des autoroutes confiée à la société APRR ». Si le Tribunal administratif rejette en l'espèce la domanialité publique des actions détenues par le département dans le capital de la société APRR, il a entrouvert la porte – aussitôt refermée par le Conseil d'Etat dans un silence éloquent – de la domanialité publique, sur le fondement du critère de l'intérêt public éminent[1332].

Une étude doctrinale s'est également attardée à imaginer ce que serait la domanialité publique des actions détenues par une personne publique dans une société commerciale par l'application de la définition législative du domaine public mobilier[1333]. Pour les raisons déjà évoquées (cf. *supra*), il n'y a pas lieu d'approfondir cette hypothèse, qui conduit à s'éloigner tant de la lettre que de l'esprit de l'article L. 2112-1 du code général de la propriété des personnes publiques. En effet, une action détenue par une personne publique dans une société commerciale ne peut être assimilée à un bien *« présentant un intérêt public du point de vue de l'histoire, de l'art, de l'archéologie, de la science ou de la technique »*, d'autant que les biens énumérés par cet article, à titre d'illustration, sont exclusivement des biens mobiliers culturels, corporels qui plus est.

Plus problématique est, en revanche, la question des actions spécifiques (aussi appelées *"golden shares"*), parfois détenues par l'Etat[1334] dans une société récemment privatisée. Les prérogatives considérables qu'elles offrent à son titulaire – droit de s'opposer à la cession de certains actifs, droit de nommer des représentants, etc. – les

---

[1332] Le Tribunal administratif de Paris a ainsi estimé : *« qu'à supposer [que] d'autres biens publics puissent également, à titre exceptionnel, être intégrés au domaine public mobilier en raison de leur intérêt public éminent, tel ne saurait être le cas des actions ou autres parts et instruments financiers détenus par le département de Saône-et-Loire dans la société APRR, dans la mesure où ces participations financières ultraminoritaires ne sont, en tout état de cause, indispensables ni à l'exercice par cette collectivité de ses propres missions de service public ni au contrôle par les autorités publiques de la mission de service public national d'exploitation des autoroutes confiée à la société APRR »*.

[1333] J.-G. SORBARA, « Les sociétés publiques locales et la propriété publique : la SPL, outil d'aménagement foncier », *RFDA* 2012, p. 1140 ; spéc. pp.1142-1143.

[1334] COUR DES COMPTES, *L'Etat actionnaire*, Rapport public thématique, Doc. fr., 2017 ; voir spéc. pp. 224-225.

rend potentiellement inaliénables[1335], tant leur aliénation serait contreproductive.

Est-ce à dire qu'elles font nécessairement partie du domaine public ? L'inopportunité de leur cession en fait ne suffit pas à les soumettre au principe d'inaliénabilité applicable aux biens du domaine public en droit.

Pour le Professeur Guylain Clamour : *« tout porte à considérer qu'une telle action à l'intérêt public caractérisé doit être inaliénable et qu'une qualification en termes de domanialité publique s'impose »*[1336]. Rien n'est moins sûr en réalité, car elles ne paraissent pas répondre aux conditions de l'article L. 2112-1 du code général de la propriété des personnes publiques, seul texte à envisager l'incorporation de biens mobiliers dans le domaine public, ni non plus d'ailleurs à celles de l'article L. 2111-1 du même code exposant les critères du domaine public immobilier qui, même s'il avait vocation à s'appliquer à des biens non immobiliers, n'a pas été pensé pour des propriétés immatérielles et se trouve être, assez logiquement, peu adapté à ces propriétés.

Pour les autres propriétés publiques immatérielles, c'est avant tout l'imprescriptibilité qui est, en l'état actuel du droit, source d'incompatibilités avec le droit commun de la propriété intellectuelle.

2. Difficultés d'articulation des propriétés publiques immatérielles avec le principe d'imprescriptibilité des biens du domaine public

La combinaison des dispositions du droit des propriétés publiques avec celles du droit de la propriété intellectuelle – cette expression générique renvoyant à la fois au droit de la propriété industrielle (brevets d'invention et marques de fabrique) et au droit de la propriété littéraire et artistique (droits d'auteur) – peut s'avérer délicate. Le droit de la propriété intellectuelle est entièrement construit sur un équilibre entre le

---

[1335] C.-A. DUBREUIL, *La protection des intérêts nationaux dans les privatisations : le cas de l'action spécifique*, Mémoire de DEA Droit public de l'économie, 2000 ; spéc. p. 18 : *« considérant les objectifs recherchés et les prérogatives qui y sont attachés, l'action spécifique est incessible »*. Voir également : A. CARTIER-BRESSON, *L'Etat actionnaire*, *op. cit.* ; spéc. p. 89 : *« en raison des prérogatives dont elle bénéficie, la propriété d'une action spécifique est incessible »*.

[1336] G. CLAMOUR, « Liberté contractuelle et propriété publique mobilière », *in Contrats et propriété publics*, Actes du colloque de Montpellier des 28 et 29 avril 2011, Lexis Nexis, 2011, p. 237 ; spéc. p. 248.

monopole d'exploitation et la durée, nécessairement limitée, pour laquelle il est consenti, alors que le domaine public des personnes publiques est quant à lui inaliénable et imprescriptible[1337]. Pour le Professeur Philippe Yolka, il y a *« une incompatibilité radicale entre les deux corps de règles en cause »*[1338].

Ainsi, les droits patrimoniaux de l'auteur sont-ils prescriptibles par soixante-dix ans après la mort de l'auteur[1339], contrairement au droit moral, qui est imprescriptible[1340] et donc sur lequel l'écoulement du temps est sans effet[1341]. Il en va de même pour les marques déposées, qui se prescrivent par dix ans[1342], sauf à ce qu'elles soient renouvelées avant échéance. Cette solution vaut encore pour les brevets d'invention, dont le dépôt ouvre droit à une protection pour une durée maximale de vingt ans[1343].

L'imprescriptibilité s'entend du *« caractère des biens composant le domaine public et qui (...) s'oppose à ce que les dépendances de celui-ci puissent faire l'objet d'une prescription tant de la propriété que de ses démembrements »*[1344]. Or, pour le Professeur Philippe Yolka, contrairement au droit de la propriété intellectuelle qui prévoit une protection des droits limitée dans le temps, avec le droit du domaine

---

[1337] Article L. 3111-1 du code général de la propriété des personnes publiques.

[1338] PH. YOLKA, « Les patrimoines publics à l'épreuve de la propriété intellectuelle », *Dr. adm.* 2012, prat. 1.

[1339] Article L. 123-1 du code de la propriété intellectuelle : *« L'auteur jouit, sa vie durant, du droit exclusif d'exploiter son œuvre sous quelque forme que ce soit et d'en tirer un profit pécuniaire. Au décès de l'auteur, ce droit persiste au bénéfice de ses ayants droit pendant l'année civile en cours et les soixante-dix années qui suivent. »*.

[1340] Article L. 121-1, al. 3 du code de la propriété intellectuelle : *« Il est perpétuel, inaliénable et imprescriptible »*.

[1341] P.-Y. GAUTIER, *Propriété littéraire et artistique*, PUF, 9e éd., 2014 ; spéc. p. 208 : le droit moral de l'auteur *« [n']étant pas une propriété pécuniaire mais un lien spirituel, [le droit moral de l'auteur] ne saurait (...) faire l'objet d'une* prescription acquisitive *ou être éteint par le non-usage (art. L. 121-1, al. 3, sur les problèmes de prescription) »*. Voir également p. 817 : *« l'imprescriptibilité énoncée par l'art. L. 121-1 (...) exprime que les tiers ne sauraient usucaper [le droit moral de l'auteur], pas plus qu'il ne se perd par le non-usage »*.

[1342] Article L. 712-1, al. 2 du code de la propriété intellectuelle : *« L'enregistrement produit ses effets à compter de la date de dépôt de la demande pour une période de dix ans indéfiniment renouvelable. »*.

[1343] Article L. 611-2 du code de la propriété intellectuelle : *« Les titres de propriété industrielle protégeant les inventions sont : 1° Les brevets d'invention, délivrés pour une durée de vingt ans à compter du jour du dépôt de la demande ; (...) »*.

[1344] G. CORNU, *Vocabulaire juridique*, PUF, 12e éd., 2017.

public, *« les biens demeurent* ad vitam aeternam *dans le domaine public et ils ne sauraient, pour ce motif, devenir libres de droits »*[1345].

Puisqu'il ressort de l'article L. 3111-1 du code général de la propriété des personnes publiques[1346] que les propriétés des personnes publiques sont imprescriptibles, la domanialité publique des brevets publics, des marques publiques ou des droits d'auteur patrimoniaux de personnes publiques entrerait donc en conflit avec les règles du droit commun de la propriété intellectuelle[1347].

Par conséquent, la question se pose de savoir quel serait le sort de ces propriétés publiques immatérielles en cas d'écoulement du temps de leur protection si elles devaient par ailleurs relever du domaine public de la personne publique propriétaire ?[1348] Cette question sera approfondie dans les développements qui suivent (cf. *infra*, Partie III, Chapitre II), lorsque sera testée l'adéquation du principe d'imprescriptibilité à l'optimisation de la valorisation des propriétés publiques immatérielles.

S'agissant, plus spécialement de la question des droits d'auteur, il convient d'opérer une distinction entre les droits moraux et les droits patrimoniaux.

Les cas dans lesquels une personne publique serait titulaire de droits moraux sur une œuvre sont limités à deux hypothèses : celle de l'œuvre collective et celle de l'Avis *OFRATEME*.

Le cas de l'œuvre collective est la seule hypothèse prévue par le code de la propriété intellectuelle dans laquelle une personne morale peut être

---

1345 PH. YOLKA, « Les patrimoines publics à l'épreuve de la propriété intellectuelle », *Dr. adm.* 2012, prat. 1 ; voir également : C. MALWE, *La propriété publique incorporelle : au carrefour du droit administratif des biens et du droit public économique*, th. Nantes, 2008 ; spéc. p. 457.

1346 *« Les biens des personnes publiques (...) qui relèvent du domaine public, sont inaliénables et imprescriptibles ».*

1347 R. LEONETTI, « La protection de l'affectation au service public des biens incorporels », *AJDA* 2009, p. 1689 ; spéc. p. 1691 : *« quelle serait la portée du principe d'imprescriptibilité pour les œuvres de l'esprit tombées dans le domaine public (au sens du droit de la propriété intellectuelle) (...) ? ».*

1348 R. LEONETTI, art. préc. ; spéc. p. 1691 : *« reste à savoir si les personnes publiques ont sur ces biens un droit de propriété « au sens normal » (...). [C]ertains traits du régime [des œuvres de l'esprit] ne correspondent pas à l'idée que l'on se fait en droit administratif d'une propriété pleine et entière puisqu'elles deviennent, en quelque sorte, des choses communes au terme d'une certaine période. Cela nous renseigne déjà sur les difficultés d'application du régime de la domanialité publique. ».*

reconnue titulaire de droits moraux sur une œuvre[1349]. L'œuvre collective est celle qui est *« créée sur l'initiative d'une personne physique ou morale qui l'édite, la publie et la divulgue sous sa direction et son nom et dans laquelle la contribution personnelle des divers auteurs participant à son élaboration se fond dans l'ensemble en vue duquel elle est conçue, sans qu'il soit possible d'attribuer à chacun d'eux un droit distinct sur l'ensemble réalisé »*[1350]. Dans la mesure où le code de la propriété intellectuelle ne distingue pas selon qu'il s'agit d'une personne morale de droit privé ou d'une personne morale de droit public, il y a lieu d'estimer que cette disposition vaut pour l'ensemble des personnes morales.

L'autre hypothèse, devenue résiduelle depuis l'entrée en vigueur de la loi du 1er août 2006[1351], dans laquelle l'Etat peut être titulaire de droits moraux d'auteur, est extérieure au code de la propriété intellectuelle, parce qu'issue d'un avis non-contentieux du Conseil d'Etat. Il s'agit du cas de l'Avis *Office français des techniques modernes d'éducation*, dit « Avis OFRATEME »[1352]. Dans cet avis, le Conseil d'Etat estimait en effet que s'agissant des œuvres réalisées dans le cadre du service, la personne publique devait être considérée comme cessionnaire *ab initio*[1353] de l'ensemble des droits d'auteur, en ce compris donc les droits

---

[1349] A. CHERON, « Vers la reconnaissance d'un droit moral au profit des collectivités territoriales », *AJCT* 2011, p. 480, spéc. p. 480 : *« en principe, seuls les auteurs personnes physiques détiennent un droit moral sur leurs œuvres (...). Ce principe ne souffre pas de réelles exceptions, mises à part quelques jurisprudences isolées, rendues sur le fondement de l'article L. 113-5 du code de la propriété intellectuelle portant sur l'œuvre collective, qui reconnaissent au promoteur une forme de droit moral alors que celui-ci n'est pas créateur. »* ; voir également, R. LEONETTI, « La protection de l'affectation au service public des biens incorporels », *AJDA* 2009, p. 1689, spéc. p. 1691 : *« une œuvre littéraire et artistique ne peut appartenir à une personne morale que si elle constitue une œuvre collective, car le système juridique français des créations intellectuelles insiste fortement sur l'originalité de l'œuvre et donc sur la personnalité du créateur dont elle porte l'empreinte »*.

[1350] Article L. 113-2, al. 3 du code de la propriété intellectuelle.

[1351] Loi n°2006-961, relative au droit d'auteur et aux droits voisins dans la société de l'information, du 1er août 2006.

[1352] CE, 21 novembre 1972, *Office français des techniques modernes d'éducation (OFRATEME)*, Avis n° 309721 ; *GACE*, 2e éd., 2002, n°7, comm. G. KUPERFILS ; *GDDAB*, 3e éd., 2018, n°2, comm. PH. YOLKA.

[1353] PH. YOLKA, comm. n°2, spéc. p. 20, *in* C. CHAMARD-HEIM, F. MELLERAY *et al.*, *Les grandes décisions du droit administratif des biens*, Dalloz, 2013 ; voir également : J.-D. DREYFUS, « Brèves remarques sur le droit d'auteur des agents publics après la loi du 1er août 2006 », *AJDA* 2006, p. 2179, spéc. p. 2180 : *« l'avis OFRATEME (...) consacre l'abandon au service public des fruits possibles de la liberté d'auteur de l'agent public. Rejetant la théorie des cessions implicites, l'avis opte pour une propriété initiale et immédiate de la personne publique. »*.

moraux. Cela exclut en revanche les créations personnelles, dépourvues de lien avec le service[1354].

La domanialité publique du droit moral de l'auteur, lequel recouvre le droit de divulgation[1355], le droit de paternité (droit au respect du nom et de la qualité d'auteur)[1356], le droit au respect de l'œuvre[1357] et le droit de repentir ou de retrait[1358], ne paraît pas au premier abord poser de difficulté majeure, dans la mesure où ce droit est, par l'application de la loi, à la fois inaliénable et imprescriptible[1359]. Le droit moral de l'auteur est, en outre, insaisissable, du fait de son caractère extrapatrimonial[1360], qui le rend d'ailleurs aussi inaliénable.

Pour ce qui est des droits patrimoniaux de l'auteur, c'est-à-dire ceux qui rendent possible l'exploitation économique et commerciale de l'œuvre, ils recouvrent les droits de représentation, de reproduction, de destination et de suite. La personne publique est amenée à en être titulaire dans deux hypothèses distinctes.

D'une part, lorsqu'elle est reconnue auteur d'une œuvre collective – celle-ci s'entendant comme *« l'œuvre créée sur l'initiative d'une personne physique ou morale qui l'édite, la publie et la divulgue sous sa direction et son nom et dans laquelle la contribution personnelle des divers auteurs participant à son élaboration se fond dans l'ensemble en vue duquel elle est conçue, sans qu'il soit possible d'attribuer à chacun d'eux un droit distinct sur l'ensemble réalisé »*[1361] –, elle bénéficie des droits patrimoniaux y afférents. En effet, aux termes de l'article L. 113-5 du code de la propriété intellectuelle : *« L'œuvre collective est, sauf preuve contraire, la propriété de la personne physique ou morale sous le*

[1354] Pour un exemple récent, s'agissant de la réalisation d'une fresque réalisée dans une caserne, par un artiste, à l'occasion de son service militaire, qui n'a pas été considérée comme ayant été réalisée pour l'exécution de ses missions, voir : CE, 15 octobre 2014, *M. B.*, n° 353168.
[1355] Article L. 121-2 du code de la propriété intellectuelle.
[1356] Article L. 121-1 du code de la propriété intellectuelle.
[1357] Article L. 121-1 du code de la propriété intellectuelle.
[1358] Article L. 121-4 du code de la propriété intellectuelle.
[1359] Pour reprendre les termes de l'article L. 121-1, al. 3 du code de la propriété intellectuelle, le droit moral de l'auteur est tout à la fois : *« perpétuel, inaliénable et imprescriptible »*.
[1360] L. HENNEQUIN-MARC, *La propriété intellectuelle des personnes publiques,* th. Paris II, 2016 ; spéc. p. 228 : *« L'insaisissabilité du droit moral de l'auteur est la conséquence de sa nature extrapatrimoniale et de son caractère personnel »*.
[1361] Article L. 113-2, al. 3 du code de la propriété intellectuelle.

nom de laquelle elle est divulguée. Cette personne est investie des droits de l'auteur ».

D'autre part, en application des dispositions législatives issues de la loi du 1er août 2006, revenant sur l'avis *OFRATEME* précité lorsqu'un agent public est auteur d'une œuvre *« créée (...) dans l'exercice de ses fonctions ou d'après les instructions reçues »*, à la condition cependant que cela soit *« strictement nécessaire à l'accomplissement d'une mission de service public »*[1362], la personne publique disposant alors uniquement d'un droit de préférence pour l'exploitation commerciale de l'œuvre en cause. Elle n'est donc pas investie de l'ensemble des droits moraux et patrimoniaux existant sur l'œuvre.

La superposition du droit de la propriété intellectuelle avec le droit des propriétés publiques est, ici encore, malaisée.

Par-delà la question de l'imprescriptibilité de ces propriétés, se pose la question de leur sortie du domaine public, si elles venaient à l'intégrer – bien qu'elles n'aient *a priori* pas vocation à ce faire. Les biens du domaine public immobilier, pour pouvoir être vendus, doivent être désaffectés et déclassés ; la définition législative du domaine public immobilier est de la sorte neutralisée. Pour les biens mobiliers, lesquels ne font pas l'objet d'une désaffectation, puisqu'ils ne sont pas nécessairement "affectés" à une utilité publique, il semble que leur sortie du domaine public se fasse soit volontairement, par un acte de déclassement, soit même involontairement, lorsque les biens concernés ne présentent plus un *« intérêt public du point de vue de l'histoire, de l'art, de l'archéologie, de la science ou de la technique »*[1363]. La question reste pour l'heure en suspens s'agissant des propriétés publiques immatérielles, puisqu'aucun critère autonome de domanialité publique n'a été dégagé et que les critères du domaine public immobilier comme la définition du domaine public mobilier apparaissent comme inadaptés (cf. *supra*). Leur domanialité publique n'étant pas concevable à ce stade, la question de leur sortie du domaine public ne peut pas non plus être réglée avec certitude.

La confrontation des propriétés publiques immatérielles aux principes généraux de la domanialité publique – inaliénabilité et imprescriptibilité – posent de nombreuses difficultés. La réticence face à la question de l'adaptation de la domanialité publique aux propriétés publiques

---

1362 Article L. 131-3-1, al. 1er du code de la propriété intellectuelle.
1363 Selon la formule retenue par l'article L. 2112-1 du code général de la propriété des personnes publiques.

immatérielles s'accentue encore à l'étude de l'application des autres règles propres au régime des dépendances du domaine public aux propriétés publiques immatérielles.

B. Les difficultés d'articulation des propriétés publiques immatérielles avec les principes complémentaires de la domanialité publique

Pour le Professeur Jean-Michel Bruguière, « *la domanialité de l'immatériel est (...) tout aussi difficile à concevoir que le domaine public de l'incorporel* »[1364]. Pris dans son ensemble, le régime de la domanialité publique s'avère en effet être largement inadapté aux propriétés publiques immatérielles.

En la matière les études doctrinales sont soit peu prolixes, soit totalement muettes. Aucune étude d'ensemble portant sur les implications de l'application aux propriétés publiques immatérielles du régime de la domanialité publique n'a ainsi été menée.

Les dépendances du domaine public sont généralement soumises à un régime spécifique, par delà l'application du tandem classique "inaliénabilité et imprescriptibilité". S'agissant des propriétés publiques immatérielles, l'application de ces règles particulières est franchement malvenue parce qu'elle fait apparaître de sensibles difficultés d'articulation.

Tous ces éléments confortent l'idée selon laquelle la domanialité publique n'est en l'état actuel pas adaptée aux propriétés publiques immatérielles. Il n'y a pas lieu d'inclure dans ces développements les actions détenues par des personnes publiques, complètement étrangères à ces questions, même s'agissant des actions spécifiques, dont la domanialité publique est potentielle.

Il convient de revenir successivement sur les difficultés rencontrées dans l'articulation des propriétés publiques immatérielles avec les règles relatives à l'occupation temporaire (1), à l'obligation d'entretien (2) ou à la protection pénale (3) du domaine public.

[1364] J.-M. BRUGUIERE, « Le patrimoine immatériel de l'Etat est-il l'objet d'une propriété publique ? », *CDST* 2010, p. 59, spéc. p. 70.

1. Difficultés d'articulation des propriétés publiques immatérielles avec les règles d'occupation du domaine public

Les contrats conclus sur le domaine public ont été entièrement pensés pour des biens corporels et immobiliers. Ils sont par conséquent imprégnés de matérialisme et les mécanismes qu'ils prévoient sont assez logiquement inadaptés aux propriétés publiques immatérielles. En effet, pour Madame Catherine Rossetti, *« si depuis la loi du 24 janvier 1994, l'autorisation d'occupation temporaire permet de consentir des droits réels à une personne tierce sur le domaine public, un tel montage conçu pour le domaine immobilier, pourrait se révéler inadapté aux propriétés immatérielles »*[1365].

S'agissant des droits de propriété intellectuelle, et plus précisément, des droits d'auteur, cette interrogation est assez théorique, dans la mesure où il est très peu vraisemblable que de tels droits aient vocation à intégrer le domaine public des personnes publiques, ni non plus d'ailleurs à s'agencer dans le *distinguo* traditionnel domaine public/domaine privé.

Le même constat sera fait concernant les brevets, pour lesquels, si la domanialité publique pourrait présenter l'intérêt d'une protection accrue, elle n'en demeurerait pas moins inadaptée, pour des raisons équivalentes. Une concession de licence de brevet devrait-elle être requalifiée en convention d'occupation du domaine public ? Rien que le terme d'"occupation" est fortement connoté et renvoie *a priori* exclusivement à des biens immobiliers. Il faudrait, dès lors, s'agissant de propriétés immatérielles, plutôt parler d' "utilisation", terme également employé à propos des biens mobiliers[1366]. Mais, là encore, cette assimilation est assez artificielle et peu satisfaisante.

Pour ce qui concerne les marques publiques, la doctrine a pu appeler de ses vœux, au moins pour une partie de celle-ci, leur domanialité publique[1367]. Aucune précision n'a, cependant, été apportée quant au régime qui leur serait alors applicable, la domanialité publique étant uniquement conçue comme un degré de protection supplémentaire. En

---

[1365] C. ROSSETTI, « Vers une gestion stratégique des marques publiques », *AJDA* 2010, p. 2197 ; spéc. p. 2199.

[1366] Voir, sur ce point, C. MALWE, *La propriété publique incorporelle : au carrefour du droit administratif des biens et du droit public économique*, th. Nantes, 2008 ; spéc. p. 457.

[1367] A. DILLOARD, « L'émergence des marques publiques dans le patrimoine immatériel des personnes publiques », *RDP* 2014, p. 39 ; spéc. pp. 63-67.

raison des valeurs qu'elles portent et des intérêts qu'elles représentent, ces marques n'ont pas nécessairement vocation à être exploitées commercialement. Le droit de la propriété intellectuelle impose tout de même qu'une marque déposée ne fasse pas l'objet d'une absence d'exploitation pendant une période ininterrompue de cinq ans, pour déjouer une éventuelle action en déchéance[1368]. L'éventuelle domanialité publique des marques détenues par les personnes publiques doit nécessairement être accompagnée d'une réflexion de fond sur le régime qui leur serait applicable, et notamment aux éventuels contrats conclus pour l'exploitation de cette propriété publique immatérielle[1369]. Plus spécialement, la question de l'organisation d'une procédure de sélection préalable – dans le respect des dispositions[1370] introduites par l'ordonnance du 19 avril 2017[1371] – pourrait éventuellement se poser si les marques en cause étaient exceptionnellement considérées comme faisant partie du domaine public d'une personne publique.

D'une manière plus générale, il convient de relever qu'un décret du 10 février 2009[1372], qui constitue le droit commun applicable aux opérations de valorisation par l'Etat de son "patrimoine immatériel" (cf. *supra*), range dans la catégorie des redevances pour service rendu les prestations qui consistent en la *« cession, concession ou licence de droits de la propriété intellectuelle »*. Il en ressort, de façon sous-jacente, que le régime normalement applicable aux occupations du domaine public ne trouve pas à s'appliquer, sans même qu'il soit fait référence à la domanialité publique des propriétés publiques immatérielles, soit parce qu'elle apparaît ici comme totalement incongrue, soit parce que le régime applicable alors ne différerait pas du régime de droit commun. La

---

[1368] Article L. 714-5 du code de la propriété intellectuelle.

[1369] Sur ces questions, voir : J.-D. DREYFUS, « Nom des collectivités et droit des marques », *AJCT* 2013, p. 127.

[1370] Voir notamment le nouvel article L. 2122-1-1 du code général de la propriété des personnes publiques : *« Sauf dispositions législatives contraires, lorsque le titre mentionné à l'article L. 2122-1 permet à son titulaire d'occuper ou d'utiliser le domaine public en vue d'une exploitation économique, l'autorité compétente organise librement une procédure de sélection préalable présentant toutes les garanties d'impartialité et de transparence, et comportant des mesures de publicité permettant aux candidats potentiels de se manifester.*
Lorsque l'occupation ou l'utilisation autorisée est de courte durée ou que le nombre d'autorisations disponibles pour l'exercice de l'activité économique projetée n'est pas limité, l'autorité compétente n'est tenue que de procéder à une publicité préalable à la délivrance du titre, de nature à permettre la manifestation d'un intérêt pertinent et à informer les candidats potentiels sur les conditions générales d'attribution. ».

[1371] Ordonnance n° 2017-562 du 19 avril 2017 relative à la propriété des personnes publiques.

[1372] Décret n°2009-151, du 10 février 2009 ; *Dr. adm.* 2009, comm. 52, note C. MALWE.

solution serait peut-être dans une sorte de "domanialité publique sélective", qui consisterait à n'appliquer à certaines propriétés publiques immatérielles que certaines règles particulières de la domanialité publique (cf. *infra*).

Outre les difficultés rencontrées dans l'articulation des propriétés publiques immatérielles avec les règles d'occupation du domaine public, d'autres difficultés peuvent apparaître dans la confrontation aux règles applicables à l'entretien du domaine public.

2. Difficultés d'articulation des propriétés publiques immatérielles avec l'obligation d'entretien du domaine public

Une autre singularité du régime des dépendances du domaine public tient dans l'obligation faite à la personne publique propriétaire d'en assurer l'entretien. Cette obligation est d'origine jurisprudentielle[1373]. Quoique formulée comme une énonciation de principe, il n'est pas certain qu'elle ait vocation à s'appliquer à l'ensemble des biens relevant du domaine public des personnes publiques.

Il est admis que cette obligation vaudrait essentiellement pour les ouvrages publics[1374], sauf textes particuliers[1375]. Cette notion ne se superpose d'ailleurs que partiellement avec celle de domaine public (cf. *supra*).

S'agissant des ouvrages publics, il est constant qu'il s'agit nécessairement de biens immobiliers, faisant l'objet d'un aménagement et étant directement affectés à un service public[1376]. Il y a lieu d'exclure, logiquement, de cette définition les biens mobiliers et par extension les

---

1373 CE, 3 mai 1963, *Commune de Saint-Brévin-les-Pins*, Rec. p. 259 ; *RDP* 1963, p. 1174, note M. WALINE ; cet arrêt fait référence, en des termes très généraux à *« l'obligation qu'a l'administration d'assurer la conservation de son domaine public »*.
1374 J.-M. AUBY, P. BON *et al.*, *Droit administratif des biens*, Dalloz, 6e éd., 2011 ; spéc. pp. 106-107.
1375 *Ibid.*, spéc. p. 106, les auteurs citent le cas des voies communales et du curage des cours d'eau domaniaux.
1376 CE, Ass., Avis, *Epoux Beligaud*, 29 avril 2010, n° 323179 ; *RFDA* 2010, p. 557, concl. M. GUYOMAR ; *RFDA* 2010, p. 572, note F. MELLERAY ; *AJDA* 2010, p. 1635, chron. S.-J. LIEBER et D. BOTTEGHI ; *AJDA* 2010, p. 1916, note P.-A. JEANNENEY ; *Dr. adm.* 2010, n°132, note J.-L. PISSALOUX ; *RDI* 2010, p. 390, note O. FEVROT ; *RJEP* 2010, n°54, note Y. GAUDEMET.

biens incorporels, réputés être à caractère mobilier, qui ne seraient donc pas soumis à l'obligation d'entretien.

Il n'empêche que la doctrine a tout de même pu imaginer, à propos des données publiques, composante du "patrimoine immatériel" des personnes publiques, en quoi consisterait l'obligation d'entretien[1377]. D'autres études ont pu suggérer la soumission des créations intellectuelles des personnes publiques à l'obligation d'entretien[1378]. Il semble toutefois que si l'obligation d'entretien est à la limite concevable pour les données publiques, elle s'avère dépourvue de logique s'agissant des brevets, des marques, des actions et des droits d'auteur, dont il faudrait d'ailleurs qu'ils puissent appartenir au domaine public pour être soumis à pareille obligation. Encore que la soumission de biens autres qu'immobiliers à cette obligation doive être de toute façon assortie de sérieuses réserves.

Il n'en demeure pas moins que les œuvres d'art dont les personnes publiques sont propriétaires semblent devoir faire l'objet d'une protection spécifique, afin de ne pas être dégradées et d'éviter toute atteinte à leur intégrité[1379]. Une jurisprudence ancienne illustre l'obligation incombant à la personne publique d'entretenir une œuvre qu'elle a précédemment acquise[1380]. Il est, cependant, remarquable de noter que, dans cette affaire, si le requérant invoque une atteinte à sa réputation en tant qu'artiste, le Conseil d'Etat juge que le litige *« se rattache (...) au défaut d'entretien d'un ouvrage public »*. En l'occurrence, il s'agissait d'une fontaine, donc d'un bien à caractère immobilier. Ce n'est par conséquent qu'indirectement que le droit d'auteur a pu bénéficier de la protection spécifique tenant en l'obligation d'entretien. Reste à savoir ce qu'il en est des biens mobiliers et des propriétés publiques immatérielles qui auraient éventuellement vocation à faire partie du domaine public d'une personne publique.

[1377] J.-M. BRUGUIERE, « Le patrimoine immatériel de l'Etat est-il l'objet d'une propriété publique ? », *CDST* 2010, p. 59, spéc. pp. 71-72.

[1378] L. HENNEQUIN-MARC, *La propriété intellectuelle des personnes publiques,* th. Paris II, 2016 ; spéc. p. 363 : *« le caractère «* général *» de l'obligation d'entretien des dépendances du domaine public permet d'intégrer sans difficultés les créations intellectuelles ».*

[1379] J.-D. DREYFUS, « Les œuvres d'art en possession des collectivités locales : un patrimoine à surveiller », *AJCT* 2014, p. 559.

[1380] CE, 3 avril 1936, *Sudre* ; Rec. p. 452 ; *D.* 1936, III, 57, concl. JOSSE et note M. WALINE.

Des difficultés d'articulation peuvent encore être rencontrées dans la confrontation des propriétés publiques immatérielles aux règles régissant la protection pénale du domaine public.

3. Difficultés d'articulation des propriétés publiques immatérielles avec la protection pénale du domaine public

Le Professeur Philippe Yolka a démontré, à ce propos, que *« deux choses font défaut à la protection pénale du domaine public : qu'elle présente un caractère pénal, d'abord ; qu'elle intéresse le domaine public, ensuite »*[1381]. En réalité, il n'y a pas de régime juridique uniforme, ni non plus unique, de la protection des dépendances domaniales des personnes publiques. Il existe une protection pénale[1382], qui ne concerne pas toutes les dépendances du domaine public et pas uniquement celles-là ; et il y a une protection des dépendances du domaine public en-dehors du code pénal, par le mécanisme des contraventions de grande voirie[1383], qui réprime les occupations sans titre du domaine public. Ainsi, il s'agit de *« [réprimer] des manquements aux textes qui ont pour objet pour les dépendances du domaine public n'appartenant pas à la voirie routière, la protection soit de l'intégrité ou de l'utilisation de ce domaine public, soit d'une servitude administrative (...) »*[1384].

Concernant des propriétés publiques immatérielles, il y a lieu de s'interroger sur la pertinence de l'application de telles dispositions qui en l'état sont inexistantes s'agissant de ces propriétés – puisqu'elles n'ont d'ailleurs pas forcément vocation à intégrer le domaine public.

Pour Madame Claire Malwé, *« s'agissant des biens incorporels, le régime de la contravention de grande voirie est difficilement applicable dans sa globalité du fait du caractère immatériel des biens en cause »*[1385]. Les contraventions de grande voirie ne concernent, à l'heure actuelle, que des dépendances du domaine public immobilier, c'est pour cette raison

---

[1381] PH. YOLKA, « Le couteau de Lichtenberg : Remarques sur la protection pénale du domaine public », *AJDA* 2009, p. 2341.

[1382] Sur la démonstration du caractère pénal de la contravention de grande voirie, voir : M. WALINE, « Les contraventions de grande voirie ont-elles le caractère d'une infraction pénale ? », note sous CE, 1er mars 1967, *Demoiselle Lescot*, *RDP* 1968, p. 175 ; spéc. pp. 175-177.

[1383] Articles L. 2132-2 et s. du code général de la propriété des personnes publiques.

[1384] Article L. 2132-2 du code général de la propriété des personnes publiques.

[1385] C. MALWE, *La propriété publique incorporelle : au carrefour du droit administratif des biens et du droit public économique*, th. Nantes, 2008 ; spéc. p. 457.

que le législateur *« soumet à une protection spéciale »*[1386] certains biens du domaine public mobilier.

L'article 322-1 du code pénal réprime ainsi *« la destruction, la dégradation ou la détérioration d'un bien appartenant à autrui »*. Ces termes, suffisamment généraux, devraient permettre d'envisager de faire *« entrer dans le champ »* de cet article, des biens publics, dans la mesure où *« la qualité des destinataires n'est pas fixée »*[1387].

Il est en revanche plus compliqué d'envisager que soient concernées des propriétés publiques immatérielles ; d'une part, parce que sur ce point la jurisprudence concerne exclusivement des biens matériels, immobiliers et mobiliers et d'autre part, parce que les trois chefs de "destruction", "dégradation" et "détérioration", se rapportent plus aisément à des biens matériels.

Il est à noter qu'en matière de propriété intellectuelle, certaines actions, comme l'action en contrefaçon, existent pour réprimer l'usage non désiré d'un élément protégé. Le droit commun de la propriété intellectuelle n'est donc pas étranger à ces préoccupations et il peut même s'avérer mieux adapté par rapport au droit des propriétés publiques pour assurer une protection adéquate aux propriétés publiques immatérielles.

En définitive, l'insertion des propriétés publiques immatérielles dans le domaine public des personnes publiques est compromise, dans la mesure où il a été expliqué que les critères actuels de la domanialité publique ne permettaient pas d'envisager une telle construction intellectuelle. Par ailleurs, le régime de la domanialité publique, probablement parce qu'il a été façonné pour des biens corporels – essentiellement immobiliers –, s'avère être globalement mal adapté à ces propriétés spécifiques. Il reste dès lors à déterminer dans quelle mesure l'intégration des propriétés publiques immatérielles au domaine privé est possible et souhaitable.

[1386] N. FOULQUIER, *Droit administratif des biens*, Lexis Nexis, 4e éd., 2018 ; spéc. p. 31.
[1387] PH. YOLKA, « Le couteau de Lichtenberg : Remarques sur la protection pénale du domaine public », *AJDA* 2009, p. 2341 ; spéc. p. 2343.

Section II – L'impossible domanialité privée des propriétés publiques immatérielles

Le constat de l'improbable domanialité publique des propriétés publiques immatérielles devrait logiquement conduire à les inclure dans le domaine privé des personnes publiques, parce que le domaine privé se définit en négative par rapport au domaine public[1388] et inclut toutes les propriétés publiques qui ne ressortissent pas au domaine public[1389].

Pour autant, la soumission de l'intégralité des propriétés publiques immatérielles, sans distinction, au régime de la domanialité privée, n'est pas souhaitable, dans la mesure où certaines d'entre elles ne bénéficient alors pas d'une protection suffisante.

Ainsi, même si les propriétés publiques immatérielles relèvent en apparence du domaine privé des personnes publiques (§1), il faut contester l'opportunité de cette classification, préjudiciable à leur parfaite protection (§2).

§1. L'insertion vraisemblable des propriétés publiques immatérielles dans le domaine privé

Le statut domanial actuel des propriétés publiques immatérielles n'est pas nécessairement volontaire : il s'agit d'une domanialité privée par défaut (A), qui joue essentiellement du fait de l'absence de solution alternative (B).

[1388] Article L. 2211-1, al. 1er du code général de la propriété des personnes publiques : *« Font partie du domaine privé les biens des personnes publiques (...) qui ne relèvent pas du domaine public (...) ».*

[1389] Voir par exemple : R. LEONETTI, « La protection de l'affectation au service public des biens incorporels », *AJDA* 2009, p. 1689 ; spéc. 1693 : *Puisqu'ils sont des biens publics et qu'ils n'appartiennent pas au domaine public, les biens incorporels devraient être rangés dans le domaine privé du fait de la définition négative de ce domaine ».*

A. Une insertion classique des propriétés publiques immatérielles au domaine privé

Le domaine privé des personnes publiques se définissant négativement, comme comprenant tous les biens appartenant aux personnes publiques et qui n'entrent pas dans leur domaine public, mobilier ou immobilier, il est logique que les propriétés publiques immatérielles en fassent partie, à partir du moment où il a été précédemment démontré qu'elles ne pouvaient, en l'état actuel du droit, faire partie du domaine public. Les conclusions de ce syllogisme, *a priori* très simple[1390], sont d'ailleurs corroborées par la jurisprudence, néanmoins peu copieuse en la matière. Il faut donc revenir successivement sur les implications (1), puis sur les illustrations (2) de la définition négative du domaine privé s'agissant des propriétés publiques immatérielles.

1. Les implications de la définition négative du domaine privé s'agissant des propriétés publiques immatérielles

A de rares exceptions[1391], *« la définition du domaine privé a presque toujours été donnée de manière négative, en quelque sorte par prétérition »*[1392]. Parfois qualifiée de *« notion fantomatique »*[1393] ou de *« curiosité juridique »*[1394], la notion de "domaine privé" éprouve quelques difficultés à s'affirmer comme une notion autonome de celle de "domaine

[1390] Voir, par exemple, à propos des marques publiques : C. ROSSETTI, « Vers une gestion stratégique des marques publiques », *AJDA* 2010, p. 2197 ; spéc. p. 2199 : *« A priori, un simple syllogisme permet de conclure à l'appartenance au domaine privé : celui-ci est défini de façon résiduelle par l'article L. 2211-1 du CGPPP, et les marques publiques ne semblent pas visées par les articles du CGPPP définissant le domaine public (art. L. 2111-1, L. 2111-2 et L. 2112-1). »*.

[1391] H. DEMENTHON, *Traité du domaine de l'Etat*, Dalloz, 6e éd., 1964 ; spéc. p. 145 : *« De même qu'un particulier, l'Etat peut, soit utiliser ses biens pour ses propres besoins, soit en tirer des revenus en les exploitant et en vendant leurs produits. De là deux catégories de biens domaniaux privés : les biens affectés et ceux non affectés à un service public »*.

[1392] J.-M. AUBY, P. BON *et al.*, *Droit administratif des biens*, Dalloz, 6e éd., 2011 ; spéc. p. 187.

[1393] G. QUIOT, « Considérations sur une curiosité juridique : l'existence en droit français d'un domaine privé des personnes publiques », *in Les métamorphoses du droit, Hommage à Jean-Marie Rainaud*, L'Harmattan, 2010, p. 339 ; spéc. p. 340.

[1394] *Ibid.*, spéc. p. 340.

public" et comme une notion unitaire dans son régime[1395]. En résumé, sa définition a *« toujours été le parent pauvre du droit domanial »*[1396].

Le code général de la propriété des personnes publiques ne déroge pas à cette tendance : il définit le domaine privé négativement. Ainsi, aux termes de l'article L. 2211-1, alinéa 1er, de ce code : *« font partie du domaine privé les biens des personnes publiques (...) qui ne relèvent pas du domaine public par application du titre 1er du livre 1er »*. Il en ressort que la notion de domaine privé doit être entendue comme étant un réceptacle ayant vocation à accueillir en son sein tous les biens des personnes publiques qui, s'ils sont immobiliers, ne sont pas affectés à l'usage direct du public ou ne sont pas affectés à un service public moyennant un aménagement indispensable[1397] ou, s'ils sont mobiliers, ne répondent pas à la définition de l'article L. 2112-1 du code, donc ne relèvent pas de la liste ouverte des biens des personnes publiques présentant *« un intérêt public du point de vue de l'histoire, de l'art, de l'archéologie, de la science ou de la technique »*.

En sont généralement exclus les biens qui font partie du domaine public par détermination de la loi : les domaines publics maritime, fluvial, routier, ferroviaire, aéronautique et hertzien[1398].

Il en va de même s'agissant des biens satisfaisant aux conditions de la domanialité publique globale[1399] ou à celles de la domanialité publique par accessoire[1400].

La catégorie "résiduelle" du domaine privé est tout de même enrichie par l'application des dispositions législatives en vigueur, *« des réserves foncières et des biens immobiliers à usage de bureaux, à l'exclusion de ceux formant un ensemble indivisible avec des biens immobiliers*

[1395] Sur toutes ces questions, voir spécialement : M. CHOUQUET, *Le domaine privé des personnes publiques : contribution à l'étude du droit des biens publics*, LGDJ, Bibliothèque de droit public, Tome 295, 2017.

[1396] N. FOULQUIER, *Droit administratif des biens*, Lexis Nexis, 4e éd., 2018 ; spéc. p. 111.

[1397] Article L. 2111-1 du code général de la propriété des personnes publiques.

[1398] Article L. 2111-4 à L. 2111-17 du code général de la propriété des personnes publiques.

[1399] Articles L. 2111-2, L. 2111-7, L. 2111-8, L. 2111-9 et L. 2111-16 du code général de la propriété des personnes publiques.

[1400] Article L. 2111-2 du code général de la propriété des personnes publiques : *« Font également partie du domaine public les biens des personnes publiques (...) qui, concourant à l'utilisation d'un bien appartenant au domaine public, en constituent un accessoire indissociable. »*.

appartenant au domaine public »[1401], des *« chemins ruraux »*[1402] et des *« bois et forêts des personnes publiques relevant du régime forestier »*[1403], qui sont autant de biens satisfaisant potentiellement les critères du domaine public immobilier, mais qui en sont exclus volontairement par le législateur, afin d'en assouplir la gestion patrimoniale.

Par conséquent, il faut comprendre qu'en l'état des textes les propriétés publiques se répartissent alternativement et exclusivement entre domaine public et domaine privé, sans troisième voie possible *a priori*. Dès lors que les propriétés publiques immatérielles entrent dans le champ d'application du code général de la propriété des personnes publiques, elles devraient relever de l'une ou l'autre de ces catégories. La domanialité publique étant exclue pour les raisons précédemment exposées, les propriétés publiques immatérielles ressortiraient automatiquement au domaine privé des personnes publiques propriétaires.

Ainsi que cela a été démontré précédemment, ce n'est qu'au prix d'une imagination excessivement fertile qu'il est possible de considérer que certaines propriétés publiques immatérielles peuvent entrer dans le domaine public des personnes publiques, soit par l'application de la définition du domaine public mobilier, soit par l'application des critères du domaine public immobilier, à condition qu'il soit démontré que l'article L. 2111-1 du code général de la propriété des personnes publiques a une portée générale et que ses critères sont applicables à des biens qui ne sont pas immobiliers.

Il est en outre loin d'être certain, comme cela a été expliqué, que le régime de la domanialité publique soit applicable, sans opérer au préalable des aménagements notables, à ces propriétés immatérielles.

C'est pour cette raison, et dans cette mesure, qu'il est généralement considéré, presque par *« réflexe »*[1404], que les propriétés publiques immatérielles font partie du domaine privé des personnes publiques. Ainsi, pour le Professeur Philippe Terneyre : *« en principe, les actifs incorporels qui appartiennent à des personnes publiques font plutôt*

[1401] Article L. 2211-1, al. 2 du code général de la propriété des personnes publiques.
[1402] Article L. 2212-1 du code général de la propriété des personnes publiques.
[1403] *Idem*.
[1404] N. FOULQUIER, *Droit administratif des biens*, Lexis Nexis, 4e éd., 2018 ; spéc. p. 114.

partie du domaine privé de ces personnes »[1405]. Ce constat, partagé par une doctrine majoritaire[1406], ne doit pas étonner : le code général de la propriété des personnes publiques est imprégné de matérialisme ; sa nomenclature, entièrement pensée pour régir des biens matériels, essentiellement immobiliers[1407], est indéniablement inadaptée aux particularismes des propriétés publiques immatérielles. En l'état des textes, le domaine public protège uniquement des biens matériels, qu'ils soient mobiliers ou immobiliers.

2. Les illustrations de la définition négative du domaine privé s'agissant des propriétés publiques immatérielles

La jurisprudence, assez limitée en la matière, et rarement prolixe, tend à confirmer la classification quasi-automatique des propriétés publiques immatérielles dans le champ du domaine privé des personnes publiques.

La question s'est tout d'abord posée au sujet d'une marque de fabrique, mise sous séquestre pendant la Seconde Guerre mondiale, car considérée comme "bien ennemi". La société allemande propriétaire de cette marque avant la guerre contestant la légalité de deux décisions de l'Administration des Domaines lui refusant la publication de sa demande de rétrocession de la marque en question, a vu le Conseil d'Etat décliner sa compétence pour en connaître au contentieux. En réalité, il existait une disposition législative spéciale donnant compétence au juge judiciaire pour connaître au contentieux des litiges de ce type et le Conseil d'Etat a jugé que le refus ainsi opposé *« n'est pas détachable de la gestion par l'administration de biens appartenant au domaine privé de l'Etat »*[1408]. Cette solution, assez ancienne, donne tout de même une bonne indication

---

[1405] PH. TERNEYRE, « Les actifs immatériels des personnes publiques », *RJEP* 2013, étude 16 ; spéc. §29.

[1406] J.-M. AUBY, P. BON *et al.*, *Droit administratif des biens*, Dalloz, 6e éd., 2011, spéc. pp. 69-70 et p. 188 ; Y. GAUDEMET, *Droit administratif des biens*, LGDJ, 15e éd., 2014, spéc. pp. 376-377 ; C. CHAMARD, *La distinction des biens publics et des biens privés : Contribution à la définition de la notion de biens publics*, Dalloz, Nouvelle Bibliothèque de Thèses, 2004, spéc. pp. 241-244 ; PH. YOLKA, comm. n°2, spéc. p. 23, *in* C. CHAMARD-HEIM, F. MELLERAY *et al.*, *Les grandes décisions du droit administratif des biens*, Dalloz, 2013.

[1407] A. CARTIER-BRESSON, *L'Etat actionnaire*, LGDJ, Bibliothèque de droit public, Tome 264, 2010 ; spéc. p. 66 : *« les schémas classiques de la domanialité (...) restent fortement axés sur les immeubles »*.

[1408] CE, 23 mars 1960, *Société Spiesshofer et Braun*, Rec. p. 215.

du statut domanial réservé aux marques détenues par des personnes publiques.

Le Conseil d'Etat n'a même pas confronté la marque en cause aux critères jurisprudentiels du domaine public, pourtant déjà bien établis à l'époque de cette décision. Il ne s'est ainsi interrogé ni sur l'affectation à l'usage direct du public, esquissée par l'arrêt *Marécar*[1409], ni sur l'affectation à un service public au prix d'un aménagement spécial, dégagée par l'arrêt *Le Béton*[1410]. L'appartenance de la propriété en cause au domaine privé lui a sans doute paru relever de l'évidence.

Cette lecture de la jurisprudence du Conseil d'Etat ne fait toutefois pas l'unanimité et une partie de la doctrine estime que le fait que le code général de la propriété des personnes publiques soit muet sur la question *« ne permet pas de conclure de manière certaine à l'appartenance des marques publiques au domaine public ou au domaine privé »*[1411]. Malgré la solution de l'arrêt *Spiesshofer et Braun*, il ne serait pas certain que pareille solution serait adoptée aujourd'hui, si le juge administratif avait de nouveau à déterminer le statut domanial d'une marque appartenant à une personne publique.

Il faut admettre que l'hypothèse de l'affaire précitée est *« rarissime »*[1412], dans la mesure où la marque en question est *« sans lien avec l'administration »*[1413], contrairement à l'immense majorité des marques détenues par les personnes publiques. Aussi faut-il, à la manière de Madame Catherine Rossetti relever l'existence d'une distinction entre *« les marques à forte dimension "identitaire" publique, et les marques largement "privatisables", moins identifiées par les citoyens comme se rattachant à la sphère publique »*[1414], laquelle pourrait éventuellement conduire à l'application d'un régime domanial distinct et, subséquemment, la compétence du juge administratif pour en connaître au contentieux. Peut être y aurait-il là, d'ailleurs, un critère de répartition du contentieux entre juge administratif et juge judiciaire, au-delà de la

---

[1409] CE, 28 juin 1935, *Marécar*, rec. CE, p. 734 ; *RDP* 1935, p. 590, concl. R. LATOURNERIE et note G. JEZE ; *GDDAB*, 3e éd., 2018, n°41, comm. C. CHAMARD-HEIM.
[1410] CE, Sect., 19 octobre 1956, *Société Le Béton* ; *RDP* 1957, p. 310, concl. M. LONG.
[1411] C. ROSSETTI, « Vers une gestion stratégique des marques publiques », *AJDA* 2010, p. 2197 ; spéc. p. 2199.
[1412] A. DILLOARD, « L'émergence des marques publiques dans le patrimoine immatériel des personnes publiques », *RDP* 2014, p. 39 ; spéc. p. 67.
[1413] A. DILLOARD, « L'émergence des marques publiques dans le patrimoine immatériel des personnes publiques », art. préc. ; spéc. p. 67.
[1414] C. ROSSETTI, « Vers une gestion stratégique des marques publiques », *AJDA* 2010, p. 2197 ; spéc. p. 2200.

question du statut domanial de ces biens ? Au juge judiciaire le contentieux des marques publiques "de droit commun", au juge administratif le contentieux des marques publiques présentant un lien de rattachement suffisant avec le service public.

La jurisprudence a également été amenée, pour la rejeter, à se prononcer sur la question de la domanialité publique des actions détenues par une personne publique dans le capital d'une société commerciale. Le Conseil d'Etat[1415], réitérant sur ce point la solution apportée à cette question par le Tribunal administratif de Paris[1416], a jugé que *« les actions ou autres parts et instruments financiers détenus par le département de Saône-et-Loire dans le capital de la société APRR appartiennent au domaine privé de cette collectivité »*. L'arrêt du Conseil d'Etat rendu dans l'affaire APRR ne reprend pas *in extenso* le raisonnement suivi par le Tribunal administratif de Paris, qui avait neutralisé l'application de l'article L. 2111-1 du code général de la propriété des personnes publiques, en considérant qu'il s'agissait, en l'espèce, de biens mobiliers, et appliquant la définition de l'article L. 2112-1 du même code, avait jugé que les actions en question n'entrainaient pas, logiquement, dans son champ d'application.

Les rares décisions jurisprudentielles rendues en la matière excluent donc la domanialité publique des propriétés publiques immatérielles, mais de façon casuistique, chaque décision concernant uniquement une fraction des propriétés immatérielles existantes. A la domanialité privée par défaut des propriétés publiques immatérielles s'ajoute, comme argument justifiant leur appartenance au domaine privé, l'absence d'alternative possible en l'état actuel du droit des propriétés publiques.

B. Une insertion sans alternative des propriétés publiques immatérielles au domaine privé

Les exclusions opérées par le code général de la propriété des personnes publiques ne permettent pas d'envisager une classification des propriétés publiques immatérielles en-dehors de la domanialité classique, de telle sorte que leur soumission à la domanialité privée apparaît comme inévitable ; tandis que les inclusions potentielles de propriétés publiques immatérielles ailleurs que dans le domaine privé apparaissent comme

---

1415 CE, 4 juillet 2012, *Société Autoroutes Paris-Rhin Rhône*, n° 356168 ; *CMP* 2012, comm. 293, note P. DEVILLERS.

1416 TA Paris, 21 octobre 2011, *Société Autoroutes Paris-Rhin-Rhône*, n° 1105713 ; *AJDA* 2012, p. 208, note P.-A. ROHAN et R. LEONETTI.

véritablement résiduelles et comme n'étant pas non plus en tout état de cause de nature à contredire le sort normal de ces propriétés que paraît être la classification dans le domaine privé des personnes publiques.

Finalement, les propriétés publiques immatérielles relèvent en l'état des textes du domaine privé des personnes publiques, d'une part, parce qu'elles n'en sont pas exclues explicitement (1) et d'autre part, parce qu'elles ne sont pas non plus inclues explicitement dans le domaine public (2).

1. L'absence d'exclusion explicite des propriétés publiques immatérielles du champ du domaine privé

Le code général de la propriété des personnes publiques énonce en des termes très généraux son champ d'application, de telle sorte que l'article L. 1 laisse peu de place au doute : y sont inclus tant les biens que les droits des personnes publiques[1417].

En l'absence d'exclusion expresse des propriétés publiques immatérielles du champ matériel du code, il faut considérer qu'elles ont normalement vocation à l'intégrer.

La seule exclusion implicite opérée par le code, quoiqu'elle soit débattue, concerne les "droits" des personnes publiques. En effet, les articles L. 2111-1 et L. 2112-1 définissent respectivement le domaine public immobilier et le domaine public mobilier, en ne faisant référence qu'aux seuls "biens" des personnes publiques[1418]. Il faudrait dès lors considérer qu'en application de l'article L. 2211-1, alinéa 1er du code[1419], ces éléments ressortissent nécessairement au domaine privé des personnes publiques. Cependant, la définition du domaine privé, si elle a bien vocation à accueillir tous les éléments qui ne sont pas inclus dans le domaine public des personnes publiques, ne fait pas référence, elle non

[1417] A propos de la réforme issue du code général de la propriété des personnes publiques, le Professeur Lucien Rapp écrit ainsi que : *« l'une des innovations que l'on saluera est l'intégration des droits des personnes publiques dans le périmètre du nouveau code »*, L. RAPP, « Entrée et sortie des biens : La propriété « choisie » », *RFDA* 2006, p. 916 ; spéc. p. 921.

[1418] PH. YOLKA, comm. n°2, spéc. p. 22, *in* C. CHAMARD-HEIM, F. MELLERAY *et al.*, *Les grandes décisions du droit administratif des biens*, Dalloz, 2013.

[1419] Article L. 2211-1, al. 1er code général de la propriété des personnes publiques : *« Font partie du domaine privé les biens des personnes publiques mentionnées à l'article L. 1, qui ne relèvent pas du domaine public par application des dispositions du titre Ier du livre Ier. »*.

plus, assez étrangement, aux "droits" des personnes publiques. D'aucuns y ont vu une *« erreur de plume »*[1420], de telle sorte que l'hypothèse de l'existence d'une "zone grise" à côté de la distinction classique domaine public/domaine privé doit aussitôt être démentie, les droits n'échappant finalement pas à l'emprise du domaine privé[1421].

Ainsi, en raison du *« caractère exhaustif de la distinction »*[1422] domaine public/domaine privé, il faut considérer qu'il n'existe pas de *« catégorie intermédiaire »*[1423] et, réciproquement, pas d'espace alternatif où pourraient se loger les propriétés publiques immatérielles. Par conséquent, si elles sont exclues du domaine public, elles feront inévitablement partie du domaine privé des personnes publiques.

En définitive, les exclusions apparentes opérées par le code général de la propriété des personnes publiques n'offrent pas d'alternative à la domanialité privée, la rendant en l'état irrémédiable pour les propriétés publiques immatérielles, qui ne trouvent alors pas à s'insérer ailleurs que dans la *summa divisio* domaine public/domaine privé.

2. L'absence d'inclusion explicite des propriétés publiques immatérielles dans le champ du domaine public

En l'absence de possibilité d'inclusion des propriétés publiques immatérielles dans le domaine public par la voie classique, c'est-à-dire par l'application des critères du domaine public immobilier ou de la définition du domaine public mobilier, il faudrait, selon le Professeur Philippe Terneyre : *« soit que la loi en dispose ainsi expressément comme pour les fréquences radioélectriques, soit que cet actif soit indissolublement lié à un autre bien du domaine public »*[1424]. Il faut

---

[1420] N. FOULQUIER, *Droit administratif des biens*, Lexis Nexis, 4e éd., 2018 ; spéc. p. 112 : *« L'article L. 2211-1 du Code général de la propriété des personnes publiques n'inclut dans le domaine privé que les "biens". Il ne mentionne pas les droits mobiliers ou immobiliers. Il s'agit d'une erreur de plume car de nombreuses dispositions du code relatives au régime des éléments du domaine privé visent autant les biens que les droits (par exemple, CGPPP, art. L. 3211-17 et L. 3211-20) »* ; voir également : N. FOULQUIER, « Le domaine public immatériel ? », *Gaz. cnes*, Etudes et documents, 7 mai 2012, p. 18.
[1421] Sur ce point, voir : R. LEONETTI, « La protection de l'affectation au service public des biens incorporels », *AJDA* 2009, p. 1689 ; spéc. p. 1693.
[1422] C. DEFFIGIER, J.-F. LACHAUME et H. PAULIAT, *Code général de la propriété des personnes publiques*, Le Moniteur, 3e éd., 2012 ; spéc. p. 326.
[1423] C. DEFFIGIER, J.-F. LACHAUME et H. PAULIAT, *op. cit.* ; spéc. p. 325.
[1424] PH. TERNEYRE, « Les actifs immatériels des personnes publiques », *RJEP* 2013, étude 16 ; spéc. §30.

d'emblée relever que le terme d' "actif" est plus englobant que celui de propriété et ne renvoie, ainsi, pas uniquement à des éléments susceptibles d'appropriation[1425]. Il faut, par conséquent, considérer que certains éléments immatériels peuvent être soumis à la domanialité publique, soit par la volonté du législateur, soit en-dehors des cas prévus par le code, en raison d'un lien inéluctable avec un bien du domaine public.

S'agissant de la première catégorie envisagée, elle est, en l'état actuel, entièrement épuisée par le cas des fréquences hertziennes. *« La domanialité publique par détermination de la loi permet de déroger aux critères d'identification du domaine public »*[1426], de telle sorte qu'il serait envisageable d'agréger au domaine public, par la voie législative d'autres éléments immatériels ne remplissant pas les critères du domaine public.

Cette hypothèse est à ce jour simplement virtuelle et son développement éventuel doit être accueilli avec circonspection, la multiplication des régimes dérogatoires nuisant à la cohérence d'ensemble des catégories existantes. La domanialité publique offre certes *« un régime de protection particulier »*[1427] aux dépendances domaniales qui y sont soumises, mais elle n'est pas l'unique solution pour assujettir à *« des obligations d'intérêt général »* certains éléments, qu'ils soient ou non susceptibles d'appropriation[1428].

En ce qui concerne la seconde catégorie envisagée par le Professeur Philippe Terneyre, elle fait expressément référence à la jurisprudence *Commune de Tours*[1429], déjà citée. La formulation d'actif *« indissolublement lié à un autre bien du domaine public »* ne ressort pas des termes mêmes de l'arrêt, mais elle peut être détectée, de façon sous-jacente, dans le raisonnement suivi par le juge administratif. Ce critère, s'il pourrait être opérant, n'a pas fait l'objet à ce jour des précisions – qu'elles soient jurisprudentielles ou doctrinales – de nature à rendre son utilisation possible à plus grande échelle.

[1425] *Ibid.*, spéc. §16 : *« tous les actifs incorporels des personnes publiques ne peuvent faire l'objet d'un droit de propriété »*.

[1426] N. FOULQUIER, *Droit administratif des biens*, Lexis Nexis, 4e éd., 2018 ; spéc. p. 85.

[1427] D. RAPONE, « La patrimonialité des actes administratifs en matière de communications électroniques », *RFDA* 2009, p. 39 ; spéc. p. 39.

[1428] B. DELCROS et D. TRUCHET, « Controverse : les ondes appartiennent-elles au domaine public ? », *RFDA* 1989, p. 251 ; spéc. p. 256.

[1429] CE, 29 octobre 2012, *EURL Photo Josse*, n° 341173 ; *Dr. adm.* 2012, comm. 96, note S. ZIANI ; *JCP A* 2012, 2390, note S. CARPI-PETIT et 2391, note C. VOCANSON ; *AJDA* 2013, p. 111, note N. FOULQUIER ; *AJCT* 2013, p. 153, note F. BLANC ; *BJCL* 2013, p. 54, concl. N. ESCAUT et p. 57, obs. B. POUJADE ; *Petites affiches*, 11 avril 2013, p. 11, note S. CAZET.

En l'occurrence, le Conseil d'Etat a assujetti *« la prise de vues d'œuvres relevant des collections d'un musée, à des fins de commercialisation des reproductions photographiques ainsi obtenues »* à l'obtention préalable d'une autorisation d'occupation du domaine public, puisque les tableaux en question font partie du domaine public mobilier de la commune concernée. L'image du bien est effectivement indissolublement liée, en l'espèce, à un bien du domaine public et la prise de vues ne peut se faire sans autorisation d'occupation du domaine public. Est-ce à dire pour autant que l'image du bien public fait alors nécessairement partie du domaine public de la personne publique en cause ?

La doctrine est partagée sur la question de savoir s'il existe simplement *« un droit de nature patrimoniale sur l'image »*[1430] des biens des personnes publiques, ou un véritable *« droit de propriété des personnes publiques sur leur image »*[1431], ou encore, à l'inverse, si finalement la personne publique *« n'était pas propriétaire de l'image de ses biens »*[1432]. Pour le Professeur Bernard Poujade : *« la question du droit du propriétaire d'un bien sur l'image de celui-ci n'a (...) pas été envisagée »*[1433]. Il est vrai que l'arrêt ne se prononce pas directement sur cette question et, d'ailleurs, la justification apportée par le Rapporteur public pour soumettre l'entreprise photographe à l'obtention d'une autorisation administrative préalable tient dans le fait que *« la prise de ces clichés supposait de soustraire provisoirement les œuvres d'art à l'exposition au public »*, nécessitant ainsi l'obtention d'une autorisation d'utilisation privative du domaine public[1434].

[1430] N. FOULQUIER, « Les photographies du domaine public mobilier », *AJDA* 2013, p. 111 ; spéc. p. 113.

[1431] A. DILLOARD, « L'émergence des marques publiques dans le patrimoine immatériel des personnes publiques », *RDP* 2014, p. 39 ; spéc. p. 44.

[1432] S. CARPI-PETIT, « Le choc des photos : une commune peut-elle interdire que des dépendances de son domaine public soient photographiées ? », *JCP A* 2012, 2390.

[1433] B. POUJADE, « Le principe de la liberté du commerce et de l'industrie s'oppose-t-il à ce qu'un maire refuse une demande d'autorisation d'un photographe professionnel afin de procéder à des clichés d'œuvres d'art de la collection du musée municipal ? », *BJCL* 2013, p. 57.

[1434] N. ESCAUT, « Le principe de la liberté du commerce et de l'industrie s'oppose-t-il à ce qu'un maire refuse une demande d'autorisation d'un photographe professionnel afin de procéder à des clichés d'œuvres d'art de la collection du musée municipal ? », *BJCL* 2013, p. 54 ; spéc. p. 56 : *« dans la mesure où la prise de ces clichés supposait de soustraire provisoirement les œuvres d'art à l'exposition au public, la demande d'autorisation formulée par l'EURL Photo Josse portait sur une utilisation privative du domaine public »*.

En définitive, les modalités de cette nouvelle forme potentielle d'intégration au domaine public restent à déterminer, et il est loin d'être certain qu'elles aient vocation à concerner d'autres éléments immatériels que l'image des biens du domaine public mobilier des personnes publiques.

L'analyse de la question de la domanialité a conduit à conclure à l'insertion des propriétés publiques immatérielles au domaine privé des personnes publiques. Cependant, l'application des règles de la domanialité privée aux propriétés publiques immatérielles se traduisent par un déficit de protection, qui s'avère excessivement préjudiciable. A l'analyse, le domaine privé s'avère donc une option inenvisageable pour accueillir les propriétés publiques immatérielles.

§2. La protection inenvisageable des propriétés publiques immatérielles par le domaine privé

La domanialité privée des propriétés publiques immatérielles n'est pas souhaitable, dans la mesure où elle ne leur pourvoit pas toujours une protection suffisante. L'étude de l'impact de l'application du régime de la domanialité privée aux propriétés publiques immatérielles fait ainsi ressortir un double inconvénient : d'une part, une insuffisance de protection liée à l'application du régime de la domanialité privée (A) et d'autre part, une insuffisance de protection liée à l'inapplication du régime de la domanialité publique (B).

A. L'insuffisance de protection liée à l'application du régime de la domanialité privée

La classification des propriétés publiques immatérielles dans le domaine privé leur procure une protection subsidiaire, commune à tous les biens du domaine privé, et parfois supérieure à celle pourvue aux propriétés privées. Cette protection peut toutefois sembler partielle et vulnérable par rapport à celle appliquée aux biens du domaine public. Malgré la complémentarité de la protection applicable aux propriétés publiques immatérielles du fait de leur appartenance au domaine privé (1), il faut admettre que cette protection comporte une part de défectuosité (2), laquelle incite fortement à chercher ailleurs que dans la domanialité la meilleure valorisation des propriétés publiques immatérielles.

1. La subsidiarité de la protection des propriétés publiques immatérielles par le régime de la domanialité privée

Les propriétés publiques immatérielles, en raison même de leur nature de "propriétés publiques", ne sont pas soustraites à tout mécanisme protecteur exorbitant du droit commun. En effet, la seule intégration au domaine privé apporte tout de même une certaine protection, qualifiable de subsidiaire.

Toutes les propriétés publiques, qu'elles ressortissent au domaine public ou au domaine privé des personnes publiques, bénéficient d'un régime de protection minimal.

Le régime applicable aux biens du domaine privé s'éloigne ainsi de l'application du droit commun, censée le caractériser, en ce qu'ils sont insaisissables et incessibles à un prix inférieur à leur valeur[1435]. Il convient de reprendre successivement ces deux principes, afin de déterminer leur degré d'adéquation aux propriétés publiques immatérielles et, plus spécifiquement, s'ils pourvoient une protection suffisante.

Consacrée par la Cour de cassation comme principe général du droit[1436], l'insaisissabilité des biens des personnes publiques a une valeur législative[1437] depuis l'entrée en vigueur du code général de la propriété des personnes publiques[1438], contrairement au principe d'incessibilité à vil prix des biens des personnes publiques, qui a valeur constitutionnelle[1439]. Concernant les principes propres aux biens du

---

[1435] N. FOULQUIER, *Droit administratif des biens*, Lexis Nexis, 4e éd., 2018 ; spéc. pp. 17-18 : *« le régime des biens des personnes publiques déroge au droit commun en ce qu'ils sont insaisissables et incessibles à vil prix ».*

[1436] Cass. civ. 1ère, 21 décembre 1987, *Bureau de recherches géologiques et minières (BRGM)* ; *RFDA* 1988, p. 771, concl. L. CHARBONNIER et, p. 774, note B. PACTEAU ; *CJEG* 1988, p. 107, note L. RICHER ; *RTD civ.* 1989, p. 145, note PERROT ; *GDDAB*, 3e éd., 2018, n°81, note PH. YOLKA.

[1437] N. FOULQUIER, *Droit administratif des biens*, Lexis Nexis, 4e éd., 2018 ; spéc. p. 20 : *« le principe de l'insaisissabilité des biens publics a valeur législative et non pas constitutionnelle ».*

[1438] Article L. 2311-1 du code général de la propriété des personnes publiques : *« Les biens des personnes publiques mentionnées à l'article L. 1 sont insaisissables ».*

[1439] CC, 25-26 juin 1986, Loi autorisant le Gouvernement à prendre diverses mesures d'ordre économique et social, déc. n° 86-207 DC ; *RDP* 1989, p. 399, note L. FAVOREU ; *AIJC* 1986, p. 427, note B. GENEVOIS ; *Rev. soc.* 1986, p. 606, note Y. GUYON ; *AJDA* 1986, p. 575, note J. RIVERO ; *Pouvoirs* 1987, n° 40, p. 178, étude P. AVRIL et J.

domaine public, c'est-à-dire l'inaliénabilité et l'imprescriptibilité, le Conseil constitutionnel s'est simplement prononcé sur leur conformité à la Constitution, dans une décision récente[1440].

Parfois débattue[1441], et même menacée dans sa pérennité[1442], l'insaisissabilité a survécu et son périmètre a vu ses contours fermement réaffirmés par l'article L. 2311-1 du code général de la propriété des personnes publiques. Celui-ci énonce sans ambiguïté que *« Les biens des personnes publiques (...) sont insaisissables »*.

Il faut, dès lors, entendre de la façon la plus large possible ce principe, qui s'applique à l'ensemble des biens des personnes publiques, *« qu'ils soient corporels ou incorporels, meubles ou immeubles, monétaires (deniers publics) ou non »*[1443].

Il résulte du principe d'insaisissabilité des biens publics que les biens des personnes publiques ne peuvent être hypothéqués et qu'ils ne sont pas susceptibles d'être soumis aux voies d'exécution de droit

---

GICQUEL ; *Petites Affiches* 9 août 1995, p. 19, note J.-P. AMADEI ; *GDCC*, 17e éd., 2013, n° 17. Voir spéc. le point 58 de la décision : *« Considérant que la Constitution s'oppose à ce que des biens ou des entreprises faisant partie de patrimoines publics soient cédés à des personnes poursuivant des fins d'intérêt privé pour des prix inférieurs à leur valeur ; que cette règle découle du principe d'égalité invoqué par les députés auteurs de la saisine ; qu'elle ne trouve pas moins un fondement dans les dispositions de la Déclaration des Droits de l'Homme de 1789 relatives au droit de propriété et à la protection qui lui est due ; que cette protection ne concerne pas seulement la propriété privée des particuliers mais aussi, à un titre égal, la propriété de l'État et des autres personnes publiques ; »*.

[1440] Cons. const., Décision n° 2018-743 QPC, 26 octobre 2018, *Société Brimo de Laroussilhe*.

[1441] F. BLANC, « L'insaisissabilité des biens des établissements publics industriels et commerciaux, éléments pour une évolution », *RDP* 2009, p. 1553 ; spéc. p. 1554 : *« La formulation, sans nuance, ne prévoit pas d'exception, un temps envisagée, pour les biens non affectés aux services publics »* ; voir également : PH. YOLKA, comm. n°75, spéc. pp. 669-671, *in* C. CHAMARD-HEIM, F. MELLERAY *et al.*, *Les grandes décisions du droit administratif des biens*, Dalloz, 2013.

[1442] Voir, à ce propos, la jurisprudence de la Cour de justice de l'Union européenne qui considère que les établissements publics industriels et commerciaux bénéficient d'une garantie implicite illimitée, du fait de leur statut, constitutive d'une aide d'Etat ; voir notamment : CJUE, 3 avril 2014, *République française c/ Commission* (affaire « La Poste »), aff. C-559/12 P ; *Dr. adm.* 2014, comm. 42, note M. BAZEX ; *Contrats Concurrence Consommation* 2014, chron. 2, note L. AYACHE ; *AJDA* 2014, p. 1155, chr. M. AUBERT, E. BROUSSY et H. CASSAGNABERE ; *AJDA* 2014, p. 1242, note M. LOMBARD ; *AJCA* 2014, p. 139, note B. CHEYNEL.

[1443] PH. YOLKA, comm. n°81, spéc. §5, p. 773, *in* C. CHAMARD-HEIM, F. MELLERAY *et al.*, *Les grandes décisions du droit administratif des biens*, Dalloz, 3e éd., 2018.

commun[1444]. S'agissant des propriétés incorporelles, elles ne peuvent, de toute façon être hypothéquées, qu'elles appartiennent ou non à une personne publique[1445], cette sûreté réelle ayant vocation à jouer presque exclusivement pour des biens immobiliers[1446]. Les biens publics ne peuvent pas non plus *« faire l'objet d'un nantissement »*[1447].

Certaines propriétés incorporelles sont, pourtant, saisissables. Ainsi en est-il, par exemple des brevets, aux termes de l'article L. 613-21 du code de la propriété intellectuelle[1448]. Dès lors, la question se pose de savoir si le principe d'insaisissabilité *« devra plier – sinon rompre – dans l'éventualité d'un face-à-face »*[1449] avec l'ensemble des sûretés existantes.

Le mécanisme d'insaisissabilité des biens n'est pas en lui-même exorbitant du droit commun, au sein duquel il a une place, quoique résiduelle[1450], au bénéfice des personnes privées. C'est sa généralisation à l'ensemble des biens des personnes publiques qui est exorbitante du droit commun.

L'incessibilité à vil prix des biens publics est un principe à valeur constitutionnelle[1451], qui découle de la combinaison du principe d'égalité et des dispositions de la Déclaration des droits de l'homme et du citoyen relatives au droit de propriété (articles 2 et 17), laquelle induit une égale

---

[1444] J.-M. AUBY, P. BON *et al.*, *Droit administratif des biens*, Dalloz, 6e éd., 2011, spéc. p. 22 ; voir également : PH. YOLKA, comm. n°81, spéc. §§9-10, p. 775, *in* C. CHAMARD-HEIM, F. MELLERAY *et al.*, *Les grandes décisions du droit administratif des biens*, Dalloz, 3e éd., 2018.

[1445] Y. PICOD, *Droit des sûretés*, PUF, 2008 ; spéc. pp. 348-350.

[1446] F. TERRE et PH. SIMLER, *Droit civil : les biens*, Dalloz, 9e éd., 2014 ; spéc. p. 40.

[1447] PH. YOLKA, « Les patrimoines publics à l'épreuve de la propriété intellectuelle », *Dr. adm.* 2012, prat. 1.

[1448] *« La saisie d'un brevet est effectuée par acte extrajudiciaire signifié au propriétaire du brevet, à l'Institut national de la propriété industrielle ainsi qu'aux personnes possédant des droits sur le brevet ; elle rend inopposable au créancier saisissant toute modification ultérieure des droits attachés au brevet. À peine de nullité de la saisie, le créancier saisissant doit, dans le délai prescrit, se pourvoir devant le tribunal, en validité de la saisie et aux fins de mise en vente du brevet. »*.

[1449] *Ibid.*

[1450] S. PIEDELIEVRE, *Droit de l'exécution*, PUF, 2009 ; spéc. pp. 93-100.

[1451] Cons. const., 25-26 juin 1986, Loi autorisant le Gouvernement à prendre diverses mesures d'ordre économique et social, dite « décision Privatisations », déc. n° 86-207 DC ; *RDP* 1989, p. 399, note L. FAVOREU ; *AIJC* 1986, p. 427, note B. GENEVOIS ; *Rev. soc.* 1986, p. 606, note Y. GUYON ; *AJDA* 1986, p. 575, note J. RIVERO ; *Pouvoirs* 1987, n° 40, p. 178, étude P. AVRIL et J. GICQUEL ; *Petites Affiches* 9 août 1995, p. 19, note J.-P. AMADEI ; *GDCC*, 17e éd., 2013, n° 17.

protection de la propriété publique et de la propriété privée[1452]. Le principe d'incessibilité à vil prix des biens publics concerne uniquement la cession de biens publics *« à des personnes poursuivant des fins d'intérêt privé »*[1453], ce qui exclut du périmètre de protection qu'il recouvre les cessions opérées entre personnes publiques, ainsi que les cessions à des personnes privées poursuivant des fins d'intérêt général[1454]. Ce principe a une portée générale et s'applique indistinctement à tous les biens des personnes publiques, y compris aux meubles ; même si, dans cette hypothèse, le législateur prévoit certaines exceptions, puisque *« l'Etat peut céder gratuitement des meubles, généralement d'une valeur limitée, à un Etat étranger dans le cadre d'une action de coopération internationale, à des associations d'aide aux démunis, de soutien scolaire, de parents d'élèves ou d'étudiants, à des organismes d'enseignement ou de recherche ou encore, à propos des biens du ministère de la Défense, aux organismes ayant pour objet la préservation ou la mise en valeur du patrimoine militaire »*[1455].

En définitive, si ce régime de protection minimale des biens publics est bienvenu, notamment dans la mesure où il ne se limite pas aux seuls biens du domaine public, et qu'il concerne donc, à titre égal, les propriétés publiques immatérielles, réputées ressortir au domaine privé des personnes publiques, il n'est pas certain qu'il soit tout à fait en phase avec la bonne gestion de certaines propriétés publiques immatérielles spécifiques, parce qu'il n'est probablement pas de nature à les faire bénéficier d'une protection suffisante. L'intégration des propriétés publiques immatérielles au domaine privé présente ainsi une certaine défectuosité.

2. La défectuosité de la protection des propriétés publiques immatérielles par le régime de la domanialité privée

Le régime applicable aux biens ressortissant au domaine privé des personnes publiques s'inscrit résolument en contrariété avec celui de la domanialité publique. En effet, les biens du domaine privé sont soustraits à la caractéristique génétique ou aux *« principes essentiels de la domanialité publique que sont les principes d'inaliénabilité et*

[1452] Cons. const., 25-26 juin 1986, décision préc. ; spéc. point 58.
[1453] *Idem* ; spéc. point 58.
[1454] Y. GAUDEMET, *Droit administratif des biens*, LGDJ, 15e éd., 2014, spéc. pp. 25-26.
[1455] N. FOULQUIER, *Droit administratif des biens*, Lexis Nexis, 4e éd., 2018 ; spéc. p. 27.

d'imprescriptibilité »[1456]. Le domaine privé n'en demeure pas moins assujetti à certaines règles exorbitantes du droit commun, de telle sorte que dans l'ensemble *« le régime du domaine privé ne se confond pas avec celui de la propriété privée »*[1457]. En réalité, il faut considérer que le domaine privé est *« intercalé entre le domaine des particuliers et le domaine public »*[1458].

Contrairement au domaine public, *« le domaine privé est aliénable et prescriptible »*[1459]. Il en ressort nécessairement un amoindrissement considérable de la protection des dépendances du domaine privé par rapport à celles du domaine public. Cela s'explique, classiquement par l'importance *a priori* moindre de la conservation des biens en cause – entendus subjectivement – pour l'utilité publique.

Il y a véritablement un équilibre à trouver entre les avantages et les inconvénients de la soumission au régime de la domanialité publique. Il a ainsi pu être souligné que *« l'intérêt de [l']appartenance au domaine privé est évident dès lors qu'aux termes de l'article L. 2221-1 du Code général de la propriété des personnes publiques, « (...) les personnes publiques gèrent librement leur domaine privé » »*[1460].

Ainsi que cela a été écrit précédemment, la domanialité privée des propriétés publiques immatérielles apparaît avant tout comme la conséquence nécessaire de leur impossible domanialité publique. Elle semble, par conséquent, relever davantage du pis-aller que d'un choix mûrement réfléchi.

Si leur inclusion dans le domaine privé, notion déjà fortement hétérogène, ne pose pas de problème majeur de cohérence, elle peut toutefois s'avérer délicate, voire inopportune, s'agissant plus spécifiquement de certaines propriétés publiques immatérielles nécessitant une protection accrue. Ainsi, par exemple, des *golden shares*

[1456] G. QUIOT, « Considérations sur une curiosité juridique : l'existence en droit français d'un domaine privé des personnes publiques », *in Les métamorphoses du droit, Hommage à Jean-Marie Rainaud*, L'Harmattan, 2010, p. 339 ; spéc. p. 339.

[1457] N. FOULQUIER, *Droit administratif des biens*, Lexis Nexis, 4e éd., 2018 ; spéc. p. 123.

[1458] D. TRUCHET, *Les fonctions de la notion d'intérêt général dans la jurisprudence du Conseil d'Etat*, LGDJ, Bibliothèque de droit public, Tome 125, 1977 ; spéc. p. 602.

[1459] PH. GODFRIN et M. DEGOFFE, *Droit administratif des biens*, Sirey, 10e éd., 2012, spéc. p. 13 ; voir également : J.-M. AUBY, P. BON *et al.*, *Droit administratif des biens*, Dalloz, 6e éd., 2011, spéc. p. 198.

[1460] E. HOFFMAN, L. BOUCHARD et J. CAPIAUX, « Protection du nom de la collectivité territoriale : enjeux publics et privés », *Gaz. Pal.*, 10 décembre 2011, p. 11.

(ou actions spécifiques) détenues par l'Etat dans des sociétés commerciales, ou de certaines marques stratégiques, ou encore de certains brevets de la défense nationale.

En définitive, la protection des éléments du domaine privé apparaît comme trop partielle ; ses modalités de gestion, même si elles sont avantageuses en raison de leur souplesse, laissent entrevoir un déficit de protection potentiel de certaines propriétés publiques immatérielles, préjudiciable à leurs propriétaires, par le seul fait qu'il rend virtuelle leur appropriation par un tiers aux desseins étrangers à l'intérêt général.

Le constat dressé de l'insuffisance de protection des propriétés publiques immatérielles en raison de leur soumission au régime de la domanialité privée est renforcé par celui de l'insuffisance de protection découlant de leur soustraction au régime de la domanialité publique.

B. L'insuffisance de protection liée à l'inapplication du régime de la domanialité publique

L'inadaptation des critères du domaine public pour appréhender les propriétés publiques immatérielles et l'inadéquation apparente du régime de la domanialité publique aux propriétés publiques immatérielles ne doivent pas conduire à leur soustraction absolue à toute forme de protection autre que celle commune à l'ensemble des biens publics, c'est-à-dire les principes d'insaisissabilité et d'incessibilité à vil prix à une personne poursuivant des fins d'intérêt privé.

Ainsi, Madame Anna Butlen remarque que : *« du fait de leur destination, la protection de ces biens ne saurait être assurée uniquement par le droit commun applicable aux biens du domaine privé »*[1461]. Certaines propriétés publiques immatérielles font l'objet d'un déficit de protection certain, qu'il soit lié à l'inapplication à ces propriétés du principe d'inaliénabilité (1) ou du principe d'imprescriptibilité (2) des biens du domaine public.

[1461] A. BUTLEN, « Les contrats sur la propriété publique immatérielle », *in Contrats et propriétés publics*, Actes du colloque de Montpellier, des 28 et 29 avril 2011, Lexis Nexis, 2011, p. 249 ; spéc. p. 249.

1. Le déficit de protection lié à l'inapplication aux propriétés publiques immatérielles du principe d'inaliénabilité

Certaines propriétés publiques immatérielles, d'importance stratégique, parce qu'elles n'entrent pas, en l'état actuel du droit, dans le domaine public des personnes publiques, subissent potentiellement un déficit de protection. Le risque d'une aliénation indue ou d'un détournement malveillant est assez virtuel et semble même être une hypothèse d'école ; l'absence de contentieux en la matière en témoigne.

Il reste cependant qu'un risque, même minimal, n'est pas une absence totale de risque. Dans cette mesure, il convient de relever certains dangers significatifs pesant sur certaines propriétés publiques immatérielles soustraites à la protection du domaine public, donc soustraites à l'application du principe d'inaliénabilité.

Ainsi que cela a été écrit précédemment, il serait difficilement envisageable, voire totalement illogique et contre-productif, d'aliéner une action spécifique – ou *golden share* – détenue par l'Etat dans le capital d'une entreprise exerçant son activité dans un secteur stratégique. Les actions spécifiques offrent des prérogatives exorbitantes du droit commun à leur titulaire, qui peut ainsi[1462] : s'opposer à la cession de certains actifs de l'entreprise, nommer un administrateur au Conseil d'administration de la société, opposer un droit de veto à une prise de participation capitalistique d'un investisseur étranger. Entièrement pensées dans une optique de protection des secteurs stratégiques, les actions spécifiques ne peuvent avoir d'autre actionnaire que l'Etat, garant de l'intérêt général. En France, des actions spécifiques ont ainsi été mises en place successivement, toujours au profit de l'Etat, dans les entreprises

---

[1462] cf. Article 10 de la loi n° 86-912, du 6 août 1986, relative aux modalités des privatisations, modifié par l'article 39 de l'ordonnance n°2014-948, du 20 août 2014 : *« Les droits pouvant être attachés à une action spécifique sont les suivants :*
1° L'agrément préalable par le ministre chargé de l'économie pour le franchissement, par une personne agissant seule ou de concert, d'un ou plusieurs des seuils fixés dans le décret mentionné au premier alinéa ci-dessus et calculés en pourcentage du capital social ou des droits de vote ;
2° La nomination au conseil d'administration ou de surveillance, selon le cas, d'un ou deux représentants de l'Etat désignés par décret et sans voix délibérative ;
3° Le pouvoir de s'opposer, dans des conditions fixées par décret en Conseil d'Etat, aux décisions de cession d'actifs ou de certains types d'actifs de la société ou de ses filiales ou d'affectation de ceux-ci à titre de garantie, qui sont de nature à porter atteinte aux intérêts nationaux. ».

suivantes : Elf-Aquitaine[1463], Aérospatiale[1464], Thalès[1465], GDF Suez[1466] et SNPE Matériaux Energétiques[1467].

Elles n'ont jamais officiellement été déclarées inaliénables et elles n'ont pas non plus été intégrées dans le domaine public de l'Etat, dans la mesure où elles ne répondent ni aux critères de l'article L. 2111-1 du code général de la propriété des personnes publiques, ni à la définition de l'article L. 2112-1 du même code. Elles n'y ont pas non plus été intégrées par une disposition législative spécifique et font par conséquent partie de son domaine privé, dont les carences en termes de protection sont claires ici, puisque les actions concernées sont librement aliénables.

Malgré leur domanialité privée apparente et l'hypothèse incongrue de leur cession, peut-être seraient-elles protégées en dernier recours par le principe d'incessibilité à vil prix des biens publics. En effet, en vertu de ce principe, un bien public ne peut être cédé pour un prix inférieur à sa valeur. Or, la valeur des biens en cause est réputée particulièrement élevée, voire "inestimable", ce qui permettrait virtuellement de faire échec à une éventuelle cession.

Cette protection est toutefois un peu limitative parce qu'elle n'empêche pas l'aliénation. Elle ne serait, d'ailleurs, véritablement protectrice que s'il était possible de donner avec exactitude la valeur d'une propriété publique immatérielle d'une telle importance. Mais même si cette valeur peut être considérable, il n'est pas complètement impensable non plus d'imaginer qu'une personne poursuivant des fins d'intérêt privé puisse s'en rendre finalement acquéreuse, parce que le principe d'inaliénabilité ne trouve pas à s'appliquer aux dépendances du domaine privé des personnes publiques.

[1463] Décret n°93-1298, du 13 décembre 1993, instituant une action spécifique de l'État dans la Société nationale Elf-Aquitaine ; cette action a, toutefois, fait l'objet d'une condamnation par la Cour de justice des communautés européennes, pour atteinte non justifiée à la liberté de circulation des capitaux : CJCE, 4 juin 2002, *Commission c/ France*, C-483/99.

[1464] Cette action spécifique a fait l'objet d'une transformation en action spécifique, à l'occasion de l'apport d'actifs réalisé au profit de la Société EADS.

[1465] Décret n°97-190, du 4 mars 1997, instituant une action spécifique de l'Etat au capital de Thomson CSF.

[1466] Décret n° 2007-1790, du 20 décembre 2007, instituant une action spécifique de l'Etat au capital de Gaz de France SA.

[1467] Décret n° 2011-268, du 14 mars 2011, instituant une action spécifique de l'Etat au capital de SNPE Matériaux Energétiques.

S'agissant des marques publiques – c'est-à-dire des marques de fabrique appartenant à une personne publique –, il a pu être souligné qu'une protection renforcée était parfois souhaitable. Il est, là encore, difficilement concevable que certaines marques détenues par une personne publique, lorsqu'elles véhiculent des valeurs d'intérêt général, ce qui est le cas la plupart du temps, fassent l'objet – ou puissent faire l'objet potentiellement – d'une aliénation.

Le classement des marques publiques dans le domaine privé des personnes publiques rend possible leur aliénation et, par conséquent, fait naître, un risque de détournement futur par un opérateur privé des valeurs portées par la marque. Il serait ainsi choquant de céder la marque déposée "Le Louvre" ou "Marine Nationale" ou encore "RAID Police nationale". Le risque est toutefois peu probable et l'Administration fait heureusement preuve de retenue. La classification dans le domaine public – *a priori* inopérante ici – a l'avantage d'être rassurante, parce que l'aliénation est dans cette hypothèse conditionnée à un acte préalable de déclassement, ce qui n'est pas anodin.

Outre l'absence de soumission au principe d'inaliénabilité, la soustraction des propriétés publiques immatérielles au domaine public neutralise l'application à leur égard du principe d'imprescriptibilité.

2. Déficit de protection lié à l'inapplication aux propriétés publiques immatérielles du principe d'imprescriptibilité

Certes, la domanialité publique *« constitue encore dans les esprits le moyen privilégié de protection de l'affectation »*[1468]. Il a pourtant été expliqué précédemment que ce régime était dans l'ensemble inadapté aux propriétés publiques immatérielles. Elles ne trouvent d'ailleurs pas à s'insérer dans les catégories du domaine public connues, domaine public immobilier et domaine public mobilier. Les propriétés publiques immatérielles relèvent alors nécessairement, en l'état actuel du droit, du domaine privé des personnes publiques.

L'intégration au domaine privé des propriétés publiques immatérielles les prive de la protection issue de l'application du principe d'imprescriptibilité des biens du domaine public. Il en résulte, d'une part, qu'elles peuvent faire l'objet d'une prescription acquisitive et, d'autre

---

[1468] R. LEONETTI, « La protection de l'affectation au service public des biens incorporels », *AJDA* 2009, p. 1689 ; spéc. p. 1689.

part, qu'elles sont susceptibles de s'éteindre par l'écoulement du temps. Or, en application des dispositions du code de la propriété intellectuelle, les brevets d'invention, les marques de fabrique et les droits patrimoniaux des auteurs sont des propriétés temporaires. Elles peuvent par conséquent s'éteindre par l'écoulement du temps. Il ressort de l'intégration au domaine privé des propriétés publiques immatérielles un déficit de protection critiquable, puisque l'intégration au domaine public aurait à l'inverse pour conséquence d'empêcher leur extinction par l'écoulement du temps. Ainsi que cela sera expliqué plus avant, le principe d'imprescriptibilité, tel qu'il est libellé, est certainement inadapté aux propriétés publiques immatérielles (cf. *infra*). De telle sorte qu'il conviendrait mieux d'en moduler les effets en les adaptant au cas spécifique des propriétés publiques immatérielles. Plus spécialement, les concernant, il semblerait que ce soit davantage la question de l'extinction par l'écoulement du temps qui pose difficulté que celle de la potentielle acquisition par prescription des propriétés concernées.

Par conséquent, face au déficit de protection que subissent les propriétés publiques immatérielles du fait de leur absence de soumission au régime exorbitant de la domanialité publique, certains auteurs avancent l'idée de la mise en place d'une protection *ad hoc*, en fonction de leur degré d'affectation à un service public[1469]. Le terme d'"affectation" est certainement impropre, lorsqu'il se rapporte à des propriétés publiques immatérielles, en raison de sa consonance matérielle. L'élaboration d'une protection sur-mesure pour garantir une valorisation optimale aux propriétés publiques immatérielles n'en demeure pas moins nécessaire.

Il s'agirait dès lors de façonner un régime juridique exorbitant du droit commun, mais différent de la domanialité publique classique. Il existerait alors un régime supplémentaire applicable aux biens publics, une sorte de "domaine public alternatif". Tel est le sens de l'étude menée par Madame Anna Butlen, qui relève que l'inadaptation des critères de la domanialité publique, tels qu'ils sont contenus dans le code général de la propriété des personnes publiques, aux propriétés publiques

[1469] Sur ce point, voir : A. BUTLEN, « Les contrats sur la propriété publique immatérielle », *in Contrats et propriétés publics*, Actes du colloque de Montpellier, des 28 et 29 avril 2011, Lexis Nexis, 2011, p. 249 ; spéc. pp. 249-250 : *« Le recours à un régime exorbitant du droit privé applicable aux biens immatériels publics apparaît indispensable en la matière de la même manière que pour les biens matériels. La propriété publique immatérielle doit être également soumise à un régime systématique de protection lorsqu'elle est affectée à l'exercice d'une mission de service public ou en est une modalité d'exécution. ».*

immatérielles conduit à soustraire « *de manière injustifiée du champ du droit public au profit des règles du droit privé et du juge judiciaire un grand nombre de biens pourtant affectés au service public* »[1470].

Il apparaît, dans ces conditions, indispensable de pouvoir renforcer la protection dont bénéficient certaines propriétés publiques immatérielles, afin de les faire bénéficier d'un régime en adéquation avec leur spécificité. La valorisation optimale des propriétés publiques immatérielles induit finalement de mener une réflexion quant au meilleur régime auquel soumettre ces propriétés spécifiques.

[1470] A. BUTLEN, « Les contrats sur la propriété publique immatérielle », art. préc. ; spéc. p. 255.

L'application de la grille de lecture contenue dans le code général de la propriété des personnes publiques aux propriétés publiques immatérielles conduit à un paradoxe : si les propriétés publiques immatérielles entrent dans son champ d'application matériel, il n'est pas possible de les ranger, avec certitude, dans l'une ou l'autre des catégories domaniales existantes[1471] – domaine public ou domaine privé –.

Plus encore, il est difficile en l'état de trouver l'exacte proportion d'éléments ressortissant de l'une ou l'autre catégorie. Comme pour les autres biens publics, il est peu vraisemblable que les propriétés publiques immatérielles entrent intégralement dans une seule catégorie domaniale, domaine public ou domaine privé – s'il est démontré que cette opposition doit leur être appliquée.

La confrontation avec les catégories domaniales existantes s'est avérée, à l'analyse, insatisfaisante : l'intégration des propriétés publiques immatérielles dans le domaine public n'est pas possible, en l'état du droit positif, par l'application des critères actuels. Réciproquement, si leur intégration dans le domaine privé est envisageable, elle n'est en revanche pas souhaitable pour l'ensemble des propriétés publiques immatérielles, car si elle en facilite la gestion dynamique, elle est également la source d'un amoindrissement de leur valorisation en raison du déficit de protection qu'elle occasionne.

Dans ces conditions, il faut nécessairement ajuster la ligne frontière des catégories domaniales existantes, ainsi qu'essayer de moduler la domanialité publique, afin de la rendre applicable aux propriétés publiques immatérielles.

La solution consistant d'abord à adapter les critères du domaine public immobilier ou à assouplir les conditions d'entrée dans le domaine public mobilier, puis à infléchir le régime de la domanialité publique pour le

---

[1471] Voir, à propos des marques publiques : C. ROSSETTI, « Vers une gestion stratégique des marques publiques », *AJDA* 2010, p. 2197 : *« En tant qu'éléments de propriété immatérielle de l'Etat, les marques du secteur public sont soumises au CGPPP. Ce cadre juridique laisse subsister certaines incertitudes quant au régime des marques publiques, ou se révèle peu adapté à une stratégie efficace de gestion de marque. Il s'agit, d'une part, de leur appartenance au domaine public ou au domaine privé, mais aussi, d'autre part, de leurs modes de valorisation. »*.

rendre compatible aux propriétés publiques immatérielles s'avère sans doute être une entreprise périlleuse. Dans ces conditions, l'élaboration d'un nouveau régime dépassant la domanialité publique – puisque tant ses critères que son régime ne conviennent pas aux propriétés publiques immatérielles – serait davantage envisageable. Cette solution impliquerait tout à la fois de s'extirper de la *summa divisio* domaine public/domaine privé, puis de pourvoir aux propriétés publiques immatérielles une protection par degrés.

Chapitre II – L'élaboration de catégories domaniales nouvelles pour optimiser la valorisation des propriétés publiques immatérielles

> *« L'histoire de la division des domaines dans les dernières décennies se ramène pour une large part à la chronique d'une mort annoncée. La fin, pourtant, tarde à venir, et la réflexion bute toujours sur le même constat : parce que cette distinction garde des conséquences précises, il est difficile de déduire son inutilité de sa relativité »*[1472].

A ce stade, la démonstration envisagée a pour objet la recherche des vecteurs les plus efficaces pour optimiser la valorisation des propriétés publiques immatérielles. Il s'avère que le droit des propriétés publiques peut être mis au service d'une meilleure valorisation des propriétés publiques immatérielles. En effet, pour les raisons qui ont été mises en évidence précédemment il peut utilement contribuer à trouver un meilleur équilibre entre la protection et l'exploitation des propriétés publiques immatérielles.

A cet égard deux options paraissent possibles : soit l'adaptation partielle du droit des propriétés publiques, c'est-à-dire, l'utilisation des notion et régime existants en les modulant au coup par coup pour les adapter aux spécificités induites par la réception des propriétés publiques immatérielles ; soit l'autonomisation totale du droit des propriétés publiques immatérielles, c'est-à-dire la reconnaissance d'une notion particulière appelant un régime spécifique. La première branche de cette alternative s'avère être une solution insatisfaisante en raison des périls qu'elle fait courir à l'édifice du domaine public – dont la stabilité s'avère parfois incertaine – et du régime qui s'y rapporte. Il convient mieux de lui préférer la seconde branche de l'alternative, c'est-à-dire l'autonomisation totale du droit des propriétés publiques immatérielles. Ainsi singularisé, le droit applicable aux propriétés publiques immatérielles sera mis au service de leur valorisation optimale. Cette démarche consiste à travailler à l'élaboration d'une notion particulière –

[1472] PH. YOLKA, *La propriété publique, éléments pour une théorie*, LGDJ, Bibliothèque de droit public, Tome 191, 1997 ; spéc. p. 532.

le domaine immatériel – à laquelle répond un régime spécifique – l'échelle de domanialité immatérielle.

Il convient de revenir tour à tour sur ces deux hypothèses, en envisageant successivement les défauts de l'adaptation partielle du droit des propriétés publiques (Section I) et l'attrait pour l'autonomisation totale du droit des propriétés publiques immatérielles (Section II).

Section I – L'adaptation partielle du droit des propriétés publiques : une solution insatisfaisante

La démarche visant à contribuer à la formation d'un cadre juridique cohérent en vue de permettre une valorisation optimale des propriétés publiques immatérielles se heurte à l'inadaptation évidente des dispositions du code général de la propriété des personnes publiques, celui-ci ne les envisageant qu'indirectement.

Ainsi qu'il a été démontré précédemment, le droit des propriétés publiques est, en l'état actuel, inadapté pour réceptionner convenablement avec ses cadres connus les propriétés publiques immatérielles. Dès lors, seule une rénovation approfondie du cadre conceptuel du droit domanial semble à même de permettre leur valorisation optimale.

La période récente est marquée par un recours opportuniste au droit domanial. Le régime qu'il propose pour les biens ayant vocation à intégrer le domaine public est en effet d'un confort indéniable. L'application des principes d'inaliénabilité et d'imprescriptibilité à certains biens dont l'importance pour le fonctionnement régulier et efficace du service public est certes rassurante, en ce qu'elle pourvoit une protection efficace à ces biens. Elle ne doit toutefois pas conduire à une instrumentalisation systématique du droit domanial, sous couvert de faire bénéficier les propriétés publiques immatérielles d'une protection adéquate. Celui-ci ne saurait souffrir tout à la fois une altération des critères du domaine public et une distorsion du régime de la domanialité publique, lesquels n'ont d'ailleurs jamais été élaborés en considérant les propriétés publiques immatérielles. L'adaptation partielle du droit des propriétés publiques au cas spécifique des propriétés publiques immatérielles paraît tout à la fois inopportune et dangereuse, pour les raisons qui seront développées ci-après. Une telle démarche ne peut conduire qu'à un malheureux travestissement des notions et schémas de pensée connus, dont l'émergence pénible n'a fait l'objet que d'une consolidation incertaine. Pour mieux les rejeter il conviendra d'éprouver successivement ces éventualités.

Pour que le droit des propriétés publiques puisse accueillir, en conservant les schémas de pensée actuels – au premier rang desquels la distinction binaire domaine public/domaine privé – à peu près intacts, il faudrait envisager tout à la fois un aménagement des critères du domaine public (§1) et un aménagement du régime de la domanialité publique (§2).

§1. L'hypothèse d'un aménagement des critères du domaine public

L'aménagement des critères actuels du domaine public est une hypothèse envisageable en vue d'y intégrer les propriétés publiques immatérielles autant que de besoin. Cette démarche peut se manifester de deux façons selon que sont utilisés les critères actuels ou les critères potentiels du domaine public. En toute hypothèse, ces deux solutions conduisent à préserver la dualité domaniale, c'est-à-dire la distinction domaine public/domaine privé. Il convient par conséquent de revenir successivement sur l'altération critiquable des critères existants du domaine public (A), puis sur l'utilisation inopportune de critères alternatifs du domaine public (B).

A. L'altération critiquable des critères existants

Face à l'émergence des propriétés publiques immatérielles, la doctrine s'est essayée – afin d'en déterminer avec plus de précision le régime – à les classer. Logiquement, s'agissant de propriétés publiques, elle leur a appliqué les critères du droit domanial pour déterminer leur appartenance au domaine public ou au domaine privé. Cette démarche s'avère vaine parce qu'elle ne prend généralement pas en compte le fait que les critères du domaine public et son régime ont été pensés uniquement pour accueillir et régir des biens matériels. En réalité, la doctrine se heurte ici à deux importants écueils : d'une part, l'adaptabilité limitée des critères du domaine public immobilier (1) et d'autre part, la malléabilité illusoire des "critères" du domaine public mobilier (2).

1. L'adaptabilité limitée des critères du domaine public immobilier

La caractérisation du domaine public immobilier repose essentiellement sur le critère de l'affectation, qu'il s'agisse de l'affectation à l'usage direct du public ou de l'affectation à un service public, au prix d'un aménagement indispensable, selon les termes de l'article L. 2111-1 du code général de la propriété des personnes publiques[1473].

La doctrine est partagée sur la question. Tantôt envisagée à l'échelle de l'ensemble des propriétés publiques immatérielles[1474], la tentative d'application de la définition du domaine public immobilier peut également être limitée à certaines propriétés immatérielles seulement, comme les marques publiques[1475].

L'affectation à l'usage direct du public manque de cohérence s'agissant des propriétés publiques immatérielles. Elle peut *a priori* être évacuée rapidement. Il n'est pas question pour les administrés d'utiliser

---

[1473] Pour rappel, le domaine public immobilier se définit de la façon suivante : *« (...) le domaine public d'une personne publique (...) est constitué des biens lui appartenant qui sont soit affectés à l'usage direct du public, soit affectés à un service public pourvu qu'en ce cas ils fassent l'objet d'un aménagement indispensable à l'exécution des missions de ce service public ».*

[1474] A. BUTLEN, « Les contrats sur la propriété publique immatérielle », in *Contrats et propriétés publics*, Actes du colloque de Montpellier, des 28 et 29 avril 2011, Lexis Nexis, 2011, p. 249, spéc. p. 259 : *« La protection des biens publics immatériels et de leur affectation suppose la reconnaissance d'un régime exorbitant du droit privé, lequel pourrait s'inspirer des critères et du régime de la domanialité publique immobilière. ».* D'autres auteurs la considèrent d'emblée comme *« inopérante »* : O. DE DAVID BEAUREGARD-BERTHIER, « Le patrimoine immatériel de l'Etat », *in Bien public, bien commun, Mélanges en l'honneur d'Etienne Fatôme*, Dalloz, 2011, p. 23 ; spéc. p. 33 : *« la définition générale du domaine public immobilier est inopérante en l'espèce ».* L'application de la définition du domaine public immobilier a encore pu être jugée comme incongrue : A. DILLOARD, « L'émergence des marques publiques dans le patrimoine immatériel des personnes publiques », *RDP* 2014, p. 39 ; spéc. p. 63 : *« Il paraît finalement bien difficile de rattacher les marques publiques — plus largement les biens immatériels en général — aux critères classiques de la domanialité publique. Si les cadres du domaine public immobilier apparaissent comme clairement inadaptés, c'est encore bien plus le cas de ceux du domaine public mobilier. ».*

[1475] E. HOFFMAN, L. BOUCHARD et J. CAPIAUX, « Protection du nom de la collectivité territoriale : enjeux publics et privés », *Gaz. Pal.*, 10 décembre 2011, n° 344, p. 11. Les auteurs de cette étude envisagent, pour la rejeter, l'application des critères du domaine public immobilier aux marques appartenant aux personnes publiques : *« il ne semble pas que les marques publiques puissent rentrer dans la définition classique du domaine public, reprise dans le CGPPP à l'article L. 2111-1 ».*

directement les brevets, marques, droits d'auteur ou actions détenues par les personnes publiques, comme ils utiliseraient les voies publiques, routes ou trottoirs. La doctrine ne revendique d'ailleurs pas une telle assimilation fantaisiste.

Les autres tentatives d'appliquer aux propriétés publiques immatérielles les critères dégagés pour identifier le domaine public immobilier ne sont pas complètement dépourvues de logique. Elles résultent avant tout du constat selon lequel l'utilisation des propriétés publiques immatérielles dans le cadre du service public n'est pas contestable. Qu'il s'agisse en effet d'un brevet utilisé par une structure de recherche de l'Etat, d'une marque déposée par une personne publique, ou encore des droits d'auteur portant sur une œuvre de l'esprit utilisée dans le cadre d'un service public, le lien de rattachement au service public est manifeste, quoique variable en intensité. Reste toutefois à savoir s'il est possible d'assimiler totalement l'assignation d'une propriété immatérielle à un service public, son utilisation dans le cadre de l'exercice d'une mission de service public, à une "affectation" au sens classique du terme en droit des propriétés publiques.

L'affectation au service public n'est pas exclusive aux biens du domaine public. Il s'agit d'une caractéristique qui est commune à beaucoup de biens du domaine privé[1476]. L'existence d'un domaine privé par détermination de la loi atteste bien de ce que dans certains cas des biens répondant aux critères du domaine public sont parfois classés d'office par le législateur dans le domaine privé. Tel est ainsi le cas des immeubles à usage de bureaux des personnes publiques[1477], ainsi que des chemins ruraux et des bois et forêts des personnes publiques[1478], pour s'en tenir à ces exemples.

[1476] Voir par exemple : R.-E. CHARLIER, « Les biens affectés au service public », *in Perspectivas del Derecho Publico en la segunda mitad del siglo XX : homenaje a Enrique Sayagues-Laso*, Instituto de Estudios de Administracion Local, 1969, p. 47 ; spéc. p. 65 : *« [l']affectation au service public (...) se rencontre toujours, pour tous les biens de l'Administration, même catalogués domaine privé »*.

[1477] Article L. 2211-1 du code général de la propriété des personnes publiques : *« Font partie du domaine privé les biens des personnes publiques (...) qui ne relèvent pas du domaine public (...). Il en va notamment ainsi des réserves foncières et des biens immobiliers à usage de bureaux, à l'exclusion de ceux formant un ensemble indivisible avec des biens immobiliers appartenant au domaine public. »*.

[1478] Article L. 2212-1 du code général de la propriété des personnes publiques :
« Font également partie du domaine privé :
1° Les chemins ruraux ;
2° Les bois et forêts des personnes publiques relevant du régime forestier. ».

Marcel Waline a abondamment critiqué la classification domaniale par le juge administratif des forêts publiques dans le sens de la domanialité privée, en écrivant à cet égard qu'il n'y avait *« aucune motivation à l'appui »*[1479] d'une telle assertion. Cette qualification critiquable a été maintenue par le code général de la propriété des personnes publiques. Son opportunité est discutée dans la mesure où un régime spécifique[1480] dont les caractéristiques ne sont pas étrangères à celles de la domanialité publique, issu du code forestier, est appliqué à ces biens[1481].

Quant aux immeubles à usage de bureaux des personnes publiques, leur classification domaniale s'avérait incertaine jusqu'à une ordonnance du 19 août 2004[1482], dont la substance a été reprise par le code général de la propriété des personnes publiques. Le fait qu'ils soient aujourd'hui classés d'office dans le domaine privé ne signifie pas qu'ils faisaient partie auparavant du domaine public, mais permet tout de même d'affirmer, sans doute possible, que le législateur a ici procédé à une neutralisation opportuniste des critères de la domanialité publique *a minima* aux fins de clarification de la classification[1483].

[1479] M. WALINE, note sur CE, 28 novembre 1975, *Abamonte c/ Office national des forêts*, *RDP* 1976, p. 1051 ; spéc. p. 1055. L'auteur relève notamment qu'en l'espèce le Conseil d'Etat avait expressément reconnu que la forêt était tout à la fois ouverte au public et qu'elle faisait l'objet d'aménagements spéciaux, ce qui laissait penser *a priori* sans ambiguïté à une classification du bien en cause dans le domaine public et non pas dans le domaine privé.

[1480] L. CHIKHAOUI, « Domanialité forestière et protection de l'environnement », *in Confluences, Mélanges en l'honneur de Jacqueline Morand-Deviller*, Montchrestien, 2007, p. 747 ; spéc. p. 764 : *« le régime forestier en France se caractérise par l'application de règles protectrices strictes distinctes du régime juridique normalement applicable aux éléments faisant partie du domaine privé des personnes publiques ».*

[1481] M.-A. LATOURNERIE, « Quelques réflexions à partir du droit forestier... », *in L'intérêt général, Mélanges en l'honneur de Didier Truchet*, p. 307 ; spéc. p. 316 : *« Le régime forestier montre la fragilité de l'idée, maintenue par le Code général de la propriété des personnes publiques, que les bois et forêts appartenant à ces personnes relèveraient aujourd'hui de leur "domaine privé" ».*

[1482] Ordonnance n° 2004-825 du 19 août 2004 relative au statut des immeubles à usage de bureaux et des immeubles dans lesquels est effectué le contrôle technique des véhicules et modifiant le code du domaine de l'Etat (partie législative).

[1483] E. FATOME, « Le statut des immeubles à usage de bureaux des personnes publiques après l'ordonnance du 19 août 2004 », *AJDA* 2005, p. 584 ; spéc. p. 590 : *« dès lors (...) que l'ordonnance se contente d'affirmer que les immeubles à usage de bureaux de l'Etat et de ses établissements publics font partie du domaine privé, sans dire ou laisser entendre qu'avant l'ordonnance ils faisaient partie du domaine public dès lors qu'ils étaient affectés à des services publics, il devient possible de considérer que l'ordonnance est intervenue non pas pour mettre fin à l'appartenance de ces immeubles*

D'autres biens qui ne font pas partie du domaine public immobilier et qui ne ressortissent pas au domaine privé des personnes publiques peuvent également être affectés à un service public. Tel est le cas de certains biens du domaine public mobilier des personnes publiques. Le recours au critère de l'affectation au service public aurait provoqué une hypertrophie du domaine public, conduisant à y intégrer *« le mobilier usuel »*[1484], redoutée par les instigateurs de la réforme. Le code général de la propriété des personnes publiques propose une *« définition du domaine public mobilier [qui] occulte toute référence à une éventuelle affectation du bien à l'utilité publique »*[1485]. Les biens mobiliers intègrent le domaine public en fonction de l' *« intérêt public du point de vue de l'histoire, de l'art, de l'archéologie, de la science ou de la technique »* qu'ils représentent. Ce qui ne signifie pas pour autant que les biens mobiliers, désormais intégrés au domaine public mobilier ne font jamais l'objet d'une affectation à l'utilité publique[1486]. De la même façon, certains biens mobiliers affectés à un service public ressortiront au domaine privé de la personne publique, parce qu'ils ne constituent pas des biens culturels[1487].

La démonstration de l'affectation – au sens usuel du terme – de certaines propriétés publiques immatérielles à un service public relève de l'évidence. Il est toutefois nécessaire de s'entendre parfaitement sur les mots, *« l'incorporel répondant difficilement aux critères de*

---

au domaine public, mais pour mettre fin à l'incertitude qui existait avant l'ordonnance sur ce point ».

1484 Voir sur ce point : PH. YOLKA, « Les meubles de l'administration », *AJDA* 2007, p. 964 ; spéc. p. 965 : *« les critères classiques s'avèrent inopérants : l'affectation aurait pour résultat d'intégrer au domaine public le mobilier usuel – ce n'est pas souhaitable – et la condition d'aménagement n'a guère de sens ici. »*. Voir également : F. TARLET, *Les biens publics mobiliers*, NBT v. 170, Dalloz, 2017 ; spéc. p. 170 : *« Les critères classiques de la domanialité (L. 2111-1 CGPPP) sont inapplicables aux meubles, étant entendu – du point de vue discutable du législateur – qu'ils ne peuvent ni être affectés à l'usage direct du public ni faire l'objet d'un aménagement indispensable »*.

1485 M. CHOUQUET, *Le domaine privé des personnes publiques : contribution à l'étude du droit des biens publics*, LGDJ, Bibliothèque de droit public, Tome 295, 2017 ; spéc. p. 70.

1486 J.-G. SORBARA, « Le domaine public mobilier au regard du code général de la propriété des personnes publiques », *AJDA* 2007, p. 619 ; spéc. p. 621 : *« Des meubles non affectés peuvent désormais appartenir au domaine public et, à l'inverse, des meubles affectés feront partie du domaine privé. Cette révolution conceptuelle rend difficile le dessin des contours du nouveau domaine. »*.

1487 F. TARLET, *op. cit.* ; spéc. p. 167 : *« la jurisprudence a, jusqu'à présent, refusé d'intégrer des meubles non culturels au domaine public, alors que certains étaient incontestablement affectés à un service public »*.

l'affectation »[1488]. Ainsi, s'il s'avérait que *« le critère d'affectation (...) [était] infecté d'un certain matérialisme »*[1489], le raisonnement en termes de domanialité publique immobilière deviendrait ardu. En d'autres termes, l'affectation peut-elle simplement s'apparenter à une "utilisation exclusive" par le service public auquel le bien public en cause est destiné ou induit-elle le caractère matériel du bien en question ?

Une fois passé le premier obstacle de l'affectation, il conviendra de déterminer si et dans quelle mesure une propriété immatérielle peut faire l'objet d'un "aménagement indispensable", selon le nouveau critère restrictif de définition du domaine public immobilier promu par le code général de la propriété des personnes publiques.

En effet, à la supposer établie, l'affectation au service public n'est pas auto-suffisante pour envisager l'intégration d'une propriété publique immatérielle au domaine public. Encore faudrait-il justifier de l'existence d'un aménagement indispensable à l'exécution des missions du service public auquel elle est affectée, pour reprendre les termes de l'article L. 2111-1 du code général de la propriété des personnes publiques.

Or, *« il sera le plus souvent impossible de déceler une quelconque concrétisation de l'aménagement indispensable requis »*[1490] en présence d'une propriété publique immatérielle. La notion d'"aménagement indispensable" n'a pas de sens s'agissant de propriétés publiques immatérielles, qu'elles soient financières ou intellectuelles. La lecture de la jurisprudence conforte cette impression : la qualité d'aménagement indispensable à été, par exemple, reconnue pour l'installation de poteaux et d'une chaîne empêchant la circulation des véhicules[1491], ou encore, à propos du Domaine national de Chambord, s'agissant d'un ensemble de biens immobiliers le composant (château, parterres, plan d'eau, pigeonnier, mur d'enceinte etc.)[1492].

[1488] J.-M. BRUGUIERE, « Le patrimoine immatériel de l'Etat est-il l'objet d'une propriété publique ? », *CDST* 2010, p. 59 ; spéc. p. 66.

[1489] J.-M. BRUGUIERE, art. préc. ; spéc. p. 69.

[1490] O. DE DAVID BEAUREGARD-BERTHIER, *op. cit.* ; spéc. p. 33.

[1491] A propos de l'allée des Alyscamps à Arles : CE, 11 mai 1959, *Dauphin* ; *AJDA* 1959, p. 228, note J. DUFAU ; GDDAB, 3e éd., 2018, n°6, comm. F. MELLERAY.

[1492] Avis, CE, 19 juillet 2012, *Domaine national de Chambord*, n° 386715 ; *AJDA* 2013, p. 1789, note F. MELLERAY. D'après le Conseil d'Etat, *« le château, ses parterres et le plan d'eau, la mairie, la salle des fêtes, l'ancien pigeonnier, le cimetière et le mur d'enceinte, qui sont affectés à des services publics et font l'objet d'aménagements indispensables à l'exécution des missions de ces services ; ».*

A moins que l'affectation ne soit elle-même adaptée aux spécificités des propriétés immatérielles, ainsi que le proposent certains auteurs[1493], l'application de la définition du domaine public immobilier aux propriétés publiques immatérielles est compromise et ne serait ainsi possible qu'au prix d'une importante relativisation – voire d'une dénaturation – de la notion d'affectation. Les difficultés rencontrées pour appliquer la définition du domaine public immobilier aux propriétés publiques immatérielles sont renforcées par l'impossibilité manifeste pour elles de faire l'objet d'un "aménagement indispensable" tel qu'il est entendu à ce jour.

2. La malléabilité illusoire des "critères" du domaine public mobilier

La définition du domaine public mobilier ne laisse qu'une marge de manœuvre limitée pour envisager d'y faire entrer des biens non culturels, qui plus est immatériels. Seule une interprétation extensive – qu'il s'agisse de son caractère conceptuel ou de son caractère énumératif – rendraient une telle opération envisageable, quoique son opportunité demeurerait douteuse.

Ponctuellement, certaines analyses doctrinales retiennent une interprétation extensive de l'un ou l'autre des caractères de la définition du domaine public mobilier, afin d'envisager de faire entrer dans cette catégorie certaines propriétés publiques immatérielles. La définition du domaine public mobilier portée par l'article L. 2112-1 du code général de la propriété des personnes publiques est bâtie autour de deux critères cumulatifs : un critère organique – la propriété d'une personne publique – et un critère matériel – qui se dédouble et qui comporte un caractère conceptuel – le bien mobilier concerné doit présenter un intérêt public du point de vue de l'histoire, de l'art, de l'archéologie, de la science ou de la technique – et un caractère énumératif – les onze catégories énumérées par l'article précité.

Il n'est généralement pas envisagé d'intégrer au domaine public des biens n'appartenant pas à une personne publique. En revanche, le caractère conceptuel comme le caractère énumératif de la définition du domaine public mobilier ont pu parfois faire l'objet d'interprétations extensives afin d'envisager l'intégration de certaines propriétés publiques immatérielles à cette catégorie.

[1493] J.-M. BRUGUIERE, art. préc. ; spéc. p. 69 : *« le critère d'affectation (...) n'est pas nécessairement impossible à penser dans le domaine de l'immatériel »*.

S'agissant d'abord de l'interprétation extensive du caractère conceptuel de la définition du domaine public mobilier, il convient de noter que le premier alinéa de l'article L. 2112-1 du code général de la propriété des personnes publiques semble autoriser – en raison de sa généralité – l'inclusion au domaine public des personnes publiques de bon nombre de biens publics mobiliers. Sont ainsi susceptibles de faire partie *« du domaine public mobilier de la personne publique propriétaires les biens présentant un intérêt public du point de vue de l'histoire, de l'art, de l'archéologie, de la science ou de la technique »*[1494]. Certaines propriétés publiques immatérielles, si elles sont susceptibles de présenter un tel intérêt public, devraient pouvoir intégrer le domaine public des personnes publiques. Ainsi en est-il des *« brevets d'importance stratégique »*[1495], de *« brevets déposés au nom d'une personne publique ou expropriés en tout ou partie par décret pour les besoins de la défense nationale »*[1496], ou encore de *« brevets scientifiques [pour lesquels] l'intérêt public du point de vue de la science pourrait sembler évident »*[1497]. L'utilisation des potentialités offertes par cette définition a également été envisagée à propos d'autres propriétés publiques immatérielles, en l'occurrence des actions détenues dans une société[1498].

Concernant ensuite l'interprétation extensive du caractère énumératif de la définition, il s'agit ici d'utiliser les potentialités laissées par le recours à l'adverbe "notamment"[1499]. Une telle démarche a pu être

---

[1494] Article L. 2112-1, al. 1er du code général de la propriété des personnes publiques.

[1495] PH. YOLKA, note sous CE, Avis, 21 novembre 1972, *OFRATEME*, *GDDAB*, Dalloz, 3e éd., 2018, n°2. Il est intéressant de noter que le Professeur Philippe Yolka envisage également la possibilité d'intégrer au domaine public certains brevets publics en raison de leur lien avec le service public, ce qui renvoie cette fois davantage à la définition du domaine public immobilier, tournée vers l'affectation à l'utilité publique. Voir sur ce point : PH. YOLKA, « L'accès des personnes publiques à la copropriété », *Droit et patrimoine* 2009, n°179, p. 80 ; spéc. p. 84 : *« Si les brevets publics sont classés dans le domaine privé, il en est qui apparaissent susceptibles, vu leurs liens étroits avec le service public, de remplir les critères requis pour intégrer le domaine public. »*.

[1496] T. SOLEILHAC, « Les bibliothèques numériques, un domaine public immatériel », *AJDA* 2008, p. 1133 ; spéc. p. 1138.

[1497] J.-G. SORBARA, « Le domaine public mobilier au regard du code général de la propriété des personnes publiques », *AJDA* 2007, p. 619 ; spéc. p. 621.

[1498] Voir sur ce point : J.-G. SORBARA, « Les sociétés publiques locales et la propriété publique : La société publique locale, outil d'aménagement foncier », *RFDA* 2012, p. 1140 ; spéc. p. 1143 : *« [Il pourrait] être admis que certaines actions de préférence au profit des personnes publiques destinées à protéger un intérêt relevant de l'article L. 2112-1 du CGPPP puissent appartenir au domaine public »*.

[1499] Pour le Professeur Stéphane Braconnier, l'intégration d'une propriété publique immatérielle au domaine public mobilier d'une personne publique ne peut d'ailleurs

envisagée de façon ponctuelle, notamment par le Professeur Philippe Yolka, pour lequel *« l'existence d'un domaine public mobilier immatériel transparait à travers certains items de l'article L. 2112-1 du CGPPP ; c'est le cas pour le dépôt légal d'œuvres dépourvues de support matériel »*[1500]. De la même façon, Monsieur Thibault Soleilhac s'emploie à une telle démonstration s'agissant des bibliothèques numériques[1501]. L'auteur envisage également l'intégration de certaines propriétés immatérielles au domaine public mobilier par le jeu des dispositions visant *« les œuvres et objets d'art contemporain acquis par le centre national des arts plastiques [CNAP] ainsi que les collections d'œuvres et objets d'art inscrites sur les inventaires du fonds national d'art contemporain dont le centre reçoit la garde »*[1502].

La classification dans le domaine public mobilier de propriétés publiques immatérielles ne peut en définitive se faire *« qu'au prix d'une interprétation très extensive »*[1503]. A l'exception d'une décision de la Cour administrative d'appel de Paris[1504] qui estimait que l'article L. 2112-1 du code général de la propriété des personnes publiques exigeait *« pour qu'un bien mobilier constitue une dépendance du domaine public, <u>soit</u> qu'il présente un intérêt public du point de vue de l'histoire, de l'art, de l'archéologie, de la science ou de la technique, <u>soit</u> qu'il constitue*

---

s'envisager uniquement de cette façon. Voir sur ce point : S. BRACONNIER, *Droit public de l'économie*, PUF, 2e éd., 2017 ; spéc. p. 222 : *« La définition du domaine public mobilier étant, en effet, exclusivement énumérative, les actifs incorporels publics ne peuvent y être intégrés qu'au prix d'un rattachement de ces actifs à chacune des catégories énumérées ».*

1500 PH. YOLKA, note sous CE, Avis, 21 novembre 1972, *OFRATEME*, *GDDAB*, Dalloz, 3e éd., 2018, n°2.

1501 T. SOLEILHAC, art. préc. ; spéc. p. 1137 : *« Une bibliothèque, élément du domaine public a donc aussi une dimension immatérielle. La convention pour la sauvegarde du patrimoine culturel immatériel du 17 octobre 2003 procède d'un raisonnement analogue pour la protection des pratiques, représentations, expressions, connaissances et savoir-faire traditionnels.*
<u>Il faut logiquement en conclure que la propriété intellectuelle constituée par la bibliothèque numérique devient un actif de la personne publique. Elle est incorporée dès sa création dans son domaine public mobilier, les conditions de propriété publique et d'intérêt public étant réunies</u>. Le constat de la domanialité publique de telles bibliothèques numériques entraîne des conséquences non négligeables. » (nous soulignons).

1502 Article L. 2112-1, 9° du code général de la propriété des personnes publiques.

1503 S. BRACONNIER, *Droit public de l'économie*, PUF, 2e éd., 2017 ; spéc. p. 222 : *« la définition du domaine public mobilier de l'article L 2112-1 [du CGPPP], ne permet, dans sa rédaction actuelle, d'envisager d'y faire entrer certaines propriétés incorporelles qu'au prix d'une interprétation très extensive ».*

1504 CAA Paris, 19 juillet 2013, *Association "Action culturelle"*, n° 10PA00983 ; *AJDA* 2013, p. 2142, note M. SIRINELLI.

l'un des meubles visés par l'une des onze catégories dudit article »[1505], il faut considérer que les onze catégories citées doivent être entendues comme illustrant les biens présentant "l'intérêt public" spécifique du domaine public mobilier, sans toutefois épuiser tous les cas de figure – le recours à l'adverbe "notamment" autorisant à envisager d'autres hypothèses –. Cette étonnante position jurisprudentielle – restée isolée et dont il n'y a pas trace dans les conclusions de Madame Sylvie Vidal[1506] sur cette affaire – envisage donc séparément le caractère conceptuel et le caractère énumératif de la définition du domaine public mobilier, l'un et l'autre étant en réalité indissociables. Cela réduit d'autant les potentialités d'une conception extensive du domaine public mobilier et cela conforte l'idée selon laquelle le domaine public mobilier, parce qu'entièrement dédié à des biens mobiliers corporels à vocation culturelle, exclurait de son champ les propriétés publiques immatérielles.

A cet égard, la formulation retenue par les rédacteurs du code est sans réelle ambiguïté. Pour s'en convaincre un retour à l'interprétation initiale du texte n'est pas dépourvu d'utilité : le rapport fait au Président de la République sur l'ordonnance du 21 avril 2006 à l'origine du code général de la propriété des personnes publiques souligne d'une part, que *« [p]our la première fois, la consistance des biens culturels relevant du domaine public mobilier est précisée en conformité de l'état de la jurisprudence administrative ou judiciaire, afin d'apporter une protection supplémentaire à ces œuvres »*[1507] et d'autre part, que *« le domaine public mobilier est appréhendé dans sa seule composante culturelle et artistique, en cohérence avec le régime législatif de protection que le code du patrimoine consacre à ces différentes œuvres »*[1508]. La rédaction retenue ne laisse pas de place au doute : la vocation première – sinon exclusive – du domaine public mobilier est la protection des biens culturels. Ainsi, selon le Professeur Benoît Delaunay : *« le lien entre culture et domaine public mobilier est clairement établi et assumé comme tel par les textes de sorte que le domaine public mobilier se fond dans la*

[1505] Nous soulignons.

[1506] La conception qu'elle y développe du domaine public mobilier est bien plus classique, puisqu'elle estime qu'il *« existe (...) deux critères : celui de la propriété publique et celui de l'intérêt public. Ce sont donc les qualités intrinsèques du meuble du point de vue de l'histoire, de l'art, de l'archéologie, de la science ou de la technique qui déterminent sa domanialité publique. Ainsi, le législateur a énuméré une liste de 11 biens invariables mais susceptibles d'être enrichis, en raison de l'usage de l'adverbe «* notamment *», d'objets spécifiques, irremplaçables et rares. ».*

[1507] Rapport au Président de la République relatif à l'ordonnance n° 2006-460 du 21 avril 2006 relative à la partie législative du code général de la propriété des personnes publiques. Nous soulignons.

[1508] *Idem.*

catégorie des biens culturels »[1509]. Biens culturels et domaine public mobilier sont donc intimement liés, l'un étant la raison d'exister de l'autre. Il y a alors une relativité certaine dans la démarche consistant à étendre l'influence du jeu des dispositions du code relatives au domaine public mobilier, qu'il s'agisse d'ajouter artificiellement des catégories à la liste de biens existante, ou qu'il s'agisse de tordre les caractéristiques de l'intérêt public.

Les propriétés publiques immatérielles et la définition ou les "critères" du domaine public mobilier ne présentent qu'une proximité en trompe-l'œil. La similarité éventuelle ne peut être ici qu'accidentelle.

La démarche consistant à moduler les critères existants pour proposer une définition renouvelée du domaine public mobilier est moins dissidente en apparence, parce qu'elle affiche une volonté de respecter les catégories existantes. Elle n'en demeure pas moins inadaptée et peu convaincante.

B. L'utilisation inopportune de critères alternatifs

Malgré la multiplication des appels à s'interroger sur la question des critères de la domanialité publique immatérielle, la doctrine est restée relativement en retrait. Plusieurs propositions ont toutefois été formulées ponctuellement dans la période récente, avec l'ambition d'identifier un ou plusieurs critères de domanialité publique propre à appréhender les propriétés publiques immatérielles. Il faut revenir successivement sur les propositions de recours à un critère unique de domanialité publique

---

[1509] Pour la citation complète, voir : B. DELAUNAY, « La gratuité du domaine public mobilier », *in Les nouvelles orientations du droit de la propriété publique, Mélanges en l'honneur de Philippe Godfrin*, Mare & Martin, 2014, p. 127 ; spéc. p. 134 : *« le lien entre culture et domaine public mobilier est clairement établi et assumé comme tel par les textes de sorte que le domaine public mobilier se fond dans la catégorie des biens culturels. La définition énumérative donnée par le CGPPP ne couvre toutefois pas tous les biens mobiliers culturels : ainsi des biens publics immatériels tels les valeurs, titres, droits de propriété intellectuelle (Note : CE, 28 mai 2004,* Aéroports de Paris *;* Dr. adm. *2004, n°129). Plus encore, elle exclut les biens mobiliers non culturels qu'on laissera ici volontairement de côté (Note : Sur cette question, v. notamment Ph. Yolka, « Les meubles de l'administration »,* AJDA *2007, p. 964). (...) désormais, ce sont les qualités intrinsèques du meuble qui permettent de conclure à sa domanialité publique et non plus son affectation : « la fonction de la domanialité publique mobilière est de préserver non la destination du bien, mais le bien lui-même » (Note : J.-G. Sorbara, « Le domaine public mobilier au regard du Code général de la propriété des personnes publiques »,* AJDA *2007, p. 619). »*.

immatérielle (1) et de recours à une définition multicritère de la domanialité publique immatérielle (2), pour les rejeter tour à tour.

1. Le rejet du recours à un critère unique de domanialité publique immatérielle

Dans une intéressante décision déjà étudiée précédemment, le Tribunal administratif de Paris a, de façon audacieuse, imaginé les contours que pourrait prendre la domanialité publique, en-dehors des dispositions du code général de la propriété des personnes publiques, de certaines propriétés publiques immatérielles. Dans la décision *Autoroutes Paris-Rhin-Rhône*[1510] (affaire APRR), rendue à propos du statut domanial d'actions détenues par un département dans une société d'autoroute, le Tribunal administratif de Paris, après avoir neutralisé successivement le jeu des définitions du domaine public immobilier et du domaine public mobilier, s'emploie ainsi à dégager un nouveau critère de domanialité publique mobilière, visant à intégrer dans le domaine public d'autres biens que ceux actuellement visés par le code général de la propriété des personnes publiques. Cette décision *« invite à s'interroger sur l'étendue d'un hypothétique domaine mobilier praeter legem »*[1511]. L'adverbe "*praeter*" peut se traduire par l'expression "passer devant", ou "d'aller au-delà de", ce qui signifie que la formule "*praeter legem*" peut renvoyer à l'ensemble des cas non prévus par la loi ou encore à l'idée de dépasser les cas prévus par la loi, ce qui est éminemment contestable lorsque la démarche relève du juge, qui n'est dès lors plus uniquement interprète de la loi.

Le Tribunal administratif de Paris n'est pas étranger à cette préoccupation et suivant en cela les conclusions du rapporteur public ayant affiché la volonté clairement exprimée de dépasser la définition législative du domaine public mobilier[1512], il juge ainsi *« qu'à supposer*

[1510] TA Paris, 21 octobre 2011, *Société Autoroutes Paris-Rhin-Rhône*, n° 1105713 ; *AJDA* 2012, p. 208, NOTE P.-A. ROHAN et R. LEONETTI.

[1511] P.-A. ROHAN et R. LEONETTI, « Vers une définition prétorienne d'un domaine public mobilier *praeter legem* : à propos de l'affaire *APRR* », *AJDA* 2012, p. 208 ; spéc. p. 210.

[1512] Voir sur ce point les conclusions de Mme Nathalie Reuland, selon laquelle : *« Notre préférence va à l'interprétation selon laquelle la rédaction prudente retenue par le législateur n'exclut nullement la possibilité de regarder comme faisant partie du domaine public mobilier des biens mobiliers autres que ceux expressément visés à l'article L. 2112-1 du CGPPP. Et pour être plus claire encore, notre préférence va clairement à l'interprétation [...] permettant à la fois d'allonger la liste des onze items mais aussi d'accueillir d'autres catégories de biens que l'intérêt public justifierait, à qu'indépendamment des biens visés par ces dispositions, d'autres biens publics puissent également, à titre exceptionnel, être intégrés au domaine public mobilier en raison de leur intérêt public éminent, tel ne saurait être le cas des actions ou autres parts et instruments financiers détenus par le département de Saône-et-Loire dans la société APRR »*.

Cette tentative jurisprudentielle d'élargissement des définitions actuelles du domaine public est critiquable à plusieurs égards.

Il est d'abord fort discutable que le juge se soit estimé compétent pour créer un nouveau critère de domanialité publique. Le Tribunal administratif de Paris ne sera – à raison – pas suivi par le Conseil d'Etat, amené à statuer en appel sur ce renvoi préjudiciel. Le Conseil d'Etat fera preuve de davantage de neutralité, se limitant à constater que le département de Saône-et-Loire ne contestait désormais plus l'appartenance au domaine privé des actions qu'il détenait dans la société Autoroutes Paris-Rhin-Rhône, ainsi qu'en avait finalement jugé le Tribunal administratif de Paris. Il est bien entendu normal et bienvenu, puisque tel est son rôle, que le juge administratif interprète les dispositions législatives existantes et qu'il applique au cas d'espèce les critères de la domanialité publique. Il n'est en revanche pas souhaitable qu'il dépasse son office de cette manière. Le droit ne peut pas toujours être *« la plus puissante des écoles de l'imagination »*[1513] !

Il est ensuite curieux qu'il soit fait recours à l'expression d'"intérêt public éminent" pour *« justifier une incorporation au domaine public au-delà des critères législatifs du domaine public mobilier »*[1514]. Il s'agit d'une des seules occurrences de cette formule dans la jurisprudence des juridictions administratives. Elle a été utilisée de façon exceptionnelle par le Conseil d'Etat pour contribuer à caractériser la condition de l'urgence dans le cadre d'un référé-suspension fondé sur l'article L. 521-1 du code de justice administrative[1515], à propos de la mise en place de l'organisme Pôle Emploi à compter du 1er janvier 2009[1516]. Le caractère

---

l'avenir, de voir protégés par le régime de la domanialité publique » (nous soulignons) (Conclusions citées par : P.-A. ROHAN et R. LEONETTI, art. préc. ; spéc. p. 210.

1513 Clin d'œil à Jean Giraudoux : *« Le droit est la plus puissante des écoles de l'imagination. Jamais poète n'a interprété la nature aussi librement qu'un juriste la réalité »* (*La guerre de Troie n'aura pas lieu*, 1935 ; scène Cinquième).

1514 P.-A. ROHAN et R. LEONETTI, art. préc. ; spéc. p. 210.

1515 CE, ord., 18 décembre 2008, *Comité d'établissement de l'UNEDIC*, n° 323320.

1516 Le Conseil d'Etat apprécie de la façon suivante la condition de l'urgence en jugeant : *« qu'en vertu du II de l'article 7 de la loi du 13 février 2008, à la date de la création de l'institution prévue à l'article L. 5312-1 du code du travail, les salariés des organismes gestionnaires du régime d'assurance chômage qui participent à l'accomplissement des*

résiduel du recours à cette expression n'est pas étonnant. L'existence de degrés dans la caractérisation de l'intérêt public n'est en effet pas avérée et la consécration d'une graduation de l'intérêt public ne serait pas nécessairement bienvenue. L'intention qui semble avoir été suivie par le Tribunal administratif de Paris dans la décision *Autoroutes Paris-Rhin-Rhône* est louable, puisqu'il s'agissait vraisemblablement de circonscrire étroitement les occurrences de domanialité publique mobilière *praeter legem*, c'est-à-dire les cas dans lesquels le juge administratif reconnaîtrait de son propre chef l'intégration au domaine public de certaines propriétés publiques immatérielles. La doctrine a en effet relevé que : *« [l]e recours à la notion d'intérêt public éminent (...) montre bien que le juge n'a pas voulu ouvrir le champ de cette domanialité publique à des meubles des personnes publiques qui présenteraient le caractère d'un simple intérêt général »*[1517]. Le souhait ainsi exprimé par le Tribunal administratif de Paris de ne pas abonder dans le sens d'une hypertrophie du domaine public est appréciable. Le fondement proposé n'en demeure pas moins critiquable. L'intérêt général ne peut être conçu comme étant sécable. Moteur de toute l'action administrative, il doit être entendu comme englobant l'intérêt public, lequel renvoie à une idée d'intérêt de la personne publique, entendue de façon organique. La distinction entre intérêt public et intérêt général présente un certain degré d'incertitude[1518].

---

missions de l'institution et de la mission de recouvrement des contributions et cotisations afférentes au régime d'assurance chômage sont transférés à celle-ci ; que toutefois, eu égard notamment aux garanties que prévoit la loi elle-même en faveur de ces salariés, de celles qui sont prévues par l'accord conclu le 7 novembre 2008 entre l'instance nationale provisoire et cinq organisations syndicales représentatives et de l'imminence d'un accord sur les institutions représentatives du personnel au sein de l'institution, la création de celle-ci résultant de la première réunion de son conseil d'administration ne porte pas aux intérêts dont les organismes requérants ont la charge une atteinte grave et immédiate constitutive d'une situation d'urgence au sens des dispositions précitées de l'article L. 521-1 du code de justice administrative ; que, par ailleurs, un nouveau report de la première réunion du conseil d'administration compromettrait l'intérêt public éminent qui s'attache à ce que l'institution soit en mesure d'accomplir l'ensemble de ses missions de service public à compter du 1er janvier 2009 ; » (nous soulignons).

[1517] P.-A. ROHAN et R. LEONETTI, art. préc. ; spéc. p. 211.

[1518] M. DEGUERGUE, « Intérêt général et intérêt public : tentative de distinction », *in L'intérêt général, Mélanges en l'honneur de Didier Truchet*, Dalloz, 2015, p. 131 ; spéc. pp. 133-134 : *« le juge administratif a tellement distendu l'intérêt général qu'il finit par apparaître partout sans être nulle part, et surtout sans gagner en signification substantielle. Aussi son caractère fuyant a-t-il pu être fustigé, alors que dans le même temps l'intérêt public a pris une consistance réelle dans la confrontation des intérêts publics et des intérêts privés. (...) La dilution continue de la signification de l'intérêt général et la consolidation progressive de l'identité de l'intérêt public posent peut-être les prémisses de leur distinction »*.

La graduation proposée de l'intérêt public ne pourrait qu'ajouter à la confusion et elle ne règlerait pas de toute façon la question de savoir quelles propriétés publiques immatérielles sont susceptibles d'intégrer le domaine public des personnes publiques.

Le Tribunal administratif de Paris exclut finalement la domanialité publique des actions détenues par le département de Saône-et-Loire dans la société Autoroutes Paris-Rhin-Rhône sur le fondement du critère d'"intérêt public éminent" qu'il dégage, en estimant que : *« ces participations financières ultraminoritaires ne sont, en tout état de cause, indispensables ni à l'exercice par cette collectivité de ses propres missions de service public ni au contrôle par les autorités publiques de la mission de service public national d'exploitation des autoroutes confiée à la société APRR ; »*. Il faut certes comprendre à la lecture de cette formule que le Tribunal administratif de Paris a entendu retenir une conception restrictive du critère dégagé. Sa pertinence n'en demeure pas moins douteuse, pour les raisons exposées ci-avant. Une dernière incohérence peut ici être relevée, puisque le Tribunal administratif estime en creux que les actions litigieuses auraient pu intégrer le domaine public du département de Saône-et-Loire si elles s'étaient avérées indispensables *« au contrôle par les autorités publiques de la mission de service public national d'exploitation des autoroutes confiée à la société APRR »*. La formulation retenue est étonnante puisque le Conseil d'Etat a expressément rejeté la qualification de "service public national", laquelle aurait pu empêcher la privatisation des sociétés concessionnaires d'autoroutes, dans l'arrêt *Bayrou*[1519], en jugeant à cet égard : *« qu'il ne résulte d'aucun principe, d'aucune règle de valeur constitutionnelle, ni d'aucune loi que l'exploitation des concessions autoroutières doive être érigée en service public national »*.

2. Le rejet du recours à une définition multicritère de la domanialité publique immatérielle

Les tentatives doctrinales de classification domaniale des propriétés publiques immatérielles sont peu nombreuses. S'inscrivant en contrariété vis-à-vis des différents travaux appréhendant sous l'angle de la domanialité privée les propriétés publiques immatérielles, une étude

[1519] CE, Sect., 27 septembre 2006, *Bayrou*, n° 290716 ; *RFDA* 2006, p. 1147, concl. E. GLASER ; *RFDA* 2006, p. 1163, note R. DE BELLESCIZE ; *Dr. adm.* 2006, comm. 169, note E. GLASER ; *CMP* 2006, comm. 303, note G. ECKERT ; *AJDA* 2006, p. 2056, chr. C. LANDAIS et F. LENICA.

consacrée au "patrimoine immatériel de l'Etat"[1520] a été la première à envisager *« un critère distinct de celui du domaine public immobilier ou mobilier »*[1521], c'est-à-dire un critère propre à la domanialité publique immatérielle. L'auteur y met en avant une intéressante articulation visant à distinguer suivant que les propriétés considérées étaient l'objet, le produit ou le support d'un service public. S'en est suivie une autre étude plus complète, dans une thèse dédiée à l'étude du "patrimoine immatériel des personnes publiques"[1522], relayant seulement dans une certaine mesure cette première proposition et suggérant plus explicitement une définition multicritère du domaine public immatériel.

Il convient de revenir plus en détail à la fois sur la suggestion (a) et sur la formulation (b) par la doctrine d'une définition multicritère du domaine public immatériel.

a. La suggestion doctrinale d'une définition multicritère du domaine public immatériel

Le Professeur Odile de David Beauregard-Berthier envisage *« une définition générale du domaine public immatériel [prenant] appui sur la combinaison entre une approche conceptuelle et une approche énumérative »*[1523]. Selon cet auteur, *« [l]es biens immatériels de l'Etat relèveraient ainsi de son domaine public soit parce qu'ils sont l'objet même, le produit ou le support d'un service public, soit parce qu'ils sont l'expression de prérogatives de puissance publique »*[1524]. Une telle démarche se situe à contre-courant des évolutions jurisprudentielles et législatives les plus récentes, en ce qu'elles avaient plutôt tendance à réduire le périmètre de la domanialité publique[1525].

Cette proposition a néanmoins rencontré un certain succès. Ainsi, au regard de *« l'hétérogénéité du patrimoine incorporel et [de] la difficulté*

[1520] O. DE DAVID BEAUREGARD-BERTHIER, « Le patrimoine immatériel de l'Etat », *in Bien public, bien commun, Mélanges en l'honneur d'Etienne Fatôme,* Dalloz, 2011, p. 23.
[1521] M. DEGOFFE et PH. GODFRIN, *Droit administratif des biens*, 10e éd., 2012 ; spéc. p. 69.
[1522] M. BOUL, *Le patrimoine immatériel des personnes publiques,* th. Toulouse, 2017.
[1523] O. DE DAVID BEAUREGARD-BERTHIER, art. préc. ; spéc. p. 33.
[1524] *Idem* ; spéc. p. 34.
[1525] *Idem* ; spéc. p. 35 : *« il y a quelque paradoxe à proposer d'enrichir le domaine public d'une nouvelle catégorie de biens au moment où les pouvoirs publics et le juge se rejoignent pour répondre aux vœux de la doctrine et des praticiens de réduire le champ de la domanialité publique ! ».*

d'une analyse conceptuelle globale »[1526] Monsieur Jean-Marc Sauvé, alors vice-président du Conseil d'Etat, déplorant le *« manque d'unité actuel de la notion de patrimoine immatériel »*[1527], a pu préconiser le recours à une approche énumérative du "patrimoine immatériel", même s'il n'a alors pas manqué de souligner les difficultés inhérentes à de telles définitions[1528]. Toujours est-il qu'il a donné, à l'occasion d'un colloque portant sur le "patrimoine immatériel des personnes publiques", un écho à la proposition doctrinale du Professeur de David Beauregard-Berthier, en estimant qu' *« il serait peut-être possible de distinguer les biens immatériels, selon qu'ils sont l'objet du service public, (...) qu'ils sont le produit d'un service public, (...) ou que ces biens peuvent être le support d'un service public »*[1529].

En réalité, cette présentation, pour inédite qu'elle soit, s'apparente davantage à une classification, à une présentation ordonnée des éléments composant le "patrimoine immatériel" qu'à la proposition d'une véritable définition et d'un critère de domanialité publique immatérielle. Ainsi, pour le Professeur Odile de David Beauregard-Berthier, *« [d]ans la catégorie des biens immatériels* objets mêmes *du service public seraient rangées notamment les bibliothèques numériques, issues de la dématérialisation de biens meubles relevant du domaine public, ou encore les archives publiques numérisées ; dans celle des biens immatériels* produits *du service public figureraient les données publiques élaborées, les brevets publics, ou encore les savoir-faire public ; dans celle des biens immatériels* supports *du service public, les ondes hertziennes, les images publiques ou encore les marques. »*[1530]. La démarche entreprise peine à convaincre, en ce que la proposition opérée entremêle des éléments d'une telle diversité qu'ils ne font pas tous l'objet d'un droit de propriété, condition pourtant essentielle à leur éventuel assujettissement au régime de la domanialité publique. Parmi les éléments proposés, seuls les brevets et les marques peuvent faire l'objet d'une véritable appropriation publique. Les fréquences hertziennes sont quant à elles incorporées au domaine public de l'Etat directement par la loi[1531]. Ainsi que cela a été exposé précédemment (cf. *supra*, Partie I),

---

[1526] J.-M. SAUVE, Discours d'ouverture, *in Le patrimoine immatériel des personnes publiques*, Colloque du 16 mars 2012, La Documentation française, coll. Droits et Débats n°6, 2013, p. 9 ; spéc. p. 16.
[1527] *Idem* ; spéc. p. 17.
[1528] *Idem* ; spéc. p. 16 : *« l'hétérogénéité du patrimoine incorporel et la difficulté d'une analyse conceptuelle globale peuvent conduire à une approche énumérative, bien que ce type de définition soit rarement en tous points satisfaisant. »*.
[1529] *Idem* ; spéc. p. 16.
[1530] O. DE DAVID BEAUREGARD-BERTHIER, art. préc. ; spéc. p. 34.
[1531] Article L. 2111-17 du code général de la propriété des personnes publiques.

pour être correctement appréhendée, la notion de "patrimoine immatériel" doit s'entendre comme une notion purement doctrinale, façonnée de manière utilitariste pour désigner un ensemble d'éléments, appropriables ou non, étant aujourd'hui au cœur d'une politique publique empreinte de l'impératif de valorisation. Lorsqu'elle entre en interaction avec la notion de "patrimoine immatériel", la domanialité publique ne peut éventuellement en appréhender que certains éléments, ceux susceptibles d'appropriation publique, soit les propriétés publiques immatérielles. Là se trouve la première critique dont doit faire l'objet cette suggestion doctrinale.

La deuxième critique porte sur la relative confusion qui ressort parfois de la classification proposée. Le Professeur de David Beauregard-Berthier et Monsieur Jean-Marc Sauvé partagent sur ce point plusieurs illustrations identiques[1532]. Les auteurs précités retiennent à titre d'illustration, pour la catégorie des biens immatériels "objets mêmes" du service public les archives publiques numérisées, pour la catégorie des biens immatériels "produits" du service public les brevets publics et les bases de données publiques, et pour la catégorie des biens immatériels "supports" du service public les ondes hertziennes. Cependant, la démarcation manque de netteté et certaines catégories paraissent se chevaucher. Ainsi, les archives publiques numérisées semblent pouvoir relever tout à la fois de la catégorie des biens immatériels "objets mêmes" du service public et de celle des biens immatériels "produits" du service public. De la même façon, les brevets publics et les bases de données publiques pourraient entrer à la fois dans la catégorie des biens immatériels "produits" du service public et "supports" du service public. La porosité des catégories met à mal cette proposition d'une définition multicritère de la domanialité publique immatérielle, même si finalement l'appartenance à telle ou telle catégorie a pour conséquence identique l'assujettissement au régime de la domanialité publique, ce qui relativise le manque de clarté des divisions retenues. Une dernière critique, plus importante celle-là, peut enfin être apportée à cette classification et plus précisément aux effets qu'elle a sur l'indétermination du régime applicable de façon subséquente aux biens visés.

[1532] Pour le Professeur de David Beauregard-Berthier, cf. *supra* dans les développements. Pour le président Jean-Marc Sauvé, voir : art. préc. ; spéc. p. 16 : *« A la suite d'une partie de la doctrine, il serait peut-être possible de distinguer les biens immatériels, selon qu'ils sont l'objet du service public, telles les archives publiques numérisées, qu'ils sont le produit d'un service public, ainsi des brevets et des bases de données publiques, ou que ces biens peuvent être le support d'un service public, ce qui engloberait dès lors les ondes hertziennes. A ces biens, il conviendrait d'ajouter un certain nombre de droits et d'autorisations délivrés par les personnes publiques. ».*

La classification visant à distinguer les biens immatériels suivant qu'ils sont l'objet, le produit ou le support d'un service public présente également l'inconvénient majeur de *« [ne pas indiquer] quel serait le régime juridique applicable à chacune de ces catégories »*[1533]. Aucun aménagement du régime de la domanialité publique n'est ici envisagé, en fonction des spécificités de chaque élément du "patrimoine immatériel". Or, ainsi que cela a été démontré précédemment, le régime de la domanialité publique présente certaines incompatibilités d'envergure vis-à-vis des éléments composant le "patrimoine immatériel" des personnes publiques. En cela réside la troisième critique à apporter à cette proposition doctrinale.

Finalement, le caractère opérationnel de la classification ici suggérée est sujet à caution. La proposition d'une définition multicritère du domaine public immatériel présente certainement une utilité doctrinale et elle s'est d'ailleurs développée dans d'autres écrits, sous une forme plus aboutie.

b. La formulation doctrinale d'une définition multicritère du domaine public immatériel

La doctrine a pu appeler de ses vœux une intervention du législateur afin que soit modifié l'article L. 2112-1 du code général de la propriété des personnes publiques en vue de déterminer les conditions de la domanialité publique des propriétés publiques immatérielles. Le professeur Jean-Gabriel Sorbara a ainsi estimé qu'il *« serait préférable que le législateur intervienne (...) pour compléter l'article L. 2112-1 afin de régler le cas des meubles publics incorporels qu'il a laissé de côté »*[1534]. Une récente étude consacrée au "patrimoine immatériel des personnes publiques"[1535] vient au soutien de cette proposition et suggère

---

[1533] A. ROBIN, « Le patrimoine scientifique de l'Etat : un patrimoine immatériel en quête de statut », *Communication Commerce électronique* 2014, étude 18 ; voir spécialement la note de bas de page n°64.

[1534] Pour la citation complète, voir : J.-G. SORBARA, « Les sociétés publiques locales et la propriété publique : la société publique locale, outil d'aménagement foncier », *RFDA* 2012, p. 1140 ; spéc. p. 1143 : *« La jurisprudence sera peut être amenée à préciser le statut des actions des personnes publiques. Il serait préférable que le législateur intervienne en ce domaine, comme plus généralement pour compléter l'article L. 2112-1 afin de régler le cas des meubles publics incorporels qu'il a laissé de côté. Mais la propriété des actions n'est pas la seule question permettant d'établir un lien entre SPL et propriété publique. Le patrimoine de la SPL est en effet en grande partie composé de biens cédés par les personnes publiques actionnaires. »*.

[1535] M. BOUL, *op. cit.*.

de compléter la définition actuelle du domaine public mobilier en adjoignant aux dispositions existantes un article permettant spécialement l'identification de la domanialité publique des "biens du patrimoine immatériel des personnes publiques"[1536].

La démarche entreprise est en apparence séduisante : elle comporte en effet l'objectif affiché de tenir compte de la spécificité des propriétés publiques immatérielles dans le code général de la propriété des personnes publiques. En cela, l'ajout proposé est innovant. Il n'en demeure pas moins malvenu : chaque élément de la définition proposée peut en effet faire l'objet d'importantes critiques.

Ainsi, le premier morceau de l'article proposé par l'auteur pour compléter les dispositions législatives du code général de la propriété des personnes publiques relatives au domaine public mobilier consiste à établir que : *« Sous réserve des dispositions législatives spéciales, font partie du domaine public, les biens du patrimoine immatériel des personnes publiques mentionnées à l'article L. 1, notamment »*. Le parti est donc pris ici d'insérer par principe les "biens du patrimoine immatériel des personnes publiques" dans le domaine public des personnes publiques. Cette proposition présente le mérite de l'originalité – elle ne trouve en effet aucun écho en doctrine – mais doit faire l'objet d'importantes réserves. L'assertion selon laquelle les "biens du patrimoine immatériel des personnes publiques" feraient partie de leur domaine public appelle principalement trois remarques.

Cette étonnante position n'est d'abord pas en adéquation avec la logique inhérente au code général de la propriété des personnes publiques qui ne procède pas à la classification domaniale au seul regard de la nature juridique du bien – mobilier ou immobilier, corporel ou incorporel. Ainsi, en application des dispositions du code, il ne saurait y avoir des biens classés par principe dans telle ou telle catégorie domaniale à raison de leur seule nature immobilière, ou de leur seul caractère corporel ou incorporel pour les biens de nature mobilière. De la même façon, quand bien même il serait conçu négativement, le domaine privé est par principe le régime applicable aux biens des personnes publiques. En effet, dans la mesure où la définition du domaine privé est négative – en ce qu'il est constitué des dépendances domaniales qui ne font pas partie du domaine public de la personne publique propriétaire – il faut en déduire que le code général de la propriété des personnes publiques en fait le régime applicable par principe aux biens

[1536] M. BOUL, *op. cit.* ; voir spéc. p. 578.

publics et que par exception ceux-ci peuvent faire partie du domaine public, sous la seule réserve d'en remplir les conditions d'appartenance. L'inversion de ce principe s'agissant des propriétés publiques immatérielles ne se justifie pas. Aucune raison n'incite à une telle démarche, qui induit une plus grande rigidité dans la gestion des propriétés publiques immatérielles. L'inversion réalisée ici pour consacrer par principe la domanialité publique des propriétés publiques immatérielles ne présente donc pas de justifications objectives. La formulation retenue prête à confusion pour ces deux raisons.

Ensuite, ainsi que cela a été démontré précédemment – et comme cela sera approfondi plus avant – le régime de la domanialité publique est assez largement inadapté à la réception des propriétés publiques immatérielles. L'affirmation sans réserve apparente de leur domanialité publique est déroutante et ne se justifie pas.

Enfin, le recours à l'adverbe "notamment" n'est pas exempt non plus de plusieurs réserves. L'intention est louable, puisque l'utilisation de cet adverbe présente l'avantage de la souplesse apparente. Cependant son usage paraît en réalité impropre, parce qu'il ne porte pas – comme c'est le cas dans la définition actuelle du domaine public mobilier – sur des catégories de biens illustrant le critère matériel, mais parce qu'il porte directement sur les critères matériels de la définition. De cette façon, il pourrait donc exister des critères matériels additionnels non prévus par le code. Une telle solution est dangereuse en ce qu'elle semble inciter à la création jurisprudentielle de critères d'identification extérieurs au code.

De la même façon, le second morceau de l'article proposé par l'auteur n'est pas pleinement satisfaisant. Il s'agit des trois catégories qui illustreraient – de façon non exhaustive – la domanialité publique des "biens du patrimoine immatériel des personnes publiques".

La première catégorie est constituée des "biens du patrimoine immatériel des personnes publiques" qui : *« 1° [présentent] un intérêt public, au sens de l'article L. 2112-1 ; ».* Sans reprendre l'ensemble de l'argumentaire exposé précédemment, il convient ici de souligner que cette catégorie ne peut être que vide, sauf à interpréter de façon excessivement extensive l'article L. 2112-1 du code général de la propriété des personnes publiques. Ainsi que cela a été exposé, seuls certains auteurs se sont risqués à trouver une similitude entre les catégories énumérées par cet article et certaines propriétés publiques immatérielles. Une telle position semble contraire tant à la lettre qu'à l'esprit du code, puisqu'il vise exclusivement à l'heure actuelle des biens mobiliers culturels, corporels qui plus est.

La deuxième catégorie est constituée des "biens du patrimoine immatériel des personnes publiques" qui : *« 2° [sont] liés à la personnalité publique ou aux biens du domaine public immobilier ou mobilier ; »*. Là encore, le critère matériel proposé manque de pertinence, parce que les éléments concernés sont insusceptibles d'appropriation. Il en va ainsi, d'une part, des "biens du patrimoine immatériel des personnes publiques" *« liés à la personnalité publique »* qui sont en réalité des droits extrapatrimoniaux (nom) et, d'autre part, des "biens du patrimoine immatériel des personnes publiques" *« liés aux biens du domaine public immobilier ou mobilier »*, c'est-à-dire de l'image des biens publics, qu'ils soient mobiliers ou immobiliers. Ainsi que l'a récemment confirmé le Conseil d'Etat, statuant en Assemblée[1537], l'image du bien public n'est pas assimilable au bien, elle n'est pas susceptible d'appropriation et elle n'a pour cette raison pas vocation à intégrer le domaine, public ou privé, d'une personne publique.

La troisième catégorie est constituée des "biens du patrimoine immatériel des personnes publiques" qui : *« 3° [sont] affectés soit à l'usage direct du public soit à un service public pourvu qu'ils soient l'objet, le moyen ou le produit indispensable à sa réalisation »*. Deux éléments mettent à mal les principales caractéristiques de cette catégorie. D'une part, ainsi que cela a été expliqué précédemment, l'emploi du terme "affectation" renvoie constamment à des biens matériels. D'autre part, si la formulation retenue présente une parenté indiscutable avec l'actuelle définition du domaine public immobilier, elle ne peut pas convenir aux propriétés publiques immatérielles, pour plusieurs raisons.

D'abord, la formulation induit en erreur s'agissant des "biens du patrimoine immatériel des personnes publiques" qui seraient affectés à l'usage direct du public : intuitivement, la formule semble renvoyer aux données publiques, lesquelles ne font pourtant pas l'objet d'une appropriation publique (cf. *supra*) et connaissent une réutilisation par

---

[1537] CE, Ass., 13 avril 2018, *Etablissement public du Domaine national de Chambord*, n° 397047 ; *BJCL* 2018, p. 280, concl. R. Victor ; *JCP G* 2018, 614, note Ph. Hansen ; *D.* 2018, p. 1051, note J.-M. Bruguiere ; *RDI* 2018, p. 345, note F. Tarlet ; *RFDA* 2018, p. 461, note N. Foulquier ; *Dr. adm.* 2018, comm. 42, note F. Brenet ; *CMP* 2018, repère 6, note F. Llorens et P. Soler-Couteaux ; *JCP A* 2018, 2156, note C. Roux ; *Dalloz IP/IT* 2018, p. 490, note M. Cornu ; *AJDA* 2018, p. 1850, note F. Tarlet ; *BJCL* 2018, p. 290, note A. Fitzjean Ó Cobhthaigh.

principe libre, ce qui prive de sens la question de leur domanialité – publique ou privée –.

Ensuite, la formulation énumérative retenue pour envisager la domanialité publique des "biens du patrimoine immatériel des personnes publiques" semble davantage utile pour classer les biens en cause, pour les ordonner, plutôt que pour servir de critère afin d'en déterminer le régime domanial. Le critère proposé est en l'état hautement imprécis et excessivement englobant.

Toutes ces raisons invitent à n'accueillir qu'avec circonspection la définition proposée.

L'assouplissement ou la modification des critères du domaine public pour permettre d'appréhender les propriétés publiques immatérielles est fortement compromise. Plus encore, la modulation du régime de la domanialité publique, pour le rendre compatible avec les propriétés publiques immatérielles, s'avère être tout à la fois une opération délicate et périlleuse en ce qu'elle présente le risque de l'altérer durablement. En effet, des aménagements trop nombreux du régime de la domanialité publique auraient nécessairement pour conséquence de la dénaturer. Il faudrait dès lors envisager de dépasser le schéma de pensée fondé sur l'utilisation du droit domanial actuel pour appréhender les propriétés publiques immatérielles.

§2. L'hypothèse d'un aménagement du régime de la domanialité publique

Quand bien même l'intégration des propriétés publiques immatérielles au domaine public de la personne publique propriétaire se ferait en application de l'un des mécanismes décrits ci-dessus, la question du régime qui leur serait alors applicable n'en serait pas résolue pour autant. En effet, *« [l]e développement d'un domaine public incorporel poserait, au demeurant, la question de l'adaptation de la domanialité publique à l'immatériel »*[1538]. Certaines importantes incompatibilités entre la nature juridique des propriétés publiques immatérielles et le régime applicable aux dépendances du domaine public ont déjà été mises en évidence précédemment. La domanialité publique n'ayant pas été pensée pour les

---

[1538] PH. YOLKA, note sous CE, Avis, 21 novembre 1972, *OFRATEME*, *GDDAB*, Dalloz, 3e éd., 2018, n°2.

propriétés publiques immatérielles, le hiatus est parfois important entre le régime applicable aux biens mobiliers et immobiliers du domaine public et celui qui pourrait être appliqué aux propriétés publiques immatérielles si elles intègrent finalement le domaine public.

Sans qu'il soit la peine de revenir en détail ici sur les incompatibilités entre domanialité publique et propriétés publiques immatérielles, il convient d'exposer les aménagements du régime de la domanialité publique à prévoir dans l'hypothèse d'une intégration au domaine public – peu important par quel critère – des propriétés publiques immatérielles. La difficulté principale est ici d'envisager de rendre compatible les propriétés publiques immatérielles au régime de la domanialité publique, sans pour autant porter une atteinte irrémédiable à la cohérence du domaine public.

Le manque de concordance entre domanialité publique et propriétés publiques immatérielles a déjà été largement démontré. Au-delà même de cette inadaptation apparente, il y a des incertitudes sur la possibilité de moduler le régime de la domanialité publique sans en trahir totalement l'esprit. Ces incertitudes portent tant sur la possibilité d'infléchir les principes inhérents au domaine public (A) que sur celle d'aménager le régime de gestion du domaine public (B).

A. Les incertitudes quant à l'inflexion des principes inhérents au domaine public

L'inaliénabilité et l'imprescriptibilité sont au cœur des prérogatives de domanialité publique[1539]. Il s'agit de principes inhérents au domaine public. Leur portée est très générale et ils ne souffrent que de rares exceptions.

La confrontation des propriétés publiques immatérielles à la domanialité publique – et à la domanialité en général – fait ressortir d'importantes incompatibilités de régime, de tel sorte qu'un assouplissement de ce régime doit être impérativement envisagé pour remédier à ces difficultés d'articulation, si une domanialité publique immatérielle est envisagée.

[1539] Article L. 3111-1 du code général de la propriété des personnes publiques : « *Les biens des personnes publiques (...), qui relèvent du domaine public, sont inaliénables et imprescriptibles* ».

Une telle démarche doit s'envisager avec retenue, puisqu'elle se fait au risque d'une altération du régime actuel de la domanialité publique.

Si les propriétés publiques immatérielles venaient à intégrer le domaine public des personnes publiques, une inflexion des principes inhérents au domaine public serait rendue nécessaire, en raison des objectifs poursuivis par cette hypothétique domanialité publique immatérielle (1), mais elle serait nécessairement limitée, en raison de la rigidité apparente de ces principes (2).

1. Une inflexion justifiée par les objectifs de la domanialité publique immatérielle

La réflexion sur le régime d'un éventuel domaine public immatériel doit s'accompagner d'une réflexion sur l'existence même d'un tel régime. Il ne peut seulement s'agir d'une démarche purement opportuniste visant uniquement à accorder une protection supplémentaire aux propriétés concernées. Encore faut-il que les aménagements envisagés n'altèrent pas les équilibres existants. Une application pure et simple du régime de la domanialité publique au sens classique serait certainement insatisfaisante, au regard des éléments d'incompatibilité déjà mis en avant.

Les justifications à l'existence même d'une domanialité publique reposent, s'agissant du domaine public immobilier, sur la nécessité de garantir l'affectation des propriétés publiques concernées à l'utilité publique. L'affectation à l'utilité publique renvoyant tout à la fois à l'affectation à l'usage direct du public et à l'affectation à un service public.

Le domaine public quant à lui ne repose pas sur le critère de l'affectation. En effet, *« la théorie de l'affectation qui sous-tend toute la domanialité publique immobilière apparaît (...) réellement inadaptée à la spécificité des objets mobiliers »*[1540]. Plus spécifiquement, le code général de la propriété des personnes publiques *« [ne fait pas] dépendre la domanialité publique des biens mobiliers de leur affectation, mais de leur nature ou de leurs caractéristiques »*[1541]. Le domaine public mobilier est dès lors davantage tourné vers la conservation de biens rares ou précieux que vers l'affectation à l'utilité publique. Cela n'empêche pas une utilisation dans le cadre du service public, avec une mise à

[1540] F. HOURQUEBIE, « Le domaine public mobilier », *RDP* 2005, p. 635 ; spéc. p. 650.
[1541] N. FOULQUIER, *Droit administratif des biens*, 2e éd., 2013 ; spéc. p. 74.

disposition au public, notamment par l'exposition dans les musées, ou avec une mise à disposition à certains services administratifs, s'agissant par exemple du mobilier national. Le choix de ne pas retenir des critères identiques pour le domaine public immobilier et pour le domaine public mobilier est motivé par le souhait de ne pas gonfler inutilement cette seconde catégorie, c'est-à-dire par la volonté d'*« éviter toute extension du domaine public mobilier »*[1542].

La détermination des raisons justifiant l'existence d'un domaine public immatériel est tout à fait capitale, puisqu'elle doit renseigner tout à la fois sur l'identité même de la domanialité publique immatérielle et de façon subséquente sur la consistance d'un domaine public immatériel. Les justifications peuvent être de plusieurs ordres. S'agissant des propriétés publiques immatérielles, ce n'est pas tellement la conservation dans un but de préservation de l'intégrité qui est visée, mais plutôt de façon assez générale, l'attachement à la satisfaction de l'utilité publique – forme euphémisée d'affectation, celle-ci étant par hypothèse exclue, puisqu'étant *essentiellement*, au sens premier du terme, une terminologie renvoyant à des biens matériels, immobiliers qui plus est –. L'attachement à la satisfaction de l'utilité publique s'entremêle parfois avec la préservation des intérêts stratégiques, autre justification possible à une domanialité publique immatérielle.

S'agissant de la propriété publique financière, seules les *golden shares* pourraient nécessiter une incorporation au domaine public en raison de leurs caractéristiques, au titre de la préservation des intérêts stratégiques de la France. L'inaliénabilité de ce type de propriété publique immatérielle serait ici possible et souhaitable, ce qui n'est pas le cas de toutes les propriétés publiques immatérielles qui auraient vocation à intégrer le domaine public.

Concernant la propriété publique intellectuelle, certains brevets, notamment de la défense nationale, pourraient prétendre à une incorporation au domaine public tout à la fois au titre de la préservation des intérêts stratégiques de la France et aussi de l'attachement à la satisfaction de l'utilité publique, lorsqu'ils font l'objet d'une exploitation dans le cadre d'activités de service public. Quant aux marques détenues par des personnes publiques, le problème se pose dans des termes différents, puisque la question cruciale est ici celle d'une exploitation de la marque tournée vers la satisfaction de l'utilité publique davantage que celle de l'identité même du propriétaire – personne publique ou personne

---

[1542] *Idem* ; spéc. p. 74.

privée – qui peut être relativement indifférente. La question de l'appropriation publique n'étant pas déterminante s'agissant des marques, la soumission au régime de la domanialité publique pourrait paraître exagérée, parce qu'elle implique nécessairement en l'état actuel des textes la propriété publique. Pour ce qui est des droits d'auteur, les hypothèses dans lesquelles une personne publique serait titulaire de droits moraux sont tout à fait résiduelles – ainsi que cela a été expliqué, elles se limitent à deux cas : celui de l'œuvre collective et celui, aujourd'hui dépassé, de l'avis *OFRATEME* (cf. *supra*, Partie II) – et leur caractère extrapatrimonial semble devoir conduire à une exclusion de la domanialité publique, malgré le fait qu'ils soient inaliénables et imprescriptibles comme les dépendances du domaine public, alors que pour les droits patrimoniaux ce sont plutôt les nécessités de leur circulation qui rend leur domanialité publique improbable, malgré leur attachement à la satisfaction de l'utilité publique parfois indéniable.

Les justifications présidant hypothétiquement à l'intégration au domaine public des personnes publiques de certaines propriétés publiques immatérielles suggèrent que les traits les plus saillants de la domanialité publique, c'est-à-dire les principes d'inaliénabilité et d'imprescriptibilité, ne sont pas nécessairement les mieux à mêmes de répondre à ces aspirations. Dès lors, une inflexion de ces principes doit être envisagée, à supposer toutefois qu'elle soit envisageable, en raison du peu d'exceptions dont souffrent ces principes.

2. Une inflexion limitée par la rigidité des principes inhérents au domaine public

Les principes d'inaliénabilité et d'imprescriptibilité sont énoncés dans des termes très généraux. Assez rigides dans leurs manifestations, ils ne connaissent que des assouplissements limités. L'inflexion des principes d'inaliénabilité (a) et d'imprescriptibilité (b) paraît, dans ces conditions, relativement compromise, d'autant plus qu'elle déboucherait presque fatalement sur une dénaturation de la domanialité publique.

a. Les incertitudes quant à la possibilité d'infléchir le principe d'inaliénabilité

Le caractère absolu du principe d'inaliénabilité couvrant le domaine public peut à juste titre être discuté, dans la mesure où *« [l']inaliénabilité du domaine public ne constitue plus, comme celle du domaine royal, une précaution contre les dilapidations éventuelles des patrimoines publics »*[1543], mais simplement une garantie de l'affectation à l'utilité publique, lorsque celle-ci se justifie. En effet, *« [en] raison de son fondement même, l'inaliénabilité moderne a une portée relative qui la différencie de l'inaliénabilité de l'ancien domaine royal. Etant fondée sur l'affectation, elle n'atteint que les dépendances du domaine public et pendant la durée de leur affectation et encore dans la limite des exigences de celle-ci »*[1544]. La domanialité publique peut cesser, et avec elle l'inaliénabilité, lorsque l'affectation prend fin et que la dépendance domaniale considérée est déclassée par la personne publique propriétaire et sort corrélativement de son domaine public. Le principe d'inaliénabilité semble perdre de son intérêt dans la mesure où la procédure de sortie du domaine public, s'agissant du domaine public immobilier artificiel, est entièrement aux mains de la personne publique. L'application du principe d'inaliénabilité serait dès lors entièrement dépendante de la volonté de la personne publique qui pour en contourner l'application pourrait décider de la sortie du bien considéré du domaine public.

Ce phénomène est à relier à la question de la disparition de l'affectation. Pour un bien immobilier, si l'affectation disparaît, la cession doit être libre, ce qui est logique. Les propriétés publiques immatérielles ne sont en revanche pas affectées à l'usage direct du public ou à un service public. Donc la question ne se pose pas dans les mêmes termes.

En réalité l'inaliénabilité ne peut pas être appliquée de façon linéaire à toutes les propriétés publiques immatérielles. Il sera parfois nécessaire d'avoir recours à une forme d'inaliénabilité plus importante, indépassable en quelque sorte parce qu'elle ne serait pas dépendante de la seule volonté de la personne publique propriétaire, par exemple pour la protection des *golden shares*. Celles-ci pourraient sortir du domaine public uniquement dès lors qu'elles ne seraient plus dédiées à la préservation des intérêts stratégiques de la France. Réciproquement, il sera parfois opportun de recourir à une forme d'inaliénabilité assouplie, du type "aliénabilité conditionnée", l'aliénation pouvant être ici conditionnée à la stipulation d'une clause garantissant le maintien d'une

---

[1543] Pour la citation complète, voir : Y. GAUDEMET, *Droit administratif des biens*, LGDJ, 15e éd., 2014 ; spéc. p. 196 : *« L'inaliénabilité du domaine public ne constitue plus, comme celle du domaine royal, une précaution contre les dilapidations éventuelles des patrimoines ; la preuve en est qu'elle n'existe précisément pas pour le domaine privé qui, beaucoup plus que le domaine public, est une source de revenus administratifs. »*.
[1544] Y. GAUDEMET, *op. cit.* ; spéc. p. 197.

utilisation de la marque dans le cadre du service public, pour une durée déterminée. Dans cette hypothèse, la personne publique se déchargerait de la gestion opérationnelle de la marque publique auprès d'une personne privée, tout en en conservant le droit d'usage dans le cadre du service public. Un tel mécanisme n'est envisageable que dans la mesure où il est fait obstacle à des aliénations futures à d'autres personnes privées sans la condition du maintien de l'utilisation dans le cadre du service public. Elle répondrait en revanche utilement à la préoccupation visant à assouplir la gestion des marques publiques, en vue d'en permettre une dynamisation financière auprès d'opérateurs privés, sans en perdre pour autant le droit d'usage.

b. Les incertitudes quant à la possibilité d'infléchir le principe d'imprescriptibilité

La rigidité du principe d'imprescriptibilité est importante. En effet, *« [la] portée de la règle de l'imprescriptibilité du domaine public est absolue car elle s'impose aux personnes publiques propriétaires du domaine, même contre leur gré. Elles ne peuvent donc y renoncer. Quelle que soit leur tolérance vis-à-vis d'une occupation irrégulière (...) aucune proposition n'aboutit à un transfert de propriété du domaine public. »*[1545]. Pourtant, la plupart du temps, son application aux propriétés publiques immatérielles ne se justifie pas. Il conviendrait dès lors de l'aménager ou d'y renoncer totalement le cas échéant.

L'intégration des propriétés publiques immatérielles, ou de certaines d'entre elles, au domaine public des personnes publiques aurait nécessairement pour conséquence de les soumettre au principe d'imprescriptibilité des biens du domaine public, par le jeu de l'article L. 3111-1 du code général de la propriété des personnes publiques, aux termes duquel : *« Les biens des personnes publiques (...), qui relèvent du domaine public, sont inaliénables et imprescriptibles »*. Or, la reconnaissance d'un tel principe induirait en erreur, s'agissant des propriétés publiques immatérielles. En effet, le fait de soumettre ces propriétés à l'imprescriptibilité lorsqu'elles font partie du domaine public sous-entend qu'elles seraient prescriptibles si elles faisaient partie du domaine privé. Tel n'est pourtant pas le cas. Les propriétés publiques immatérielles ne peuvent normalement jamais faire l'objet d'une prescription acquisitive. La domanialité publique n'apporterait donc ici rien de plus que de la confusion.

[1545] N. FOULQUIER, *Droit administratif des biens*, Lexis Nexis, 4e éd., 2018 ; spéc. p. 209.

Les propriétés publiques immatérielles ne peuvent pas faire l'objet d'une prescription acquisitive.

D'une part, aux termes de l'article 2260 du Code civil : *« On ne peut prescrire les biens ou les droits qui ne sont point dans le commerce »*. Or, la propriété littéraire et artistique et spécialement les droits moraux de l'auteur est caractéristique de droits qui ne sont pas dans le commerce et qui ne donc par conséquent pas être prescrits. La Cour de cassation a d'ailleurs expressément jugé à cet égard que *« l'exercice par l'auteur du droit de propriété intellectuelle qu'il tient de la loi, et qui est attaché à sa personne en qualité d'auteur, n'est limité par aucune prescription »*[1546].

D'autre part, la règle bicentenaire suivant laquelle *« en fait de meubles, la possession vaut titre »*, autrefois inscrite à l'article 2279 du Code civil et figurant aujourd'hui à l'article 2276 du même code, ne joue pas pour les meubles incorporels. La Cour de cassation a statué en ce sens dans un arrêt du 7 mars 2006, en énonçant explicitement, en l'espèce à propos d'une licence d'exploitation d'un débit de boissons, que *« l'article 2279 du Code civil ne s'applique qu'aux seuls meubles corporels individualisés »*[1547]. Cette règle n'a dès lors pas de raison de s'appliquer aux propriétés publiques immatérielles.

En définitive, à partir du moment où une propriété publique immatérielle ne peut faire l'objet ni d'une prescription acquisitive, ni d'une action possessoire, la règle d'imprescriptibilité des biens du domaine public perd de son intérêt. Il semble donc que la classification dans le domaine public ou dans le domaine privé des propriétés publiques immatérielles soit indifférente du point de vue du principe d'imprescriptibilité.

L'imprescriptibilité ne protège en revanche pas les personnes publiques contre l'extinction de leur droit de propriété sur leurs biens par l'effet du temps. Cette prérogative découle plutôt du principe de perpétuité attaché à la propriété. En effet, *« [e]n raison de ses caractères absolu et perpétuel, la propriété est par principe imprescriptible [ce qui signifie qu'] elle ne peut pas être perdue par défaut d'utilisation ou par passivité »*[1548]. La Cour de cassation juge expressément que : *« la*

[1546] Cass. Civ. 1ère, 17 janvier 1995, n° 91-21123.

[1547] Cass. com., 7 mars 2006, n° 04-13569 ; *RTD Civ.* 2006, p. 348, note T. REVET ; *D.* 2006, p. 2897, note C. KUHN ; *JCP G* 2006, II, 10143, note G. LOISEAU ; *D.* 2006, Pan. p. 2363, obs. B. MALLET-BRICOUT.

[1548] F. TARLET, *op. cit.* ; spéc. p. 206.

propriété ne se [perd] pas par le non-usage »[1549] et l'article 2227 du Code civil rappelle que *« Le droit de propriété est imprescriptible (...) »*. Cependant, toutes les propriétés publiques immatérielles ne bénéficient pas de la perpétuité du droit de propriété. Ainsi, les brevets, les marques et les droits patrimoniaux de l'auteur ne sont protégés que pour une durée déterminée, en application des dispositions du code de la propriété intellectuelle.

Ce principe connaît des dérogations en matière de propriétés immatérielles, auxquelles il faut parfois remédier. La solution ne se trouve toutefois pas dans une extension de l'application du principe d'imprescriptibilité aux propriétés publiques immatérielles, pour lesquelles l'application des principes inhérents au domaine public est par conséquent d'autant plus compromise.

Tout au plus faudrait-il, donc, moduler le principe de perpétuité de la propriété, soit qu'il s'agisse d'en limiter la portée, pour certaines propriétés publiques immatérielles, soit qu'il s'agisse d'en étendre la portée, dans certaines conditions. Le principe d'imprescriptibilité est en effet insuffisant pour faire échec au caractère temporaire de certaines propriétés immatérielles, qu'il s'agisse de propriétés industrielles ou intellectuelles. Pour ce qui est de la propriété publique financière, par le jeu de la perpétuité de la propriété, elle ne s'éteint pas par l'écoulement du temps.

S'agissant de la propriété publique industrielle, il faut distinguer le cas des brevets et de celui des marques. Pour l'un comme pour l'autre, le droit de propriété est reconnu à titre temporaire dans le code de la propriété intellectuelle, par dérogation donc au principe de la perpétuité de la propriété. Toutefois, sauf en cas de défaut de suivi de la marque entraînant un oubli de renouvellement, la marque peut normalement être renouvelée indéfiniment, à condition que les redevances exigées soient payées. Ceci tend à relativiser fortement la portée du caractère temporaire de la marque. Pour les marques publiques, il y aurait cependant un sens à ne jamais les rendre disponibles une fois expiré, même par inadvertance, le délai de protection – sauf exception, pour les marques entrées "par accident" dans le patrimoine public (cf. *supra* l'exemple de la marque Triumph) –, en raison des valeurs qu'elles véhiculent. Dans l'hypothèse où il faudrait aménager une telle protection, ce ne serait pas le principe d'imprescriptibilité qui permettrait de la véhiculer, mais plutôt un assouplissement du caractère temporaire de la protection des

[1549] Cass. civ. 3e, 5 juin 2002, n° 00-16077.

marques, en revenant à la perpétuité de principe du droit de propriété. Pour les brevets, en revanche, il n'y a pas vraiment de raison de déroger au caractère temporaire de la propriété industrielle. Même lorsqu'il relève de la défense nationale, certains dispositifs spécifiques en permettent *a priori* une bonne protection, de telle sorte que la solution n'est pas un retour au principe de la perpétuité de la propriété pour ces propriétés immatérielles spécifiques, pas plus qu'une soumission au principe d'imprescriptibilité. Là encore, l'imprescriptibilité ne se justifie pas, car elle ne répond pas aux préoccupations de protection mises en avant.

Concernant la propriété publique intellectuelle, la question se dédouble, puisqu'il convient classiquement de distinguer entre les droits moraux et les droits patrimoniaux.

Pour ce qui est des rares droits moraux dont une personne publique peut être titulaire, ils sont de toute façon perpétuels, inaliénables et imprescriptibles, par le jeu de l'article L. 121-1 du code de la propriété intellectuelle. S'agissant, en plus, de droits de la personnalité, ils n'entrent ni dans le domaine public ni dans le domaine privé. En effet, il s'agit d'une propriété publique immatérielle un peu à part, dans la mesure où il n'est pas possible d'en disposer, en raison de son caractère extrapatrimonial. Le principe d'imprescriptibilité prévu pour les dépendances du domaine public n'ajouterait donc rien ici, à supposer qu'en forçant les catégories certains droits moraux intègrent le domaine public d'une personne publique. Pour ce qui concerne les droits patrimoniaux de la personne publique, ils ne peuvent pas être acquis par prescription. Le principe d'imprescriptibilité n'est pas ici une nécessité. En revanche, une dérogation au principe de perpétuité de la propriété doit parfois être envisagée, puisque les œuvres créées deviennent libres de droits soixante-dix ans après la mort de l'auteur, en vertu de l'article L. 123-1 du code de la propriété intellectuelle. Cette disposition pose un problème évident d'interprétation (cf. *supra*) s'agissant de personnes morales de droit public dont la perpétuité est supposée. Deux hypothèses peuvent ici être distinguées : soit l'œuvre est créée et exploitée dans le cadre du service et revient au service ; soit l'œuvre est créée en-dehors du service et elle est exploitée dans le cadre du service, dans ce cas les droits d'exploitation de cette œuvre sont normalement acquis à titre temporaire.

En définitive, il est peu vraisemblable que l'incorporation au domaine public de propriétés publiques immatérielles soit la solution répondant le mieux aux besoins de protection renforcée mis en avant précédemment pour certaines d'entre elles. L'application uniforme du principe d'inaliénabilité était déjà sujette à débat. Celle du principe d'imprescriptibilité l'est peut-être davantage encore, dans la mesure où son utilité n'a pas été démontrée s'agissant des propriétés publiques immatérielles.

En fin de compte, les solutions viendraient plutôt ici d'une modulation du régime de droit privé applicable, en vertu du code de la propriété intellectuelle, aux propriétés industrielles et intellectuelles des personnes publiques, en apportant des atténuations, lorsque nécessaire, au caractère temporaire de la protection de ces propriétés.

Finalement, l'application du principe d'imprescriptibilité n'est pas souhaitable s'agissant des propriétés publiques immatérielles, de telle sorte qu'il faudrait y déroger si ces propriétés venaient à intégrer le domaine public. Il faut par conséquent s'interroger une nouvelle fois sur l'opportunité d'une telle démarche, parce que la multiplication des aménagements au régime de la domanialité publique en altère la cohésion et pourrait à force la dénaturer. Là encore, la question de la sortie de la dialectique domaniale telle qu'elle est pensée aujourd'hui pour appréhender le mieux possible les propriétés publiques immatérielles – c'est-à-dire, pour en permettre une valorisation optimale, qui témoigne d'un équilibre maximal entre protection et exploitation – se pose avec d'autant plus d'acuité.

B. Les incertitudes quant à l'adéquation du régime de gestion du domaine public

De la même façon qu'il existe des difficultés sérieuses d'articulation entre les principes inhérents au domaine public et les propriétés publiques immatérielles, la question de leur incorporation au domaine public pose encore problème s'agissant de leur adéquation au régime de gestion du domaine public. Ce sont à la fois les conditions d'utilisation (1) et de sortie d'un éventuel domaine public immatériel (2) qui posent problème et qu'il faudrait envisager d'aménager, pourvu qu'elles n'altèrent pas durablement la domanialité publique telle qu'elle ressort actuellement du code général de la propriété des personnes publiques.

1. Les incertitudes tenant à l'utilisation d'un domaine public immatériel

La consécration d'un domaine public immatériel recèle de nombreuses incertitudes. Parmi celles-ci figurent les questions en lien avec les conditions d'utilisation du domaine public. Une fois encore, il est possible de constater que les dispositions du code général de la propriété des personnes publiques sont en l'état inadaptées pour couvrir le cas des propriétés publiques immatérielles.

Trois questions doivent être abordées ici successivement : celle de l'autorisation d'occupation du domaine public, celle du paiement d'une redevance pour occupation du domaine public et celle de l'organisation d'une procédure de sélection préalable à l'occupation du domaine public. L'étude de ces trois questions doit permettre de mettre en évidence que les règles actuellement prévues par le code général de la propriété des personnes publiques pour régir l'utilisation du domaine public sont inadaptées pour régler le cas des propriétés publiques immatérielles, et que leur hypothétique intégration au domaine public devrait là encore se faire au prix d'importants aménagements du régime de la domanialité publique.

Aux termes de l'article L. 2122-1, alinéa 1er du code général de la propriété des personnes publiques, toute occupation ou utilisation du domaine public se fait moyennant l'obtention préalable d'un titre habilitant à ce faire[1550], qu'il s'agisse d'un acte unilatéral ou d'un contrat. En principe, l'occupation ou l'utilisation du domaine public *« donne lieu au paiement d'une redevance »*, selon l'article L. 2125-1, alinéa 1er du même code[1551]. La question de l'utilisation des propriétés publiques immatérielles se pose dans des termes différents dès lors qu'elles n'ont pas *a priori* pour vocation d'être utilisées par des tiers, contrairement à la logique gouvernant classiquement le domaine public des personnes publiques. Certaines propriétés publiques immatérielles peuvent toutefois faire l'objet ponctuellement d'une utilisation par un tiers – que celle-ci soit d'ailleurs régulière ou irrégulière. Le terme d'"occupation" est en revanche trop imprégné de matérialisme pour s'appliquer à des propriétés immatérielles.

[1550] Article L. 2122-1, al. 1er CGPPP : *« Nul ne peut, sans disposer d'un titre l'y habilitant, occuper une dépendance du domaine public d'une personne publique (...) ou l'utiliser dans des limites dépassant le droit d'usage qui appartient à tous. »*.

[1551] Article L. 2125-1, al. 1er CGPPP : *« Toute occupation ou utilisation du domaine public d'une personne publique (...) donne lieu au paiement d'une redevance (...). »*.

La propriété publique financière, n'a *a priori* pas vocation à faire l'objet d'une utilisation par un tiers. Spécialement si une action appartenant à une personne publique venait à intégrer son domaine public, elle le serait pour des raisons spécifiques tenant à ce qu'elle permet de garantir la préservation des intérêts stratégiques de la France, en ce qu'elle constitue une *golden share* – ou action spécifique. Il existe toutefois certains mécanismes de "location d'actions", qui peuvent, en l'absence de disposition législative contraire, s'appliquer aux personnes publiques actionnaires[1552]. Dans ce cas, une personne publique met à la disposition de tiers certaines de ses actions, détenues dans des sociétés non cotées : il s'agit d'une utilisation entièrement régie par les dispositions du code de commerce. Cette hypothèse, si elle venait à se réaliser, ne devrait de toute façon pas viser des actions faisant partie du domaine public d'une personne publique.

Toute personne publique qui viendrait à être concernée par une telle procédure devra en tout état de cause s'astreindre au respect des conditions normales de marché, afin d'éviter une sanction sur le fondement du droit des aides d'Etat, en application des articles 107[1553] et 108[1554] du Traité sur le fonctionnement de l'Union européenne.

Le prêt d'actions est un autre dispositif parfois envisagé en droit des sociétés pour réglementer l'usage par un tiers de propriétés financières. Le mécanisme n'est pas réglementé en tant que tel par le code de commerce qui l'envisage simplement de façon indirecte en définissant les conditions dans lesquelles une société peut en contrôler une autre. En

---

[1552] Voir spécialement les deux premiers alinéas de l'article L. 239-1 du code de commerce :
« Les statuts peuvent prévoir que les actions des sociétés par actions ou les parts sociales des sociétés à responsabilité limitée soumises à l'impôt sur les sociétés de plein droit ou sur option peuvent être données à bail, au sens des dispositions de l'article 1709 du code civil, au profit d'une personne physique.
La location d'actions ne peut porter que sur des titres nominatifs non négociables sur un marché réglementé, non inscrits aux opérations d'un dépositaire central et non soumis à l'obligation de conservation prévue à l'article L. 225-197-1 du présent code ou aux délais d'indisponibilité prévus aux chapitres II et III du titre IV du livre IV du code du travail. ».

[1553] L'article 107 §1 du TFUE prohibe par principe les aides d'Etat : *« Sauf dérogations prévues par les traités, sont incompatibles avec le marché intérieur, dans la mesure où elles affectent les échanges entre États membres, les aides accordées par les États ou au moyen de ressources d'État sous quelque forme que ce soit qui faussent ou qui menacent de fausser la concurrence en favorisant certaines entreprises ou certaines productions. ».*

[1554] L'article 108 du TFUE revient plus en détail sur le rôle de la Commission européenne dans le contrôle des aides d'Etat.

effet, aux termes de l'article L. 233-3, I, 2° du code précité : *« I.- Toute personne, physique ou morale, est considérée, pour l'application des sections 2 et 4 du présent chapitre, comme en contrôlant une autre : (...) 2° Lorsqu'elle dispose seule de la majorité des droits de vote dans cette société en vertu d'un accord conclu avec d'autres associés ou actionnaires et qui n'est pas contraire à l'intérêt de la société ; (...) »*[1555]. Un tel mécanisme est envisageable même dans des sociétés cotées. A titre d'illustration, un protocole d'accord portant sur une portion du capital de la société Alstom équivalant à 20% avait été signé entre l'Agence des participations de l'Etat et la société Bouygues courant 2014[1556]. L'idée était de permettre à l'Etat d'exercer les droits de vote au sein de la société Alstom, à la place de la société Bouygues. Dans cette configuration toutefois l'Etat était le bénéficiaire du prêt d'actions et a finalement décidé de ne pas lever l'option d'achat au terme du contrat[1557].

S'agissant des propriétés publiques intellectuelles et des propriétés publiques industrielles, deux situations peuvent être distinguées. D'une part, lorsque l'occupation est régulière, elle est dans ce cas prévue conventionnellement : c'est le cas de la concession de licence de marque ou de la concession de licence de brevet ou encore de la cession des droits patrimoniaux attachés à une œuvre de l'esprit, littéraire ou artistique. D'autre part, lorsque l'occupation est irrégulière, dans ce cas, des dispositifs sont prévus dans le code de la propriété intellectuelle pour y remédier. Tel est l'objet des actions en contrefaçon, puisqu'il s'agit de répondre aux effets dommageables d'une utilisation irrégulière par des tiers d'une propriété immatérielle.

Une autre question relative aux conditions d'utilisation du domaine public des personnes publiques resterait à régler dans l'hypothèse où des propriétés publiques immatérielles auraient vocation à intégrer le domaine public des personnes publiques : celle de l'organisation d'une procédure de publicité et de mise en concurrence préalablement à l'octroi d'une autorisation d'utilisation. Répondant à une préoccupation récurrente de la doctrine et encouragée dans cette voie par les récents développements de la jurisprudence de la Cour de justice de l'Union européenne, le gouvernement a envisagé d'adopter par voie

[1555] Nous soulignons.
[1556] Sur cette question, voir notamment : A. COURET et B. DONDERO, « L'Etat qui emprunte des actions est-il réellement actionnaire ? », *JCP E* 2015, act. 529.
[1557] AGENCE DES PARTICIPATIONS DE L'ETAT, « L'Etat restitue les titres Alstom prêtés par Bouygues », communiqué de presse, 18 octobre 2017.

d'ordonnance[1558], sur habilitation du législateur[1559], des dispositions législatives organisant une procédure de sélection préalable des candidats à l'occupation ou à l'utilisation du domaine public des personnes publiques à des fins économiques[1560].

Pour les raisons exposées ci-dessus, il est peu vraisemblable que ces dispositions aient vocation à s'appliquer aux propriétés publiques immatérielles, si elles venaient à intégrer le domaine public des personnes publiques, simplement parce que les conditions de leur utilisation sont fixées par d'autres textes, qu'il s'agisse du code de commerce ou du code de la propriété intellectuelle. Il faut par ailleurs noter que l'absence de soumission aux procédures spécifiques du code général de la propriété des personnes publiques n'empêchera pas la personne publique d'organiser spontanément une procédure de publicité et de mise en concurrence lorsqu'elle autorise un tiers à utiliser une propriété publique immatérielle[1561]. Elle sera alors tenue de respecter la procédure mise en place pour le choix de son cocontractant[1562].

[1558] Ordonnance n° 2017-562 du 19 avril 2017 relative à la propriété des personnes publiques.

[1559] Voir spécialement l'article 34 de la Loi n° 2016-1691 du 9 décembre 2016 relative à la transparence, à la lutte contre la corruption et à la modernisation de la vie économique (dite « Loi Sapin 2 »).

[1560] Article L. 2122-1-1, al. 1er du code général de la propriété des personnes publiques : *« Sauf dispositions législatives contraires, lorsque le titre mentionné à l'article L. 2122-1 permet à son titulaire d'occuper ou d'utiliser le domaine public en vue d'une exploitation économique, l'autorité compétente organise librement une procédure de sélection préalable présentant toutes les garanties d'impartialité et de transparence, et comportant des mesures de publicité permettant aux candidats potentiels de se manifester. »*.

[1561] Voir à propos d'une concession de licence de marque, un exemple pouvant être élargi, notamment aux brevets : E. HOFFMAN, L. BOUCHARD et J. CAPIAUX, « Protection du nom de la collectivité territoriale : enjeux publics et privés », *Gaz. Pal.*, 10 décembre 2011, p. 11. Les auteurs écrivent notamment : *« Qu'une mise en concurrence ne soit pas obligatoire ne signifie pas qu'elle ne soit pas, dans certains cas, à la fois justifiée et opportune. Justifiée parce qu'au fond, en concédant le droit d'utiliser telle ou telle de ses marques, la collectivité territoriale procure au licencié, qui exerce dans un cadre concurrentiel, un avantage par rapport aux opérateurs économiques exerçant une activité de même nature. Opportune parce qu'elle peut permettre à la collectivité territoriale de choisir la proposition qui lui semble tout à la fois la plus intéressante en termes financiers mais également la plus respectueuse de son image en considération des modes d'exploitation envisagés. »*.

[1562] E. HOFFMAN, L. BOUCHARD et J. CAPIAUX, art. préc. : *« Il reste que si la collectivité territoriale fait le choix d'une mise en concurrence, et qu'elle formalise, même a minima, une procédure sui generis à cet effet, elle sera alors contrainte de la respecter pour choisir son licencié. C'est alors l'exposer à un risque contentieux, un candidat à l'attribution de la licence non retenu pouvant contester judiciairement la délibération*

Ces développements contribuent à renforcer un peu plus encore le sentiment selon lequel le régime de la domanialité publique est consubstantiellement matériel et qu'il n'est pas fait pour accueillir les propriétés publiques immatérielles. Soumettre les propriétés publiques immatérielles à la domanialité publique impliquerait d'importants aménagements de ce régime spécifique qui, en plus de ne pas avoir été conçu pour ces propriétés, risquerait la dénaturation à être trop infléchi. L'étude de la question de la sortie du domaine public des propriétés publiques immatérielles qui auraient éventuellement vocation à l'intégrer confirme ce point de vue.

2. Les incertitudes tenant à la sortie du domaine public immatériel

La procédure de sortie du domaine public atteste également à sa façon des modulations par trop contraignantes qu'impliquerait une insertion de propriétés publiques immatérielles dans le domaine public. Là encore, une inflexion des modes de gestion des biens du domaine public serait nécessaire, car la procédure de sortie des biens du domaine public n'est en l'état pas adaptée aux propriétés immatérielles. Le débat sur la domanialité publique éventuelle de certaines propriétés publiques immatérielles n'est ainsi pas purement théorique : il a des incidences pratiques indiscutables.

Traditionnellement, le processus de sortie d'un bien du domaine public se fait après une désaffectation de fait suivie d'un déclassement de droit, c'est-à-dire par un acte formel. En effet, aux termes de l'article L. 2141-1 du code général de la propriété des personnes publiques : *« [u]n bien d'une personne publique (...), qui n'est plus affecté à un service public ou à l'usage direct du public, ne fait plus partie du domaine public à compter de l'intervention de l'acte administratif constatant son déclassement. »*. La mise en place d'une telle procédure s'explique aisément : il s'agit d'un mécanisme de sauvegarde destiné à ce qu'une personne publique ne lève pas à son insu la protection spécifique dont disposent les biens de son domaine public. Cette procédure a été pensée pour des biens immobiliers et elle se comprend essentiellement pour de tels biens : les biens mobiliers et les propriétés

autorisant l'exécutif à signer le contrat de licence en invoquant le non-respect de la procédure à laquelle la collectivité territoriale a entendu se soumettre volontairement. ».

publiques immatérielles n'étant pas "affectés"[1563], que ce soit à l'usage direct du public ou à un service public moyennant aménagement indispensable, leur désaffectation n'aurait pas de sens. Peuvent-elles pour autant sortir du domaine public, lorsqu'elles l'ont intégré, par simple mesure de déclassement ? Le doute est permis, pour plusieurs raisons.

La première tient à ce que *« le déclassement n'est prévu dans le [CGPPP] qu'à propos des immeubles »*[1564]. Les biens mobiliers ne sont *a priori* pas visés par ces dispositions. A plus forte raison, les propriétés immatérielles ne le sont pas non plus, d'autant plus que le code est muet à leur sujet. Les cas de déclassement de biens mobiliers ne sont prévus que de façon sporadique, dans le code du patrimoine. Ne sont visés que *« les biens constituant les collections des musées de France »*, à l'article L. 451-5 du code précité, ce qui ne couvre qu'une partie des biens du domaine public mobilier. Aux termes du second alinéa de cet article, *« Toute décision de déclassement d'un de ces biens ne peut être prise qu'après avis conforme de la commission scientifique nationale des collections (...). »*.

La deuxième tient à la raison d'être de la domanialité publique, qu'elle soit mobilière ou immatérielle. Les motivations conduisant à inclure dans le domaine public des biens mobiliers ou des propriétés publiques immatérielles ne sont pas similaires à celles présidant à la soumission au régime de la domanialité publique de biens immobiliers, ainsi que cela a été exposé précédemment. La désaffectation suivie d'un déclassement permet une cession des propriétés publiques, une fois rempli leur office de bien d'utilité publique, pour une meilleure valorisation du patrimoine public immobilier.

Réciproquement, pour les biens du domaine public mobilier il serait logique qu'ils puissent sortir du domaine public s'ils ne revêtent plus ce qui motive leur intégration au domaine public. Ainsi, *« pour sortir du domaine public, le meuble devra ne pas présenter un [intérêt du point de vue de l'histoire, de l'art, de l'archéologie, de la science ou de la technique] »*[1565]. Cependant, il est assez contestable, s'agissant des biens

---

[1563] Voir par exemple : A. CARTIER-BRESSON, « Les collectivités territoriales peuvent-elles être des actionnaires ordinaires ? », *BJCL* 2013, p. 316 ; spéc. p. 319 : *« le code général de la propriété des personnes publiques ne se réfère ni au critère de l'affectation ni au service public pour les biens meubles. »*.
[1564] F. TARLET, *Les biens publics mobiliers*, NBT v. 170, Dalloz, 2017 ; spéc. p. 457.
[1565] S. DUROY, « Peut-on perdre la tête... maorie, dans le respect du droit ? », *AJDA* 2011, p. 1125 ; spéc. p. 1125.

mobiliers, entrés dans le domaine public en raison de leur caractère rare ou précieux, qu'ils puissent perdre les caractéristiques justifiant leur protection spécifique[1566].

Ces biens sont-ils pour autant "condamnés" à rester dans le domaine public ? La jurisprudence est – par euphémisme – peu diserte sur cette question. Il n'est pas évident non plus de se prononcer sur le sort qui serait celui d'une propriété publique immatérielle intégrant le domaine public d'une personne publique. La limitation de la procédure de sortie au seul déclassement – la désaffectation de biens non-affectés étant impossible – serait périlleuse si elle n'était pas conditionnée à la disparition préalable des intérêts spécialement protégés justifiant l'incorporation au domaine public de propriétés immatérielles. Un aménagement de la procédure de sortie du domaine public serait donc nécessaire si était suivie la voie de l'intégration au domaine public de propriétés publiques immatérielles. Sans compter que la procédure de déclassement peut elle aussi présenter certains inconvénients, tenant à sa prétendue rigidité. Déjà établi à propos de l'application du régime de la domanialité publique à des actions détenues par une personne publique dans une société commerciale[1567], le constat de la lourdeur de la procédure de sortie, impliquant un acte de déclassement, peut ainsi être renouvelé pour les autres propriétés publiques immatérielles qui seraient éventuellement concernées par la domanialité publique. Ce constat est surtout flagrant s'agissant de la propriété publique financière, parce que la cession d'actions doit parfois se faire dans un délai restreint. La lourdeur apparente de la procédure paraît toutefois un argument moins dirimant pour s'opposer au fait que la sortie du domaine public de propriétés publiques immatérielles ne puisse résulter que d'un simple déclassement. En effet, dans une telle hypothèse, la latitude laissée à la personne publique pour se délester quand elle le souhaite de propriétés immatérielles peut paraître excessive.

En définitive, l'intégration au domaine public de propriétés publiques immatérielles est plus que jamais compromise. Elle nécessiterait des

---

1566 F. TARLET, *op. cit.* ; spéc. p. 458 : « *il n'est pas évident qu'un bien puisse perdre son intérêt culturel, et c'est une hypothèse qu'on ne conçoit que difficilement* ».

1567 A. CARTIER-BRESSON, art. préc. ; spéc. p. 319 : « *Si l'on reconnaissait la domanialité publique de participations minoritaires détenues par des personnes publiques dans des sociétés investies de près ou de loin de mission de service public, il n'y aurait pas de raison de ne pas étendre ce raisonnement à la plus grande part des participations détenues par des collectivités territoriales ou par d'autres personnes publiques. Cela rendrait nécessaire un déclassement préalablement à toute cession de participations à des personnes privées, en plus d'une éventuelle procédure de privatisation.* » (nous soulignons).

aménagements trop importants du régime de la domanialité publique qui, en plus de ne pas avoir été prévu pour les accueillir, s'en accommoderait mal.

La multiplication des dérogations au régime général du domaine public, qu'il s'agisse des principes d'inaliénabilité ou d'imprescriptibilité, ou des modalités de gestion ou de sortie du domaine public, est assez périlleuse et risque de porter atteinte à l'unité – relativement préservée à ce jour – de la notion de domaine public.

Il est préférable dans ces conditions d'envisager une autonomisation totale du droit des propriétés publiques immatérielles, afin qu'elles soient désormais pensées en-dehors des schémas traditionnels du droit domanial.

Section II – L'autonomisation totale du droit des propriétés publiques immatérielles : une solution envisageable

Les développements opérés jusqu'ici ont permis de mettre à mal l'application de la logique domaniale aux propriétés publiques immatérielles. En effet, les aménagements tant des critères du domaine public que du régime de la domanialité publique seraient tels pour accueillir les propriétés publiques immatérielles qu'ils les dénatureraient.

L'alternative à une distorsion excessive des critères du domaine public et du régime de la domanialité publique consisterait à autonomiser les propriétés publiques immatérielles du reste des propriétés publiques. Cela revient à partir d'une conception distinguant domaine matériel et domaine immatériel, c'est-à-dire prenant pour *summa divisio* l'opposition biens matériels/biens immatériels et non la distinction traditionnelle biens immobiliers/biens mobiliers, les biens immatériels étant classiquement considérés comme des prolongements des biens mobiliers[1568].

[1568] A. DILLOARD, « L'émergence des marques publiques dans le patrimoine immatériel des personnes publiques », *RDP* 2014, p. 39 ; spéc. p. 64 : « *Il semble évident que, partant d'une conception immobilière et première du domaine, la définition des biens mobiliers a toujours été vue comme une extension de celui-ci et non comme un domaine à part. Les difficultés que la doctrine a eues depuis cent ans à le définir en sont une preuve évidente.* ».

L'autonomisation totale du droit des propriétés publiques immatérielles est une solution envisageable pour leur pourvoir une valorisation optimale. Elle passe par l'identification d'une notion sur-mesure, dite "domaine immatériel"[1569] (§1), et par la construction d'un régime sur-mesure, désigné "échelle de domanialité immatérielle" (§2).

§1. L'identification d'une notion sur-mesure : le domaine immatériel

Le recours aux schémas de pensée classiques pour essayer d'appréhender les propriétés publiques immatérielles, objet juridique mal identifié, présente d'importantes limites. En effet, des notions et catégories juridiques façonnées il y a fort longtemps n'ont pu prendre en compte des phénomènes d'apparition récente. Un choix doit alors être fait entre essayer de faire entrer, au risque de la dénaturation, ces objets juridiques nouveaux dans les catégories existantes, ou bien sortir des schémas préétablis pour tout à la fois préserver la cohérence des catégories existantes et appréhender de façon appropriée les nouveaux objets juridiques. Finalement, cela revient à peu de choses près à faire un choix entre le maintien d'une distinction simple dotée d'une vertu pédagogique avérée, menacée de déformation, et la création de catégories juridiques nouvelles, au risque de complexifier excessivement le paysage juridique.

L'autonomisation du droit des propriétés publiques immatérielles participe de ce mouvement. L'opération consiste à s'émanciper des distinctions doctrinales traditionnelles, pour en préserver la cohérence, et à pourvoir aux propriétés publiques immatérielles le régime le plus adéquat à leur valorisation optimale.

L'entreprise consistant à façonner un domaine immatériel, pleinement autonome, nécessite dans un premier temps d'opérer une substitution quant à la distinction cardinale en droit des propriétés publiques entre biens immobiliers et biens mobiliers, en la remplaçant par une dichotomie opposant biens matériels et biens immatériels (A), puis elle implique que dans un second temps la distinction entre domaine public et domaine privé soit dépassée, s'agissant des propriétés publiques immatérielles (B).

[1569] M. Arnaud Dilloard, semble être le seul auteur à utiliser cette notion (dans l'étude citée *supra*), dont la pertinence sera démontrée plus avant et à laquelle un régime spécifique, dit "échelle de domanialité immatérielle", sera agrégé.

A. La recommandation d'une substitution de l'opposition biens matériels/immatériels à la distinction biens immobiliers/mobiliers

L'existence d'un domaine immatériel des personnes publiques, autonome par rapport au domaine public et au domaine privé, qui resteraient entièrement dédiés aux biens mobiliers et immobiliers des personnes publiques, ne peut s'envisager sans procéder au préalable à une substitution dans la *summa divisio* gouvernant le droit domanial. Il convient à ce stade de préconiser un réagencement du droit domanial, autour de l'opposition biens matériels/biens immatériels, plutôt qu'autour de la distinction biens mobiliers/biens immobiliers.

Il s'avère à l'analyse que la distinction biens mobiliers/biens immobiliers est étanche à l'appréhension des propriétés publiques immatérielles (1), quand l'opposition biens matériels/biens immatériels se révèle pleinement adéquate pour cet exercice (2).

1. L'indifférence de la distinction biens immobiliers/mobiliers à l'appréhension des propriétés publiques immatérielles

La distinction entre biens mobiliers et biens immobiliers est au fondement du code général de la propriété des personnes publiques. Le domaine public des personnes publiques est ainsi soit immobilier, soit mobilier.

L'appréhension des propriétés immatérielles par le code général de la propriété des personnes publiques ne pouvait être totalement exclue, *« [r]ien ne s'opposant dans le code (...) à l'appropriation de biens immatériels »*[1570]. Cependant, dès lors que dans le code *« la distinction faite se limite aux meubles et aux immeubles »*[1571], la doctrine et la jurisprudence ont cherché à intégrer les propriétés immatérielles dans ces catégories et plus spécialement de les associer à des biens mobiliers. La démarche entreprise a été ici similaire à celle opérée en droit privé. En effet, *« le droit civil des biens classe dans les meubles la plupart des*

[1570] T. SOLHEILHAC, « Les bibliothèques numériques, un domaine public immatériel », *AJDA* 2008, p. 1133 ; spéc. p. 1138.

[1571] T. SOLEILHAC, art. préc. ; spéc. p. 1138 : *« Rien ne s'opposant dans le code général de la propriété des personnes publiques à l'appropriation de biens immatériels, puisque la distinction faite se limite aux meubles et aux immeubles, l'existence d'un domaine public immatériel est donc envisageable. »*.

droits intellectuels faute de pouvoir les qualifier d'immeubles »[1572]. La distinction entre biens mobiliers et biens immobiliers a été taxée de dichotomie très limitée[1573].

En fin de compte, *« les créations intellectuelles »* – et de façon similaire, toutes les propriétés immatérielles – *« peinent à trouver leur place au sein des catégories du droit des personnes publiques »*[1574]. De fait, les propriétés publiques immatérielles n'ont pour le moment pas vraiment trouvé d'ancrage dans le "droit commun de la propriété publique", c'est-à-dire dans le code général de la propriété des personnes publiques. Une symétrie peut être ici observée avec l'appréhension de la propriété immatérielle en droit privé. Ainsi, *« en droit privé, le droit commun des biens n'a pas non plus saisi les biens incorporels »*[1575], d'où le développement du droit de la propriété intellectuelle en-dehors du cadre classique du Code civil[1576]. Ce constat n'est pas nouveau : le Professeur Pierre Catala soulignait déjà, il y a plus de cinquante ans, l'intégration malaisée des "biens nouveaux", en ce compris la propriété intellectuelle, aux catégories traditionnelles du droit des biens[1577]. Les avis divergent d'ailleurs quant à la nécessité de *« poursuivre le travail*

[1572] P. GODFRIN et M. DEGOFFE, *Droit administratif des biens*, Sirey, 10e éd., 2012 ; spéc. p. 69.

[1573] A. ROBIN, « Le patrimoine scientifique de l'Etat : un patrimoine immatériel en quête de statut », *CCE* 2014, étude 18 ; spéc. §29 : voir spécialement les termes employés par l'auteur, qui parle de *« la très limitée dichotomie biens meubles/biens immeubles »*.

[1574] A. ROBIN, art. préc. ; spéc. §23.

[1575] *Idem* ; spéc. §23 : *« en droit privé, le droit commun des biens n'a pas non plus saisi les biens incorporels »*.

[1576] *Idem* ; spéc. §23 : *« le droit de la propriété intellectuelle [a] trouvé à s'épanouir hors du giron du Code civil »*.

[1577] P. CATALA, « La transformation du patrimoine dans le droit civil moderne », *RTD civ.* 1966, p. 185 ; spéc. p. 200 :
« On voit que le délabrement des droits traditionnels a souvent pour corollaire l'apparition de droits nouveaux prélevés sur eux. Mais tous ne naissent pas de la sorte. Il en est qui se constituent spontanément par l'octroi d'une protection juridique à une valeur économique latente qui n'était pas organisée en forme de droit. Ainsi sont nées les propriétés dites intellectuelles, et les droits de clientèles commerciales ou civiles. Ces biens nouveaux *occupent aujourd'hui une place de choix dans les patrimoines dont ils modifient sensiblement la composition. Leur existence met en difficulté les catégories traditionnelles (droit réel – droit personnel, meuble – immeuble) auxquelles ils s'intègrent malaisément en raison de leurs caractères propres. On s'efforcera donc de rechercher ces* caractères, *pour mettre en évidence l'un des aspects les plus originaux de l'évolution contemporaine du droit des biens. Mais l'étude de cette évolution montre aussi que la* patrimonialité *n'est pas une notion simple et constante, qu'elle comporte des nuances, qu'elle se forme par étapes, à telle enseigne qu'une réflexion sur ses* degrés *doit trouver place dans l'analyse du patrimoine moderne. »*.

d'intégration des biens incorporels dans le régime général du code civil »[1578].

L'adoption d'un code général de la propriété des personnes publiques n'a rien changé au fait qu'en droit des propriétés publiques, *« la classification des biens (...) est traditionnelle, car fondée sur la* summa divisio *biens mobiliers/biens immobiliers, et les biens incorporels n'y sont pas envisagés »*[1579]. Il ne fait de toute façon pas de doute que *« [le] domaine public a été pensé pour les choses matérielles »*[1580]. Et que le *« régime juridique général [du domaine public ait été] conçu pour des immeubles »*[1581]. Le professeur Philippe Yolka a déjà eu l'occasion de relever, pour la regretter, *« la génétique immobilière des propriétés publiques »*[1582].

Un mouvement identique s'observe dans l'adoption du code général de la propriété des personnes publiques, par rapport à celle du Code civil jadis[1583], lequel est également frappé par une forme de *« tropisme*

[1578] Pour la citation complète, voir : J.-M. BRUGUIERE, « L'immatériel à la trappe ? », *D.* 2006, p. 2804 ; spéc. p. 2805 : *« Dans l'attente de cette consécration, il nous semble tout aussi important de poursuivre le travail d'intégration des biens incorporels dans le régime général du code civil comme certains auteurs l'ont fait avec la possession, l'indivision ou même les biens publics. Notre droit des biens est un droit vivant. Il doit enrichir (et s'enrichir) des richesses immatérielles, faute de quoi il est condamné à devenir un droit mort, une raison écrite à l'image de ce que fut jadis le droit romain. »*.

[1579] A. ROBIN, art. préc. ; spéc. §23.

[1580] J.-M. BRUGUIERE, « Le patrimoine immatériel de l'Etat est-il l'objet d'une propriété publique ? », *CDST* 2010, p. 59 ; spéc. p. 68. Voir également : PH. YOLKA, « Les meubles de l'Administration », *AJDA* 2007, p. 964 ; spéc. p. 964 : *« Des sujets éminemment patrimoniaux (gestion des participations publiques, des droits de propriété intellectuelle, de l'image des monuments, des données publiques, des autorisations administratives) n'ont guère été pensés dans les termes du droit des biens »*.

[1581] M. CHOUQUET, *Le domaine privé des personnes publiques : contribution à l'étude du droit des biens publics,* LGDJ, Bibliothèque de droit public, Tome 295, 2017 ; spéc. p. 72.

[1582] PH. YOLKA, art. préc. ; spéc. p. 964.

[1583] B. DELAUNAY, « La gratuité du domaine public mobilier », *in Les nouvelles orientations du droit de la propriété publique, Mélanges en l'honneur du Professeur Philippe Godfrin,* p. 127 ; spéc. p. 136 : *« [L]e code civil, de caractère rural et immobilier, a repris ces expressions à son compte, le XIXe siècle, industriel et mobilier, a en revanche fait la place aux valeurs mobilières et à la Bourse. La supériorité juridique de l'immeuble sur le meuble demeure mais son primat recule progressivement ; les biens immobiliers, signes de richesses, ne sont plus les seuls dignes d'intérêt. »*. Voir également, même avant l'adoption du code général de la propriété des personnes publiques : M.-A. LATOURNERIE, *Point de vue sur le domaine public*, Montchrestien, 2004 ; spéc. p. 38 : *« L'optique des rédacteurs du Code civil [conduit à une conception tournée vers les biens immobiliers] et la théorie du domaine*

immobilier »[1584]. La doctrine a à cet égard pu critiquer *« la difficulté qu'ont d'une manière générale les juristes français encore aujourd'hui à ne pas penser le droit des biens essentiellement à partir des immeubles »*[1585].

Finalement tous ces éléments concourent à la démonstration de l'inadaptation de la dichotomie biens mobiliers/biens immobiliers pour appréhender les propriétés publiques immatérielles. Cette distinction est dépassée[1586] et devrait être remplacée par l'opposition biens matériels/biens immatériels, qui pourrait mieux rendre compte des évolutions les plus récentes du droit domanial.

2. L'adéquation de l'opposition biens matériels/immatériels à l'appréhension des propriétés publiques immatérielles

Les faiblesses de la distinction entre biens mobiliers et biens immobiliers ayant été démontrées, il convient de se pencher sur les avantages qu'il y aurait à lui substituer l'opposition entre biens matériels et biens immatériels, comme fondement du droit domanial, pour appréhender les propriétés publiques immatérielles.

Le juriste a horreur du vide[1587]. Il se lance parfois dans de périlleuses entreprises de taxinomie, quitte à forcer les catégories existantes, et au risque de tordre la réalité. Face à un objet juridique nouveau, non-identifié ou mal identifié, il faut se garder d'avoir le mauvais réflexe de croire certaines catégories centenaires intangibles et il faut parfois oser y apporter de menues modifications.

---

public, qui concerne sinon exclusivement, du moins très principalement des immeubles, va dans le même sens ».

1584 L'expression est utilisée par : P.-A. ROHAN et R. LEONETTI, « Quelle protection pour les actions détenues par une collectivité territoriale dans le capital d'une société cotée ? », *AJDA* 2011, p. 1376 ; spéc. p. 1380.

1585 M.-A. LATOURNERIE, *op. cit.* ; spéc. p. 38.

1586 Voir sur ce point : A. DILLOARD, art. préc. ; spéc. pp. 62-63, où l'auteur estime, à propos des marques publiques – cette sentence pouvant être étendue aux différentes propriétés publiques immatérielles –, que : *« la dualité biens immobiliers/biens mobiliers [est] stérile en l'espèce ».*

1587 Clin d'œil à Aristote, à qui est attribuée la maxime selon laquelle : *« la nature a horreur du vide ».*

Observant *« [l]a confrontation des notions et des règles en vigueur avec des questions juridiquement inédites »*[1588], le Professeur Didier Truchet qualifie par métaphore certaines notions – dont celle de domaine public – de *« maisons d'hôtes peu regardantes sur l'identité des nouveaux arrivants [qui] offrent une qualification juridique accueillante aux pratiques en quête d'identité »*[1589]. L'heure est désormais à la recherche d'un réagencement du droit domanial pour accueillir les propriétés publiques immatérielles et leur pourvoir un régime susceptible de permettre leur valorisation optimale.

Le président Braibant, relevant les difficultés qu'il y avait parfois à faire entrer dans des catégories certains objets juridiques, a pu en préconiser un réaménagement seulement sporadique, sous peine de désordre. D'après lui, en effet : *« [l]a vie ne permet pas de tout ranger dans des tiroirs normalisés avec des étiquettes préétablies. Mais elle ne doit pas conduire, sous peine de déconvenues ultérieures, à installer le désordre dans notre système juridique »*[1590]. Ses mots correspondent bien à la situation des propriétés publiques immatérielles, pour lesquelles il faut envisager un réaménagement léger du droit domanial. Même s'il n'y a *« pas toujours lieu de faire rentrer de manière artificielle dans des catégories prédéfinies des objets qui ne s'y prêtent pas naturellement »*[1591], il n'est pas souhaitable pour autant que le droit domanial soit complètement remanié uniquement afin de capter la spécificité des propriétés publiques immatérielles. En effet, *« un souci d'exactitude ne doit pas nous faire méconnaitre le prix de la simplicité »*[1592]. Or, la substitution de l'opposition biens matériels/biens

---

[1588] D. TRUCHET, « A propos de l'évolution du droit administratif : « loi d'extension » et « loi de divergence » », *in Droit administratif, Mélanges René Chapus*, Montchrestien, 1992, p. 633 ; spéc. p. 633.

[1589] Pour la citation complète, voir : D. TRUCHET, art. préc. ; spéc. p. 636 : *« Mais ce mode d'extension comporte un risque d'inadaptation de la notion ou de la règle à la matière, ce qui peut faire souffrir les premières comme la seconde.*
On le mesure surtout – et, semble-t-il, de plus en plus – avec le rattachement d'un objet nouveau aux grandes notions qui font l'architecture du droit administratif : service public, police administrative, domaine public, travail public, contrat administratif...
Ces notions sont des maisons d'hôtes peu regardantes sur l'identité des nouveaux arrivants. Catégories juridiques plus que concepts, existentielles plus qu'essentielles, elles offrent une qualification juridique accueillante aux pratiques en quête d'identité. ».

[1590] G. BRAIBANT, « Du simple au complexe : Quarante ans de droit administratif (1953-1993) », *in Rapport public pour 1993, EDCE* n°45, 1994, p. 409 ; spéc. p. 419.

[1591] A. DILLOARD, art. préc. ; spéc. p. 63.

[1592] Pour la citation complète, voir : G. MAROGER, *L'affectation à l'usage public des biens des patrimoines administratifs*, Paris, Sirey, 1942 ; spéc. p. 509 : *« Cependant, un souci d'exactitude ne doit pas nous faire méconnaitre le prix de la simplicité. Les*

immatériels à la distinction biens immobiliers/biens mobiliers présente justement l'avantage d'un renouvellement ténu de l'agencement du droit domanial, n'exigeant pas de bouleversement des catégories existantes. Les actuels domaine public et domaine privé, qu'ils soient immobilier ou mobilier, seraient désormais rangés dans le domaine matériel des personnes publiques, par opposition au domaine immatériel qui rassemblerait quant à lui l'ensemble des propriétés publiques immatérielles.

A l'origine de la célèbre théorie de l'"échelle juridique de la domanialité"[1593] du Doyen Duguit, à laquelle des développements plus conséquents seront consacrés plus avant, réside l'idée selon laquelle les catégories domaniales classiques sont inadaptées à un agencement satisfaisant des propriétés publiques. D'après cet auteur, en effet : « *La raison qui a empêché d'édifier une théorie satisfaisante du domaine, c'est qu'on a voulu faire rentrer, de gré ou de force, toutes les dépendances domaniales dans deux catégories uniquement, deux catégories s'opposant en quelque sorte symétriquement : le domaine public et le domaine privé (...). C'est pour avoir voulu instituer une distinction aussi rigide qu'on a complètement échoué dans la tentative de construction juridique qui a été entreprise* »[1594]. Le même sentiment envahit l'observateur averti de l'insertion des propriétés publiques immatérielles dans le droit domanial. Il paraît dès lors plus satisfaisant d'articuler ce dernier autour de l'opposition biens matériels/biens immatériels.

Un auteur a pu esquisser, dans la période récente, les formes que pourrait prendre ce réagencement du droit domanial, en imaginant la coexistence de plusieurs régimes juridiques autonomes. Il s'agirait d'un modèle non unitaire de domanialité. « *La solution consiste [alors] à opérer une césure fondamentale entre domaine matériel et immatériel et à abandonner [la] distinction traditionnelle. Il ne s'agit pas d'une chaîne de domanialité allant du domaine public immobilier vers le domaine immatériel en passant par le domaine public mobilier, mais bel et bien de trois domaines parfaitement distincts. Ils sont de nature différente et*

---

fonctionnaires, les praticiens et les juges, comme les simples particuliers, ont besoin de classifications, peut-être sommaires, mais au moins simples et faciles à connaître et à discerner, qui viennent, au risque de ne pas toujours épouser les multiples nuances des subtiles exigences de la science, fixer les incertitudes, orienter les discussions et guider les solutions. ».

[1593] L'expression est utilisée par le Doyen Duguit : L. DUGUIT, *Traité de droit constitutionnel,* t. 3, de Boccard, 2e éd., 1923 ; spéc. p. 353.

[1594] L. DUGUIT, *op. cit.* ; spéc. p. 349.

doivent donc être pensés différemment comme entités autonomes. »[1595]. Un tel schéma serait rendu possible si la *summa divisio* du droit domanial était désormais l'opposition biens matériels/biens immatériels plutôt que la distinction biens mobiliers/biens immobiliers. Une telle option présenterait le double avantage de permettre une conservation des classifications actuelles, en les reléguant en subdivisions du "domaine matériel", et de dédier aux propriétés publiques immatérielles une catégorie propre et ne portant ainsi pas atteinte à la cohérence d'ensemble du droit domanial, dénommé "domaine immatériel", pour lequel sera proposé un régime spécifique.

B. La préconisation d'une suppression de la distinction domaine public/domaine privé

Les avantages qu'il y a à substituer à la distinction biens immobiliers/biens mobiliers l'opposition biens matériels/biens immatériels ont été exposés. Ils permettent de préconiser une réorganisation du droit domanial autour de la distinction domaine matériel/domaine immatériel, puisque les schémas de pensée actuels, distinguant domaine public mobilier et domaine public immobilier sont – comme il a été expliqué – insuffisants pour appréhender toutes les propriétés des personnes publiques nécessitant une protection spécifique[1596]. Si le domaine matériel ne nécessite pas d'aménagement particulier, en ce qu'il continuera de recouvrir les biens mobiliers et immobiliers des personnes publiques, c'est-à-dire l'ensemble de leurs biens qui ne sont pas des propriétés publiques immatérielles, le domaine immatériel doit, quant à lui, faire l'objet d'un agencement spécifique. Il n'est pas certain que le caractère classiquement dualiste du droit domanial – et distinguant le domaine public du domaine privé – trouve ici une terre d'élection fertile. La pertinence de la logique binaire du droit domanial doit être interrogée s'agissant du domaine immatériel. Diverses justifications sont parfois avancées au soutien de sa suppression (1), qui loin d'être un cas isolé a déjà fait l'objet de certaines tentatives doctrinales (2).

[1595] A. DILLOARD, art. préc. ; spéc. pp. 64-65.

[1596] Dans le même ordre d'idées, voir : P. GODFRIN et M. DEGOFFE, *op. cit.* ; spéc. p. 69 : *« la distinction domaine public immobilier et mobilier est-elle exhaustive pour englober tous les biens du domaine public des personnes publiques ? ».*

1. Les justifications à la suppression de la logique binaire

Il ne pourra échapper à un observateur – même distrait – du droit administratif, que celui-ci *« s'est construit sur une logique fondamentalement binaire »*[1597]. Les "couples mythiques" affleurent au gré de la lecture de la doctrine et de la jurisprudence : qu'il s'agisse de la distinction entre services publics industriels et commerciaux et services publics administratifs, de la concurrence entre police administrative et police judiciaire, de la déclinaison responsabilité sans faute et responsabilité pour faute, ou encore de l'opposition entre domaine public et domaine privé, pour s'en tenir à quelques exemples marquants. Le professeur Didier Truchet a consacré une étude doctrinale retentissante à la structure binaire du droit administratif, en interrogeant sa pérennité. Dans la même veine, l'étude des propriétés publiques immatérielles pose avec acuité la question de l'obsolescence du clivage traditionnel entre domaine public et domaine privé.

La structure binaire présente certes des avantages appréciables. Elle a d'abord une qualité pédagogique indéniable. Ainsi, *« [l]a distinction binaire n'aurait d'autre vertu mais non négligeable que la clarté de la présentation préférable à une palette assortie de dégradés multiples »*[1598]. D'autres justifications sont invocables au soutien de la simplicité de cette conception. Ainsi, pour certains auteurs, la distinction domaine public/domaine privé *« procède finalement de la dualité des compétences contentieuses »*[1599]. Cette explication est séduisante, car il n'est pas rare que le contentieux du domaine public soit attribué au juge administratif et réciproquement que le contentieux du domaine privé soit dévolu au juge judiciaire ; pour autant, la superposition n'est pas toujours parfaite.

[1597] D. TRUCHET, « La structure du droit administratif peut-elle demeurer binaire ? – A propos des catégories juridiques en droit administratif », *in Clés pour le siècle*, Dalloz, 2000, p. 443 ; spéc. p. 443.

[1598] J. MORAND-DEVILLER, « La crise du domaine public – A la recherche d'une institution perdue », *in Le droit administratif : permanences et convergences, Mélanges en l'honneur de Jean-François Lachaume*, Dalloz, 2007, p. 737 ; spéc. p. 742.

[1599] Pour la référence complète, voir : INSTITUT DE LA GESTION DELEGUEE, *Rapport du groupe de travail valorisation des propriétés publiques*, 2004 ; spéc. p. 9 : *« Les biens publics s'entendent des biens qui sont la propriété des personnes publiques, Etat, collectivités territoriales, établissements publics ou autres personnes publiques spéciales. Il est habituel de les ranger en biens du domaine public et biens du domaine privé, le partage se faisant selon un critère – sur la pertinence duquel le présent rapport s'interrogera – qui n'est d'ailleurs pas parfaitement clair ni stable et qui procède finalement de la dualité des compétences contentieuses. »*.

L'émergence de propriétés publiques immatérielles dans le paysage juridique constitue un phénomène récent, dont l'appréhension par les catégories traditionnelles présente des difficultés[1600]. Il n'est pas exclu qu'ici comme ailleurs cette nouveauté ne soit à l'origine de profonds bouleversements, qui seraient – s'agissant des propriétés publiques immatérielles – de nature à fragiliser la structure binaire du droit domanial[1601]. Il n'est pas rare que face à un objet juridique "non-identifié", le juriste essaie comme par réflexe de l'appréhender avec les critères qu'il a l'habitude de manier[1602]. Cette démarche, qui a le mérite de la prudence, présente l'avantage du confort notionnel, mais elle se fait au risque d'une perturbation des équilibres existants.

La confrontation des propriétés publiques immatérielles aux critères du domaine public et au régime de la domanialité publique laisse le choix entre trois options. La première, qui est certainement la plus en phase avec la jurisprudence et le courant doctrinal majoritaire, consiste à considérer que les propriétés publiques immatérielles, dans la mesure où elles ne répondent pas aux critères du domaine public – peu important alors la circonstance que ceux-ci ne soient, à l'évidence, pas adaptés pour les recevoir – relèvent du domaine privé des personnes publiques. L'inconvénient étant dans ce cas un déficit de protection pour les propriétés considérées. La deuxième consiste à forcer les catégories juridiques existantes pour, au prix d'une modulation d'une intensité variable des critères du domaine public, permettre au cas par cas une incorporation au domaine public des propriétés publiques immatérielles. L'inconvénient d'une telle formule réside dans le risque de perturbation de la cohérence de l'édifice domanial. La troisième consiste à se libérer de la structure binaire du droit domanial et à imaginer une appréhension des propriétés publiques immatérielles dans un cadre dépassant l'ossature traditionnelle. L'avantage d'une telle formule est double : il permet tout à la fois de préserver la cohérence de l'édifice du droit domanial et également de pourvoir une protection adéquate aux propriétés publiques immatérielles, en choisissant dans le régime de la domanialité publique les prérogatives les mieux adaptées.

[1600] Voir, réciproquement, à propos de l'appréhension de la propriété incorporelle par le droit privé des biens : P. CATALA, art. préc. ; spéc. p. 200.

[1601] D. TRUCHET, art. préc. ; spéc. p. 444 : *« confortée par une tradition pédagogique attachée à sa formidable commodité, cette structure binaire semble cependant menacée par l'évolution récente ».*

[1602] D. TRUCHET, art. préc. ; spéc. p. 448 : *« Le droit administratif aime le duo et guère le solo ou le trio. (...) : devant une « chose » nouvelle, il a pour réflexe de la faire d'abord entrer dans l'une de ses catégories habituelles, l'une et l'autre dussent-elles souffrir un peu de l'exercice ».*

Les termes employés par le professeur Didier Truchet en conclusion à son étude consacrée à la structure binaire du droit administratif ont une résonnance particulière s'agissant des propriétés publiques immatérielles. En effet, d'après lui : *« [u]n processus est en route : il va vers l'éparpillement et le chevauchement des catégories juridiques du droit administratif (...). Parfois, l'agencement binaire classique résistera ; parfois, après un temps de « crise », un autre se substituera à lui. Ailleurs en revanche, c'est une autre architecture qui s'imposera, moins classique d'aspect, mais sans doute plus efficace et mieux adaptée à l'administration d'aujourd'hui. »*[1603].

La lecture des développements consacrés à l'inadaptation des critères du domaine public et du régime de la domanialité publique aux propriétés publiques immatérielles conforte le sentiment que la structure actuelle du droit domanial est obsolète pour les appréhender convenablement. Elle doit en outre finir de convaincre que plutôt que de compromettre la cohérence de tout l'édifice du droit domanial, il convient mieux d'en faire sortir les propriétés publiques immatérielles en admettant qu'elles n'y sont pas à leur place. Le forçage des catégories ne peut avoir pour conséquence qu'une dénaturation excessive du droit domanial, hautement préjudiciable. Le droit des propriétés publiques n'échappe donc pas à ces interrogations sur la pérennité de la structure binaire en droit administratif ; et par-delà la question des propriétés publiques immatérielles l'expérience a été réalisée – comme cela sera démontré dans les lignes qui suivent – à propos du droit domanial dans son ensemble, ce qui démontre sinon sa fragilité, du moins le caractère relatif de la distinction domaine public/domaine privé, qui ne doit dès lors pas être vue comme étant intangible.

2. Les expériences de suppression de la logique binaire

La conception dualiste du domaine ne fait aujourd'hui plus guère l'objet de remises en cause, sinon ponctuelles. D'assez sérieux arguments militent pourtant pour une classification domaniale alternative, qu'elle soit unitaire ou tripartite. Les conceptions unitaires du domaine sont de trois ordres et elles impliquent soit la suppression du domaine privé, soit la suppression du domaine public, soit encore la mise en place d'une échelle de domanialité qui contrairement à celle proposée par le Doyen Duguit transcenderait la distinction domaine public/domaine privé. Quant aux conceptions tripartites du domaine, elles sont assez fréquentes

[1603] D. TRUCHET, art. préc. ; spéc. p. 464.

et se retrouvent sous la plume de plusieurs auteurs du premier XXe siècle. Elles résultent le plus souvent d'un dédoublement de la catégorie du domaine public pour lequel des nuances de régime sont avancées en fonction de l'affectation des biens considérés.

S'agissant d'abord des auteurs adoptant une conception unitaire du domaine, il convient de faire un rapide retour sur trois propositions. La première – assez déroutante – est celle de Madame Marie-Aimée Latournerie, pour qui *« toute propriété publique relève du domaine public »*[1604]. Pour cet auteur, qui travaille à identifier le caractère d'intérêt général que revêt de toute façon la gestion du domaine public comme du domaine privé[1605], la suppression du domaine privé présenterait l'intérêt *« de gommer cette division factice en deux masses soumises à deux ordres de règles juridiques et d'objectifs de gestion, pour raisonner à partir de la perception de l'unité du patrimoine d'une personne publique »*[1606]. La deuxième est la démonstration, assez remarquable, proposée par Monsieur Hervé Moysan, visant à la suppression du domaine public. L'auteur souligne l'imbrication relative du domaine public et du domaine privé et réfute l'idée selon laquelle le domaine privé serait forcément

---

1604 M.-A. LATOURNERIE, *Point de vue sur le domaine public*, Montchrestien, 2004 ; spéc. p. 89 : *« Une réflexion sur l'évolution en longue période du droit français, éclairée par les quelques éléments de trois autres systèmes juridiques rassemblés dans les pages qui précèdent, conduit à avancer l'hypothèse qu'aujourd'hui en France, toute propriété publique relève du domaine public sans que le domaine public soit limité aux propriétés publiques. »*. Cette position est d'ailleurs réitérée en conclusion de l'ouvrage, dans des termes qui rappellent la pensée du professeur René Capitant, puisque le domaine public est ici conçu comme ne se limitant pas à des propriétés publiques ; voir spéc. p. 147 : *« La proposition conclusive de cette réflexion est qu'aujourd'hui, toute propriété publique relève du domaine public sans que le domaine public soit limité aux propriétés publiques. »*.

1605 M.-A. LATOURNERIE, *op. cit.* ; spéc. p. 120 : *« En réalité, la clairvoyance par les gestionnaires publics du sens de leurs missions et des arbitrages qui doivent en résulter entre les exigences à court terme des finances publiques et la préservation des services au public sur le long terme est nécessaire à la bonne gestion de la totalité des actifs de chaque patrimoine public, que le droit positif actuel les qualifie de domaine public ou de domaine privé. On peut, en définitive, en retenir que toute propriété publique relève du domaine public, à la fois parce que le prétendu domaine privé des personnes publiques a été le résultat contingent d'un effort d'extension aux personnes morales de la conception de la propriété, pensée pour des individus, qui a été consacrée par le Code civil, parce que les biens publics dans leur ensemble font aujourd'hui l'objet d'un statut commun de niveau constitutionnel en ce qu'ils ne doivent pas être cédés en dessous de leur valeur et sont insaisissables, et enfin parce que principes de gestion des patrimoines publics et consentement à l'impôt sont indissolublement liés sur le plan économique comme politique. »*.

1606 M.-A. LATOURNERIE, *op. cit.* ; spéc. pp. 118-119.

moins protecteur que le régime de la domanialité publique[1607]. Contestant l'idée selon laquelle *« une appropriation publique minimale serait une condition matérielle indispensable de l'existence d'un Etat souverain »*[1608] et estimant de surcroît qu' *« il est certainement beaucoup plus difficile de concevoir aujourd'hui un Etat sans finances qu'un Etat sans domaine »*[1609], l'auteur s'emploie à démontrer le caractère dépassé de la domanialité publique, dont la survivance serait principalement liée à une forme de "sacralisation" par la doctrine[1610]. Il penche en conséquence pour une conception unitaire du domaine, impliquant une généralisation du régime de la domanialité privée, dont il a démontré qu'il était à même de remplir les fonctions traditionnellement rattachées au domaine public[1611]. La troisième est celle du Doyen Jean-Marie Auby, exposée dans une étude dédiée au domaine privé des personnes publiques[1612]. L'auteur y pointe la relativité de la dualité domaniale[1613], en démontrant les caractéristiques communes des règles applicables aux biens relevant des deux domaines[1614], public et privé. D'après lui, en

---

[1607] H. MOYSAN, *Le droit de propriété des personnes publiques*, Tome 219, LGDJ, 2001 ; spéc. p. 30 : *« Pourtant les garanties en la matière ne sont pas l'apanage de la domanialité publique. En particulier, le régime du domaine privé offre une panoplie de règles protectrices, dont on a pu juger qu'elles étaient même parfois plus contraignantes que celles de la domanialité publique. »*.

[1608] H. MOYSAN, *op. cit.* ; spéc. p. 31.

[1609] H. MOYSAN, *op. cit.* ; spéc. p. 32.

[1610] H. MOYSAN, *op. cit.* ; spéc. p. 32 : *« La théorie domaniale rencontre là une de ses principales limites : la sacralisation du domaine public qu'elle opère a permis à son régime de survivre, bien que composé de règles obsolètes »*.

[1611] H. MOYSAN, *op. cit.* ; spéc. p. 34 : *« L'évolution du droit positif et les apports doctrinaux des cinquante dernières années incitent à poursuivre la réflexion sur une solution alternative à la domanialité publique mais en la réorientant. Ils y invitent d'autant plus que le droit positif connaît un régime de véritable propriété publique, distinct de la domanialité publique : il s'agit du régime du domaine privé, qui semble à la fois à même d'assurer l'adaptation aux exigences économiques des dépendances domaniales et susceptible de prendre en compte les intérêts collectifs dont les biens publics sont le support. En effet, de l'avis même du Conseil d'Etat, la domanialité privée constitue pratiquement un modèle. »*.

[1612] J.-M. AUBY, « Contribution à l'étude du domaine privé de l'administration », EDCE 1958, p. 35.

[1613] J.-M. AUBY, art. préc. ; spéc p. 57 : *« la distinction du domaine public et du domaine privé, si l'on veut la maintenir, paraît donc s'établir dans un sens profondément relatif »*. Dans le même ordre d'idées, voir également p. 57 : *« la différence [entre domaine public et domaine privé] semble devoir se résoudre logiquement en une différence de degré, plutôt que de nature, à l'intérieur de la catégorie plus vaste des biens publics »*.

[1614] F. MELLERAY, « L'échelle de la domanialité », *in Mouvement du droit public, Mélanges Franck Moderne,* Dalloz, 2004, p. 287 ; spéc. p. 293 : *« Jean-Marie Auby va plus loin que Duguit puisqu'il met en valeur comme ce dernier l'absence d'unité du*

effet : *« [s]i l'on admet, en effet, que la gestion du domaine privé constitue, comme celle du domaine public, une activité d'intérêt général ; si l'on considère que le régime juridique des deux domaines est un régime mixte, comportant des éléments exorbitants et de droit commun, une notable partie des facteurs de la distinction s'évanouit »*[1615]. Il envisage en conséquence *« une échelle de domanialité allant des biens publics dont le régime comporte un maximum d'exorbitance, à ceux pour lesquels les règles de droit public sont peu nombreuses (elles ne sont jamais complètement absentes) »*[1616]. Sans forcément plaider pour une suppression pure et simple de la dualité domaniale, le Doyen Jean-Marie Auby, certainement animé par un souci de réalisme, relève qu'*« il ne saurait, évidemment, être question de nier l'existence de cette distinction traditionnelle qui comporte des conséquences juridiques incontestables »*[1617]. Son argumentation s'apparente donc plutôt à une clé de lecture de l'état du droit positif, qui révèle à l'observation l'existence d'une échelle de domanialité ; de la même façon, le Professeur Fabrice Melleray écrit que l'échelle de la domanialité est *« une réalité positive »*[1618], malgré la coexistence non discutée des deux domaines, public et privé.

S'agissant ensuite des partisans, assez nombreux, d'une conception tripartite du domaine, il faut revenir plus en détail sur le point de vue développé par Gilbert Maroger, auteur méconnu[1619], dans ses remarquables travaux de doctorat[1620]. L'auteur revient tour à tour sur ceux de ses prédécesseurs qui ont retenu une conception tripartite du domaine,

domaine public (...) mais démontre également que le domaine privé est soumis à des règles exorbitantes du droit commun. ».

[1615] J.-M. AUBY, art. préc. ; spéc. pp. 56-57.

[1616] J.-M. AUBY, art. préc. ; spéc. p. 57.

[1617] J.-M. AUBY, art. préc. ; spéc. p. 56.

[1618] F. MELLERAY, art. préc. ; spéc. p. 289. Voir également pp. 293-300.

[1619] Né à Montpellier le 24 octobre 1911, Gilbert Maroger, affecté au 5e Régiment de chasseurs d'Afrique, est mort pour la France le 24 avril 1945 à Biberach (Allemagne).

[1620] G. MAROGER, *L'affectation à l'usage public des biens des patrimoines administratifs*, Sirey, 1942.

qu'il s'agisse de Joseph-Marie de Gérando[1621], de Lucien Jansse[1622], du Commissaire du Gouvernement Roger Latournerie[1623] – dont il opère une relecture des conclusions sur le célèbre arrêt *Marécar*[1624] – ou encore de Maurice Duverger[1625]. Percevant une variation dans l'intensité du rôle joué par l'Administration dans l'affectation à l'utilité publique de ses différents biens[1626], selon qu'ils sont ou non susceptibles de faire l'objet d'une utilisation dépassant la simple mise à disposition au public, ce qui sommairement recouvre la distinction entre affectation à un service public et affectation à l'usage du public, Gilbert Maroger propose un agencement du droit domanial en trois catégories[1627], en distinguant le domaine public, le domaine administratif et le domaine privé. Selon sa conception, saluée par René Capitant qui la qualifie de *« terminologie*

[1621] G. MAROGER, *op. cit.* ; spéc. p. 521 écrit à son propos : *« Il distingue, d'une part, les biens affectés à l'usage du public, c'est-à-dire le domaine qui reste en jouissance commune, et il donne pour exemple la voie publique ; il distingue ensuite le domaine qui est affecté aux divers services publics, ainsi que les terrains militaires et les édifices publics comme ceux, dit-il, qui servent aux tribunaux, à l'administration, etc... ; enfin, il distingue un domaine productif comme les propriétés privées. »*. En outre, toujours d'après Gilbert Maroger, spéc. p. 522 : *« Il lui paraît tout d'abord impossible de se borner à une division bipartite du domaine, et il croit, non sans raison, que les biens à l'usage du public, par l'exigence même de cette jouissance commune, doivent être considérés comme appartenant à une catégorie juridique spéciale. (...) »*.

[1622] G. MAROGER, *op. cit.* ; spéc. p. 523 écrit à son sujet : *« Il distingue, d'une part, les biens du domaine privé ; d'autre part, à l'opposé, les biens du domaine public ; et enfin, un domaine tiers, qu'il dénomme domaine « affecté aux services publics ». »*.

[1623] Dans ses conclusions sur l'arrêt *Marécar* (CE, 28 juin 1935, rec. p. 734 ; *RDP* 1935, p. 590, concl. R. LATOURNERIE), Roger Latournerie distingue des immeubles du domaine privé et du domaine public et deux catégories au sein du domaine public (voir spéc. pp. 598-599).

[1624] G. MAROGER, *op. cit.*, spéc. p. 516, opère une relecture des conclusions et y voit une distinction entre : domanialité privée, domanialité publique intégrale et domanialité publique imparfaite.

[1625] M. DUVERGER, *L'affectation des immeubles domaniaux aux services publics*, th. Bordeaux, 1940. D'après Gilbert Maroger, Duverger distingue la domanialité publique proprement dite, la domanialité publique restreinte et la domanialité privée.

[1626] G. MAROGER, *op. cit.* ; spéc. p. 508 : *« Pour certains biens, à propos desquels se pose non pas seulement un problème de police, mais un problème de gestion, il faut que l'Administration dispose d'un large pouvoir d'apprécier l'opportunité des « politiques d'affectation » à entreprendre. Dans d'autres cas, l'Administration est réduite à un rôle infiniment plus passif, se bornant à mettre le bien en état de subir la destination qui lui a été primitivement fixée. »*.

[1627] G. MAROGER, *op. cit.* ; spéc. p. 530 : *« Les biens des patrimoines administratifs se trouveraient ainsi divisés en* trois *catégories : les biens affectés au public, les biens affectés aux services publics, les biens dépourvus d'une affectation spéciale d'intérêt public »*.

heureuse et féconde »[1628], le domaine public serait dédié aux biens affectés à l'usage du public, le domaine administratif viserait les biens affectés aux services publics et le domaine privé concernerait les biens dépourvus d'affectation spéciale à l'utilité publique. D'emblée il faut relever que, surtout depuis l'entrée en vigueur du code général de la propriété des personnes publiques, l'incorporation d'un bien public au domaine privé n'empêche pas son affectation à l'utilité publique ; en effet, le bien peut avoir été intégré au domaine privé par détermination de la loi – comme c'est le cas pour certaines forêts domaniales ou les chemins ruraux[1629] ou encore pour certains "biens immobiliers à usage de bureaux" des administrations[1630] –, ce qui a pour conséquence de neutraliser les critères du domaine public. Gilbert Maroger décèle une certaine différence de degré d'exorbitance entre le domaine public et le domaine administratif, le premier l'étant *a priori* davantage que le second, ce qui ne l'empêche pas d'admettre qu'il existe tout de même une proximité indiscutable du régime applicable à ces biens quelle que soit leur catégorie domaniale[1631].

Ce rapide exposé des principales occurrences de classifications domaniales alternatives – qu'elles concernent une catégorie unique ou trois catégories – ainsi que des raisons justifiant qu'elles aient été proposées, s'il n'altère pas complètement la logique binaire, vient du moins au soutien de l'idée selon laquelle celle-ci n'est pas indépassable. La démarche consistant à atténuer ou à supprimer la distinction domaine

---

[1628] René Capitant, dans la Préface de la thèse précitée de Gilbert Maroger, écrit ainsi après avoir exposé la distinction entre domaine public et domaine administratif proposée par l'auteur qu'il s'agit d'une : *« [t]erminologie heureuse et féconde, parce qu'elle applique une distinction plus générale et qui mériterait d'être plus rigoureusement employée pour désigner deux aspects trop souvent confondus du droit public : le droit public proprement dit, c'est-à-dire le droit des libertés et des obligations publiques, et le droit administratif, c'est-à-dire le droit des services publics. »*.

[1629] Article L. 2212-1 du code général de la propriété des personnes publiques :
« Font également partie du domaine privé :
1° Les chemins ruraux ;
2° Les bois et forêts des personnes publiques relevant du régime forestier. ».

[1630] Article L. 2211-1 du code général de la propriété des personnes publiques :
« Font partie du domaine privé les biens des personnes publiques (...), qui ne relèvent pas du domaine public (...).
Il en va notamment ainsi des réserves foncières et des biens immobiliers à usage de bureaux, à l'exclusion de ceux formant un ensemble indivisible avec des biens immobiliers appartenant au domaine public. ».

[1631] G. MAROGER, *op. cit.* ; spéc. p. 533 : *« Bien entendu, et on ne saurait trop y insister, cette classification rassemble dans chacune des deux premières catégories, des biens dont les régimes sont comparables, mais nullement identiques. »*.

public/domaine privé n'est donc pas inédite. Elle pourrait d'ailleurs utilement trouver à être réactivée s'agissant des propriétés publiques immatérielles pour lesquelles toute la vanité de la dualité domaniale a été démontrée. Une fois incorporées au "domaine immatériel" qui leur serait spécialement dédié, les propriétés publiques immatérielles pourront se voir appliquer un régime à géométrie variable, assimilable à une "échelle de domanialité immatérielle", permettant une application distributive de certains mécanismes de protection, mise au service de leur valorisation optimale.

§2. La construction d'un régime sur-mesure : l'échelle de domanialité immatérielle

La recherche d'une valorisation optimale des propriétés publiques immatérielles, c'est-à-dire du meilleur équilibre entre leur protection et leur exploitation, a mis en évidence la nécessité d'en singulariser le traitement juridique, en les appréhendant séparément des propriétés matérielles, mobilières ou immobilières. Il a été démontré à cet égard qu'en raison de l'inadaptation des critères du domaine public et du régime de la domanialité publique, un "domaine immatériel" entièrement dédié à accueillir les propriétés publiques immatérielles devait être façonné. Celui-ci se situe à côté du "domaine matériel", qui regroupe quant à lui les biens mobiliers et immobiliers des personnes publiques, répartis alternativement dans leur domaine public et dans leur domaine privé. Cette notion appelle l'application d'un régime sur-mesure, dont les principales caractéristiques seront esquissées par la suite : l'échelle de domanialité immatérielle. Il convient de revenir successivement sur les fondements théoriques (A) et sur les manifestations pratiques (B) de cette échelle de domanialité immatérielle.

A. Fondements théoriques de l'échelle de domanialité immatérielle

L'échelle de domanialité immatérielle, qui renvoie aux régimes applicables aux propriétés publiques immatérielles, s'inspire directement de l'"échelle juridique de la domanialité" du Doyen Duguit, applicable aux biens du domaine public, et de l'échelle de domanialité du Doyen Jean-Marie Auby, applicable à tous les biens publics, c'est-à-dire qu'ils fassent ou non partie du domaine public et nécessitant ainsi une suppression de la dualité domaniale. Après avoir identifié les origines de la théorie (1), il faudra revenir plus en détail sur ses fonctions (2).

1. L'identification des origines de la théorie

Le Doyen Duguit est le premier auteur à développer l'idée d'une "échelle de la domanialité". C'est pour rendre compte de la profonde diversité de régime applicable aux biens du domaine public qu'il a initialement utilisé cette image. En effet, il relève que *« parce qu'elles sont affectées à un service public, toutes les dépendances du domaine public sont soustraites au régime normal de la propriété privée. Mais il n'en résulte pas, bien au contraire, qu'elles soient soumises à un régime uniforme et unique »*[1632]. Cette construction intellectuelle est perçue comme permettant de nuancer la *summa divisio* opposant domaine public et domaine privé, et ainsi pour reprendre les termes du Professeur Robert-Edouard Charlier de la *« ramener à sa juste valeur, très limitée et relative »*[1633].

Cette figure est appréciée en doctrine parce qu'elle s'oppose à l'opposition domaine public/domaine privé, conçue comme *« une distinction tranchée »*[1634]. Ainsi, cette *« conception beaucoup moins rigide »*[1635] détonne par rapport au *« simplisme excessif »* et le *« bipartisme trop sommaire »*[1636] régulièrement dénoncés du dualisme

---

[1632] L. DUGUIT, *Traité de droit constitutionnel,* t. 3, de Boccard, 2e éd., 1923 ; spéc. pp. 352-353.

[1633] R.-E. CHARLIER, « Les biens affectés au service public », *in Perspectivas del Derecho Publico en la segunda mitad del siglo XX*, p. 47 ; pour la citation complète, voir spéc. p. 60 : *« Il y a (...) déjà longtemps que les esprits ont commencé à ramener à sa juste valeur, très limitée et relative, cette prétendue* summa divisio *; mais il faut aller jusqu'au bout de cette mise au point ».*

[1634] J. MORAND-DEVILLER, « Les performances de la domanialité publique : critères, consistance, utilisations », *in Performance et droit administratif*, Actes du colloque organisé par le Laboratoire d'étude des réformes administratives et de la décentralisation (LERAD) les 29 et 30 janvier 2009 à l'Université François Rabelais de Tours, Lexis Nexis Litec, 2010, p. 211 ; spéc. p. 212. Voir également : Y. GAUDEMET, *Droit administratif des biens*, LGDJ, 14e éd., 2011, spéc. p. 37 : *« cette distinction est anciennement et périodiquement dénoncée parce que trop tranchée sinon artificielle ».*

[1635] F. MELLERAY, art. préc. ; spéc. p. 288. A noter que le Doyen Duguit faisait déjà recours au terme de "rigidité" pour qualifier l'opposition domaine public/domaine privé, difficulté que l'échelle de domanialité permet de surmonter. Voir sur ce point : L. DUGUIT, *op. cit.* ; spéc. p. 349 : *« C'est pour avoir voulu instituer une distinction aussi rigide qu'on a complètement échoué dans la tentative de construction juridique qui a été entreprise ».*

[1636] Ces deux expressions sont employées par : R.-E. CHARLIER, art. préc. ; spéc. p.69.

domanial[1637], qui serait responsable de *« soulever à chaque instant, sur le chemin des réflexions du juriste, de douloureux cas de conscience »*[1638]. Il s'agit d'une notion qui *« revêt une indéniable vertu pédagogique »*[1639] et qui présente le mérite d'être facilement appréhendable.

En droit des propriétés publiques, l'image de l'échelle de la domanialité a principalement été utilisée par le Doyen Duguit, puis par le Doyen Jean-Marie Auby. Une différence notable doit toutefois être relevée, puisque le premier esquisse une échelle de la domanialité publique, tandis que le second propose une échelle de domanialité englobant toutes les propriétés publiques. Chez Duguit, l'échelle de la domanialité n'efface pas la distinction domaine public/domaine privé[1640]. Sa démonstration ne se limite pas à établir que *« le régime de la domanialité publique serait un dégradé de situations plus ou moins protectrices bien plus qu'un ensemble monolithique »*[1641], mais elle consiste à distinguer six catégories de biens du domaine public, agencées de telle façon que soit mise en évidence *« une sorte de gradation dans le degré de la domanialité publique »*[1642]. Ces six catégories recouvrent les biens suivants[1643] : les choses affectées au libre usage du public ; les chemins de fer ; les ouvrages militaires ; les forêts de l'Etat ; les immeubles affectés au fonctionnement d'un service public ; les objets mobiliers classés. Ces catégories sont hiérarchisées, puisque Duguit y

---

[1637] Voir également : N. FOULQUIER, *Droit public des biens*, Lexis Nexis, 2e éd., 2013 ; spéc. p. 2, l'auteur présente l'échelle de domanialité comme permettant de *« rompre avec [le] manichéisme »* de la structure binaire du droit domanial.

[1638] G. MAROGER, *op. cit.* ; spéc. p. 507.

[1639] N. FOULQUIER, *op. cit.* ; spéc. p. 2.

[1640] F. MELLERAY, art. préc. ; spéc. p. 290 : *« l'échelle de la domanialité est pour Duguit plus précisément une échelle de la domanialité publique, l'auteur classant les différentes dépendances du domaine public sans vraiment chercher à démontrer que celles du domaine privé obéissent à des règles différentes de celles du droit privé des biens. »* (nous soulignons). Voir également : R.-E. CHARLIER, art. préc. ; spéc. p. 69 : *« L. Duguit (...) ne faisait cette distinction de degrés qu'à l'intérieur du domaine public »*.

[1641] F. MELLERAY, « Le code général de la propriété des personnes publiques : Définitions et critères du domaine public », *RFDA* 2006, p. 906 ; spéc. p. 909 : *« De cette célèbre théorie dite de l'échelle de la domanialité, on retient souvent uniquement l'idée très générale suivant laquelle le régime de la domanialité publique serait un dégradé de situations plus ou moins protectrices bien plus qu'un ensemble monolithique. Duguit était cependant beaucoup plus précis, distinguant six catégories. »*.

[1642] Pour la citation complète, voir : L. DUGUIT, *op. cit.* ; spéc. p. 354 : *« il y a une sorte de gradation dans le degré de la domanialité publique. Je crois que ces diverses catégories sont au nombre de six. »*.

[1643] L. DUGUIT, *op. cit.* ; voir spéc. pp. 354-363.

voit *« une échelle descendante dans la domanialité publique »*[1644], ce qui suggère qu'elles sont classées par ordre décroissant de domanialité publique[1645]. Alors que chez Duguit l'échelle de la domanialité apparaît davantage comme une façon de présenter l'agencement des différentes catégories du domaine public tel qu'il le perçoit à l'observation de l'état du droit positif, les développements entrepris par le Doyen Jean-Marie Auby semblent davantage mis au service de la démonstration de la multiplicité des régimes applicables aux biens publics[1646] et finalement de la relativité de la dualité domaniale opposant systématiquement domaine public et domaine privé[1647]. Cet auteur s'attarde à montrer d'une part que les effets de la domanialité publique peuvent parfois être atténués et d'autre part que le régime applicable aux biens du domaine privé peut parfois être renforcé afin de le faire converger vers celui applicable aux biens du domaine public. Il ressort de son analyse *« que le régime juridique des deux domaines est un régime mixte, comportant des éléments exorbitants et de droit commun »*[1648]. D'où la déduction que la distinction domaine public/domaine privé s'érode. L'auteur décèle finalement *« une différence de degré, plutôt que de nature, à l'intérieur de la catégorie plus vaste des biens publics »*[1649], ce qui signifie que c'est avant tout la dose d'exorbitance du régime applicable qui varie d'un bien à un autre, empêchant d'envisager seulement deux catégories.

La structure binaire du droit domanial est ainsi mise à mal. Il est toutefois *« difficile de déduire son inutilité de sa relativité »*, ainsi que l'a écrit avec justesse le Professeur Philippe Yolka[1650]. La dualité domaniale ne peut être dépassée que dès lors qu'est mise en avant la nécessité d'une distribution différenciée des prérogatives de domanialité en fonction de la propriété publique considérée. Telle est précisément la

---

[1644] L. DUGUIT, *op. cit.* ; spéc. p. 368.

[1645] Ce point de vue est corroboré par R. CHAPUS, *Droit administratif général,* t. 2, Montchrestien, 1998, spéc. n° 443, qui parle de catégories mentionnées *« dans l'ordre de publicisation décroissante »* ; cité par F. MELLERAY, « L'échelle de la domanialité », art. préc., spéc. p. 291.

[1646] R.-E. CHARLIER, art. préc. ; spéc. pp. 69-70 : *«* Tous *les biens de l'Administration présentent une certaine domanialité publique, et* tous *présentent* aussi *une certaine domanialité privée. (...) pour tout bien de l'Administration il y a application des uns et des autres, mélange des deux sortes de traits, dans une proportion qui varie selon de multiples nuances d'une sorte de biens à l'autre. ».*

[1647] F. MELLERAY, art. préc. ; spéc. p. 300 : *« L'échelle de la domanialité constitue ainsi une présentation beaucoup plus satisfaisante du droit positif que la classique opposition binaire entre domaine public et domaine privé ».*

[1648] J.-M. AUBY, art. préc. ; spéc. p. 57.

[1649] J.-M. AUBY, art. préc. ; spéc. p. 57.

[1650] Pour la formule complète, voir en en-tête du présent chapitre.

démarche qui a été entreprise précédemment. Il a été démontré que les propriétés publiques immatérielles devaient être soustraites à la domanialité publique telle qu'elle est entendue actuellement et que chaque propriété publique immatérielle ne devait pas recevoir un régime de protection équivalent. Dans ces conditions, il semble préférable d'intégrer les propriétés publiques immatérielles à un "domaine immatériel" qui leur serait entièrement dédié et au sein duquel serait mise en place une "échelle de domanialité immatérielle", afin qu'il leur soit fait une application différenciée des prérogatives de domanialité, sur-mesure, en tenant compte de leurs spécificités. L'exposé des fonctions de l'échelle de domanialité finira de convaincre de son adéquation aux propriétés immatérielles.

2. La détermination des fonctions de la théorie

La métaphore de "l'échelle" a fait florès en doctrine. Elle y est tellement fréquente qu'elle en devient presque banale. Le Professeur Fabrice Melleray, dans son étude consacrée à l'échelle de la domanialité, a relevé cinq utilisations récentes de cette image[1651], qu'il s'agisse de l' *« échelle de publicisation des contrats »*[1652], de l' *« échelle d'administrativité des contrats administratifs spéciaux »*[1653], de l' *« échelle de commercialité »*[1654], de l' *« échelle de rentabilité »*[1655] ou encore de l' *« échelle de communautarisation »*[1656]. Cet inventaire peut être complété, notamment à la lumière de travaux récents, en faisant référence à l' *« échelle d'incessibilité »*[1657], à l' *« échelle d'utilité »*[1658], à

[1651] F. MELLERAY, art. préc. ; spéc. pp. 287-288.

[1652] F. LLORENS, *Contrat d'entreprise et marché de travaux publics : contribution à la comparaison entre contrat de droit privé et contrat administratif*, LGDJ, Bibliothèque de droit public, Tome 139, 1981.

[1653] F. BRENET, *Recherches sur l'évolution du contrat administratif*, th. Poitiers, 2002.

[1654] G. ECKERT, *Droit administratif et commercialité*, th. Strasbourg III, 1994.

[1655] S. BERNARD, *La recherche de la rentabilité des activités publiques et le droit administratif*, LGDJ, Bibliothèque de droit public, Tome 218, 2001.

[1656] C. BLUMANN, « Quelques réflexions sur la notion de communautarisation dans le cadre de l'Union européenne », *in Mélanges Philippe Ardant*, LGDJ, 1999, p. 61 ; voir également : M. GAUTIER, *L'influence du modèle communautaire sur la coopération en matière de justice et d'affaires intérieures*, Bruylant, 2003.

[1657] J.-F. GIACUZZO, *La gestion des propriétés publiques en droit français*, Bibliothèque de droit public, Tome 283, LGDJ, 2014 ; spéc. p. 434 : *« Pour conclure, il est possible d'établir une « échelle de l'incessibilité » à vil prix qui absorbe l'inaliénabilité du domaine public et s'applique, avec une rigueur décroissante (...) ».*

[1658] H.-G. HUBRECHT, « L'inaliénabilité : Passé et avenir d'un principe de droit constitutionnel », *in La constitution et les valeurs, Mélanges en l'honneur de Dmitri Georges Lavroff*, Dalloz, 2005, p. 417 ; spéc. p. 425 : *« Si le droit intermédiaire ne*

l' *« échelle de protection »*[1659], à l' *« échelle d'influence publique »*[1660], à l' *« échelle d'intérêt d'histoire et d'art »*[1661], à l' *« échelle de la fonctionnarisation »*[1662] et enfin à l' *« échelle de la domanialité entre les marques »*[1663].

---

comporte absolument pas la distinction entre domaine public et domaine privé, il semble en revanche ouvert à l'idée d'une sorte « d'échelle d'utilité » entre les différents biens faisant l'objet de la propriété de l'Etat. ».

[1659] H.-G. HUBRECHT, art. préc. ; spéc. p. 433 : *« Cette logique fait évidemment fi d'une distinction tranchée entre propriété publique et propriété privée pour privilégier une analyse au cas par cas et donc une « échelle de protection ». Peu importe a priori qu'un bien appartienne à une personne publique ou privée pourvu qu'il fasse l'objet d'une protection spécifique et le législateur peut par ailleurs, avec une très grande liberté, adopter le régime qui lui paraît le plus adapté au cas d'espèce. ».*

[1660] J. MARCHAND, *Recherche sur le régime des actions et participations financières publiques*, LGDJ, Bibliothèque de droit public, Tome 279, 2014 ; spéc. p. 194 : *« Trop souvent confondue avec l'idée de propriété publique au sens du Code général de la propriété des personnes publiques, la propriété financière recouvre une double acception : tantôt la propriété juridique qui évoque une détention majoritaire du capital social caractéristique de l'entreprise publique tantôt la propriété économique qui illustre la notion d'influence et fonde l'émergence de l'entreprise privée à participation publique laquelle sous-tend une doctrine de prises de participations minoritaires mais stratégiques. Une telle portée permet de développer une "échelle" d'influence publique, s'inspirant de l'échelle de domanialité développée par Duguit. »* (nous soulignons).

[1661] S. DUROY, « Biens meubles culturels et cultuels : Considérations sur une appartenance exclusive au domaine public mobilier », *RFDA* 2007, p. 1155 ; spéc. p. 1163 : *« De même que Duguit soulignait l'existence d'une échelle de la domanialité publique, il existe certainement une échelle de l'intérêt d'histoire et d'art ».*

[1662] D. JEAN-PIERRE, « La privatisation du droit de la fonction publique », *JCP A* 2003, 1672 ; l'auteur écrit : *« À l'idée ancienne d'une échelle de la domanialité publique pourrait fort bien dans l'avenir correspondre celle d'une "échelle de la fonctionnarisation" dont les différents barreaux scanderaient les niveaux de protection des agents par le droit public. On mesure évidemment par là même que les frontières entre le droit du travail et le droit de la fonction publique deviennent de plus en plus floues et poreuses. ».*

[1663] A. DILLOARD, « L'émergence des marques publiques dans le patrimoine immatériel des personnes publiques », *RDP* 2014, p. 39 ; spéc. pp. 61-62 : *« La troisième voie d'incorporation au domaine public en matière immobilière est la théorie de l'accessoire. Séduisante de prime abord, elle est, elle aussi, soumise à une jurisprudence très incertaine, qui semble totalement inadaptée aux actifs immatériels. Cette théorie souffre en effet de deux défauts. D'une part, elle ne peut prendre en compte des éléments propres à chaque marque pour déterminer ce qui est accessoire et ce qui ne l'est pas. Autrement dit, elle ne permettrait pas d'instaurer de nuances, sorte d'« échelle de la domanialité » entre les marques. D'autre part, elle ne pourrait empêcher la multiplication sauvage des marques déposées par une personne publique qui, à chaque fois, se verraient qualifier d'accessoires. On assisterait alors à une véritable explosion des qualifications par extension, bien éloignée de la mouvance actuelle de libéralisation des actifs. Il semble par conséquent que cette voie doive, elle aussi, être abandonnée. »* (nous soulignons).

La métaphore de l'échelle est omniprésente en doctrine en raison de la simplicité de son maniement. Proposer une "échelle de domanialité immatérielle" pourrait paraître trivial, s'il s'agissait d'une démarche uniquement guidée par la surenchère. L'idée n'est pas ici d'utiliser à tout prix un schéma de pensée centenaire par pur affichage, mais il s'agit plutôt de chercher à mettre en place un outil adapté aux enjeux entourant les propriétés publiques immatérielles, c'est-à-dire une construction intellectuelle qui rende compte fidèlement de la diversité de situation qui les concerne et de la nécessité de les soumettre au cas par cas aux différentes prérogatives de protection envisageables pour en encadrer l'utilisation.

Il résulte des développements menés jusqu'ici que l'emploi de cette image se justifie pleinement s'agissant des propriétés publiques immatérielles pour lesquelles d'une part la distinction domaine public/domaine privé n'a pas de sens, et d'autre part l'application uniforme de règles de protection serait contreproductive, en ce sens qu'elle n'en permettrait pas une valorisation optimale, c'est-à-dire garantissant le meilleur équilibre entre exploitation et protection.

Même si pour ce qui est des propriétés publiques matérielles qui sont, sauf exception concernant les fréquences hertziennes, les seules vraiment traitées dans le code général de la propriété des personnes publiques, *« [celui-ci] a tranché en faveur du* maintien du dualisme *»*[1664], pour les propriétés publiques immatérielles en revanche la question se pose, au vu des développements antérieurs.

A cet égard, il a été démontré précédemment qu'aussi bien les critères du domaine public que le régime de la domanialité publique ne convenaient pas aux propriétés publiques immatérielles. De la même façon, il a été établi que même si le domaine privé permettait d'envisager certains aménagements de régime, dans la mesure où il est possible d'y greffer des prérogatives de domanialité publique de façon conventionnelle, et même s'il n'empêche pas l'application conjointe du code de la propriété intellectuelle et du code général de la propriété des personnes publiques, s'agissant des propriétés publiques intellectuelles, il ne pourvoyait pas toujours une protection satisfaisante aux propriétés publiques immatérielles considérées – spécialement s'agissant de la propriété publique industrielle, c'est-à-dire des brevets d'invention et des marques de fabrique. La solution se trouve dans une démarche dictée par la mesure, privilégiant une approche graduelle de la protection envisagée.

[1664] J. MORAND-DEVILLER, « Les performances de la domanialité publique : critères, consistance, utilisations », art. préc. ; spéc. p. 212.

En fin de compte, l'échelle de domanialité a une double fonction : elle sert à la fois à rendre compte de la diversité de situation des biens publics, qui ne se voient pas appliquer un régime unitaire[1665], mais qui au contraire font l'objet de régimes pluriels[1666], et également à permettre une application dosée de l'exorbitance de régime des biens considérés[1667], en fonction des spécificités de telle ou telle propriété publique, immatérielle en l'occurrence. Cette affirmation rejoint le propos développé par le Doyen Jean-Marie Auby, selon lequel : *« Chaque catégorie de biens publics est soumise à un régime exorbitant, dans la mesure où ce régime est nécessaire pour assurer sa protection ou son affectation »*[1668]. D'une certaine manière, donc : *« tous les biens de l'Administration présentent une certaine domanialité publique, et tous présentent aussi une certaine domanialité privée »*[1669], ce qui renforce le sentiment déjà exprimé de

---

[1665] Voir notamment : F. MELLERAY, art. préc. ; spéc. pp. 293-294 : *« L'affirmation de l'existence d'une échelle de la domanialité exige que deux conditions soient remplies : le régime du domaine public n'est pas unitaire ; le régime du domaine privé contient des éléments exorbitants. »*.

[1666] INSTITUT DE LA GESTION DELEGUEE, *Rapport du groupe de travail sur la valorisation des propriétés publiques*, 2004 ; spéc. p. 9 : *« Mais d'une part ces régimes d'affectation n'absorbent jamais le régime de propriété mais s'y superposent et parfois le corrigent, d'autre part ces régimes d'affectation sont très variés et correspondent à ce que l'on a souvent appelé l'« échelle de la domanialité ». Le dualisme domaine public - domaine privé est réducteur de la réalité ; il faudrait parler en réalité des régimes de domanialité publique et des régimes de domanialité privée, chacun justifié et construit en fonction des exigences de l'affectation d'utilité publique du bien auquel il s'applique. Ces régimes d'affectation peuvent d'ailleurs se succéder dans le temps à l'égard d'un même bien. »* (NB : souligné par les auteurs du rapport). Voir également : R.-E. CHARLIER, art. préc. ; spéc. p. 69 : *« on a reconnu que les biens dits domaine public n'ont pas tous le même régime (tous sont inaliénables et imprescriptibles, mais certains seulement ont la protection pénale spéciale des contraventions de grande voirie, certains seulement ont un régime de délimitation spécial, etc.), que les biens dits domaine privé n'ont pas tous le même régime, qu'il y a des transitions, que le régime de chaque sorte de biens est complexe, et comporte des emprunts à celui des autres. »*.

[1667] Voir sur ce point : J.-M. AUBY, art. préc. ; spéc. p. 57 : *« la distinction qui s'établit entre les diverses catégories de biens domaniaux se double d'une distinction entre les différents attributs de la domanialité. Ce que l'on appelle le régime de domanialité publique – on devrait dire plutôt le régime exorbitant applicable aux biens publics – ne constitue en aucune manière un ensemble applicable en bloc à une catégorie de biens, mais à une série de règles qui peuvent jouer indépendamment les unes des autres, chaque catégorie étant soumise à un nombre variable de ces règles. »*.

[1668] Pour la citation complète, voir : J.-M. AUBY, art. préc. ; spéc. p. 57 : *« [les biens publics] sont soumis, non pas à deux types de régimes juridiques mais à un plus grand nombre de régimes qui s'expliquent, au moins approximativement, par l'idée suivante :* Chaque catégorie de biens publics est soumise à un régime exorbitant, dans la mesure où ce régime est nécessaire pour assurer sa protection ou son affectation *»*.

[1669] R.-E. CHARLIER, art. préc. ; spéc. p. 69.

relativité de la dualité domaniale[1670], à plus forte raison s'agissant des propriétés publiques immatérielles.

La mise en place d'une "échelle de domanialité immatérielle" n'est pas sans poser de questions. Ainsi, manier un tel concept nécessite de prendre le risque de ne pas pouvoir *« déterminer à l'avance le régime applicable [aux biens publics] »*[1671].

De la même façon, sa mise en place rendrait assez délicate l'identification du juge compétent pour connaître du contentieux des propriétés publiques immatérielles, une fois disparue la structure binaire du droit domanial pour le "domaine immatériel" des personnes publiques, censé les contenir toutes et impliquant une suppression de la distinction domaine public/domaine privé. En effet, *« [l']unité domaniale obligerait à créer à l'intérieur d'un ordre unique des régimes spécifiques et les distinctions qui se retrouveraient à ce niveau risqueraient de compliquer les choses. »*[1672]. L'"échelle de domanialité immatérielle" suffirait-elle à elle seule à remettre en cause le dualisme de juridictions, bicentenaire en droit français ? Régulièrement décrié[1673], le dualisme juridictionnel connaît tout de même de fervents défenseurs, dont l'un d'entre eux a pu relever que *« [l]e poids de la tradition, l'esprit de symétrie et le goût de l'*elegantia juris *ne justifient pas à eux seuls le maintien d'une telle dualité »*[1674], entendant par là que des motifs d'ordre juridique sous-

---

[1670] J. MORAND-DEVILLER, art. préc. ; spéc. p. 212 : *« les assouplissements qui n'ont cessé d'être apportés ces dernières années rendent la distinction [entre domaine public et domaine privé] moins figée et plus réaliste, favorisant les rapprochements lorsqu'ils sont utiles à une bonne gestion et maintenant les différences lorsqu'elles sont nécessaires à l'accomplissement des finalités »*.

[1671] Pour la citation complète, voir : N. FOULQUIER, *Droit public des biens*, Lexis Nexis, 2e éd., 2013 ; spéc. p. 2 : *« la notion d'échelle de domanialité ne permet pas de déterminer à l'avance le régime applicable [aux biens publics] »*.

[1672] J. MORAND-DEVILLER, art. préc. ; spéc. p. 212.

[1673] Voir notamment : D. TRUCHET, « Fusionner les juridictions administrative et judiciaire ? », *in Etudes offertes à J.-M. Auby,* Dalloz, 1992, p. 335 ; D. TRUCHET, « Mauvaises et bonnes raisons de mettre fin au dualisme juridictionnel », *Justices*, 1996, n° 3, p. 53 ; D. TRUCHET, « Plaidoyer pour une cause perdue : la fin du dualisme juridictionnel », *AJDA* 2005, p. 1767 ; M. JORAT, « Supprimer la justice administrative… deux siècles de débats », *RFDA* 2008, p. 456.

[1674] Voir sur cette question : PH. YOLKA, *La propriété publique : éléments pour une théorie*, LGDJ, Bibliothèque de droit public, Tome 191, 1997 ; spéc. pp. 532-533 : « *Le poids de la tradition, l'esprit de symétrie et le goût de l'*elegantia juris *ne justifient pas à eux seuls le maintien d'une telle dualité. Si l'on a pu l'expliquer par des raisons symboliques, par la structure de la personnalité publique ou par une* "inclination cartésienne pour les raisonnements binaires"*, ce sont avant tout des motifs d'ordre juridique et contentieux qui entravent la marche à l'unification. (…) Il est donc difficile,*

tendaient sa pérennité. Le principe est en effet constitutionnellement garanti. La mise en place d'une "échelle de domanialité immatérielle" n'impliquerait pourtant pas nécessairement la disparition de l'un ou l'autre des ordres de juridictions, malgré la suppression de la dualité domaniale. La période récente a ainsi montré, particulièrement s'agissant de la propriété intellectuelle, qu'il pouvait y avoir un mouvement d'unification du contentieux autour du juge judiciaire. En la matière, en effet, le contentieux est de plus en plus souvent dévolu au juge judiciaire, même lorsque le litige concerne la propriété publique. La création d'un bloc de compétences est donc susceptible de préserver l'existence du juge administratif, *a priori* le premier menacé, tout en organisant le contentieux relatif aux propriétés publiques immatérielles.

B. Manifestations pratiques de l'échelle de domanialité immatérielle

Il a déjà été démontré que le raisonnement fondé sur les canons du droit domanial – qu'il s'agisse des critères du domaine public ou du régime de la domanialité publique – était, s'agissant des propriétés publiques immatérielles, voué à l'échec. L'échelle de domanialité immatérielle se présente en revanche comme un intéressant substitut à la dualité domaniale, qu'elle permet de dépasser tout en rendant possible l'application d'un régime de protection graduel aux propriétés publiques immatérielles. Il faut revenir tour à tour sur l'adéquation (1) et sur l'application (2) de l'échelle de domanialité immatérielle aux propriétés publiques immatérielles.

1. L'adéquation de la théorie aux propriétés publiques immatérielles

L'exposé des fondements théoriques de l'échelle de domanialité immatérielle a permis de mettre en avant les traits les plus saillants de ce

pour ce qui regarde le cas français, de revenir sur la division des domaines sans supprimer la dualité de juridiction, dont il est permis de penser qu'elle a encore de beaux jours devant elle, puisque l'existence et les compétences de la juridiction administrative ont fait l'objet (par les décisions du Conseil constitutionnel du 22 juillet 1980 "Lois de validation" et du 23 janvier 1987 "Conseil de la concurrence") d'une reconnaissance constitutionnelle ; sauf, naturellement, à unifier le contentieux de la propriété publique au profit de la juridiction administrative. Cette position – nous le verrons – n'est pas déraisonnable, parce que le partage actuel des compétences juridictionnelles en matière domaniale laisse à désirer, aussi bien du point de vue de ses fondements que de ses conséquences. ».

régime de substitution à un schéma domanial articulé autour de la distinction domaine public/domaine privé. Une fois dépassée la dualité domaniale, l'échelle de domanialité immatérielle permet d'envisager une appréhension de toutes les propriétés publiques immatérielles rangées dans une catégorie unique : le domaine immatériel – par opposition au domaine matériel, réunissant toutes les propriétés matérielles, à la fois mobilières et immobilières des personnes publiques –, avec un régime à géométrie variable, modulable en tant que de besoin pour répondre aux enjeux spécifiques qui les concernent.

Plus spécialement, la recherche de la valorisation optimale des propriétés publiques immatérielles trouve ici un intéressant terrain d'expression, en ce que le régime qui se dessine répond aux préoccupations précédemment exprimées d'allier au mieux exploitation et protection. En fonction des propriétés publiques immatérielles considérées, l'échelle de domanialité immatérielle doit en effet permettre de trouver un équilibre entre des intérêts contradictoires.

La souplesse de la formule présente l'avantage de s'adapter à la variété des situations rencontrées. Ainsi que cela a été expliqué il ne sera pas toujours nécessaire d'utiliser la totalité de l'éventail des prérogatives de protection existant. La proposition de suppression – ou tout du moins de marginalisation – du principe d'imprescriptibilité est à cet égard topique. La démarche entreprise ici à visé à démontrer dans un premier temps sa dissociabilité vis-à-vis du principe d'inaliénabilité, puis dans un second temps sa profonde relativité s'agissant de propriétés immatérielles. Cependant, il a également été mis en avant que l'extinction dans le temps des droits d'une personne morale de droit public sur certaines propriétés immatérielles pouvait parfois être néfaste. Dans ces conditions, la proposition d'une application en tant que de besoin d'un "principe de perpétuité", susceptible de faire échec à l'extinction dans le temps de la protection de certaines propriétés publiques immatérielles – quelle résulte d'un oubli (non-renouvellement d'une marque ; absence de paiement des redevances) ou de dispositions législatives restrictives (protection limitée dans le temps pour les brevets ou les marques) –, prend tout son sens.

Ainsi que cela a été exposé à propos de l'échelle de domanialité, l'échelle de domanialité immatérielle présente la caractéristique de ne pas être un régime unitaire. Cette donnée recouvre certains avantages. En effet, elle a vocation à s'appliquer aux propriétés incluses dans le "domaine immatériel", catégorie unique réunissant toutes les propriétés publiques immatérielles, en leur pourvoyant un régime sur-mesure, permettant ainsi une application graduelle des prérogatives de protection, au gré des besoins exprimés. La plasticité du régime de l'échelle de domanialité immatérielle répond convenablement à la pluralité des situations rencontrées avec les propriétés publiques immatérielles, dont la diversité est importante puisqu'il s'agit tout à la fois des propriétés publiques financières (actions), des propriétés publiques industrielles (brevets d'invention et marques de fabrique) et des propriétés publiques intellectuelles (droits d'auteur).

L'échelle de domanialité immatérielle est donc appropriée aux propriétés publiques immatérielles, parce qu'elle coïncide avec la diversité des situations générées par leur valorisation. Reste à en ciseler les contours avec plus de précision, en fonction de la nature des propriétés considérées.

2. L'application de la théorie aux propriétés publiques immatérielles

L'échelle de domanialité immatérielle permet de moduler l'intensité de la protection pourvue aux propriété publiques auxquelles elle est destinée et ainsi de répondre à la variété des situations rencontrées. A l'observation, les degrés de protection sont identiques et vont de l'application stricte du régime de droit commun à celle du régime le plus exorbitant, mais leur maniement varie selon la nature de la propriété publique considérée – qu'elle soit littéraire et artistique, industrielle ou financière –, puis selon l'intensité du besoin de protection. Il convient dès lors d'exposer l'application de la théorie de l'échelle de domanialité immatérielle aux propriétés publiques littéraire et artistique, puis aux propriétés publiques industrielles et aux propriétés publiques financières.

La question de la propriété publique littéraire et artistique, c'est-à-dire des droits d'auteur – qu'ils soient moraux ou patrimoniaux – des personnes publiques, est assez bien réglée par le droit commun. En effet, le code de la propriété intellectuelle traite le cas des agents publics auteurs et règle la question de la titularité des droits entre les agents et le service qui les emploie. Hormis quelques incertitudes à lever, comme la question de la durée de protection des droits patrimoniaux des personnes publiques titulaires, puisque la règle des soixante-dix ans suivant la mort de l'auteur n'a pas vraiment de sens ici et que l'éventualité d'une protection perpétuelle n'est pas pleinement satisfaisante, l'application du droit commun ne semble pas poser de difficulté majeure. Les litiges concernant les droits d'auteur des personnes publiques ne trouvent d'ailleurs pas à se résoudre sur le terrain du droit domanial, ce qui limite les contradictions entre les corpus normatifs de la propriété intellectuelle et de la propriété publique. Les droits de propriété intellectuelle des personnes publiques sont des propriétés publiques spécifiques auxquelles l'application du code général de la propriété des personnes publiques n'est pas appropriée, parce qu'elles sortent du cadre. Pour autant, leur intégration dans un schéma distinguant domaine matériel et domaine immatériel prend tout son sens. Du point de vue de l'échelle de domanialité immatérielle, la propriété publique littéraire et artistique ne semble donc pas devoir dépasser le premier degré de protection, c'est-à-dire l'application des règles issues du droit commun.

Concernant la propriété publique industrielle, il y a lieu de distinguer le régime des brevets de celui des marques publiques. Dans l'un et l'autre cas, semble toutefois se dessiner une application graduelle des prérogatives de protection de la propriété publique immatérielle, qui va de l'application pure et simple du droit commun à l'inaliénabilité totale du bien, en passant par la perpétuité des droits conférés et une prérogative garantissant le rattachement[1675] à l'utilité publique.

S'agissant des marques publiques, pour celles d'entre elles qui seraient entrées de façon accidentelle dans le patrimoine public (exemple de la marque Triumph, placée sous séquestre comme bien ennemi durant la Seconde Guerre mondiale, reconnue ensuite comme propriété publique), rien ne commande spécifiquement leur exploitation et leur préservation par la personne publique propriétaire : dès lors, l'application du droit commun des marques, issu du code de la propriété intellectuelle doit convenir. Certaines marques publiques pourraient en revanche opportunément bénéficier de la perpétuité des droits de leur titulaire, contrairement à la protection de droit commun qui est uniquement de vingt ans, indéfiniment renouvelable certes. L'idée serait ici de neutraliser les effets négatifs d'un oubli de renouvellement de la protection ou du non paiement – supposément accidentel – des redevances dues. Lorsque leur utilité pour le service public le commande, certaines marques publiques devraient encore pouvoir bénéficier d'une prérogative de protection supplémentaire, qui serait à même de garantir leur rattachement au service public. Ce degré supplémentaire de protection s'intercale entre la perpétuité des droits du titulaire de la

---

[1675] D'autres termes auraient certainement pu être envisagés. Un détour par la langue anglaise permet par exemple de proposer les termes d'*"assignment"*, de *"commitment"* ou d'*"allocation"*. Il n'échappera pas au lecteur que cette richesse terminologique se retrouve en ancien français, qui connaissait les termes d'"assignement", de "commettement" et d'"allocation".

marque et l'inaliénabilité "totale" du bien considéré, en ce qu'il est envisageable, ainsi que cela a été démontré précédemment, de proposer une gestion efficace des marques publiques même appropriées par un opérateur privé, tant qu'elle reste rattachée au service public. L'inaliénabilité "totale" concernerait quant à elle les marques pour lesquelles il n'est pas envisageable qu'elles soient appropriées par une personne privée, par exemple parce qu'elle concerne un service public constitutionnel – cette catégorie ne renvoyant toutefois pas à un ensemble de services, la jurisprudence du Conseil constitutionnel n'en ayant jamais consacré.

Pour ce qui est des brevets, dans l'ensemble la réponse se fait dans les mêmes termes. Il est possible d'identifier plusieurs degrés de protection, allant de l'application du droit commun à l'inaliénabilité "totale" et passant par la perpétuité des droits de la personne publique titulaire – qui est un efficace moyen de contournement de la protection seulement décennale pourvue par le droit commun –, ainsi que par la prérogative visant à garantir avant tout le rattachement à l'utilité publique, plutôt que l'appropriation publique.

La propriété publique financière peut également être appréhendée par un schéma fondé sur l'idée d'une échelle de domanialité. Ce sont surtout les actions spécifiques – ou *golden shares* – qui bénéficieront de la protection maximale, à savoir l'inaliénabilité "totale". Concernant les autres actions détenues par les personnes publiques, elles se voient appliquer par principe les règles de droit commun issues du code de commerce. Elles remplissent *a priori* le second degré de protection, à savoir la perpétuité, parce que la propriété ne s'éteint pas par l'écoulement du temps. Une prérogative garantissant leur rattachement aux intérêts stratégiques de la nation peut en outre être prévue, par exemple lorsqu'il s'agit d'empêcher qu'une portion de capital public soit inférieure à un certain seuil.

En définitive, les dernières constatations effectuées confirment le sentiment déjà exprimé suivant lequel les efforts les plus importants à réaliser en termes de protection des propriétés publiques immatérielles concerne les propriétés industrielles, c'est-à-dire les brevets et les marques. Pour ce qui est des propriétés publiques financières, les spécificités de leur régime sont dans l'ensemble satisfaisantes ; une attention particulière doit toutefois être portée aux actions spécifiques (ou *golden shares*). S'agissant enfin des propriétés publiques littéraires et artistiques, des aménagements du code de la propriété intellectuelle doivent être opérés, afin que soit levé le voile de l'incertitude parfois constaté. L'application du droit commun est sinon satisfaisante les concernant.

Pour optimiser la valorisation des propriétés publiques immatérielles, plusieurs solutions ont été envisagées : d'abord, celle de l'adaptation des critères du domaine public et ensuite, celle de l'aménagement du régime de la domanialité publique. Ces deux pistes de réflexion se sont avérées infructueuses, parce que l'une comme l'autre conduisent à une distorsion trop importante du droit des propriétés publiques.

Il en ressort nécessairement que les propriétés publiques immatérielles doivent être libérées du cadre conceptuel classique des propriétés publiques, pensé pour des biens matériels, avant tout immobiliers.

La solution proposée consiste dès lors à s'émanciper de la distinction classique entre les biens mobiliers et les biens immobiliers, pour lui substituer une opposition entre biens matériels et biens immatériels, puis à dépasser la distinction cardinale domaine public/domaine privé pour faire entrer l'ensemble des propriétés publiques immatérielles dans un domaine immatériel, lequel serait susceptible de leur pourvoir un régime sur-mesure, adapté à leurs spécificités. Ce régime consiste en l'élaboration d'une échelle de domanialité immatérielle, dont les principales caractéristiques ont été exposées.

La recherche de l'optimisation de la valorisation du "patrimoine immatériel" approprié, c'est-à-dire des propriétés publiques immatérielles, a nécessité de s'interroger sur leur insertion dans les catégories domaniales traditionnelles, domaine public et domaine privé.

Les critères du domaine public et le régime de la domanialité publique – tels qu'ils ressortissent du code général de la propriété des personnes publiques dans sa rédaction actuelle – se sont avérés inadaptés aux propriétés publiques immatérielles. Il était dès lors logique d'interroger leur appartenance au domaine privé des personnes publiques, puisque celui-ci contient toutes les dépendances qui n'entrent pas dans le domaine public. A l'analyse, le déficit de protection induit par une classification dans le domaine privé a fini de convaincre qu'une telle solution était inenvisageable et qu'il convenait dès lors soit de modifier les critères du domaine public, soit d'en tempérer le régime, afin qu'il puisse accueillir les propriétés publiques immatérielles, soit d'autonomiser complètement les propriétés publiques immatérielles du reste des propriétés publiques et de leur pourvoir un régime juridique sur-mesure.

Cette dernière solution a été préférée et les caractéristiques principales d'une échelle de domanialité immatérielle ont ainsi pu être dégagées. Ce régime est celui qui est le mieux à même de pourvoir aux propriétés publiques immatérielles une valorisation optimale, parce qu'il est celui qui assure le meilleur équilibre entre les impératifs contradictoires de gestion du "patrimoine immatériel" que sont l'exploitation financière et la protection.

> *« Droit public, droit privé, la distinction, dans sa forme classique, était le reflet d'un certain ordre du monde ; or, le monde change. L'ébranlement des cadres juridiques traditionnels est beaucoup plus qu'un épisode des relations entre droit public et droit privé : il y a moins envahissement de l'un par l'autre que bouleversement de l'un et de l'autre. Le publiciste et le privatiste disputent sur ce mur qui sépare leurs champs, et qui, prodige ! se met à bouger ; mais qu'en mesurant l'ampleur de son mouvement, en recensant les lézardes, ils n'oublient pas qu'en général, lorsque les murs bougent, c'est que, dans ses profondeurs, la terre tremble. »*[1676].

Au terme de cette étude, il apparaît que le bilan opéré de la valorisation du "patrimoine immatériel" des personnes publiques est contrasté. Il convient de distinguer deux situations : celle du "patrimoine immatériel" non approprié et celle du "patrimoine immatériel" approprié, c'est-à-dire les propriétés publiques immatérielles.

Dans l'ensemble, la valorisation des éléments non appropriés du "patrimoine immatériel" s'avère satisfaisante. En ce qui les concerne, le fait que le régime juridique prévu par décret ne soit qu'embryonnaire[1677] – puisqu'il ne concerne que quelques actions de valorisation – n'a heureusement pas fait obstacle au développement, parallèle, de nombreux régimes juridiques autonomes, propres à chaque élément considéré (fréquences hertziennes, données publiques, image des biens publics, nommage etc.). Quelques améliorations peuvent être pourvues ponctuellement, afin soit d'envisager une exploitation renforcée, soit de permettre une meilleure protection des éléments en cause.

[1676] J. RIVERO, « Droit public et droit privé : Conquête ou *statu quo* ? », *D.* 1947, chron., p. 69 ; spéc. p. 72.

[1677] Décret n°2009-151 du 10 février 2009 relatif à la rémunération de certains services rendus par l'Etat consistant en une valorisation de son patrimoine immatériel.

Concernant les propriétés publiques immatérielles, le travail à mener s'avère bien plus considérable. Des carences d'une ampleur variable ont pu être mises en évidence, spécialement concernant la protection des propriétés publiques intellectuelles (brevets d'invention, marques de fabrique et droits d'auteur – moraux et patrimoniaux –) et de certaines propriétés publiques financières (notamment les actions spécifiques).

Pour y répondre, un détour par la domanialité publique s'imposait naturellement. Il en ressort cependant que tant les critères du domaine public que le régime de la domanialité publique, tels qu'ils sont prévus à l'heure actuelle par le code général de la propriété des personnes publiques, sont inadaptés aux propriétés publiques immatérielles. Dans ces conditions, une autonomisation du droit applicable aux propriétés publiques immatérielles vis-à-vis du droit des propriétés publiques traditionnel et des catégories domaniales usuelles a été envisagée.

La solution proposée consiste d'abord à dépasser la distinction biens immobiliers/mobiliers pour lui substituer une opposition biens matériels/immatériels et ensuite à faire sortir les propriétés publiques immatérielles de la dichotomie domaine public/domaine privé, en les intégrant à un domaine immatériel, pour enfin élaborer un régime juridique sur-mesure qui leur serait spécialement dédié : l'échelle de domanialité immatérielle. Ce régime est susceptible de permettre une optimisation de la valorisation des propriétés publiques immatérielles, de sorte à ce que soient correctement équilibrés les impératifs d'exploitation et de protection.

En fin de compte, il apparaît que *« le « droit de l'immatériel public », en train d'émerger, est un continent plein de ressources, mais également de zones sismiques »*[1678]. Ces considérations géologiques ne sont pas sans rappeler les tremblements telluriques évoqués en épigraphe à ce propos conclusif par Jean Rivero. De fait, la tentative de perception juridique des propriétés publiques immatérielles et l'aménagement du cadre conceptuel qui leur est applicable ont permis de révéler l'existence de mouvements plus profonds relativisant, à bien des égards, la distinction entre domaine public et domaine privé, ainsi que celle entre droit public et droit privé.

[1678] PH. YOLKA, « *Open data : « L'ouverture, c'est l'aventure » »*, *AJDA* 2016, p. 79 ; spéc. p. 79.

BIBLIOGRAPHIE SELECTIVE

I. Ouvrages généraux

1. Manuels, traités, cours

- ATIAS C., *Droit civil, Les biens*, Lexis Nexis, Litec, 11e éd., 2011.
- AUBRY C. et RAU F.-C., *Cours de droit civil français*, Strasbourg, F. Lagier, 1839.
- AUBY J.-M., BON P. *et al.*, *Droit administratif des biens*, Dalloz, 7e éd., 2016.
- BINCTIN N., *Droit de la propriété intellectuelle*, LGDJ, 4e éd., 2016.
- BRACONNIER S., *Droit public de l'économie*, PUF, 2e éd., 2017.
- CARBONNIER J., *Droit civil – II. Les biens, les obligations*, PUF, 19e éd., 2004.
- CHAPUS R., *Droit du contentieux administratif*, Montchrestien, 13e éd., 2008.
- DEFFIGIER C., LACHAUME J.-F. et PAULIAT H., *Code général de la propriété des personnes publiques*, Le Moniteur, 3e éd., 2012.
- DELVOLVE P., *Droit public de l'économie*, Dalloz, 1998.
- DEMENTHON H., *Traité du domaine de l'Etat*, Dalloz, 6e éd., 1964.
- DUCROCQ T., *Cours de droit administratif*, Librairie Fontemoing, 7e éd., 1897.
- DUGUIT L., *Traité de droit constitutionnel*, Tome III, de Boccard, 1930.
- FOULQUIER N., *Droit administratif des biens*, Lexis Nexis, 4e éd., 2018.
- GAUDEMET Y., *Traité de droit administratif – Tome 2 : Droit administratif des biens*, LGDJ, 15e éd., 2014.
- GODFRIN PH. et DEGOFFE M., *Droit administratif des biens*, Sirey, 12e éd., 2018.
- HAURIOU M., *Précis de droit administratif et de droit public*, Sirey, 12e éd., 1933.
- LUCAS A. et LUCAS H.-J., *Traité de la propriété littéraire et artistique*, Litec, 1994.
- MALAURIE PH. et AYNES L., *Les biens*, Defrénois, 5e éd., 2013.

- MARINO L., *Droit de la propriété intellectuelle*, PUF, 2013.
- MESTRE J. et MERLAND L. (dir.), *Droit et innovation*, Presses universitaires d'Aix-Marseille, 2013.
- MORAND-DEVILLER J., BOURDON P. et POULET F. *Droit administratif des biens*, LGDJ Lextenso éditions, 10e éd., 2018.
- NICINSKI S., *Droit public des affaires*, 6e éd., 2018.
- PICOD Y., *Droit des sûretés*, PUF, 2008.
- PIEDELIEVRE S., *Droit de l'exécution*, PUF, 2009.
- PROUDHON J.-B., *Traité du domaine public,* Dijon, Lagier, 2e éd., tome I, 1843.
- SEILLER B., *Droit administratif, Tome 2, L'action administrative*, Flammarion, 6e éd., 2016.
- TERRE F. et SIMLER PH., *Droit civil : les biens*, Dalloz, 9e éd., 2014.
- TRUCHET D., *Droit administratif*, 6e éd., 2015.

2. Recueils de décisions et de textes

- CHAMARD-HEIM C., MELLERAY F., NOGUELLOU R. et YOLKA PH., *Les grandes décisions du droit administratif des biens*, Dalloz, 3e éd., 2018.
- GAÏA P., GHEVONTIAN R. *et al.*, *Les grandes décisions du Conseil constitutionnel*, Dalloz, 17e éd., 2013.
- GAUDEMET Y. et LONG M., *Les grands avis du Conseil d'Etat*, Dalloz, 2e éd., 2002.
- LONG M., WEIL P., BRAIBANT G., DELVOLVE P. et GENEVOIS B., *Les grands arrêts de la jurisprudence administrative*, Dalloz, 21e éd., 2017.

II. Monographies

- ANDRIEU C., LE VAN L. et PROST A., *Les nationalisations de la libération, De l'utopie au compromis*, Presses de la Fondation Nationale des Sciences Politiques, 1987.
- BAUDRY G., *L'expropriation pour cause d'utilité publique*, Sirey, 2e éd., 1947.
- BREESE P. et KAISER A., *L'évaluation des droits de propriété industrielle*, Gualino, 2004.
- CAILLOSSE J., *La constitution imaginaire de l'administration*, PUF, 2008.
- CAILLOSSE J., *L'Etat du droit administratif*, LGDJ, 2015.

- CAYLA O. et HALPERIN J.-L. (dir.), *Dictionnaire des grandes œuvres juridiques*, Dalloz, 2008.
- CHATY L., *L'administration face au management*, L'Harmattan, 1997.
- CHEVALLIER J., *L'Etat post-moderne*, LGDJ, 2e éd., 2004.
- CHOISY S., *Le domaine public en droit d'auteur*, Litec, 2002.
- CORNU G., *Vocabulaire juridique*, PUF, 10e éd., 2013.
- CORNU M., ORSI F. et ROCHFELD J. (dir.), *Dictionnaire des biens communs*, PUF, 2017.
- COZIAN M. et GAUDEL P.-J., *La comptabilité racontée aux juristes*, LexisNexis Litec, 2006.
- HENRY G., *L'évaluation en droit d'auteur*, Lexis Nexis, 2008.
- LACASSE F. et THOENIG J.-C., *L'Action publique*, L'Harmattan, 1996.
- LATOURNERIE M.-A., *Point de vue sur le domaine public*, Montchrestien, 2004.
- PETIT J. et EVEILLARD G., *L'ouvrage public*, Litec, 2009.
- PEZ TH., *Le domaine public hertzien : attribution et exploitation des fréquences radioélectriques*, LGDJ Lextenso éd., coll. Systèmes, 2011.
- POUILLET E., *Traité théorique et pratique des brevets d'invention et des secrets de fabrique*, LGDJ, Marchal & Billard, 5e éd., 1909.
- ROCHFELD J., *Les grandes notions du droit privé*, PUF, 2e éd., 2013.
- ROLAND H. et BOYER L., *Adages du droit français*, Litec, 4e éd., 1999.

III. Thèses, Mémoires

- BERNARD S., *La recherche de la rentabilité des activités publiques et le droit administratif,* LGDJ, Bibliothèque de droit public, Tome 218, 2001.
- BLAIZOT-HAZARD C., *Les droits de propriété intellectuelle des personnes publiques en droit français*, LGDJ, Bibliothèque de droit public, Tome 159, 1991.
- BOUL M., *Le patrimoine immatériel des personnes publiques,* th. Toulouse, 2017.
- BRENET F., *Recherches sur l'évolution du contrat administratif,* th. Poitiers, 2002.

- BRUGUIERE J.-M., *La diffusion de l'information publique : le service public face au marché de l'information*, th. Montpellier I, 1995.
- CARIUS M., *Cumuls et agents publics*, LGDJ, Bibliothèque de droit public, Tome 222, 2002.
- CARTIER-BRESSON A., *L'Etat actionnaire*, LGDJ, Bibliothèque de droit public, Tome 264, 2010.
- CHAMARD C., *La distinction des biens publics et des biens privés : Contribution à la définition de la notion de biens publics*, Dalloz, NBT vol. 33, 2004.
- CHOUQUET M., *Le domaine privé des personnes publiques : contribution à l'étude du droit des biens publics,* LGDJ, Bibliothèque de droit public, Tome 295, 2017.
- DENOYER J.-F., *L'exploitation du domaine public,* LGDJ, Bibliothèque de droit public, Tome 92, 1969.
- DUBREUIL C.-A., *La protection des intérêts nationaux dans les privatisations : le cas de l'action spécifique,* Mémoire de DEA Droit public de l'économie, 2000.
- DUSSART M.-L., *Constitution et économie*, NBT v. 144, Dalloz, 2015.
- DUVERGER M., L'affectation des immeubles domaniaux aux services publics, th. Bordeaux, 1940.
- ECKERT G., *Droit administratif et commercialité*, th. Strasbourg III, 1994.
- GAUDEMAR (DE) H., *L'inaliénabilité du domaine public*, th. Paris II, 2006.
- GAUTIER M., *L'influence du modèle communautaire sur la coopération en matière de justice et d'affaires intérieures*, Bruylant, 2003.
- GIACUZZO J.-F., *La gestion des propriétés publiques en droit français*, LGDJ, Bibliothèque de droit public, Tome 283, 2014.
- HENNEQUIN-MARC L., *La propriété intellectuelle des personnes publiques,* th. Paris II, 2016.
- LLORENS F., *Contrat d'entreprise et marché de travaux publics : contribution à la comparaison entre contrat de droit privé et contrat administratif,* LGDJ, Bibliothèque de droit public, Tome 139, 1981.
- MALWE C., *La propriété publique incorporelle : au carrefour du droit administratif des biens et du droit public économique*, th. Nantes, 2008.
- MARCHAND J., *Recherche sur le régime des actions et des participations financières publiques*, LGDJ, Bibliothèque de droit public, Tome 279, 2014.

- MAROGER G., *L'affectation à l'usage public des biens des patrimoines administratifs*, Sirey, 1942.
- MEKKI M., *L'intérêt général et le contrat, Contribution à une étude de la hiérarchie des intérêts en droit privé*, LGDJ, Bibliothèque de droit privé, Tome 411, 2004.
- MOYSAN H., *Le droit de propriété des personnes publiques*, LGDJ, Bibliothèque de droit public, tome 219, 2001.
- ROTOULLIE J.-C., *L'utilisation de la technique de marché en droit de l'environnement : l'exemple du système européen d'échange des quotas d'émission de gaz à effet de serre*, LGDJ, Bibliothèque de droit public, tome 297, 2017.
- ROUX C., *Propriété publique et droit de l'Union européenne*, LGDJ, Bibliothèque de droit public, Tome 290, 2015.
- SAILLANT E., *L'exorbitance en droit public*, Dalloz, NBT v. 109, 2011.
- TARLET F., *Les biens publics mobiliers*, NBT v. 170, Dalloz, 2017.
- TEITGEN-COLLY C., *La légalité de l'intérêt financier dans l'action administrative*, Economica, 1981.
- TERESI L., *La commercialisation des données publiques*, th. Aix-Marseille III, 2007.
- TRUCHET D., *Les fonctions de la notion d'intérêt général dans la jurisprudence du Conseil d'Etat*, LGDJ, Bibliothèque de droit public, Tome 125, 1977.
- VALERIAN B., *Le patrimoine immatériel des collectivités territoriales : protection et réservation,* th. Avignon, 2017.
- YOLKA PH., *La propriété publique, éléments pour une théorie*, LGDJ, Bibliothèque de droit public, Tome 191, 1997.

IV. Mélanges (articles tirés de)

- BLUMANN C., « Quelques réflexions sur la notion de communautarisation dans le cadre de l'Union européenne », *in Mélanges Philippe Ardant*, LGDJ, 1999, p. 61.
- BOUDET J.-F., « France Domaine ou la réforme de la politique immobilière de l'Etat en marche », *in Les nouvelles orientations du droit de la propriété publique, Mélanges en l'honneur du professeur Philippe Godfrin*, Mare & Martin, 2014, p. 17.
- CHARLIER R.-E., « Les biens affectés au service public », *in Perspectivas del Derecho Publico en la segunda mitad del siglo XX :*

homenaje a Enrique Sayagues-Laso, Instituto de Estudios de Administracion Local, 1969, p. 47.

- CHEVALLIER J., « Déclin ou permanence du mythe de l'intérêt général ? », *in L'intérêt général, Mélanges en l'honneur de Didier Truchet,* Dalloz, 2015, p. 83.
- CHIKHAOUI L., « Domanialité forestière et protection de l'environnement », *in Confluences, Mélanges en l'honneur de Jacqueline Morand-Deviller*, Montchrestien, 2007, p. 747.
- CLAMOUR G., « Liberté contractuelle et propriété publique mobilière », *in Contrats et propriété publics*, Actes du colloque de Montpellier des 28 et 29 avril 2011, Lexis Nexis, 2011, p. 237.
- DAVID BEAUREGARD-BERTHIER (DE) O., « La définition du domaine public mobilier par le Code général de la propriété des personnes publiques », *in L'art et le droit, Ecrits en hommage à Pierre-Laurent Frier*, Publications de la Sorbonne, 2010, p. 119.
- DAVID BEAUREGARD-BERTHIER (DE) O., « Le patrimoine immatériel de l'Etat », *in Bien public, bien commun, Mélanges en l'honneur d'Etienne Fatôme*, Dalloz, 2011, p. 23.
- DEBBASCH C., « Le droit administratif, droit dérogatoire au droit commun ? », *in Droit administratif, Mélanges René Chapus*, Montchrestien, 1992, p. 127.
- DEGUERGUE M., « Intérêt général et intérêt public : tentative de distinction », *in L'intérêt général, Mélanges en l'honneur de Didier Truchet,* Dalloz, 2015, p. 131.
- DELAUNAY B., « La gratuité du domaine public mobilier », *in Les nouvelles orientations du droit de la propriété publique, Mélanges en l'honneur du Professeur Philippe Godfrin*, Mare & Martin, 2014, p. 127.
- DELAUNAY B., « Le droit européen de la concurrence et la privatisation des entreprises publiques nationales », *in Entre les ordres juridiques, Mélanges en l'honneur du Doyen François Hervouët*, Faculté de droit et des sciences sociales de Poitiers, 2016, p. 307.
- DREYFUS J.-D., « La valorisation du service public par la diffusion d'œuvres créées par les agents publics », *in Service public, puissance publique : permanence et variations d'un couple mythique, Mélanges en l'honneur du professeur Alain-Serge Mescheriakoff*, Bruylant, 2013, p. 99.
- HOSTIOU R., « Les droits moraux du co-contractant de l'Administration – Propriété littéraire et artistique et droit administratif », *in Contrats publics, Mélanges en l'honneur du Professeur Michel Guibal*, vol. 1, Presses de la Faculté de droit de Montpellier, 2006, p. 259.

- HUBRECHT H.-G., « L'inaliénabilité : Passé et avenir d'un principe de droit constitutionnel », *in La constitution et les valeurs, Mélanges en l'honneur de Dmitri Georges Lavroff*, Dalloz, 2005, p. 417.
- HUON DE KERMADEC J.-M., « La reproduction de l'image des biens du domaine public : Application de principe du droit commun et spécificités », *in Regards croisés sur les droits de la famille et du patrimoine, Mélanges en l'honneur d'Alain Le Bayon*, L'Harmattan, 2005, p. 233.
- LAVIALLE C., « L'acte de gestion domaniale », *in Mouvement du droit public, Mélanges en l'honneur de Franck Moderne*, Dalloz, 2004, p. 265.
- LATOURNERIE M.-A., « Quelques réflexions à partir du droit forestier… », *in L'intérêt général, Mélanges en l'honneur de Didier Truchet*, p. 307.
- LOUVARIS A., « Biens publics et concurrence : bref inventaire des fruits d'une union de raison », *in Bien public, bien commun, Mélanges en l'honneur d'Etienne Fatôme*, Dalloz, 2011, p. 287.
- MAISONNEUVE M., « Des stades et des contrats administratifs », *in A propos des contrats des personnes publiques, Mélanges en l'honneur du Professeur Laurent Richer*, LGDJ, 2013, p. 693.
- MELLERAY F., « L'échelle de la domanialité », *in Mouvement du droit public, Mélanges Franck Moderne,* Dalloz, 2004, p. 287.
- MORAND-DEVILLER J., « La valorisation économique du patrimoine public », *in Mélanges Drago*, Economica, 1996, p. 273.
- MORAND-DEVILLER J., « La crise du domaine public – A la recherche d'une institution perdue », *in Le droit administratif : permanences et convergences, Mélanges en l'honneur de Jean-François Lachaume*, Dalloz, 2007, p. 737.
- MORAND-DEVILLER J., « Le patrimoine et ses excès », *in Long cours, Mélanges en l'honneur de Pierre Bon*, Dalloz, 2014, p. 1003.
- NICINSKI S., « L'Etat actionnaire : état des réflexions », *in Terres du droit, Mélanges en l'honneur de Yves Jégouzo*, Dalloz, 2009, p. 157.
- QUIOT G., « Considérations sur une curiosité juridique : l'existence en droit français d'un domaine privé des personnes publiques », *in Les métamorphoses du droit, Hommage à Jean-Marie Rainaud*, L'Harmattan, 2010, p. 339.
- TRUCHET D., « A propos de l'évolution du droit administratif : « loi d'extension » et « loi de divergence » », *in Droit administratif, Mélanges René Chapus*, Montchrestien, 1992, p. 633.

- TRUCHET D., « Fusionner les juridictions administrative et judiciaire ? », *in Etudes offertes à J.-M. Auby,* Dalloz, 1992, p. 335.
- TRUCHET D., « La structure du droit administratif peut-elle demeurer binaire ? – A propos des catégories juridiques en droit administratif », *in Clés pour le siècle*, Dalloz, 2000, p. 443.
- VIVANT M., « L'immatériel en sûreté », *in Mélanges Cabrillac*, Dalloz-Litec, 1999, p. 405.
- WALINE J., « Propriété industrielle et droit public », *in Propriétés intellectuelles – An 2000, Mélanges offerts à Jean-Jacques Burst*, Litec, 1997, p. 667.
- WARUSFEL B., « La propriété intellectuelle comme politique publique », *in Le droit de la propriété intellectuelle dans un monde globalisé, Mélanges en l'honneur du Professeur Joanna Schmidt-Szalewski*, Collection du CEIPI, Lexis Nexis, 2014, p. 391.

V. Actes de colloque et ouvrages collectifs

- BRUGUIERE J.-M., « L'accès aux archives publiques : existe-t-il un domaine public « informationnel » ? », *in Archives et recherche : aspects juridiques et pratiques administratives*, dir. J. Fromageau, L'Harmattan, 2003, p. 43.
- BUTLEN A., « Les contrats sur la propriété publique immatérielle », *in Contrats et propriétés publics*, Actes du colloque de Montpellier, des 28 et 29 avril 2011, Lexis Nexis, 2011, p. 249.
- CAILLOSSE J., « Rapport introductif : Performance et droit de l'administration », *in Performance et droit administratif*, Actes du colloque organisé par le Laboratoire d'étude des réformes administratives et de la décentralisation (LERAD) les 29 et 30 janvier 2009 à l'Université François Rabelais de Tours, Lexis Nexis Litec, 2010, p. 5.
- CARTIER-BRESSON A., « Recapitalisations publiques et transferts de risques », *in Risque économique et puissance publique – L'émergence de la prévoyance publique économique*, Actes du colloque du 22 mars 2013, Université d'Auvergne et LGDJ, 2014, p. 151.
- CONSEIL D'ETAT, *La valorisation économique des propriétés des personnes publiques*, Colloque du 6 juillet 2011, La Documentation française, coll. Droits et Débats n°3, 2012.
- CONSEIL D'ETAT, *Le patrimoine immatériel des personnes publiques*, Colloque du 16 mars 2012, La Documentation française, coll. Droits et Débats n°6, 2013.

- CORNU M. et FRIGO M., « L'accord portant création du Louvre Abou Dhabi, musée universel : une double invention culturelle et juridique », *Annuaire français de droit international*, 2009, n°55, p. 111.
- GAUTIER P.-Y., « Rapport de synthèse », *in Le droit et l'immatériel*, Archives de philosophie du droit, Tome 43, Sirey, 1999, p. 233.
- GONOD P., MELLERAY F. et YOLKA PH. (dir.), *Traité de droit administratif*, Tome 1, Dalloz, 2011.
- GUTMANN D., « Du matériel à l'immatériel dans le droit des biens. Les ressources du langage juridique », *in Le droit et l'immatériel*, Archives de philosophie du droit, Tome 43, Sirey, 1999, p. 65.
- HERMITTE M.-A., « La nature juridique des quotas de gaz à effet de serre. Une histoire intellectuelle. », *in Annales de la régulation*, vol. 1, 2006, p. 541.
- HUBRECHT H.-G., « L'exorbitance du droit des propriétés publiques », *in* F. MELLERAY (dir.), *L'exorbitance du droit administratif en question(s)*, LGDJ, 2004, p. 219.
- LEBLOND-MASSON R., « La protection constitutionnelle du droit de propriété des personnes publiques », *in La constitution économique*, Actes du colloque organisé en hommage au professeur Guy Carcassonne par le Centre de Recherches du le Droit Public de l'Université Paris Ouest Nanterre La Défense, La mémoire du droit, 2015, p. 131.
- MALWE C., « Noms publics et droit des marques », *in Le nom : administrations, droit et contentieux administratifs*, PH. YOLKA (dir.), Institut universitaire Varenne, LGDJ Lextenso, 2016, p. 45.
- MANSON C., « Valorisation économique du domaine public et performance », *in Performance et droit administratif*, Actes du colloque organisé par le Laboratoire d'étude des réformes administratives et de la décentralisation (LERAD) les 29 et 30 janvier 2009 à l'Université François Rabelais de Tours, Lexis Nexis Litec, 2010, p. 227.
- MORAND-DEVILLER J., « Les performances de la domanialité publique : critères, consistance, utilisations », *in Performance et droit administratif*, Actes du colloque organisé par le Laboratoire d'étude des réformes administratives et de la décentralisation (LERAD) les 29 et 30 janvier 2009 à l'Université François Rabelais de Tours, Lexis Nexis Litec, 2010, p. 211.
- PEZ TH., « Communication numérique et domaine public hertzien », *in La communication numérique, un droit, des droits,* Ed. Panthéon-Assas, 2012, p. 395.

- RAPP L., « De la domanialité publique à l'appartenance publique : une évolution dans la Révolution ! », *in Propriété et Révolution*, Actes du colloque de Toulouse, 12-14 octobre 1989, Ed. du CNRS, 1990, p. 165.
- REZZOUK M., « La question de l'économie de l'immatériel dans les rapports officiels : évaluation critique à partir du rapport Lévy-Jouyet », *in Droits de propriété intellectuelle dans un monde globalisé*, Actes du colloque du Centre Européen de Droit et d'Économie (ESSEC), Vuibert, 2009, p. 165.
- SEVE R., « Déterminations philosophiques d'une théorie juridique : *La Théorie du patrimoine* d'Aubry et Rau », *in Les biens et les choses,* Archives de philosophie du droit, Tome 24, Sirey, 1979, p. 247.
- WARUSFEL B., « L'émergence d'un droit public de la propriété intellectuelle », *in Les transformations du droit public*, Actes du colloque de Brest, du 20 juin 2008, p. 161.
- YOLKA PH., « Personnalité publique et patrimoine », *in La personnalité publique*, Actes du colloque organisé les 14 et 15 juin 2007 par l'Association française pour la recherche en droit administratif, LexisNexis Litec, 2007, p. 35.

VI. Rapports officiels

- AGENCE DES PARTICIPATIONS DE L'ETAT, *Rapport d'activité 2015-2016*, La Documentation française, 2016.
- AGENCE DU PATRIMOINE IMMATERIEL DE L'ETAT, « Patrimoine immatériel public : quels enjeux ? », coll. "Ressources de l'immatériel", 2011.
- AGENCE DU PATRIMOINE IMMATERIEL DE L'ETAT, « Nom de domaine : affirmer et sécuriser sa présence sur Internet », coll. "Ressources de l'immatériel", 2012.
- AGENCE DU PATRIMOINE IMMATERIEL DE L'ETAT, *Rapport public 2013*, La Documentation française, 2014.
- ASSEMBLEE NATIONALE, *Rapport fait au nom de la commission d'enquête sur la gestion des entreprises publiques afin d'améliorer le système de prise de décision*, juillet 2003 (dit « Rapport Douste-Blazy »).
- BARBIER DE LA SERRE R., DAVIS J.-H. *et al.*, *L'Etat actionnaire et le gouvernement des entreprises publiques*, La Documentation française, mars 2003 (dit « Rapport Barbier de La Serre »).

- CONSEIL D'ETAT, *Réflexions sur l'intérêt général*, Etude annuelle 1999, Etudes et documents n°50, La Documentation française, 1999.
- CONSEIL D'ETAT, *Les agences : une nouvelle gestion publique ?*, Etude annuelle 2012, Etudes et documents n°63, La Documentation française, 2012.
- CONSEIL D'ETAT, *Les commissaires du Gouvernement dans les entreprises*, La Documentation française, 2015.
- CONSEIL D'ETAT, *L'action économique des personnes publiques*, Etude annuelle 2015, Etudes et documents n°66, La Documentation française, 2015.
- COUR DES COMPTES, *Rapport sur les comptes de l'Etat 2005*, La Documentation française, 2006.
- COUR DES COMPTES, *L'Etat actionnaire : apports et limites de l'Agence des participations de l'Etat*, Rapport thématique, La Documentation française, février 2008.
- COUR DES COMPTES, *Les industries d'armement de l'Etat : un point de vigilance*, Rapport thématique, La Documentation française, janvier 2012.
- COUR DES COMPTES, *Les faiblesses de l'Etat actionnaire d'entreprises industrielles de défense*, Rapport thématique, La Documentation française, avril 2013.
- COUR DES COMPTES, *L'Etat actionnaire*, Rapport public thématique, La Documentation française, 2017.
- EMERY-DUMAS A., *Rapport fait au nom de la commission des affaires sociales sur la proposition de loi, adoptée par l'Assemblée nationale après engagement de la procédure accélérée, visant à reconquérir l'économie réelle,* n°328, 29 janvier 2014.
- GALLOIS L., *Pacte pour la compétitivité de l'industrie française*, Rapport au Premier ministre, La Documentation française, 2012.
- INSTITUT DE LA GESTION DELEGUEE, *Rapport du groupe de travail sur la valorisation des propriétés publiques*, 2004.
- LEVY M. et JOUYET J.-P., *L'économie de l'immatériel, la croissance de demain*, La Documentation française, 2006.
- SENAT, *Rapport d'information fait au nom de la commission des finances sur la politique de dividendes de l'Etat actionnaire*, fait au nom de la commission des finances par M. Maurice Vincent, janvier 2017.

VII. Articles

- AUBY J.-B., « L'immatériel dans l'Etat », *Dr. adm.* 2007, repère n°6.
- AUBY J.-B., « Propriété et gestion domaniale », *Dr. adm.* 2011, repère 7.
- AUBY J.-M., « Contribution à l'étude du domaine privé de l'administration », EDCE 1958, p. 35.
- AYRAULT L., « LOLF et droit administratif », *Dr. adm.* 2007, étude 2.
- BALLANDRAS-ROZET C., « Les justifications économiques et juridiques au critère de l'aménagement indispensable », *JCP A* 2007, 2089.
- BALLANDRAS-ROZET C., « L'aménagement indispensable, un critère discutable de réduction du domaine public », *AJDA* 2007, p. 571.
- BAZEX M., « La privatisation, stade suprême de l'interventionnisme ? », *RFDA* 1994, p. 285.
- BECHILLON (DE) D., « Le volontarisme politique contre la liberté d'entreprendre », *Les Nouveaux Cahiers du Conseil constitutionnel* 2015/4, p. 5.
- BELRHALI-BERNARD H., « Le Conseil d'Etat, la vie privée et le droit de la propriété intellectuelle », *Dr. adm.* 2011, comm. 70.
- BERNARD S., « Le GIP à l'abri de la commande publique et de la liberté du commerce et de l'industrie ? », *RJEP* 2011, comm. 24.
- BERNHEIM-DESVAUX S., « La clause d'inaliénabilité d'un bien », *Contrats Concurrence Consommation* 2013, form. 7.
- BESLE D., « Le droit pour une commune de changer l'orthographe de son nom », *AJDA* 2008, p. 92.
- BINCTIN N., « À la recherche d'une rationalisation de la gestion des actifs intellectuels de l'État », *Propriété industrielle* 2009, alerte 123.
- BLANC F., « L'insaisissabilité des biens des établissements publics industriels et commerciaux, éléments pour une évolution », *RDP* 2009, p. 1553.
- BLANC F., « La photographie d'une œuvre d'art appartenant au musée d'une collectivité est une occupation privative du domaine public mobilier soumise à redevance », *AJCT* 2013, p. 153.
- BOITEUX D., « Le bon usage des deniers publics », *RDP* 2011, p. 1099.
- BOMPOINT D., « Peu à peu, le citoyen évince l'actionnaire », *JCP G* 2015, doctr. 1305.

- BOUCHE N., « Obtentions de salariés, de fonctionnaires ou d'agents publics », *Propriété industrielle* 2015, étude 11.
- BOUL M., « Les « public goods » : traduction juridique d'une notion économique », *RFDA* 2013, p. 557.
- BOUVIER M., « La révision générale des politiques publiques et la métamorphose de l'Etat », *AJDA* 2008, p. 329.
- BOUVIER M., « Réformes : la culture de la performance n'est pas incompatible avec la diversité institutionnelle », *RFFP* 2009, n°105, p. 5.
- BRAIBANT G., « Du simple au complexe : Quarante ans de droit administratif (1953-1993) », *in Rapport public pour 1993*, *EDCE* n°45, 1994, p. 409.
- BRACONNIER S., « Construction et exploitation des stades : en attendant l'Euro 2016… », *RDI* 2011, p. 189.
- BRAMERET S., « Les contrats de « nommage » des équipements publics », *RFDA* 2015, p. 671.
- BROUANT J.-P., « L'usage des fréquences de communication audiovisuelle et la domanialité publique », *AJDA* 1997, p. 115.
- BRUGUIERE J.-M. et GLEIZE B., « Proposition de loi sur le droit à l'image, Pitié pour les juristes ! », *D.* 2003, p. 2643.
- BRUGUIERE J.-M., « Attribution des droits de propriété littéraire et artistique dans le cadre du service public », *AJDA* 2005, p. 1905.
- BRUGUIERE J.-M., « L'immatériel à la trappe ? », *D.* 2006, p. 2804.
- BRUGUIERE J.-M., « Le patrimoine immatériel de l'Etat est-il l'objet d'une propriété publique ? », *Cahiers Droit Sciences & Technologies*, 2010, p. 59.
- BRUGUIERE J.-M., « L'image du château de Chambord n'est pas un bien du domaine public », *D.* 2012, p. 2222.
- BUISSON C. et ROGLIANO C., « La marque, levier de transformation de l'action publique. Spécificités et enjeux », *AJDA* 2017, p. 2062.
- BUREL A., « La titularité des droits d'auteurs dans le cadre des marchés publics », *Contrats publics*, Janvier 2013, p. 39.
- CAILLOSSE J., « Le droit administratif contre la performance publique ? », *AJDA* 1999, p. 195.
- CALAMARTE-DOGUET M.-G., « Les fonctionnaires en quête de droit d'auteur. Pirandello au pays de la propriété intellectuelle des fonctionnaires », *AJDA* 2003, p. 1968.
- CARIUS M., « Les étalons de la République : Contribution à l'étude du domaine public mobilier », *Revue de droit rural* nov. 2007, étude 7.

- CARIUS M., « Le *naming* des enceintes sportives, les nouveaux dieux du stade », *AJCT* 2012, p. 357.
- CARON C., « A la recherche de la nature juridique du nom de domaine », *Communication Commerce électronique*, Juin 2001, comm. 60.
- CARON C., « La création salariée du militaire », *Communication Commerce électronique* 2006, comm. 2.
- CARPI-PETIT S., « Le choc des photos : une commune peut-elle interdire que des dépendances de son domaine public soient photographiées ? », *JCP A* 2012, 2390.
- CARTIER-BRESSON A., « Les collectivités territoriales peuvent-elles être des actionnaires ordinaires ? », *BJCL* 2013, p. 316.
- CATALA P., « La transformation du patrimoine dans le droit civil moderne », *RTD civ.* 1966, p. 185.
- CHAMINADE A., « La soumission du spectre des fréquences radioélectriques aux règles de la domanialité publique », *JCP G* 2003, II, 10189.
- CHAMINADE A., « Régime juridique des autorisations d'utilisation des fréquences radioélectriques », *JCP G* 2007, II, 10177.
- CHAN-TUNG L., « La mise en place de la Banque publique d'investissement », *AJDA* 2013, p. 2011.
- CHAPUS R., « De la valeur des principes généraux du droit et autres règles jurisprudentielles du droit administratif », *D.* 1966, chron. p. 99.
- CHAPUS R., « De la soumission au droit des règlements autonomes », *D.* 1960, chron. p. 119.
- CHARITE B., « La participation directe des régions au capital des sociétés privées : les contours d'une faculté nouvelle », *JCP A* 2016, 2243.
- CHERON A., « Vers la reconnaissance d'un droit moral au profit des collectivités territoriales », *AJCT* 2011, p. 480.
- CHERON A., « *Open data* et valorisation du patrimoine immatériel », *AJCT* 2013, p. 123.
- CLAMOUR G., « Dérogations en cascade dans les contrats publics pour l'Euro 2016 », *CMP* 2011, comm. 190.
- CLUZEL-METAYER L., « Le mécénat au soutien des institutions publiques », *Dr. adm.* 2009, prat. 3.
- CLUZEL-METAYER L., « Les limites de l'*open data* », *AJDA* 2016, p. 102.
- COMELLAS S., « Interrogations sur le principe de prescriptibilité du domaine privé des personnes publiques », *JCP A* 2015, 2161.

- CORNU M., « Droits d'auteur des fonctionnaires : le périmètre contenu de l'exception de service public », *D.* 2006, p. 2185.
- CORNU M. et MALLET-POUJOL N., « Droit d'auteur des universitaires et des chercheurs : l'expropriation sans cause d'utilité publique », *D.* 2005, p. 3025.
- COURET A. et DONDERO B., « L'Etat qui emprunte des actions est-il réellement actionnaire ? », *JCP E* 2015, act. 529.
- COURT C., « Cessions et licences gratuites de marques : le point de vue du fiscaliste », *Communication Commerce électronique* 2012, étude 13.
- CUCHE P., « Domanialité publique, service public et partenariats public-privé », *Dr. adm.* 2003, chron. 16.
- DELAUNAY B., « Les services à compétence nationale », *Dr. adm.* 2007, étude 7.
- DELAUNAY B., « Les limites de la neutralité de l'article 295 CE à l'égard du régime de la propriété dans les États membres », *RJEP* 2009, étude 11.
- DELCROS B. et TRUCHET D., « Controverse : les ondes appartiennent-elles au domaine public ? », *RFDA* 1989, p. 251.
- DEVOUGE J.-C., « Privatisations et préservation des intérêts essentiels de la Nation. Vers un renforcement du fait du Prince en matière de sélection des acquéreurs ? », *JCP A* 2016, 2182.
- DILLOARD A., « L'émergence des marques publiques dans le patrimoine immatériel des personnes publiques », *RDP* 2014, p. 39.
- DREYFUS J.-D., « Brèves remarques sur le droit d'auteur des agents publics après la loi du 1er août 2006 », *AJDA* 2006, p. 2179.
- DREYFUS J.-D., « Une personne publique peut-elle voir sa responsabilité engagée pour diffusion de contrefaçon ? », *AJDA* 2007, p. 2441.
- DREYFUS J.-D., « Montages culturels complexes : le Louvre Abou Dhabi », *CP-ACCP*, février 2008, p. 74.
- DREYFUS J.-D., « La valorisation par l'Etat de son patrimoine immatériel », *AJDA* 2009, p. 696.
- DREYFUS J.-D., « Nom des collectivités et droit des marques », *AJCT* 2013, p. 127.
- DREYFUS J.-D., « Les œuvres d'art en possession des collectivités locales : un patrimoine à surveiller », *AJCT* 2014, p. 559.
- DUREAU-HAZERA C. et THOMAS PH., « Les golden shares dans les sociétés françaises », *Revue de droit bancaire et financier* 2016, étude 12.
- DUROY S., « Biens meubles culturels et cultuels : Considérations sur une appartenance exclusive au domaine public mobilier », *RFDA* 2007, p. 1155.

- DUROY S., « Peut-on perdre la tête… maorie, dans le respect du droit ? », *AJDA* 2011, p. 1125.
- DYENS S., « Le BEA est-il devenu le « droit commun de la valorisation domaniale ? », *AJCT* 2013, p. 79.
- ECKERT G., « Une collectivité territoriale est-elle un actionnaire ordinaire ? », *RJEP* 2013, comm. 4.
- FATOME E., « Le statut des immeubles à usage de bureaux des personnes publiques après l'ordonnance du 19 août 2004 », *AJDA* 2005, p. 584.
- FATOME E., « Le régime juridique des biens affectés au service public. A propos de la décision du Conseil constitutionnel du 14 avril 2005 », *AJDA* 2006, p. 178.
- FATOME E., « A propos des bases constitutionnelles du droit du domaine public », *AJDA* 2003, p. 1192.
- FELIX A., « L'Etat est-il au-dessus des règles de marché ? », *Bulletin Joly Bourse* 2014, p. 572.
- FORT F.-X. et ROBIN A., « Remarques sur le régime de gestion de la propriété industrielle entre personnes publiques », *AJDA* 2010, p. 2292.
- FOULQUIER N., « Le domaine public immatériel ? », *Gaz. cnes,* Etudes et documents, 7 mai 2012, p. 18.
- FOULQUIER N., « Les photographies du domaine public mobilier », *AJDA* 2013, p. 111.
- FOURNOUX (DE) L., « La Banque publique d'investissement : le nouveau visage de l'intervention publique », *Dr. adm.,* 2014, étude 12.
- FRANÇOIS S., « Le droit d'auteur de l'agent public », *JCP A* 2015, 2091.
- GAUDEMAR (DE) H., « L'intrigante copie de René Capitant au concours d'agrégation de 1930 », *RFDA* 2007, p. 1297.
- GAUDEMET Y., « Valorisation des propriétés publiques », *JCP A* 2006, 1251.
- GAUDEMET Y., « A propos de la valorisation économique des propriétés publiques », *RDP* 2012, p. 1223.
- GAUDEMET Y., « Constitution et biens publics », *Nouveaux Cahiers du Conseil constitutionnel,* n°37, octobre 2012.
- GOHIN O., « La contribution des juges au droit des collectivités territoriales », *JCP A* 2004, 1825.
- HAAS M.-E., « Un an de droit français des noms de domaine », *Propriété industrielle* 2014, chron. 5.
- HOFFMAN E., BOUCHARD L. et CAPIAUX J., « Protection du nom de la collectivité territoriale : enjeux publics et privés », *Gaz. Pal.*, 10 décembre 2011, p. 11.

- HOURQUEBIE F., « Le domaine public mobilier », *RDP* 2005, p. 635.
- HOUSER M., « Les droits incorporels des collectivités territoriales », *RDP* 2014, p. 945.
- HUBRECHT H., « Faut-il définir le domaine public et comment ? », *AJDA* 2005, p. 598.
- HUBRECHT H.-G. et MELLERAY F., « Le Code général de la propriété des personnes publiques », *Dr. adm.* 2006, étude 15.
- IDOUX P., « Les spécificités de l'actionnariat public », *RFDA* 2012, p. 1101.
- JEAN-PIERRE D., « La privatisation du droit de la fonction publique », *JCP A* 2003, 1672.
- JORAT M., « Supprimer la justice administrative... deux siècles de débats », *RFDA* 2008, p. 456.
- KARPENSCHIF M., « La privatisation des entreprises publiques : une pratique encouragée sous surveillance communautaire », *RFDA* 2002, p. 95.
- KEREVER A., « Le droit d'auteur français et l'Etat », *Revue internationale du droit d'auteur*, oct. 1981, p. 3.
- KESSLER G. et POSOCCO L., « L'associé investisseur », *Droit des sociétés* 2016, dossier 5.
- LAGET-ANNAMAYER A., « Occupation du domaine public et intérêt général, d'un pouvoir de gestion étendu des autorités domaniales à une liberté d'action encadrée », *AJDA* 2003, p. 1201.
- LAMBERT A., « La réforme de l'Etat : une impérieuse nécessité », *RFFP* 2001, n°76, p. 15.
- LAMBERT TH., « La valorisation de la recherche publique en sciences humaines et sociales face au droit d'auteur des universitaires », *D.* 2008, p. 3021.
- LAVIALLE C., « Les propriétés publiques saisies par la comptabilité », *AJDA* 2005, p. 2257.
- LE NABASQUE H., « La réforme des actions de préférence », *JCP E* 2008, 2445.
- LEONETTI R., « La protection de l'affectation au service public des biens incorporels », *AJDA* 2009, p. 1689.
- LEVENEUR L., « Vil prix : quelle conséquence ? », *Contrats Concurrence Consommation* 2001, comm. 171.
- LEVOYER L., « L'imparfaite connaissance du patrimoine immobilier de l'Etat », *RDI* 2009, p. 531.
- LINDITCH F., « Le contrat et la performance, une rencontre impossible ? », *RFDA* 2014, p. 403.
- LOISEAU G., « L'article 2279 du Code civil ne s'applique pas à une licence de débit de boisson », *JCP G* 2006, II, 10143.

- LOMBARD M., « Participations de l'Etat », *in* Actualité du droit de la concurrence et de la régulation, *AJDA* 2011, p. 1302.
- MALWE C., « La valorisation du patrimoine immatériel de l'Etat », *Dr. adm.* 2009, comm. 52.
- MALWE C., « Valorisation du patrimoine immatériel : de quoi parle-t-on ? », *AJCT* 2013, p. 120.
- MARCHAND J., « L'open data, la réutilisation des données publiques entre exigence démocratique et potentiel économique », *JCP A* 2014, 2038.
- MAUGÜE C. et BACHELIER G., « Genèse et présentation du code général de la propriété des personnes publiques », *AJDA* 2006, p. 1073.
- MEL J., « Les créations de fonctionnaires », *Communication Commerce électronique* 2006, étude 31.
- MELLERAY F., « Incertitudes sur la notion d'ouvrage public », *AJDA* 2005, p. 1376.
- MELLERAY F., « Le Code général de la propriété des personnes publiques : Définitions et critères du domaine public », *RFDA* 2006, p. 906.
- MEURIS F., « Est-il nécessaire de protéger le domaine public ? », *Communication Commerce électronique* 2013, alerte 77.
- MIGAUD D., « Un double objectif : modernisation de l'Etat, approfondissement de la démocratie », *RFFP* 2001, n°76, p. 9.
- MILLET J.-F., « Le stade, œuvre architecturale à vocation utilitaire », *AJDA* 2004, p. 875.
- NICINSKI S., « Le Fonds stratégique d'investissement », *RFDA* 2012, p. 449.
- NORA D., « Entretien avec D. Rosière », *Informatin*, déc. 1995.
- PARIENTE A., « La démarche de performance issue de la LOLF : quelles perspectives ? », *RDP* 2006, p. 37.
- PAULIAT H., « La contreperformance publique », *JCP A* 2012, suppl. au n°43, Libres propos 6.
- PELLISSIER G., « Création et dévolution des services publics locaux », *RJEP* 2010, comm. 44.
- PRADA M., « La loi organique relative aux lois de finances : point de départ de la réforme de l'Etat », *RFFP* 2001, n°76, p. 159.
- RABAGNY-LAGOA A., « Propos sur la nature juridique du nom de domaine », *Communication Commerce électronique* 2015, étude 8.
- RAPONE D., « La patrimonialité des actes administratifs en matière de communications électroniques », *RFDA* 2009, p. 39.

- RAPP L., « Entrée et sortie des biens : La propriété « choisie » », *RFDA* 2006, p. 916.
- RENAUDIN PH., « Situation des agents publics au regard de la propriété artistique », Etudes et documents du Conseil d'Etat, 1958, p. 29.
- RIVERO J., « Droit public et droit privé : Conquête ou *statu quo* ? », *D.* 1947, chr. p. 69.
- ROBERT F., « La rénovation des pouvoirs du Parlement », *RFFP* 2001, n°76, p. 77.
- ROBIN A., « Le patrimoine scientifique de l'Etat : un patrimoine immatériel en quête de statut », *Communication Commerce électronique* 2014, étude 18.
- ROHAN P.-A. et LEONETTI R., « Quelle protection pour les actions détenues par une collectivité territoriale dans le capital d'une société cotée ? », *AJDA* 2011, p. 1376.
- ROHAN P.-A. et LEONETTI R., « Vers une définition prétorienne d'un domaine public mobilier *praeter legem* : à propos de l'affaire *APRR* », *AJDA* 2012, p. 208.
- ROSSETTI C., « Vers une gestion stratégique des marques publiques », *AJDA* 2010, p. 2197.
- SAGALOVITSCH E., « Pour une évolution du statut juridique des conclusions du rapporteur public », *AJDA* 2018, p. 607.
- SARCELET J.-D., « L'ordre judiciaire seul compétent en matière de contrefaçon de dessins et modèles », *JCP G* 2011, 768.
- SERPENTIER-LINARES S., « La propriété des droits immatériels dans une DSP », *ACCP*, janvier 2013, p. 34.
- SIMLER PH., « Patrimoines et patrimoine : polysémie du concept », *RDI* 2009, p. 441.
- SOLEILHAC TH., « Les bibliothèques numériques, un domaine public immatériel », *AJDA* 2008, p. 1133.
- SORBARA J.-G., « Le domaine public mobilier au regard du Code général de la propriété des personnes publiques », *AJDA* 2007, p. 619.
- SORBARA J.-G., « Les sociétés publiques locales et la propriété publique : la SPL, outil d'aménagement foncier », *RFDA* 2012, p. 1140.
- SPITZ P.-E., « Les nouvelles méthodes de gestion des biens publics : l'exemple de Paris », *AJDA* 2007, p. 954.
- TERNEYRE PH., « Les actifs immatériels des personnes publiques », *RJEP* 2013, n°714, étude 16.
- THEIMER A., « Les apports en industrie dans une société par actions simplifiée », *JCP E* 2009, 2149.

- TORCK S., « L'attribution automatique du droit de vote double », *Droit des sociétés* 2014, Dossier 7.
- TRICOIRE A., « Les clauses de cession de droits d'auteur », *Contrats publics,* Janvier 2013, p. 43.
- TRUCHET D., « Mauvaises et bonnes raisons de mettre fin au dualisme juridictionnel », *Justices*, 1996, n° 3, p. 53.
- TRUCHET D., « Plaidoyer pour une cause perdue : la fin du dualisme juridictionnel », *AJDA* 2005, p. 1767.
- VILLENEUVE P., « Valorisation du patrimoine matériel des collectivités territoriales : essai d'une définition », *AJCT* 2013, p. 72.
- YOLKA PH., « Collectivités locales et rescision pour lésion », *AJDA* 2003, p. 1097.
- YOLKA PH., « Naissance d'un code : la réforme du droit des propriétés publiques », *JCP A* 2006, 452.
- YOLKA PH., « Les meubles de l'administration », *AJDA* 2007, p. 964.
- YOLKA PH., « Exploitation des fréquences hertziennes : point trop n'en faut ! », *JCP A* 2008, act. 989.
- YOLKA PH., « L'accès des personnes publiques à la copropriété », *Droit et patrimoine* 2009, n°179, p. 80.
- YOLKA PH., « Le couteau de Lichtenberg : Remarques sur la protection pénale du domaine public », *AJDA* 2009, p. 2341.
- YOLKA PH., « L'immatériel public en trompe-l'œil », *JCP A* 2011, n°48, 726.
- YOLKA PH., « Les patrimoines publics à l'épreuve de la propriété intellectuelle », *Dr. adm.* 2012, prat. 1.
- YOLKA PH., « Principe d'insaisissabilité et « banalisation » de l'actionnariat public », *AJDA* 2014, p. 460.
- YOLKA PH., « Le nom en matière administrative », *AJDA* 2015, p. 305.
- YOLKA PH., « *Open data : « L'ouverture, c'est l'aventure »* », *AJDA* 2016, p. 79.
- YOLKA PH., « Le droit de l'immatériel public », *AJDA* 2017, p. 2047.

VIII. Répertoires et Jurisclasseurs

- LUCAS-SCHLOETTER A., *Jurisclasseur Brevets,* Fasc. 1210 « Droits des auteurs », Lexis Nexis, 2014.
- MALWE C., *Jurisclasseur Propriétés publiques*, Fasc. 49 « Propriétés publiques immatérielles », Lexis Nexis, 2011.

- MOUSSERON J.-M. et BASIRE Y., *Jurisclasseur Brevets,* Fasc. 4520 « Charges du breveté », Lexis Nexis, 2017.
- ROUX C., *JurisClasseur Propriétés publiques*, Fasc. 7 « Propriété publique et droit de l'Union européenne », Lexis Nexis, 2015.

INDEX THEMATIQUE

(L'index renvoie aux numéros de page)

Structures éditoriales du groupe L'Harmattan

L'Harmattan Italie
Via degli Artisti, 15
10124 Torino
harmattan.italia@gmail.com

L'Harmattan Hongrie
Kossuth l. u. 14-16.
1053 Budapest
harmattan@harmattan.hu

L'Harmattan Sénégal
10 VDN en face Mermoz
BP 45034 Dakar-Fann
senharmattan@gmail.com

L'Harmattan Cameroun
TSINGA/FECAFOOT
BP 11486 Yaoundé
inkoukam@gmail.com

L'Harmattan Burkina Faso
Achille Somé – tengnule@hotmail.fr

L'Harmattan Guinée
Almamya, rue KA 028 OKB Agency
BP 3470 Conakry
harmattanguinee@yahoo.fr

L'Harmattan RDC
185, avenue Nyangwe
Commune de Lingwala – Kinshasa
matangilamusadila@yahoo.fr

L'Harmattan Congo
67, boulevard Denis-Sassou-N'Guesso
BP 2874 Brazzaville
harmattan.congo@yahoo.fr

L'Harmattan Mali
Sirakoro-Meguetana V31
Bamako
syllaka@yahoo.fr

L'Harmattan Togo
Djidjole – Lomé
Maison Amela
face EPP BATOME
ddamela@aol.com

L'Harmattan Côte d'Ivoire
Résidence Karl – Cité des Arts
Abidjan-Cocody
03 BP 1588 Abidjan
espace_harmattan.ci@hotmail.fr

L'Harmattan Algérie
22, rue Moulay-Mohamed
31000 Oran
info2@harmattan-algerie.com

L'Harmattan Maroc
5, rue Ferrane-Kouicha, Talaâ-Elkbira
Chrableyine, Fès-Médine
30000 Fès
harmattan.maroc@gmail.com

Nos librairies en France

Librairie internationale
16, rue des Écoles – 75005 Paris
librairie.internationale@harmattan.fr
01 40 46 79 11
www.librairieharmattan.com

Librairie l'Espace Harmattan
21 bis, rue des Écoles – 75005 Paris
librairie.espace@harmattan.fr
01 43 29 49 42

Lib. sciences humaines & histoire
21, rue des Écoles – 75005 Paris
librairie.sh@harmattan.fr
01 46 34 13 71
www.librairieharmattansh.com

Lib. Méditerranée & Moyen-Orient
7, rue des Carmes – 75005 Paris
librairie.mediterranee@harmattan.fr
01 43 29 71 15

Librairie Le Lucernaire
53, rue Notre-Dame-des-Champs – 75006 Paris
librairie@lucernaire.fr
01 42 22 67 13

www.ingramcontent.com/pod-product-compliance
Lightning Source LLC
LaVergne TN
LVHW011222061026
849535LV00001BA/135
* 9 7 8 2 3 4 3 2 1 0 4 5 2 *